Ullstein Sachbuch

ZUM BUCH:

Über Ernest Hemingway sind viele Bücher geschrieben worden, aber keines davon konzentrierte sich auf die Frauen, die er gekannt, geliebt und manchmal auch gehaßt hat: seine Mutter – ein Leben lang Zielscheibe seiner Beschimpfungen –, seine Ehefrauen und all die anderen, die ihn faszinierten.

Hier, in diesem Mosaik, tauchen die Frauen hinter der »Legende Hemingway« auf, um sich im Licht ihres eigenen Lebens darzustellen. Mit Hilfe unveröffentlichter Briefe und Interviews mit den noch lebenden Frauen läßt die Autorin die hinter den literarischen Heldinnen Hemingways stehenden realen Vorbilder erscheinen.

Außerdem enthält das Buch das erste umfassende und rehabilitierende Porträt Grace Hemingways, der Mutter des Schriftstellers. In der einfühlsamen Darstellung Bernice Kerts erscheint sie als die Frau, die ihn am meisten beeinflußt hat.

ZUR AUTORIN:

Bernice Galansky Kert, Verfasserin von Romanen und Biographien, wurde in St. Louis, Missouri, geboren und erhielt ihre Ausbildung an der Universität von Michigan, wo sie später Englische Sprache und Literatur unterrichtete. Heute lebt sie in Südkalifornien.

Am vorliegenden Buch arbeitete sie insgesamt acht Jahre.

Zitate aus Ernest Hemingway, GESAMMELTE WERKE
in der Übersetzung von Annemarie Horschitz-Horst
© 1977 Rowohlt Taschenbuch Verlag GmbH,
Reinbek bei Hamburg

Bernice Kert

Die Frauen Hemingways

Die ihn geliebt haben –
Ehefrauen und andere

Mit 24 Abbildungen

Ullstein Sachbuch

Lebensbilder
Ullstein Buch Nr. 27549
im Verlag Ullstein GmbH,
Frankfurt/M – Berlin
Amerikanischer Originaltitel:
The Hemingway Women
Übersetzt von Otto Markus
und Evelyne Brandenburg

Ungekürzte Ausgabe

Umschlagentwurf:
Ela Wozniewska-Krüger
Alle Rechte vorbehalten
Mit freundlicher Genehmigung des
Lev Roitman Verlags, München
© 1983 Bernice Kert
© 1984 Lev Roitman Verlag, München
Printed in Germany 1987
Druck und Verarbeitung:
Clausen & Bosse, Leck
ISBN 3 548 27549 4

März 1987

CIP-Kurztitelaufnahme
der Deutschen Bibliothek

Kert, Bernice:
Die Frauen Hemingways: d. ihn geliebt
haben – Ehefrauen u. a. / Bernice Kert.
[Übers. von Otto Markus u. Evelyne Bran-
denburg]. – Ungekürzte Ausg. – Frank-
furt/M, Berlin: Ullstein, 1987.
   (Ullstein-Buch; Nr. 27549: Ullstein-
   Sachbuch: Lebensbilder)
   Einheitssacht.: Hemingway
   women ⟨dt.⟩
   ISBN 3-548-27549-4
NE: GT

Inhalt

Meinem Mann Morley gewidmet
für seine Liebe und Unterstützung
und unseren Kindern
Elisabeth, Kathrin und Charles

Je besser man einen Mann behandelt und je mehr
man ihm zeigt, daß man ihn liebt, um so eher wird
er der Sache überdrüssig.

Vorbemerkung der Autorin

Nicht wenige Kritiker, aber auch einige private Beobachter haben Ernest Hemingway vorgeworfen, Frauen gegenüber feindselig eingestellt zu sein und nicht das Geringste von ihnen zu wissen. Die Heldinnen seiner Werke, ob sie nun unterwürfig sind oder die Männer zu manipulieren versuchen, wirken selten wie Frauen aus Fleisch und Blut. Und doch wurde seine persönliche Welt von mutigen, einfallsreichen, phantasievollen Frauen belebt, die er bewunderte und oft auch geheiratet hat. Sie empfanden tiefe Zuneigung zu ihm und wandten in den meisten Fällen beträchtliche Energie auf, ihm jene Art von Umgebung zu schaffen, die er brauchte und verlangte.

Anfang der siebziger Jahre, als ich diese Frauen zu studieren begann, wurde mir klar, daß bisher noch kein Autor seine Aufmerksamkeit ausschließlich ihnen gewidmet hatte. Es gab keinen Mangel an Büchern über Hemingway selbst, doch die Frauen blieben seltsam konturlos. Professor Carlos Baker, der hervorragende Hemingwaykenner, unterstützte mich in meiner Überzeugung, daß diese Frauen eine nähere Betrachtung verdienten. Und so setzte ich meine Nachforschungen fort.

Mein Ziel war weder eine literarische Biographie, noch die Erstellung eines biographischen Psychogramms, sondern die Darstellung der Frauen als Individuen. Welcherart waren die Umstände, die Hemingway in ihr Leben brachte? Wie reagierten sie auf ihn und er auf sie? Was hielt die Partner in den vier

7

Ehen zusammen, und was trieb sie zur Trennung? Was war mit den anderen Frauen, die ihn fesselten, ihn nicht heirateten, aber oft in seinem Werk auftauchten: Agnes von Kurowsky, die Rotkreuzschwester; Lady Duff Twysden, das Vorbild für die Brett Ashley in »Fiesta«; Jane Mason; und dann Adriana Ivancich, als Heldin von Hemingways am wenigsten anerkannten Buch verewigt? Und war Grace Hemingway, zumeist als »selbstsüchtige und destruktive Mutter« abgetan, wirklich die Person, für die ihr Sohn sie ausgab, oder ist sie verleumdet worden?

Auf Grund neu aufgefundener unveröffentlichter Briefe, der bisher publizierten Literatur und durch ausgedehnte Gespräche mit den Hauptpersonen, ihren Verwandten und Freunden, lernte ich eine beachtliche Anzahl von Frauen kennen. Drei von Hemingways Ehefrauen sind in St. Louis aufgewachsen; alle mit Ausnahme von Hadley Richardson, arbeiteten vor ihrer Heirat als Journalistinnen. Mochte ihre jeweilige Haltung auch in mancher Hinsicht die Kultur widerspiegeln, in der sie aufwuchsen, so hatten sie doch in vieler Beziehung den Mut und die Begeisterung, unabhängige Interessen zu verfolgen.

Allmählich spürte ich, daß die Eigenschaft, die diese Frauen vor allem miteinander gemein hatten, Elastizität war. Ihre gemeinsame Geschichte schien eine Studie des Verzichts zu sein. Unabhängig vom Grad ihres Engagements konnte Hemingway mit keiner von ihnen eine langdauernde, voll befriedigende Beziehung aufrechterhalten. Wohl mag ihm eheliche Häuslichkeit als wünschenswerter Höhepunkt romantischer Liebe erschienen sein, doch früher oder später wurde sie ihm langweilig, und er wurde ruhelos, nörglerisch und tyrannisch. Der Konflikt zwischen seiner Sehnsucht nach Fürsorge und seiner Gier nach Spannung und Freiheit blieb ungelöst. Trotzdem war er nicht fähig, eine Frau aufzugeben, bevor nicht eine neue verfügbar war; er brachte es im Verlauf eines Lebens, das ein ausgedehnter Briefwechsel begleitete, fertig, mit fast allen seinen Ehefrauen in Verbindung zu bleiben, und das noch lange, nachdem gemeinsame Intimitäten erloschen waren.

Und diese Frauen waren untereinander von bemerkenswerter Großzügigkeit.

Jede der Frauen wurde wesentlich von Hemingway beeinflußt, wobei der Grad der Beeinflussung differierte. Hadley Richardson, die Ehefrau seiner frühen Jahre als Schriftsteller, blühte auf, und es heißt, daß sie die Ehe in besserer Verfassung beendete, als sie sie begonnen hatte. Pauline Pfeiffer machte eine intensive emotionelle Verarmung durch, aber zu der Zeit, in der ihre Ehe mit Hemingway funktionierte, erschien sein bestes Werk, das mit dem größten bleibenden Wert. Martha Gellhorn, die ihn verließ, wurde für Hemingway zum Sündenbock, und er überhäufte sie mit Bitterkeit und Schmähungen. Und Mary Welsh, seine letzte Frau, verhielt sich ihm gegenüber loyal während der letzten erschöpfenden Jahre, als er zu alt und krank war, um sie zu verlassen und diese Tatsache seinen Unmut hervorrief.

Drei der Frauen, die zur Zeit von Ernest Hemingways Selbstmord noch am Leben waren, sind inzwischen verstorben. Hadley Richardson Mowrer starb am 24. Januar 1979 in Lakeland, Florida, im Alter von neunundachtzig Jahren, seit Paul Mowrers Tod im Jahr 1973 Witwe. Jane Mason Gingrich erlitt 1964, mit fünfundfünfzig Jahren, einen Schlaganfall, gewann aber durch intensive Therapie Sprache und Bewegungsfähigkeit teilweise wieder. Als ihr Mann 1976 starb, war sie allerdings wieder ans Bett gefesselt, blieb aber trotzdem heiter und mit der Außenwelt in telefonischem Kontakt. Sie starb am 28. Dezember 1981.

Adriana Ivancich heiratete 1963 den Grafen Rudolph von Rex und schenkte ihm zwei Söhne. Sie bewirtschaftete gemeinsam mit ihrem Gatten ein Bauerngut in Orbetello, Italien, verbrachte aber jedes Jahr einige Monate in Venedig, der Stadt ihrer Jugend, und die Verbindung zu ihrer Familie war nach wie vor eine große Hilfe für sie. 1980 gab Mondadori ihre Memoiren *La Torre Bianca* (Der weiße Turm) heraus, eine zarte, oft sehr poetische Erinnerung an ihre Kindheit als venezianische Aristokratin und insbesonders an die mit Ernest Hemingway verbrachte Zeit. Im Sommer des Jahres 1982 schrieb mir Adriana, daß sie sich nicht wohl fühle – »selbst diese paar Zeilen sind eine große Anstrengung«. Einige Monate später, am 23. März 1983, nahm sie sich im Alter von dreiundfünfzig Jahren das Leben.

Agnes von Kurowsky Stanfield zog 1965 nach Gulfport, einem Küstenort in der Nähe von St. Petersburg in Florida. Sie kämpft mit Langmut und Humor gegen die Gebrechen einer Frau, die ihren neunzigsten Geburtstag hinter sich hat, und beantwortet geduldig die Fragen von Literaturwissenschaftlern und anderen, die immer wieder zu ihr kommen, um etwas über ihre kurze Freundschaft mit Ernest Hemingway zu erfahren. Sie lebt auf, wenn sie sich an ihre Erfahrungen als Bellevue-Krankenschwester erinnert oder von den Kindern ihres Gatten erzählt, die sie wie ihre eigenen großgezogen hat, sowie von beider gemeinsamen Kindern.

Mary Welsh lebt in New York und in Ketchum in Idaho. Martha Gellhorn führt ihr Leben so weiter, wie sie es vor und während ihrer Ehe mit Hemingway führte: Sie verfolgt ihre Karriere als Reporterin, Autorin von Kurzgeschichten und Zeitungsartikeln und als Verfasserin von neun Büchern. Wenn sie nicht auf Reisen ist, wohnt sie in London und Wales.

Ein Werk wie dieses wäre unmöglich gewesen ohne die Ermutigung und Hilfe vieler Menschen. Am meisten verdanke ich in dieser Hinsicht Professor Baker, der mir das Privileg gewährte, über einen Zeitraum von fünf Jahren hinweg die Interviews, den Briefwechsel und andere Daten studieren zu dürfen, die das Rohmaterial für sein Buch »Ernest Heminway: Ein abenteuerliches Leben« abgaben.

Eine Biographin, die mit ihren Personen von Angesicht zu Angesicht sprechen kann, ist in einer glücklichen Lage. Hadley Mowrer, Agnes Stanfield, Jane Gingrich, Martha Gellhorn, Adriana Ivancich und Mary Hemingway waren so freundlich, mir dieses Vorrecht zu gewähren. Agnes, Jane, Martha und Adriana erlaubten mir, ausführlich aus ihren unveröffentlichten Briefen an Ernest Hemingway zu zitieren. Bedauerlicherweise existiert nur eine geringe Anzahl seiner Briefe an die

Frauen. Die meisten davon sind vernichtet worden oder verlorengegangen.

Die Begeisterung, die Jack und Patrick Hemingway äußerten, als sie von dem Projekt erfuhren, war eine sehr erfreuliche Erfahrung. Möglicherweise gefiel es ihnen, daß ich sie über ihre Mütter und nicht über ihren berühmten Vater befragte. Der Wert der Einsichten, die ich in vielen Fragestunden gewann, ist unschätzbar. Ich möchte Patrick Hemingway speziell für die Erlaubnis danken, aus den unveröffentlichten Briefen und dem »Afrikanischen Tagebuch« seiner Mutter Pauline zu zitieren und aus den unveröffentlichten Briefen von Mary Pfeiffer, sowie Jack Hemingway für das Recht, Zitate aus den unveröffentlichten Briefen seiner Mutter Hadley zu verwenden.

Carol Hemingway Gardner und Madelaine »Sunny« Miller, die Schwestern von Ernest Hemingway, stellten mir großzügig ihre Zeit zur Verfügung, als es für mich notwendig war, mehr über ihre Mutter Grace zu erfahren.

Für das Entgegenkommen seitens der Hemingway-Foundation und die Gewährung der notwendigen Rechte und Genehmigungen bin ich Charles Scribner jr. und Alfred Rice zu großem Dank verpflichtet. Herr Scribner hat mir auch freundlicherweise gestattet, aus den unveröffentlichten Briefen des verstorbenen Charles Scribner zu zitieren und anderes Material aus den *Scribner Papers* zu verwenden.

Meine Freundin und Agentin Mary Yost organisierte alles mit Taktgefühl und seelischer Stärke. Allen anderen, die ich nicht namentlich erwähnen kann, möchte ich an dieser Stelle meine aufrichtige Dankbarkeit aussprechen.

Bernice Kert
April 1983

EINS

1872–1920

1

»Von den frühesten Tagen meiner Bekanntschaft mit EH an«,
schrieb Generalmajor i. R. Charles T. Lanham über seinen
Freund Ernest Hemingway, »sprach er von seiner Mutter immer nur als ›dieser Hure‹. Er hat mir sicher tausendmal erzählt, wie sehr und auf wieviel verschiedene Arten er sie gehaßt hat.« In seinen reifen Jahren stieß Ernest bei anderen
Gelegenheiten dasselbe Schimpfwort aus. Grace Hemingway
sei ein dominierendes, zänkisches Weib gewesen und habe
damit ihren Mann zum Selbstmord getrieben; sie hätte »alles
bestimmen« müssen. John Dos Passos sagte, Ernest sei der
einzige ihm bekannte Mann gewesen, der seine Mutter wirklich gehaßt habe.

Es ist auch behauptet worden, daß Ernests lebenslange Verteidigung männlicher Kraft seinem emotionalen Bedürfnis ent-
stamme, die schmerzhafte Erinnerung an seine Mutter zu ban-
nen, die seinen Vater dominierte. Und seine persönlichen
Schwierigkeiten mit Frauen, ja selbst seine unterwürfigen Heldinnen hätten ihre Wurzeln in seiner Entschlossenheit, sich
nie, wie sein Vater, unterkriegen zu lassen. In den Nick-
Adams-Geschichten zeichnet Ernest Nicks Mutter als eine ab-
stoßende Frau mit künstlerischen Neigungen, die die Interessen ihres Mannes verachtet und seinen Bedürfnissen gegenüber gleichgültig ist. Als Ausdruck von Hemingways Abneigung gegen seine Mutter müssen sowohl die persönlichen

Bemerkungen, als auch die Darstellung in den Werken respektiert werden. Aber unter dem Blickwinkel eines vollständigen, getreuen Porträts von Grace Hemingway selbst sind derartige Zeugnisse mit Vorsicht zu betrachten.

»Meine Mutter war in vieler Hinsicht eine vornehme englische Dame«, sagte Carol Hemingway Gardner, Ernests jüngste Schwester. »Sie liebte es, bedient zu werden, und erwartete von ihren Kindern gutes Benehmen. Sie betrachtete uns auch als Engländer, obwohl wir natürlich alle in Oak Park zur Welt gekommen waren.« Grace selbst wurde am 15. Juni 1872 in Chikago, Illinois, geboren, neun Monate nach dem großen Brand. Ihre Eltern jedoch, Ernest Hall und Caroline Hancock, Abkömmlinge der unternehmenden englischen Mittelklasse, kamen aus England.

Musik war aus dem Haus der Halls nicht wegzudenken. Ernest Hall sang Bariton, Onkel Tyley Hancock den Tenor. Caroline selbst hatte nicht nur einen schönen Sopran, sondern war bereits als junge Frau in Dyersville stolze Besitzerin des ersten Harmoniums der Stadt, eines Melodiums, das sie zu Partys mitnahm, nach ihrer Heirat nach Chikago brachte und während des Brandes aus dem brennenden Haus rettete. Es war diese willensstarke Mutter, die das Talent ihrer Tochter erkannte, für Klavier- und Violinunterricht sorgte und sich selbstverständlich auch um die Ausbildung ihrer Stimme kümmerte. Caroline leitete eine gut funktionierende Küche, doch sie ermutigte Grace nicht, kochen zu lernen. »Du kümmere dich nur ums Üben«, wies sie das Kind an. »Keine Frau sollte in die Küche kommen, wenn sie es irgendwie vermeiden kann.« Grace folgte diesem Rat freudig. Die Küche hatte keine Anziehungskraft für sie.

Als Grace vierzehn war, zogen die Halls nach Oak Park, Illinois, einem ruhigen Wohnbezirk in einem Vorort, der für sichere Straßen, Geistliche im Ruhestand und solide republikanische Mehrheiten bekannt war. Ernest Hall hatte am North Oak Park Boulevard 439 ein dreigeschossiges Haus mit Türmchen gebaut, das ein rundes Turmzimmer, sechs Schlafzimmer, ein Bad im zweiten Stock und eine vom Treppenabsatz aus zugängliche Bibliothek hatte.

Als Schülerin der Oak Park High School zeichnete sich Grace nicht aus, in Latein und den Naturwissenschaften kam sie gerade so durch, doch sie mochte Geschichte und Literatur. Sie war groß und drall und sah englisch aus – klare blaue Augen, rosige Wangen und üppiges braunes Haar. Ihre Mutter, die samtverzierte Hüte, Straußenfedern und spitzenbesetzte Kleider liebte, zog Grace elegant an und lenkte deren Energie in Richtung einer Opernkarriere.

Gegenüber den Halls, Oak Park 434, wohnte ein anderer Schüler der High School, Clarence Edmonds »Ed« Hemingway. Ed Hemingways Vater Anson war ein tief religiöser Mann, der ebenso wie Ernest Hall in der Armee der Nordstaaten gedient hatte. Als Ed Hemingway zum jungen Mann heranwuchs, wurde das Bedürfnis, anderen zu helfen, zu seiner Hauptantriebskraft. Er hielt sich wörtlich an die Morallehren seiner Eltern und verurteilte Tanzveranstaltungen, Kartenspiel und Alkohol. Das Chemiestudium faszinierte ihn, und es machte ihm Freude, die Flügel und Beine verwundeter Vögel und anderer Tiere zu kurieren, was ihn schließlich zur Medizin brachte. Nach Abschluß der High School erhielt er seine vormedizinische Ausbildung am Oberlin College in Ohio.

Angespornt von ihrer Mutter, begann Grace Hall nach ihrem High-School-Abschluß im Jahr 1891 noch mehr Gesangsstunden und auch Fremdsprachenunterricht zu nehmen, um sich auf eine Opernkarriere vorzubereiten. Obwohl beide sich in der High School nur flüchtig gekannt hatten, entwickelte sich zwischen Grace und Ed mehr als nur Freundschaft, als er am Rush Medical College in Chikago Medizin studierte. In einem Brief vom 6. November 1893, den ihm Grace ans Rush College schickte, schrieb sie im Ton einer jungen Frau, der man den Hof macht und die das genießt.

Ein Arzt in Oak Park stellte den jungen Dr. Hemingway 1894 als Assistenten an, im gleichen Jahr, als Graces Mutter an Krebs erkrankte. Ed machte anstelle des älteren Arztes viele Hausbesuche in Oak Park 439. Er war jetzt ein gutgebauter junger Mann, 1.82 Meter groß, mit durchdringenden dunklen Augen, einer Adlernase und einem gepflegten Bart, der dazu diente, seine Jugend zu verbergen. Grace war über den Zustand ihrer Mutter besorgt und deprimiert von den langen Nachtwachen am Krankenbett. Es war ein großer Trost für sie, wenn sich Ed Hemingway zu ihr setzte und sie von lustigen Dingen reden konnten. Er war außerdem ein guter Zuhörer und immer um sie besorgt.

Als er im Sommer des Jahres 1895 nach Edinburgh reiste, um dem bedeutenden medizinischen Zentrum dieser Stadt einen Besuch abzustatten, schrieb er zahlreiche Briefe an Miss Grace Hall. Ende August kehrte er nach Oak Park zurück, begierig, die Beziehung fortzusetzen. Im September jedoch starb Caroline Hall, und einige Wochen später ging Grace zu Eds großer Enttäuschung nach New York, weil sie für diesen Winter bei Madame Louisa Cappiani, der berühmten Betreuerin von Opernsängern, intensiven Gesangsunterricht nehmen wollte. Weder Ed Hemingways Liebe, noch das Bedürfnis ihres Vaters nach Trost in seiner Trauer konnten sie davon abbringen, diese Verpflichtung einzuhalten.

Trotz der Unterstützung durch ihre Familie schuldete Grace Madame Cappiani tausend Dollar für die Gesangsstunden. Um diese Schuld zurückzuerstatten, arrangierte sie ein Konzert im Madison Square Garden. Sie hatte eine gute Presse, aber das Auftreten im gleißenden Rampenlicht war eine Tortur für ihre schwachen Augen. (Sie sah, seit sie als Kind Scharlach gehabt hatte, schlecht, weigerte sich aber, eine Brille zu tragen.) Nach dem Konzert lud ihr Vater sie ein, im Sommer eine Europareise mit ihm zu machen. Vielleicht wollte er als Witwer auch nicht, daß seine einzige Tochter Oak Park wegen einer ungewissen Karriere verließ. Jedenfalls scheint dieser Ablauf der Ereignisse in Grace den Entschluß ausgelöst zu haben, den Jungen von gegenüber zu heiraten, der in Wirklichkeit kein Junge mehr war, sondern ein um Anerkennung ringender Arzt mit sehr bestimmten Ansichten. Von der Medizin abgesehen, interessierte ihn hauptsächlich die Natur. Er war ein erfahrener Jäger und Fischer. Er liebte es, gut zu essen und zu kochen und war in der Küche ebenso zu Hause wie in den Wäldern.

Die Heirat fand am 1. Oktober 1896 in der Ersten Kongregationalistenkirche in Oak Park statt. Das Kleid der Braut war aus neunzig Yards feinem Organdy geschneidert. Ihre Aussteuer, die sie während des Sommers in Europa sorgsam zusammengestellt hatte, war verschwenderisch: Da gab es Kleider, Hüte und fünfunddreißig Paar Handschuhe, von kurzen roten Wildlederhandschuhen bis zu langen weißen. Sie überzeugte Dr. Hemingway davon, daß sie im Haus ihres Vaters mit seinen sechs Schlafzimmern angenehmer wohnen würden als in jeder Art von Wohnung, die sie sich mit Eds kleinem Einkommen leisten könnten. Ernest Hall, der sich vom Geschäft zurückgezogen hatte, führte jetzt das angenehme Leben eines Gentlemans, der sich um seine Investitionen kümmert, ein spätes Frühstück genießt und in untadeliger Kleidung mit seinem Yorkshireterrier auf dem Boulevard promeniert.

Grace hatte mit ihm viel mehr als mit ihrem Gatten gemein, der ständig kam und ging, sich um seine Patienten kümmerte, ihnen in seiner vollgestopften Ordination im ersten Stock des Hauses von Ernest Hall Arzneien verschrieb und dazwischen in seinem leichten Pferdewagen ins Spital klapperte. Grace genoß die Gesellschaft ihres Vaters und die treue Ergebenheit ihres Mannes und verdiente selbst Geld durch Klavier- und Gesangsunterricht.

In den ersten neun Jahren ihrer Ehe brachte Grace vier Kinder zur Welt, drei innerhalb von fünf Jahren. Die älteste Tochter, Marcelline, wurde am 15. Januar 1898 geboren. Als der behandelnde Arzt während der Geburt einen Herzanfall erlitt, entband Ed seine Frau in ihrem Schlafzimmer im ersten Stock selbst von dem Kind. Achtzehn Monate später, am 21. Juli 1899, wurde Ernest geboren, dann im April 1901 Ursula, und schließlich Madeleine im Jahr 1904, alle im Haus von Ernest Hall.

Leicester Hemingway, der erst 1915 zur Welt kam, als Grace schon zweiundvierzig war, notiert in seinen Familienmemoiren: »Von Anfang an gab es im Hemingwayhaushalt eine Aufeinanderfolge von Kindermädchen und Hausgehilfinnen. Denn unserer Mutter mangelte es – abgesehen vom Singen der

Wiegenlieder und vom Stillen – an hausfraulichen Talenten. Sie verabscheute Windeln, schlechte Manieren, verdorbene Mägen, Saubermachen und Kochen.« Eine derartige Beschuldigung, gegen eine Frau von Grace Hemingways Generation vorgebracht, war abschätzig gemeint. Ein »Mangel an hausfraulichen Talenten« war einfach unziemlich für eine Frau, vor allem in den Augen der Männer jener Zeit, auch wenn Dienstpersonal vorhanden war. Graces Töchter störte das weniger. »Wenn sie es vermeiden konnte, machte sie sicher nicht die Hausarbeit«, sagte Carol Gardner.« Sie war unkonventionell für ihre Zeit, aber sie gab ihren Kindern eine ganze Menge von sich mit.« Grace entschuldigte sich nicht für ihre Prioritäten – wenn sie den Schmutz und die Unordnung der Säuglingspflege vermied, so akzeptierte sie umso begieriger andere Freuden der Mutterschaft.

Für jedes ihrer sechs Kinder gab es ein peinlich genau geführtes Album. Ernests fünf Bände, von der Geburt bis zum Alter von achtzehn Jahren, verzeichnen sein Gewicht, seine Größe, die Farbe seiner Haare und Augen, seine Eßgewohnheiten, seine verbalen Fähigkeiten und die Entwicklung seiner Persönlichkeit. In ihrem Bericht von seiner frühen Kindheit ist ein starkes romantisches Element vorhanden – die Kosenamen, die herrliche Abhängigkeit, selbst die kleinen Streitigkeiten und die beglückenden Versöhnungen. Sie respektierte seine Temperamentsausbrüche als ein Zeichen von Männlichkeit. Er hatte »viel Mumm« und bewies im Alter von zwei Jahren »tollen Mut und Ausdauer beim Fischen in Windemere«, dem Sommerhaus der Hemingsways in der Nähe von Petoskey im Norden von Michigan. Grace, die eine Vorliebe für alles Englische hatte, nannte das Haus so nach dem Lake Windermere, doch der Name wurde im langjährigen Gebrauch der Familie zu Windemere abgeschliffen. Das Haus hatte Öllampen und offene Kamine. Es gab einen Holzherd zum Kochen und eine Handpumpe für Wasser in der Küche. Der draußen befindliche Abort war von Immergrün überwuchert, und hinter dem Sandstrand erstreckte sich die klare Fläche des Lake Walloon. Es war eine Gegend mit

Ackerland, unberührten Wäldern, Flüssen voller Forellen und gelegentlichen kleinen Siedlungen.

Jeder Sommer sah den komplizierten Hemingway-Auszug aus Oak Park, mit Fischereigerätschaften und ganzen Schinken, mit Schrankkoffern voller Kleider und mit schreienden kleinen Kindern, die alle für die Reise nach Norden auf den Dampfer *Manitou* verladen wurden. Dienstmädchen wurden entweder von daheim mitgenommen oder an Ort und Stelle angeheuert, und Dr. Ed Hemingway blieb fast den ganzen Sommer über da und behandelte die dort ansässigen Leute ebenso wie die herumziehenden Ottawa-Indianer, die in der Nähe ihr Lager aufgeschlagen hatten. Ernest Hall, der von seinen Enkeln »Abba« genannt wurde, verzichtete aus Gutmütigkeit auf die Annehmlichkeiten der Stadt, um mit der Familie zusammen zu sein. Ed besorgte den Hauptanteil beim Kochen und dem Konservieren der örtlichen Naturprodukte und gab seine Liebe zu Fischfang und Jagd an Ernest weiter. Graces Tätigkeiten in Windemere unterschieden sich nicht sehr von ihrem Tagesablauf in Oak Park. Sie las und sang ihren Sprößlingen vor, notierte deren Aktivitäten und arrangierte Partys und Picknicks. Bei Sonnenuntergang, nach dem leichten Abendessen, pflegte Ed mit ihr auf den See hinauszufahren, wobei sie sang, während er ruderte. Sie bestand darauf, daß das besondere milchige Blau des Lake Walloon schöner sei als die Blaue Grotte von Capri und komponierte eine flotte Melodie, *Beautiful Walloona*, die von einem Musikverlag in Chikago mit einem ebenfalls von ihr verfaßten Text veröffentlicht wurde.

Ernest Hall pflegte zumindest einmal im Jahr seinen Sohn Leicester Hall in Bishop in Kalifornien zu besuchen und einige Zeit in und um Los Angeles zu verbringen. Im Dezember 1903 begleitete Grace ihn auf seiner Reise nach Westen. Nach ihrer Rückkehr aus Kalifornien wurde Grace zum viertenmal schwanger und vertraute diese Neuigkeit Ernest an, der sich einen kleinen Bruder gewünscht hatte. Ernests spätere Feindseligkeit seiner Mutter gegenüber mag zum Teil auf die schnelle Verdrängung zurückgehen, die er nach der Geburt seiner jüngeren Geschwister erleben mußte – zwei kamen in weniger als fünf Jahren zur Welt. Für ein kleines Kind konnte es wirklich verwirrend und schmerzhaft sein, die berauschende Zuneigung einer Mutter, die mit ihren Zuwendungen und ihrer Aufmerksamkeit bisher so verschwenderisch umgegangen war, plötzlich teilen zu müssen. Grace jedoch, soweit es sich feststellen läßt, sah das nicht als Problem an. Ernest wartete begierig auf das neue Baby und stellte sich vor, daß es diesmal sicher ein Junge sein würde. Aber am 25. November 1904 kam noch ein Mädchen zur Welt – Madelaine, die später den Spitznamen Sunny erhielt.

Die Welle der Befriedigung, die Grace nach der Geburt des Kindes erfuhr, wurde im Frühjahr 1905 vorzeitig beendet. Abba Hall erkrankte an Grippe, die sich rasch zu einer Nierenentzündung verschlimmerte. Im Mai starb er an der Brightschen Krankheit. Grace war vom Schmerz überwältigt und tief betrübt. Er war in der komplizierten Beziehung zu ihrem Mann ihre Stütze gewesen. Sie stellte ihn ihren Kindern als Vorbild hin und pries seine Vorzüge, solange sie lebte.

Der Grundbesitz, den Grace nun von ihrem Vater erbte, eröffnete eine faszinierende Perspektive. Sie würde ein *neues* Haus bauen, ihr Traumhaus, und es würde ein Musikstudio haben, wo sie unterrichten und Liederabende geben konnte. Sie machte sich mit zielbewußter Entschlossenheit daran, ihren Entschluß in die Tat umzusetzen, nachdem sie jahrelang Bücher über Architektur und Inneneinrichtung gelesen hatte. Innerhalb von sechs Wochen verkaufte sie den alten Besitz von Ernest Hall und erwarb ein großes Grundstück an der Ecke Kenilworth Avenue und Iowa Street. Noch vor dem ersten Schnee wurde das Fundament für das neue Haus gelegt. Im Frühjahr 1906 war das Balkenwerk fertig. Sie fuhr in jenem Sommer nicht nach Windemere, um die Vollendung ihres anspruchsvollen Projektes zu überwachen.

Dr. Hemingway kam mit den Kindern Anfang August aus Windemere zurück, so daß der Umzug in das neue Haus beendet war, bevor Marcelline und Ernest in die Holmes-Grundschule eingeschrieben wurden, die nur einen Häuserblock weit entfernt war. Es gibt kein Anzeichen dafür, daß Ed mit dem alten Haus unzufrieden gewesen wäre. Auf Grund seiner puritanischen Erziehung bevorzugte er eine einfache Umgebung. Als Grace ihn aus dem Mittelklasseambiente am Oak Park Boulevard wegzerrte, geriet er in eine Falle, die ihn bedrücken und ihm immer enger werden sollte. Da er das unwiderstehliche Bedürfnis hatte, seine Künstlerfrau zufriedenzustellen, ging er bereitwillig in diese Falle. Doch der Keim der Zwietracht war bereits gesät.

Im Erwachsenenalter, als sich seine Ressentiments Grace gegenüber zunehmend verhärteten, kam Ernest immer wieder auf das zurück, was er die Selbstsüchtigkeit ihres Entschlusses nannte. In einer schriftlichen Äußerung aus dem Jahr 1927 scheint er sie direkt zu belasten, während er all seine Sympathien dem Ehemann vorbehält, dessen Kindheitserinnerungen von einer unsensiblen Frau rücksichtslos verbrannt wurden:

»Nach dem Tod meines Großvaters zogen wir von dort aus in ein neues Haus, das meine Mutter entworfen und gebaut hatte. Viele Dinge, die nicht mitgenommen wurden, verbrannte man im Hinterhof, und ich erinnere mich, wie diese Gläser vom Dachboden (vermutlich die Gläser mit Schlangen und anderen naturgeschichtlichen Präparaten, die Ed Hemingway als Junge gesammelt und in Alkohol konserviert hatte) ins Feuer geworfen wurden… Ich kann mich an die Schlangen erinnern, wie sie in dem Feuer im Hinterhof brannten.«

Für Grace jedoch war es eine außergewöhnliche Erfahrung gewesen, die Fertigstellung eines prächtigen Hauses vom Zeichenbrett bis zur Wirklichkeit zu leiten. Ihre Erbschaft war dahin, aber ihr Hochgefühl war grenzenlos. Schließlich drängten sich nicht weniger als dreihundert Gäste zu ihren Liederabenden in das Musikzimmer und auf den Balkon. Sie gab Musikstunden und begann wieder zu komponieren. Sie rief ihre Familie mit Gesang zum Abendessen. Wenn irgendeine Hausangestellte musikalische Begabung zeigte, so wurde sie eine Schülerin von Grace, die in diesem Fall auf ihr normales Honorar von acht Dollar für die Stunde verzichtete. Leicester und Ernest verhielten sich ambivalent, was die musikalischen Aktivitäten ihrer Mutter betraf. Sie hörten es auch nicht gerne, wenn sie andeutete, daß sie den Starruhm einer Opernsängerin für Ehe und Mutterschaft geopfert habe. Die Töchter hingegen, was vielleicht gar nicht verwunderlich ist, sahen sie als erfolgreiche Frau, die ihren Erfolg auch genoß.

Die Regeln der Hausordnung wurden von Ed Hemingway bestimmt. Er erzwang die strikte Einhaltung des Sabbaths – es gab weder Sport noch Spiel, keine Besuche bei Freunden, Gebet und Kirchenbesuch waren obligatorisch. Bei Verstößen gegen die Verhaltensregeln machte er reichlich von dem Streichriemen seines Rasiermessers Gebrauch. Er konnte innerhalb von einer Sekunde in Wut geraten. Es war mehr die Unberechenbarkeit seines Mißfallens als die Strafe selbst, die für die jugendlichen Missetäter (und vielleicht ebenso für Grace) schwer zu ertragen war. Bei Widerrede waren Mundspülungen mit bitterschmeckender Seife üblich. Leicester Hemingway hat eine bestimmte Art gesellschaftlichen Ignorierens als eine der häufigsten Bestrafungsmethoden seines Vaters beschrieben, bei der die Verzeihung nur widerwillig gewährt wurde. Er führt Ernests ideologische Verehrung des Stoizismus und seine Verachtung von Schwäche auf die psychologische Verbannung zurück, der er als Junge ausgesetzt war – jene durchbohrende moralische Verurteilung, die den Übeltäter sich noch lange winden ließ, nachdem es bereits human gewesen wäre, die Ächtung wieder aufzuheben.

Grace setzte die Kinder einer anderen Art von Druck aus. Noch ehe Ernest selbst ein Wort lesen konnte, hatte sie ihm Hunderte von Büchern vorgelesen und ihm deutsche und lateinische Sätze, sowie markante Zeilen aus Gedichten beigebracht. Sie investierte dieselbe Energie, die durch den Bau des Hauses mobilisiert worden war, in die Schaffung einer geistig anregenden Umgebung für ihre Sprößlinge. Sie nahm der Reihe nach jedes Kind in die Oper, ins Theater und in die Museen mit, ähnlich wie es ihr Vater getan hatte. Vor seinem neunten

Geburtstag hatte Ernest bereits einige Vorstellungen der *Chicago Opera Company* besucht und sägte fleißig auf seinem Cello herum. Grace sah ihre Verantwortung in erster Linie vom künstlerischen Standpunkt aus – sie hatte die Seelen ihrer Kinder zu ermuntern, zu inspirieren und für die edle Welt des künstlerischen Schaffens zu öffnen.

Anthony Burgess meinte, daß Ernest das Interesse für Melodie und Rhythmus, das ihn zu einem vorrangigen literarischen Stilisten machen sollte, von Grace geerbt habe, wobei er darauf hinwies, daß James Joyce ebenfalls aus einer musikalischen Familie kam. Grace sparte nicht mit Lob für gute Leistungen, war aber auch schnell mit Kritik bei der Hand, wenn sie eine Nachlässigkeit spürte. Ernest lernte, daß Belobigungen aus einer scharfen Verurteilung jedes ungeschickten Herumhaspelns kamen. Sein verzehrender Wunsch, in allem der Erste zu sein, bildete sich früh heraus. Freunde der Familie stellten fest, daß die Hemingwaykinder auf Leistung aus waren, und sie meinten, daß das so sei, weil ihre Eltern, besonders ihre Mutter, so viel für sie wollten.

Marcelline fragte Grace einmal, wie es komme, daß sie Zeit für berufliche Interessen habe, wo das doch bei keiner der Mütter ihrer Freundinnen so sei. Grace antwortete leichthin, daß natürlich Talent etwas damit zu tun habe, daß jedoch die Tatsache wichtiger sei, daß sie selbst genug verdiene, um eine Köchin und eine Hausgehilfin zu bezahlen. Aber es steckte doch mehr dahinter. Während ihre Erträge als Beitrag zu Konzertkarten, Extraausflügen, Geschenken und Partys verwendet wurden, mußten die grundlegenden Haushaltsausgaben aus der Praxis des Doktors bestritten werden. Er machte sich zunehmend Sorgen um finanzielle Sicherheit, und die Streitigkeiten mit Grace um Geldfragen wurden schärfer. Sie liebte es, Leute zu großen informellen Partys einzuladen. Oft war es schwierig, diese Gastlichkeit auch mit dem, was Grace verdiente, aufrechtzuerhalten, und da es für Ed Hemingway schwer war, ihr etwas abzuschlagen, fühlte er sich zunehmend unter Druck gesetzt.

In den meisten Fällen – oder zumindest schien es Ernest so –

gab sein Vater den Wünschen von Grace nach. Und Grace ihrerseits lernte, wie sie Eds Machtworte, wenn sie ihr unfair schienen, umgehen konnte, selbst wenn sie ein wenig lügen mußte, falls die Situation das erforderte. Kam es aber zu einem ernstlichen Willenskonflikt, so war der Stress zuviel für sie, und sie litt an periodischen Migräneanfällen. Ernest war offensichtlich zu der Überzeugung gelangt, daß sie diese Kopfschmerzen übertrieb, um seinen Vater zu bestrafen, wenn er sich erinnert, wie sie sich nach einem Streit, bei dem sie der Verlierer war, in ihr abgedunkeltes Schlafzimmer zurückzog. Aus einer kreativen Frau, die entschlossen war, das Leben ihrer Kinder zu bereichern und ihre eigenen Bedürfnisse zu erfüllen, wurde in den Augen des Schriftstellers Hemingway eine selbstsüchtige Ehefrau, die ihren Mann zugrunde richtete.

2

Leicester hat sich selbst als völlig ungeplantes Baby beschrieben, das zunächst als Störung betrachtet wurde. Möglicherweise war diese Schwangerschaft Grace peinlich, weil sie ein Beweis für sexuelle Aktivität war, die der allgemein vorherrschenden Meinung nach in mittleren Jahren bereits vorbei war. Sie war zweiundvierzig und hatte Kinder vom Säuglingsalter bis zu sechzehn Jahren.

Nach Leicesters Geburt am 1. April 1915 gab es drei Gruppen von Kindern mit verschiedenen Stundenplänen. Die beiden kleinen Mädchen, Ursula und Sunny, besuchten die Volksschule. Carol und Leicester wurden im Kinderzimmer beaufsichtigt. Grace selbst war vor allem an den Aktivitäten der Teenager, Ernest und Marcelline, interessiert, ob das nun

Schulangelegenheiten oder Gelegenheitsarbeiten, Klubversammlungen oder soziale Zusammenkünfte auf kirchlicher Basis waren. Sie begann, von jenem Tag zu träumen, an dem die beiden an das Oberlin College gehen würden, die Alma mater ihres Vaters.

Auch Ed Hemingway bewegten die Zukunftspläne der Kinder, besonders die Möglichkeit, daß Ernest Medizin studieren würde. Mit sechzehn war er hübsch und gut gebaut, sehr stark und ausdauernd und sehr lieb zu seinen kleinen Schwestern, die ihn vergötterten und um seine Aufmerksamkeit wetteiferten. Nur Marcelline als die älteste ließ sich nicht kommandieren. Ihre sich entwickelnde Weiblichkeit – sie war groß und hübsch – und ihre schöne Singstimme ebenso wie ihr Hang, die Aufsicht zu übernehmen, erinnerten Ernest zu sehr an Grace. Und sie war in einem Alter, wo sie gelegentlich Begleitung brauchte. Wenn niemand anderer verfügbar war, wurde Ernest zu seinem offenkundigen Entsetzen dazu abkommandiert.

Ernests Hingabe an das Cello trug schließlich Früchte, als die Musikklubs der High School die Oper *Martha* aufführten und er aus dem Orchestergraben verächtlich das Mädchen anstarrte, das die Dritte Dienerin spielte, »ein zierliches, entzückendes Wesen namens Frances Coates«, laut Grace. Einer seiner Klassenkameraden erinnerte sich daran, daß er oft Witze machte und lachte, aber selten bei Tanzabenden der Schule auftauchte, außer in Marcellines Gesellschaft. Die Mädchen meinten, daß er zu beschäftigt mit Fischen, Jagen und Schreiben sei, um sich mit ihnen abzugeben. Aber es war nicht Mangel an Interesse, was ihn Rendezvous und Partys meiden ließ. Seine großen Füße waren ihm beim Tanzen im Weg, und er hatte nicht das Selbstvertrauen, eine Zurückweisung zu riskieren. Er wurde, als er über seine neuen Gefühle nachgrübelte, zur Zielscheibe vieler Spötteleien in der Familie. Spätestens im Mai jedoch hatte er offensichtlich seine Sprache wiedergefunden, zumindest was Frances Coates betraf, denn er lud sie, gemeinsam mit Marcelline und einem seiner Schulfreunde, zu einer Kanufahrt mit Picknick auf dem Des Plaines River ein, die den ganzen Tag dauern sollte.

Als die Familie im Sommer 1916 wieder in Windemere war, verfiel Ernest nicht in seine alten Gewohnheiten. Er machte zwar nach wie vor die schwere Farmarbeit und erschien auch zu den meisten Mahlzeiten, aber er gab sich nicht mehr mit den jüngeren Kindern ab. Er lernte in Horton Bay am Lake Charlevoix, zwei Meilen vom Hemingway-Haus entfernt, ein Geschwisterpaar namens Bill und Katy Smith kennen, Sommergäste aus St. Louis, die mit ihrer Tante, Mrs. Joseph Charles, die immer nur »Auntie« genannt wurde, in einem renovierten Farmhaus wohnten. Bill war einundzwanzig, vier Jahre älter als Ernest, und Katy war fast fünfundzwanzig. Beide waren schlank, hatten helles Haar, einen scharfen Verstand und einen ausgeprägten Sinn für Komik. Katy las viel und war für Bill und Ernest eine bequeme Bezugsquelle für Bücher. Obwohl sie nicht hübsch war, hatte sie ihren eigenen Stil. Ihr Haar fiel ihr ewig in die Stirn, von ihren nervösen Fingern ständig zurückgestrichen. Sie blickte kühl aus interessanten grünen Augen in die Welt und legte dem siebzehnjährigen Ernest gegenüber ein teils kokettes, teils mütterliches Verhalten an den Tag.

Ernest war von Katys Aufmerksamkeit geschmeichelt, selbst wenn sie ihm sagte, er möge seine Fingernägel säubern. Die Gesellschaft einer gebildeten, temperamentvollen Frau, fast acht Jahre älter als er, war etwas anderes, als nach der Gunst einer Gymnasiastin zu trachten. Zwischen Katy und Ernest geschah absolut nichts, was man als sexuell bezeichnen könnte. 1916 war er noch ein Neuling, dessen Phantasien von »drallen, braunen Beinen, einem flachen Bauch, harten, kleinen Brüsten... und einer schnell umhersuchenden Zunge« erst späteren Entwicklungstadien vorbehalten waren.

Wenn Katy Smith die unerreichbare ältere Frau war, so war Prudence Boulton, die heiratsfähige Tochter eines indianischen Sägearbeiters, der in der Gegend arbeitete, vermutlich zugänglicher. Es hat jedoch nie eine Bestätigung dafür gegeben, daß es Prudence (Trudy) war, die sich in Ernests fiktivem Bericht in »Väter und Söhne« aus dem Jahr 1932 in den Schierlingstannenwäldern hinter dem Indianerlager auf den Boden legte und ihn in die Sexualität einweihte. Er machte seine erste vollständige sexuelle Erfahrung erst drei Jahre später. Mit siebzehn hatte er von seinem Vater, dem Doktor, eine sehr spärliche Sexualaufklärung bekommen; dieser hatte ihm die gleichen zurechtgestutzen Übertreibungen erzählt wie die anderen Eltern jener Zeit: »Onanie führe Blindheit, Irrsinn und Tod herbei, während ein Mann, der mit Prostituierten ginge, sich grauenhafte Geschlechtskrankheiten holen würde und es das einzig Wahre sei, sich mit niemandem einzulassen.«

Bill Smith registrierte die Feindseligkeit, die zwischen Ernest und seinen Eltern aufzukommen begann. Mit ihrer unwiderstehlichen Art, das Zentrum der Bühne für sich zu beanspruchen, mußte Grace von Ernest als Rivalin empfunden werden. Zeitweise schien er auch einen Groll gegen seinen Vater zu hegen. Er entdeckte die Unklarheiten im Charakter von Dr. Hemingway: die Tatsache, daß die strengen Richtlinien des Doktors den Forderungen seiner Frau weichen oder einfach aus moralischer Erschöpfung vergessen werden konnten.

Grace und Ed hofften noch immer, daß sich Ernest und Marcelline um die Aufnahme am Oberlin College bewerben würden, aber in den Frühjahrsferien besuchte nur Marce gemeinsam mit ihrer Mutter den Campus in Ohio. Ernest unternahm mit einem Freund eine Kanufahrt den Illinoisfluß hinunter. Es war die Woche, in der Woodrow Wilson in einer Sondersitzung des Kongresses seine historische Kriegsbotschaft bekanntgab. Als die Schüler wieder von den Osterferien zurück waren, befanden sich die Vereinigten Staaten bereits im Kriegszustand mit dem Deutschen Reich.

Als sich die Abschlußwoche an der High School näherte, wurde viel von freiwilligen Meldungen zum Heer gesprochen. Dr. Hemingway war dagegen, weil er der Ansicht war, daß die Burschen noch zu jung seien. Ernest selbst schien es diesbezüglich nicht eilig zu haben. Ein Onkel von ihm, der in Kansas City im Holzgeschäft tätig war, sah sich für ihn beim *Kansas City Star* wegen einer Anfängerstelle als Reporter um, und die dann eintreffende Nachricht, daß im Herbst eine Stelle frei sein würde, begeisterte Ernest, Grace jedoch weniger. Sie vertrat noch immer die Ansicht, daß er ins College gehöre, daß sein junger Verstand die Anregung und spezielle Ausbildung durch ein Hochschulstudium brauche. Ernest, der beschlossen hatte, Journalist zu werden, der endlich unabhängig sein wollte, hörte nicht auf ihren Rat. Wie konnte das College eine bessere Vorbereitung für seine Karriere sein als die Redaktion einer der besten Zeitungen Amerikas? Aber zunächst kamen die traditionellen Feiern der Abschlußwoche an der High School. Ernest war auf Grund seiner literarischen Leistungen Klassensprecher.

Im Juni 1917 beschloß Dr. Hemingway, die fünfhundert Meilen nach Windemere in seinem offenen Tourenwagen, Marke Ford, Modell T, zurückzulegen. Grace, die sich eine neue Erfahrung nie entgehen lassen wollte, packte ein paar Habseligkeiten und den zwei Jahre alten Leicester zusammen und schloß sich ihrem Mann und Ernest für diese Reise an. Ernest absolvierte seine Angeltouren und sein gesellschaftliches Leben an langen, übermütigen Wochenenden. Die Smiths aus St. Louis waren wieder da, Bill und Katy, letztere von Ernest jetzt scherzhaft mit Butstein tituliert, während er selbst Wemedge genannt wurde. Carl Edgar, ein zweiunddreißigjähriger Junggeselle aus Kansas City, machte Butstein den Hof, aber sie wehrte ihn mit drolligem Geschimpfe ab, da sie zur Zeit nicht die Absicht habe zu heiraten. Ernest, dem es schmeichelte, in diesem »älteren Kreis« ein Insider zu sein, nahm an ihren nächtlichen Badeausflügen am Kai von Horton Bay teil. Er ließ sich nicht anmerken, daß er sich von Katy mehr erträumte als schwesterliche Neckereien. Aber er beobachtete gespannt, wie sie Edgars Annäherungen auswich.

Eine von Ernests frühen Kurzgeschichten, »Sommergäste«, erst 1972 veröffentlicht, erzählt von einem mitternächtlichen Stelldichein zwischen Nick Adams und Katy in einem Wäldchen von Schierlingstannen. Da die Erzählung zu seinen Lebzeiten unveröffentlicht blieb, machte sich Ernest keine Mühe, die Identität seiner Personen zu verbergen. Odgar (der Spitzname von Carl Edgar) wirbt um Butstein, während Nick einen inneren Monolog über seine erotischen Wünsche hält. »Nick konnte es kriegen, wenn er es wollte... Er, Nicholas Adams, konnte wegen irgendwas in ihm haben, was er wollte.« Was er wollte, war Katy, und was sie wollte, war er. »Oh, Wemedge. Ich habe es so sehr gewollt. Ich habe es so sehr gebraucht.‹«

Man konnte es dem achtzehnjährigen Ernest – noch unberührt und nicht imstande, die fünfundzwanzigjährige Katy zu verführen – nicht verdenken, wenn er sich in seiner Phantasie als großen Verführer darstellte. In der Erzählung verschmäht Katy Odgar zugunsten von Nick, und es liegt ein Element von knabenhafter Phantasie darin, wie Nick Essen aus der Küche seiner Mutter mitbringt und Katy – Bettdecken aus ihrem Schlafzimmer. Es ist eine rasche und erfolgreiche Begegnung. »Er berührte die eine ihrer kleinen Brüste zart mit den Lippen. Sie wurde zwischen seinen Lippen lebendig. ... Er spürte, wie das ganze Gefühl wiederkam und drehte Kate um, während er seine Hände hinuntergleiten ließ.« Kate ist ihrerseits so erregt, wie es sich ein junger Liebhaber nur erträumen kann. »›Ich liebe es. Ich liebe es... O komm, Wemedge. Komm bitte... Bitte, bitte...‹« Am Kai, im Auto, in der Öffentlichkeit gibt die fiktive Katy den Ton in der Beziehung an. Im Bett jedoch, wo er der Boss ist, hat Nick das Kommando.

In diesem Sommer des Jahres 1917 separierten sich Ernest und Marcelline, die nun die High School abgeschlossen hatten, soweit wie möglich vom Haushalt der Familie. Im September ging Marce ans Oberlin College, um Musik zu studieren, und im Oktober fuhr Ernest nach Kansas City. Sechs Monate lang arbeitete Ernest für die Stadtredaktion des *Kansas City Star*. Anfang Dezember wohnte er mit Carl Edgar, Katy Smiths Freier, zusammen.

Ernests schlechte Augen schienen den Entschluß, sich freiwillig zu melden oder auch nicht, zu einer rein akademischen Frage zu machen. Dann aber erfuhr er von Ted Brumback, einem anderen Reporter, daß es auch einen anderen Weg an die Front gab, und zwar über den American Field Service. Brumback hatte vier Monate beim Field Service in Frankreich verbracht. Er hatte einen der Ambulanzwagen gefahren und wollte sich jetzt erneut verpflichten. Im Januar 1918 bewarb sich Ernest beim Roten Kreuz als Ambulanzfahrer. Im April setzte er die Redaktion seiner Zeitung davon in Kenntnis. Dr. Hemingway hatte seine Einwände widerwillig fallengelassen, als klar wurde, daß Ernest nicht aufgeben würde, aber er konnte seine Ängste um die Sicherheit seines Sohnes nicht verbergen.

Grace hingegen strahlte ein ruhiges Vertrauen aus, daß Ernest nichts zustoßen würde. Als er jedoch beiläufig die Möglichkeit einer Verlobung erwähnte, war sie schockiert und verärgert und wußte nicht, was sie von dieser bestürzenden Idee halten sollte. Vielleicht hatte sie als Mutter versagt, wenn er ihr in einer so wichtigen Frage wie eine Verlobung es war, nicht vertrauen konnte! Am 16. Mai warnte sie ihn vor dem Risiko, in so jungen Jahren zu heiraten, wo er noch kein Einkommen habe und die Möglichkeit bestehe, daß er verletzt oder verstümmelt aus dem Krieg zurückkomme. Würde die junge Dame ihn dann auch noch lieben? Sie wolle das Mädchen lieben lernen wie ihre eigene Tochter und hoffe, daß Ernest es ihr sagen werde, falls er nur einen Witz gemacht habe. Offensichtlich war das der Fall. Es war kein ganz unschuldiger Scherz, der seine Eltern beträchtlich beunruhigte. Jahre später bemerkte Vincent Sheean, der mit ihm einige Zeit als Kriegsberichterstatter verbracht hatte, daß Ernest mit derselben Gedankenlosigkeit exotische Geschichten erfand, mit der andere Menschen atmen. Die meiste Zeit konnten seine Zuhörer die Realität nicht von seiner Phantasie unterscheiden. In diesem Fall entsprang die »Verlobung« zur Gänze seiner Phantasie – eine angebliche Affäre mit der Schauspielerin Mae Marsh, die, als sie viel später diesbezüglich befragt wurde, zur Antwort gab, daß sie Ernest Hemingway nie getroffen habe, indessen wünschte, es wäre so gewesen.

Am 15. Juni 1918, drei Wochen nachdem sich Ernest auf dem kleinen, alten französischen Überseedampfer *Chicago* nach Bordeaux eingeschifft hatte, ging die sechsundzwanzigjährige Agnes Hannah von Kurowsky an Bord der *La Lorraine,* deren Ziel Le Havre war. Agnes war im deutschen Viertel von Philadelphia am 5. Januar 1892 als die jüngere Tochter eines deutschen Emigranten und einer amerikanischen Debütantin zur Welt gekommen. Agnes Theodosia Holabird und Paul Moritz von Kurowsky hatten sich als Schülerin und Lehrer in einem Deutschkurs der Berlitz School in Washington, D. C. ineinander verliebt und gegen den Willen des Vaters der Braut, des Brigadegenerals Samuel Holabird, geheiratet, der, laut Agnes, ein tiefes Mißtrauen gegen alles Deutsche hatte. »Meine Mutter war verwöhnt«, erinnerte sie sich, »aber mein Vater war ein gütiger Mensch. Er konnte grimmig dreinschauen, aber er war es nicht.«

Agnes eigener Sinn für Spannung und Abenteuer wurde bereits in ihrer Kindheit geweckt. Ihr Vater, der als Sprachlehrer im Staatsdienst der amerikanischen Armee zugeteilt war, nahm seine Familie 1898 in eine Armeegarnison nach Alaska mit und einige Jahre später nach Vancouver in Washington. Besonders die Jahre in Alaska – in einer weißen Wildnis leben, mit Lappländern Freundschaft schließen und in Hunde- und Rentierschlitten fahren – waren unvergeßlich für Agnes. In Vancouver jedoch wurden die beiden Kinder von Kurowsky krank. Agnes, die Diphterie hatte, entging knapp dem Tod, während ihre Schwester an den Komplikationen einer Scharlachinfektion starb. Einige Jahre nach dieser Tragödie trat General Holabird in den Ruhestand, und Paul von Kurowsky bat um seine Rückversetzung nach Washington, D. C., damit seine Frau in der Nähe ihres Vaters leben konnte. Der General engagierte einen privaten Französischlehrer für Agnes und gestattete ihr die Benutzung seiner riesigen Bibliothek von siebentausend Bänden.

Nach dem Tod Paul von Kurowskys, der an Typhus starb, sowie dem General Holabirds, änderten sich die Lebensumstände der Familie dramatisch. Mit den geringen Mündelgeldern, die ihr geblieben waren, zog Mrs. von Kurowsky mit Agnes in eine Mietwohnung. Agnes, die das Fairmont Mädchenseminar absolviert hatte, wurde Bibliothekarin, möglicherweise angeregt durch die Jahre, die sie in der wunderbaren Bibliothek ihres Großvaters geschmökert hatte.

Vier Jahre lang, bis 1914, arbeitete sie in der Katalogisierungsabteilung der öffentlichen Bücherei von Washington. Sie war eine gesellige junge Frau mit lockigem, kastanienbraunem Haar und wachen blaugrauen Augen. Eine leichte Stupsnase und ein freundliches Lächeln ließen sie besonders gesund aussehen. Sie sprach in sanftem, kultiviertem Tonfall mit südlichem Einschlag. Etwa zu der Zeit, als in Europa der Krieg ausbrach, befriedigte sie die Bibliotheksarbeit nicht mehr, und sie beschloß, Krankenschwester zu werden. Sie bewarb sich bei den einzigen großen Stadtkrankenhäusern, die sie kannte – dem Massachusetts General Hospital und dem Bellevue Hospital. Das letztere hatte sie gewählt, weil ihre Mutter in New York aufgewachsen war. Als Agnes im Juli 1917 ihre Ausbildung abschloß, hatte sie Alkoholiker und Psychopathen gepflegt, sowie in der Abteilung für Infektionskrankheiten und als Geburtshelferin gearbeitet. Sie war nicht bloß eine Krankenschwester, sie war eine *Bellevue-Schwester*.

Als sich Agnes als Rotkreuzschwester nach Übersee bewarb, beschrieb sie sich in ihrem Brief an Clara Noyes, die Direktorin des Schwesterndienstes vom Roten Kreuz, folgendermaßen: Größe 1,72 Meter, Gewicht 60 Kilo, spricht fließend Französisch und Deutsch. Ihr Empfehlungsschreiben von der Bellevueklinik bestätigte ihr eine starke Persönlichkeit und gute organisatorische Fähigkeiten.

Auf ihrem Paßbild trug Agnes einen breitkrempigen schwarzen Hut sowie einen maßgeschneiderten Mantel und sah entschlossen genug aus, um mit dem Krieg und seinen

Verwundeten fertig zu werden. An Bord des Schiffes steckte sie voller Späße und schloß mit vielen der uniformierten Passagiere Freundschaft. Sie ließ in New York einen Arzt zurück, der sich als mit ihr als verlobt betrachtete – offenbar hatte sie ihm Grund zu dieser Annahme gegeben, nachdem sie sich einige Monate lang mit ihm getroffen hatte. Doch sie selbst gab zu, daß sie sich – nachdem das Schiff in See gestochen war – frei fühlte, die Gesellschaft anderer junger Männer zu genießen. Sie war der gewinnende Prototyp der Kriegskrankenschwester – hübsch, beruhigend und ungebunden. Von Le Havre ging sie nach Paris, das sie sich ansah, und fuhr dann, unter Umgehung der Kriegsschauplätze, nach Italien. Am 11. Juli 1918 traf sie wohlbehalten in Mailand ein.

In Mailand war das Ospedale Croce Rossa Americana (das amerikanische Rotkreuzspital) in einem prachtvollen Steinhaus in der Via Manzoni 10 untergebracht, im eleganten Piazza-La-Scala-Bezirk, in der Nähe des Duomo und der Galleria. Im dritten Stock gab es fünfzehn Privatzimmer, von denen einige Balkons hatten, während andere auf eine große Terrasse hinausgingen. Von allen Räumen blickte man auf das üppige grüne Blattwerk des Sommers und die geheimnisvoll geschlossenen Fensterläden der Häuser dieser norditalienischen Stadt. »Das Haus hatte alle Kennzeichen eines... Country Clubs«, erinnerte sich Henry S. Villard, einer der damaligen Patienten. »Unter den gestreiften Markisen, die je nach der Stärke der Sonne auf- und zurückgerollt werden konnten, ... machten die Patienten es sich bequem und konnten sich auch ihre Mahlzeiten bringen lassen. Es gab große Korbstühle, ein Sofa, grüne Topfpflanzen und schöne Blumenkästen am Geländer.« Im Stockwerk unter den Zimmern der Patienten befanden sich die komfortablen Schwesternquartiere mit eigenen Speisesälen, einer Küche und Unterrichtsräumen. Man hatte die alten Möbel auf einen weichen Glanz poliert und die Wände in fröhlichem Rosa gestrichen. Catherine DeLong war die Leiterin. Elsie MacDonald, eine andere Bellevue-Veteranin, führte das Krankenrevier der Schwesternstation und hatte ein wachsames Auge auf die jüngeren Schwestern.

Agnes stürzte sich voller Eifer in die neue Arbeit. Gemeinsam mit Loretta Cavanaugh und Ruth Brooks, Kolleginnen aus dem 17er Jahrgang der Bellevueklinik, trug sie ihre schlechtsitzende graue Ausgehuniform zu einem Mailänder Schneider, um sie enger und kürzer machen zu lassen, und legte ihre grauen Kleider und Fleischerschürzen völlig ab, die zwar Vorschrift waren, die Schwestern aber wie Spülmädchen aussehen ließen. Sie besuchte zweimal täglich den italienischen Sprachkurs und nahm die strengen Vorschriften, die ihr Privatleben regelten, mit Gleichmut hin. Das amerikanische Schwesternpersonal hatte es im Benehmen den italienischen Frauen gleichzutun – Rendezvous waren nur in Gegenwart von Anstandsdamen gestattet, und die Schwestern sollten ohne Begleitung nur paarweise ausgehen. Ruth Brooks, die gern flirtete, verärgerte Catherine DeLong, weil sie sich über die Regeln hinwegsetzte, aber Agnes gab der hart arbeitenden Frau keinen Anlaß zur Klage und nahm selbst zu kleinen Besorgungen eine Freundin mit. Sie stand bald im Ruf eines Engels unter den Schwestern, weil sie einem verdrießlichen Patienten rasch ein heißes Bad anbot oder einem, der an Schlaflosigkeit litt, einen Cocktail oder Eierflip zusammenmixte.

Nicht ganz eine Woche, nachdem Agnes ihren Dienst im Croce Rossa Americana aufgenommen hatte, brachte der langsame Zug aus Mestre einen schwerverwundeten Ernest Hemingway nach Mailand. Es war 6 Uhr morgens, der 17. Juli, vier Tage vor seinem neunzehnten Geburtstag. Sein Schiff hatte Ende Mai in Bordeaux angelegt. Ted Brumback aus Kansas City war bei ihm, und er schloß enge Freundschaft mit zwei anderen jungen Männern – mit Howell Jenkins aus Chikago und Bill Horne aus Yonkers, New York. Sie hatten durch den Mount-Cenis-Tunnel fahrend die italienische Grenze in einem geschlossenen Güterwagen überquert, und in Mailand war es ihre erste Aufgabe gewesen, die toten und verstümmelten Körper zu bergen, die nach der Explosion einer Munitionsfabrik zurückgeblieben waren.

Zwei Tage später wurde das gesamte Truppenkontingent, dem sie angehörten, der Sektion Vier des Amerikanischen

Roten Kreuzes zugeteilt und nach Schio, vierundzwanzig Kilometer nordwestlich in den Ausläufern der Dolomiten verlegt. Drei Wochen lang wechselten sich Ernest und ein zweiter Fahrer am Lenkrad eines Fiat ab, um ihn die Haarnadelkurven des Mount Pasubio hinauf und hinunter zu manövrieren und die Verwundeten in *smistamenti* oder Verteilungsstationen zu evakuieren. Dann griffen die Österreicher im Piavetal an, und das Tempo verlangsamte sich. Als die Rotkreuzleute Freiwillige brauchten, um einige Kantinen am Westufer der Piave zu besetzen, meldete sich Ernest. Er wurde unter dem Kommando von Hauptmann Jim Gamble in Fossalta abgesetzt, einem tiefliegenden, schwer zerstörten Dorf.

In der heißen, pechschwarzen Nacht des 8. Juli, als die Explosionen der Leuchtgeschosse das einzige Licht lieferten, war er in den Schützengräben und versuchte, sich in seinem mangelhaften Italienisch mit einigen Soldaten zu unterhalten. Kurz nach Mitternacht zerriß eine Explosion den Boden, auf dem er stand. Die Österreicher auf der anderen Seite des Flusses hatten eine Granate vom Kaliber 420 abgefeuert, die beim Aufschlag explodierte. Betäubt und geschockt, umgeben von toten Körpern und an beiden Beinen aus von Granatsplittern verursachten Wunden blutend, hievte sich Ernest einen schwer verwundeten Mann über die Schulter und wankte zurück in Richtung des Kommandopostens. Knapp hundert Meter vor dem Posten traf ihn eine Maschinengewehrgarbe dicht am Knie ins rechte Bein. Trotzdem stolperte er immer noch weiter und lieferte den Verwundeten sicher ab, bevor er das Bewußtsein verlor. Er hatte eine wirkliche Heldentat vollbracht und würde für eine der höchsten Auszeichnungen Italiens, die silberne Tapferkeitsmedaille, vorgeschlagen werden.

Bei Morgengrauen brachte ihn ein Ambulanzwagen in die Erste-Hilfe-Station bei Fornaci, wo ihm der diensthabende Arzt Morphium und ein Mittel gegen Wundstarrkrampf spritzte und einige der Hunderte von Stahlsplittern in seinen Beinen entfernte. Eine andere Ambulanz transportierte ihn in ein Feldspital in der Nähe von Treviso. Fünf Tage lang lag er in einem kahlen Krankenzimmer, die Beine von den Knöcheln bis zur Hüfte bandagiert. Am Morgen des 15. Juli wurde er in einen langsamen Sanitätszug verladen, der seinen gewundenen Weg durch die Sommerhitze und die Fliegenschwärme von Venedig und Verona begann. Schließlich wurde er am 17. im Frachtbahnhof von Mailand ausgeladen und in die Via Manzoni 10 gebracht.

Elsie MacDonald, eine kleine, mütterliche Frau in mittleren Jahren, war die erste Schwester, die den verwundeten Hemingway begrüßte und auch die erste, die seinem Charme erlag, der jetzt beachtlich war. Seine jugendliche Unbeholfenheit war verschwunden. Sein männliches gutes Aussehen wurde durch die Verbände und seine grinsende Selbstsicherheit noch verstärkt. Elsie beglückwünschte ihn sanft in ihrem leichten schottischen Akzent, tätschelte ihn, als man ihn auf die straff gespannten, sauberen Laken eines stabilen Bettes legte, badete ihn, brachte ihm das Frühstück und hatte ein liebendes, wenn auch kritisches Auge auf ihn. Schon bald alberte er mit ihr herum und setzte seine neuerwachte Sexualität ein, um mit ihr eine neckische Mutter-Sohn Beziehung aufzubauen. Sie begleitete ihn zu Röntgenaufnahmen ins Misericordia-Hospital und erklärte ihm, daß eine Maschinengewehrkugel in seinem rechten Bein stecke und eine zweite hinter seiner rechten Kniescheibe. Beide Kugeln würden chirurgisch entfernt werden, sobald keine Infektionsgefahr mehr bestehe.

Anfang Juli waren Ernests erste Briefe aus Übersee in Oak Park eingetroffen. Am 2. Juli schrieb Grace, daß sich alle versammelten, wenn der Briefträger riefe, er habe Briefe von Ernie. Ihre Phantasie wurde durch die kriegsbedingten besonderen Anstrengung beflügelt. Sie stand um 6 Uhr 30 am Morgen auf, um die jungen Leute aus Oak Park, die einberufen worden waren, am Bahnhof zu verabschieden, und betrachtete den Krieg als eine Art spiritueller Erhebung für die Vereinigten Staaten. Als ein Telegramm des Roten Kreuzes mit der dramatischen Neuigkeit von Ernests Verwundung eintraf und zugleich seine Heldentat mehrmals von den Telegraphenagenturen beschrieben wurde, erreichten Graces Gefühle eine leidenschaftliche Inbrunst. War es wirklich neunzehn Jahre her, daß ihr Gott einen Sohn geschenkt hatte? Es schien erst gestern gewesen zu sein, als er noch in all seinen Bedürfnissen von ihr abhängig war. Wie stolz mußte er sein, daß er in dem Moment, der heldenhaftes Verhalten erforderte, seinen Mann gestanden hatte. Alle riefen an, und sie hatte sogar ein wunderbares Bukett roter Rosen bekommen. (Viele Jahre später bemerkte Ernest, die größte Enttäuschung in Graces Leben sei gewesen, daß er sie nicht zur Mutter eines Gold-Star-Trägers gemacht hatte). Als in einem lokalen Filmtheater eine Wochenschau erschien, in der Ernest zu sehen war, wie ihn eine hübsche Schwester im Rollstuhl auf den Balkon des Hospitals schob, brach sie in Tränen aus.

Aus seinem Brief vom 29. August erfuhr sie von den Aufmerksamkeiten, mit denen ihn die Mailänder überhäuften. »Sie waren hier wunderbar zu mir«, schrieb er. »So etwas wie ›Fremde‹ gibt es jetzt nach dem Krieg nicht mehr für mich.« Seine Freunde von Sektion Vier drängten sich um sein Bett, um seinen farbigen Erzählungen zuzuhören und ihm zuzusehen, wie er Stahlsplitter mit einem Federmesser aus seinen Beinen stocherte. Alle waren davon beeindruckt, daß er sich durch die Verletzungen nicht seine Lebenslust rauben ließ. Die italienischen Pförtner schmuggelten einen nicht versiegenden Vorrat an Vermouth und Kognak in seinen Schrank. »Er trank die ganze Zeit Brandy«, erinnerte sich Agnes. »Ich glaube, er schlief sehr gut.« Catherine DeLong schalt ihn aus, als sie leere Flaschen unter seinem Bett entdeckte, aber er beachtete sie nicht und tat, was ihm gefiel.

Die Schwestern verwöhnten ihn, und er scherzte mit allen, aber Agnes war es, die ihn wirklich anzog. Er begann ihr von seinem Zimmer im dritten Stock aus täglich, manchmal zweimal täglich zu schreiben, und die Briefe wurden ihr nach unten gebracht, so daß sie sie lesen konnte, wenn sie von ihrem Mittagsschlaf aufwachte. »Ich glaube, er war eher der Typ, der jeweils nur eine Frau liebt«, erklärte sie später. »Er gehörte nicht zu denen, die herumflirteten.« Zunächst war sie von ihm bloß amüsiert – dafür sorgten sein ständiger Besucherstrom und seine widerspenstige Art. Sein strahlendes Lächeln, die

Grübchen und die romantische südliche Gesichts- und Haarfarbe – all das machte ihn zu einer Aufsehen erregenden Figur. Dann fand sie heraus, daß er nicht bloß ein weiterer eifriger junger Mann war, der sich um ihre Gunst bemühte. Seine Anziehungskraft ging weit über seine physische Präsenz hinaus. Da war seine ungeheure Vitalität und seine Entschlossenheit, ein freier Geist zu sein, der sich nicht von kleinlichen Konventionen beengen ließ. Sie entdeckte, daß sie verwandte Seelen waren. In den langen, stillen Nächten, wenn es auf den Spitalgängen ruhig war und die schwüle italienische Luft schwer über den Balkonen hing, sah sie seine sanfte, ernste Seite. Die Großtuerei wich Bescheidenheit, der rauhe Humor machte Besinnlichkeit Platz. »Ich hatte die meiste Zeit Nachtdienst«, sagte sie. »Es war interessant und nicht anstrengend, aber die anderen haßten es einfach. Ich haßte es ganz und gar nicht.« Sie bemerkte, daß Ernest auch eine Nachteule war, und so saß sie bei ihm im Zimmer, plauderte und hörte ihm zu.

Villard erzählte:

> »Ich wußte, daß er im Vorteil war, als ich ihn eines Tages ihre Hand halten sah, wobei klar war, daß sie ihm nicht den Puls fühlte. Ich mußte einfach bemerken, daß er eine Extraration ihrer Aufmerksamkeit bekam, was zum Teil seinen Grund in der besonderen Zärtlichkeit hatte, die sich zwischen ihnen zu entwickeln schien, zum Teil in seiner unwiderstehlichen... Art, die ihre Pflege bei jeder nur denkbaren Gelegenheit in Anspruch nahm.«

Im Zivilleben hatte Agnes ihre Freundschaft mit Männern genossen; sie hatte nach Lust und Laune geflirtet und jede Bindung vermieden. Selbst dem Arzt, der sich als ihr Verlobter betrachtete, wurde klar, daß er keine Macht über sie hatte. In der Umgebung des Mailänder Spitals, wo sich die meisten Patienten einbildeten, in sie verliebt zu sein, war sie bisher sehr unsentimental gewesen und hatte sorgsam ein Gleichgewicht zwischen Beruf und Intimität gewahrt. Aber die romantische Kriegsatmosphäre tat ihre Wirkung, und Ernest war anders als die anderen. Drei Wochen nach seiner Ankunft merkten auch ihre engen Freundinnen, was Henry Villard aufgefallen war:

daß Schwester von Kurowsky an dem jungen Hemingsway interessiert war.

Für Ernest war die Beziehung mit Agnes die Krönung eines außergewöhnlichen Jahres. Er war zum ersten Mal wirklich verliebt, und die Tatsache, daß das Ziel seiner Leidenschaft hübsch, gebildet und sieben Jahre älter war als er, schmeichelte seinem Ego. Niemand hat behauptet, daß es eine vollständig verwirklichte Liebesaffäre war. Auch als sich Agnes mehr und mehr zu ihm hingezogen fühlte, behielt sie physisch Distanz zu ihm. Und Ernest war, trotz seiner intensiven Gefühle für sie, sexuell noch nicht so weit, sie zu verführen. Zehn Jahre später, als er sie als Catherine Barkley in seinem Buch »In einem anderen Land« verewigte, wurde sie zu seiner Idealheldin, die ergeben in ihrer Liebe Erfüllung fand. Als Henry Villard den Roman las, erkannte er die Umgebung und die meisten Personen wieder, war aber sicher, daß Ernest einen guten Teil der Geschichte erfunden hatte. Und das war natürlich die Phantasievorstellung, daß Agnes mit ihm schlief, schwanger wurde und mit ihm in die Schweiz floh.

Die wirkliche Agnes von Kurowsky schätzte zwar die Kameradschaft, die sich in den stillen Nächten entwickelte, die meiste Zeit aber war sie sich der ungewissen Zukunft nur zu bewußt. Zeitweise übte sich Ernest in Nonchalance, so etwa, als Hauptmann Enrico Serena, ein blonder, Englisch sprechender italienischer Offizier, Agnes zusetzte, mit ihm auszugehen. Ernest stachelte sie an. »Sei nett zu dem Capitano, Ag«, sagte er. Schließlich stimmte sie zu, Catherine DeLong um Erlaubnis zu fragen. »Ruth Brooks hätte man nicht zur Tür hinausgelassen«, sagte Agnes grinsend, »doch bei mir sagte sie, ›aber sicher‹.« Sie traf Hauptmann Serena im Park, und er nahm sie zu Lorenzo und Lucia in ein bekanntes Mailänder Restaurant mit, wo er ein Extrazimmer mit Klavier und Couch hatte reservieren lassen. Niemand spielte auf dem Klavier und niemand benützte die Couch. Agnes machte eilig Konversation und sprang unmittelbar nach dem Essen auf, weil sie – wie sie behauptete – zum Nachtdienst zurück sein müsse. Ernest kam sich in der Zwischenzeit verletzt und mißachtet vor, weil er am Nachmittag in der Chirurgie gewesen war, um die Kugeln aus seinem rechten Knie und Bein entfernen zu lassen. Als Agnes um Mitternacht in sein Zimmer kam, sagte er vorwurfsvoll: »Du warst nicht da.«

Die Hitzewelle dauerte bis in den September an, und Agnes widmete sich Ernest. Wenn sie ihren Dienst beendet hatte, saßen sie auf dem Balkon seines Zimmers beisammen, flüsterten miteinander, liebkosten einander und sahen den Schwalben auf dem Dach zu. Es war eine sehr sinnliche Atmosphäre – Ernest lag in seinem Pyjama da, und Agnes war von zarter Fürsorge erfüllt. Zu der heimlichen Erregung trug auch die Mißbilligung bei, mit der die Vorgesetzten vom Roten Kreuz besondere Beziehungen zwischen Schwestern und Patienten betrachteten.

Selbst in ihren Briefen nach Amerika wahrte Agnes Diskretion. In einem Brief vom 28. September an einen Freund erwähnte sie nur nebenbei einen Ausflug mit einigen ihren genesenden Patienten aus dem Ambulanzkorps zum Rennplatz von San Siro. Tatsächlich war Ernest, der inzwischen an Krücken gehen konnte, einer der Patienten. An diesem prachtvollen Nachmittag, der das Nahen des Herbstes spüren ließ, trug Agnes ihren hohen Matrosenhut und ihren majestätischen Umhang. Nach dem Rennen kehrte man zum Essen ins Gran Italia ein, wo auf Tischen im Freien die Kerzen flackerten und ein trockener, weißer Capri aus Silberkübeln mit Eis serviert wurde.

Ernest schrieb Grace, daß er sich verliebt habe, versicherte ihr aber, daß sie, Grace, noch immer sein bestes Mädchen sei. Er gab sich alle Mühe, ihr zu erklären, daß die Schwester in der Wochenschau, die ihn im Rollstuhl auf den Balkon geschoben habe, nicht Agnes gewesen sei. Ag sei viel hübscher. Seinem Bedürfnis nach Agnes mochte verborgen hinter der simplen Erregung einer ersten Liebe noch eine andere Erfahrung zugrunde liegen – die damit zusammenhing, daß er in Fossalta nur knapp dem Tod entgangen war, was seine jugendliche Gewißheit, unsterblich zu sein, zusammenbrechen ließ. Als

Agnes gefragt wurde, ob er unter Schockeinwirkung gestanden habe oder geistig gestört gewesen sei, als er in das Spital eingeliefert wurde, gab sie bloß zur Antwort, daß ihn die Möglichkeit in Schrecken versetzt habe, etwa durch eine Amputation als Folge einer Infektion sein Bein zu verlieren. An seine Eltern schrieb Ernest tapfer, daß Sterben sehr einfach sei, aber der kalte Schrecken seiner Erinnerung mochte nicht so einfach zu ertragen gewesen sein. Agnes' Gegenwart, ihre Gelassenheit, ihre kühlen Hände im Dunkeln – diese beruhigende Sicherheit war wahrscheinlich wichtiger als die sexuelle Realisierung der Liebesaffäre.

Ende September war Ernest genügend wiederhergestellt, um seinen Genesungsurlaub am Lago Maggiore anzutreten, und am 15. Oktober wurde Agnes nach Florenz beordert, um dort einen amerikanischen Rotkreuzoffizier zu pflegen, der an Typhus erkrankt war. In der Nacht vor ihrer Abreise saßen sie in der Spitalsbibliothek und sprachen über die Trennung und die Briefe, die ihnen Trost bieten würden. In der Nacht des 15. brachte er sie in der Kutsche zum Bahnhof und wartete am Bahnsteig, bis der Zug aus dem Süden einfuhr. Sie umarmten sich. Ernest blieb stehen, bis der Zug verschwunden war. Dann humpelte er zur Kutsche und kehrte still ins Spital zurück.

Agnes reiste in relativ fröhlicher Stimmung nach Florenz ab. Am nächsten Tag meldete sie sich an ihrem Arbeitsplatz. Sie hatte Nachtdienst in einem großen, fast leeren italienischen Rotkreuzspital und war mit ihrem Patienten auf ihrem Stockwerk allein. Für jemanden, der zu seinem Wohlbefinden Geselligkeit brauchte, war es eine deprimierende Atmosphäre. Tagsüber wurde sie von Elsie Jessup abgelöst, einer Krankenschwester, die in Amerika zur Welt gekommen war, aber eine britische Art hatte. Agnes wollte sich gemeinsam mit ihr Florenz ansehen, aber der Zustand ihres Patienten war kritisch, und keine der beiden Frauen konnte weg.

Am 17. Oktober kam Ernests erster Brief. Agnes schrieb ihm zweimal, einmal am Abend und einmal mitten in der Nacht. »Mein armer Patient ist so krank und unruhig, er konnte die ganze Nacht nicht schlafen – so daß es mir nicht schwer gefallen ist, wach zu bleiben, und mir gar nicht kalt werden konnte, so daß ich ›meinen Ofen‹ nicht wirklich gebraucht habe – von den vielen anderen Gründen außer der reinen Körperwärme abgesehen.« Sie gab jedoch zu, daß sie sich einsam fühle. Florenz wäre anders, wenn sie bloß ihn hätte, und sie wäre eine andere Frau, wenn sie wieder sein Grinsen sehen könnte.

Wenn Ernests Briefe feurig und untröstlich waren (was eine Vermutung bleiben muß, da keiner davon erhalten geblieben ist), so entbehrten ihre auch nicht der Leidenschaft. »Ich denke jeden Tag daran, wie schön es wäre, Deine Arme wieder um mich zu spüren«, schrieb sie am 21. Oktober. »Ich bin so stolz auf Dich und die Tatsache, daß Du mich liebst, daß ich es am liebsten jedem erzählen möchte... Das ist unser Kriegsopfer, bambino mio, unsere Geheimnisse für uns zu behalten, aber so lang Du keine Geheimnisse vor mir hast und ich keine vor Dir... wozu sollen wir uns darum kümmern, ob die Welt davon weiß oder nicht.« Durch die Verwendung von Ausdrücken wie *bambino mio, mon enfant,* mein lieber Junge etc. machte sie sich in den Briefen immer wieder selbst ihren Altersunterschied bewußt. Manchmal machte sie ihn auch direkt darauf aufmerksam, wenn sie ihn zum Beispiel mit »Ernie, mein Junge« anredete und dann schrieb, »es klingt ziemlich gönnerhaft, aber ich habe es mehr im Sinn von ›mein Eigentum‹ gemeint.«

Sie begann sich zu sorgen, daß er vielleicht an die Front müsse, ohne daß sie ihn vorher sehen könne. Als sie erfuhr, daß Elsie Jessup mit einem britischen Offizier verlobt war, der seit April als vermißt galt, packte sie das Entsetzen. »Laß mich Dich nicht gewinnen, nur um Dich wieder zu verlieren«, schrieb sie am 25. Oktober. »Ich liebe Dich, Ernie... Trotz des Sonnenscheins bin ich ohne Dich verloren. Dabei habe ich gedacht, daß es der trostlose Regen wäre, der mich Dich so vermissen ließ.« Eines Nachts träumte sie von dem New Yorker Arzt. Sie empfand Schuldgefühle wegen der Achtlosigkeit, mit der sie ihn behandelt hatte, und gestand Ernest, daß »mir heute der schreckliche Gedanke kam, daß die Strafe für mein Verhalten ihm gegenüber vielleicht darin bestehen mag, daß Du mich eines Tages in ähnlicher Weise behandeln wirst. Ich bin sicher, daß ich zu meiner Seelenruhe und meinem Wohlbefinden eine Dosis Deiner Gegenwart brauche, Liebling.«

Die Möglichkeit dazu aber bestand ohnedies nicht, da Ernest, der noch immer hinkte, Mailand verlassen hatte, um sich wieder einigen seiner Freunde vom Sanitätskorps anzuschließen. Er machte sie in der Nähe von Bassano ausfindig, wo die großangelegte Vittorio-Veneto-Offensive gegen die Österreicher unmittelbar bevorstand. Anstatt jedoch Verwundete zu chauffieren, erkrankte er fast sofort an einer schweren Gelbsucht und schleppte sich zurück ins Ospedale Croce Rossa. Die Ereignisse auf den Schlachtfeldern und in den Regierungssitzen strebten einem Höhepunkt zu. Die Italiener eroberten Triest, die Offensive hatte Erfolg, und am 3. November 1918 wurde ein Waffenstillstand zwischen Italien und Österreich unterzeichnet. Im Norden wurde zwischen den Alliierten und Deutschland über die Friedensbedingungen verhandelt.

Agnes erfuhr am 1. November von Ernests Gelbsucht. »Ich habe gerade mein Gesicht in den Polstern vergraben«, schrieb sie, »und vor lauter Freude gelacht bei dem Gedanken, Dich in Mailand zu sehen, wenn ich zurückkomme... Lieber Junge, werde rasch gesund, damit ich mich nicht um Dich zu sorgen brauche. Stell Dir vor, du bekommst einen Abschiedskuß – von Deiner eigenen Mrs. Kid, Aggie.« Während ihr Patient genas und sie ihn rasierte, manikürte und massierte, kam sie widerstrebend zu dem Schluß, daß er ziemlich langweilig sei; »ernst wie eine Auster«, beschrieb sie ihn Ernest gegenüber. »Ich kann mir nichts Schrecklicheres vorstellen, als mit jemandem zusammenleben zu müssen, der keinen Sinn für Humor hat. Ich glaube, Du bist wirklich der geselligste Mann, den ich je gekannt habe, und wenn Du manchmal wütend wirst, so ist das auch notwendig, um das Leben nicht so eintönig werden zu lassen.«

Als ihr amerikanischer Patient fast völlig wiederhergestellt war, meldete sich Agnes freiwillig zur Pflege einiger italienischer Grippeopfer, die in das Spital kamen. Mailand begann wieder weiter wegzurücken, »gerade wenn ich am meisten wünsche, dort zu sein – weil Du krank bist«, schrieb sie am 3. November. Sie war neugierig wegen eines Werbejobs, den er in seinem letzten Brief erwähnt hatte. »Wirst Du die ganze Zeit in Rom sein oder in Italien herumreisen? Ich glaube, Du hast nicht viel Vertrauen zu mir, weil Du nicht willst, daß der alte Atlantik zwischen uns ist. Ich kann Dir das nicht verdenken, weil Du ja gesehen hast, was ich dem Doktor angetan habe. Aber Ernie, mein Liebling, eines Tages wirst Du ebenso fest an mich glauben, wie ich Dir jetzt die Treue halte.«

Es besteht kaum Zweifel daran, daß ihr Ernest die Treue hielt. Als intelligente ältere Frau, die sich gemeinsam mit der Autorin zurückerinnerte, fand Agnes nicht, daß sie »total verrückt« nach ihm gewesen sei, aber während ihrer drei Wochen in Florenz hatte sie ihm jeden Tag intime Briefe geschrieben, in denen sie ihrer Liebe zu ihm Ausdruck verlieh und keine Einwände dagegen erhob, daß er sich in den Gedanken verrannte, sie werde ihn heiraten. Gefragt, wie sie sich selbst in jenen Jahren gesehen habe, antwortete sie freimütig: »Ich war auf das Abenteuer aus... und ich war sehr unbeständig.« Ernest hingegen war nicht unbeständig. Er glaubte an das, was er in ihren Briefen las und überhörte die Signale, die sie aussandte – daß sie noch nicht offiziell mit dem Doktor gebrochen habe, daß der Altersunterschied zwischen ihnen beiden sie beunruhige, daß sie ihre Arbeit als Krankenschwester liebe und sich nicht vorstellen könne, sie aufzugeben. Sogar als sie Elsie Jessup nach Mailand mitbrachte und Ernest keine Sekunde mit ihr allein verbringen konnte, machte er das Beste daraus, indem er vermutlich rationalisierte, daß sie in ihrer Situation kein Privatleben erwarteten konnten.

Es war etwa zu dieser Zeit, daß Jim Gamble, Ernests Hauptmann vom Unterlauf der Piave, ihm ein verlockendes Angebot machte. Ernest sollte zumindest für ein Jahr mit ihm in Europa bleiben und auf seine, Gambles Kosten herumreisen und sich vergnügen. Agnes war entschieden dagegen, daß sich Ernest auf eine derartige Odyssee einließ. Sie erklärte Jahre später:

»Ich wollte ihn heim in die Vereinigten Staaten bringen, weil er eine große Faszination auf ältere Männer ausübte. Sie fanden ihn alle sehr interessant... Ich sagte ihm, er würde nie etwas anderes als ein Schnorrer sein, falls er auf Kosten anderer lebe... Ich glaube, ich empfand eine gewisse Verpflichtung, mich ein wenig um ihn zu kümmern, weil ich älter war... Er wäre wirklich ein Schnorrer und Herumtreiber geworden; er hatte die Anlage dazu.«

Sogar dann noch, als sie ihm zuredete, nach Amerika zurückzukehren, um sich dort, was schließlich enorm wichtig sei, eine Zukunft aufzubauen, schloß sie sich selbst in diese Zukunft ein. »Ich hatte das Gefühl, daß er auf diese Europatour gehen würde, falls ich ihn zurückstieße.« Ihr Instinkt war richtig. Der Schmerz, sie zu verlieren, hätte ihn möglicherweise dazu gebracht, Gambles Angebot anzunehmen.

Klar scheint es indessen zu sein, daß sich in jenem November des Jahres 1918 die Gemütslage der Liebenden voneinander unterschied. Ernest, verliebt mit Herz und Seele, sah die Situation aus einem unkomplizierten Blickwinkel. Um Agnes zu heiraten, mußte er zumindest eine Karriere in Angriff nehmen. Wie anders sollte er das tun als durch eine Rückkehr nach Oak Park? Warum sollte er nicht glauben, daß Agnes ihm folgen würde? Der Plan hatte eine attraktive Logik. Agnes, wankelmütig in Liebesangelegenheiten, war sich ihrer Gefühle nicht so sicher. Sie gab später zu, daß sie jedesmal der Mut verließ, wenn sie daran dachte, mit Ernest zu brechen. Er war jähzornig und eifersüchtig, und sie hatte Angst vor seinem Zorn.

Das Problem, was sie ihm sagen oder nicht sagen sollte, wurde aufgeschoben, als sie und Schwester Cavanaugh dem amerikanischen Armeestützpunkt in Treviso, in der Nähe von Padua, zugeteilt wurden. Sie verließen Mailand am 20. November, neun Tage, nachdem Agnes aus Florenz zurückgekommen war. Bis zu ihrer Ankunft war die ganze Station mit ihren vierzig Betten von einem einzigen Sanitäter betreut worden, der zu nichts anderem kam, als Strychnininjektionen zu verabreichen und Fieber zu messen. Agnes überzog zum erstenmal die Betten, badete die Patienten und rieb ihnen den

Rücken ein. »Ich bin wirklich sehr glücklich«, schrieb sie Ernest am 25. November, »weil ich spüre, daß ich eine wirklich wertvolle Arbeit tue.« Am Tag des Erntedankfestes schrieb sie ihm, daß sie ihn vermisse und sehr gern sehen wolle. »Bitte denke nicht, daß ich mich für Dich schäme, und sag so etwas nicht wieder. Ich dachte, ich hätte Dich dazu gebracht, diese Worte ein für allemal zurückzunehmen, aber Du gebrauchst sie wieder in deinem Brief, und das tut mir weh.«

Es war ein immer wiederkehrendes Thema in ihrem Briefwechsel. Vielleicht bezog es sich auf die Geheimhaltung ihrer Beziehung – eine Geheimhaltung, die Ernest verärgern mußte. Oder auf ihren Altersunterschied, der ihn sich fragen ließ, ob sie es wirklich ernst mit ihm meinte. Agnes, die sich noch immer etwas aus ihm machte und nicht bereit war, sich ihre eigene Ambivalenz einzugestehen, schrieb Dinge, die seine Hoffnungen nur verstärken konnten, so etwa am 1. Dezember: »Ich wünsche mir manchmal, wir könnten hier in Europa heiraten, aber das ist so verrückt, daß ich versuchen muß, nicht daran zu denken.«

Ernest, der von der Gelbsucht genesen war und versuchte, eine Transportmöglichkeit nach Treviso zu bekommen, überraschte Agnes eines Nachmittags, Anfang Dezember, als er plötzlich in die Krankenstation humpelte. Mit seinem Stock und seinen Orden erschien er den dort herumliegenden Landsern, die schwere Kämpfe mitgemacht hatten, ein wenig lächerlich. Agnes versuchte, ihre Verlegenheit zu überbrücken und stellte ihn den anderen Schwestern vor. Er übernachtete in der Stadt und reiste am nächsten Tag ab. »Es scheint gar nicht wahr zu sein, daß Du gestern hiergewesen bist«, schrieb sie am Abend des 10. und fügte hinzu, daß die Sanitätsstation möglicherweise in einigen Tagen geschlossen werde, und daß sie, wenn sie es wolle, daran denken könne, nach Hause zu fahren. »Wir würden uns in Italien einschiffen müssen . . . was eine bittere Enttäuschung ist, weil ich gehofft habe, noch einmal nach Paris zu kommen . . . Glaubst Du, daß wir eines Tages noch einmal herüberkommen können? Wenn ja, dann tut es mir nicht leid, wenn ich jetzt nicht alles sehe.« Am 13. erwähnte sie ihre Heiratspläne. Es war eine leichthin gemachte Andeutung. »Ich habe meiner Mutter geschrieben, daß ich die Absicht habe, einen Mann zu heiraten, der jünger ist als ich, – und daß es nicht der Doktor sei, so daß ich glaube, sie wird mich verzweifelt als hoffnungslose Kokette aufgeben.«

Ernest schrieb am gleichen Tag von Mailand aus an Bill Smith und berichtete, wie er nach Treviso gefahren sei, um seine »missus« zu sehen, daß sie ein »Klassemädchen« sei und er nach Amerika zurückkehren werde, um für die »Firma« zu arbeiten. »Ag sagt, wir können eine wunderbare Zeit haben, wenn wir zusammen arm sind... Jede Minute, die ich nicht bei diesem Mädchen bin, ist verschwendet.« Drei Tage später schrieb er Agnes dieselben Neuigkeiten – daß er definitiv nach Amerika zurückgehe und Anfang Januar mit der S.S. *Guiseppe Verdi* aus Genua abreisen werde. Obwohl das ihr eigener nüchterner Rat gewesen war, den sie ihm so entschieden ans Herz gelegt hatte, war sie nun von der Realität etwas niedergeschlagen, zumal ihre Chancen, noch vor seiner Abreise nach Mailand zu kommen, gering waren. »Du fehlst mir mehr und mehr«, schrieb sie am 20., »und ich erschauere bei dem Gedanken, daß Du ohne mich nach Hause fährst. Was ist, wenn unsere Gefühle sich ändern sollten... und wir diese wunderbare Welt, die uns gehört, verlieren?« Dieses Postskriptum zu einem gefühlvollen Brief war das letzte ausgesprochen persönliche Gefühl, daß sie ausdrückte. Am nächsten Tag gewann sie ihren Gleichmut wieder. »Du fährst also wirklich«, schrieb sie. »Ich kann es mir kaum vorstellen, aber ich glaube, Du tust das Richtige.« Sie selbst hatte auch interessante Neuigkeiten. In wenigen Wochen würde sie in ein zerstörtes Gebiet des Veneto gehen, um dort bei der Leitung eines kleinen Spitals und einer Ambulanz mitzuhelfen. »Das ist nur vorübergehend«, rationalisierte sie. »Solange Du nicht in Italien bist, ist es doch gleichgültig, wohin ich gehe...«

Als klar wurde, daß Agnes nicht vor seiner Abreise nach Mailand zurückkehren würde, nahm Ernest eine Einladung Jim Gambles an, ihn in Taormina, an der Ostküste Siziliens, zu besuchen. Später sagte er, daß er nie bis Taormina gekommen, sondern statt dessen in einem kleinen sizilianischen Hotel geblieben sei, dessen Besitzerin seine Hosen versteckte und ihn eine Woche lang einsperrte, während sie ihm vorzügliches Essen und ihren eigenen schönen Körper zum beiderseitigem Vergnügen anbot. Nichts dergleichen ist jemals geschehen. Ernests Freunde würden dieses Garn als eine seiner charakteristischen Prahlereien wiedererkennen. Er verbrachte die Weihnachtszeit mit Gamble und schrieb ihm später aus Oak Park einen Brief, in dem er sich ausführlich für diesen Aufenthalt bedankte.

Am 12. Januar 1919 war Agnes bereits in ihrem neuen Quartier in Torre di Moste eingetroffen, einem Rotkreuzspital mit elf Betten. Das ganze Gebiet war vom Artilleriefeuer verwüstet, ein Großteil der Bevölkerung war obdachlos und litt Hunger. »Ich war über und über mit Schlamm bespritzt, als ich ankam... bitte entschuldige die schlechte Schrift... meine Hände sind kalt und Du bist nicht da, um sie zu wärmen«, schrieb sie Ernest in jener Nacht.

Aber sie sollte nicht lange frieren. In dieser trostlosen Umgebung aus überfüllten Schuppen, kläglichen Waisen und regenüberfluteten Schlammlöchern tauchte ein neuer Liebhaber auf – Tenente Domenico Carracciolo, ein hübscher Neapolitaner, der Erbe eines Herzogtums. Agnes war sich seiner adligen Herkunft nicht bewußt, nur daß er »sehr liebenswürdig war, eine zarte, schöne Seele, zu jener Zeit viel interessanter für mich als ein neunzehnjähriger Hemingway!« Der italienische Offizier fand sie lebenslustig und charmant, eine kühne amerikanische Frau voll Humor und Wißbegierde, die so verschieden war von den trägen, wohlbehüteten Töchtern aus dem Bekanntenkreis seiner Mutter. Er reiste mit ihr nach Padua und besuchte gemeinsam mit ihr die Valentinsparty der amerikanischen Mission. Wenn die Sonne am wolkenverhangenen, stürmischen Himmel auftauchte, unternahmen sie lange Spaziergänge durch die Landschaft.

Aus Oak Park kamen lange Briefe von Ernest, voller Anekdoten und Liebe für sie. Zunächst sagte sie nichts über ihren neuen Freier, nur daß die Zukunft ein Rätsel sei und sie nicht wisse, ob sie heimfahren oder sich um weiteren Dienst im Ausland bewerben solle. »Selbstverständlich betrifft das alles nur die nahe Zukunft, weil Du mir – wie ich annehme – helfen wirst, die nächste Periode zu planen.« Sie war noch nicht bereit, ihm die Neuigkeiten beizubringen. Doch sie nannte ihn nicht mehr *mio tesoro* (mein Schatz) oder ihren Helden und ihren Liebsten. Die Briefe endeten jetzt mit »Deine Dich liebende Aggie« oder mit »Deine müde, aber fröhliche Aggie«.

Obwohl sie Domenico noch nicht einmal zwei Monate kannte, schob sie ihre Bedenken wegen der Verschiedenheit ihrer Herkunft beiseite und stimmte einer Verlobung zu. Sie verbrannte alle Briefe von Ernest, weil der Tenente das forderte. Schließlich schrieb sie Ernest Mitte März die Wahrheit, daß sie sich in einen italienischen Offizier verliebt habe und ihn wahrscheinlich im Frühjahr heiraten werde. Es tue ihr sehr leid und sie hoffe, daß er ihr verzeihen werde. Er würde immer wichtig für sie bleiben, weil sie fest an ihn glaube, und sie hätten eine wunderbare Freundschaft miteinander geteilt. Es war eine grosse Erleichterung für sie, Ernest die Wahrheit zu sagen. Nun konnte sie in der Erfüllung der neuen Liebesaffäre schwelgen.

Die Romanze scheiterte jedoch bald an der Mißbilligung seiner Familie. Obwohl Carracciolo Agnes versichert hatte, daß seine Mutter die Tiefe seiner Liebe zu ihr begreife (»Ich habe ihr erzählt, was für eine wunderbare Frau Du bist, und sie wird glücklich sein, Dich willkommen zu heißen.«), so war das nicht die ganze Wahrheit. Die Herzogin war empört, daß ihr Sohn eine obskure Amerikanerin heiraten wollte, wahrscheinlich eine Abenteurerin, die es auf einen italienischen Adelstitel abgesehen hatte. Als er während seines Urlaubs nach Neapel kam, konnte sie ihren Einfluß geltend machen. Er wurde aus Torre di Moste versetzt, und Agnes hörte nichts mehr von ihm. Ein Freund versuchte herauszufinden, was geschehen war, und schrieb dem Tenente einen Brief, doch dieser antwortete nie. Stattdessen kam ein steifer Brief von seiner Mutter, der die Angelegenheit als eine Erfahrung der Kriegszeit behandelte, die man am besten vergaß. Anfang Mai war die Verlobung geplatzt. Agnes schickte all seine Briefe zurück. Deprimiert und zerschlagen beschloß sie, daß es Zeit sei, nach Hause zu fahren. Eines Tages würde sie nach Europa zurückkehren, denn es faszinierte sie noch immer sehr, aber zum gegenwärtigen Zeitpunkt mußte sie den Rückzug antreten. Sie buchte ihre Überfahrt auf der S.S.*Re d'Italia* und traf am 9. Juli 1919 in den Vereinigten Staaten ein.

4

Ernest, sechs Monate vor Agnes in New York angekommen, wurde als Berühmtheit gefeiert. Reporter interviewten ihn, junge Frauen bekamen bei seinem Anblick feuchte Augen. Es war berauschend für einen phantasievollen jungen Mann, der noch nicht einmal zwanzig war. Aber eine Woche später, als er seine schmerzenden Beine auf dem grün gestrichenen Bett in seinem Schlafzimmer in Oak Park ausstreckte und mit den Fingern über den prächtigen Rotkreuzumhang strich, den er aus Italien mitgebracht hatte, beschlich auch ihn ein Gefühl von Verlassenheit.

Am Morgen las er im Bett und horchte auf das Kommen des Postboten, von dem er hoffte, er würde ihm Briefe von Agnes bringen. Mehr Briefe verließen Oak Park als aus Italien ankamen, aber er versuchte, sich damit zufrieden zu geben und las die ihren immer wieder von neuem. Am Nachmittag wanderte er in der Siedlung umher, suchte Freunde, die nicht mehr da waren, machte Bücher über Militärgeschichte ausfindig und hing bei der High School herum, weil er dort wenigstens junge Leute in seinem Alter sah. Er knüpfte eine neue Freundschaft mit einem Mädchen aus dem Nachbarhaus an, der achtzehnjährigen Isabelle Simmons, und sie vertrauten einander ihre Unzufriedenheit mit dem Leben in Oak Park an.

Er schien sich damit abgefunden zu haben, einsam und am falschen Ort zu sein, und setzte all seine Hoffnungen auf die Wiedervereinigung mit Agnes. Dann kamen im März ihre vernichtenden Neuigkeiten. Sie liebte einen anderen, einen Offizier, einen Mann von Rang und Namen. Sie hatte ihn aus ihrem Leben verstoßen, ohne ihm eine Chance zum Kampf zu geben, er tobte. Er war aus dem Rennen ausgeschieden – zu jung, zu arm, zu weit weg. Er gab sich einige Tage lang in seinem Zimmer seinem Gram hin, aß nichts, bekam Fieber, ohne seinen besorgten Eltern irgendetwas zu erklären. Schließlich gestand er Marcelline, was geschehen war. Als sich sein Zorn steigerte, ließ er einen glühenden Brief an Elsie MacDonald vom Stapel, in dem er der Krankenschwester schilderte, wie schäbig ihn ihre Freundin behandelt hatte, und Agnes verfluchte, sie solle, wenn sie das Schiff verlasse, am Kai hinfallen und sich alle ihre Vorderzähne ausschlagen!

Ernest schrieb tapfer an all seine Freunde, wie er die Erinnerung an sie mit Schnaps und Frauen abtöte, aber die Zurückweisung nagte weiter an ihm, bis sie zu einem emotionellen Trauma mit bleibenden Folgen wurde. Er kam später in vier verschiedenen Werken auf das Ereignis zurück, das bemerkenswerteste davon der Roman »In einem anderen Land« (wobei er den Vorfall immer wieder in psychologisch aufschlußreicher Weise veränderte). Noch 1936, zwanzig Jahre nach dem Ende der Beziehung, schrieb er in »Der Schnee vom Kilimandscharo« von »... der ersten, der, die ihn verlassen hatte... und daß er die Erinnerung daran nie hatte abtöten können«.

Eine Art von Vergeltung kam im Juni, als Agnes Ernest vom Zusammenbruch ihrer Romanze schrieb. Großmütig bezeichnete er sie als armes, verdammtes Mädchen und schrieb, daß es ihm höllisch leid für sie tue. Aber es gab nichts, was er jetzt für sie tun konnte. Zumindest für den Moment knallte er die Tür zu hinter diesem schauderhaften Schlag für sein Ego.

Obwohl seine Erfahrungen in Italien ihn dem Einfluß seiner

provinziellen Eltern entfremdet hatten, sehnte sich Ernest halb danach, in ihren Schutz zurückzukehren. Aber Grace befand sich selbst in einer emotionellen Krise. Sie war siebenundvierzig, wahrscheinlich in den Wechseljahren. Ihre musikalische Vitalität ließ nach, und sie war sich nicht im klaren über ihre eigenen Bedürfnisse. Sie hatte bereits vier Kinder großgezogen und stand vermutlich dem Energieaufwand, den die beiden jüngsten sie kosteten, zwiespältig gegenüber. In einer Zeit, in der es sich für Frauen nicht ziemte, offen ihren Zorn zu zeigen, kehrten ihre Affekte sich nach innen und wurden zur Depression. Die Rückkehr eines mürrischen, eigenwilligen jungen Mannes in ihr Haus, der besonderes Verständnis zu brauchen schien, während er sie gleichzeitig auf Distanz hielt, war eine schwere Belastung für sie.

Jahrelang hatte Grace davon geträumt, sich auf dem Red Mountain, der höchsten Erhebung der Longfield Farm, ein kleines Häuschen zu bauen, das nur ihr gehörte. Ed Hemingway stand diesem Gedanken gelassen gegenüber, aber als die Sommer in Windemere immer hektischer wurden – die Teenager kamen und gingen – verspürte Grace immer mehr das Bedürfnis nach einem derartigen Zufluchtsort. Sie legte Geld aus ihren eigenen Einkünften beiseite, arbeitete simple, durchführbare Pläne aus und fand in der Umgebung einen Zimmermann, der bereit war, das Haus für 1000 Dollar zu bauen.

Schließlich wurde das kleine Haus gebaut, und Ed fand sich damit ab, daß sie mehrere Tage hintereinander nicht in Windemere war.

Während des Sommers 1919 half Ernest der aus Hemingways und anderen bestehenden Mannschaft, die Verschalung des Hauses in einem warmen Rotbraun zu beizen, aber er spottete über Grace, weil sie so einen Platz brauchte. Das Geld sollte für Ursulas Collegestudium verwendet werden, erklärte er. Obwohl er noch immer manchmal niedergeschlagen und launenhaft war, übten die Seen und Wälder eine beruhigende Wirkung auf ihn aus. Abends wartete er auf Marjorie Bump, eine rundliche Gymnasiastin aus Petoskey, die einen Ferienjob als Kellnerin hatte. Sie hatte rotes Haar und Grübchen, war weich, verletzlich und gutmütig und so sehr Frau, wie Ernest es brauchte. Sie packte ihre Picknickkörbe für lange Abende am Lagerfeuer und angelte mit ihm Regenbogenforellen.

Als Marjorie nach Petoskey zurückkehrte, begann sich eine andere, etwas ältere Kellnerin für ihn zu interessieren. In einer kühlen Nacht gingen sie zum Kai hinunter. Im Schatten des Potato House, wo die Kartoffelernte gelagert war, schlief er mit ihr. Ein Span aus den abschilfernden Planken geriet ihr in den Hintern. Zwei Jahre später verarbeitete Ernest den Vorfall in der Geschichte »Oben in Michigan«. Diese Erzählung, nach den Begriffen der achtziger Jahre zahm, schockierte die New Yorker Redakteure der zwanziger Jahre und wurde in Amerika erst 1938 veröffentlicht.

> »Die Planken waren hart. Jim hatte ihr Kleid hochgezogen und versuchte, etwas mit ihr zu tun. Sie hatte Angst, aber sie wollte es. Sie mußte es geschehen lassen, aber sie hatte Angst davor... »Oh, es ist so groß und tut so weh«... Die Fichtenplanken des Anlegeplatzes waren hart und splitterig und kalt und Jim lag schwer auf ihr... Jim schlief. Er wollte sich nicht rühren.«

Die Geschichte wird vom Standpunkt der Frau erzählt, aber Ernests Darstellung dieses Standpunktes scheint unter dem Zwiespalt seiner eigenen Bedürfnisse zu leiden – dem Wunsch, sich zu behaupten und zu dominieren, und dem Wunsch, gehätschelt und umsorgt zu werden. Als die Verführung vorbei ist und Liz vor Kälte zittert, gewinnt ihr Mutterinstinkt die Oberhand. »Jim rührte sich und kringelte sich noch ein wenig fester zusammen. Liz zog ihren Mantel aus und deckte ihn damit zu. Sie steckte ihn sorgfältig und ordentlich um ihn herum fest. Dann ging sie (allein) quer über den Anlegeplatz und den steilen, sandigen Weg hinauf, um zu Bett zu gehen.«

Nachdem die Sommergäste weg waren und der Nordwind den Frost ankündigte, fuhr Ernest mit Bill Smith nach Oak Park, um seine Schreibmaschine, eine schmale Mappe mit Geschichten sowie warme Winterkleidung zu holen und nach Petoskey zurückzukehren. Er bezog ein komfortables Zimmer in einer Pension und wurde bald zu einer bekannten Figur im

Restaurant und im Friseurladen, wo er oft auftauchte, eine Schirmmütze in die Stirn gezogen und die großen Schultern von seiner schwarzen Lederjacke bedeckt. Er hinkte noch immer merklich beim Gehen. Am Morgen hämmerte er auf die Schreibmaschine ein, fest entschlossen, ernstzunehmende Literatur zu schaffen. An den Nachmittagen las er in der Bibliothek, wartete vor der High School auf Marjorie oder hielt sich auf der Brücke über den Bear River auf, um in das vorbeirauschende Wasser hinunterzustarren...

ZWEI

1920-26

5

Bevor Katy Smith im Oktober 1920 Horton Bay verließ, schickte sie Hadley Richardson, ihrer Freundin aus St. Louis, eine Einladung, sie in Chikago zu besuchen. Katy hatte erfahren, daß Hadleys Mutter gestorben war und meinte, ein schöner, langer Urlaub sei jetzt das Richtige für die Freundin. Katy zog in ein Hotelzimmer im Three Arts Club, während Hadley bei Y.K. und Doodles Smith in deren geräumigem Apartment wohnen konnte. Die Frauen hatten sich als Klassenkolleginnen im Mary Institute kennengelernt, einer exklusiven Vorbereitungsschule im Bezirk von St. Louis. Mit neunundzwanzig war keine von beiden verheiratet. Aber Elizabeth Hadley Richardson, die wegen einer Kindheitsverletzung sehr behütet aufgewachsen war und in ihrer Jugend von einer willensstarken Mutter dominiert wurde, unterschied sich in ihrem Temperament und ihren Erwartungen von der stolzen, unabhängigen Katy.

Sie war am 9. November 1981 als jüngstes von vier Kindern zur Welt gekommen. Ihr Vater, James, war ein genialer Mann, der widerwillig einen leitenden Posten im pharmazeutischen Betrieb der Familie übernommen hatte. Florence, ihre Mutter, war eine begabte Musikerin, die ihren Gatten oft auf dem Klavier begleitete, wenn er mit seiner schönen Baritonstimme sang.

Die Verletzung, die Hadleys Kindheit so beeinträchtigte,

wurde durch einen Sturz aus einem Fenster im ersten Stock ausgelöst: Wie durch ein Wunder wurde sie nicht verkrüppelt, aber ihr verletzter Rücken erforderte monatelange Bettruhe. Die übermäßige Behütung durch ihre Mutter untergrub ihren natürlichen Elan, und es dauerte Jahre, ehe sie schwimmen lernen konnte, so stark war die Angst, sie könnte sich erkälten. Ihr Vater behandelte Hadley wie ein normales Kind, und sie vergötterte ihn, obwohl er manchmal geistesabwesend schien und häufig zu viel trank. Wenn er jedoch in guter Stimmung war, brachte er unerschöpfliche Geduld für ihre kindlichen Spiele auf, und es war ein furchtbarer Schlag für sie, als James Richardson 1903 nach finanziellen Verlusten Selbstmord beging, indem er sich mit einem Revolver in den Kopf schoß. Nach seinem Tod verblaßten Hadleys Erinnerungen an ihn. Sie wußte nur, daß ihr Leben, seit es ihn nicht mehr gab, noch reizloser war.

Florence Richardson zog mit ihren beiden jüngeren Kindern – der zwölfjährigen Hadley und der vierzehnjährigen Fonnie – in ein bescheideneres Haus. Die beiden älteren Kinder, James Junior und Dorothea, hatten geheiratet und ihren eigenen Haushalt gegründet. Florences Hauptinteresse gehörte fortan dem Studium der Theosophie und Parapsychologie. Sie experimentierte mit Ouija-Brettern und automatischem Schreiben. Ein in der Nähe wohnender Spiritist überzeugte sie von der Macht der Séance, und an den Abenden versammelten sich ihre Freunde zu Diskussionen über das Okkulte. Es gab keinen Alkohol. Keinerlei unbeschwerte Fröhlichkeit war gestattet.

Hadley, die in einem so freudlosen Haus in die Pubertät kam, wurde von zwanghafter Schüchternheit gequält. Ihr einziger Schutz vor der Bevormundung durch ihre Schwester Fonnie und ihre Mutter war der Rückzug in die Musik. Sie arbeitete hartnäckig, spielte in Musikklubs und bei Wohltätigkeitskonzerten und gab auch einen Soloabend in einem Musikstudio. 1910 legte sie am Mary Institute die Abschlußprüfung ab und trat im Herbst in das Bryn Mawr College ein.

Das College mit den Erstsemestern, die sich in ihrem Schlafraum drängten, um über das Leben, die Liebe und den Sinn des

Universums zu diskutieren, hätte für Hadley eine befreiende Erfahrung sein können, hätte sie nicht unter dem starken Druck gestanden, rechtzeitig ihre Prüfungen abzulegen, so daß sie im Mai von Schlafmangel und Magenbeschwerden erschöpft war. Mit der richtigen Ermutigung und einem erholsamen Sommer hätte sie vielleicht für ihr zweites Jahr nach Bryn Mawr zurückgehen können. Aber es war Florence Richardsons feste und wiederholt geäußerte Überzeugung, daß Hadley eine sehr zarte Gesundheit habe. So gab sie auf und schied aus dem College aus.

Die nächsten Jahre waren schlimm. Dorothea, Hadleys älteste Schwester, die bei einem Brand im Sommer vor Hadleys Abreise nach Bryn Mawr schwere Verletzungen erlitten hatte, starb, nachdem sie ein totes Kind geboren hatte. Florence und Fonnie, die jetzt auch verheiratet war, aber nur ein Stockwerk tiefer wohnte, schienen sich gegen Hadley verschworen zu haben und dirigierten ihr Leben, indem sie ihr sagten, was sie zu denken und zu tun habe. Wieder wandte sie sich der Musik zu und wurde bei Harrison Williams, einem neuen Lehrer, eine ausgezeichnete Pianistin. Es dauerte nicht lange, bis Williams für Hadley alle Eigenschaften eines Idealmannes in sich zu vereinen schien, doch er erwiderte ihre Begeisterung nie. Seine Zurückweisung war ein schwerer Schlag, und Hadley begann, ihre Einstellung zum Klavier zu revidieren, weil sie sich eingestand, daß sie vielleicht nicht genug Antriebskraft für eine ernsthafte Karriere habe.

So hing sie jetzt wieder in der Luft, teilte die Wohnung mit einer Mutter, deren Interessen nichts mit den ihren gemein hatten, und hatte sich ihren alten Freunden entfremdet, als sie sich völlig ihren musikalischen Studien gewidmet hatte. Ständig an ihre zarte Gesundheit gemahnt und selbst halb überzeugt von ihrem bedenklichen körperlichen Zustand, verfiel sie in eine Art von Apathie.

Vier Jahre später, 1920, bekam Florence Richardson die Bright'sche Krankheit. Im Verlauf der nächsten neun Monate pflegte Hadley ihre sterbende Mutter. Als diese schließlich 1921 gegen Ende des Sommers starb, war Hadley emotionell total erschöpft. Katy Smiths Einladung, nach Chikago zu kommen, schien verfrüht zu sein, aber je mehr Hadley darüber nachdachte, desto mehr hatte sie den Wunsch zu fahren. Sie war frei von ihrer Mutter, aber frei, um was zu tun? Eine altjüngferliche Tante für Fonnies vier Kinder abzugeben oder als Lückenbüßerin bei den Dinner-Partys ihrer Freunde zu fungieren? Sie sehnte sich nach einer tieferen Erfüllung, obwohl sie ihre Sehnsüchte noch nicht artikulieren konnte.

Das Apartment, in das Hadley zu Besuch kam, war eine möblierte Untermietwohnung in der East Chikago Avenue 100, die nachlässig in Ordnung gehalten wurde und in der nicht nur Y.K. und Doodles wohnten, sondern eine ganze Anzahl von wechselnden Kostgängern – schlagfertige, schneidige junge Männer, die einander alle Namen gaben, außer ihren richtigen, und die sich miteinander in einer Art privatem Rotwelsch unterhielten. Als sie ankam, hatte sie kaum Zeit auszupacken und sich umzuziehen, als es schon Zeit für die Abendparty war. Alle möglichen Leute strömten in das Wohnzimmer. Sie konnte sie kaum voneinander unterscheiden, aber sie beteiligte sich schüchtern an den Wortspielen und spielte auch nach einigem Drängen Klavier.

Ein junger Mann stach aus dem Geschwätz hervor. Er war der bestaussehende Mann im Raum, und sein entwaffnendes Lächeln zog sich von einem Ohr zum anderen. Er hatte eine ganze Reihe von Spitznamen – Hemingstein, Nesto, Wemedge – aber sein richtiger Name war Ernest Hemingway. Seine schmeichelhafte Gewohnheit, seine ganze Aufmerksamkeit auf eine Person zu konzentrieren, die er dann aus seinen wachsamen braunen Augen anschaute, war keine Pose, denn er war ein aufmerksamer Zuhörer. Und in jener Nacht konzentrierte er sich auf Hadley. Sie bemerkte, daß alle Frauen im Zimmer, einschließlich ihrer Freundin Katy, von ihm gefesselt waren, aber er ließ durch nichts erkennen, daß ihn irgendjemand außer ihr interessierte. Sie genoß den Abend ungeheuer, das Lachen und die Witze, die Bestätigung, daß sie von der Gruppe akzeptiert wurde und nicht zuletzt von dem »ungeschlachten, maskulinen Etwas«, das kaum von ihrer Seite wich. Was, fragte sie sich, fand er an ihr, dieser leicht erregbare Bursche, der der Anführer des ganzen Haufens zu sein schien. Daß sie rotes Haar und schöne Beine hatte? Abwarten, bis er sie besser kennenlernen würde. Er würde bald herausfinden, daß sie nicht sein Typ war. Sie ging diese Nacht zu Bett mit dem Gedanken, daß er auch nicht ihr Typ sei, er war zu ruhelos, zu forsch und auf jeden Fall zu jung.

Aber das stimmte einfach nicht. Sie hatte seine vielseitige Natur und ihre eigene Empfänglichkeit unterschätzt. Mit neunundzwanzig war sie noch immer ein verschlossenes Wesen mit unklaren Träumen. Ernest hatte mit seinen einundzwanzig Jahren bereits seinen Weg durch die rauhen Viertel von Kansas City hinter sich, er hatte seine Verwundung bei Fossalta überlebt und die Einschränkungen von Oak Park hinter sich gelassen. Er hatte die Wildnis und die Stadt gemeistert. Was die Erfahrungsbreite betraf, so war er der Reife und Hadley der Neuling. Aber wichtiger als seine Abenteuer oder selbst sein Scharfsinn war für sie seine Vitalität, seine unerschütterliche Überzeugung, daß er bekommen könne, was er wolle. Ihre Zurückhaltung und ihr Zögern begannen unter der Hitze seiner grenzenlosen Energie dahinzuschmelzen.

Drei Wochen lang trieben sie sich gemeinsam herum, unterhielten sich, als Kostgänger und Gast des Hauses miteinander und machten sich vertrauliche Mitteilungen. Wenn sie wieder in Y.K.'s Apartment zurück waren, zeigte er ihr manchmal seine neueste literarische Arbeit. Eines Morgens kam er »schnaubend und kochend« in ihr Zimmer, um ihr von dem Mädchen zu erzählen, das er so geliebt, das ihm so viel gegeben hatte und dann gegangen war. Sie hörte zu, während er tobte, beschwichtigte seine Bitterkeit und gab ihm schießlich den Rat, noch lange nicht zu heiraten, weil er nicht dazu bereit sei. Sie war ebenso offen und ungezwungen ihm gegenüber, wie er mit ihr. »Vielleicht das schönste Gefühl, das ich mit dir erlebe«, erklärte sie, »besteht darin, daß du jetzt und wahrscheinlich immer eine echte Antwort für alles, was ich sage oder fühle, haben wirst.«

Ein einundzwanzigjähriger Schriftsteller in spe war kaum ein verheißungsvoller Freier für eine behütete Frau von fast dreißig Jahren. Aber Hadley spürte, daß ihre Freundschaft mit Ernest nicht bloß ein romantisches Intermezzo war, und sie kehrte Ende Oktober erfrischt und sogar ein wenig erregt nach St. Louis zurück.

Sein erster Brief war so »schön als Ganzes und über den... persönlichen Blickpunkt hinaus«, daß sie ganze Passagen daraus ihren Freunden vorlas. Er schrieb ihr einen »Pfirsich« von einem Brief zu ihrem Geburtstag, und sie antwortete darauf mit elf Seiten. Als er ihr anvertraute, daß ihn einige elegant gekleidete, verführerische junge Frauen bei einer Party erregt hätten, antwortete sie, daß sie seine körperliche Reaktion auf solche Menschen verstehen könne.

> »Ich verstehe... wie viele verschiedene Facetten der Persönlichkeit dazu gehören, um die Erfahrung eines intelligenten und normal neugierigen Mannes zu bilden, und Du *bist* vielleicht wirklich jung, Ernest... Ich persönlich kann mir nicht vorstellen, daß ich mich an einen Mann heranmache, der mich in keiner anderen Weise als rein körperlich anzieht... Ich bin so froh, daß Du mir das gesagt hast – alles geht, nicht wahr, zwischen ehrlichen Menschen?«

Als eine Freundin, Letticia Parker, Hadley einlud, Anfang Dezember als ihr Gast für ein Wochenende nach Chikago zu kommen, ergriff Hadley die Gelegenheit. Zu ihrer Erleichterung brachte dieser zweite Besuch bei Ernest keine Enttäuschung, und sie kehrte nach St. Louis zurück, um einen täglichen Briefwechsel mit ihm zu beginnen. Manchmal schrieb sie von den verschiedenen Männern, mit denen sie ausging, darunter auch von einem hartnäckigen Verehrer, der nur als »Dick« bezeichnet wurde. »Ich habe entschieden«, verkündete sie am 13. Dezember, »daß Du mir tausendmal lieber bist als Dick, weil wir, wie Du sagst, einander ergänzen.« Sie versuchte nicht zu verbergen, wenn sie einsam oder deprimiert war. »Das einzige, von dem ich glaube, daß es mich möglicherweise trösten könnte, wärst Du, ganz nah und liebevoll bei mir, so wie Du bist.« Sie drängte ihn, er möge sie zu Neujahr besuchen. Als er keine zustimmende Antwort gab, machte sie weitere Anspielungen auf Dick. »Wir hatten eine tolle Zeit miteinander«, schrieb sie am 20. »Er ist ein unheimlich feiner Kerl... das muß Dich sehr eifersüchtig machen.« Sie erwähnte, daß sie mit Dick für den Silvesterabend verabredet sei. Am 23. schrieb sie von einem anderen aufmerksamen Begleiter – »ein Mann namens o'Rowland... einer von der herrlich schlampigen Sorte – weiß genug, um über Bücher und Musik zu schwätzen. Hat mich nach Hause gebracht, und wir haben jetzt zwei Verabredungen – Du kommst besser hierher. Ich bin manchmal ein sehr raffiniertes leichtes Mädchen.«

Am 27. Dezember, in ihrem letzten Brief im alten Jahr, dankte sie Ernest überschwenglich für die wunderbare Abendhandtasche, die er ihr geschickt hatte – sie fühle sich so weich an und sei so schön mit Steinen besetzt. Dann beschrieb sie ihren Spaziergang durch die vereisten stillen Straßen der Nachbarschaft und die Glut, die sie empfand, als sich vorstellte, in seine Arme zu sinken.

> »Ja, ich glaube, Du bist der netteste Liebhaber, den irgendjemand je hatte... Ich fühle mich gepackt und anerkannt und umsorgt, so wie in der Nacht, als ich so erschreckend schnell die Sanddünen hinuntergerollt bin, und Du mich emporgewirbelt und geküßt hast. Ich möchte *jetzt* von Dir aufgehoben werden... Wenn Du hier wärst, würdest Du in meiner Nähe sein und (ich wäre) häuslich und hätte das Bedürfnis, für Dich notwendig zu sein. Hast Du mich je so gesehen? Bloß groß und einsam und mit einem schrecklichen Bedürfnis nach Dir. Huh? Gute Nacht, Ernest, Lieber, Lieber. Deine Hash.«

»In dem Augenblick, in dem sie ins Zimmer kam... erfaßte mich ein intensives Gefühl. Ich wußte, sie war das Mädchen, das ich heiraten würde.« Das sagte ein nachgrübelnder Ernest Hemingway, der durch das Prisma seiner anderen Ehen und Liebesaffären auf seine erste Begegnung mit Hadley Richardson zurückblickte. Ob er wirklich eine derartige Offenbarung erlebt hatte, ist schwer zu sagen. Aber als er sie drei Wochen lang kannte, sprach er tatsächlich von Heirat, und für seine Freunde und seine Familie war klar, daß er sich von der Frau aus St. Louis sehr angezogen fühlte. Sie hatte recht, was seine Vorliebe für ihr rotes Haar betraf. Er fand es toll. So wie seine Mutter, hatte er immer schönes Haar bewundert, besonders wenn es blond oder tizianrot war. Er genoß ihren ungekünstelten Sinn für Spaß, ihre Kameradschaftlichkeit und ihre Bewunderung für sein Temperament.

Edmund Wilson zufolge hatten die wichtigsten Eigenschaften einer Ehefrau, die zu Ernest paßte, Unschuld und eine ehrfürchtige Bewunderung seiner Taten zu sein; seine Frau sollte »das Vogelweibchen sein, scheu und zurückgezogen, ganz ergeben dem prächtigen, tapferen und abenteuerlustigen Fasanhahn.« Ein derartiges Element war zwischen Hadley und Ernest am Anfang vorhanden. Aber die Hadley Richardson von 1920 war nicht »der Typ der kleinen Schullehrerin«, wie sie Wilson als ideale Ehefrau für den posierenden Hemingway beschrieb. Gewiß, sie war schüchtern und reserviert, aber die Kraft hinter der Zurückhaltung war eindrucksvoll, und Wilson selbst, der Hadley mochte, beschrieb sie weder als schön, noch als unansehnlich – sondern sie war eher »anziehend und hatte einen klaren Kopf«.

Es war ganz und gar kein Zufall, daß die erste Frau, die Ernest nach Agnes von Kurowsky wirklich interessierte, ebenfalls acht Jahre älter war als er. Hadley hatte eine Anmut, die an Agnes erinnerte und einen Pflegeinstinkt, der Ernests Bedürfnissen entgegenkam. Aber die rein chronologischen Fakten waren in Hadleys Fall irreführend. Zum Unterschied von Agnes, war Hadley die schlafende Schöne, bereit von einem furchtlosen Prinzen geweckt zu werden, der die Festungsmauern erstürmte. Sie sah oft in Ernest Chaucers »Ritter ohne Furcht und Tadel«. (Lang nach ihrer Scheidung, als sie schon dreißig Jahre glücklich mit ihrem zweiten Mann verheiratet war, konnte sie Ernest noch immer als Prinzen, als wunderbaren Mann beschreiben, wobei sich ein schelmisches Lächeln auf ihrem Gesicht ausbreitete.)

Hadley war erst einige Tage wieder in St. Louis, als ihr

»Ritter ohne Furcht und Tadel« sie mit Briefen zu bombardieren begann. Er schrieb auch seiner Mutter nach Kalifornien von »Hash«, seiner wunderbaren neuen Freundin. »Sie will unbedingt, daß ich zu einer großen Silvesterfeier in den Universitätsklub von St. Louis komme – aber ich kann es mir nicht leisten. Mein Geld ist so rar wie die Kerne in den Navelorangen.« Er prahlte seiner Schwester Marcelline gegenüber, wie sportbegeistert Hadley sei, die mit einem arg verstauchten Knöchel gemeinsam mit ihm zu einem Footballmatch gehumpelt war, den bandagierten Fuß in einem roten Filzpantoffel »Jeder anderen wäre das unangenehm gewesen«, erklärte er großspurig. »Sie ging dahin, als ob nichts geschehen wäre.«

Im Dezember zog Ernest aus Y.K.'s Apartment aus und gemeinsam mit Bill Horne, seinem alten Freund aus Schio, in eine andere Wohnung. Wenige Tage später ergatterte er seinen ersten ständigen Job – er schrieb für vierzig Dollar die Woche für eine elegante Monatszeitschrift, die sich *The Cooperative Commonwealth* nannte. Er schrieb Hadley alles, was er dachte und tat. Manchmal fragte er sich, ob sie ihn wenigstens noch ein bißchen lieben könne, oder ob alles allzu früh enden würde. Hadley schalt ihn aus. »Rechnest Du damit, selbst nicht lange auszuhalten... meinst Du... daß Du nicht die Fähigkeit in Dir spürst, der langen Inanspruchnahme durch... unsere Kameradschaft standzuhalten?« Nach einem anfänglichen Rückzug begann sie, ihren eigenen Gefühlen freien Lauf zu lassen. »Du bist mein«, schrieb sie, »mein eigen... Ich liebe Dich sehr. Und ich will Dich noch mehr lieben.«

Ihr Leben in St. Louis veränderte sich. Zwei Freunde aus St. Louis zogen zu Hadley. Sie begann wieder Klavier zu üben, machte meilenweite Spaziergänge im Schnee, ging in den Park eislaufen, sah die große Pawlowa tanzen. Jeder neue Tag gehörte ihr, und sie konnte ihn füllen, womit sie wollte. Interessante Männer führten sie aus. Aber auch wenn sich alte und neue Bewunderer um sie scharten – sie sehnte sich nach ihrem Nesto. »Auf der Party letzte Nacht (am Silvesterabend)... habe ich mit allen getanzt... (aber) ich fühlte mich so traurig währenddessen und dachte so intensiv an Dich – ich wünschte,

Du wärst da gewesen... Dick war sehr mitfühlend und... rücksichtsvoll... er gab mir ganz still einen Gutenachtkuß und ich ließ ihn gewähren – denn ich mag Dick... und er tut mir leid.«

Als Ernest ihr schrieb, daß ihn sein alter Freund Jim Gamble, der Rotkreuzhauptmann, nach Rom eingeladen habe, träumte Hadley von der köstlichen Versuchung, mit ihm zu gehen. »Rom klingt so wunderbar. Ich würde Dich so beneiden! Der moosüberwachsene alte Brunnen mit den Tritonen, Monte Pincio... Castello Angelo und der Fluß... Ich würde Dich furchtbar vermissen... Ich hoffe, es ist nicht zu unfair, das zu sagen.« Dann schrieb er ihr, daß sie heiraten und gemeinsam nach Italien fahren sollten. Ein derartiger Gedanke war »reiner Wahnsinn« gestand sie, meinte aber, Geld wäre kein Problem bei einem »stolzen, mittellosen Vorstoß« nach Europa. Sie könnte Billeteurin in einem Kino in Mailand werden oder sich als Rauchfangkehrerin versuchen. In jedem Brief jedoch wiederholte sie, daß sein Schreiben am wichtigsten für sie sei. Sein Ehrgeiz müsse die Richtschnur für sie beide sein. »Ich bin ganz und gar nicht die Frau, die eine Garantie für ihre materielle Zukunft braucht.«

Bis Ende Januar dachte sie in jeder wachen Minute an ihn, sah ihn in jeder Situation und sagte seinen Namen vor sich hin, während sich die anderen unterhielten. »Denk Dir bloß«, schrieb sie am 18., »jemanden so himmlisch zu lieben, daß es absolut gut und richtig ist zu lieben, – und er es auch noch braucht.« Sie schätzte das Interesse, das er für ihre Musik zeigte. »Es ist ein besonderer persönlicher Reiz für mich. Harrison (Williams, ihr Klavierlehrer) dachte, ich könnte etwas Gutes leisten, aber letztes Jahr, als er aus Boston zurückkam, meinte er, ich solle zur Schreibmaschine zurückkehren. Ganz schöner Hammer, nicht wahr? Aber daß Du meine Musik magst, gibt mir ein neues Vergnügen.«

Der Altersunterschied zwischen ihnen wurde jedoch zu einer nagenden Sorge. Auf dem Eislaufplatz erinnerte sie ein attraktiver Sechzehnjähriger an Ernest – irgendetwas in seinem Gesicht und seinem Körperbau. Der Junge spürte, daß sie ihn anstarrte und produzierte sich für sie, bis sie in ein Grinsen ausbrach. »Ich glaube, er hat sich gewundert, wer das alte Mädchen mit dem Komm-her-Zwinkern aus zweiter Hand im Blick war«, scherzte sie.

In anderen Briefen behandelte sie das Thema nüchtern und fragte sich, ob Ernest nicht mit einer jüngeren Frau besser dran wäre. Er protestierte, daß es keine Rolle spiele. Sie gestand, daß das eine Art Test gewesen sei, weil sie ganz sicher sein mußte, daß es ihm wirklich nichts ausmachte. Es wäre furchtbar für sie zu denken, sie könne ihm gegenüber die Führung übernehmen. »Ernest«, schrieb sie, »*ich* habe Deiner Jugend gegenüber nie die Haltung eines älteren Menschen eingenommen, in nichts, was wirklich wichtig war, oder?... Ich fühle mich nicht so... Ich kann von Dir jede Minute lernen...«

Im Januar war Ernest wieder mit Y.K. zusammengezogen, diesmal in eine Wohnung mit sieben Zimmern in der Division Street. Ernests Freunde begannen, seine Romanze mit Hadley in Frage zu stellen. Warum sollte Hemingstein sich dem Ehestand unterwerfen, wenn sein Leben so angenehm unbelastet war? Y.K. gab ihm einen ganzen Nachmittag diesbezügliche Ratschläge, als sie eines Sonntags von Oak Park in die City unterwegs waren. Als Ernest das Gespräch in seinem Brief als »ungewöhnlich für uns Männer« bezeichnete, verspürte Hadley Angst. Es war Anfang Februar, zwei Monate waren vergangen, seit sie ihn gesehen hatte. »Ich bin entsetzlich niedergeschlagen in der letzten Zeit«, gestand sie, »ich bin stumpf, stumpf. Würde tausend Dollar zahlen für – nicht nur einen Kuß – da würde ich mich gerade erst normal fühlen – aber für zwei – das würde mich sehr, sehr glücklich machen. Weißt Du nicht, wie Du im Taxi den Arm um mich legst? Ich will es. Scheusal!«

In Chikago kämpfte Ernest mit den Finanzen und den Möglichkeiten, einen Besuch bei ihr zu arrangieren. Schließlich schien sein durch Eilboten zugestellter Brief vom 19. Februar anzuzeigen, daß die Reise wirklich stattfinden würde. Hadley versuchte, ihm Mut zu machen und schrieb:

»Alles wird glatt gehen, wie das Wasser eines Mühlteichs... Du bekommst mein Zimmer und ich werde mir daraus Sachen holen. Und Du wirst eine Zeitlang bleiben, nicht wahr, Ernest? Ich möchte mit Dir an unserem kleinen Tisch im Zimmer mittagessen und frühstücken – oder lange schlafen, wie Du willst – und ich möchte, daß Du mit mir beim Feuer sitzt und mir viel von Deinen Sachen vorliest... Und wir können an schönen, frühlingshaften Tagen mit Orangen, Brot und Butter in den Park gehen... und herumspazieren oder uns hinsetzen... Du mußt jetzt kommen, liebstes Herz, weil ich dich haben muß.«

Schließlich klappte alles. Ernest und Katy Smith trafen sich am 11. März für ein dreitägiges Wochenende. Prüden Verwandten hatte man erzählt, daß Ernest Fonnies Gast und der Bequemlichkeit halber in der Wohnung über ihr einquartiert sei. Hadley hatte wenig Geduld mit derartigen Vorwänden. Alles, was jetzt Bedeutung hatte, war die Tatsache, daß sie endlich beisammen waren. Als sie ihn in seinem funkelnagelneuen konservativen Brooks-Brothers-Anzug sah, wurde sie von Schüchternheit erfaßt. Dann stolzierte er in seinem italienischen Umhang herum, und sie vergaß ihre Zurückhaltung. »Wie ich diesen Umhang liebe«, schrieb sie später. Er brachte Neuigkeiten über einen möglichen Job in Toronto mit und ließ ihr sein Buch mit den Zeitungsausschnitten seiner Artikel für den *Star* da. Sie unterhielten sich lange und ernsthaft darüber, ob sie nach Italien fahren oder auf dieser Seite des Atlantik bleiben sollten. Hadley fühlte sich mutig genug, um sich darüber keine Sorgen zu machen. »... (Wozu) warten und horten und sparen, anstatt einfach zu arbeiten und so zu leben, wie wir wollen und wie die Menschen leben sollten – mit demjenigen, den sie lieben...« Am Ende des Besuches beschlossen sie, daß Hadley nach Chikago kommen sollte.

Die einzige, die Einwände gegen die Romanze erhob, war Fonnie Usher. »Für Ernest und meine Schwester«, erinnerte sich Hadley, »war es weder Liebe auf den ersten, noch auf den zweiten Blick.« Ungeachtet seiner Liebenswürdigkeit und seines guten Aussehens entsprach der einundzwanzigjährige Ernest Hemingway nicht Fonnies Vorstellungen von einem passenden Partner für ihre neunundzwanzigjährige Schwester. Man konnte es ihr nicht verdenken, wenn sie fand, daß sie als Paar nicht zueinander paßten. Aber sie behielt ihre Vorbehalte für sich.

Einige Freunde, George und Helen Breaker und Ruth Bradfield, begleiteten Hadley auf ihrer Reise nach Chikago, aber selbst mit dieser Unterstützung hatte sie einen akuten Anfall von Lampenfieber, als sie wieder die Wohnung von Y.K. betrat. Ernests Überschwang rettete sie. Er gab ihr das Vertrauen, Witze zu machen, sich mit den Burschen ungezwungen zu benehmen und ihm gegenüber leidenschaftlich, ja sogar kühn zu sein. (Passanten auf der Division Street waren verblüfft, als sich Ernest und Hadley leidenschaftlich vor aller Augen auf dem Gehsteig küßten.) Ruth Bradfield staunte über die Erregung, die der junge Hemingway überall verbreitete, wo er hinkam. Alles, was geschah, bekam durch seine Begeisterung eine gesteigerte Qualität – das Essen, das sie aßen, die Bücher, über die sie diskutierten, die kleinen Klubs, die sie am Abend besuchten.

Ernest nahm Hadley nach Oak Park mit, damit sie seine Familie kennenlerne, und bei all ihrer Bescheidenheit konnte sie sehen, daß sie großen Erfolg hatte. »Ich muß sehr zahm auf sie gewirkt haben«, sagte sie. Ihre größte Sorge schien zu sein, daß der starrsinnige Ernest möglicherweise nicht wisse, wie er sich um eine »gesetzte kleine Braut« zu kümmern habe. Dr. Hemingway, der an Angina pectoris gelitten hatte, überhäufte sie mit Aufmerksamkeiten, wobei er schnell redete und Enthusiasmus verbreitete. Hadley fühlte sich etwas beengt durch Grace, die sie mit ihrer Gewichtigkeit und Haltung an ihre eigene Mutter erinnerte. »Wir waren nicht dazu geschaffen, Freunde zu werden«, gab sie zu, »aber sie arbeitete daran.«

An ihrem letzten gemeinsamen Abend, bevor sie den Schlafwagen nach St. Louis bestieg, erzählte Hadley Ernest von ihren Treuhandfonds. Es gab eine bescheidene Summe von ihrer Mutter, und ihr Großvater hatte ihr ein Kapitalkonto hinterlassen, das ein Einkommen von etwa zweitausendfünfhundert Dollar im Jahr abwarf. Es erschien ihr logisch, dieses

Erbteil dazu zu verwenden, Ernest in seiner Karriere zu unterstützen. Seine Arbeit war ein mächtiger Katalysator für ihre Liebe zu ihm. »Ich habe niemals erwartet, jemanden zu finden, in dessen Leben ich meine Energie investieren könnte – und jetzt kann ich es – jede Seite von mir unterstützt Dich«, gelobte sie. Sie konnte sich nicht vorstellen, jemanden von ganzem Herzen zu lieben, der sich nicht selbst der Kunst verschrieben hatte. Sie rationalisierte, daß sie einige Jahre zuvor noch nicht auf eine erfolgreiche Ehe hätte hoffen können, weil sie damals selbst von Ehrgeiz erfüllt gewesen sei. »Der Ehrgeiz und meine Leidenschaft für die Musik hätten mich unglücklich gemacht, weil ich verheiratet... nichts davon befriedigen hätte können.« Ihre eigenen Anstrengungen, Karriere zu machen, gaben ihr tausendmal mehr Verständnis für seine lähmenden Zweifel. »Du bist wirklich und wahrhaftig der erste, der mich... intellektuell und seelisch je befriedigt hat.«

Zwei Monate vergingen, bevor sie ihn wiedersah. Die Trennung schien jedoch weniger unerträglich zu sein, waren sie doch jetzt zumindest stillschweigend miteinander verlobt. Ihr neues Lieblingswort war *zusammen*. »Ich möchte mit Dir zusammensein.« Sie versprach ihm eine Corona-Schreibmaschine zum Geburtstag. »Ich werde Dir eine Corona schenken, und Du wirst mich deshalb heiraten... Mann heiratet Mädchen, das ihm eine Corona schenkt, wird gemunkelt.« Ernest entstellte die Wahrheit darüber, wie Grace ihr Häuschen auf der Longfield Farm finanziert hatte, weiter, indem er sich jetzt beklagte, man habe ihn um ein Studium in Princeton gebracht, weil seine Mutter Ersparnisse der Familie für den Bau ihres Hauses verschwendet habe. Hadley versicherte ihm, daß er keine Universität brauche – er wisse auch so gut genug Bescheid. Sie lobte ihn, weil er so viel von seinem wöchentlichen Gehalt sparte (»Mir ist nicht klar, wie ein... Sterblicher von 52 Dollar die Woche 42 ersparen kann.«) und begann, ihm einige ihrer eigenen Schecks zu schicken, damit er sie in italienischen Lire anlegte. Italien war noch immer ihr wahrscheinlichstes Ziel, obwohl ein Freund von Y.K., der Romanschriftsteller Sherwood Anderson, meinte, Paris sei eine bessere Stadt für ernsthaftes Schreiben. Hadley wiederholte, daß sie Ernest überallhin folgen würde – mochte es nun Italien, Paris, Toronto oder die North Side von Chikago sein.

Die Wohnsituation bei Y.K. hatte sich für die unverheirateten Untermieter verschlechtert. Ernest begann, auf dem Dach zu schlafen, um nicht in dem vollgestopften kleinen Zimmer sein zu müssen, daß er mit Bill Horne teilte. Er hatte eine intensive Abneigung gegen Doodles Smith entwickelt, die er verdächtigte, mit einem der jungen Männer aus ihrer Clique eine heimliche Affäre zu haben. Laut Ernest war sie eine faule Hausfrau und eine schlechte Pianistin – und sie war die erste aus einer langen Liste von Ehefrauen seiner Freunde, die zur Zielscheibe seines Mißfallens wurde. Hadley bot ihm im Gegensatz dazu das an, was ihn am meisten betörte und ermutigte – ihre Zuneigung, ihren Glauben an ihn, ihr ungekünsteltes Vertrauen. Aber eine Ehefrau war etwas anderes als ein Kumpel. Während er sich in den wärmenden Mantel ihrer Liebe hüllte, blickte er nervös zurück auf die Freiheit der Forellenflüsse und der Wildnis. »Ein Bursche liebt sein ganzes Leben lang zwei oder drei Flüsse«, schrieb er an Bill Smith. »Er verliebt sich in ein Mädchen, und die gottverdammten Flüsse können austrocknen für alles, was ihm am Herzen liegt.«

Etwas von dieser unterschwelligen Spannung blieb in allen Ehen Ernests erhalten, da er sich selbst die Freiheit vorbehielt, auf die Suche nach »dem gottverdammten Fluß« davonzuziehen. Hadley schien diese Bedürfnisse vom Anfang ihrer Beziehung an zu verstehen. Sie glaubte, daß sie sie erfüllen und dabei auch ihre eigenen Bedürfnisse befriedigen könne. »Ich liebe deine Ambitionen«, schrieb sie am 30. April. »Glaub nicht, daß ich ehrgeizig bin, abgesehen von dem Wunsch, eine ausgeglichene, glückliche, intelligente Frau zu sein, die ihren Mann glücklich macht und alles Liebe, was er ihr zu geben hat, auch wirklich verwendet.«

Am 20. Mai schrieb Hadley, daß sie an nichts anderes denken könne als an seinen bevorstehenden Besuch zum Heldengedenktag, am 30. Mai. Einige Seiten weiter in demselben

Brief beschrieb sie ein Buch über sexuelle Beziehungen, das ihr ihre Schwester geliehen hatte:

> »Es sind ein paar gute Sachen drin... Reife Menschen müssen diese Dinge für sich selbst beurteilen, aber ich glaube, wir sind genügend verrückt nach einander, um uns umeinander zu kümmern, wenn etwas nicht gut für uns ist... Ich empfinde genau so wie Du – ich möchte, daß Du glücklicher bist als irgendjemand je gewesen ist – in *jeder* Art und Weise, die es gibt.«

Am 28. Mai, einem Samstagmorgen, kamen Ernest und Bill Horne in St. Louis an. Nun wurden die Heiratspläne offen diskutiert. Ernest schlug für die Hochzeit die Kirche in Horton Bay vor, und Hadley gefiel die Idee. Sie wollte nicht, daß Fonnie sich um die Hochzeitsvorbereitungen kümmerte, und die Erinnerungen, die sie an St. Louis hatte, waren auch nicht angenehm. »Ich war stumpf in St. Louis«, bemerkte sie. »Alles war stumpf in St. Louis.« Sie hoffte, daß das Fest einfach und still verlaufen würde.

»Können wir es uns nicht selbst ›schenken‹«, schlug sie sehnsüchtig vor, »und unseren ›Empfang‹ gleich bei der Kirchentüre erledigen... (und dann) in das winzige Motorboot von Bill (Smith) springen und... los, weg, davonbrausen!« (Letzten Endes spielte es sich nicht in dieser Art und Weise ab. Vierhundertfünfzig Gäste waren bei der Hochzeitszeremonie und dem anschließenden Bankett anwesend. Aber Hadley hatte zumindest die Genugtuung, ihrer Schwester die Kontrolle aus der Hand zu nehmen.) Sie war wütend, als sie erfuhr, daß Fonnie Ernest gegenüber angedeutet hatte, sie könnte möglicherweise nicht stark genug für Ehe und Schwangerschaft sein. Unverblümt sagte sie Fonnie, sie möge sich um ihre eigenen Angelegenheiten kümmern. Fonnie wandte ein, daß sie total verrückt mit ihm sei, und Hadleys Zorn wich dem Stolz, daß sie angesichts des familiären Drucks nicht schlapp gemacht hatte.

Ernests Freunde waren noch immer besorgt wegen seiner Heiratspläne. Sie hatten nichts gegen Hadley. Bill Smith, zum Beispiel, mochte sie sehr gerne, obwohl er versuchte, Ernest die Heirat mit ihr auszureden, weil er der Ansicht war, sie sei zu alt. Die anderen Männer betonten, daß die Ehe per se nicht gut sei für einen begabten jungen Mann auf seinem Weg nach oben, was zwar plausibel war, aber nicht auf Ernest zutraf. Das Beste für sein Talent war Hadleys Glaube daran. Und die emotionelle Sicherheit der Ehe war wichtig für seine jugendliche Psyche. In seinen frühen Beziehungen zu Frauen war er so konservativ wie nur irgendein Mitglied der Kirchengemeinde von Oak Park. Sowie ihn die ersten Regungen der Leidenschaft erfaßten, dachte er an Heirat.

Hadley verstand Ernest viel besser als seine Freunde. Sie wußte, daß sie die Richtige für ihn war. Sie würde ihm überallhin folgen. Sie würde nie versuchen, ihn in irgendeine starre Form zu pressen. Ihr selbst waren zu viele Fallstricke gestellt worden, als daß sie ihn auf diese Weise hätte einfangen wollen. Sie zweifelte nie daran, daß er ein guter Ehemann sein und ihr Ehre machen würde. Als Ernest ihr einige der von den Neinsagern geäußerten Zweifel mitteilte, reagierte sie scharf. »Wir sind PARTNER«, erinnerte sie ihn. Vielleicht war sie nicht die ideale Frau für ihn, vielleicht war die ganze Sache ein einziger großer Fehler. Gott hatte ihr keines seiner Geheimnisse verraten, und sie zweifelte daran, daß Er sie irgendjemand anderem verraten hatte. »Wenn ich nicht gewußt hätte, daß ich mich selbst finanziell allein erhalten kann... hätte ich es Dich gar nicht mit mir versuchen lassen.« Vielleicht implizierte das auch, daß sie es nicht mit *ihm* versucht hätte, falls sie nicht ihr eigenes Geld gehabt hätte?

An einem regnerischen 14. Juni gab Hadley offiziell ihre Verlobung bekannt. »Es sind überhaupt nur die besten Freunde gekommen«, schrieb sie Ernest am nächsten Tag. »Ich habe eine schöne Zeit mit ihnen verbracht... Mitten in der Party kam ein Telegramm von Dr. und Mrs. C.E.H. Furchtbar nett, nicht? Hier sind die beiden Bekanntmachungen (aus den lokalen Zeitungen)... Liebster – es ist furchtbar leicht, anderen Leuten von Dir zu erzählen.«

Während der feuchten Wochen, die folgten, stellte sie ihre

Aussteuer zusammen, packte die Habseligkeiten, die sich während ihres Lebens angesammelt hatten, zusammen und traf die unzähligen Entscheidungen, die notwendig sind, wenn man einen Ort »anscheinend für immer« verläßt. Sie wählte einen cremefarbenen importierten Spitzenstoff für das Hochzeitskleid, das sie und ihre Freundinnen nach einem Muster zuschnitten und dann einer professionellen Schneiderei zum Nähen und Fertigbearbeiten übergaben.

Nichts war für sie zu persönlich, um es mit ihm zu teilen. In ihrem Brief vom 7. Juni grübelte sie über eine Mädchenfreundschaft mit einer Lesbierein, einer Mrs. Rapallo, nach.

»Ich gefiel ihr... (und ihrer Freundin) als ein hilfloses kleines Etwas. ...Sie brachte es fertig, mir zu zeigen, um wieviel angenehmer das Leben (mit ihnen) war... als diese elende Vorstellung vom Bösen (von Hadleys Mutter)... und da ich beeinflußbar war, begann ich mir einzubilden, ich hätte all dieses seichte sexuelle Gefühl für sie und sie für mich – ich bin jetzt ziemlich sicher, daß nichts dran war... aber wenn es bei mir daheim anders gewesen wäre, hätte ich sie nicht gewollt... Donnerwetter nochmal, ich mag sie immer noch. Sie war bis zuletzt eine Dame – sie hat nie meine Familie beleidigt... und sie wußte, was sie von ihr dachten... Du brauchst diesbezüglich keine Angst zu haben, mein Lieber. Es gab eine Zeit, wo mir jemand, der mich so sehr mochte, das Gefühl gab, daß ich sie auch so sehr mochte, aber ich weiß jetzt, daß das nicht stimmt. Ich mag etwas anderes mehr – sehr wenige Frauen und alle möglichen Sorten von Männern.«

Sie mochte Männer. Während sie Säume aufnähte und Bücher aussortierte, kamen ihre männlichen Freunde vorbei, um ein bißchen mit ihr zu plaudern. Was sie hauptsächlich von ihr zu hören bekamen, war ein ungekünsteltes Lob ihres Bräutigams. Auf Grund dieser ungezwungenen Kameradschaft in ihrem eigenen Leben schien es sie auch nicht zu stören, als Ernest Andeutungen über Katy Smith fallen ließ und darüber, was zwischen ihnen in der Vergangenheit gewesen oder nicht gewesen sein mochte. Sie meinte vorsichtig, daß solche Dinge vielleicht besser ungesagt blieben und fragte dann listig, ob er die Hochzeit vielleicht verschieben wollte. Damit war das Thema beendet.

Als Ernest Hadley seine ersten Gedichte und dann eine satirische Kurzgeschichte mit dem Titel »Eine göttliche Geste« schickte, war ihr enthusiastisches Lob genau das, was sein Ego brauchte. Er war zu streng gegen sich selbst, um davon verwöhnt zu werden. Hie und da mäßigte sie ihre Komplimente mit etwas nüchternem gesundem Menschenverstand. »Es gehört viel Bescheidenheit dazu, sich in der Kunst an die Wahrhaftigkeit zu halten«, schrieb sie am 27. Juni, »und bis zum Tag Deines Todes wirst Du Dich wahrscheinlich immer wieder dabei ertappen, wie Du... in schwache Psychologie abgleitest... Es ist für Dich genau so schwer wie für jeden anderen, ehrlich und aufrichtig zu sein... aber niemand hat dabei bessere Chancen als Du, weil du den Willen hast, es zu sein.«

Sie akzeptierte bereitwillig Graces Angebot, die Flitterwochen in Windemere zu verbringen. »Ernest und ich«, schrieb Hadley an ihre zukünftige Schwiegermutter, »führen bereits lange romantische Gespräche bezüglich der Einkäufe.« Grace verdiente ihre Dankbarkeit. Es würde riesig viel Arbeit kosten, ihre große Familie auszuquartieren und das Haus für die Jungvermählten sauberzumachen. Die Anzahl der Briefe zwischen Oak Park und St. Louis begann sich zu vergrößern, da Grace Hadley drängte, bestimmte Entscheidungen zu treffen. Es gab unzählige Probleme bei dem Unternehmen, eine ganze Hochzeitsgesellschaft von St. Louis in den Norden von Michigan zu bringen, aber schließlich wurde, zu Graces Erleichterung, der Tag und die Stunde der Hochzeit festgesetzt – der 3. September 1921, 4 Uhr nachmittags.

Ernest wurde mit der Trennung von Hadley nicht so gut fertig wie diese selbst. Vielleicht lag die Zurückweisung durch Agnes von Kurowsky noch nicht lange genug zurück, als daß er sich in Hadleys Abwesenheit vollkommen sicher fühlen konnte. Sein Bedürfnis, ständig beruhigt zu werden, zeichnete sich ab und auch das Muster großer Stimmungsschwankungen, die vom Überschwang bis zur Depression reichten, begann sich zu entwickeln. Hadley wußte bereits von seinen nächtlichen Alpträumen. »Ich wäre so gerne bei Dir«, schrieb sie, »um Dich zu massieren (und) bei Dir zu sitzen, bis Du sanft eingeschlafen wärst – dann würde ich Dich ganz zart küssen und gehen – nicht sehr weit weg, um zu lauschen, ob es Dir in der dunklen Nacht vielleicht nicht gut geht, wenn die Träume wiederkommen.« Jetzt, in seiner Einsamkeit, schrieb er morbiderweise von Selbstmord. Sie kam zu dem Schluß, daß ihre wiederholten Liebeserklärungen nicht genügten, um seine sinkende Moral wieder zu heben, und fuhr Mitte Juli für ein Wochende nach Chikago.

Alle Spannungen verschwanden, als sie einander berührten. Sie gingen tanzen und tranken Weißwein, tratschten mit Freunden und stellten sich vor, wie das Leben sein würde, wenn sie endlich in Italien wären. Y.K. und Doodles Smith luden Hadley ein, mit Ernest (der noch immer ihr Untermieter war) nach den Flitterwochen bei ihnen einzuziehen. Wenn Hadley Vorbehalte gegen eine derartige Lösung hatte, so teilte sie sie niemandem mit. Nach ihrer Rückkehr nach St. Louis schickte sie Ernest die vielzitierte Corona rechtzeitig zu seinem zweiundzwanzigsten Geburtstag und in der irrigen Annahme, daß er schon dreiundzwanzig sei.

Die Vorbereitungen gingen weiter, und Ende Juli war Hadley wieder in Chikago. Diesmal würde sie vor der Hochzeit nicht mehr nach St. Louis zurückkehren. Es war fröhlich und traurig zur gleichen Zeit, denn sie nahm Abschied von lieben Freunden und vertrauten Plätzen und von einer Lebensweise, die ihr eine bequeme Stetigkeit geboten hatte, auch wenn sie mit Frustration durchsetzt war. Aber sie folgte ihrem eigenen Instinkt und näherte sich diesem großen Schritt mit einer Sicherheit, die beeindruckend war.

Eine wahnsinnige Woche lang gab sie sich in Chikago dem Genuß hin, verliebt zu sein – sie folgte Ernest von der Redaktion zum Mittagessen und von dort auf den Boulevard, »wunderbare Zeiten, Hand in Hand, Arm in Arm zusammen zu atmen, zusammen zu gehen.« An den Abenden absentierten sie sich von der Clique im Wohnzimmer von Y.K., um ihre

Zweisamkeit auf dem Dach zu genießen. »Ich wünschte, ich könnte Dich jetzt hierhaben, um Dich zu liebkosen«, schrieb sie später aus dem Angelcamp in Wisconsin, wo sie bleiben würde, bis es Zeit war, nach Horton Bay zu fahren. »Erinnerst Du Dich, wie wir beide in der letzten Nacht auf dem Dach versuchten, das liebe, kleine Kind zu sein, das gehätschelt und liebkost wird? Es hat nie so einen Schmuser wie Dich gegeben, Oin.« In ihrem verwirrten Zustand hatte sie überall Souvenirs zurückgelassen – ihren Schirm hatte sie in Y.K.'s Wohnung vergessen, ihren Schmuck im Hotelsafe, den Hut, den Ruth Bradfield als Brautjungfer tragen sollte, im Zugabteil, und sie verkühlte sich sofort, als sie in die frostige Luft von Wisconsin kam.

Der Schwall von Briefen, der mit der zufälligen Begegnung von Ernest und Hadley im Oktober 1920 begonnen hatte, näherte sich seinem Ende. Einer von Hadleys letzten Briefen wurde am Nachmittag des 21. August in einem Ausbruch von Leidenschaft hastig hingekritzelt. »Ich brauche Dich in *jedem* Teil meines Lebens. Ich möchte geküßt werden. Ich möchte Deinen Kopf an mein Herz herunterziehen und ihn ganz nah bei mir halten und Dich dort stundenlang wiegen, du gesegnetes Ding – ich liebe Dich, liebe Dich – Deine eigenste in der ganzen Welt.«

Ernest traf am Sonntag, dem 28. August, in Horton Bay ein, reizbar und hohläugig vor Schlafmangel. Er begrüßte die Familie in Windemere und ging dann in der Morgendämmerung auf einen Angelausflug von drei Tagen, seinen letzten als Junggeselle. Ernest kam am Donnerstag vom Angeln am Sturgeon River zurück. Er war sonnengebräunt und fit, aber Grace kam er ängstlich vor, so als ob er für jeden Schritt ermutigt werden müsse. Am Freitag kamen Hadley, die Breakers und Ruth Bradfield an und wurden herzlich begrüßt von Auntie Charles, die sie in ihrem Haus unterbrachte und Freitag abend eine Dinnerparty zu ihren Ehren gab.

Von dem auf der Spitze eines Hügels gelegenen Haus von Auntie Charles aus genoß Hadley den Ausblick auf das blaue

Wasser und die grünen Hügel und sog die klare Septemberluft in tiefen Zügen ein. Sie hatte Fonnies Einwände bezüglich des Wortes »gehorchen« im Ehegelöbnis verworfen – was dieses Wort implizierte machte ihr keine Sorgen –, und Aunties Warnung zurückgewiesen, daß Ernest ein schwieriger junger Mann zum Zusammenleben sein würde. Sie ging am Nachmittag schwimmen und vergaß, daß es lange dauerte, bis ihr dichtes Haar wieder trocken war. So kam sie ein wenig zu spät zur Hochzeitszeremonie, und ihr Haar war noch immer feucht. Aber das elfenbeinfarbene Spitzenkleid bekam ihrer stattlichen Figur aufs schönste. Der zarte Schleier, der von einem Blumenkranz gehalten wurde, fiel über ihren Rücken herab, und sie trug ein Brautbukett aus Schleierkraut.

Die Kirche war mit Sumpflilien und Balsaminen geschmückt. Die Kinder litten unter der Hitze. Leicester schwört, daß die Beine seines Bruders geschlottert hätten, als er das Kirchenschiff entlangschritt. Der Eindruck der Familie, daß Ernest sich als Bräutigam nicht wohlfühlte, scheint durch eine Skizze bestätigt zu werden, die den Titel »Hochzeitstag« trägt und erst 1927 veröffentlicht wurde. In dieser Erzählung ist Nick Adams der Bräutigam. Nach dem Schwimmen stehen Nicks Freunde nervös herum, während er seinen Hochzeitsanzug anzieht und sich seinen gestreiften Schlips umbindet. Jeder nimmt einen langen Zug aus einer Whiskyflasche. »Er genoß ihre Nervosität«, heißt es in der Geschichte. »Er fragte sich, ob es so sein würde, wenn er gehenkt werden sollte. Wahrscheinlich. Er konnte sich nie etwas wirklich vorstellen, bevor es geschah.« Ernests Freunde trugen blaue Jacketts und weiße Flanellhosen, und es gab die üblichen Späße darüber, daß Kid Hemingway jetzt zu Boden gehe. Eine strahlende Hadley posierte eine Stunde lang für Fotos vor der Kirche.

Die Flitterwochen begannen nach Einbruch der Dunkelheit: eine rasche Abfahrt in einem geliehenen Ford und eine lange Ruderpartie über den Walloon Lake in feuchter Nacht. Ernest zog das Boot an den Strand, half Hadley herauszuklettern, und dann umarmten sich die Liebenden. »Nick küßte sie«, sollte Ernest später in derselben Skizze schreiben. »Sie erwiderte seinen Kuß heftig und so, wie er es ihr beigebracht hatte: den Mund ein wenig geöffnet, so daß ihre Zungen miteinander spielen konnten. Sie hielten sich fest umschlungen und gingen dann hinauf zum Haus... Nick sperrte die Türe auf und ging dann zurück zum Boot, um die Taschen zu holen. Er zündete die Lampen an, und sie sahen sich gemeinsam im Haus um.«

In Windemere fiel die Temperatur, und das schlecht isolierte Haus war schwer zu heizen. Hadley konnte die richtigen Kochutensilien nicht finden. Einen sorgfältig zusammengestellten Brief mit Gebrauchsanweisungen, den Grace verfaßt hatte, um derartige Frustrationen zu verhindern, entdeckten sie erst nach zwei Wochen. Ernest litt an einer immer wiederkehrenden Halsinfektion, und Hadley hatte noch immer einen trockenen Husten. Der großartige Altweibersommer von Nordmichigan war in ihrem kränklichen Zustand ein Hohn für sie. Sie waren zu krank, um den Wassersport oder Wanderungen durch die Wälder zu genießen. Es war schon lästig genug, sich in einem geborgten Motorboot über den See zu schleppen, um Proviant zu holen. Aber nach einigen deprimierenden Tagen hob sich ihre Stimmung. Sie hielten lange Schläfchen in Graces übergroßem Bett und ein loderndes Feuer im Herd in Gang und pflegten ihr Fieber mit selbstgemachtem Glühwein. Nach einer Woche hatten sie sich genügend erholt, um in Graces Haus mit Grace und der zehnjährigen Carol zu essen und in Petoskey herumzuwandern, um Ernests frühere Freundinnen zu begrüßen. Ihrer Schwiegermutter gegenüber legte Hadley ihre besten Manieren an den Tag. Sie war charmant und ehrerbietig und schickte ihr später ein angemessenes Dankschreiben. Sie »barst vor Dankbarkeit« und war von Windemere begeistert – und sehr traurig, es verlassen zu müssen.

Was die Freundinnen betraf, so war sie weniger enthusiastisch. Es schien ihr nicht von gutem Geschmack zu zeugen, von Haus zu Haus zu gehen und die jungen Frauen zu treffen, die aus dem Wettbewerb nicht als Siegerinnen hervorgegangen waren. Hadley verbarg nicht ihre Mißbilligung für Ernests Eitelkeit und war nicht zufrieden mit seiner Erklärung, daß er sie mit diesen Frauen bekanntmachen wolle, um in ihrer Wertschätzung zu steigen. Das mag Hadley als lahme Ausrede erschienen sein, aber es kam der Wahrheit wahrscheinlich nahe. Trotz seines guten Aussehens und seiner außergewöhnlichen Begabung wurde Ernest oft von akuten Minderwertigkeitsgefühlen geplagt. Während er sie mit seinen Eroberungen zu beeindrucken versuchte, erzählte er ihr gleichzeitig, daß sie die erste Frau gewesen sei, mit der er geschlafen habe. Sie glaubte ihm. Und ohne Zweifel war es das auch im Sinn seiner ersten längerwährenden sexuellen Beziehung. Seine Affäre mit Agnes war nicht sexuell vollzogen worden, und die Begegnung mit der Kellnerin im Schatten des Kartoffelspeichers war sehr kurz gewesen. Hadley und Ernest brachten beide eine gewisse Unschuld in ihre Liebe mit, und es spricht alles dafür, daß jeder von ihnen im anderen seine Befriedigung fand, als sie ihren Haushalt im vierten Stock ohne Lift in North Dearborn einrichteten.

Später im Herbst luden Sherwood Anderson und seine Frau die jungen Hemingways zum Essen ein. Anderson, ein freundlicher, warmherziger Mann, pries den ganzen Abend lang die Vorzüge, die Paris im Vergleich zu Italien für Ernests Karriere habe. Er war eben erst von einem sechsmonatigen Aufenthalt in der französischen Hauptstadt zurückgekommen, wo er am linken Seineufer gewohnt und gearbeitet hatte und mit den berühmten Exilamerikanern Gertrude Stein und Ezra Pound in Kontakt gewesen war. In Paris könne sich Ernests Phantasie frei entfalten, sagte Anderson. Und der Wechselkurs sei günstig. Es sei in jeder Hinsicht der richtige Platz.

Hadley hörte aufmerksam zu. Sie hatte kürzlich nach dem Tod eines Onkels achttausend Dollar geerbt. Dieser unverhoffte Gewinn würde ihnen das nötige finanzielle Polster bieten. Sie vertraute Anderson. Dank ihrer energischen Ermutigung wurde auch Ernest überzeugt, daß sie fahren sollten. John Bone, der geschäftsführende Redakteur des *Toronto Daily Star*, erklärte sich bereit, Ernests Berichte über Ereignisse in Europa zu veröffentlichen. Er konnte über Sportereignisse und Politik schreiben. Sie buchten ihre Überfahrt auf einem französischen Linienschiff, das am 8. Dezember 1921 von New York aus in See stach.

6

Das alte Schiff *Leopoldina* stampfte und rollte in der schweren Wintersee. Hadley schrieb nach Hause, daß sie und Ernest »abwechselnd in der Koje lagen«, obwohl sie die Vibration der Maschinen mehr störte als der Seegang. Ernest schloß mit jedermann Freundschaft, und es gab Zeiten, wo Hadley sich über so viel Geselligkeit ärgerte. Sie wollte daran glauben, daß sie und ihr Mann »alles füreinander waren«. Aber anstatt deswegen zu schmollen, spielte sie auf dem Klavier im Salon des Schiffes und frischte ihr Schulfranzösisch in Gesprächen mit der Besatzung auf. Sie fand sogar auf eigene Faust einige Verehrer – einen ältlichen französischen Gentleman und drei elegante Argentinier. Als die braunen Berge der spanischen Küste in Sicht kamen, hatte sich das Wetter beruhigt, und es war warm genug, um Sonnenbäder an Deck zu nehmen. Es wurde wieder kalt, als sie die Bucht von Biskaya überquerten und entlang der französischen Küste nach Norden fuhren. Hadley bekam trotz vieler übereinandergezogener Pullover Halsschmerzen, aber sie blieb nicht unter Deck. Sie wollte keinen Augenblick versäumen, wie sich das Schiff Le Havre näherte.

Paris war fast ebenso kalt wie der Nordatlantik. Im Hotel Jacob et d'Angleterre erwartete sie ein Willkommensbrief von Anderson. Seine Beschreibung des Hotels war zutreffend – sauber, billig und voller Amerikaner. Hadley machte ihre lärmende Gegenwart nichts aus. Es war ein tröstlicher Klang in der großen, fremden Stadt. In wenigen Tagen war Weihnachten, und sie würde dieses Fest zum erstenmal nicht nur in einem fremden Land verbringen, sondern auch weit entfernt von allen nahen Verwandten.

Ernests Methode, sein oder Hadleys Heimweh zu bekämpfen, bestand darin, auszugehen und herumzuwandern, die Straßen kennenzulernen, die Menschen zu beobachten und in ein Bistro zu gehen. Sie fanden einen guten, billigen Platz für ihr Abendessen: Le Pré Aux Clercs auf der Rue Bonaparte, gleich um die Ecke von ihrem Hotel aus.

Das war das Sechste Arrondissement, das Paris der Schriftsteller und Maler, das sich vom linken Seineufer bis zum Boulevard Montparnasse erstreckte. Wo sich der Boulevard Raspail und der Boulevard Montparnasse kreuzten, gab es drei Cafés, die Malcolm Cowley das »Herz und das Nervensystem der... literarischen Kolonie« genannt hatte – das Dôme, das Select und das Rotonde. An einem Nachmittag vor Weihnachten machten Ernest und Hadley von ihrer Besichtigungstour Rast auf der Terrasse des Dôme, wo sie sich an den Holzkohlen eines Kupferbeckens wärmten und köstlichen heißen Rum schlürften. »Wir sind Tag und Nacht Arm in Arm durch die Straßen gewandert, haben in die Höfe geblickt und sind vor den Auslagen kleiner Geschäfte stehen geblieben«, schrieb Ernest an Sherwood Anderson in der kalten Luft mit raschen Schriftzügen. »Ich fürchte, die Konditoreien werden Bones (Hadley) noch umbringen. Sie ist ganz wild nach den Süßigkeiten. Sie muß diesbezüglich immer ein unterdrücktes Verlangen mit sich rumgeschleppt haben, nehme ich an... Wir sind furchtbar froh, daß wir da sind und hoffen, daß Ihr schöne Weihnachten und ein gutes Neues Jahr haben werdet...« Hadley fügte ihre eigene Anmerkung hinzu. »Jedes Wort, das er sagt, ist wahr, besonders was die Weihnachtswünsche angeht. Ich fühle mich hier alles andere als fremd... was auch mit Deinem Willkommensgruß und dem Gefühl zu tun hat, daß Du erst vor so kurzer Zeit hier gelebt hast... Wir gehen jetzt aus, um Geschenke für unsere Weihnachtsstrümpfe einzukaufen. Ich werde mich bemühen, keine Kuchen für ihn zu kaufen. Also nichts wie los.«

Am Weihnachtsmorgen und ermuntert von Briefen und Geschenken von zu Hause, beschlossen sie, das rechte Seineufer zu erkunden, das Paris der Reichen und Eleganten. Eingedenk ihres schmalen Budgets und im ungewissen über die öffentlichen Verkehrsmittel zogen sie zu Fuß los, überquerten die Seine bei der Pont Neuf und wanderten die ganze Avenue de l'Opera entlang. Der Louvre war wegen des Feiertags geschlossen. Der Jardin des Tuileries lag in seiner imposanten Größe verlassen da, nur von einigen Liebespaaren wie sie selbst bevölkert. Die Geschäfte rund um die Place Vendôme waren nicht mit denen im Quartier Latin zu vergleichen. Hier gab es ausgesuchte Juwelen – Rubine, Smaragde, Saphire – in prunkvollen Diademen und Colliers, um finanzkräftige internationale Kundschaft anzuziehen. Auf der Rue de la Paix beschlossen sie, daß es Zeit für das Weihnachtsessen sei. Die Speisekarte des Café de la Paix sah erschwinglich aus. Sie gaben ihre wohlüberlegte Bestellung auf, aber als die *addition* präsentiert wurde, sank ihre Stimmung. Irgendwie hatten sie die Preise mißverstanden. Ernest hatte nicht genug Geld bei sich, um die Rechnung zu bezahlen. So sprintete er zurück ins Hotel und ließ Hadley allein im Restaurant sitzen. Sie bewahrte Haltung, so gut sie konnte. Aber sie stellte sich vor, er würde von einem Auto angefahren oder sonst irgendwie verhindert werden, sie zu retten. Selbstverständlich kam er wieder, nachdem er, so schnell er konnte, hin und zurück gerannt war. Aber an diesem Abend gingen sie etwas niedergeschlagen zu Bett.

Der erste von Andersons Freunden, der sie besuchte, war Lewis Galantière, ein schmächtiger, witziger junger Mann von sechsundzwanzig Jahren mit einem ausgeprägten Sinn für Antiquitäten und Kupferstiche. Hadley fühlte sich sofort wohl in seiner Gesellschaft. Seine Gabe, Leute nachzuahmen, belustigte sie, und ihr gefiel die Sorgfalt, mit der er seine Wohnung in der Rue Jean Goujon eingerichtet hatte. Er lud sie ins Café Michaud ein, ein vorzügliches Restaurant, wo sie zum erstenmal seit dem Weihnachtsfiasko wirklich gut aßen. Galantière mochte die Hemingways – Ernest, weil er ein fröhlicher Kumpel war und Hadley, weil sie einfach in jeder Hinsicht so nett war. Er versprach, ihnen nach den Feiertagen zu helfen, eine Wohnung zu suchen.

Ernest hatte bereits begonnen, an einem Artikel über den Thunfischfang in Spanien für den *Star* zu arbeiten, der auf seinen Beobachtungen basierte, als das Schiff kurz im Hafen von Vigo angelegt hatte. Er konnte mit etwa fünfunddreißig Dollar pro Artikel rechnen. Aber da von dieser Seite noch nichts hereinkam, waren Hadleys Schecks aus St. Louis von entscheidender Bedeutung. Unter der Führung von Lewis sahen sie sich am Boulevard Montparnasse und am Boulevard Saint-Michel um, wie hoch die Mieten im Quartier Latin in der Nachbarschaft waren, die sie bereits ein wenig kannten, da sie ja in der Rue Jacob wohnten. Es war eine beliebte Wohngegend. Aber Hadley stellte bald fest, daß die reizvollen Plätze im Quartier mehr kosteten, als sie sich leisten konnten. Ernest wollte ihr bißchen Geld für Reisen und Unterhaltung ausgeben und nicht für eine Luxusbude. Hadley war ebenso enthusiastisch wie er, wenn es um die Erkundung anderer Teile von Europa ging. Schließlich brachte sie Lewis zu einer Wohnung ohne Lift im dritten Stock eines Hauses in der Rue du Cardinal Lemoine 74, in einem altertümlichen Arbeiterbezirk des Fünften Arrondissement und weit weg von den guten Cafés und Restaurants gelegen. Hadley stimmte Ernest zu, daß sie die Wohnung nehmen sollten.

Das Wetter in Paris war noch immer regnerisch, als sie am 9. Januar 1922 einzogen, und Ernest schlug vor, erst einmal auf Urlaub in die Schweiz zu fahren, bevor sie mit Arbeit und Haushalt richtig beginnen würden. Der Artikel über Vigo war fertig und abgeschickt. Sie konnten in den Bergen ebenso billig essen wie in Paris. Er hatte gehört, daß die Bahnfahrt sehr billig sei. Er konnte überall schreiben, und die trockene Luft würde Hadleys Husten guttun. Wie dachte sie darüber? Hadley fand das eine gute Idee. Sie war jederzeit reisefertig. Vielleicht würde das Wetter in Paris besser sein, wenn sie zurückkamen. Sie besorgten sich Skier und Schuhe (ein Beispiel dafür, wie sie für die Dinge, die ihnen wichtig waren, Geld auftrieben) und kauften sich zwei Eisenbahnfahrkarten dritter Klasse nach Montreux, dem Wintersportort am Genfer See. In Montreux gab es Geschäfte, elegante Hotels und viele Mitglieder der alten und neuen französischen Aristokratie. Sie blieben lange genug, daß Ernest Eindrücke für seine zukünftigen Artikel darüber im *Star* sammeln konnte und fuhren dann mit der kleinen elektrischen Bahn den Berghang hinauf zu ihrer Pension in Chamby.

Es war ein braunes Holzhaus, das einem deutsch-schweizerischen Ehepaar namens Gangwisch gehörte. Ein großes, komfortables Zimmer, so sauber wie Hadley gehofft hatte, und drei reichliche Mahlzeiten für beide kosteten sie nicht ganz fünf Dollar. Jeden Morgen, wenn sie noch in den Federn dösten, kam Madame Gangwisch herein, die Arme voller Holz für den großen Kachelofen im Zimmer. Sie schloß die Fenster, versorgte das Feuer, bis es richtig prasselte und kam dann mit den Frühstückstabletts wieder. In die Polster gelehnt, konnte Hadley den See in der Ferne sehen. Der Berg fiel steil zu der kleinen Ebene am Wasser ab. Die Felder, Hänge und Dachgiebel nahmen in dem Schneetreiben weichere Formen an. Hadley war vom Skifahren begeistert und lernte schnell, wobei sie zunächst raschere Fortschritte machte als Ernest, dem noch immer die Steifheit im Knie infolge der Kriegsverletzung zu schaffen machte. Für die langen Wanderungen durch die dunklen Pinienwälder trug sie Nagelschuhe und einen Bergstock mit eiserner Spitze. Der Schnee war hart und die Luft klar und scharf. Ein- oder zweimal sahen sie Spuren von Wild. Ein anderesmal überraschten sie einen Fuchs. Es gab einen Gasthof in Bains de l'Alliaz, wo man Glühwein bekam, heißen roten Wein mit Gewürzen und Zitronen. Manche Tage verbrachten sie auch in dem Chalet, lasen, schrieben, spielten Karten und verzehrten ihr Mittagessen auf der Veranda, wenn die Sonne schien.

Als sie wieder in Paris waren, hatten die Regenfälle aufgehört, und die Sonne erwärmte ihre winzige Wohnung. »Es ist sicher sehr voll«, schrieb Hadley am 20. Februar 1922 an Grace, »aber es ist zweifellos bequem.« Es mochte dort mehr vollgestopft als bequem sein, aber Hadley versuchte immer, wenn sie an Ernests Mutter schrieb, optimistisch zu sein. Sie wußte, daß die Wohnung in vieler Hinsicht jämmerlich war. »Die steile Wendeltreppe hatte auf jedem Treppenabsatz eine Nische, in der sich eine Latrine befand, wo man auf zwei Fußtritten hockte«, erinnerte sie sich. »Wir hatten ein Wohn-Schlafzimmer von seltsamer Form und mit wunderlichen Winkeln, ein schönes schwarzes Kaminsims mit einem Kamin und ein großes Bett aus falschem Mahagoniholz mit üppigen vergoldeten Verzierungen. Die Matratze war gut.« Sie stellte die Möbel um und ließ in der Eßnische Platz für das kleine Gavian-Pianino. Durch die Concièrge erfuhr sie von Marie-Cocotte (Marie Rohrbach), die für zwei Francs die Stunde die Spüleimer ausleerte und den Abfall wegbrachte, sich um die Wäsche kümmerte und Hadley die Grundlagen der französischen Küche beibrachte.

Die Wohnung war zwar durch Hadleys Bemühungen recht komfortabel geworden, aber nach wie vor zu klein, als daß Ernest in Ruhe hätte arbeiten können. Er mietete für sechzig Francs im Monat ein Schlafzimmer im obersten Stockwerk eines Hotels in der Rue Mouffetard, wo er sich Tag für Tag abmühte, jene einfachen Sätze zu Papier zu bringen, die seinen hohen Ansprüchen gerecht wurden. Er strebte nach Wahrheit und Sparsamkeit des Stils. Sein eigenes scharfes Ohr und seine distanzierte Art, andere zu beobachten, fanden langsam ihren Weg in sein Schreiben. Nichts davon fiel ihm in den Schoß. Seine blauen Notizbücher waren voll von ausgestrichenen Sätzen, falschen Anfängen und endlosen Korrekturen. Er wartete ungeduldig darauf, etwas zu veröffentlichen, aber es durfte nicht auf Kosten seiner Originalität oder dadurch geschehen, daß er dem Geschmack des Publikums schmeichelte. Er war dabei, seinen eigenen Stil zu formen, und das würde durch ernsthafte, harte Arbeit geschehen.

Da Ernest seine Arbeitsstunden strikt einhielt, war Hadley die meiste Zeit des Tages allein. Sie frühstückte, wenn sie schon wach war, mit ihm, wo allerdings nicht viel gesprochen wurde, denn Ernest war in seinen Gedanken bereits bei den ihn vorwurfsvoll anstarrenden leeren Seiten, die in seinem Hotelzimmer auf ihn warteten. Trotz der vielen einsamen Stunden litt sie jedoch nie unter jener Art von Isolation, die sie so bedrückt hatte, als sie mit ihrer Mutter zusammenlebte. Wenn sie einsam war, dann, weil es sie in eine rauhe Umgebung verschlagen hatte, in der sie die Fremde war. Sie dachte, ihr rotes Haar mache sie auffällig und trug befangen ihre amerikanische Kleidung. Obwohl ihre Garderobe einfach genug war, unterschied sie sich doch sehr von den formlosen Mänteln der Arbeiterfrauen. Ihr Schulfranzösisch war dem schnellzüngigen Jargon der Geschäftsleute nicht gewachsen, und sie achtete darauf, sich nicht zu weit von zu Hause zu entfernen. Ernest hatte seinen Freunden geschrieben, daß er im besten Teil des Quartier Latin lebe und von seinem Wohnzimmer aus einen schönen Ausblick auf die Seine habe. Was Hadley wirklich von ihrem Wohnzimmer aus sah, waren winzige Geschäfte und die Mauern der anderen Häuser.

Eines Winternachmittags kam er nach Hause gestürmt, um ihr von einer wichtigen Entdeckung zu berichten. Er hatte eine gute Leihbücherei gefunden, in einem Buchladen, der »Shakespeare&Company« hieß. Die Eigentümerin war Sylvia Beach, eine Amerikanerin aus New Jersey, die ihm auf Kredit eine Lesekarte und einen Armvoll Bücher gegeben hatte. Hadley lächelte. Sie kannte Ernest als unersättlichen Leser. Manchmal, wenn er sie liebkoste und umarmte und sie annahm, er sei in diese angenehme Tätigkeit vertieft, hatte sie sich umgedreht und gesehen, wie er hinter ihrem Rücken eine zusammengefaltete Zeitung las. Sie fragte ihn, ob Miss Beach auch Bücher von James, einem ihrer Lieblingsautoren habe. Ernest bejahte das, und sie machten sich für ihren späten Nachmittagsspaziergang fertig. In einem Café wollten sie etwas trinken und in einem Bistro in der Nähe zu Abend essen.

Zunächst hatte Ernest sich dagegen gesträubt, Andersons berühmte Freunde aufzusuchen. Seine Freundlichkeit den einfachen Leuten von Paris gegenüber erstreckte sich nicht so ohne weiteres auf literarische Gestalten von anerkanntem Ruf. Er konnte, ehe er nicht sicher war, akzeptiert zu werden, recht abwehrend sein. Aber schließlich wurden Hadley und er zum Tee in Ezra Pounds Studio eingeladen, und Hadley stellte fest, daß Ernest sich in der tatsächlichen Gegenwart des Dichters respektvoll und bescheiden verhielt, mit einem anziehenden Zug von Schüchternheit. »Er saß zu Füßen Pounds und lauschte ihm wie einem Orakel«, sagte sie später. »Ich glaube, daß manche dieser Ideen sein ganzes Leben lang Gültigkeit behalten haben.« Der Raum war groß und kalt, die einzige Wärme ging von einem Ofen in der Mitte des Zimmers aus. Häßliche Regale waren wahllos übereinandergetürmt, und sonderbare japanische Grafiken hingen an den Wänden. Es wurde eine Menge Tee getrunken. Hadley zählte siebzehn Tassen, die dem Dichter von seiner hübschen Frau Dorothy serviert wurden. Hadley war mehr von Dorothy Pounds charmanter britischer Zurückhaltung angetan als von Ezras herrischer Art und seinem gekünsteltem Bohèmetum, obwohl sie seinen Ruf schätzte, jungen Schriftstellern, an die er glaubte, zu helfen. »Er war ziemlich rechthaberisch«, erinnert sie sich. »Ganz und gar nicht liebenswert.«

Im März trafen sie Gertrude Stein, die mit Alice B. Toklas, ihrer ergebenen Gefährtin, in der Rue de Fleurus 27 wohnte, einer verwinkelten Straße, die an den Jardin de Luxembourg grenzte. Ein richtiges französisches Stubenmädchen führte sie in ein langes Zimmer mit schönen Proportionen, das ein Durcheinander von wertvollen Antiquitäten enthielt, die für eine wohlhabende Familie charakteristisch waren, sowie Gemälde, die eines guten modernen Museums würdig gewesen wären. An jeder Wand der zweistöckigen Wohnung hingen die Werke der seinerzeitigen Pioniere, die jetzt anerkannte Meister sind – Aquarelle von Cézanne, fauvistische Bilder von Matisse, Picassos nüchterne grün und gelbbraune spanische Landschaften.

Alice Toklas (die Ernest hartnäckig Miss Tocraz nannte) führte sie durch das Zimmer zu Gertrude Stein, die bei einem großen Kamin saß, in dem die Kohlen glühten und zischten.

Hadley fand, die Form ihres Kopfes sei »vollendet schön«, und ihre sanften braunen Augen seien denen Ernests nicht unähnlich darin, daß sie alles sähen. Ernest war überwältigt von ihrem kräftigen Körper und ihren schweren Brüsten, und er verglich ihr »entzückendes, dichtes, lebendiges Einwandererhaar« und ihre beweglichen Gesichtszüge mit denen einer norditalienischen Bauersfrau.

Gertrude, mit ihren achtundvierzig Jahren doppelt so alt wie Ernest, reagierte auf dessen gutes Aussehen in der gleichen Weise, wie sie die maskuline Ausstrahlung von Männern wie Picasso und Juan Gris genoß. Sie bedeutete ihm, sich neben sie zu setzen. Hadley wollte sich ebenfalls dorthin setzen, wurde aber von Alice entschlossen ans andere Ende des Raumes manövriert. Dies war in Nummer 27 ein Ritual, allerdings nur Ehefrauen gegenüber angewandt. Nichtehefrauen, unverheiratete Frauen wurden zu Gertrudes intellektuellen Gesprächen zugelassen, während von Ehefrauen erwartet wurde, sich mit Alice über Haushaltsangelegenheiten zu unterhalten, deren durchdringende schwarze Augen alles registrierten, auch wenn sie dabei köstliche Liköre und winzige Kuchenstückchen anbot oder auf ihrem Posten am anderen Ende des Zimmers an einer Stickerei arbeitete. Hadley hätte viel lieber gehört, was Gertrude zu Ernest sagte, fügte sich aber, da dieses Gespräch außer Hörweite stattfand, in ihr Schicksal und lauschte dem Monolog von Alice.

Als sie zu ihrer Wohnung zurückgingen, mußten beide Hemingways gestehen, daß sie sich ein wenig wie zwei guterzogene Kinder vorkamen, denen man vergeben hatte, daß sie ineinander verliebt und verheiratet waren. Hadley fand Alices eiserne Kontrolle ziemlich erschreckend, aber die offen gezeigte Zuneigung zwischen den Frauen störte sie nicht. Sie genoß deren farbiges Leben, ihren Geschmack und ihre Intelligenz und respektierte ihren Versuch, sich mit ihren emotionellen Bedürfnissen offen auseinanderzusetzen. Ernest verachtete Abweichungen. Er hatte mit dreiundzwanzig bereits sein starkes Mißfallen Homosexuellen gegenüber ausgedrückt, war aber erpicht auf Gertrudes Freundschaft.

Einige Abende später erklommen Gertrude und Alice die steilen Treppen zur Wohnung der Hemingways. Gertrude, die ihr Versprechen einlöste, sich einige von Ernests Arbeiten anzusehen, ließ ihren massigen Körper auf dem Mahagonibett nieder und las alles, was Ernest ihr gab – Gedichte, ein Romanfragment, einige Kurzgeschichten. Die Gedichte gefielen ihr nicht schlecht, aber der Roman gar nicht. »Eine ganze Menge Beschreibung«, bemerkte sie, »und nicht besonders gute Beschreibung. Fang nochmals von vorne an und konzentriere das Ganze.« Sie mochte seine Kurzgeschichten, alle außer »Oben in Michigan«. Die sei *inaccrochable*, was wörtlich »unaufhängbar« bedeutete und normalerweise von Bildern gesagt wurde. Die Geschichte sei gut, aber die offen geschilderte Verführungsszene mache sie ungeeignet zur Veröffentlichung. Ernest ließ sich von dieser ungünstigen Reaktion nicht beirren. Ihn interessierte, daß sie seine Bemühungen unterstützte, in starken Aussagesätzen zu schreiben, die von übermäßiger Beschreibung befreit waren.

Nach der literarischen Kritik ging Gertrude dazu über, ihren jungen Freunden einen Vortrag zu halten, wie wichtig der Kauf von Bildern sei. »Ihr könnt euch entweder Kleider oder Bilder kaufen... So einfach ist das... Achtet nicht auf eure Kleidung... Kauft sie nach Gesichtspunkten der Bequemlichkeit und Haltbarkeit, und ihr werdet das Geld für die Kleidung zur Verfügung haben, um dafür Bilder zu kaufen.« Hadley wandte den Blick von den seltsamen »Zwischendeckgewändern« ab, die Gertrude trug. Ernests Garderobe bestand hauptsächlich aus billigen Fischerleibchen und geflickten Turnschuhen. Hadley hatte kein Geld für ihre Kleidung ausgegeben, seit sie in St. Louis ihre Aussteuer zusammengestellt hatte. Sie vermochte sich nicht vorzustellen, wie man mit den wenigen Münzen, die sie an ihrer Kleidung einsparten, wertvolle Kunstwerke hätte kaufen können. Trotz dieser ungebetenen Ratschläge betrachtete sie den Abend jedoch als Erfolg. Sie begann, sich auf weitere Besuche bei den Frauen zu freuen. Eines Abends, Picasso hatte den schweigenden Zuhörern in Gertrudes Wohnung einige seiner Gedichte vorgelesen, wagte niemand etwas zu sagen, als er geendet hatte. Eine langandauernde Stille entstand, und Hadley bemerkte, wie nervös Picasso war: Noch immer keinerlei Kommentar von den anderen Gästen. Schließlich sagte Gertrude, »Pablo, geh nach Hause malen.«

Ernest erfreute sich weiterhin an Gertrudes Interesse und wurde von ihrer starken Persönlichkeit angezogen. »Es war leicht, die Gewohnheit zu entwickeln, am späten Nachmittag in der Rue de Fleurus 27 Rast zu machen, um die Wärme, die wunderbaren Bilder und die Konversation zu genießen«, erinnert er sich. »Oft waren keine Gäste bei Miss Stein, und sie war immer sehr freundlich und eine lange Zeit hindurch sehr herzlich.« Zwanzig Jahre später machte er ihr das endgültige männliche Kompliment. »Ich wollte sie immer ficken«, schrieb er an W. G. Rogers, »und sie wußte es, und es war ein gutes, gesundes Gefühl.« Er fügte hinzu, daß Alice immer auf Gertrudes männliche Freunde eifersüchtig war.

Wenn es in ihrem Gespräch um literarische Persönlichkeiten ging, war er fasziniert, aber wenn sie versuchte, ihn auf sexuellem Gebiet zu belehren, wurde ihm unbehaglich zumute. Sie war unerbittlich, was die Unterschiede zwischen männlichen und weiblichen Homosexuellen betraf. Die Männer waren einfach zu bedauern. »Der Akt, (den sie) vollziehen, ist häßlich und widerwärtig, und sie sind danach von sich selbst angeekelt. Sie trinken und nehmen Drogen, um das zu bemänteln«, erklärte Gertrude, »aber sie sind von dem Akt angeekelt und wechseln immer ihre Partner und können nicht wirklich glücklich sein. ... Bei Frauen ist das Gegenteil der Fall. Sie tun nichts, was sie anekelt oder abstößt und ... sie können ein glückliches Leben miteinander führen.« Ernest hielt Gertrudes Analyse für zu simpel, und er wollte auf diesem Gebiet nicht bevormundet werden. Später, wenn er daheim in der Rue du Cardinal Lemoine war, teilte er sein neuerworbenes Wissen mit Hadley. »In der Nacht«, schrieb er, »waren wir glücklich mit unserem eigenen Wissen, das wir bereits hatten, und neuen Erkenntnissen, die wir in den Bergen gewonnen hatten.«

Jeder, der Hadley, während ihrer frühen Jahre in Paris kennenlernte, war verblüfft darüber, wie glücklich sie zu sein schien und wie sehr sie in ihren jungen Ehemann verliebt war. Die Leidenschaft, die er in ihr geweckt hatte, wurde erfüllt, und sie würdigte das ihrerseits durch große Zärtlichkeit für ihn. Geldsorgen, lange Stunden des Alleinseins, selbst die Erkenntnis, daß er rücksichtslos in seinem Ehrgeiz und unbeständig Freunden gegenüber sein konnte und Perioden von Selbstmitleid und Depressionen hatte – all das änderte nichts an ihrer Zuneigung. Sie glaubte daran, daß er der Richtige für sie war und lohnte es ihm immer wieder, durch Loyalität und guten Mut und eine beachtliche Selbstlosigkeit, Eigenschaften, die er von seinen Freunden und vor allem von seinen Ehefrauen fordern sollte.

Als Hadley an Grace schrieb, daß sie eine wunderbar bewegte Zeit mit neuen Freunden hätten, erwähnte sie nicht Ernests Streit mit Bill Smith, der sechs Jahre lang sein Busenfreund und bei der Hochzeit sein Trauzeuge gewesen war. Es hatte ein Jahr zuvor begonnen, als Y. K. Ernest wegen seiner derben Bemerkungen über Doodles und Don Wright aus seiner Wohnung hinausgeworfen hatte. Bill hatte versucht, neutral zu bleiben, aber Ernest, der wußte, wie man einen Groll am Leben erhielt, fuhr fort, Y. K. in seinen Briefen an Bill zu beleidigen, so daß dieser schließlich Ernest geschrieben hatte, daß Blut dicker als Wasser und er auf diese Haltung seines alten Freundes nicht neugierig sei. Ungeachtet dessen sandte er Grüße an Hash.

Hadley war bestürzt. Sie mochte die Familie Smith. Katy hatte sie und Ernest zusammengebracht, und Y. K.'s Wohnung war der Ort gewesen, wo sie sich kennengelernt hatten. Konnte Ernest nicht Bills Ausbruch übersehen oder sich zumindest mit einem leichten brieflichen Tadel begnügen, der Raum für eine Versöhnung ließ? Offensichtlich konnte er es nicht. Hadley erkannte, daß es Ernest schwerfiel, anderen zu vergeben. Glaubte er erst, schlecht behandelt worden zu sein oder mißfiel ihm das Verhalten des anderen, so änderte sich die Qualität der Beziehung. Doch auch wenn er mit Bill in Fehde lag, fragte er sich, wie er seine Freundschaft mit Katy Smith aufrechterhalten sollte. Es war wichtig, nicht mit ihr zu brechen. Sie bewahrte in ihrem Banksafe etwa achthundert Dollar in Wechseln auf italienische Lire für ihn auf. Ernest brauchte etwas davon, um eine Reise für die Zeitung nach Genua zu finanzieren. Da er es jedoch zu dieser heiklen Zeit nicht über sich brachte, ihr zu schreiben, bat er einen gemeinsamen Freund, für ihn zu intervenieren.

Ernests Reise nach Genua im April 1922 zu einer internationalen Wirtschaftskonferenz, über die er berichten wollte, war die erste Trennung für ihn und Hadley, die jetzt sieben Monate verheiratet waren. Der *Star* zahlte ihm fünfundsiebzig Dollar die Woche plus Spesen, aber es gab keine Vergütung für Ehefrauen. Hadley machte das Beste daraus, war aber während seiner dreiwöchigen Abwesenheit oft einsam und gereizt. Es wurde Frühling, ihr erster Frühling in der romantischsten Stadt der Welt. Wie sollte sie sich da nicht nach ihm sehnen, als die Regenfälle nachließen, die Roßkastanien zart erblühten und die Luft duftete? Es war ein ungeduldiges Zählen der Tage, bis er zurückkam.

Aber schließlich kam er zurück, und Hadley war entzückt, ihn von den neuen Freunden erzählen zu hören, die er unter den Zeitungskorrespondenten gewonnen hatte. Max Eastman, ein amerikanischer Redakteur, hatte an einigen seiner Prosaskizzen genügend Gefallen gefunden, um sie an seine Zeitschrift *The Masses* zu schicken. Lincoln Steffens, der grauhaarige Sensationsreporter, hatte ihn eingeladen, sich einer Gruppe anzuschließen, die sich oft in einer Trattoria in der Nähe traf. Paul Scott Mowrer, der euroäische Korrespondent der *Chicago Daily News*, hatte ihm angeboten, seine Berichte zu Lasten des Kontos der *News* abzuschicken, solange er beim Telegraphenamt noch keinen Kredit hatte.

Nachdem Ernest fünfzehn telegraphische Berichte über die Konferenz losgeschickt hatte, konnte er wieder mit gutem Gewissen an seine eigene Arbeit gehen. Endlich machte er gewisse Fortschritte. Ein halbes Dutzend Gedichte ging an Harriet Monroe in Chikago, die Herausgeberin von *Poetry:*

A Magazine of Verse. Margaret Anderson, die Redakteurin der amerikanischen Vierteljahresschrift *The Little Review*, hatte durch Pound von ihm gehört, der ihr eine von Ernests Geschichten geschickt hatte. »A Divine Gesture«, die Fabel, die er während seines Werbens um Hadley geschrieben hatte, wurde im Mai von der Zeitschrift *The Double Dealer* in New Orleans zur Veröffentlichung angenommen. Das Wichtigste im Hinblick auf sein Ziel aber war die allmähliche Entwicklung eines eigenen Stils – kein Journalismus, keine Verse, sondern eine sorgsam beschnittene erzählende Prosa.

Als die Tage länger wurden, begann Ernest früher zu arbeiten und stahl sich oft aus dem Haus, wenn Hadley noch schlief, die Jalousien der großen alten Häuser noch herabgelassen waren und nur der Ziegenhirte auf der Straße seine Flöte blies. Manchmal brachte er auf seinem Weg nach Hause ein Programm vom Pferderennen mit. Die Rennen waren in Enghien-Les-Bains, wo Hadley vor allem von den Hindernisrennen begeistert war, weil ihr die Springer so gefielen. Sie fuhren mit dem Zug vom Gare du Nord durch die Slums von Paris zu dem kleinen hübschen Rennplatz außerhalb der Stadt. Hadley pflegte ihr Picknick auf Ernests Regenmantel in der Nähe der Haupttribüne auszubreiten. Zuerst aßen sie, dann studierten sie die Chancen und machten ihre Einsätze. Wenn sie Glück hatten, teilte Ernest den Gewinn auf – ein Viertel für jeden von ihnen zum Ausgeben und die restliche Hälfte für das Wettkapital.

Zwischen dem jungen Paar in Paris und Ernests Eltern in Amerika gab es einen sporadischen Briefwechsel. Ernest konzentrierte sich dabei auf Sportereignisse, die Politik und den Fischfang; Hadley auf die aktuelle Mode, die Leute, die sie trafen und Ernests Erfolg beim *Star*. Daheim in Oak Park versuchte Grace Hemingway, eine Malerin zu werden. Zunächst besuchte sie einen Ausbildungskurs für Erwachsene. Dann schloß sie sich einem Malkurs für Kinder an, weil sie der Ansicht war, daß der Unterricht besser sei. Jetzt war sie bereits als Gasthörerin am *Chicago Art Institute* eingeschrieben, um ihre Beobachtungsgabe zu schärfen und eine Technik zu ent-

wickeln. Sie wiegte sich nicht in dem Glauben, sie habe besonderes Talent. Landschaften fielen ihr leichter als Porträts.
Dennoch signierte sie ihre Bilder mit Hall Hemingway und
benützte die Malerei dazu, ihrem Leben, so wie sie es früher
mit der Musik getan hatte, eine gewisse Richtung zu geben.

Als der Sommer näherrückte, beschloß Ernest, daß es für
ihn Zeit sei, eine große Reise zu machen. Hadley pflichtete
dem bei. Jetzt, wo sie noch nicht von Pflichten und Verantwortung eingeengt waren, war in ihrem Leben die richtige Zeit für
Extravaganzen. Vernünftig sein konnten sie später. Zur Abwechslung hatten sie einmal Geld auf der Bank. Ernests Honorar vom *Star* für die Berichte aus Genua betrug über fünfhundert Dollar, und einige Treuhandschecks waren auch eingegangen. So beschlossen sie, einen Monat in der Pension Gangwisch in Chamby zu verbringen, die Berge zu besteigen und
Forellen zu angeln. Dann würden sie nach Mailand fahren, wo
Ernest Hadley die Örtlichkeiten seiner Kriegsabenteuer zeigen
konnte. Chink Dorman-Smith, Ernests irischer Militärfreund
aus Mailand, würde sich ihnen anschließen, denn er war auf
Urlaub in Paris.

Hadley mochte Chink von Anfang an. Er war groß und
hager, hatte einen kleinen goldbraunen Schnurrbart, zwin-
kernde blaue Augen, »vorzügliche Manieren und eine britische
Höflichkeit«. Wichtiger für sie war jedoch die echte Zuneigung, die er für Ernest hatte und die der eines wohlwollenden
älteren Bruders ähnelte. Sie wußte, daß Ernest Freunde ver-
schiedenster Art brauchte. In Chink sah sie jemanden mit
Integrität, der Ernests Konkurrenzverhalten nicht anstachelte
und den er wirklich respektierte, für den er jene Art von
Hochachtung hatte, die er dem guten Berufssoldaten entgegenbrachte. Dorman-Smith meinte, daß Hem für ihn wirklich
so etwas wie ein jüngerer Bruder sei. »Er schien mir alle die
Freunde zu ersetzen, die ich während des Weltkriegs verloren
hatte.« Auch er mochte Hadley und nannte sie bald Mrs. Popp-
lethwaite. »Sie waren sehr verliebt«, erinnerte er sich 1961,

»und Ernest pflegte beim Frühstückskaffee mein Junggesellentum mit detaillierten Darstellungen ihrer Nächte zu stören.«

Für Hadley waren die Tage bei Montreux und im Rhônetal eine äußerst glückliche Zeit. Da sie die Gesellschaft interessanter Männer der der meisten Frauen vorzog, wußte sie die Gegenwart zweier attraktiver Männer zu schätzen. Sie bestiegen gemeinsam hohe Berggipfel und tranken in verwitterten Berggasthöfen dunkles Bier. Sie rutschten breite Schneefelder hinunter, indem sie sich einfach hinsetzten und hinunterrodelten. Es war Narzissenzeit. Die ausdauernden Blumen blühten zwischen zackigen Felsspalten und auf kleinen freien Flecken warmer Erde. Als Ernest nahe der Mündung der Rhône in den Genfer See an seinem Lieblingsfluß, dem Stöckalper, angeln war, warteten Chink und Hadley in einem Gasthausgarten in Aigle auf ihn. Hadley freute sich über Chinks kleine Aufmerksamkeiten. »Wenn Du (Ernest) und Chink sich unterhielten, war ich miteingeschlossen. Es war nicht dasselbe, wie als Ehefrau bei Miss Stein zu sein.«

Chink hatte die Idee, den St. Bernard Paß zu überqueren und zu Fuß nach Aosta abzusteigen, wobei er die Schwierigkeiten für Wanderer unterschätzte, wenn der Paß noch tief verschneit war. Sie kamen überein, nur ein Minimum an Ausrüstung mitzunehmen – das meiste Gepäck schickten sie per Bahn voraus – aber Hadley konnte nicht glauben, daß das Minimum nicht ihre Toilettenartikel enthalten sollte. Ernest bestand darauf, daß sie die Fläschchen zurückließen. Hadley sträubte sich. Armer Chink! Um des lieben Friedens willen bot er an, die Flaschen in seinen ohnehin schweren Rucksack zu packen. »Wir stapften dreißig Kilometer durch kniehohen Schnee, hinauf, hinauf, hinauf«, erinnerte sich Hadley. »Eitelkeit und Unwissen hatten mich veranlaßt, leichte amerikanische Halbschuhe anzuziehen, die weder für das Gelände noch für das Wetter geeignet waren. Ich glaube, ich wollte, daß Chink meine schönen Beine bewunderte.«

Die Wanderung wurde zu einer Art Alptraum, in dem sie dahinkletterten und stolperten. Ernest vertrug die Höhe nicht gut, und Hadleys Füße waren völlig naß. Endlich kam jedoch das schlanke Hospiz von St. Bernard in Sicht, das stolz im Mondlicht dalag. Die Mönche brachten sie für die Nacht unter. Am nächsten Morgen konnte Hadley kaum ihre geschwollenen Füße in die geschrumpften Halbschuhe zwängen. Ernest, der so vernünftig gewesen war, selbst feste Stiefel anzuziehen, erwartete von Hadley, körperliche Beschwerden ohne Jammern zu ertragen, besonders wo sie so wenig Urteilsvermögen bei der Wahl ihrer Schuhe gezeigt hatte. Sie versuchte, ihm gefällig zu sein, aber es dauerte nicht lange, bis einer ihrer Schuhe aufsprang und Chink den anderen aufschneiden mußte. Sie gingen zwanzig Minuten, dann machten sie Rast, und so den ganzen Weg bis Aosta. »Ich war eine einzige Blase«, sagte sie. »Die Burschen trugen mich praktisch die letzten paar Meilen. Ich verließ zwei Tage lang nicht mein Bett.« Aber sie hatte beachtliche Ausdauer bewiesen für jemanden, den man mit der Begründung, er habe eine empfindliche Gesundheit, abgeschrieben hatte, und das war wichtig für ihr Selbstwertgefühl. Hätte sie richtige Stiefel gehabt wie ihre Begleiter, so hätte sie wahrscheinlich die ganze Expedition reibungslos überstanden.

Nachdem Chink sie in Mailand verlassen hatte, interviewte Ernest Benito Mussolini, den neuen Faschistenführer, und Hadley und Ernest besuchten gemeinsam einen italienischen Adeligen, der 1918 sehr freundlich zu Ernest gewesen war. »Wir wurden gastfreundlich empfangen«, berichtete Hadley, »und durch das Familienmausoleum geführt, das schön und eindrucksvoll war. Unser Gastgeber hatte eine reizende junge Tochter, für die Ernest zumindest das gleiche wie ein Prinz war. Sie benahm sich wunderbar. Wenn es ihr das Herz brach, so war es zumindest ein sehr junges Herz.« Hadleys bevorzugte Erfrischung am späten Nachmittag war die Fruchtschale bei Biffi in der Galleria, die nach Walderdbeeren duftete und mit Capri in eisbedeckten Gläsern serviert wurde. Sollte diese Heimkehr nach Mailand bei Ernest eine Sehnsucht nach Agnes, seiner ersten Liebe, ausgelöst haben, so ließ er sich noch nichts davon anmerken. Hadley schenkte ihm ihre uneingeschränkte Bewunderung. Nur wenn ihn eine düstere Stimmung überkam, nagte die Zurückweisung durch Agnes an ihm. Aber er schien in Mailand fröhlich zu sein, und all seine romantischen Impulse gingen in Richtung Hadley.

Als sie nach Schio kamen, wo das Sanitätskorps im Sommer 1918 stationiert gewesen war, sank Ernests Stimmung. Nichts war so, wie er es in Erinnerung hatte. Die Mühle war wieder auf die Produktion von Wolle umgestellt worden, und der Fluß war verschmutzt. Das gute Hotel, das er im Gedächtnis hatte, war jetzt eine schäbige Herberge mit Fliegendreck an den Wänden und schlechtem Essen. Vielleicht war das Essen nie gut gewesen. Ernest begann, seinen Erinnerungen zu mißtrauen. Er war begierig darauf, nach Fossalta zu jenem Flußufer weiterzufahren, an dem er verwundet worden war. In einem gemieteten Auto überquerten sie das Brachland der Adriasümpfe, um festzustellen, daß Fossalta, das ein Trümmerhaufen gewesen war, als er es verlassen hatte, jetzt ein wiederaufgebautes Dorf war, eine häßliche Ansammlung von Häusern in schreienden Farben. Ernest mißgönnte den Bauern ihr bißchen Komfort nicht, aber es war beunruhigend zu sehen, wie komplett sich alles normalisiert hatte. Dann fuhren sie zum Ufer der Piave, wo die heulende, jaulende Granate ihn fast getötet hatte. Er sah sich bestürzt um. Auch hier war nichts wie damals. Die Gräben und Schützenlöcher waren verschwunden. Kein Stück rostigen Eisens war übriggeblieben. Ein sanftes, grasbewachsenes Ufer fiel zum Fluß ab. Draußen auf dem friedlichen Fluß steuerten Männer ihre flachen Zementkähne.

Hadley spürte seine Enttäuschung, obwohl für sie die Reise ein Erfolg gewesen war. Seit ihrer ersten Begegnung hatte sie gebannt seinen Erzählungen von der italienischen Front gelauscht. Sie war von seinem Wunsch, alles mit ihr zu teilen, tief gerührt. Daß Schio billig und kitschig war oder daß die Wunden der Landschaft inzwischen verheilt waren, mochte sie überrascht haben, aber es änderte nichts an der zentralen Tatsache, daß sie sich Ernest näher fühlte, seit sie alles gesehen hatte. Aber das war nicht genug für ihn. Genau an dieser Stelle wäre er fast gestorben. Jahrelang war er in der Nacht schweißgebadet aufgewacht, und der zwanghafte Drang, zu dieser Szene zurückzukehren, war überwältigend gewesen. Es war ein Schock, festzustellen, daß nichts so wie damals war.

Paris war feucht und warm, als die Hemingways Mitte Juni aus Italien zurückkamen. Fünf Tage in der Woche waren die Tanzhallen in der Nachbarschaft voll mit Leuten, die sich amüsieren wollten.

Gleich neben der Wohnung der Hemingways gab es so eine Tanzhalle – einen *bal musette* – und Ernest übertrieb genußvoll bei der Beschreibung des Etablissements und bevölkerte es mit Raufbolden und Huren. Aber Hadley wußte, daß es in einer pittoresken französischen Art dort anständig zuging und genoß, abgesehen von der unaufhörlichen Akkordeonmusik, seine Nähe als bequeme Möglichkeit, Besucher und Freunde zu unterhalten. Sollte der Besucher ein snobistischer Verwandter aus den Staaten sein, so trug sie schalkhaft ihre im Quartier Latin erworbenen Umgangsformen zur Schau und war darauf bedacht, mit den rauhesten Seeleuten zu tanzen, die sie aufforderten. Der *javam de Fox* war vor kurzem eingeführt und begann sich auszubreiten. Es gab auch schöne Walzer. Ernest schwelgte in der rauchigen, geruchsgeschwängerten, lärmenden Atmosphäre, obwohl er noch immer kein toller Tänzer war. Guy Hickok, Chef des Pariser Büros des *Brooklyn Eagle*, schrieb später, daß Ernests Vorstellung vom Tanzen darin bestand, mit jedem, den er zu fassen bekam, über die Tanzfläche zu schlurfen. Bei den Feiern anläßlich der Erstürmung der Bastille in der Woche des 14. Juli 1922 übersiedelte der Akkordeonspieler auf die Straße unter Hadleys Fenster. Gemeinsam mit zwei Trommlern, einem Dudelsackpfeifer und einem Trompeter bildeten sie ein Quintett, das vier Nächte lang zum Vergnügen der Nachtschwärmer spielte.

Im August fuhren die Hemingways zusammen mit Lewis Galantière, seiner Verlobten, sowie Bill und Sally Bird zum Angeln nach Deutschland. Bill Bird leitete das Pariser Büro der *Consolidated Press* und hatte Ernest im Zug nach Genua kennengelernt. »Ein wunderbarer Freund und Intimus von allem Anfang an«, sagte Hadley. »Er und Sally umfingen uns beide mit ihrer Freundschaft.« Themen für Artikel waren rar, und Ernest hatte sich ohne viel Erfolg nach Geschichten von allgemein menschlichem Interesse umgesehen. Er konnte es nicht erwarten, aus der Stadt herauszukommen und rechnete damit, daß das inflationsgeplagte Deutschland ihm neues Material liefern könne. Anstatt gemeinsam mit den anderen den Zug zu nehmen, flogen Hadley und Ernest in einem kleinen silbernen Doppeldecker von Paris nach Straßburg, wo sie sich alle in einem Gasthaus an einem Platz mit Kopfsteinpflaster trafen. In Kehl, auf der anderen Seite des Rheins, sahen sie im besetzten Deutschland selbst die verheerende Inflation, die das besiegte Volk heimsuchte. Das beste Hotel von Kehl servierte eine aus fünf Gängen bestehende Mahlzeit für 120 Mark, was in ausländischer Währung fünfzehn Cents entsprach. Ernest, der die Auswirkungen der Tragödie auf die einfachen Leute aufmerksam verfolgte, sah einen bärtigen alten Mann, der nur traurig den Kopf schüttelte, als er sich nicht in der Lage sah, ein paar Äpfel von einem Straßenhändler zu kaufen. Fünf Äpfel kosteten weniger als zwei Cents, aber der alte Mann, dessen Ersparnisse eines ganzen Lebens vernichtet worden waren, konnte sich die zwölf Mark nicht leisten.

Als die sechs Amerikaner ihre Wanderung durch den Schwarzwald begannen, verloren sich ihre Sympathien für die örtliche Bevölkerung. Eine fünfstündige Zugfahrt nach Triberg war in der Gegenwart von groben, knuffenden Deutschen mit geschorenen Köpfen und Lederhosen nicht sehr angenehm, und im Speisesaal eines Landgasthauses wurden die Amerikaner als »Schieber« beschimpft. Die vielgerühmte deutsche Sauberkeit war ebenfalls trügerisch. Außen waren die Gasthöfe frisch gestrichen und ansehnlich. Im Inneren waren die Zimmer jedoch oft schmutzig und die Besitzer unfreundlich. Als Hadley und die anderen nach einer mühseligen Wanderung über einen steilen, steinigen Weg, besonders hungrig waren, weigerte sich der Eigentümer des einzigen Gasthauses im Tal, ihnen ein einfaches Essen zu servieren.

Aber sie hatten wunderbare Picknicks, und Ernest machte reichlich Notizen für zukünftige Artikel. Außerdem gab es noch das Angeln. Die anderen beiden Frauen waren nicht daran interessiert, aber Hadley lauschte sorgfältig allem, was Ernest ihr sagte. Sie war eine gute Schülerin und er ein hervorragender Lehrer. Als sie sich das erste Mal ernsthaft damit beschäftigte, fing sie drei schöne Forellen. Ihr Hochzeitstag jährte sich bald zum ersten Mal – am 3. September. Wenn sie überhaupt darüber nachdachte, sie mußte erstaunt gewesen sein, was in diesen zwölf Monaten alles geschehen war. Sie hatte einen schwierigen jungen Mann geheiratet, war ihm übers Meer gefolgt und wohnte in einer Art Dachkammer. Es war ein verblüffender Gegensatz zu ihrer gesetzten, wohlgeordneten Vergangenheit. Und sie hatte die Herausforderung nicht nur überlebt, sondern schien dabei auch noch zu wachsen und zu gedeihen.

Nach ihrer Rückkehr nach Paris verdunkelte sich Hadleys Stimmung jedoch dramatisch. Sie hatte kaum ausgepackt, als Ernest ihr mitteilte, daß er nach Konstantinopel fahren werde, um auf Wunsch seiner Redakteure über den Krieg zwischen Griechenland und der Türkei zu berichten. Mit einer Intensität, die sie selbst überraschte, flehte Hadley ihn an, nicht zu fahren. Als er sie im April wegen Genua verlassen mußte, hatte sie gemurrt, es aber akzeptiert. Vielleicht war es die große Entfernung zwischen Paris und den Dardanellen. Vielleicht war es die Sorge um seine Sicherheit, die ihr die Fassung raubte. In dieser Gegend tobte ein brutaler Krieg, und es gab Berichte über fürchterliche Seuchen. Sie stritten erbittert miteinander, was noch dadurch verschlimmert wurde, daß sich Ernest nicht vorstellen konnte, den Auftrag abzulehnen. Und Hadley war untröstlich vor Enttäuschung. Sie war nicht imstande, sich über ihre Reaktion Rechenschaft zu geben, soweit sie über die Erinnerung hinausging, wie einsam sie gewesen und welche Angst sie vor seinem Weggehen gehabt hatte. Obwohl sie den bewußten Beschluß gefaßt hatte, sich an alles in ihrem neuen Leben anzupassen, schien ihr diese neue Prüfung zutiefst unfair zu sein. Momentan war sie mit ihrer Geduld am Ende.

Als Ernest mit seinen Reisevorbereitungen fortfuhr, hörte

Hadley auf, mit ihm zu sprechen. »Es war einfach furchtbar«, gestand sie Jahre später. Er litt entsetzlich, aber sie blieb unerbittlich. Er ging in der Nacht des 25. September, ohne ein Wort von ihr. Sowie er fort war, wurde sie von Trauer und Schuldgefühlen überwältigt. Sie hatte ihn grausam behandelt und ihr Gelübde gebrochen, niemals seine Arbeit zu behindern. Es war ein trostloser Monat. Sie versuchte, sich mit vernünftigen Dingen zu beschäftigen, aber die meiste Zeit grübelte sie und weinte bei der Vorstellung, er würde sie nie wieder sehen wollen.

Am 5. Oktober brachte sie genug Energie auf, um Grace zu schreiben, ließ aber alle Details weg, die etwas von ihrer Seelenqual verraten konnten. Sogar wenn man diese selbstauferlegte Zensur berücksichtigt, war zu erkennen, daß sie langsam wieder zu ihrem guten Mut zurückfand. »Ich habe am Ersten mit großer Zuneigung an Dich gedacht«, schrieb sie mit Bezug auf Grace Hemingways sechsundzwanzigsten Hochzeitstag. »Und es war so lieb von Dir, uns zu unserem eigenen Hochzeitstag zu schreiben (am 3. September).« Sie schrieb leichthin von sich selbst, daß sie »sich mit fröhlichen jungen Leuten herumtreibe ... und Möbel herumschiebe, um alles noch hübscher zu machen.« Sie prahlte mit Ernests guter Arbeit, nicht nur für den *Star,* sondern auch für andere Zeitungen. Das war ein heikles Thema. Sie unterschlug die wichtige Einzelheit, daß die Arbeit für die anderen Blätter heimlich geschah. Obwohl Ernest beim *Star* exklusiv unter Vertrag stand, hatte er sich einverstanden erklärt, unter einem Pseudonym auch aktuelle Meldungen an den *International News Service* durchzugeben. Hadley kapierte zu jener Zeit, daß sie die zusätzlichen Einnahmen gebrauchten, gab aber Jahre später Carlos Baker gegenüber zu, daß derartige Aktionen ihr in ihrer »puritanischen Seele« brannten. Das Arrangement brachte für Ernest manche Probleme mit sich. Er mußte sich aus einer schwierigen Situation herauslügen, wenn Meldungen für den *International News Service* vor seinen »Exklusivberichten« für den *Star* in den Nachrichtendiensten erschienen.

Am 25. Oktober, um 6 Uhr 35 am Morgen, stieg Ernest am

Gare de Lyon aus dem Zug, erschöpft, fiebernd infolge eines Malariaanfalles und mit Wanzenbissen übersät. Hadley war so erleichtert, ihn wieder wohlbehalten daheim zu haben, daß sie total den Streit vergaß, aber Ernest verwertete ihn schließlich in »Der Schnee vom Kilimandscharo«. Als Harry Walden, der gescheiterte Schriftsteller, mit lebensgefährlicher Blutvergiftung in seinem afrikanischen Safarilager liegt, zieht ein Kaleidoskop von Erinnerungen durch seinen Kopf, Träumereien, die stark autobiographisch sind. In einer Passage erinnert sich Harry an einen Streit mit seiner Frau, bevor er nach Konstantinopel gefahren war. Er erinnert sich, daß »er die ganze Zeit über gehurt hatte«, nachdem er Paris verlassen hatte, aber »daß es ihm nicht gelungen war, seine Einsamkeit zu töten«. Es gibt ein starkes Element von erotischer Phantasie in der Erzählung, als Harry mit einer »scharfen armenischen Nutte (tanzt), die ihren Bauch derart gegen ihn preßte, daß es ihn beinahe versengte... Sie stiegen in ein Taxi und fuhren hinaus... am Bosporus entlang... und gingen schlafen, und sie fühlte sich überreif an, wie sie aussah, jedoch... glattbauchig, vollbusig, und sie brauchte kein Kissen unter ihrem Gesäß«. Und an einer anderen Stelle: »... und oben in seiner Wohnung mit seiner Frau, die er jetzt wieder liebte, wo die Zänkerei vollständig vorbei war«. Ernest gestand später Bill Smith, daß er Hadley nur einmal untreu gewesen sei, im Herbst 1922 in Konstantinopel. Jedenfalls hatte er daran gedacht, ihr ein paar Geschenke mitzubringen – eine Flasche Rosenöl, ein Elfenbeinhalsband und ein zweites aus Bernstein – und war ihr für ihre Begeisterung dankbar. Später sollte er an Bill Herne schreiben, daß Hadley schöner denn je sei, daß sie einander sehr liebten und überall gemeinsam hingingen.

Am 22. November fuhr Ernest nach Lausanne, um über die Friedenskonferenz zu berichten, die den territorialen Konflikt zwischen Griechenland und der Türkei lösen sollte. Hadley, die eben erst eine Grippe überstanden hatte, blieb daheim. Er bedauerte sie und telegrafierte ihr an zwei aufeinanderfolgenden Tagen, daß das Wetter prachtvoll sei und sie so rasch wie möglich nach Lausanne kommen möge, wenn sie sich kräftig genug für die Reise fühle. Wenn sie wirklich krank sei, solle sie ihn sofort benachrichtigen, und er werde heimkommen.

Nach den Telegrammen schrieb er einen langen Brief voller Kosenamen und in liebevoller Babysprache. Der Ton des Briefes stand in scharfem Gegensatz zu seiner kurz angebundenen Art in der Öffentlichkeit. Hadley war Wicky Poo, und er – ihr kleiner Hund aus Wachs. Er war ebenfalls krank und hatte Kopfschmerzen, aber er konnte sich nicht so pflegen wie sie. Stattdessen mußte er die Hügel hinunterlaufen, um einen Vierundzwanzigstundenbericht für zwei Hearst-Agenturen unter Dach und Fach zu bringen. Er beklagte sich bitterlich über die ausbeuterische Bezahlung und die Schwierigkeit, über aktuelle Ereignisse in räumlich voneinander entfernten Gebieten zu berichten. Die Briefe enthielten auch viele Hinweise auf Mums und Mummy, was typisch für Ernest war, wenn es ihm gesundheitlich schlecht ging und er sich selbst bemitleidete.

»Ich liebe Dich, teuerste Wicky – Du schreibst die allerbesten Briefe. Da wir beide erkältet sind, haben wir nicht soviel von dem Monat verloren, weil du wahrscheinlich zu krank warst. Ich hasse den Gedanken, daß Du die lustigste und angenehmste Zeit für Mums verpaßt. Werden wir nicht trotzdem zusammen schlafen? . . . Teure, süße, kleine Flauschkatze mit dem Rizinusöl und dem Erbrechen, ich könnte weinen, so leid tust Du mir.«

Sowie sich Hadley kräftig genug fühlte, packte sie ihre Skiausrüstung zusammen – sie wollten nach Chamby fahren, wenn die Konferenz zu Ende war – und tat alle Manuskripte von Ernest, die sie finden konnte, in eine separate kleine Reisetasche, da sie annahm, er würde während des Winterurlaubs daran arbeiten wollen. Auf dem Bahnhof übergab sie ihr ganzes Gepäck, inklusive der Reisetasche, einem Träger. Als sie in ihr reserviertes Abteil kam, war ihr Gepäck dort, aber die Reisetasche fehlte. Sie konnte es nicht glauben. Zunächst glaubte sie in ihrer Panik, sie sei im falschen Abteil. Mit einem schrecklichen Gefühl im Herzen rannte sie die Wagen entlang, aber die entsetzliche Wahrheit bestätigte sich.

Den Schaffner zu verständigen und die anderen Fahrgäste zu befragen, war nicht mehr als eine Formalität. Hadleys gutgemeinte Absichten hatten sich als Bumerang erwiesen. Alles war in der Tasche – die Originale, die Schreibmaschinenabschriften, die Kopien. Sie war so bestürzt, als sie Ernest in Lausanne auf dem Bahnsteig stehen sah, daß sie in Tränen ausbrach. »Sie weinte und weinte«, erinnerte er sich später, »und konnte es mir nicht sagen. Ich sagte ihr, egal, was Schreckliches geschehen sei, nichts könne so schlimm sein, und was immer es war, es sei in Ordnung und sie solle sich keine Sorgen machen.« Schließlich sagte sie es ihm und brach wieder zusammen, kaum daß die Worte über ihre Lippen gekommen waren. Lincoln Steffens, der ihn zum Bahnhof begleitet hatte, meinte, daß Ernest zärtlich und geduldig und weniger bestürzt als Hadley gewesen sei. Aber Hadley ließ sich nicht täuschen. Sie wußte besser als irgendjemand anderer, was diese gestohlenen Manuskripte darstellten. Sie kannte das Ausmaß an Zorn und Enttäuschung, das in seinem Inneren kochen mußte. Ein Teil des Horrors bestand darin, ihm zuzusehen, wie er sich tapfer den Anschein gab, es mache ihm nichts aus. Sie sah wie betäubt zu, als er den Tagzug nach Paris bestieg. Er mußte sich selbst davon überzeugen, daß wirklich alles verloren war.

Als Hadley in den sechziger und den frühen siebziger Jahren wiederholt über die Pariser Jahre interviewt wurde, schauderte sie bei dem Gedanken an die gestohlenen Manuskripte noch immer zusammen. »Wieder dieses schmerzhafte Thema!«

schrieb sie an Carlos Baker, als er sie 1965 darüber befragte, was Ernest ihr über die Suche in der Wohnung gesagt haben könnte. »Ich glaube, er ging eine Sammlung alter Papiere durch – Duplikate oder Originale von seinen Schriften – in einer Schachtel oder Reisetasche, aber ich hatte sie mir alle angesehen und in meinem Bedürfnis nach Perfektion insgesamt auf diese unglückselige Reise mitgenommen.«

Zwei Geschichten waren ihr entgangen. In einer staubigen Lade fand Ernest »Oben in Michigan«, und die Renngeschichte »Mein Alter« war in New York, um von den Herausgebern des *Cosmopolitan* gelesen zu werden. Die Gedichte waren weg, mit Ausnahme der sechs, die er an Harriet Monroe geschickt hatte. Die Pariser Skizzen, ein Romanfragment sowie alles andere Geschriebene waren in der Reisetasche gewesen. Seine Freunde versuchten, ihn zu trösten. Gertrude und Alice servierten ihm ein gutes Essen, bevor er in die Schweiz zurückkehrte. Ezra Pound versuchte, ihm den Verlust objektiv zu analysieren. Falls die Form der Geschichte gestimmt habe, sollte er imstande sein, sie aus dem Gedächtnis wiederherzustellen. Ezra hatte nicht so unrecht. Vieles im Romanfragment handelte von Nick Adams, und Ernest konnte alles davon in späteren Kurzgeschichten verwerten. Aber er vergaß diesen Schlag nie. Er wurde, wann immer dieses Thema erwähnt wurde, sichtlich verkrampft und sprach noch 1959 davon, als er seinen sechzigsten Geburtstag feierte. Es war der einzige Zusammenhang, in dem er Hadley je kritisierte.

Es gab diesbezüglich nichts mehr zu tun. Als Ernest nach Lausanne zurückkehrte, um seinen Bericht über die Konferenz abzuschließen, gab er sich nicht offen Grübeleien hin, sondern trug eine Art vulgärer Fröhlichkeit zur Schau, lachte überlaut, pries begeistert den wunderbaren Skiurlaub, den sie vor sich hatten, und verulkte in freiem Versmaß die Staatsmänner, die die Konferenz besuchten. Hadley schrieb am 11. Dezember an Ernests Mutter und war überschwenglich wie immer, ohne ihren Schmerz wegen der verlorenen Arbeiten zu erwähnen. Sie sei vergebens wegen der Weihnachtseinkäufe umhergezogen. Sie habe nichts gefunden, was auch nur entfernt an eine amerikanische Weihnachtskarte erinnerte, und jedes größere Geschenk, das sie ihnen zu geben versuchte, würde nur den Anstrich steifer Pflichterfüllung haben. »Das Ergebnis meiner... Wanderungen ist dieses kleine Schweizer Leinentaschentuch für Dich, Mutter, und für Vater ein Exemplar der Weihnachtsausgabe von *l'Illustration*... Der kleine Scheck, den ich beilege, ist für die Kinder... Wir werden an diesem Festtag an Euch alle denken.«

Und es war ein Festtag! Chink Dorman-Smith, der zum ersten Mal seit 1914 Weihnachtsurlaub hatte, bezog direkt über den Hemingways ein Zimmer im Chalet Chamby. Am Morgen des Weihnachtstages stolperten sie über ihre Geschenke, die vor dem Kachelofen aufgestapelt waren. »Wir aßen unser Frühstück in der altbekannten Art, wie man es früh am Morgen des Christtages macht, wenn man, ohne viel zu schmecken, alles so rasch wie möglich hinunterschlingt«, schrieb Ernest später, »dann packten wir die Strümpfe aus, bis zu der Zuckermaus in der Zehe, und jeder von uns machte aus seinen Geschenken einen Stapel, um sich später noch daran zu ergötzen.«

Dann legten sie ihre Skiausrüstung an, rannten zum Zug, der den Berg hinaufkeuchte, und schrien und johlten bei jedem überfüllten Bahnsteig, wo dieser stehenblieb, bis er schließlich den Gipfel erreichte. Während der Vormittagsstunden stiegen sie hintereinander hoch, glitten auf den Seehundsfellen, die sie an den Skiern befestigt hatten, über den Schnee, unterbrochen von kurzen gelegentlichen Talfahrten. Ihr Mittagessen war ein Picknick aus dem Rucksack mit einer Flasche Weißwein dazu und einem kurzen Schläfchen für Hadley, deren Gesicht bereits sonnenverbrannt war »trotz der letzten Sommersprossen und ihrer leichten Bräune«. Chink machte allen Ernstes den Vorschlag, sie solle ihr Gesicht mit Ruß schwärzen, wie es die Bergsteiger taten. Sie lachte bloß und ging schlafen, während die Männer die Seehundsfelle abmachten und die Ski wachsten. Als die Nachmittagssonne zu sinken begann, fuhren sie ab, »in einem langen, fallenden, brausenden, atemberaubenden Dahinsausen...« Bei der Stelle, wo die Zahnradbahn stehen blieb, kamen Hunderte von Skifahrern zusammen, die den Weg hinabschossen. Hadley verschwand irgendwo vor Ernest. Machmal erhaschte er während des Hinunterrasens einen Blick auf ihre blaue Mütze. Sie hatten ein paar Stürze, aber keiner davon hatte ernstliche Folgen. In der heraufziehenden Dunkelheit glühten die Fenster der Chalets auf den Hängen im Kerzenlicht.

In der ganzen Schweiz wurde an diesem Abend Weihnachtstruthahn serviert, den Skiurlaubern zu Gefallen. Für Hadley hatte dieses Weihnachtsfest nichts von der Fremdartigkeit ihrer ersten Weihnachten in Paris. Diesmal war es wie eine Heimkehr, wieder in Chamby zu sein, herzlich beglückwünscht von den Hauswirten, warm, behaglich und umsorgt. Das hassenswerte Thema der gestohlenen Manuskripte war fallengelassen worden, zumindest für den gegenwärtigen Zeitpunkt. Ernest war zu begierig nach einem schönen Urlaub in der frischen Luft, um sich viel Sorgen über seine Arbeit zu machen. Chink wollte noch eine Woche bleiben. Hadley gefiel das, denn er war inzwischen ebensosehr ihr Freund wie der ihres Mannes.

In der Post, die ihnen aus Paris nachgeschickt wurde, befand sich etwas Interessantes für Ernest – ein langer Brief von Agnes von Kurowsky. Ernest hatte ihr im Oktober geschrieben, aber dieser Brief ist nie aufgetaucht. Vielleicht war der Impuls, ihr zu schreiben, von seiner Reise nach Mailand im vergangenen Frühjahr ausgelöst worden, oder von dem Gefühl, daß es ihm jetzt so gut gehe, daß er es sich leisten konnte, mit ihr in Kontakt zu treten. Agnes selbst beschrieb dreißig Jahre später Ernests Worte als freundlich, aber zurückhaltend. Er hatte gesagt, daß er, obwohl nun glücklich verheiratet, noch immer an sie denke, besonders als er wieder nach Italien gekommen sei.

»Nachdem ich mich von meiner Überraschung erholt hatte«, hatte ihm Agnes am 22. Dezember geschrieben, »habe ich mich in meinem Leben nie über etwas mehr gefreut. Du weißt, daß immer ein wenig Bitterkeit zurückgeblieben ist über die Art, in der unsere Kameradschaft geendet hat, besonders seit ich zurückgekommen bin und Mac (Elsie MacDonald) mir den sehr bissigen Brief vorgelesen hat, den Du über mich geschrieben hast... Wie dem auch sei, ich habe immer gewußt, daß alles zu einem guten Ende kommen würde und daß Du erkennen würdest, daß es so am Besten war, und jetzt, wo Du Hadley hast, mußt Du es auch glauben, da bin ich sicher. Stell Dir vor, wie alt ich jetzt schon bin, wo ich Dir schreibe.« (Offensichtlich hatte Ernest ihr nicht geschrieben, daß Hadley ebenfalls sieben Jahre älter war als er.)

Der Brief erging sich weiter in einem langen Bericht von Agnes' Reisen seit 1919, gespickt mit persönlichen Betrachtungen. »Zunächst – um im Schutt zu wühlen – kam ich aus Italien trauriger, aber klüger zurück, mit dem Gefühl, daß ich etwas, oder noch besser, irgendjemanden zerstören wollte und daß das Leben nicht wirklich lebenswert sei.« (Ein Hinweis darauf, wie ihr italienischer Liebhaber sie sitzengelassen hatte.) Nachdem sie sechs Monate im Bellevuespital gearbeitet hatte, kehrte sie wieder in den aktiven Rotkreuzdienst zurück und fuhr nach Paris mit der Erwartung, nach Rußland geschickt zu werden. »Ich wagte nicht, meinen Verwandten zu sagen, daß es Rußland sein würde, weil sie alle der Meinung waren, es sei gleichbedeutend mit dem sicheren Tod, als mutmaßlicher Spion die Grenzen dieses armen Landes zu überschreiten.« Als die Mitteilung eintraf, daß Rußlands Grenzen plötzlich für weibliche Rotkreuzangehörige geschlossen worden waren, schickte man Agnes und zwei andere Rotkreuzschwestern stattdessen nach Bukarest. »Ich werde nie diese Reise mit dem Simplon-Express vergessen«, schrieb sie. »Wir kamen nach vier Tagen im Zug um 1 Uhr 30 in der Nacht an... Niemand holte uns ab, es gab weder Straßenbeleuchtung noch Taxis.« Die Lebensbedingungen in der Stadt waren entsetzlich. Lebensmittel waren rar, die medizinische Versorgung unzuverlässig, und die Regierung befand sich in ständigem Aufruhr.

Agnes und ihre Kollegin beschäftigten sich mit Kinderpflege, und Agnes lernte Rumänisch. Sie blieb bei dieser Arbeit, so schwierig sie auch war, bis September 1920, als sie einen langen Urlaub nahm, der bis zu einem gewissen Grad ihre Reiselust befriedigte. Sie ging in Constantia an Bord eines Frachters, der sie über das Schwarze Meer nach Konstantinopel, Athen, Korinth und schließlich auch nach Neapel brachte. »Und dort«, schrieb sie, »war ich überrascht und erleichtert, als ich feststellte, daß ich ohne irgendeines der Gefühle an Land ging, die mich bei meinen vorhergehenden Besuchen gequält hatten – weil Neapel bekanntlich die Heimatstadt eines gewissen flotten jungen Artillerieoffiziers ist.« Sie erzählte Ernest nicht, daß sie einen Blick dieses Offiziers erhascht hatte, als sie mit einem Engländer durch Neapel spazierte. Eine schöne Kutsche rollte vorbei. In ihr saßen zwei Leute, eine ältere Frau und ein junger Mann. Agnes erkannte in ihm Domenico Carracciolo; aber als dieser eine Bewegung machte, um sie zu grüßen, gab sie sich den Anschein, ihn nicht zu kennen und wandte sich mit ihrem Begleiter hastig ab, insgeheim vergnügt darüber lächelnd, daß sie wenigstens eine letzte Gelegenheit hatte, ihren verletzten Stolz zu befriedigen.

Von Italien fuhr Agnes nach Paris. »Oh Gott«, gestand sie Ernest, »ich habe Heimweh nach dem Geruch der Kastanienbäume an einem grauen, feuchten Herbsttag – nach Pruniers... und meinem kleinen Lieblingsrestaurant hinter der Madeleine, wo ich jeden Abend crême chocolat gegessen habe.«

Sie beendete ihren Brief in einem vernünftigen Ton, in genau dem Ton, den man erwarten würde, obwohl das kein Trost für Ernest war, der auf ein Zeichen des Bedauerns gehofft haben mochte.

»Es ist so schön, zu spüren, daß ich einen alten Freund wiederhabe, denn wir waren einmal gute Freunde, nicht wahr? Es tut mir so leid, daß ich Deine Frau nicht kennengelernt habe. Wart Ihr in Paris, als ich vor einem Jahr im November da war? Ist es möglich zu erfahren, wann Dein Buch erscheinen wird? (Im November hatte Ezra Pound Ernest gebeten, ein paar Prosaskizzen für eine Buchserie zu schreiben, die er unter dem Impressum der Three Mountains Press, einem Projekt von Bill Byrd, herausbringen wollte. Offensichtlich hatte Ernest das in seinem Brief erwähnt.) Wie stolz werde ich dann eines Tages in der nicht allzu fernen Zukunft sein, wenn ich sagen kann: Oh ja, Ernest Hemingway – den habe ich während des Krieges ziemlich gut gekannt.«

Sie erwähnte die Möglichkeit, gelegentlich von ihm zu hören, und schrieb, daß so ein langes Gespräch »unschätzbar« sei. »Mit meinen besten Wünschen für Dich und Hadley... Und ein fester Händedruck, wie man in Rumänien sagt. Dein alter Kumpel. Von (oh, entschuldige, bei Dir ist es Ag).«

Sechs Monate, nachdem er Agnes' Brief bekommen hatte, versuchte Ernest zum ersten Mal, eine Kurzgeschichte über die Affäre mit ihr zu schreiben. Auf einer Ebene ist »Eine sehr kurze Geschichte« ein simpler Bericht von der Beziehung eines verwundeten amerikanischen Soldaten zu seiner Krankenschwester. Er liebt sie; sie trennen sich; sie schreibt ihm einen Abschiedsbrief. Aber eine Zeile am Ende der Geschichte bringt die Beziehung in Mißkredit. »Kurze Zeit danach holte er sich einen Tripper von einer Verkäuferin aus einem Warenhaus, als sie in einem Taxi durch den Lincoln Park fuhren.« Und so machte Ernest aus seiner emotionellen Krise einen schäbigen Witz. Die Luz in der Geschichte ist eine seiner frühesten »Huren-Heldinnen«. Sie lügt, wenn sie Nick sagt, daß sie ihn liebt; sie geht mit einem anderen Mann ins Bett, kaum daß man ihn nach Hause geschickt hat; und dann schreibt sie den abscheulichen Brief. Selbst jene, die Agnes Koketterie und die Ambivalenz ihrer Gefühle im Winter von 1918-19 gekannt haben, würden verstehen, daß sie nicht die Luz der Geschichte war. Ernest, der Geschichtenerzähler, formte die Realität um. Aber die Wucht des Schlusses läßt darauf schließen, daß er 1923 noch einige der Gefühle eines abgewiesenen Liebhabers hegte.

Es war schon ein gutes Stück vom Januar vergangen, als das jährliche Weihnachtspaket aus Oak Park ankam. Grace hatte eine elegante Tasche für Hadley bestickt. Es gab ein Buch für Ernest und eine selbstgemachte Weihnachtskarte von Leicester. In vielen Schichten aus Wachspapier und Baumwolle war Graces englischer Teekuchen sorgfältig verpackt, der erste von vielen, die sie in den folgenden Jahren an Ernest schicken sollte.

Marcelline, die zweite der jüngeren Generation, die die Kenilworth Avenue verlassen sollte, hatte Sterling Sanford aus

Detroit geheiratet. Hadley versprach in ihrem Januarbrief an Grace, Marce selbst zu schreiben, um ihr »für die kleinen Schmucknadeln zu danken und zu zeigen, wie interessiert ich an allem bin, was in den ersten Tagen ihres neuen Lebens, weit weg von der Familie und alten Freunden, geschieht, wenn man sich ganz einer neuen Person widmet, die einen anfangs gar nicht ganz aufnehmen kann«. Diese gemessene Bemerkung über eine andere Frau war möglicherweise Hadleys Ausdruck ihrer tiefen Zuneigung für Ernest und ihrer Wehmut darüber, daß Ernest nicht, wie sie es ausdrückte, ihren ganzen Eifer »aufnehmen« konnte.

Kurz danach entdeckte Hadley, daß sie schwanger war. Sie hatte das Kind irgendwann im Januar empfangen und war entzückt von dieser Neuigkeit. Ernest hingegen, der gemeint hatte, sie hätten die nötigen Vorsichtsmaßnahmen getroffen, war verstimmt, weil er fürchtete, das Baby würde seine Bewegungsfreiheit und Arbeitsfähigkeit einschränken. »Schnee überm Land«, ein Jahr später geschrieben, aber in dieser Periode angesiedelt, dramatisiert seine Ambivalenz gegenüber dieser plötzlichen Änderung seines Lebens. Der Ton der Geschichte ist eher Resignation als bitteres Bedauern, wenn der junge Ehemann sich für die neuen Anforderungen rüstet. Was in der Geschichte nicht widergespiegelt wird, unausgesprochen jedoch im Leben von Ernest und Hadley im Hintergrund stand, war der Unterschied in beider Alter und Bezugsrahmen. Ernest, der mit seinen dreiundzwanzig Jahren seine Freiheit genoß und von Hadley bei der Befriedigung all seiner persönlichen Bedürfnisse abhängig war, konnte sich an der Aussicht, Vater zu werden, nur stoßen. Hadley, fast acht Jahre älter, fand diese Aussicht wunderbar. Es war die erste ernsthafte Bedrohung der Einheit ihrer Ehe.

Im Februar wurde der Schnee in Chamby zu Matsch, und die klaren Tage wichen einem düsteren Frost. Ezra und Dorothy Pound in Rapallo hatten die Hemingways gedrängt, sich ihnen unter der warmen Sonne des Mittelmeers anzuschließen. Ernest zögerte zunächst, weil ihn Ezras Plan, zu viert eine Wanderung durch das Gebiet zu machen, nicht begeisterte. Dann meinte Hadley jedoch, die Seeluft könne ihr gut tun. Ernest besorgte Zugkarten bis Mailand, wo sie bei Compari dinierten und dann ins Hotel Splendide im Hafen von Rapallo weiterfuhren. Die Preise waren niedrig, da jetzt keine Fremdensaison war. Ihr Zimmer befand sich im ersten Stock und ging auf das Meer hinaus.

Die Pounds waren für ein paar Wochen fort, aber Mike Strater und seine Familie, Freunde der Pounds, wohnten in der Gegend. Hadley, die mit Ernest und den Straters eifrig Tennis spielte, stellte fest, daß Ernest beim Tennis genauso aufs Gewinnen aus war wie bei allem anderen. »Wann immer er einen Ball verfehlte, lief er ›heiß‹. Er schmetterte sein Rakett zu Boden, und alle anderen standen da und duckten sich . . . bis er sich selbst wieder mit einem Lachen in den Griff bekam.« Sie versuchte ihn aufzuheitern, weil sie glaubte, sein flegelhaftes Benehmen sei das Ventil seiner heftigen Frustration wegen der mageren Ergebnisse seines Schreibens. Er hatte seit November nichts Eigenes geschrieben. Er machte für seinen Mangel an Inspiration die Feuchtigkeit verantwortlich, die armseligen Wellen eines langweiligen Meeres, sogar Straters verstauchten Knöchel, der das Tennisspiel und vernünftige Boxkämpfe unmöglich machte. Hadley gab dem Verlust der Manuskripte die Schuld daran. Der Schlag hatte seinen Elan gewaltig erschüttert. Kein Wunder, daß er eine lahme Ausrede nach der anderen erfand, um den leeren Notizbüchern aus dem Weg zu gehen.

Sie war ungeheuer erleichtert, als Edward O'Brien, der Herausgeber einer wichtigen, jährlich erscheinenden Anthologie der besten Kurzgeschichten, der in den Hügeln über Rapallo wohnte, Ernest fragte, ob er irgendwelches Material zur Hand habe, das er ihm zeigen könne. Ernest gab ihm »Mein Alter«. O'Brien las es, fand es eine ausgezeichnete Arbeit und sagte Ernest, er würde die Geschichte in der nächsten Ausgabe bringen, wobei er mit der Tradition brach, wonach alle Beiträge Nachdrucke von Geschichten zu sein hatten, die bereits in Zeitschriften erschienen waren.

Ob es nun diese plötzliche Anerkennung von unerwarteter

Seite oder eine spontane Belebung seines Interesses war, auf jeden Fall begann Ernest wieder zu schreiben. Er machte einige Notizen, die später die Grundlage für eine Kurzgeschichte mit dem Titel »Katze im Regen« bildeten. Die Geschichte verrät möglicherweise etwas von Hadleys Stimmung während der frühen Monate ihrer Schwangerschaft. Es ist ein regnerischer, langweiliger Nachmittag im Hotel Splendide. George, ein junger Amerikaner, liegt auf dem Bett und liest. Seine Frau steht am Fenster und möchte ein Kätzchen holen, das sich unter einem der von Regen triefenden Gartentische zusammengekauert hat. Schließlich geht sie hinunter in den Regen, wobei aber ein freundliches Stubenmädchen einen Schirm über sie hält, »... während sie auf dem Kiesweg unter ihr Fenster ging. Der Tisch stand da, vom Regen hellgrün gewaschen, aber die Katze war fort. Sie war plötzlich enttäuscht«. Als sie wieder in ihrem Zimmer ist, steigert sich die Enttäuschung. Während ihr Mann noch immer in sein Buch vertieft ist, sitzt die junge Frau vor dem Spiegel, studiert ihr Profil und überlegt, ob sie ihr Haar wachsen lassen soll. Dann bricht ein Schwall irrationaler Wünsche aus ihr hervor. »Ich möchte meine Haare ganz straff und glatt nach hinten ziehen und hinten einen schweren Knoten machen, den ich wirklich fühlen kann... Und ich will an meinem eigenen Tisch mit meinem eigenen Besteck essen, und ich will Kerzen... Und ich will, daß es Frühling ist, und ich will mein Haar vor dem Spiegel richtig bürsten können, und ich will ein Kätzchen haben, und ich will ein paar neue Kleider haben.« Der Mann liest weiter, ohne ihr zuzuhören. »Auf jeden Fall will ich eine Katze haben«, sagte sie. »... Ich will sofort eine Katze haben. Wenn ich keine langen Haare oder sonst ein bißchen Spaß haben kann, eine Katze kann ich haben.« Einen Augenblick später kommt das Stubenmädchen ins Zimmer mit einer großen, schildpattfarbenen Katze im Arm. Der Padrone hat sie der jungen Frau als Geschenk geschickt.

Ernest versicherte Scott Fitzgerald, daß die Geschichte nichts mit Hadley zu tun habe, sondern auf der Erfahrung eines Harvardstudenten und dessen Freundin basiere, die er in Genua getroffen habe. Carlos Baker meinte, daß diese Behauptung mit Vorsicht zu behandeln sei. Mit Ausnahme der vom Hoteldirektor geschenkten Katze, die der geschickte Schlußstrich des Verfassers war, scheinen die Sehnsüchte und Wünsche der jungen Frau die von Hadley zu sein. In keinem von Ernests späteren sentimentalen Tributen an sie wird Hadley so lebendig, wie in diesem Fragment. Die junge Frau wird weder idealisiert, noch ist sie ein Klischee aus den Vorurteilen des Autors, wie einige seiner späteren Heldinnen, sondern eine Frau aus Fleisch und Blut, die mit Einsicht und Objektivität dargestellt wird.

Als Ezra und Dorothy nach Rapallo zurückkehrten, schlossen sich Ernest und Hadley ihnen für die Wanderung an. Mit Rucksäcken auf den Schultern wanderten sie bei schönem Wetter südwärts nach Pisa und Siena, aßen gekühlte frische Feigen, Käse und Oliven und tranken die Weine der Gegend. Ernest war entzückt von Dorothy, einer der wenigen Ehefrauen, über die er nicht abfällig redete, und Hadley fand, daß Ezra in guter Verfassung war, weniger gönnerhaft als sonst, dafür aber voll von weisen Bemerkungen. In Orbetello nahmen sie den Zug nach Sirmione am Gardasee. Dort trennten sich die beiden Paare, die Pounds kehrten nach Rapallo zurück, während die Hemingways nach Norden weiterfuhren, nach Cortina d'Ampezzo, einem Wintersportort in den Dolomiten.

Da die Hauptsaison vorbei war, gab es mehr als genug billige Zimmer im ganzen Ort. Hadley ging weiterhin skilaufen, wählte ihre Abfahrten aber bedachtsam aus. Wenn Ernest nicht auf der Piste war, arbeitete er an einem Projekt für *The Little Review*, deren Auslandsredakteurin, Jane Heap, ihn um einen Beitrag für die Aprilnummer gebeten hatte, in der Exilamerikaner vertreten sein sollten. Er kehrte zu seiner Idee des einfachen Satzes zurück, zu den »Ich-habe-gesehen«-Sätzen, die er in seinem winzigen Zimmer in der Rue Mouffetard zu komponieren versucht hatte. Diesmal schrieb er Absätze, von denen jeder so konstruiert war, daß er einen einzigen starken Eindruck vermittelte. Einer berichtete von einem Stierkampf, ein anderer beschrieb ein blutiges Scharmützel an der Westfront des Jahres 1918. Der einzige, der auf seiner persönlichen Erfahrung basierte, war ein tolles, zurückhaltend geschriebenes Wortgemälde vom Rückzug an der Karagatch Road, dessen Zeuge er in der Türkei gewesen war. Er überarbeitete diese Absätze immer wieder und nannte sie bewegte Miniaturen. Als er überraschend an die Ruhr beordert wurde, um über die Probleme zwischen Frankreich und Deutschland zu berichten, machte er einen Zwischenstopp in Paris, um bei Jane Heap sechs dieser Miniaturen abzuliefern.

Er kehrte Mitte April nach Cortina zurück, wo er feststellte, daß der Schnee geschmolzen und das Wetter eher zum Forellenfischen als zum Skifahren geeignet war. Eines Tages heuerte er einen widerlichen Typen an, der ihm zeigen sollte, wo die guten Fischfangplätze waren. Unglücklicherweise war dieser Führer ein Lügner und Schwindler, der von allen Bewohnern des Ortes verachtet wurde. Als Ernest erkannte, daß er getäuscht worden war und im Begriff stand, die örtlichen Angelvorschriften zu verletzen, waren sie bereits unterwegs zum Fluß. Hadley und Ernest hatten beim Mittagessen miteinander gestritten. Keiner von ihnen scheint sich an den Grund des Streits zu erinnern, aber Hadley war verärgert, daß Ernest die Absicht hatte, eine Gesetzesverletzung zu begehen, und blieb mit den Angelruten zurück. Ernest versuchte, sie zu überreden, mit ihm zu gehen, schlug ihr dann aber vor, zum Hotel zurückzugehen, falls ihr das Unternehmen so sehr mißfalle. Zunächst weigerte sie sich und meinte höhnisch, er habe nicht genug Schneid, um nach Hause zu gehen. »Ich bleib bei dir«, sagte die junge amerikanische Frau in der Geschichte, die er schreiben sollte. »Wenn sie dich einsperren, können sie uns auch genau so gut beide einsperren«. Aber schließlich setzte sich Ernest durch. Hadley kehrte um und verschwand hinter dem Hügel. Einige Minuten später wurde Ernest davor bewahrt, eine peinliche Gesetzesübertretung zu begehen, weil der Führer das Blei für die Leine vergessen hatte. Mit einem Seufzer der Erleichterung nahm er seine Angelrute auseinander, trank mit dem alten Mann Marsala und wärmte sich in der Sonne.

Als er ins Hotelzimmer zurückkam, setzte er sich an die Arbeit. »(Es) war eine nahezu wörtliche Beschreibung von dem, was geschehen war«, sollte er 1925 Scott Fitzgerald erklären, als sie gemeinsam ihre Arbeit analysierten. Er nannte die Geschichte »Schonzeit« und gab sie als simple Kurzgeschichte aus. Sie war jedoch mehr. »Sie war eine Art Tor«, schrieb Carlos Baker, »zu der besten Prosa seiner Karriere..., eine neue Erzähltechnik, (in der) zwei an sich zueinander in Beziehung stehende Wahrheiten gleichzeitig (entwickelt wurden).« Das »Schonzeitthema« bezieht sich in gleichem Maße auf die Beziehungen des Ehemanns zu seiner Frau und auf die Hartnäckigkeit, mit der die Peduzzi (Ernests fiktiver Name für den Führer) darauf besteht, daß der junge Herr ungeachtet der örtlichen Fischereigesetze Forellen fangen möge. Es ist eine Metapher, die funktioniert, eine ästhetische Entdeckung, die die Grundlage für einige seiner besten Kurzgeschichten abgibt.

Die Hemingways kehrten Ende April nach Paris zurück, und Hadley begann an der Ausstattung für ihr Baby zu arbeiten. Dabei half ihr Janet Phelan, die ihr auch beim Zuschneiden ihres Hochzeitskleides behilflich gewesen war. Es wurde beschlossen, daß das Kind in Toronto zur Welt kommen sollte. Ernest wußte, daß er vorübergehend beim *Star* arbeiten konnte, und meinte, daß es einfacher sei, dem Kind die amerikanische Staatsbürgerschaft zu sichern. »Ich mochte den Gedanken auch«, sagte Hadley, »weil ich, zu Recht, wie sich herausstellte, glaubte, daß die Ärzte, Schwestern und Spitäler besser sein würden als in Paris.« Die gelegentlichen Streitigkeiten, die während des Winters und des Frühjahrs aufgezeichnet wurden, spiegelten ihr steigendes Selbstvertrauen wieder, ihre Meinung zu äußern. Die meiste Zeit war sie noch immer der Ansicht, daß Ernest recht habe und er, selbst, wenn er nicht recht hatte, doch so liebenswert und witzig sei, daß sie seinen Standpunkt unterstützte. Doch wenn sie glaubte, daß er unrecht habe, so sagte sie es. Die Vitalität und der Glanz ihres Lebens in Frankreich, die Reisen, die interessanten Menschen, die sie trafen, und die ständige Herausforderung durch sportliche Tätigkeiten hatten sie erblühen lassen. Ernest war gut für sie gewesen. Schwanger zu sein war ebenfalls gut für sie.

Am 5. Juli fuhr Hadley mit Ernest nach Pamplona in der baskischen Provinz Navarra zu der Fiesta von San Fermin – sechs wilde Tage, angefüllt von Stierkämpfen, Tänzen in den Strassen, Feuerwerk und Festlichkeiten rund um die Uhr. Ende Mai hatte er sie verlassen, um auf Einladung von Robert McAlmon, einem sechsundzwanzigjährigen Dichter, den Ernest in Rapallo getroffen hatte, einen kurzen Abstecher nach Spanien zu machen. Gemeinsam mit Bill Bird hatten die drei Männer Madrid und Sevilla besucht, sowie das eindrucksvolle Dorf Ronda mit seiner uralten Stierkampfarena hoch in den Bergen über Malaga. Ernest war von dieser Reise als begeisterter Anhänger des spanischen Stierkampfes zurückgekommen, der das Schönste sei, was er je gesehen habe. Er bestand darauf, daß das nicht bloß eine Art Sport sei, sondern eine Tragödie, die mehr Mut und Geschicklichkeit verlange als irgendetwas anderes. »Es ist so, als ob du einen Ringsitz beim Krieg hättest, ohne daß dir etwas passieren kann«, schrieb er an Bill Horne. Seit damals hatte er davon geträumt, wieder zu den Stierkämpfen zu fahren, besonders nachdem ihm Gertrude Stein von der Fiesta erzählt hatte. Sein Überschwang war ansteckend. Hadley meinte, daß das wie etwas klinge, das sie nicht versäumen wolle, und daß die Erfahrung gut für sie sein, ja sogar einen günstigen vorgeburtlichen Einfluß auf das Baby haben könnte, von dem sie jetzt überzeugt waren, daß es ein Junge sein werde.

Sie kamen nachts in Pamplona an und fanden nach einigen Schwierigkeiten ein Zimmer in einem Privathaus. Ihr Fenster ging auf einen schmiedeeisernen Balkon hinaus, und die Wände waren so dick wie die einer Festung. »Die Musik stampfte und hämmerte«, schrieb Ernest. »Auf dem großen Stadtplatz wurden Feuerwerkskörper abgefeuert... Gruppen von Bauern mit blauen Hemden wirbelten und drehten und wiegten sich... in den uralten baskischen Riau-Riau Tänzen.« Die wilde Musik hörte nicht auf bis zum Morgengrauen, als ein Trommelwirbel erklang und eine Militärkapelle weiterspielte. Um 5 Uhr morgens trat Hadley auf den Balkon hinaus. Auf der Straße unter dem Fenster wogte eine große Menschenmenge. Um sechs Uhr wurden alle Stiere, die am Nachmittag kämpfen sollten, freigelassen, um eineinhalb Meilen durch die Stadt zu den Pferchen bei der Arena zu rasen. Vor ihnen liefen, rannten und stolperten die Männer und Jungen von Pamplona dahin, »(um) den Stieren Gelegenheit zu geben, jedem in der Stadt noch einen Abschiedsstoß zu versetzen... bevor sie in die Verschläge getrieben werden. Diese werden sie nicht mehr verlassen, bis sie in den Sonnenglast der Arena herauskommen, um am Nachmittag zu sterben.«

Hadley mischte sich unter die Menschenmassen, und ihr Herz hüpfte zu dem schrillen Klang der Querpfeifen. Am Nachmittag fand der vollendete Kampf zwischen Mensch und Tier statt – der Mann war ein professioneller Torero, tapfer und würdevoll, das Tier – ein sorgfältig gezüchteter Kampfstier, stark, schnell und bösartig. Auch wenn das tatsächliche Ereignis nicht Ernests Beschreibung als Tragödie rechtfertigte, so schien es Hadley doch ein erregendes und buntes Schauspiel zu sein. Während Ernest ihr alles erklärte und vorschlug, daß sie bei den schlimmsten Stellen wegsehen sollte, nähte sie ruhig an den Sachen für ihr Baby – »stickend angesichts all dieser Brutalität«, wie sie sich später selbst beschrieb.

Leider bekam sie eine schwere Erkältung, als sie von einem schweren Wolkenbruch in der Stierkampfarena überrascht und total durchnäßt wurde. Ernest machte sich um sie Sorgen, als sie nach Paris zurückkehrten. Sie war jetzt im siebten Monat. In vier Wochen würden sie ihre zehntägige Seereise nach Montreal antreten. Sie sah blaß aus und litt an Schlaflosigkeit. Verdauungsstörungen, die Plage schwangerer Frauen, brachten sie dazu, in der Nacht zu essen. Ernest schwankte zwischen der Sorge um sie und der Unruhe wegen der ständigen Unterbrechung seiner Arbeit. In einer unveröffentlichten Skizze aus dieser Zeit beschrieb er sich selbst, wie er den Tag mit häuslichen Banalitäten wie Brötchen für das Frühstück zu holen und die Mülleimer auszuleeren vertat. Er hatte Glück, wenn er eine Stunde pro Tag für sein Schreiben erübrigen konnte.

Seinem alten Freund Bill Horne vertraute Ernest einige seiner aktuellen Gefühle angesichts der Aussicht, Vater zu werden, an. Bevor sie sich Mitte August einschifften, schrieb er:

> »Wir werden irgendwann im Oktober ein Baby haben. Wir hoffen, daß es ein Junge sein wird und Du sein Pate wirst. Er hat die ersten sechs Monate seines Lebens auf Skiern verbracht und... fünf Stierkämpfe gesehen, also wenn vorgeburtliche Einflüsse etwas bewirken können, so ist das geschehen. Wir sind beide ganz verrückt danach, den jungen Burschen zu bekommen. Hadley war keine Minute lang krank oder auch nur unwohl während der ganzen Zeit. Sie hat sich nie besser gefühlt und sieht prachtvoll aus... Donnerwetter, haben wir Spaß gehabt, Bill. Es scheint unmöglich zu sein, daß wir das alles verlassen sollen. Aber als wir nur zu zweit waren, hat es keine Rolle gespielt, wie oft wir fast pleite waren... Aber ich denke, ich sollte eine Stellung während des ersten Jahres des Babys haben mit den ganzen Ausgaben etc. – trotz allem. Sobald es alt genug ist, kann es dann gemeinsam mit dem Rest der Familie sein oder ihr Glück versuchen.«

Als Ernest Bills neueste Liebesaffäre kommentierte, offenbarte er auch etwas von seiner eigenen Einstellung der Liebe gegenüber. »Also, Du bist wieder verliebt. Gut, es ist das einzige Ding, das es verdammt nochmal wert ist zu sein. Egal, was dabei herauskommt, wenn man verliebt ist, es ist es sicherlich wert, solange es dauert.«

8

Das Baby wurde erst in einem Monat erwartet, so daß genug
Zeit war, in eine neue Wohnung zu ziehen und sich dort einzurichten. Dr. Hemingway schickte ihnen die Hochzeitsgeschen-
ke, die so lange in der Kenilworth Avenue aufbewahrt worden
waren, und Grace packte Ernests eigenes Taufkleidchen und
seine Babydecke dazu. Sie fanden in Toronto eine geeignete
Wohnung und setzten ihren Umzug für Samstag, den 29. September, an. Dann begann sich Hadley Sorgen zu machen, daß
Ernest nicht da sein könnte, um ihr zu helfen. Anstatt mit
seinem Namen gezeichnete Artikel für John Bones' *Star Week-
ly* zu schreiben, arbeitete er für Harry Hindmarsh, den Redakteur des *Daily Star*, der seine Leute zu Höchstleistungen an-
trieb und der Meinung war, daß Ernest zu sehr von sich eingenommen sei und sein spezielles Augenmerk brauche. »Er ist
mächtig überarbeitet«, schrieb Hadley an Grace. »So viele
Reisen, kein Schlaf und unzählige unwichtige Aufträge.« Sie
entschuldigte sich, weil Ernest so selten schrieb, und erklärte,
daß er nie vor zwei oder drei Uhr morgens nach Hause käme
und nicht einmal Zeit habe, ein Scheckkonto zu eröffnen.

Er hatte auch keine Zeit, ihr beim Umzug und dem Einrich-
ten der neuen Wohnung zu helfen. David Lloyd George, der
britische Premierminister, kam in der Woche, die am 1. Oktober begann, in New York an und Ernest wurde dorthin beordert. Hadleys einzige Helfer beim Umzug waren ein alter
Hausmeister und eine unerfahrene Aufwartefrau. Und damit
fing ihr Haß auf Harry Hindmarsh an. Die Geburt ihres Kindes
stand jetzt unmittelbar bevor, und sie sah in Hindmarsh einen,
der einen persönlichen Rachefeldzug austrug, um ihren Mann
von ihr fernzuhalten. Am 9. Oktober ging sie zum Essen zu den
Connables. Als Harriet sentimentale Lieder am Klavier zu
spielen begann, wurde Hadley von ihrer Einsamkeit und der
Sehnsucht nach Ernest überwältigt, und fast sofort setzten ihre

Wehen ein. Ernest hatte sich ständig Sorgen gemacht, daß er vielleicht nicht da sein könnte, wenn die Geburt anfing. Jetzt war das geschehen, was sie beide befürchtet hatten.

Um zwei Uhr am Morgen des 10. Oktober 1923 kam John Hadley Nicanor Hemingway im Wellesley Hospital zur Welt. Um 9 Uhr am nächsten Morgen stürmte Ernest ins Krankenhaus, verrückt vor Sorge. Er hatte gemeinsam mit der Delegation von Lloyd George im Zug von Montreal nach Toronto gesessen und nichts von Hadleys Zustand gewußt, bis ihm irgendjemand erzählte, daß ein Junge zur Welt gekommen sei. Er gab seine Aufzeichnungen einem Mann vom *Star* mit und fuhr ins Krankenhaus. Als er sie sah, brach er zusammen, »gewann aber dann die Fassung wieder«, schrieb Hadley an Isabelle Simmons, »und war so süß, wie er nur sein kann, wie wir beide wissen.«

John Hadley war ein vollkommenes Baby, das nach dem spanischen Stierkämpfer Nicanor Villalta, (den Hadley in Spanien gesehen hatte) und beiden Eltern (John Hadley war das Pseudonym, das Ernest manchmal verwendete) benannt worden war. Hadley beschrieb Grace ihr erstes Enkelkind als gut gebaut und stark, mit vollendeten Ohren und viel braunem Haar, das »à la Rudolpho Valentino« zur Seite falle. Er sehe wie seine Großmutter, wie Ernest und »ein ganz kleines bißchen wie ich« aus. Der Ton des Briefes an Isabelle Simmons verdüsterte sich, als sie Ernests Schwierigkeiten mit Hindmarsh beschrieb. Noch unter der Nachwirkung der Narkose stellte sie beim Stillen ihres zwei Tage alten Säuglings Überlegungen darüber an, daß sie Toronto vielleicht viel früher als erwartet verlassen müßten. Hindmarsh war ein Scheusal. Er hatte getobt, weil Ernest direkt ins Krankenhaus gefahren war, anstatt das Material über Lloyd George persönlich in der Stadtredaktion abzuliefern. Sie dramatisierte die harten Alternativen, indem sie hinzufügte: »Es ist zu schrecklich, um es weiter zu beschreiben oder sich damit zu befassen ... Ich habe nicht die leiseste Ahnung, wohin, aber noch ein großer Umzug und ich bin ein altes, von Sorgen zerfressenes *Ding* – und hierzubleiben ist die Hölle.«

Ernest führte weiterhin Hindmarshs Anweisungen aus und fuhr seiner Reportagen wegen so weit nach Norden wie Sudbury und Cobalt, den halben Weg zur Hudson Bay, aber inzwischen glaubte er, daß die Ausbeutung durch den Redakteur sein literarisches Leben zerstörte. Ernest hatte wirklich nicht viel Gutes über Kanada zu sagen: Es sei ein langweiliges, fürchterliches Land und »gegen das Gesetz, am Sonntag in den Drugstores Süßigkeiten zu verkaufen«, schrieb er voll Galgenhumor an Sylvia Beach. »Du mußt sie aus dem Laden schmuggeln.« John Hadley »schreie bereits munter drauflos«, schrieb er seiner Familie, »und ist eine nette Plage ... Es scheint seine einzige Form von Unterhaltung zu sein«. Anfang November schrieb er Gertrude Stein, daß sie bestimmt nach Paris zurückkehren würden und bereits ihre Überfahrt für Januar gebucht hätten. Er würde »den Journalismus hinschmeißen« und sich ganz dem ernsthaften Schreiben widmen.

Während der ersten beiden Jahre in Paris hatte ihnen Hadleys Einkommen einen bescheidenen Luxus gesichert, aber Ernest hatte auch gut verdient. Jetzt, wo sie für John Hadley zu sorgen hatten, würden ihre Einkünfte die einzige Einnahmensquelle sein. Hadley war jedoch entschlossen, Ernests Bedürfnisse an die erste Stelle zu setzen, besonders da sie sich auf seine Arbeit bezogen. Schrie ihr Liebling, daß er es nicht länger (in Toronto) aushalten könne, so stimmte sie gleich zu, daß es wirklich nur eines gebe, nämlich zu gehen. Nie dürften sie und John Hadley Ernest beim Schreiben im Weg sein.

Das Baby wurde jetzt Bumby gerufen, ein Name, den ihm Hadley gegeben hatte, weil es sich in ihren Armen so fest und warm wie ein Teddybär anfühlte. Seine Augen waren noch blau, aber sie war sicher, sie würden braun werden wie die seines Vaters – eines Vaters, der jetzt all seine Befürchtungen bezüglich seiner Elternschaft vergessen zu haben schien. Hadley schrieb oft an Ernests Eltern, die einen großzügigen Scheck geschickt hatten, der ausreichte, um alle Krankenhauskosten zu decken. Sie beschrieb Grace, wie sie Ernests Taufkleidchen mit neuen Bändern und Spitzen besetzt hatte für die Taufe, die jetzt in Paris stattfinden sollte. Mit Dr. Ed besprach sie, zu welchen Zeiten das Baby gefüttert werden sollte. Ob sie die Mahlzeit mitten in der Nacht auslassen solle, da Bumby wahrscheinlich bis 5 Uhr 30 oder 6 Uhr durchschlafen würde, wenn sie ihn ließe. Anfangs Dezember war die große Frage, ob sie und Bumby Ernest zu Weihnachten nach Oak Park begleiten sollten. Hadley fand, daß sie nicht fahren sollte, obgleich Ed Hemingway anbot, ihr die Fahrt zu bezahlen. »Hauptsächlich«, erklärte sie, »wegen des Stillens – die geringste Müdigkeit oder Besorgnis meinerseits, und ich habe oft fast keine Milch mehr, und wir haben das Gefühl, daß ich imstande sein *muß*, ihn während der Seereise zu stillen.«

Grace kompensierte ihre Enttäuschung darüber, daß sie ihr neues Enkelkind nicht sehen würde, indem sie Geschenke und Schnickschnack für ihn und seine Mutter anhäufte. Das Kostbarste war ein winziger erlesener Anzug mit Seidenstrümpfen und kleinen rosa Schuhen aus abgesteppter Seide, ähnlich dem, den Ernest in seiner Kindheit getragen hatte. Die Familie kam von nah und fern zusammen, um Ernest willkommen zu heißen. Grace, gefühlvoll wie immer, war so überwältigt, daß sie sich in einen ruhigen Winkel des Musikzimmers zurückzog, um Freudentränen zu vergießen. In ihrem Brief, den sie Ernest wenige Stunden nach seiner Abreise schrieb, versuchte sie auszudrücken, wieviel ihr sein Besuch bedeutet hatte. Wieder einmal verglich sie ihn mit ihrem eigenen Vater, besonders was die Reife seines Urteils betraf.

Früher im Herbst hatte ein Paket mit Exemplaren von *Three Stories and Ten Poems* (Drei Stories und Zehn Gedichte) Toronto erreicht, und kurz danach kamen die Korrekturfahnen von Bill Bird für *In Our Time* (In unserer Zeit).

Bevor Ernest Oak Park verließ, hatte er Marcelline mit der ausdrücklichen Warnung, es nicht ihren Eltern zu zeigen, ein Exemplar von *Three Stories and Ten Poems* gegeben. Er wußte, daß die Geschichte »Oben in Michigan« in sexueller Hinsicht viel zu offen für sie war. Sie respektierte seinen Wunsch, und Grace und sein Vater sahen das Buch nie, aber er hatte nicht angenommen, daß sie der Inhalt von *In Our Time* ebenso und vor allem seinen Vater, verärgern würde, der einige Exemplare direkt aus Paris bestellt hatte. Als Ed Hemingway die Prosaminiaturen las, bestand er mit wutverzerrtem Gesicht darauf, daß alle Exemplare zurückgeschickt wurden. Er würde derartigen Unflat nicht in seinem Haus dulden, erklärte er. Grace flehte ihn unter Tränen an, daß sie gern ein Exemplar behalten würde, da es doch Ernests erstes Buch war. Aber ihr Gatte blieb unerbittlich. Er sagte zu einem seiner Freunde, daß er Ernest lieber tot sehen würde, als damit beschäftigt, über so negative Themen zu schreiben – Themen, die unter anderem die unvorhersehbare Tragödie des Krieges behandelten, demonstriert am Beispiel von Menschen auf der Flucht, oder die Kaltblütigkeit, mit der Hinrichtungen durchgeführt wurden, oder die Rohheit und den Mut des spanischen Stierkampfes.

Die ganze Sendung wurde irgendwann nach Neujahr Bill Bird in Paris retourniert, und zwar mit einem von Marcelline angehefteten Zettel, daß der Inhalt sich nicht als Weihnachtsgeschenk eigne. Sie hatte ihren Eltern prophezeit, daß Ernest von dem Vorfall erfahren und es ihnen bitter übelnehmen würde. Sie hatte recht. Er behielt diese Kränkung sein Leben lang im Gedächtnis. Und offenbar galt seine größte Feindseligkeit dabei seiner Mutter.

Es ist nicht klar, ob Grace sich je die Tiefe dieser Feindseligkeit klarmachte. Sie schien der Ansicht zu sein, daß zur obligatorischen Mutterrolle auch die Kritik an ihren Sprößlingen gehöre. Ernest hingegen war nicht an ihrer literarischen Meinung interessiert, er wollte und erwartete nur ihre uneingeschränkte Loyalität und Anerkennung. Alles, was diesem Anspruch nicht gerecht wurde, ließ ihn ausfallend werden wie ein verletzter Halbwüchsiger. Und das trotz der Tatsache, daß er ihre viktorianische Empfindlichkeit verstand und zeitweise sogar unterstützte.

Im Januar schifften sich die Hemingways mit Gepäck und Kisten und Babyzubehör in New York nach Paris ein. Nachdem sie einige geeignete Wohnungen wegen der zu hohen Miete ausgeschlagen hatten, fanden sie eine, die sie sich leisten konnten, und zwar in der Rue Notre-Dame-des-Champs

113, gleich die Straße hinauf von den Pounds, vier Häuserblocks von Gertrude und Alice entfernt und in angenehmer
Gehdistanz zum Jardin de Luxembourg. In der Nachbarschaft
gab es schöne Gebäude, gepflegte Bäume und elegante Cafés.
Das Dôme und das Select waren fast direkt hinter ihnen, am
Boulevard Montparnasse. Wenn es auch kultivierter war als in
der Rue Mouffetard, so war die Ausstattung der Wohnung
noch immer keineswegs elegant. Es gab keinen elektrischen
Strom, obwohl die Installationen eine bescheidene Verbesserung im Vergleich zu Nummer 74, Cardinal Lemoine, darstellten. Der Hauseigentümer, der im Erdgeschoß wohnte, betrieb
einen Holzhandel und eine Sägemühle, die an sein Grundstück
grenzten. Kein lautes Akkordeon aus einem *bal musette* störte
die Nachtruhe, aber das Geräusch der Kreissäge und der Lärm
der Hilfsmaschine verstummten von 7 Uhr morgens bis 5 Uhr
nachmittags nicht. Hadley durfte gegen Bezahlung ein ver-
stimmtes Piano im Keller eines Musikgeschäftes am Boulevard
Montparnasse benutzen.

Chink Dorman-Smith, aus Deutschland zu Besuch, unterstützte Hadley dabei, Ernest zu drängen, den Tag für die Taufe
John Hadleys festzusetzen, und sie diskutierten, in welcher
Kirche dieses Ereignis nun stattfinden sollte. Gertrude Stein
und Dorman-Smith sollten die Taufpaten sein. Ernest war der
Ansicht, daß Gertrudes Judaismus und Chinks Katholizismus
einander aufhoben. Die Kirche sollte einer der protestanti-
schen Konfessionen angehören. Gertude schlug schließlich die
Episkopalkirche als die am wenigsten dogmatische vor. Bei
dem Gespräch mit dem Pfarrer wurde Ernest kopfscheu und
wartete draußen, wo er eine Zeitung las, die er aus dem Rinn-
stein gefischt hatte, während Chink die Taufe arrangierte.

Am 24. März 1924 zog Hadley ihrem gelassenen Sohn das
spitzenbesetzte Kleidchen an, das sein eigener Vater vor fast
fünfundzwanzig Jahren getragen hatte, und dann ging die ganze Gesellschaft zur Episkopalkirche von St. Lukas in der Rue
de la Grande Chaumerie. Nach der Zeremonie kehrten alle
wieder in die Wohnung zurück, wo es Champagner und gezuk-
kerte Mandeln gab, das traditionelle französische Taufessen.

Hadley stillte Bumby noch immer, ohne ihn zusätzlich mit fester Nahrung zu füttern, weil Ernest (der als Sohn eines Arztes glaubte, über ein besonderes medizinisches Verständnis zu verfügen) sie davon überzeugt hatte, daß das genüge. Es war William Carlos Williams, der Arzt und Dichter, der eines Abends, als er zum Essen eingeladen war, feststellte, daß das Kind blaß und teilnahmslos war. Als Hadley zugab, daß ihre Milchproduktion zurückging, sagte er ihr, sie solle das Baby von der Brust entwöhnen und verschrieb ihm eine Diät »die für Jack den Riesentöter ausgereicht hätte«. Fast augenblicklich wurden Bumbys Wangen runder und seine Muskeln erstarkten.

Manchmal paßte Ernest am frühen Morgen auf Bumby auf. Er bereitete die Babynahrung zu, kochte die Sauger aus und machte die Flaschen fertig. Dann breitete er seine Arbeit auf dem Eßtisch aus und wurde nur von den zufriedenen Glucksern des Babys in seiner Konzentration gestört. Er brachte dem Kind bei, seine Fäuste hochzunehmen und grimmig dreinzuschauen und seine winzige Hand auszustrecken, um Fliegen zu fangen. Manchmal badete er Bumby, und manchmal nahm er ihn auf einen Ausflug mit. (Sylvia Beach erinnert sich, wie die beiden in ihrem Buchladen erschienen, Ernest das Baby sorgsam im Arm haltend, während er darein vertieft war, irgendetwas auf einem der Regale zu lesen.) Aber diese väterlichen Pflichten wurden nicht mit irgendeiner Art von Regelmäßigkeit erfüllt. Ernest investierte den größten Teil seiner Energie in seine Arbeit. Er feilte langsam an den Kurzgeschichen, die er regelmäßig an amerikanische Zeitschriften schickte – und die mit derselben Regelmäßigkeit mit einem Ablehnungsvermerk zurückkamen. Wenn er daheim zu sehr abgelenkt wurde oder einen Szenenwechsel brauchte, nahm er seine Notizbücher und gespitzten Bleistifte in ein stilles Café mit, die Closerie des Lilas, wo es warm war und ihn niemand kannte. Er redigierte eine Zeitschrift für Ford Madox Ford, den berühmten Romanschriftsteller und Herausgeber, der nach Paris gekommen war, um eine neue literarische Zeitschrift, die *transatlantic review,* zu gründen.

Ford, der für sein Entgegenkommen jungen Schriftstellern gegenüber bekannt war, hatte von Ernest durch seinen Freund Ezra Pound gehört, der Hemingway als den besten Prosastilisten der Welt pries, sowie als disziplinierten Journalisten. Ernest rechtfertigte Pounds Vertrauen. Er leistete erstklassige Arbeit für Ford, der bald Ernests Talent erkannte. »Ich hatte nicht mehr als sechs Wörter von ihm gelesen,« schrieb er in seinen Memoiren, »als ich beschloß, alles zu veröffentlichen, was er mir schickte.« Die Aprilnummer der *transatlantic* enthielt die erste Besprechung von *Three Stories and Ten Poems* und »Indianerlager«, eine frühe Nick-Adams-Geschichte. Bald folgten andere Rezensionen. Diese Anerkennung durch *transatlantic* gab Hemingways Karriere einen bedeutenden Schub. Sie machte seinen Namen in den literarischen Kreisen von Paris bekannt, hob ihn von den Dilettanten ab, die ins Quartier Latin strömten, und öffnete seiner Arbeit einen respektablen Absatzmarkt. Es gab noch einen Grund, warum die Aprilnummer so wichtig war. Ernest hatte Ford überredet, Gertrude Steins *The Making of Americans* als Fortsetzungsserie zu bringen, Beginn in dieser Nummer. Das freute Gertrude riesig. Das Manuskript hatte seit 1911 unveröffentlicht und unredigiert, weil sie derlei Plackereien haßte, bei ihr im Regal gelegen. Sie delegierte diese Arbeit an Ernest, der es in lesbare Form brachte und Gertrude damit erneut Grund gab, in ihn vernarrt zu sein.

Ford, dem seine englische Ehefrau Violet die Scheidung verweigerte, lebte mit seiner neuen Liebe, einer australischen Malerin namens Stella Bowen, nur ein Stück die Straße hinunter in der Nähe von Hadley und Ernest. Hadley und Stella freundeten sich rasch miteinander an, und Hadley nahm oft in Stellas Atelier an einem der reichhaltigen Mittagessen teil, die Ford liebte und sah Stella bei der Arbeit zu. Hadley genoß Fords Gesellschaft, und er amüsierte sie. Nicht aber Ernest. Trotz der Großzügigkeit des Verlegers ihm gegenüber entwickelte Ernest eine heftige Abneigung seiner Erscheinung und seiner Art gegenüber. Der arme Ford war unsportlich und schlaff, mit glanzlosen Augen und der Gestalt, um Hemingway

zu zitieren, »eines umgedrehten Fasses«. Er hatte einen unglücklichen Hang zu Übertreibungen und kleinen Schwülstig-
keiten im Ausdruck. Hadleys Begeisterung für das Paar tat
Ernests Verachtung keinen Abbruch. Er schrieb eine ätzende
Miniatur über Ford und Stella, wie sie über Weine stritten. Nur
seine eigene Schlauheit hatte ihn dazu gebracht, für einige Zeit
die Rolle des ehrerbietigen Neulings zu spielen. Ford ignorierte seine Widerborstigkeit und schien ehrlich stolz zu sein, als
Ernest sich dazu herabließ, bei seinen literarischen Donners-
tagtees in einer geflickten Jacke und Turnschuhen aufzutau-
chen.

Es war an einem dieser Nachmittage im Redaktionsbüro der
transatlantic, einem Hinterzimmer der Three Mountains Press
am Quai d'Anjou, als Ernest Harold Loeb, Princeton Absol-
vent und Herausgeber einer anderen Kunstzeitschrift mit dem
Titel *Broom*, kennenlernte. Loeb war von allem fasziniert, was
Hemingway an sich hatte – dem schüchternen, entwaffnenden
Lächeln, der schäbigen Kleidung, der leidenschaftlichen Hingabe an seine Kunst, dem Flair seines beiläufigen Desinteres-
ses. »Nie zuvor hatte ich einen Amerikaner getroffen, der vom
Leben in Paris so unbeeinflußt geblieben war«, schrieb er.
Ernest war ihm gegenüber wesentlich ambivalenter, denn Harold Loeb war Jude, was der Entwicklung einer engen Freund-
schaft mit Ernest automatisch entgegenstand.

Antisemitismus war unter Ernests Freunden üblich. In seinem privaten Kreis gab es selten einen Nichtjuden, der nicht
verächtlich über Juden sprach. Eine der offenherzigsten Äußerungen in dieser Hinsicht wurde von Donald Ogden Stewart
gemacht, der nicht behauptete, toleranter als irgendwer anderer gewesen zu sein. »Ich habe keinen Zweifel daran«, sagte er
später, »daß ich im Grund zu jener Zeit wirklich antisemitisch
gewesen bin, so wie wahrscheinlich auch Hemingway. Die
Leute hatten jüdische Freunde, die, *mirabile dictu*, nette Menschen waren... Ich sage nur das, was die meisten anderen auch
sagen würden, wenn sie ehrlich wären... Ich habe mich von
diesem ganzen Gewäsch vor langer Zeit losgesagt.« Stewart
gab zu, daß er »grausam zu Harold gewesen war, vielleicht

nicht ins Gesicht hinein, aber, schlimmer noch, hinter seinem Rücken, da er sich in freundlicher Weise an mich erinnert.« Harold behandelte die meisten Menschen freundlich; er war ein liebenswürdiger Mann mit einem Einschlag von romantischem Idealismus. Sein Wunsch und Bestreben, zu gefallen, brachten Ernest auf, aber seine sportlichen Fähigkeiten machten das wett. Er war im College Ringer gewesen und spielte gut Tennis.

Hadley schätzte Loebs liebenswürdiges Wesen und stellte fest, daß er Frauen so behandelte, wie es ihr Mann oft nicht tat – Harolds Art war sanft und höflich. Als sie ihn kennenlernte, war er mit Kitty Cannell zusammen, die aus Ithaca, New York, stammte, mit der aufrechten Haltung einer Ballerina war sie »ganz rosa und weiß und golden«, wie Hadley beobachtete. Hinter ihrer zerbrechlichen Schönheit verbarg sich jedoch eine ausgesprochen unabhängige Denkungsart. Durch ihren Mann, Skipwith Cannell, einen Dichter, war sie in die literarischen Kreise von London hineingekommen und hatte Prosawerke in Vierteljahreszeitschriften veröffentlicht. Obwohl sie und Harold Loeb ein Liebespaar waren, lebten sie nicht zusammen. Er war unglücklich verheiratet gewesen und wollte keine feste Beziehung. Kitty, die noch nicht von Cannell geschieden war, war mit diesem lockeren Arrangement zufrieden.

Sie fühlte sich sofort von Hadley angezogen. Es hätte kaum zwei Frauen geben können, die verschiedener voneinander waren, doch Kitty war voller Bewunderung für die entspannte, einfach gekleidete Frau mit der frischen Gesichtsfarbe. »Ein sehr attraktives Beispiel eines amerikanischen Mädchens«, dachte Kitty. Im späteren Kontakt mit Carlos Baker betonte sie Hadleys Sinn für Humor und ihre Ungezwungenheit. Alle respektierten Hadley, weil sie anerkannten, daß die Gelassenheit, mit der sie sein häusliches Leben ordnete, viel zu Ernests Stabilität beitrug. Donald Stewart zum Beispiel war der Ansicht, daß Hadley die perfekte Ehefrau sei und die Ehe der Hemingways so ideal wäre, daß sie etwas Heiliges an sich habe.

Kitty Cannell, die allmählich Ernest zu mißtrauen begann, konnte sich einer so hochfliegenden Beurteilung nicht anschließen. Ernests Entschlossenheit, Hadley in einer so schäbigen Umgebung festzuhalten, kam ihr einigermaßen verdächtig vor. Es brachte sie auf, daß eine Frau ihren Mann so sehr unterstützen sollte, während sie nichts für sich selbst verlangte. Als Kitty Hadley ab und zu Schmuck schenkte, wurde Ernest wütend. »Er spürte, daß ich ein schlechtes Beispiel für eine unterwürfige Ehefrau war«, meinte sie. Kitty Cannell war eine der ersten, die die These aufstellen sollten, daß Ernest Frauen nicht mochte. Sie gab zu, daß Ernest etwas von einem kleinen Jungen an sich hatte, das bezaubernd sein konnte, aber sie warnte Harold Loeb, daß sein neuer Freund sich plötzlich gegen ihn wenden könnte, und daß er darauf gefaßt sein sollte.

Im Frühjahr erreichten die finanziellen Schwierigkeiten der Hemingways infolge der schlechten Verwaltung von Hadleys Treuhandfonds einen Höhepunkt. Auf den Rat von Hadleys Freund George Breaker, der ihre Investitionen tätigte, hatten die Hemingways vierprozentige Obligationen der United Railway im Wert von 19000 Dollar für 10000 Dollar verkauft und das Geld in Obligationen der Arkansas Road investiert. Acht Monate lang hatten die Wertpapiere überhaupt keinen Gewinn abgeworfen. Jetzt sah es so aus, als ob die neue Investition überhaupt auf wackeligen Füßen stand. Ironischerweise war das nicht geschehen, als Ernest ein gutbezahlter Journalist war, sondern jetzt, wo er kaum etwas mit seinem Schreiben verdiente. Vom *Star* kam kein Geld herein, und Ford zahlte nichts für Ernests Redakteurtätigkeit.

Das war die Zeit, in der sich Ernest als Sparringpartner von professionellen Schwergewichtlern ein paar Francs verdiente und Hadley meilenweit ging, um die billigsten Lebensmittelgeschäfte ausfindig zu machen. Aber sie dachte nicht daran, sich zu beklagen. Sie konnte die wachsende Zahl von Kurzgeschichten sehen. Sie waren jung und genossen ihr Leben, so gut sie konnten. Manchmal fuhren sie mit dem Bus hinaus, um die Radrennen zu verfolgen und nahmen an ländlichen Biertrinkwettbewerben teil. Bei langen Ausflügen verließ sich Hadley – zu der Zeit und auch später – auf Marie-Cocotte (Rohrbach), die auf Bumby aufpaßte. Wenn sie nur kurz weggingen, dann könne ja, meinte Ernest, Feather Puss, ihre hübsche schwarze Katze, die sich oft am Fußende des Kinderbettchens zusammenrollte, kurzfristig als Babysitter fungieren, was Hadley nicht bestritt. Dennoch traf sie eine Absprache mit ihrer Hausfrau, ab und zu nach dem Kind zu sehen. Ernests Drang, sich um alles zu kümmern, wirkte sich auf alle Entscheidungen ihres täglichen Lebens aus. Als er sich bei einer Gelegenheit besonders gebieterisch gab, neckte ihn Hadley, doch zu gestehen, daß er gern ein König wäre. Trotz des sanften Tadels aber folgte sie noch immer seiner Führung.

Im Frühsommer beschloß Ernest, daß sie von ihrem dahinschwindenden Sparkonto dreihundert Dollar abheben sollten, um einen Monat Urlaub in Spanien zu machen. In Madrid nahm er Hadley in die Stierkämpferpension in der Calle San Jeronimo mit, wo er im Jahr zuvor mit Robert McAlmon gewohnt hatte. Jetzt war er ein Insider, der mit den Matadoren leidenschaftliche Diskussionen führte. In Aranjuez, zwanzig Meilen südlich der Hauptstadt, besuchten sie eine eindrucksvolle Corrida, bei der Bumbys Namenspatron, Nicanor Villalta, kämpfte, sowie sechs Stiere von der Martinezranch. Von dort aus fuhren sie wieder nordwärts zur Fiesta von San Fermin in den Bergen von Navarra und bezogen im Hotel Perla im Stadtzentrum von Pamplona Quartier.

Der Anwesenheit zweier Ehefrauen (Sally Bird war mit ihrem Mann Bill aus Paris gekommen) ungeachtet, war die Woche in Pamplona von ausgesprochen männlicher Prägung und ähnelte fast der Feier einer Studentenverbindung mit Tanz in den Straßen und langen Schlangen vor dem Bordell. Von Ernests Begeisterung angesteckt, erschienen Donald Stewart, John Dos Passos, Robert McAlmon und Chink Smith. Zum Unterschied von Sally Bird, die von den Brutalitäten in der Arena so abgestoßen war, daß sie den meisten Veranstaltungen fernblieb, nahm Hadley jeden Nachmittag ihren Platz auf der Tribüne ein.

Der Rest der Clique reiste ab, bevor die Fiesta vorbei war, aber Hadley und Ernest blieben, bis der letzte Zecher seinen

Rausch ausgeschlafen hatte und die Stadt wieder zu ihrer früheren Trägheit zurückgekehrt war. Am Mittag des 14. Juli, einem glühendheißen Tag, bestiegen sie einen Doppeldeckerbus, vollgepackt mit baskischen Bauern, die Wein aus ihren ledernen Weinschläuchen tranken. Einige Meilen außerhalb von Pamplona begann der Bus bergan zu fahren und geriet in eine angenehme Brise, als er die felsigen Hügel und die an den Hängen gelegenen Getreidefelder durchquerte. Ihr Ziel war Burguete, hoch in den Bergen in der Nähe der französischen Grenze gelegen.

Hadley war begierig darauf, diesen Teil der Reise mitzumachen, denn Ernest hatte ihr erzählt, wie großartig das Forellenfischen am Iratifluß, wenige Kilometer von der Ortschaft entfernt, sei. Sally und Bill Bird sowie Robert McAlmon erwarteten sie im Gasthof im Ortszentrum. Hadley, die ihren Atem in der kalten Bergluft sehen konnte, fragte sich, ob es je warm genug zum Fischen sein würde. Dennoch machte sie den besten Fang in dem eiskalten Wasser – sechs schöne Forellen, fest und hart. Sie nahm sie aus, wie Ernest es ihr beigebracht hatte, wusch sie im ruhigen Wasser eines aufgestauten Teiches und packte sie sorgfältig zwischen Lagen von Farnkraut in ihre Tasche.

Einige Tage später kamen Chink Smith und Dos Passos an, um McAlmon zu einer Wanderung nach Andorra auf der spanischen Seite der Pyrenäen abzuholen. Ernest begleitete sie ein paar Stunden lang und kehrte dann zu Hadley zurück. Er versprach ihr, daß sie nächstes Jahr mit Schlafsäcken und Kochgeräten zum Irati zurückkommen würden, um am Flußufer zu kampieren. Das wäre schön, dachte sie. Aber jetzt wollte sie zurück nach Paris. Sie vermißte Bumby. Ein Monat war eine lange Zeit im Leben eines kleinen Kindes.

Ernests literarische Produktion war, seit sie nach Paris zurückgekehrt waren, beachtlich gewesen. Er hatte insgesamt neun Geschichten geschrieben, deren jede »mit den harten Tatsachenschlaglichtern des Naturalisten« glänzte, keine sehr weit von seiner persönlichen Meinung und Erfahrung entfernt.

In einem Anhang zu der Geschichte »Großer doppelherziger Strom« stellt Nick Spekulationen darüber an, welche Stimmungen seine beste Arbeit hervorbrächten. »Er arbeitet immer am besten, wenn Helen (seine Frau) unwohl war. Dann gab es soviel Unzufriedenheit und Spannung.« Es dürfte Hadley nicht verblüfft haben, daß eine gewisse Reizbarkeit zwischen ihnen Ernest zu Kreativität motivierte. Sie hatte beachtliche Geduld für das Karussel seiner Stimmungen und war philosophisch, was ihren Platz in seiner Ordnung der Dinge betraf. Das einzige, was ihr wirklich Sorgen machte, war, daß seine Arbeit nicht dort anerkannt wurde, wo es wirklich darauf ankam – nämlich in Amerika.

Dann hob Edmund Wilson in der Oktobernummer des *Dial* Ernests Prosa hervor und schrieb, sie sei »erstrangig... und vermittelt tiefe Gefühle und komplexe Gemütszustände... und ist verblüffend eigenständig«. Ernest schrieb an Wilson, dankte ihm für sein Lob und teilte ihm mit, daß er eben ein vollständiges Buch mit Geschichten beendet und nach New York abgeschickt hatte.

»Wir werden wahrscheinlich den ganzen Winter in Paris sein«, fuhr Ernest in seinem Brief an Wilson fort. »Wir haben nicht genug Geld, um rauszukommen.« Er schien es zu geniessen, die beschränkten Verhältnisse zu dramatisieren. In ihren Briefen an die Familien in St. Louis und Oak Park zeichnete Hadley ein anderes und wahrscheinlich realistischeres Bild. Das Leben war eine erregende Mischung aus berühmten Freunden und exotischen Reisen. Die Großeltern sollten durch die Tatsache beruhigt werden, daß Gertrude Stein, die die Johns Hopkins Medical School besucht hatte, nach Bumby sah.

Zu dieser Zeit war der Schock über Ernests offenherzige Prosa offensichtlich schon in Vergessenheit geraten, da beide, Grace und Ed, von seinen Fortschritten begeistert waren. Als Ford Madox Ford nach Oak Park kam und dabei auch Grace aufsuchte, lud sie ihn zum Tee ein und drängte dem neugierigen Ford, laut Leicesters Erinnerung, Ernests Kinderbücher und High-School-Storys auf. Ed Hemingway schickte Ernest gewissenhaft alle Sportzeitschriften und literarischen Publikationen, die ihn interessieren konnten, obwohl es kein Anzeichen dafür gibt, daß er irgendwelche Schecks beilegte. Der Doktor war knauserig mit Geld, aber wäre er sich ihrer Armut bewußt gewesen, so hätte er sehr wahrscheinlich den jungen Hemingways geholfen.

Grace, die kein eigenes Geld mehr verdiente, war von ihrem Mann abhängig hinsichtlich der Privatstunden, die sie bei Pauline Palmer, einer bekannten Malerin aus Chikago nahm. Als sich ihre Technik genügend entwickelt hatte, bat sie Ernest, sich in der Pariser Kunstszene für sie umzusehen und ihr ein paar gute Kunstkataloge zu schicken. Was man in Paris von ihr hielt, war nicht so wichtig wie von ihren eigenen Landsleuten anerkannt zu werden, aber etwas Anerkennung aus Paris würde ihr ungeheuren Auftrieb geben.

Im Herbst 1924 überredete Grace Ed, nach Florida zu reisen, weil sie Fortschritte bei der Landschaftsmalerei machte und imstande sein wollte, die ganze Zeit draußen zu malen. Auf Drängen ihrer Grundstücksmakler hin begannen die Hemingways, mehr als sie sich eigentlich leisten konnten in noch nicht erschlossene Gebiete Floridas zu investieren. Ed sah grau und müde aus und hatte sogar begonnen, zur Entspannung Pfeife zu rauchen. Als er die Prüfung für eine Arztlizenz in Florida bestanden hatte, begann Grace schon Pläne für einen möglichen Umzug in den Süden zu machen.

Ernest attackierte Grace sein Leben lang, daß sie seinen Vater manipuliert und dominiert habe. Aber die Art, wie er Hadleys Leben beherrschte und seine instinktive Gewohnheit, seine Bedürfnisse über die ihren zu stellen – wobei Hadley willig mitmachte – waren nicht so verschieden von der Grace Hemingways, die das Kenilworth Haus als Monument für sich selbst errichtete oder Urlaubsaufenthalte in Florida um ihrer Kunst willen arrangierte. Jahre zuvor hatte sie prophezeit, daß Ernest ihr mehr als irgendeines ihrer anderen Kinder nachgeraten würde. Beide waren ruhelos und phantasievoll, mit einem stark ausgeprägten Konkurrenzverhalten und dem Drang, ihre Umgebung zu beherrschen, etwas, das Ernest nie zuzugeben vermochte. Die Eigenschaften, die er bei einem Mann bewundernswert fand – Ehrgeiz, ein unabhängiger Standpunkt, Verteidigung der eigenen Überlegenheit – wurden bedrohlich bei einer Frau. Ernest war an Frauen wegen ihrer Sexualität, ihrer Kameradschaft und ihrer Zärtlichkeit interessiert, wegen ihrer Fähigkeit, seinen besten Interessen zu dienen. Aber es beunruhigte und erzürnte ihn sogar, wenn sie nicht die traditionelle Rolle spielten, die ihnen von der Gesellschaft zugewiesen wurde. Er war überzeugt, daß seine Mutter sich einer derartigen Umkehrung der Rollen schuldig gemacht habe und war jeder Frau gegenüber mißtrauisch, die ihn an sie erinnerte.

Keines dieser negativen Gefühle bezog sich auf Hadley. Sie organisierte ihr Leben in einer Weise, die Ernest alle Freiheit gab, nach der er verlangte. »Sie ist der beste Kumpel auf einer Reise, den du je gesehen hast«, schrieb er an seinen Freund Jenkins, der ursprünglich gegen seine Heirat gewesen war.

»Sie gibt ihr Klavierspiel nicht auf und versorgt das Haus und das Baby verdammt gut und ist immer bereit, auszugehen und im Café Austern zu essen und eine Flasche Pouilly vor dem Abendessen zu trinken. Wir haben guten Whisky zu Hause und eine tolle Menge von Büchern, offene Kamine, und es ist gemütlich und ein Bursche kann lesen oder herumliegen oder ausgehen, wenn ihm danach ist.«

Hadley hatte natürlich nicht die tatsächliche Bewegungsfreiheit, die Ernest genoß. Sehr häufig blieb sie in der Wohnung, las beim Gaslicht oder stieg allein in das große Doppelbett, wenn die Wärme der Kamine sich nicht gegen die Winterkälte durchsetzte. Sie war nicht in jener Nacht dabei, als Harold Loeb und Kitty Cannell Ernest zu Leon Fleischmann mitnahmen (einem literarischen Talentesucher für die Verleger Boni and Liveright), ein Kontakt, den Harold Ernest vermitteln wollte. Fleischman begrüßte seine Gäste herzlich, bot ihnen gute Drinks an, gab Ernest geschäftliche Ratschläge und war sehr liebenswürdig. Aber irgendetwas in der Art des New Yorkers brachte Ernest zur Weißglut. Vielleicht spürte er einen leicht gönnerhaften Ton in Fleischmans Angebot, seine Geschichten zu lesen und an seinen Verlag zu schicken, wenn sie ihm gefielen. Ernest war noch immer der neidische Außenseiter, der nach Anerkennung durch das literarische Establishment hungerte, aber zu stolz war, um sich bei jemandem lieb Kind zu machen.

Nachdem sie die Wohnung verlassen hatten, nannte er Fleischman einen fiesen Itzig und bedachte ihn mit anderen Schimpfnamen. Kitty war angewidert, aber nicht überrascht. Harold zog es vor, das, was er gehört hatte, zu ignorieren und sich vorzumachen, daß die Beschimpfungen mit ihm selbst nichts zu tun hätten. Aus seiner Bewunderung für seinen neuen Freund war eine Art von Heldenverehrung geworden, und er war betrübt über eine Reihe von Absagen, die Ernest erhalten hatte. Nachdem er dem Verlag von Horace Liveright seinen eigenen Roman *Doodah* verkauft hatte, war er der Ansicht, er verfüge über einige Erkenntnisse, von denen Ernest profitieren könnte. An der L'Avenue am Montparnasse meinte Loeb, daß sich Ernests Geschichten vielleicht deshalb nicht verkauften, weil er, Hemingway, nicht genug gelitten habe. Ernest war empört. Er beschrieb, um das ihm zugestoßene Leid zu demonstrieren, die herbe Enttäuschung beim Verlust von Agnes. Er erzählte Loeb, wie sie sich ineinander verliebt hatten, sie ihn jedoch verlassen hatte und weggegangen war. Er konnte sich nicht von der Erinnerung an sie freimachen. »In kurzen Worten... beschrieb er ihr Haar, ihre Brüste, ihren Körper... Ich war wirklich überzeugt«, schrieb Harold.

Bei Ernests Hang zu Selbstmitleid und Übertreibungen ist es schwer, die Ernsthaftigkeit derartiger Bemerkungen einzuschätzen. Lincoln Steffens erzählte er im großen und ganzen dieselbe Geschichte und fügte hinzu, daß er, falls sie zurück in sein Leben käme, für die Krankenschwester aus Italien alles aufgeben würde. Alles, was man über diese Bemerkungen sagen kann, ist, daß die Zurückweisung noch immer an ihm nagte und er eine reiche Phantasie hatte. Sowohl Don Stewart als auch Loeb sahen einen Puritaner in ihm, der nie hinter Frauen her war und ein schlechtes Gewissen hatte, wenn er die

Mädchen am Montmartre zu sehr anstarrte. Obwohl wenige ihrer Freunde in ruhiger Häuslichkeit lebten und Beziehungen leicht abgebrochen wurden, schien Ernest für den Hedonismus, der ihn umgab, noch nicht sehr empfänglich zu sein. Archibald MacLeish, der schottische Dichter, der ihn zu dieser Zeit kennenlernte, fand ihn ebenso vernünftig wie aufnahmefähig, nicht wie jemand, der sich von Talmiglanz blenden ließ. Ernest wurde nie der typische Caféhausliterat; die Dilettanten und Vergnügungssüchtigen mochten ihn nicht und fühlten sich durch seinen Fleiß unangenehm berührt.

Obwohl Ernest dem Winter mit düsteren Erwartungen entgegengesehen hatte, brachte er es immer fertig, für die Tätigkeiten, die er am meisten liebte, Geld aufzutreiben. Das war das Jahr, in dem er Schruns entdeckte, ein wenig bekanntes Dorf im österreichischen Vorarlberg, wo man billig wohnen und herrlich skifahren konnte. Die Hemingways fuhren eine Woche vor Weihnachten hin und quartierten sich in der Pension Taube im pittoresken Montafontal ein. Im Februar, als sie noch das gute Leben von Urlaubern genossen, bekam Ernest wichtige Nachrichten. Nach einer aufregenden Skitour zum Vermunt-Stausee (»einem gefrorenen Gletscher«), machten Hadley und er Rast im Gasthof am Fuß des Gletschers. Bei Einbruch der Dunkelheit erschien ein Bote aus ihrer Pension mit zwei Telegrammen aus New York – eines von Don Stewart, das zweite von Harold Loeb. Horace Liveright wollte *In Our Time* veröffentlichen. Als Ernest in die Pension zurückkam, fand er dort ein Telegramm von Liveright selbst, das einige der Einzelheiten enthielt. Der Verleger war der Ansicht, daß die Geschichten großartig seien, außer »Oben in Michigan«, das seinem Gefühl nach sexuell zu offenherzig für den amerikanischen Geschmack war. Die Geschichten würden im Oktober veröffentlicht werden.

Diesem wichtigen Durchbruch für Ernest folgte ein Vorfall, der letztendlich für seine Karriere noch bedeutsamer war. Auf Empfehlung F. Scott Fitzgeralds, der bereits ein wohlangesehener Autor war, schrieb Maxwell Perkins, sein Redakteur bei Scribners, an Ernest, um sich nach dessen Arbeit zu erkundigen. Ernest antwortete, daß er einen Vertrag mit Liveright unterschrieben habe, ließ aber die Möglichkeit offen, daß er eines Tages Perkins etwas zu zeigen haben werde.

Obwohl Ernest und F. Scott Fitzgerald jeweils die Arbeit des anderen kannten, hatten sie sich zu diesem Zeitpunkt noch nicht getroffen. Ihre erste Begegnung sollte im späten Frühjahr in einer Bar stattfinden. Bald lernten sich Hadley und Zelda Fitzgerald ebenfalls kennen. Hadley bewunderte Zeldas Schönheit und Stil, wußte aber sofort, daß sie außer den literarischen Ehemännern, die sich miteinander angefreundet hatten, nichts miteinander gemein hatten. Sie spürte, daß Zelda auf Scotts Arbeit so eifersüchtig war wie er auf Zelda, und bemerkte die ständige Spannung zwischen beiden. Hadley begriff auch, wieso es zwischen Ernest und Zelda eine unterschwellige Feindschaft geben könnte. »Er war ein zu selbstsicherer Mann für sie. Vielleicht spürte sie das und mochte es nicht... Er war die Art von Mann, zu dem sich Männer, Frauen, Kinder und Hunde hingezogen fühlten. Es war etwas dran.«

Was Zelda ärgerte, war die sichtliche Heldenverehrung, die ihr Mann Hemingway angedeihen ließ. Bei einer Gelegenheit sagte sie Scott, daß Ernest ein Blender sei und er sich nicht solche Mühe geben sollte, ihm zu helfen. Ernest mit seiner Gabe, die Schwächen der anderen aufzugreifen, war der Meinung, Zelda sei emotionell unstabil und schuld an Scotts quälenden Selbstzweifeln. (Einige Jahre später, als Scribners einen dünnen Band mit Zeldas Prosa veröffentlichten, bezeichnete Ernest das Buch als »unlesbar« und warnte Maxwell Perkins, daß er »ihn verdammt nochmal niederschießen würde«, falls er je ein Buch von einer seiner, Ernests, Ehefrauen veröffentlichen würde.

Trotz des kühlen Verhältnisses zwischen Zelda und Ernest wurden die Fitzgeralds zu einem Teil des wachsenden Freundeskreises der Hemingways. Bill Smith, der sich jetzt wieder mit Ernest versöhnt hatte, kam an, um den Frühling und Sommer mit ihnen zu verbringen und lernte die meisten von ihnen kennen. Nach dem Abendessen schlenderten sie hinunter ins

140

Select oder in die Closerie, wo sie doppelte Drinks bestellten und plauderten. Nachmittags gab es Tennisspiele mit Harold Loeb oder lange Ausflüge mit dem Fahrrad in den Bois de Boulogne mit Archibald MacLeish. Zwei Neuankömmlinge hatten sich kürzlich der Gruppe angeschlossen, Schwestern aus dem Mittelwesten, an die sich Bill Smith erinnerte. Sie hießen Pauline und Virginia Pfeiffer; Pauline, die ältere von ihnen, arbeitete in der Pariser Filiale der Zeitschrift *Vogue*. Sie hatten ein paar von Harold Loebs Partys besucht und darum gebeten, die Hemingways kennenzulernen. Bei ihrem ersten Zusammentreffen schenkte Ernest Jinny mehr Aufmerksamkeit als Pauline und berichtete ihr begeistert von seinem Winterurlaub in Schruns. Später allerdings, als die Schwestern die Wohnung der Hemingways besuchten, war Pauline von Ernests Anblick schockiert, der unrasiert und schlampig auf dem zerwühlten Bett lag und las. Sie war keineswegs beeindruckt. Im Lauf der Zeit jedoch begann sie, ihn in einem anderen Licht zu sehen – wie er, groß und gutaussehend, über die Boulevards schlenderte oder ruhig in der Closerie des Lilas arbeitete und herrliche Witze machte. Sie sann auf Wege, sein Interesse zu wecken, wobei sie sich allerdings reichlich ungeschickt anstellte, so etwa, als Bill Smith sie sagen hörte: »Ich habe erst gestern mit jemandem über dich gesprochen«, worauf Hemingway nach dem Köder schnappte und antwortete »Oh? Und was hat er gesagt?«

Bill kam es so vor, als ob Ernest Paulines Bewunderung nicht mehr als ein leichtes Interesse entgegenbrachte. Seine Aufmerksamkeit schien wirklich anderswo konzentriert zu sein. Während des Winters und des Frühjahrs hatte er sich angewöhnt, Lady Duff Twysden, eine adelige Engländerin, und einen jungen Schotten, mit dem sie zusammenlebte, während sie auf ihr rechtskräftiges Scheidungsurteil wartete, zu Drinks einzuladen. Duff, am 22. Mai 1892 als Dorothy Smurthwaite geboren, war die Tochter eines einfachen Mannes, der eine Weinhandlung in Yorkshire hatte, während ihre Mutter, eine elegante Frau, nach sozialem Aufstieg strebte. Duff nahm nach der Scheidung ihrer Eltern den Mädchennamen ihrer Mutter an, die Stirling hieß.

Man hatte Duff zur Vorbereitung auf eine gute Heirat eine Erziehung in Paris angedeihen lassen, wo sie fließend Französisch lernte. Sie war auch recht gut im Feder- und Tuschezeichnen. Die Sommer verbrachte sie im Haus ihrer Großmutter Stirling in Schottland, einem soliden Steinhaus mit livrierten Dienstboten. Duff, in ihren Erzählungen aus ihrer Kindheit äußerst phantasievoll, beschrieb eine Umgebung aus Nebel und Heidekraut, Pferden und vornehmen Teegesellschaften in der Nachbarschaft. Sie ließ Andeutungen über verwandtschaftliche Bande zum niedrigen schottischen Adel fallen, und es stimmte, daß ihre Mutter es hatte arrangieren können, daß Duff am Buckingham Palace vorgestellt wurde. Fotos aus dieser Zeit zeigen sie groß und steif, mit einer hohen Stirn, einer schmalen Römernase und einem kleinen erlesenen Kopf auf einem zarten Hals. Jene Selbstbeherrschung, das undefinierbare Flair ihrer Lebensart und der natürliche Stil, die charakteristisch für sie wurden, zeichneten sich schon ab.

Während ihrer ersten Ehe mit Luttrell Byrom während des Ersten Weltkriegs führte Duff freiwillige Missionen für den britischen Secret Service aus und flirtete mit Marineoffizieren, die bedeutend jünger waren als ihr Mann. Einer dieser Offiziere war Sir Roger Thomas Twysden, zehnter Baronet und Fregattenkapitän der Königlichen Kriegsmarine, den sie auf einem Ball in Exeter kennenlernte. Sir Roger war sofort von Duff fasziniert, und die Tatsache, daß sie bereits verheiratet war, gab dem Werben eine provokante Note. Die Familie Twysden beobachtete mit wachsender Besorgnis, wie Sir Robert andere Frauen zugunsten von Duff fallenließ. Für sie war sie nicht mehr als eine Abenteurerin, die Ränke spann, um Rogers Titel und Geld zu bekommen, und Rogers Mutter tat alles, was in ihrer Macht stand, um diese Verbindung zu trennen. Allein Rogers Schwester gab widerwillig zu, daß Duff sehr wohl die Phantasie eines Mannes erregen konnte.

Als Duff von ihrem Mann geschieden war (mit der einzig möglichen Begründung des Ehebruchs), verließ sie klammheimlich mit Sir Roger London, und beide wurden am 25. Januar 1917 in Edinburgh getraut. Dreizehn Monate später gebar

Duff einen Sohn. Die Twysdens verachteten sie noch immer und sahen in ihr eine habgierige Frau, die ständig ihre Liebhaber wechselte, sich nicht um ihr Kind kümmerte und ihren jungen Gatten mit ihrem Trinken korrumpierte. Die Geschichte, die Duff später erzählte, war ganz anders. Nach ihrer Version war Roger ein widerwärtiger Säufer, der sie ständig quälte. Ob er wirklich ein Schwert in seinem Bett hatte oder ihr befahl, auf dem Boden zu schlafen, wie sie Ernest erzählen sollte, war nie mit Sicherheit festzustellen. Aber die Ehe war stürmisch. Sie nahm das Kind oft nach Paris oder in das Haus ihrer Großmutter in Schottland mit, um von Roger wegzukommen. Während dieser Zeit tröstete sie ihr junger Vetter Pat Guthrie, zu dem sie sich zunehmend hingezogen fühlte.

Pat, ein Alkoholiker, der bereits einige Entwöhnungskuren hinter sich hatte, verfügte nie über Geld und hinterließ überall, wo er sich blicken ließ, eine Menge böser Schulden. Aber Duff verliebte sich trotzdem in ihn. Er sah gut aus, war liebenswürdig und voller Späße, wenn er nüchtern war. Auch die Tatsache, daß er ein Renegat war, mag sie angezogen haben. Nach angemessener Zeit verließ sie Roger, um mit Pat nach Paris zu gehen, ließ ihr einziges Kind in der Obhut seiner beiden Großmütter zurück und überließ es ihrem adeligen Mann, die Scheidung einzureichen, wobei sie Guthrie als Adresse angab.

Es war am Montparnasse, wo die Legende von Lady Duff Twysden begann. Sie trug ihr dunkelbraunes Haar kurzgeschnitten und bevorzugte weite Pullover, die sie über einfachen Blusen mit winzigen Etonkrägen trug, und einfarbige schottische Tweedröcke. Ihre Liebesromanze mit Guthrie erweckte bei jedermann Aufmerksamkeit. Wenn Schecks von der einen oder andern Familie eintrafen, zogen sie ins Ritz und bestellten Champagner und Kaviar. Wenn das Geld ausging, nahmen sie zu einem drittklassigen Hotel Zuflucht. In jedem Fall machten sie die Cafés unsicher. Wenn Pat zu betrunken war, um sie zu begleiten, machte Duff mit seinem engen Kreis englischer homosexueller Freunde die Runde.

Duff trank soviel wie alle um sie herum – es war das, was man allgemein tat – aber niemand sah je, daß sie sich lächerlich gemacht hätte. Ihre Anziehungskraft auf Männer schien weniger von ihrer eigenen Sinnlichkeit auszugehen, als vielmehr von ihrer Fähigkeit, die Phantasien der Männer über sich selbst zu erfüllen. Sie selbst war vielleicht sogar frigide, aber ihr Talent, ihre Partner zu befriedigen, war beachtlich. Obwohl die Hälfte der Männer vom Montparnasse sich einbildete, in sie verliebt zu sein, blieb sie unbeteiligt, flirtete ein wenig mit allen und ließ niemanden etwas über ihre wahren Gefühle wissen. Sie schien, als ihre Scheidung rechtskräftig wurde, bereit zu sein, Pat zu heiraten, und sie machte inklusive eines Entführungsprojekts Pläne, wie sie ihr Kind zurückbekommen könnte, tat aber in Wirklichkeit gar nichts. Diese Gewohnheit, mit dem Strom zu schwimmen, eine beleidigende Behandlung so hinzunehmen, als verdiene sie sie und sich nicht um Geld zu kümmern, es sei denn als Mittel zur Befriedigung ihrer jeweiligen Bedürfnisse, waren die Wesenszüge, die Duff mit den Herumtreibern, die ihre Clique bildeten, teilte.

Ernest, der die Leere des Caféhauslebens verachtete, paßte nicht zu der Art von Duffs Bewunderern. Indessen zogen jene Eigenschaften Duffs, von denen die anderen gefesselt waren, auch ihn an – ihre Unbekümmertheit, ihr Stil, ihr unfehlbarer Charme. Manchmal brachte er sie mit in die Wohnung. Hadley mochte Duff wegen ihres ausgeprägten ungekünstelten Sinns für Humor, ihrer bezaubernden Umgangsformen und vor allem, weil sie lieb zu Bumby war. »Wenn sie lachte«, sagte Hadley, »dann lachte alles an ihr. Gewiß, sie gebrauchte eine Menge derber Ausdrücke, aber es wirkte bei jeder Art von Leuten.« Hadley fand noch etwas an Duff anziehend, die stillschweigende Zusicherung, daß nach den Regeln des Fairplay Ehemänner ausgeschlossen waren, daß sie trotz ihrer Anziehungskraft auf Männer die gesetzlichen Spielregeln respektieren würde. Ernest hätte wahrscheinlich eine derartige Unterscheidung nicht geschätzt. Obwohl er am 23. Mai 1925 an Sherwood Anderson schreiben konnte, daß er und Hadley so vernarrt wie eh und je ineinander seien und wunderbar miteinander auskämen, begann er, die ersten Regungen einer neuen Leidenschaft zu verspüren. Er war nicht frei, um mit Duff

144

etwas anzufangen, aber er ermutigte sie zur Freundschaft und zu vertraulichen Mitteilungen, wobei er den Verdacht hegte, daß es sich bei diesen Mitteilungen keineswegs um sorgsam gehütete Geheimnisse, sondern um harmlose Lügen handelte.

Harold Loeb indessen, monatelang Duffs stiller Bewunderer, hatte die Freiheit, sich mit ihr einzulassen. Schon im Verlauf der vergangenen Monate hatte er Kitty Cannell gesagt, daß ihn eine Art von Ruhelosigkeit überkommen habe und ihre alten Beziehungen vorbei seien. Kitty war überrascht und verletzt und wußte nicht, was denn nun eigentlich schief gelaufen war. Aber sie machte ihm klar, daß sie nichts von ihm wolle. Er könne die Freiheit haben, nach der er sich sehne. Es war an einem stillen Nachmittag im Select gewesen und Harold hatte an seinem Roman gearbeitet, als er Duff zum erstenmal bemerkt hatte.

»Ich hörte ein Lachen, so fröhlich und melodisch, daß es den schäbigen Raum aufzuhellen schien... Sie war nicht überwältigend schön, aber ihre Züge hatten einen besonderen Reiz für mich... die ausdrucksvollen Augen und der frische Teint... (die) Anmut, die in der Art lag, wie sie sich gab... Sie bewegte sich in einem Haufen verlorener Seelen, ohne eine gewisse ferne Größe zu verlieren.«

Da sie beide der gleichen kleinen Welt angehörten, erhaschte er Blicke von ihr bei Cocktailpartys und in Bars. Aber die Gelegenheit, mit ihr zu sprechen, bot sich ihm erst Monate später, wieder im Select.

Diesmal verabredeten sie sich für den nächsten Nachmittag in einem Café, wo niemand sie kannte. Nach diesem Treffen nahm Duff Loeb in die Wohnung eines Freundes mit, wo sie sich liebten. Er lud sie ein, mit ihm wegzufahren, und schon am nächsten Tag bestiegen sie ein Schlafwagenabteil nach Spanien. Harold, voll der romantischen Illusionen über ihre schwierige Vergangenheit, behandelte Duff mit einem Zartgefühl, das an Ehrfurcht grenzte. Für sie waren seine Aufrichtigkeit, seine gutaussehende Robustheit und seine solide Erziehung eine willkommene Abwechslung von den müden britischen Aristokraten. Sie reagierte großherzig, trank, um seiner Mäßigkeit zu entsprechen, sehr viel weniger und wahrte immer das Geheimnis, das ihn so bezauberte.

»Es war eine Traurigkeit in ihrem Lächeln«, schrieb Loeb später in seinen Erinnerungen an die Affäre. »»Ich glaube... du siehst mich als eine Frau, die ich nicht bin‹, sagte sie. ›Ich könnte dich schrecklich enttäuschen.‹« Nachdem sie ein paar Tage lang über den Strand gewandert waren, im Meer gebadet und im Casino getanzt und gespielt hatten, fuhren sie zu einem abgeschiedenen Berggasthof in der Nähe von Ascain. Loeb ging in einer Art Trance umher, völlig von ihr bezaubert. Duff schien entspannt und glücklich zu sein. Sie zeigte Harold eine Mappe mit ihren Zeichnungen. Er war von ihrem Talent beeindruckt und ermutigte sie, mehr zu arbeiten, aber sie lachte nur. Arbeit paßte nicht zu ihr. »Ich habe nichts gegen Arbeit... für diejenigen, die sie eben mögen«, gestand sie. Sie sprachen über Ernest Hemingway, und Harold fragte sich, ob an dieser Freundschaft mehr dran sei, als sie zugab. Duff war ausweichend, bezeichnete Ernest als guten Kumpel und stritt nicht ab, einmal gesagt zu haben, daß sie ihn möge, Hadley zuliebe aber nie mit ihm durchbrennen würde. Schonend erinnerte sie Harold daran, daß Pat Guthrie in Paris auf sie warte und sie sich fertigmachen müsse, um den Nachtzug nach Paris zu nehmen. »Der Gedanke daran, sie zu verlieren, durchbohrte mich wie ein Messerstich«, schrieb er später.

Harold fuhr allein nach St. Jean de Luz weiter, und ein paar Tage später schrieb ihm Duff, daß sie ihn schrecklich vermisse und ohne ihn unglücklich und daß ihr Intermezzo ein wunderbarer kleiner Traum gewesen sei. »Jetzt noch eine Neuigkeit, von der ich nicht weiß, ob sie gut für Dich ist«, fügte sie hinzu. »Ich komme mit auf den Ausflug nach Pamplona mit Hem und Deiner Clique. Kannst Du das ertragen? Mit Pat natürlich. Wenn es Dir unmöglich erscheint, laß es mich wissen und ich werde versuchen, da rauszukommen. Aber ich würde schrecklich gern kommen und habe das Gefühl, daß allein die Möglichkeit, Dich zu sehen und mit Dir zu sprechen, besser als nichts sein wird.«

Harold stimmte dem zu und tröstete sich mit der Tatsache, daß sie noch immer ihm gegenüber solche Zärtlichkeit ausdrücken konnte. Er schien die Tatsache philosophisch zu nehmen, daß Guthrie sie begleiten würde. Es war Ernest, nicht Pat, der Harold Sorgen machte, denn es war Ernests Freundschaft, auf die er Wert legte, und es war Ernests Zorn, der so verheerend sein konnte. Aber ein Brief Hemingways vom 21. Juni enthielt keinerlei Hinweise, daß sich etwa Schwierigkeiten zusammenbrauen könnten. »Pat und Duff kommen auch«, schrieb Ernest. »Pat hat in Schottland um Angelruten und Duff in England um Geld gebeten. Soviel ich weiß, bringt Duff keine Elfen und Feen mit. Du könntest ein paar lokale Feen arrangieren, die sie mit Gänseblümchenkränzen vom Zug abholen, damit der Übergang vom Quartier Latin nicht zu plötzlich ist.«

Zu dieser Zeit glaubte nicht einmal mehr Hadley, daß Ernests Interesse an Duff völlig unschuldig sei, obwohl sie ruhig mit den Vorbereitungen für den Sommerurlaub fortfuhr und seine eifersüchtigen, finsteren Blicke ignorierte, wenn irgendjemand die Rede auf Harolds neue Verliebtheit brachte. Sie war den Winter über immer schon früh aus den Cafés fort und nach Hause gegangen, weil sie sich, wenn Ernest mit Pat und Duff beschäftigt war, wie ein Eindringling vorkam. Seit kurzem aber versuchte sie, beim Trinken mit ihm mitzuhalten und sich klar zu machen, daß Schmollen und Eingeschnapptsein nichts brachte. Ernest schrieb Harold, daß er und Hadley sehr eng zusammenseien und eine tolle Zeit miteinander hätten. Auf dem Weg zu der Feria würden sie in Burguete haltmachen, um eine Woche lang mit Don Stewart und Bill Smith Forellen zu angeln, dort wollten sie auch Harold treffen. Ernest kümmerte sich um alle organisatorischen Belange, kaufte die Bahnkarten, ließ die Hotelzimmer in Pamplona reservieren und unterrichtete Bill, der noch nie einen Stierkampf gesehen hatte, speziell über die Feinheiten dieses Spektakels.

In St. Jean de Luz hatte Harold von Duff einen zweiten Brief bekommen, drei Tage nach dem ersten. Diesmal waren ihre Äußerungen viel weniger verschleiert. »Es wird eine große

Freude sein, Dich wiederzusehen«, schrieb sie, »obwohl ich damit rechne, daß ich etwas zu tun haben werde, um mit der Situation fertigzuwerden. Hem hat versprochen, brav zu sein, und wir sollten wirklich eine wunderbare Zeit miteinander haben.« Was meinte sie mit – Ernest habe versprochen, brav zu sein? Jetzt war Harold besorgt. Er mußte mehr darüber wissen. Impulsiv kabelte er an Hemingway, daß er ihn nicht zum Angeln in Burguete treffen, sondern stattdessen in St. Jean auf Pat und Duff warten würde, die bereits unterwegs waren. Es war eine merkwürdige Situation, die er heraufbeschworen hatte, und er war sich nicht einmal selbst darüber im klaren, warum er es getan hatte.

Harold holte beide vom Zug ab und fand sich so gut es ging mit Pats mürrischer Art ab, weil schließlich der Schotte guten Grund hatte, ihm zu grollen. Bei einem Martini in der Hotelbar, Pat hatte den Raum verlassen, erklärte ihm Duff, daß die Dinge, was Harold betreffe, sich geändert hätten. »Pat hat den Bann gebrochen«, sagte sie. »Er hat hart daran gearbeitet.« Das war ihre Art, Harold zu schonen. Harold fühlte sich, als er das Auto für die Fahrt nach Pamplona mietete, mehr und mehr als Außenseiter. Duffs Verhalten ihren zwei Liebhabern gegenüber schien klar genug zu sein. Sie liebte Pat und war an ihn gebunden, wie trübe die Aussichten auf eine Heirat mit ihm auch für sie waren. Sie war nicht länger an Harold interessiert, obwohl die zweiwöchige Idylle willkommener Balsam für ihre verwundete Seele gewesen war.

Aber was war mit Ernest? Die meisten seiner Freunde glaubten, daß er in sie vernarrt sei. Es gab ihm, als sie sich an ihn um Hilfe wandte und ihn in ihre Sphäre zog, Auftrieb. Und mehr noch reizte es ihn, als sie ihm ernsthaft erklärte, daß seine sexuelle Anziehungskraft ihre Selbstbeherrschung auf die Probe stelle. Ob er sie allerdings wirklich in nennenswerte Erregung versetzte, ist ungewiß. Kitty Cannell war der Ansicht, daß Duff nicht mit ihm schlafen wollte und ihre Loyalität Hadley gegenüber als Ausrede benutzte, um nicht mit ihm ins Bett zu gehen. Duff mag das bestätigt haben, als sie später Clinton King, ihrem dritten Mann, erzählte, daß Ernest sie sexuell nicht interessiert habe, obwohl diese Äußerung auch als der Ausspruch einer Ehefrau gewertet werden kann, die den Stolz ihres Mannes nicht verletzen wollte.

»Das Thema Hem und Duff ist ziemlich verzwickt«, stellte Donald Stewart auf die verschiedentliche Befragung einiger Autoren, die sich ein Bild machen wollten, fest.

»Ich war zu der Zeit (von Pamplona) ein so naiver Romantiker, daß ich die Möglichkeit, daß Ernie und Hadley nicht glücklich verheiratet sein könnten, vor mir erst gar nicht zulassen durfte. Ich spürte, daß irgendetwas zwischen Hem und Duff war; er war wütend, daß sie eine Woche in St. Jean mit Harold Loeb verbracht hatte. Aber ob sie sich in Hem verknallt hatte... Ich war nicht sicher, und ich wollte auch nicht sicher sein... Alles war irgendwie verändert und, für mich, verdorben worden. Ich wollte Hem und Hadley so, wie sie gewesen waren.«

Duffs Gegenwart verwandelte das Fest des Männerbundes in Pamplona zu einer Brutstätte nervöser sexueller Eifersucht. Pat Guthrie, der sich als einziger in einer unzweideutigen Lage befand, war verdrießlich in der Gegenwart seiner Rivalen Loeb und Hemingway. Harold war niedergeschlagen, hing aber mit den anderen herum. Ernest vermittelte allen den unangenehmen Eindruck, nach Duff zu gieren, ohne aber sein Verlangen stillen zu können oder zu wollen. Hadley bewahrte angesichts der widrigen Umstände ihre fröhliche Gelassenheit. Wenn Ernest sich allzu nachdrücklich mit Duff beschäftigte, ging sie unter dem Vorwand, sie sei müde oder hätte Kopfschmerzen auf ihr Zimmer.

Duff schien sich über ihre Prioritäten, auch wenn sonst niemand sie zu verstehen schien, im klaren zu sein. Sie teilte ihr Schlafzimmer im dritten Stock des Hotels Quintana mit Pat. Sie und Ernest trugen die gleichen Baskenmützen und führten im Flüsterton lange Gespräche, wobei Duff mehr zuhörte als daß sie sprach. Für den Fall, daß Harold sich noch irgendwelche Illusionen machen sollte, ging sie in sein Zimmer hinunter, um ihm zu sagen, daß es mit ihrer Leidenschaft für ihn vorbei sei. Zu dieser Zeit hatte Harold durch Bill Smith erfahren, daß

Ernest alles über Duffs mit ihm in St. Jean verbrachten Urlaub wußte und daß seine Reaktion eine Kette von Flüchen gewesen war. »Du meinst, er ist in Duff verliebt?« fragte Harold. »Das habe ich nicht gesagt«, antwortete Bill. Harold fühlte sich mies. Natürlich war Ernest in sie verliebt. Jeder war es. Sollte Ernest denken, daß Harold mit ihr weggefahren war, obwohl er wußte, daß auch er, Ernest, sie wollte, dann war es mit ihrer Freundschaft vorbei.

Als Harold jede Hoffnung aufgegeben hatte, noch einmal Duffs Interesse erwecken zu können, schlug sie ihm vor, nach dem Essen einen ruhigen Drink mit ihr zu nehmen. Ein wesentlicher Bestandteil von Duffs Persönlichkeit war ihr Bedürfnis, Konkurrenz um ihre Gunst zu entfachen. Sie verbrachten miteinander eine angenehme Stunde, aber dann zog Duff alleine los, um zum Mittelpunkt eines die ganze Nacht dauernden Festes in einem Privatklub zu werden. Am nächsten Tag erschien sie zum Mittagessen mit abgeschürfter Stirn und einem blauen Auge. Vermutlich war es bei dem Fest rauh zugegangen oder aber Pat hatte sie verprügelt, weil er dachte, sie sei bei Harold gewesen.

»Als ich sie fragte«, erinnerte sich Harold, »unterbrach Hem das Gespräch und sagte, sie wäre gegen das Geländer gefallen. Ich kochte vor Wut, aber mir fiel keine passende Antwort ein. Pat war sauer und ekelhaft. Hadley hatte ihr Lächeln verloren. Don versuchte einen Scherz zu machen, der lahm endete. Bill blickte grimmig drein.« Beim Stierkampf am Nachmittag saßen Duff und Pat bei Ernest und Hadley. Ein neuer Matador aus Ronda, der neunzehn Jahre alte Cayetano Ordoñez, hatte die Menge hypnotisiert. Ernest erklärte Duff alles Schritt für Schritt, so wie er es in den vergangenen Jahren für Hadley getan hatte.

Es hatte den ganzen Tag über genieselt, aber bei Einbruch der Nacht schien der Mond hell auf den Platz herab. An einem Tisch im Freien, wo die Gruppe Brandy schlürfte und zusah, wie sich die Menschenschlangen für den morgendlichen Kartenverkauf bildeten, begann Ernest, Harold wegen seines Widerwillens der Brutalität des nachmittäglichen Spektakels gegenüber zu reizen. Pat stimmte mit ein. Harold machte eine Bemerkung, die wenig schmeichelhaft für Guthrie war. Ernest kam Pat zu Hilfe. »Laß du Pat in Ruhe«, sagte er grimmig. »Du hast schon genug getan, um diese Party zu verderben.« Harold packte die Tischkante. Es spielte keine Rolle, daß Guthrie ihn haßte. Er mochte ihn auch nicht. Aber er war von Ernests Feindseligkeit schockiert.

»Warum verschwindest du nicht?« schrie Pat. »Ich will dich nicht da haben. Hem will dich nicht da haben. Niemand will dich...«
Harold blickte Duff direkt an. »Ich gehe... in dem Moment, wo Duff es will.«
Duff, die in ein ruhiges Gespräch mit Hadley verwickelt war, blickte auf und schüttelte langsam den Kopf. »Du weißt... daß ich *nicht* will, daß du gehst.«
»Du widerlicher Scheißkerl«, sagte Ernest. »Sich hinter einer Frau zu verstecken.«

Hadley erschauerte. Bill Smith, der eine Zuneigung zu Harold gefaßt hatte, war entsetzt. Aber Harold kannte nur eine Art, die Angelegenheit zu bereinigen. Er forderte Ernest auf, den Tisch zu verlassen. Ernest kam dem schweigend nach, und die beiden Männer gingen ans Ende der Straße, vorbei an dem letzten beleuchteten Geschäft. Harold war in höchsten Ängsten. Ernest war vierzig Pfund schwerer als er, und Harold war traurig über das, was aus einer guten Freundschaft geworden war. Plötzlich zeigte sich auf Ernests Gesicht ein breites Lächeln und er bot Loeb an, ihm die Brille zu halten. Das löste die Spannung, und Harold wußte, daß das Schlimmste vorbei war. Sie gingen schweigend zu den anderen zurück. Am nächsten Morgen fand Harold einen Zettel mit einer Entschuldigung von Ernest in seiner Hotelpost. Er war erleichtert, wußte aber, daß es nie wieder so wie früher sein würde.

Bevor sie ihre Hotelrechnung bezahlte, nahm Duff Donald Stewart beiseite, um sich etwas Geld zu borgen. Sie und Pat waren von Paris hergekommen, ohne genug Geld für den ganzen Urlaub zu haben. Ernest konnte nicht helfen – sein Budget war ohnehin knapp bemessen, und er hatte sich auch schon von Stewart Geld geliehen. Ohne den Grund zu benennen, hatte Duff offensichtlich beschlossen, nicht Loeb um die Begleichung ihrer Schulden zu bitten. Stewart, der Duff mochte und sie sehr amüsant und »wirklich sehr ulkig« fand, rettete sie. In der Rückschau kam er sich jedoch ausgenutzt vor – nicht von Ernest, der jeden Cent zurückzahlte, aber von Pat Guthrie, dessen Verantwortungslosigkeit wohlbekannt war.

Der Abschied war übertrieben herzlich, und dann trennte man sich. Hadley und Ernest fuhren nach Madrid, Stewart an die Riviera. Harold brachte Bill Smith, Duff und Pat in einem Mietwagen nach St. Jean. In jener Nacht im Casino begann Duff wieder mit Harold zu flirten, der an der Bar neben ihr saß. Sie schenkte ihm ein vielversprechendes Lächeln, aber beide wußten, daß es nichts bedeutete.

Sowie Hadley und Ernest – am 14. Juli 1925 – in Madrid angekommen waren, begann er über die Ereignisse in Pamplona zu schreiben. Er hatte beschlossen, den jungen Matador Cayetano Ordoñez zum Helden eines Romans zu machen. Sein erfundener Name würde Pedro Romero sein, und die Handlung würde sich während der Fiesta von San Fermin in Pamplona abspielen. Aber Ernest war, als die Hemingways zur großen jährlichen Feria am 24. Juli nach Valencia weiterfuhren, mit seinem Romananfang unzufrieden. Er verlegte den Schauplatz nach Paris und entwarf den Background von Jake Barnes, einem neuen Protagonisten, der als amerikanischer Journalist im Krieg gekämpft hatte und im Jahr 1920 als europäischer Direktor der *Continental Press Association* nach Paris gekommen war. Die Heldin war Brett Ashley, eine adelige Engländerin, deren »Haar wie das eines Jungen glatt zurückgebürstet war... Sie trug einen Pullover zum Übernkopfziehen und einen karierten Rock... Sie sah mir in die Augen in einer Art, daß man sich fragte, ob sie einen wirklich mit ihren leibhaftigen Augen ansah. Sie sahen und sahen, wenn alle anderen Augen in der Welt längst aufgehört haben würden, einen anzusehen... ›Dieser Ashley, von dem sie den Titel hatte... Ninth Baronet... schlief ständig mit einem geladenen Dienstrevolver.‹« Bretts Gefährte in dem Roman ist Mike Campbell, ein ausschweifender Schotte, und ihr unterwürfiger Verehrer ist Robert Cohn, Mittelgewichtsmeister von Princeton, Mitglied einer der reichsten jüdischen Familien von New York, Herausgeber einer Kunstzeitschrift und Verfasser eines veröffentlichten Romans. Barnes, der infolge einer Kriegsverletzung impotent ist, wird von vergeblicher Begierde nach der faszinierenden, vergnügungssüchtigen Lady Ashley verzehrt.

In den frühen Morgenstunden füllte Ernest seine Notizbücher mit Erinnerungen an das letzte Jahr in Paris, einschließlich Loebs Affäre mit Kitty und Bill Smiths Ankunft aus Amerika. Zu Mittag packten Hadley und er die Badesachen ein und fuhren mit dem O-Bus an den Strand. Hadley nahm diese Tageseinteilung dankbar an, erleichtert, daß sie nicht mehr in der angespannten Atmosphäre von Pamplona war. Sie liebte die spanische Küche und die Getränke – fette Garnelen, mit Zitronensaft übergossen, fischgefüllte Pasteten, Paella, kaltes Bier in Krügen – die an langen Buffets in den Pavillons auf dem Sand serviert wurden. Vom Schwimmen erfrischt, gingen sie jeden Nachmittag zu der Plaza de Toros, um Ordoñez zuzusehen, wie er seine Heldentaten vollbrachte. Am Abend vor dem späten spanischen Essen liebten sie sich zum Knallen des Feuerwerks und dem Duft der Blumenmärkte in der Straße darunter.

Anfang August fuhren sie für ein paar Tage nach Madrid, dann weiter nach San Sebastian, um noch mehr im Ozean zu schwimmen, und schließlich nach Hendaye, das schon jenseits der Grenze in Frankreich lag. Die ganze Zeit über ging Ernests Arbeit gut voran, und Hadley paßte sich seiner Stimmung an, die zusehend von Kreativitätsausbrüchen geprägt war – er schrieb bis spät in die Nacht, schlief dann ein paar Stunden, um nach dem Aufwachen mit der Arbeit fortzufahren. Am 12. August, als sie nach Paris vorausfuhr, hatte er zwei Notizbücher mit seiner großen jungenhaften Schrift vollgeschrieben. Als sie Abschnitte daraus las, die er ihr gegeben hatte, überhäufte sie ihn mit Lob. Der Roman war reich an Details, aufregend, verschieden von allem, was er bisher geschrieben hatte, vielleicht seine bisher beste Arbeit. Daß er auf tatsächlichen Ereignissen und wirklichen Menschen basierte, war für sie keine Überraschung. Später allerdings gab sie zu, daß sie sich unbewußt von dem Buch distanzierte, besonders dort, wo es die Intensität von Jakes Gefühlen für Brett Ashley schilderte. Möglicherweise gab es ihr in der Zeit, wo sie darauf wartete, daß Ernest ihr nachkomme, zu denken, daß er nichts von ihr in das Buch aufgenommen hatte, sondern Duff Twysden als Vorbild für seine erste voll entwickelte Heldin verwendete.

9

Am 21. September erklärte Ernest den ersten Entwurf seines Romans für beendet und wählte eine Woche später den Titel *The Sun Also Rises* – zu deutsch »Fiesta«.

Duff war inzwischen in weitere finanzielle Schwierigkeiten geraten, als sie und Pat aus Spanien zurückkehrten. Verzweifelt schrieb sie Ende September an Ernest, eine hingekritzelte Notiz auf der Rückseite der Rechnung einer Bar.

> »Ernest, mein Lieber. Verzeih mir diesen Versuch, aber kannst Du mir vielleicht etwas Geld borgen? Ich bin in einer miserablen Klemme, aber diesmal nur vorübergehend, und kann Dir das Geld *sicher* zurückzahlen. Ich möchte 3000 Francs – aber leih mir um Himmels willen soviel, wie Du kannst. Ich hasse es, Dich darum zu bitten – aber alle meine Freunde scheinen in der gleichen Lage zu sein – total pleite.

Niemand scheint zu wissen, ob Ernest imstande war, Duff zu helfen, aber sie machte keinen weiteren Versuch, ihn zu sehen, sondern verließ sich auf Zufallsbegegnungen, um über seine Aktivitäten auf dem laufenden zu bleiben.

Ob nun Duff ganz natürlich infolge ihres schwindenden Interesses aus Ernests Leben verschwand oder ob er einer unhaltbaren Situation müde wurde, auf jeden Fall war die Freundschaft beider im Herbst 1925 praktisch zu Ende. Ernest war mit anderen Dingen beschäftigt, unter anderem mit der Frage, was er Hadley zu ihrem vierunddreißigsten Geburtstag schenken sollte. Sie hatten ein großes Bild des spanischen Malers Joan Miró mit dem Titel »Der Bauernhof« bewundert. Das Bild war Ernests Freund Evan Shipman, einem Gelegenheitsdichter und Spieler, von Mirós Händler versprochen worden, falls er das Geld aufbringen würde. Als Shipman erfuhr, daß Hemingway es für seine Frau haben wollte, schlug er vor, darum zu würfeln. Ernest gewann und borgte dann (hauptsächlich von Hadley selbst) genügend Geld, die 5000 Francs zu bezahlen. Dos Passos, Shipman und Ernest transportierten das Gemälde in einem langsamen Pariser Taxi zurück auf Nummer 113 und hängten es über der Couch im Wohnzimmer auf.

Hadley schätzte das Einzigartige eines solchen Geschenkes, aber eine andere – und möglicherweise tiefere – Befriedigung bereitete ihr die Veröffentlichung von Ernests erstem amerikanischen Buch und seiner Widmung an sie. *In Our Time* hatte eine Erstauflage von 1300 sowie einen lobenden Kommentar von Sherwood Anderson auf dem Schutzumschlag. Obwohl das Buch nicht viel öffentliches Aufsehen erregte, besprachen es alle einflußreichen New Yorker Tageszeitungen. Die übereinstimmende Meinung gipfelte darin, daß hier eine eigenständige Stimme zu hören sei, die sich mit »gnadenloser Nacktheit« ausdrücke. Dieser Mann namens Hemingway »blickt ohne Vorurteile hinaus in die Welt und zeichnet mit fast erschreckender Direktheit auf, was er sieht«. Ernest gefiel das Lob, aber er nahm Anstoß an der einen abweichenden Stimme. Herschel Brickell, der in der *New York Evening Post* schrieb, beklagte, daß die Geschichten zu dünn wären, um mehr als Skizzen zu sein, obwohl die beste »Mein Alter« sei, die Sherwood Anderson selbst nicht besser hätte schreiben können.

Ernest begann zu kochen. Er hatte genug davon, mit Anderson verglichen zu werden. Er wußte, daß er Andersons Einfluß einiges schuldete, und wollte die Verbindung so rasch wie möglich vergessen machen.

Während des düsteren Novembers setzte er sich hin, um eine Parodie auf Andersons letztes Buch, *Dark Laughter* (Dunkles Lachen), zu schreiben. Hadley beobachtete dieses Unternehmen mit Mißbilligung. Sie erinnerte sich, selbst wenn Ernest es lieber vergaß, daran, daß Sherwood Anderson sich ihrer angenommen hatte, als sie völlig unbekannt in Chikago anfingen, daß er viel getan hatte, um Ernests Karriere zu fördern und daß er ein liebenswürdiger Mann war, der eine solche Behandlung nicht verdiente. Ernest ignorierte ihre Proteste. Er entlehnte den Titel »Die Sturmfluten des Frühlings« von Turgenjew und erfand eine Fabel, in der er Andersons Schwächen aufs Korn nahm – die Raffinessen des Stils, die naive sexuelle Promiskuität seiner Personen, ihre chaotischen Wanderungen und ihre Pseudophilosophie. Innerhalb einer Woche hatte er das Buch beendet und las es zur Vorbereitung auf dessen Vorlage bei Liveright laut vor.

Dos Passos war amüsiert und gab zu, daß Anderson manchmal dumm sein könne, wunderte sich jedoch, daß Ernest sich die Mühe machte, »einen alternden Champion hereinzulegen«. Hadley stimmte mit Dos überein, war darin aber noch bestimmter. Sie hielt die ganze Idee für »abscheulich«. Sie argwöhnte, daß das Buch absichtlich nur den Zweck haben sollte, den Vertrag mit Liveright brechen und zu Scribners überwechseln zu können. Gertrude Stein war wütend, daß Ernest jemanden hintergehen sollte, der so sehr zu ihrem engsten Kreis gehörte.

Allein Pauline Pfeiffer zollte den »Sturmfluten des Frühlings« uneingeschränkte Anerkennung. Sie krümmte sich vor Lachen und bestand darauf, daß es eine brillante Parodie sei. Angesichts dieser Begeisterung fühlte sich Hadley »wie ein durch und durch nasses Leintuch« bei ihrem Versuch, Ernest zurückzuhalten. Paulines Unterstützung hatte eine Wirkung. Ernest beschloß, eine gute literarische Kritikerin in ihr zu sehen und begann, sie mit vermehrtem Interesse wahrzunehmen: volle Lippen in einem gewinnenden, wenn auch nicht im herkömmlichen Sinn hübschen Gesicht, und dunkle braune Augen, die abwechselnd gedankenvoll oder schelmisch unter schweren Brauen hervorblickten. Sie war eine eifrige Leserin, die wußte, was und warum sie etwas mochte, die sehr wohl zwischen Schund und Qualität bei Prosa unterscheiden konnte. Sie war schlank und gut gebaut, nicht so wie Hadley, die das Gewicht, das sie während ihrer Schwangerschaft zugelegt hatte, nicht wieder losgeworden war und so, obwohl sie erst vierunddreißig war, die gesetzte Erscheinung einer Frau vermittelte, die sich ihren mittleren Jahren näherte.

Ernest begann, sich wie der junge Mann zu fühlen, der mit einer älteren Frau verheiratet ist. Obwohl Pauline in Wirklichkeit um vier Jahre älter war als er und eben ihren dreißigsten Geburtstag gefeiert hatte, schien sie jünger zu sein, weil sie, unbeschwert von Verantwortung, über eine jugendliche Begeisterungsfähigkeit verfügte. Ihre offene Bewunderung für ihn war besonders schmeichelhaft angesichts ihrer eigenständigen Denkungsart und ihrer hochentwickelten Intelligenz. Und er mochte ihre Freunde, jenen erlesenen Kreis, den Hadley und Ernest jetzt beide als »die Reichen« bezeichneten – Dos Passos, Scott und Zelda, Archie und Ada MacLeish und jetzt die Murphys, Gerald und Sara, die 1921 die Staaten verlassen hatten, um in Frankreich für sich, ihre Kinder und ihre Freunde eine besondere Lebensform zu schaffen. Pauline war vertraut mit diesen Leuten. Hadley war es nicht. Pauline kannte all die persönlichen Scherze und bunten Klatschgeschichten, die Ernest so faszinierten. Und Pauline hatte das Geld, um sich frei zu bewegen. Ihr Vater hatte an der Getreidebörse von St. Louis ein Vermögen gemacht und war zu der Zeit, als sie nach Paris übersiedelte, einer der reichsten Landbesitzer im Nordosten von Kansas.

Eines Tages im Dezember begegnete Kitty Cannell Pauline, die ein Paar neuer Skier trug. Pauline erklärte ihr, daß sie Weihnachten in Schruns mit den Hemingways verbringen würde. Das Paar würde drei Monate dort sein, und Ernest hatte versprochen, Pauline das Skifahren beizubringen. Kitty war überrascht. Sie hatte nicht gewußt, daß Pauline eine so enge Freundin der Hemingways geworden war, und ganz bestimmt wußte sie nicht, daß Pauline jetzt in Ernest verliebt war. Nur ihre Schwester Jinny war sich über Paulines neue intensive Gefühle im klaren – daß sie Ernest mehr als irgendjemanden sonst wollte, und daß sie glaubte, ihr Leben würde leer und sinnlos sein, wenn sie ihn nicht haben konnte. Sie hatte sogar zu rationalisieren begonnen, daß sie für ihn besser als Hadley sein würde. Sie war anregender, hatte ein Gespür für seine Arbeit und konnte sein Leben erleichtern, soweit es die Finanzen betraf. Als sie nach Schruns aufbrach, wußte sie, daß sie alles nur Erdenkliche tun würde, um seine Frau zu werden. Ernest, der einer unerlaubten Beziehung mit Duff Twysden mit knapper Not entgangen war, schien reif für seinen ersten ernsthaften Ehebruch zu sein.

Paul Pfeiffer, Paulines Vater, hatte nie am Stadtleben gehangen. Eine ziemlich genaue Familiengeschichte erzählt, daß er und seine Frau auf dem Weg von St. Louis nach Kalifornien gewesen seien, als ihr Zug in Greenway, Arkansas, eine Panne hatte. Paul, der seine ersten Erfolge mit einer Kette von Drugstores in kleinen Städten erzielt hatte, ging hinaus, um Luft zu schnappen, und wanderte den Bahnkörper entlang ins nahegelegene Piggott. Er sah sich um und überschlug kurz, wieviel Geld man machen könnte, wenn man auf dem ausgebeuteten abgeholzten Flachland Baumwolle anbaute. Bei den Landpreisen von einem Dollar pro Morgen waren die Möglichkeiten berauschend. Während der nächsten paar Jahre sollte er nicht weniger als 60 000 Morgen erwerben. Seine zweihundertköpfige Mannschaft bereitete das Land für den Anbau von Baumwolle, Roggen, Weizen und schließlich Sojabohnen vor. Pfeiffers Vertreter schwärmten nach Iowa und Illinois aus, um Pächter zu rekrutieren. Schließlich gehörten Paul die Baumwollmühle und die lokale Bank, und er übte einen Einfluß auf das Gebiet aus, der faktisch feudal war.

Das Pfeifferhaus in Piggott war ein ausladendes weißes Fachwerkhaus in einem Eichenwäldchen, umgeben von großen, schattigen Veranden, eingerichtet mit massiven Möbeln im deutschen Stil und voll von Kunstgegenständen aus den Galerien von St. Louis. Es gab fünf Familienschlafzimmer, Dienstbotenquartiere, gutes Brunnenwasser und eine rote Scheune für die mit Gummirädern versehenen leichten Wagen der Familie. Paul Pfeiffer richtete in einem Raum des Hauses eine Kapelle für seine Frau, Mary Downey, ein, die eine fromme Katholikin war. Da er selbst Agnostiker war, überließ er die religiöse Erziehung seiner vier Kinder ihr.

Pauline verbrachte die Kriegsjahre an der Universität von Missouri in Columbia, wo sie Zeitungswissenschaften als Hauptfach studierte und in den Sommer- und Winterferien zu ihrer Familie zurückkehrte. Sie paßte sich Piggotts schleppendem Tempo an, aber die Bewohner des Städtchens waren der Ansicht, daß sie in eine kosmopolitischere Umgebung ziehen würde, sowie sie ihr Studium abgeschlossen habe.

Zur Zeit des Waffenstillstands im November 1918 arbeitete Pauline in der Nachtredaktion des *Cleveland Star* in ihrem ersten Job. Von dort ging sie nach New York zum *Daily Telegraph* und schließlich zur Kunstzeitschrift *Vanity* als Modereporterin und Publizistin. Paul Pfeiffer besserte großzügig ihr Journalistengehalt auf. Ihre Onkel aus St. Louis hatten die Mehrheit der Anteile an der Richard Hudnut Company erworben, was schließlich zur Bildung der Warner Hudnut Company führte, die eine führende Stellung in der pharmazeutischen Industrie einnahm. Pauline war insbesondere der Liebling von Onkel Gus Pfeiffer und seiner Frau Louise, die in New York eine Wohnung unterhielten. Sie hatte einen langen Weg von Piggott zurückgelegt, aber ihre Grundhaltungen hatten sich nicht geändert. Sie meinte es ernst mit ihrer Religion und ihrer Arbeit und hatte sich bezüglich Liebe und Ehe traditionelle Ansichten bewahrt.

Die Pariser Klatschbasen, die behaupteten, Pauline Pfeiffer sei nur ins Ausland gegangen, um einen Mann zu finden, kannten nicht die ganze Geschichte. Das Angebot der Zeitschrift *Vogue*, Mitarbeiterin des Pariser Redakteurs Mainbocher zu werden, galt ihrem erfahrenen Blick für Mode und ihren guten journalistischen Fähigkeiten. Während sie in New York war, hatte sie sich mit ihrem Vetter Matthew Herold verlobt, einem erfolgreichen Anwalt, der der aufsteigende Stern der Familienunternehmen war. Es wäre eine wunderbare Geldheirat im Interesse des Pfeifferclans geworden. Aber Pauline war sich nicht sicher, ob sie Matthew liebte, und ihre intellektuellen Interessen waren verschieden. So gab ihr das Angebot von *Vogue* Gelegenheit, diesen Entschluß aufzuschieben.

Virginia Pfeiffer begleitete Pauline nach Paris. Jinny hatte den schärferen Witz und war weniger zurückhaltend als Pauline, wenn es darum ging, ihre Meinung zu äußern. Mit ihrer stolzen Kopfhaltung war sie eine elegante Erscheinung und spielte die Rolle der Aristokratin, die über der Arbeit steht und überdies nicht zu arbeiten braucht. Ernests Bemerkung, nachdem er die Schwestern kennengelernt hatte – daß er nichts dagegen hätte, mit Jinny auszugehen, wenn sie Paulines gestreiften Eichhörnchenmantel anhätte – amüsierte Jinny. Aber in Wirklichkeit hatte sie wenig Interesse an männlichen Verehrern. Sie hatte bereits eine starke Vorliebe für Freundinnen bekannt, obwohl sie »einer von den Jungs« sein konnte, wenn es darum ging, Bier zu trinken und in den *bal musettes* zu tanzen. Ansonsten scheute sie vor der Bindung an einen anderen Menschen zurück, weil sie nicht gewillt war, das Risiko einzugehen, das zu einer Abhängigkeit führen könnte. Die Art, wie sie an Pauline hing, war irgendwie parasitär, aber die Schwestern waren miteinander vertraut, und Paulines Leben und Freunde – inklusive der Männer – wurden zur Quelle intensivsten Interesses und der Unterhaltung.

In Schruns tat Pauline alles, den Anschein aufrechtzuerhalten, daß sie nur hier sei, um beide Hemingways zu besuchen. Sie bewunderte Bumbys kindlichen Charme und Hadleys Klavierspiel. Sie blieb mit Hadley daheim, wenn Ernest anstrengende Ausflüge ins Hochgebirge unternahm. Aber die abgelegene Lage des Hotels, das Wetter und die Urlaubsumgebung ermöglichten eine viel engere Beziehung als sie Ernest und ihr in Paris möglich gewesen war. Trotz seiner späteren Dementis war er nicht das passive Unschuldslamm, auf den eine ränke-spinnende Pauline Jagd machte. Sie erregte ihn sexuell, und sie waren einander intellektuell ebenbürtig, und das war eine machtvolle Kombination. Hadley war seine gute und ergebene Frau, aber Pauline war das fremde, wunderbare neue Mädchen (wie er sie später beschrieben hat), und er tat nichts, um seine Verliebtheit abkühlen zu lassen. Seine langen Nachmittagsspaziergänge waren für Pauline reserviert. Hadley schloß sich ihnen nur selten an. Pauline erkannte die Zweideutigkeit ihrer Lage und grübelte manchmal darüber nach; aber ebenso wie Ernest zog sie sich nicht zurück.

Sie war am 30. Dezember noch in Schruns, als ein Telegramm von Horace Liveright eintraf. Er lehnte »Die Sturmfluten des Frühlings« ab, die Ernest ihm vor seiner Abreise aus Paris geschickt hatte. Pauline drückte ihre Enttäuschung aus, aber Ernest war weder überrascht noch verärgert. Er verstand, daß Boni and Liveright nicht ein Buch veröffentlichen konnten, das ihren wichtigsten Autor so eklatant parodierte. Seine Abmachung mit dem Verlag besagte klar, daß dessen Option auf seine ersten drei Bücher hinfällig würde, wenn man sein zweites Buch ablehnte. Hadley vermutete, die List, auf diese Weise das Abkommen zu brechen, sei Paulines Idee gewesen, aber Ernest war durchaus selbst imstande, einen solchen Plan auszuhecken. Möglicherweise hatte er »Die Sturmfluten des Frühlings« nicht speziell zu diesem Zweck geschrieben, aber er erkannte rasch die Möglichkeit, die sich ihm dadurch bot, seine Freiheit wiederzuerlangen. Er kabelte Liveright, das Manuskript an Don Stewart im Yale Club weiterzugeben. Don konnte es dann Perkins vorlegen. Andere Verleger begannen sich um ihn zu bemühen, aber er schrieb Fitzgerald, daß er daran denke, bei Scribners zu unterschreiben. Er beschloß, eine kurze Reise nach New York zu unternehmen, um alles persönlich zu regeln.

Pauline, zur Berichterstattung über die neuen Modekollektionen nach Paris zurückgekehrt, schrieb fast täglich nach Schruns, manchmal nur an Hadley, manchmal an beide. Sie machte kein Hehl daraus, wie sehr sie beide vermißte.

»O meiner Seele, ich wünsch ich wär in Schruns. Ich vermisse euch zwei Leute. Wie ich euch zwei Leute vermisse!« Es war eine merkwürdige Wortwahl, aber vielleicht war das ihre Art, die Beziehung zu verbergen und den Eindruck zu erwecken, daß sie eine kameradschaftliche Freundschaft verband. Nachdem sie erfahren hatte, daß Ernests bevorstehende Reise nach New York ihn auch nach Paris bringen würde, drängte sie ihn, ihr eine Kopie des revidierten »Fiesta«-Manuskripts zum Lesen mitzubringen. Was sie in ihrem »ein-Freund-schreibt-an-die-ganze-Familie-Brief« in Worte faßte, enthielt eine gemischte Botschaft. »Ich habe das Gefühl, er sollte gewarnt werden, daß ich an ihm hängen werde wie ein Mühlstein und altes Moos und Efeu.« Dann drängte sie Hadley, den reizenden Bumby allein zu lassen und auch zu kommen. Nachdem sie Hadley als »Schätzenswerte« tituliert hatte, schrieb Pauline, »Ich habe Dich *einfach unanständig* vermißt . . . und ich konnte dem Impuls nicht widerstehen (Dich herzulocken) . . . Denk lieber gut über die ›Du-kommst-nach-Paris-Idee‹ nach. Ich bin keine Frau, die mit sich spaßen läßt, und ich werde mich schlecht benehmen, wenn man mit mir spaßt.«

Wenn Hadley durch diese Übertreibungen verblüfft war, so behielt sie ihre Meinung für sich. Sie hatte begonnen, Pauline als Freundin zu sehen. »Sie war immer ein guter Kamerad zu jener Zeit«, hat sie anerkannt, »und immer nett zu mir.« Während sie sich für einsame Tage ohne Ernest rüstete, half Hadley ihm beim Packen für die Seereise mitten im Winter.

In Paris arbeitete Pauline »wie ein verrücktes Ding«, und schrieb nach Mitternacht ihre Berichte, damit sie am nächsten Morgen vor der Modeschau um 10 Uhr 30 zugestellt werden konnten. Ernest wohnte im Hotel Venetia am Boulevard Montparnasse, ging aber in Paulines Wohnung in der Rue Picot, wann immer ihre Arbeit ihr etwas Zeit ließ. Sie geizten mit den Stunden bis zu seiner Abreise, erwarben ein paar Kunstgegenstände, aßen ruhig in obskuren Bistros und genossen ihr Zusammensein um so mehr, als Ernests Abreise unmittelbar bevorstand. Nachdem er gefahren war, schrieb Pauline am 4. Februar an Hadley: »Dein Mann Ernest war eine große

Freude für mich. Ich bemühte mich, ihn so oft zu sehen, wie er wollte und wie es möglich war.«

Für Hadley, die unruhig in Schruns wartete, war der Februar 1926 eine Zeit böser Vorahnungen. Sie übte die Chaconne von Bach-Busoni, bis ihre Finger schmerzten. Es sollte eine Überraschung für Ernest sein. Aber als die Tage zu Wochen wurden, begann sie daran zu zweifeln, ob er sie je hören würde. Ihre Stimmung war nicht so düster gewesen seit dem Monat im Jahr 1923, als er nach Konstantinopel gefahren war. Sie bemühte sich, ihre Ängste abzuwehren, indem sie bergsteigen und skifahren ging, bis ihre Beine versagten.

Mittlerweile waren Ernests Neuigkeiten aus New York durchwegs gut. Maxwell Perkins hielt »Die Sturmfluten des Frühlings« für ein »großartiges« Buch und bot ihm 1 500 Dollar Vorschuß an für die Satire und das unvollendete »Fiesta«, sowie glatte 15 Prozent Tantiemen. Es gab so viele interessante Leute, mit denen er sich anfreunden wollte, daß Ernest drei Wochen statt einer blieb. Hadley bemühte sich, ihm den Reiz des Aufenthaltes nicht zu mißgönnen, aber sie sehnte sich danach, dabei zu sein, besonders als sie hörte, daß er ihre gute Freundin Isabelle Simmons gesehen hatte, die jetzt mit einem Altphilologen namens Francis Godolphin verheiratet war. Am 1. März schrieb Hadley an Izz, daß sie mit einer furchtbaren Depression kämpfe, die von der Nachricht ausgelöst worden sei, daß Ernests Schiff, die *President Roosevelt*, noch immer mit Verspätung auf hoher See sei. »Ich dachte, daß ich meinen Liebling heute schon hier haben würde«, wütete sie. »Ich hoffe, daß sich keine Stürme zusammenbrauen ... Ich weiß nicht, wie ich die nächsten Tage überleben soll! Denn er wird sicher wegen des Geldes einen Stop in Paris einlegen und auch etwas wegen der Wohnung tun müssen – bitte entschuldige, wenn ich jammere – es ist so ein dunkler Tag, drinnen und draußen.« Die Nachricht von Pauline, daß auch sie Briefe von Ernest bekommen habe und damit rechne, ihn auf der Durchreise in Paris zu sehen, hatte sie nicht aufgeheitert.

Pauline sah Ernest tatsächlich während seines Zwischenaufenthaltes in Paris. Ob sie zu dieser Zeit sexuelle Beziehungen miteinander hatten, ist unklar. Jahre später schrieb er: »Wo wir hingingen und was wir taten und die unglaubliche Verdrehung, die das Glück tötete, die Selbstsucht und Treulosigkeit bei allem, was wir taten, ließen mich so schreckliche Reue empfinden.« Wie überreizt und selbstgeschneidert diese Erinnerung auch sein mag, so ist es doch wahrscheinlich, daß Ernest bis zu einem gewissen Grad an Schuldgefühlen litt. Er war während seiner Ehe kein Schürzenjäger gewesen. Die Episode mit Duff Twysden war eine vorübergehende Angelegenheit gewesen. Jetzt war er zum ersten Mal in ein Gespinst von Untreue verwickelt.

Für Pauline brachte die Affäre Probleme anderer Art. Sie war praktizierende Katholikin, und außerehelicher Sex war eindeutig eine Sünde. Praktischer gedacht drohte die Gefahr einer Schwangerschaft, denn Pauline hatte empfängnisverhütenden Mitteln gegenüber starke Vorbehalte. Aber da Hadley im sicheren Schruns war und Ernest die Freiheit zu kommen und zu gehen hatte, war die Gelegenheit unwiderstehlich, die Beziehung auch sexuell zu genießen. Sie empfing ihn mit glühender Ekstase. Als sie sich schließlich am Gare de l'Est von ihm verabschiedete, wußte sie, daß er ihre Liebe erwiderte und daß sie den Vorwand einer Freundschaft mit Hadley aufrechterhalten mußte, um ihr Geheimnis zu wahren.

Hadley war ihrerseits so erleichtert, ihn wohlbehalten zurück zu haben, daß sie keine unangenehmen Fragen stellte. Sara und Gerald Murphy sowie Dos Passos kamen für eine Woche zum Skilaufen, und ihre Fröhlichkeit war eine willkommene Ablenkung von der schwelenden Angst. »Jeder neckte jeden während dieser Woche in Schruns«, erinnerte sich Dos Passos. »Wir aßen riesige Mengen von Forellen, tranken die Weine und Biere und schliefen wie Murmeltiere unter den großen Federbetten.« Ernest wurde dazu überredet, ein paar Kapitel aus »Fiesta« vorzulesen, das er den ganzen Winter über gelegentlich redigiert und überarbeitet hatte. Die Murphys äußerten sich sehr schmeichelhaft darüber. Ernest und Gerald wetteiferten darum, wer besser Ski fahre, und Ernest überredete alle, den langen, erfrischenden Aufstieg zum Madlenerhaus zu wagen. Angesichts der warmen Sonne bestand Lawinengefahr, aber es gab keine Unfälle. Die Sonne schien heiß, die Nächte waren kalt, und die purpurfarbenen Schatten, die auf den Schneegipfeln länger wurden, waren ein Genuß für Geralds Malerauge.

Pauline sorgte, meilenweit entfernt, dafür, daß niemand sie vergaß. Briefe aus Paris trafen regelmäßig in Schruns ein und waren voller Neuigkeiten über kleine Ereignisse. Sie hatte einen leuchtenden neuen Teppich in ihrer Wohnung und fügte in einer liebevollen häuslichen Bemerkung hinzu, daß er »etwa die Farbe von Bumbys Mütze habe«, eine schöne Farbe für eine Mütze, aber vielleicht ein bißchen zu stark für den ganzen Fußboden eines Raumes.

Als die Hemingways nach Paris zurückkehrten, hatte ein plötzlicher Einbruch milden Wetters die frühen Triebe in Grün verwandelt. Ernest widmete »Fiesta« Hadley und John Hadley Nicanor und ließ das Manuskript von einer professionellen Stenotypistin tippen. Am 24. April schickte er es an Scribners. Nach der langanhaltenden Arbeitsphase war er zu Zerstreuungen bereit – zu Radrennen, Pferderennen, einem Polospiel zwischen St. Cyr und Sandhurst. Etwa zu dieser Zeit wurde Hadley von Pauline und Jinny zu einer Fahrt durchs Loiretal eingeladen. Sie nahm freudig an, weil sie die Loireschlösser nie gesehen hatte. »Wir hatten zuerst viel Spaß«, erinnerte sie sich, »machten an schönen Plätzen Halt, aßen vorzüglich, und die alten Schlösser waren natürlich ein Genuß. Dann begann Pauline sehr launenhaft zu werden und schnauzte mich ziemlich oft an, wenn ich Konversation machen wollte.« Es war merkwürdig und unangenehm. Jinny versuchte den Schein zu wahren und erklärte, daß ihre Schwester immer sehr stimmungsabhängig gewesen sei, auch als sie noch ein Kind war. Hadley konnte sich mit einer so lahmen Ausrede nicht zufriedengeben. Sie wußte, daß sie der Frage auf den Grund gehen mußte. »Hat es irgendwie mit Ernest zu tun?« fragte sie Jinny. »Hat sich Pauline in ihn verliebt?« Als Jinny zur Antwort gab, sie glaube, daß die beiden einander sehr gern hätten, konnte es Hadley nicht über sich bringen, noch irgendetwas anderes zu fragen. Sie wußte bereits mehr als genug.

Ernest machte inzwischen Pläne für einen weiteren Sommer in Spanien, aber Hadley konnte sich nicht auf die Vorbereitungen konzentrieren. Es war unmöglich, zu vergessen, was Virginia Pfeiffer ihr gesagt hatte. Den Tränen nahe, platzte sie damit heraus, daß sie Grund zu der Annahme habe, Ernest sei in Pauline verliebt. Er leugnete nichts, aber anstatt Reue zu zeigen oder sie zu trösten, rügte er sie scharf dafür, daß sie »das Ding« an die Öffentlichkeit gebracht habe. »Er wollte mir wohl sagen«, erinnerte sich Hadley, »daß es meine Schuld sei, das Thema forciert zu haben. Jetzt, wo ich den Bann gebrochen hatte, war unsere Liebe nicht länger in Sicherheit.« Für eine Frau, so geradlinig wie Hadley, war das ein niederträchtiger Schlag, der eine unausgesprochene Drohung enthielt. Sie wich sofort zurück, verletzt und verwirrt zwar, aber entschlossen, das zu tun, was er verlangte, nämlich so weiterzumachen wie bisher.

Wie es sich ergab, fuhr Ernest vor Hadley nach Spanien. Man gab vor, daß sie daheimbleiben müsse, um Bumby zu pflegen, der an einem bösen Husten litt, aber irgendeine Art von Trennung war nach ihrem Streit über Pauline unvermeidlich. Während einiger heißer Tage in Madrid vollendete er drei Geschichten: »Heute ist Freitag«, »Zehn Indianer« und »Die Killer«. »Ich war verliebt«, erklärte er Jahre später, »und das Mädchen war in Bologna (Pauline war in Italien), und ich konnte ohnehin nicht schlafen, also warum sollte ich nicht schreiben.« Ein Brief vom 23. Mai an seinen Vater war ein zurechtgestutzter Kommentar über den bizarren Zustand seines Privatlebens. Er sagte nichts von Pauline, sondern schrieb stattdessen, daß er Hadley und Bumby im Frühherbst zu einem Besuch in die Vereinigten Staaten bringen werde und erwähnte dann, daß er vorhabe, den Winter in Piggott, Arkansas, zu verbringen! Sie würden für einige Tage nach Oak Park kommen, dann einen Aufenthalt in St. Louis einlegen, damit Hadley ihre Familie besuchen könne. »Einen Tag mit den Verwandten (in St. Louis), bevor wir uns nach Piggott davonma-

chen... Pauline Pfeiffer, die uns in Österreich besucht hat...
lebt in Piggott... und besorgt uns dort ein Haus.« Er schloß
den Brief mit der Bemerkung, daß er die Messe besucht habe
und am Nachmittag zu einem Stierkampf gehen werde.

Da Ernest in Spanien war, nahm Hadley Sara Murphys
Einladung an, mit Bumby nach Cap d'Antibes zu kommen. Sie
überzeugte sich selbst davon, daß die warme Mittelmeersonne
den kleinen Jungen von seinem Husten kurieren würde, und
freute sich darauf, die magische Villa America zu sehen, die
Gerald und Sara vor allem wegen ihres Gartens gekauft hatten,
einer Überfülle von Pflanzen und Bäumen, die der vorherige
Besitzer, ein weitgereister französischer Armeeoffizier, angelegt hatte. Zelda und Scott wohnten im nahegelegenen Juan-
les-Pins. Ada und Archie MacLeish waren für den Sommer da.
Jeden Morgen versammelten sich die Freunde bei der Garou-
pe, einem winzigen Strand am Fuß des steilen Gartens, den
Gerald sorgfältig von Seetang gesäubert hatte und wo er das
tägliche Ritual des Vormittagssherry mit süßen Keksen zele-
brierte. Bumby tollte mit den Murphykindern auf dem Sand
herum. Hadley überließ sich der Sonne, dem Schwimmen und
den köstlichen Mahlzeiten unter der riesigen Silberlinde. Fast
schien es in dieser Umgebung möglich zu vergessen, daß ihre
Ehe auseinanderging.

Der gemächliche Luxus hob Hadleys Moral, aber leider
wurde Bumbys Husten nicht besser. Sara und Gerald, die um
ihre eigenen Kinder besorgt waren, konsultierten ihren britischen Arzt, der Keuchhusten diagnostizierte und Bumby in
Quarantäne steckte. Scott und Zelda, die beschlossen hatten,
in eine größere Villa namens St. Louis zu ziehen, halfen Hadley aus ihrer schwierigen Situation, indem sie ihr die ursprüng-
liche Villa für die sechs Wochen, die der Mietvertrag noch galt,
anboten. Marie-Cocotte wurde aus Paris herbestellt, um ihr
mit Bumby zu helfen, und Ernest kam aus Madrid. Jeden
Nachmittag zur Cocktailzeit fuhren die Murphys, die MacLei-
shes und die Fitzgeralds mit Speisen und Getränken hinüber
und blieben in ihren Autos sitzen, von den Hemingways auf der
Piazza durch ein Eisengitter getrennt.

Ernest stellte bald fest, daß die Riviera kein Ort zum Arbeiten war. Es gab zu viele angenehme Ablenkungen. Nur gelegentlich deutete ein Anflug von Wildheit auf seinen privaten Konflikt hin. Eines Tages unternahm die ganze Clique einen Tagesausflug an Bord der *Honoria*, der Segeljacht der Murphys (offensichtlich wurde die Quarantäne nicht immer eingehalten). Als alle in Monte Carlo an Land gingen, um dort am Fünf-Uhr-Tanz teilzunehmen und im Casino zu spielen, forderte Ernest Ada MacLeish zum Tanzen auf. Sie nahm seine Aufforderung an. Archie forderte Hadley auf. Sie zögerte. Später kam Ernest an den Tisch zurück und verlangte eine Zusicherung, daß MacLeish Hadley nicht abschätzig behandelt habe. Nein, erklärte Hadley geduldig, alles sei in Ordnung. Sie hätte einfach keine Lust gehabt zu tanzen. Mary Hickok, die Frau von Guy Hickok, die auch zu Besuch kam, erinnerte sich, daß Ernest und Hadley sich oft zu küssen schienen, und außer Sara Murphy, die eine sehr gute Freundin von Pauline war, schien niemand zu vermuten, wie es in Wahrheit stand.

Ernest schrieb täglich Briefe an Pauline, die glücklich darüber war, daß »Die Sturmfluten des Frühlings« bei den Kritikern gut ankamen, aber sich wie im Exil fühlte, weit entfernt vom Zentrum des Geschehens. Was wäre, wenn sie nach Juan-les-Pins käme und die Quarantäne mit ihnen teilte? Sie hatte keine Angst vor Keuchhusten, den sie als Kind gehabt hatte. Ernest ermutigte sie, das zu tun. Was konnte es Besseres geben, um seine Tage aufzuheitern? Sie kam zu der Zeit an, als die Hemingways noch die Villa bewohnten. Als der Mietvertrag abgelaufen war, nahmen Pauline und die Hemingways Zimmer im nahen Hotel de la Pineda. »Hier war es«, erzählte Hadley, »wo man die drei Frühstückstabletts, die drei nassen Badeanzüge auf der Leine und die drei Fahrräder fand. Pauline versuchte, mir den Kopfsprung beizubringen, aber ohne Erfolg. Ernest wollte, daß wir miteinander Bridge spielten, aber ich konnte mich schlecht konzentrieren. Wir verbrachten den ganzen Vormittag am Strand, sonnten uns und badeten und aßen dann in unserem kleinen Garten zu Mittag. Nach der Siesta gab es lange Radtouren den Golfe de Juan entlang.«

Es war eine schäbige Episode, und niemand ging daraus unbefleckt hervor – weder Pauline mit ihrer Mißachtung für Hadleys Lage, noch Ernest, nicht einmal Hadley, die sich nicht zu dieser Erniedrigung hätte hergeben sollen. Aber Pauline hatte sie schon vor Monaten herausgefordert. Und Hadley glaubte, möglicherweise zu Recht, daß Ernest, falls sie Pauline zum Gehen aufforderte, ihr folgen würde. Und Ernest selbst saß in der Klemme Er wollte beide Frauen und war nicht bereit, eine davon aufzugeben.

10

Nichts in Ernests Verhalten schien Hadley auf eine Versöhnung hinzudeuten. »Wir fuhren nach Madrid, Valencia und San Sebastian, die ganze Zeit über tief unglücklich«, sagte sie. Abgesehen von ihrem eigenen Schmerz, hat Hadley immer wieder die Leiden erwähnt, die Ernest während dieser Periode durchmachte. Sie schien von seinem Unglück echt berührt zu sein. Da sie der Mensch war, der ihm am nächsten stand, muß man das ernst nehmen. In Pamplona wirkte auch Pauline einsam und niedergeschlagen, und Hadley empfand auch für sie einen Anflug von Mitleid. Möglicherweise machte ihr die Ungewißheit der Affäre zu schaffen. Als jedoch die Fiestawoche vorbei und die Gegner in ihre jeweiligen Ecken zurückgekehrt waren, mobilisierte Pauline ihre Energien. »Ich werde mir ein Fahrrad besorgen und in den Bois fahren«, schrieb sie am 15. Juli mit einer Tapferkeit, die etwas forciert war. »Ich werde mir auch einen Sattel besorgen. Ich werde mir alles besorgen, was ich will. Bitte schreibe mir. Das gilt für DICH, Hadley.« Hadley schwieg, aber Ernest kabelte an Pauline: »Heute ist noch immer Pfeiffertag in Valencia.«

Auf ihrem Rückweg von Madrid besuchten Ernest und Hadley Sara und Gerald Murphy. Dos Passos sowie Don Stewart mit seiner Braut, die ihre Flitterwochen in der Villa Americana verbrachten, waren da. Alle waren geschockt, als sie erfuhren, daß ihr Lieblingspaar im Begriff war, sich zu trennen. Noch wenige Wochen zuvor hatte Gerald bewundernd von ihnen geschrieben, daß sie »dem, was elementar ist, nahestünden«, mit »Werten, die ihre Basis im Universum haben«. Jetzt versuchte er zu helfen, indem er Ernest die Benützung eines Ateliers anbot, das er in Paris, Rue Froidevaux 69, unterhielt. Ernest nahm das Angebot an, aber es war noch nicht völlig in sein Bewußtsein gedrungen, was das alles bedeutete. Als sie ihre Heimreise fortsetzten, unterhielt sich Hadley mit einer amerikanischen Frau, die ihrer Tochter, deren Liebesaffäre sie beendet hatte, einen Kanarienvogel als Geschenk brachte. Ernest grübelte über all die Bilder der Zerstörung nach, die am Fenster des beleuchteten Salonwagens vorbeizogen – ein brennendes Bauernhaus, dessen gerettete Möbel aufs Geratewohl am Straßenrand aufgetürmt waren, Avignon mit seiner eingestürzten Brücke, die Wrackteile einiger Gepäckwagen kurz vor Paris. Die gesamte Erfahrung wurde später fast vollständig in eine Kurzgeschichte aufgenommen, die Ernest »Für eine einen Kanarienvogel« nannte und deren schmerzlicher letzter Satz lautete: »Wir kehrten nach Paris zurück mit der Absicht, uns zu trennen.«

In Paris verbrachte Ernest den Großteil seiner Zeit in Paulines Wohnung und verwendete Geralds Atelier als bequeme Arbeitsadresse. Hadley nahm ein Zimmer im Hotel Beauvoir gegenüber der Closerie des Lilas. Sie hatte keine Lust, in ihrer leeren Wohnung zu bleiben. Die letzten sechs Monate hatten sie erschöpft, und sie konnte nicht vermeiden, wohlmeinende Freunde zu treffen, die voller Mitleid und Sorge waren. Sie pendelte zwischen Tränen und Zorn und einem Anflug von Unbeteiligtsein hin und her. Don Stewart, der sie eines Abends von einer Party nach Hause brachte, erinnerte sich, daß sie den ganzen Weg zu ihrem Hotel weinte. Es lag jedoch auch eine unleugbare Erleichterung darin, eine Weile allein zu sein, auch wenn sie darüber weinte, daß sie ihren Mann verlor, und ihre Gedanken begannen allmählich wieder klare Gestalt anzunehmen.

Hadley war der Meinung, daß Ernest besonders empfänglich für Paulines Bewunderung sei. Er sei, erklärte sie, insofern schwach, als er positiv reagiere, wenn jemand ihm Liebe entgegenbringe, auch wenn er nicht in diese Person verliebt sei. Ihre Art, seine Verwundbarkeit zu testen, bestand darin, daß sie ihn darum bat, eine bestimmte Zeit von Pauline fernzubleiben. Wesentlich später in ihrem Leben fragte sich Hadley, ob das ein Fehler gewesen sei. Vielleicht hätte sie die beiden ermutigen sollen, miteinander wegzugehen, um die Verliebtheit von selbst abkühlen zu lassen.

Aber sie tat das Gegenteil – sie setzte auf einem Blatt Papier ein Abkommen auf, unterzeichnete es formell und präsentierte es Ernest, wobei sie sich, wie sie rückblickend zugab, wie »der Kaiser Tiberius« fühlte. Wenn Pauline und Ernest sich für hundert Tage voneinander trennten und nach dieser Zeitspanne noch immer ineinander verliebt seien, würde sie einer Scheidung zustimmen.

Pauline sah keine andere Wahl, als sich damit abzufinden. Ernest fragte sich, ob Hadleys Zustimmung das Leid der Trennung wert sei. Vielleicht sollten sie ihr einfach die Stirn bieten und zusammen weggehen und auf ihre Kapitulation warten. Er befürchtete, daß Pauline unter der zu erwartenden Mißbilligung ihrer Mutter nachgeben und gezwungen würde, ihn aufzugeben. Aber Pauline schwor, daß sie ihn nie aufgeben werde. Sie würde sich daheim gut ausruhen, gesund und stark werden und alles würde in Ordnung sein. Wenn ihr ihre Mutter zu sehr zusetzte, würde sie einfach abreisen. Sie glaubte, den Kampf um ihn zu gewinnen. Drei Monate waren keine Ewigkeit; das war bloß ein Vierteljahr. So buchte sie ihre Überfahrt auf dem Red-Star-Linienschiff *Pennland*, das am 24. September nach New York ging. Ernest fuhr mit ihr nach Boulogne, um sie an Bord des Schiffes zu bringen. Ihre letzte Nacht verbrachten sie miteinander im Hotel Meurice, aßen Seezunge und Rebhuhn zum Abendessen und vereinbarten eine Reihe von Codewörtern für ihre Depeschen über den Atlantik, einschließlich des Namens »Pilar« für Pauline. Das würde ihr Briefgeheimnis wahren und gleichzeitig die Kosten für die Telegramme senken.

Pauline mochte keine Seereisen, auch nicht unter den besten Umständen. Ohne Gesellschaft unter 1200 Passagieren zu sein, war schlimmer als sie gedacht hatte. Sie schickte Ernest ein Telegramm noch bevor das Schiff den Hafen verlassen hatte, und ein zweites, als es Southampton verließ, aber in ihrem ersten Brief auf See bot sie einigen Optimismus auf, um sowohl ihre als auch seine Moral zu heben. Sie schrieb:

> »Ich fühle mich sehr geborgen und warm und prima, und ich liebe Dich mehr denn je ... dadurch, daß ich Dir alles schreibe, kann ich Dich sehr nahe bei mir behalten und ganz in meinem Leben, bis ich Dich wiedersehe ... Ich bin bescheuert glücklich, daß ich Dich habe ... Ich sehe mir alle Leute auf diesem Schiff an und frage mich, wie sie ohne Ernest leben können ... So wie sie aussehen, glaube ich, sie kommen gar nicht so gut ohne Ernest zurecht.«

Französischstudien ließen ihr die Zeit schneller vergehen, und es gab an Bord des Schiffes Gespräche über alles, angefangen mit Mussolinis Politik bis zu den brasilianischen Häfen. Ihre Träume von Ernest waren schön, aber das Erwachen war eine Qual, obwohl sie sich beeilte, ihm zu versichern, daß sie sich selbst einen gesunden Gemütszustand eingeredet habe. Sie versuchte sich sogar vorzumachen, daß sie einfach eine junge Ehefrau sei, die ihren Mann in Paris zurückgelassen hatte, um ihre Eltern in ihrem Heimatland zu besuchen. Aber nach zehn Tagen auf See bekam sie eine Erkältung, was ihren Zustand auch nicht verbesserte, und sie begann sich zu fragen, warum sie nach New York fuhr.

Das Schiff legte am Morgen des 4. Oktober, einem Montag, in New York an. Zu ihrem Empfang waren Onkel Gus und ein Lieblingsvetter von ihr gekommen, aber als sie sie im Waldorf verließen, sagte man ihr, daß man ihr Zimmer noch nicht gerichtet habe – zu viele Leute waren zu den Baseballmeisterschaften gekommen. Sie wanderte benommen umher, besorgte sich Arzneien, um ihre Verkühlung zu behandeln, aß allein im riesigen Speisesaal des Hotels, »sehr eingeschüchtert und heimatlos und tot«. Die Panik verging erst, als man ihr den Zimmerschlüssel und einen Brief von Ernest aushändigte.

Wann immer es möglich war, dachte sich Pauline Besorgungen aus, die ihr das Gefühl gaben, enger mit Ernest verbunden zu sein. Sie kaufte ein paar schöne weiße Hemden für ihn und schaute bei Scribners vorbei, um zu erfahren, daß »Fiesta« am 22. Oktober herauskomme. Um sich noch mehr von sinnlosen Sorgen abzulenken, kaufte sie sich einen Schiffsfahrplan und studierte eifrig jene Abreisedaten, die ihre Briefe am schnellsten zu Ernest bringen würden. Bevor sie den Zug nach St. Louis bestieg, erhielt sie ihren dritten dicken Brief von ihm. Vielleicht war es für ihn, der daheimgeblieben war, noch schlimmer als für sie, dachte sie, weil sie ja an einem neuen Ort war.

Pauline hatte recht, wenn sie sich vorstellte, daß es für Ernest schlimmer sein könnte als für sie. Er war 3000 Meilen entfernt, wohnte in einer ungeheizten Mansarde und kämpfte mit seinem Schuldgefühl. »Die vorsätzliche Trennung, wenn man nur einander hat, tut einem nicht gut«, schrieb er an Pauline, »und in letzter Zeit hat sie mich im Inneren direkt in die Hölle befördert.« Ein Teil des Leidens war Pose, in die er leicht verfiel, aber Archie MacLeish bestätigte, daß Ernest große Angst davor hatte, allein zu sein, besonders nachts. »Daran war nichts geschwindelt«, sagte MacLeish. »Es war real und ergreifend. Er war verrückt nach Pauline, aber er betrachtete sich selbst als Hurensohn, weil er Hadley verließ.«

Ernest brachte es jedoch immer noch fertig zu arbeiten. Er schrieb »Für eine einen Kanarienvogel« und »In einem anderen Land«, wobei die zweite Geschichte auf einem Vorfall im Ospedale Maggiore aus dem Jahr 1918 basierte. Edward O'Brien wollte »Der Unbesiegte« in *The Best Short Stories of 1926* drucken, das ins Deutsche und Französische übersetzt worden war, und *Scribner's Magazine* zahlte 200 Dollar für »Die Killer«. Ernest sah Bumby so oft er wollte und klagte weiterhin darüber, wie sehr es ihn schmerzte, von Pauline getrennt zu sein.

Hadley hörte geduldig zu, war aber bis jetzt nicht geneigt, ihn von dem Abkommen zu entbinden.

»Ich bin daheim (in Piggott) seit gestern 4 Uhr 30 am Morgen«, schrieb Pauline am 14. Oktober an Ernest.

> »Mutter empfing mich. Papa war in Memphis und versuchte, den Baumwollpreis in die Höhe zu treiben. Ich habe Mutter von mir erzählt, und sie fühlte sich schrecklich. Sie ist schrecklich... unweltlich und schrecklich gut... Das erste, was sie gesagt hat, war: ›Und wie fühlt sie sich?‹... Wir haben darüber gesprochen und dann sagte sie, vielleicht wäre es das Beste, es nicht mehr zu erwähnen. Also werden wir das tun. Sie bat mich, Papa bis auf weiteres nichts zu sagen. Das wär's also.«

Sie war von der Reaktion ihrer Mutter nicht überrascht, wunderte sich aber, warum es notwendig war, die Neuigkeiten ihrem Vater zu verschweigen, der der weltlichere von beiden war. Er würde sicher irgendetwas vermuten, wenn seine Tochter täglich einen Brief nach Paris schrieb und ständig Telegramme abschickte und erhielt.

Ihre Briefe waren ein vollendeter Spiegel ihres Charakters – dieser anziehenden Mischung von Eigenschaften, die Ernest so stimulierten und befriedigten. Ein Brief war ein Mißerfolg, wenn er nicht unterhaltsam war, und Komplimente waren überall eingestreut. Ernest war klug. Ernest war vollkommen. Ernest ließ alle anderen schal und unergiebig erscheinen. Aber hinter dem Lob und den geistreichen Bemerkungen stand ihr tiefempfundenes Gefühl für die Qualität ihrer Liebe. Es war eine Liebe, die ihr Wesen mit seinem verschmolz. (»Wir sind eins, wir sind derselbe Kerl, ich bin Du.«) Sie würde stark für ihn sein, gesund für ihn sein, zuverlässig für ihn sein. Wo immer Ernest war, würde Pfeiffer sein. Nie wieder würde sie ihn verlassen. Wenn er von ihr weggehen wollte, so konnte er das tun, denn sie war ein Teil von ihm und würde da sein, wenn er wiederkam.

Aus der Redaktion der *Vogue* kam ein interessantes Angebot – ob Pauline von Weihnachten bis März in ihrer New Yorker Filiale arbeiten würde? »Sie wissen nicht, daß ich nach all dem heiraten werde«, schrieb sie Ernest. »Ich habe gesagt, daß ich nicht glaube, ich könnte das tun. Aber sie haben gesagt, sie würden mir nach Piggott schreiben.« Ernest, der entmutigt und einsam in Paris saß, war nicht so sicher, daß Pauline nein zu *Vogue* sagen würde. Vielleicht wolle sie den Job wirklich, schrieb er. Vielleicht war die Trennung für sie nicht so schlimm wie für ihn. In einem Anfall von Verzweiflung schien er bereit zu sein, das Schlimmste anzunehmen – daß sie das Angebot von *Vogue* annehmen würde, daß ihre Trennung sich endlos ausdehnen würde und daß das, was er seine Schrecken nannte, niemals enden würde. Dabei hatte Pauline nie angedeutet, daß sie ernsthaft daran denke, den Job anzunehmen. Bereits am 11. Oktober, bevor sie New York verlassen hatte, hatte sie geschrieben, daß sie »ohne geistlichen oder sonstigen Beistand« beschlossen habe, vor Weihnachten wieder in Paris zu sein. Die *Volendam* steche am 11. Dezember von New York aus nach Boulogne in See, und sie habe die Absicht, an Bord dieses Schiffes zu sein.

An einem melancholischen Montag, nachdem ein Wochenende voll Regen die abgefallenen Herbstblätter durchweicht hatte, erfuhr Pauline ihre Version der Schrecken. »Eine Irrenhausdepression« umfing sie wie eine giftige Wolke. Ihr Gewissen, gereizt vom unschuldigen, untröstlichen Gesicht ihrer Mutter, forderte seinen Tribut. Sie fuhr mit dem Fahrrad eines Nachbarjungen über die schlammigen Straßen, um ihre Fassung wiederzugewinnen, aber als sie nach Hause kam, brach sie mit unkontrollierbaren Weinkrämpfen zusammen. Am Nachmittag schrieb sie Ernest ihren täglichen Brief. Der Ton und Inhalt waren völlig verschieden von allem, was sie zuvor geschrieben hatte.

»Du hast Deine schreckliche Hölle, indem Du Tag für Tag mit Hadley zusammen bist, und ich glaube, ich kriege meine mit Mutter... Nicht nur, daß sie das Gefühl hat, ihre Tochter habe eine Familie zerstört und sie sich wegen Hadley so schlecht fühlt, sie macht sich außerdem noch Sorgen um mich... Ich kann sie nicht trösten, denn es scheint, daß ich keinen Trost für sie finden kann... Wenn es irgendetwas gibt, von dem Hadley will, daß Du es für sie oder Bumby tust, so wirst Du es doch tun, nicht wahr? Und auch jede Art von finanzieller Regelung. Und ich werde Dir gegenüber nichts mehr davon erwähnen, daß Hadley mich nicht mag, denn wenn sie mich haßt, so ist das in Ordnung... Du... weißt, daß ich Dich mehr denn je liebe, und in zwei Monaten, von heute an gerechnet, werde ich in Boulogne sein. Aber wenn Hadley wollen sollte, daß wir getrennt bleiben oder irgendetwas anderes tun, egal was, so ist es das, was Du oder ich oder wir tun werden.«

Paulines Mutter versuchte unbeholfen, sie zu trösten, mit Worten wie: »Wozu ist eine Mutter denn da, wenn nicht dazu, daß ihre Tochter heimkommen kann, um sich auszuweinen.« Aber sie sagte nichts, was das Schuldgefühl ihrer Tochter hätte verringern können. Bevor sie ihren Montagbrief aufgab, fügte Pauline einige aufmunternde Worte hinzu, weil sie wußte, wie demoralisiert Ernest durch ihren Nervenzustand sein würde. Aber die Sätze klangen hohl. Das Unglück und die Reue wurden nicht geringer. Sie konnte an nichts als Hadley und ihre offenherzige Güte und Freundlichkeit angesichts ihrer eigenen bösartigen Ränke denken. Sie brach auf dem Bett zusammen und versetzte ihrer Mutter einen solchen Schrecken, daß sie Jinny schrieb, ihre Schwester sei »zerbrochen«.

Freitag, den 29. Oktober, schleppte Pauline sich zu ihrer Schreibmaschine und versuchte, für sich selbst ebenso wie für Ernest, die schmerzhafte Katharsis im richtigen Verhältnis zu sehen.

»Vielleicht ist das, was ich Dir jetzt sagen werde, ziemlich schlimm... weil ich durch die Hölle gegangen bin, um es zu begreifen, und ich schreibe es, weil ich es schreiben muß und weil wir derselbe Typ sind... Ernest und Pfeiffer, die versucht haben, so toll zu sein (und die so toll waren), haben Hadley keine Chance gegeben. Wir hatten – oder zumindest ich – solche Angst... wir könnten einander verlieren – daß Hadley ausgeschlossen wurde. Hadley wurde einfach ausgeschlossen. Ich glaube nicht, daß Du das in der gleichen Art getan hast wie ich... Ich glaube, daß Hadley in den Momenten, wo sie mich nicht haßt, wissen muß, daß ich einfach blind und dumm war.
Liebster, Du und ich haben etwas, das zwei Menschen vielleicht

einmal in einem oder mehreren Jahrhunderten bekommen... Und wenn wir es haben und dann sagen, wir können das Leben nicht ohne einander ertragen und jemanden anderen bewußt dazu zwingen, das Leben allein zu ertragen, so macht mir das Angst um uns. Denn wenn wir alles haben, was es gibt, so scheint mir, sollte uns das wirklich stärker statt schwächer machen.«

Sie schloß den Brief mit dem Schwur, daß sie ihn liebe und ihm vertraue und ihn in sieben Wochen wiedersehen würde, aber sie wiederholte auch, daß es weise von Hadley gewesen sei, zu verlangen, daß sie die drei Monate warten sollten, so hart das auch gewesen und daß es nicht genug sei, es einfach auszuhalten; sie müßten an alle drei denken, auch an Hadley.

Es dauerte zwei Wochen, bis Paulines angstvolle Briefe Ernest erreichten. Wie vorauszusehen war, verstimmte ihn der Inhalt, und in seiner Antwort goß er all seinen Zorn, sein Selbstmitleid und seine Enttäuschung aus. Es sei alles die Schuld ihrer Mutter, die sie mit ihrer stillschweigenden Verurteilung so weit gebracht habe. Pauline, die er mehr als alles liebe und für die er alles verraten und abgetötet habe, werde vernichtet. Hatte sie nicht versprochen, Piggott zu verlassen, wenn es zu schrecklich werde? Wo sollte das alles enden? Was war, wenn Hadley nie in die Scheidung einwilligte, sondern sie wieder nur hinhielt? Er habe im Herbst, als er sich in sie verliebt hatte – das gestand er jetzt – an Selbstmord gedacht, nüchtern und nach reiflicher Überlegung, denn es schien der einzige Weg zu sein, die Sünde von Pauline abzuwenden und Hadley die Notwendigkeit einer Scheidung zu ersparen. Jetzt spüre er, wie wieder alles außer Kontrolle gerate. Er sei weder ein Heiliger, noch wie ein solcher gebaut. Er sei dazu bereit, nach seinem Tod statt jetzt zur Hölle zu fahren, aber nicht zu beidem. »Ich bete jede Nacht stundenlang für Dich und jeden Morgen, wenn ich aufwache. Ich bete dafür, daß Du schlafen kannst und fest bleibst und Dir keine Sorgen machst.« Als er Hadley in ihrer neuen Wohnung in der Rue de Fleurus 35 besuchte, ersparte er ihr keine der Einzelheiten von Paulines Unglück. (In seinem Zustand dramatisierte er wahrscheinlich deren Verzweiflung noch über das tatsächliche Maß hinaus.)

Hadley, die ihrerseits über einiges nachgedacht hatte, bat Ernest jetzt, für ein paar Tage zu Bumby zu ziehen, damit sie fortfahren könne, um nochmals alles in Ruhe zu überlegen. Zunächst kam keine Eingebung. Alle Erinnerungen an ihn und Pauline riefen nur Herzeleid und Enttäuschung hervor. Aber schließlich kam sie, in der friedlichen Umgebung des Hotels de France in Chartres, mit ihrer Qual klar. Am 26. November 1926 schrieb sie Ernest, daß sie zu einem Entschluß gekommen sei. »Das ganze Problem gehört Euch beiden – ich bin nicht verantwortlich für Dein künftiges Wohlergehen – (das ist bewiesen) durch die Dauer, über die hinweg du die Scheidung verlangst... Ich habe ursprünglich gelobt, dir in Freud und Leid beizustehen (und habe das auch so gemeint), aber wenn Du jemand anderen heiratest, so kann ich mein Gelübde nur als außenstehender Freund halten.« Diese nachdenklichen Überlegungen enthielten einen bezeichnenden Schlüssel zum künftigen Verhältnis zwischen Ernest und Hadley. Außer daß sie Ernest liebte, machte sie sich Sorgen um ihn – das heißt, sie war um sein zukünftiges Wohlergehen besorgt, egal was sie sagte. Das war ein wesentlicher Bestandteil ihrer Ehe gewesen. Und nur dadurch erklären sich Feingefühl und Sorge, die sie ihm noch lange nach der Scheidung entgegenbrachte. »Bitte, Ernest«, schloß sie ihren Brief, »besorge verläßliche Informationen über die legalen Schritte. Ich möchte ein paar Dinge aus den Staaten wissen, bevor ich mit all dem anfange, so daß es vielleicht noch eine Weile dauern wird. Die dreimonatige Trennung ist jedoch damit offiziell beendet.«

Ernest rannte hinüber in Jinny Pfeiffers Wohnung, um die Neuigkeiten mitzuteilen, aber er hielt das Telegramm an Pauline noch zurück. Zunächst schrieb er Hadley, daß ihr Brief, wie alles, was sie je getan hatte, tapfer und großzügig sei. Er würde an Scribners und Jonathan Cape, seinen britischen Verleger schreiben, um ihr alle Tantiemen von »Fiesta« zu übertragen. »Ich würde ›In unserer Zeit‹ und ›Die Sturmfluten des Frühlings‹ inkludieren, aber ich glaube, das eine Buch ist noch immer defizitär und das andere bringt wahrscheinlich auch kein Geld.« (Er gab Max Perkins Instruktionen bezüglich der

Tantiemen, aber er kam nie dazu, Cape zu informieren.) Um ganz sicher zu gehen, daß er ihren Brief nicht mißverstand, fragte er nochmals, ob das bedeute, daß sie tatsächlich die Scheidung einleite, und ob sie damit einverstanden sei, wenn er ihren Entschluß Pauline mitteilte.

Hadley antwortete am 19. November:

»Habe ich nicht ganz klar gemacht, daß ich *möchte*, daß Du mit den Vorbereitungen für eine Scheidung anfängst – gleich jetzt... Ob Du Dich mit ihr (Pauline) über eines oder alle unserer Arrangements verständigst, macht keinen Unterschied für mich. Wenn Du... aus irgendeinem Grund zögern solltest, so werde ich mich selbst damit befassen, obwohl ich denke, daß es Dir leichter fallen sollte, rasch einen *guten* Anwalt zu finden... Daß Du mir die Tantiemen von ›Fiesta‹ zum Geschenk machst, ist mir sehr willkommen, und ich kann gegenwärtig keinen Grund sehen, warum ich das ablehnen sollte. Ich danke Dir sehr.«

Sie ermutigte ihn, Bumby so oft zu besuchen, wie er wolle, und ließ das Kind niemals spüren, daß etwas Ungewöhnliches geschehen war. »Sie machte es leicht für mich«, erinnerte sich Jack Hemingway, »indem sie mir erklärte, daß sie (Pauline und Ernest) einander einfach sehr liebten.« Sie beendete ihren zweiten Brief mit einer Liste von persönlichen Gegenständen und Möbelstücken, von denen sie wollte, daß Ernest sie ihr in ihre neue Wohnung schickte, und schloß in sanfterem Ton mit »Mummys Liebe« und der Hoffnung, daß er gut essen, gut schlafen, wohlauf sein und gut arbeiten würde.

Archie MacLeish empfahl einen Anwalt, der die Sache rasch erledigen würde, und Ernest mietete einen Handwagen, um Hadleys Habe von Notre-Dame-des-Champs in die Rue du Fleurus zu bringen. Er führte einige Transporte durch, um ihr die Möbel, das Familiensilber und Porzellan und schließlich das Miróbild, das er ihr im Vorjahr zum Geburtstag geschenkt hatte, zu bringen. Sie gab sich den Anschein, ungerührt zu bleiben, wenn er jedesmal beim Anblick irgendeines sentimentalen Erinnerungsstücks in Tränen ausbrach. Es würde ihm nicht schaden, Reue zu empfinden. Was sie selbst betraf, so begann sie, ein wenig Erregung hinsichtlich der Möglichkeiten ihrer eigenen Zukunft zu empfinden. »Ich wußte nicht, was mit mir sein würde«, erinnerte sie sich, »aber ich hatte jede Menge guter Freunde. Manche von ihnen waren der Ansicht, daß ich zu schnell nachgegeben hatte. Vielleicht stimmt das. Aber ich versuchte nicht ihn festzuhalten.«

DREI

1926–36

11

An einem stillen Sonntagabend stellte das Telegraphenamt dem Pfeifferhaus ein bedeutsames Telegramm von Jinny zu: DREI MONATE BEENDET AUF HADLEYS WUNSCH SIE FÄNGT SOFORT AN EIGENE GRÜNDE STOP VERBINDUNG WIEDERAUFGENOMMEN STOP VORSCHLAGE DU REIST NACH WEIHNACHTEN WAS MICH ANGEHT. Pauline jubilierte. Sie verstand nicht, warum Hadley sich hatte erweichen lassen, es sei denn, sie war in einen anderen verliebt; aber was immer der Grund sein mochte, es reichte aus, ihren Glauben an das Gebet wiederherzustellen. Es tat ihr bloß leid, daß sie Ernest mit ihren Klagen verärgert hatte. »Und da ich diesesmal nicht den Verstand verloren habe«, rationalisierte sie ihm gegenüber, »glaube ich nicht, daß ich ihn je verlieren werde, und das sollte ein gewisser Trost für einen Mann sein, der im Begriff ist, mich zu heiraten.«

Und was hielte er nun, wo alles so wunderbar sei, davon, wenn sie über Weihnachten noch in Amerika bliebe? Und wenn sie mit *Vogue* für hundert Dollar die Woche bezüglich der sechs Wochen verhandelte? Sie könnte sechshundert Dollar verdienen, soviel, wie die Überfahrt koste. »Ich denke wirklich, daß es besser ist, wenn Du die Pläne machst, weil Du weißt, was vor sich geht.« Dann schrieb sie an Jinny, um ihr zu sagen, wie sehr ihr alle ihre Depeschen und Briefe geholfen hätten.

Pauline abonnierte einen Servicedienst, der sie mit Zeitungsausschnitten versorgte, die sie ständig über die Aufnahme von
»Fiesta« informierten. Am 27. November hatte sie bereits über
fünfzig Rezensionen erhalten, von denen manche schmeichelhaft und manche kritisch waren. »Man sollte meinen...«,
schrieb sie Ernest, »daß ›Fiesta‹ ein voller Erfolg sein sollte.
Eine Menge Kritiker halten es für so epochemachend wie *This
Side of Paradise* (Diese Seite des Paradieses), und wenn das
nicht einen Erfolg bedeutet, dann weiß ich es auch nicht.« Ein
Volltreffer zeichnete sich tatsächlich ab. Edmund Wilson hielt
»Fiesta« für den besten Roman eines Autor aus Ernests Generation, und Malcolm Cowley stellte fest, daß die jungen Männer in
Greenwich Village wie Hemingway sprachen, gingen und schat-
tenboxten, während junge Frauen in den Colleges der Ostküste
dem Vorbild von Brett Ahsley nacheiferten.

Der Prototyp der Lady Ashley, Duff Twysden, lebte ruhig
am Montmartre. Im Sommer war sie von Sir Roger geschieden
worden, und der Baronet hatte die Vormundschaft über ihren
Sohn Anthony erhalten. Das war eine bittere Enttäuschung für
Duff, die das Kind liebte, auch wenn ihre einzigen Kontakte
mit ihm gelegentliche Besuche in Schottland waren. Eine Ehe
mit Pat Guthrie schien weiter denn je entfernt zu sein. Er war
zu einer reichen Amerikanerin gezogen, die zwanzig Jahre
älter als er war und ihn wegen einer schlimmen Scheckge-
schichte bei der Polizei anzuzeigen drohte, wenn er sie verlie-
ße. Es war ein niederträchtiges Schauspiel, aber Duff sah ihn
nach wie vor von Zeit zu Zeit und verbarg ihren Schmerz hinter
einer Pose von Unbeteiligtsein. Sie wohnte bei Freunden und
hatte ihre Schwester zu Besuch geladen. Harold Loeb, der aus
New York zurück war, ging einige Male mit beiden aus. Duffs
Zauber war noch immer beträchtlich. Die Neuankömmlinge
im Quartier Latin waren nach wie vor von ihr angezogen, und
mit Hemingways Buch, das sie unsterblich machte, bekam sie
noch den zusätzlichen Glanz einer Legende. Als sie »Fiesta«
las, war ihr eigener Glücksstern an einem Tiefpunkt angelangt,
aber sie brachte es fertig, sich einigermaßen gequält darüber zu
amüsieren. Eines Nachts im Café Dingo sagte sie Ernest, ihre

einzige Kritik an der Geschichte bestünde darin, daß sie in Wirklichkeit nicht mit dem verdammten Stierkämpfer geschlafen habe.

Kitty Cannell war wütend über das Buch – nicht so sehr darüber, wie sie selbst dargestellt war (»Ich bin wirklich härter als der große Macho [Ernest] und kann selbst für mich geradestehen«, erinnerte sie sich.), sondern wegen der Behandlung, die Ernest Harold Loeb hatte angedeihen lassen. Sie war jedoch nicht überrascht, denn Ernest hatte ihr einmal erzählt, daß er einen Roman schreibe und »daß dieser Itzig Loeb der Schurke ist.« Harold war verletzt und verwirrt. Er hielt sich (was er ohne Zweifel auch war) für einen loyalen Freund Ernests und konnte nie verstehen, warum er bei Ernest für ein so gehässiges Porträt hatte herhalten müssen. Es war der Verrat an einer Freundschaft, die Harold hochgehalten hatte.

In Oak Park verursachte »Fiesta« den Eltern Hemingway eine andere Form von Schmerz. Sie »waren so bestürzt und schockiert wie Klosterschwestern, die ein Bordell besuchten«, schrieb Leicester Hemingway. Ein Werk, das schließlich in der amerikanischen Literatur seinen Platz als echter Klassiker einnahm, wurde in der Kenilworth Avenue nur in entsetztem Ton als »jenes Buch« bezeichnet. Dr. Hemingway, den kapriziöser Sex und ausschweifendes Trinken peinlich berührten, beschränkte seine Äußerungen darauf, daß er hoffe, Ernests zukünftige Bücher würden erbaulicher sein. Trotzdem konnte er nicht umhin, auf einen Sohn stolz zu sein, dessen Werke in den Buchhandlungen von Chikago angeboten und von den angesehensten Zeitschriften besprochen wurden.

Grace hingegen verfiel wieder in ihre alte Selbstgerechtigkeit, als sie das Buch mit Ausdrücken kritisierte, die ihr Ernest nie verzieh. Sie war froh darüber, daß seine Arbeit finanziellen Erfolg hatte, bedauerte aber, daß er seine große Begabung dazu verwendete, über so degenerierte Menschen zu schreiben. War es eine Art Ehre, eines der »unflätigsten Bücher des Jahres« produziert zu haben?

Sehr empfindlich gegenüber Kritik und entschlossen, literarische Anerkennung nur dadurch zu finden, daß er seinem eigenen strengen Sinn für das, was authentisch war, treublieb, war Ernest durch die Mißbilligung seiner Mutter unwiderruflich beleidigt. Es scheint wenig Zweifel daran zu bestehen, daß er sie als machtvoller als seinen Vater empfand und auch als jemand, der höhere Erwartungen in ihn setzte. Selbst als Grace begriff, daß er dabei war, ein vielversprechender Schriftsteller zu werden, blieb er für sie zeitweise noch immer ihr zwar künstlerischer, aber auch etwas eigensinniger Junge, der tüchtig gescholten werden müsse. Das war der Tenor ihres Briefes, und man kann Ernest keinen Vorwurf machen, daß er darauf reagierte. Wenn sie ihn züchtigte, so schlug er zurück.

Zu der Enttäuschung in Oak Park trug auch der Verdacht bei, daß mit Ernests Ehe irgendetwas nicht stimmte. Grace hatte ihm geschrieben, daß sie sich Sorgen um sein Glück mache, und auch von den Gerüchten, die von einem Abkühlen der Zuneigung zwischen ihm und Hadley sprachen.

Während seine eigenen Eltern ihre Besorgnis über den Zustand von Ernests Ehe ausdrückten, begann Mary Pfeiffer, Paulines Mutter, ihn wohlwollender zu betrachten. Sie gab zu, daß ihr künftiger Schwiegersohn ein gutaussehender Mann sei. Das letzte Bild, das er Pauline geschickt hatte, zeigte ihn schlanker, wodurch das wohlgeformte Gesicht mehr zur Geltung kam, und mit sorgfältig gekämmtem dichtem schwarzen Haar. Als Pauline ihrer Mutter ein Exemplar von »In einem anderen Land« zu lesen gab, war diese beeindruckt. Ebenso wie ihre Tochter war sie eine eifrige Leserin und vermochte ein Talent zu erkennen.

Paulines Briefe an Ernest verfielen wieder in launige, liebevolle Vorfreude und drückten die ungeheure Freude darüber aus, daß das Schlimmste nun vorbei war. »Es wird jetzt nicht mehr sehr lange dauern, bis dieses wundervolle Leben beginnt. Ich werde nach Dir Ausschau halten und mich um Dich kümmern, und ich werde nichts anderes zu tun haben, als zu versuchen, Dir zu gefallen. Und wenn eine Person nur eine Sache zu tun hat, so sollte sie imstande sein, es schließlich mit angemessener Konsequenz zu tun.«

Aus dem *Vogue*-Job wurde nichts, was mehr eine Erleichterung als eine Enttäuschung war, und sie buchte ihre Überfahrt auf der *New Amsterdam*, die am 30. Dezember von New York nach Cherbourg in See stach. Die finanzielle Situation wurde erleichtert, als ihr Vater 900 Dollar auf ihr Konto überwies. Hadley beschäftigte noch immer Paulines Gewissen. »Seit ich jetzt weiß, daß Hadley sich nicht in irgendjemanden verliebt hat... was würdest Du davon halten, wenn ich wieder davonfahren würde?« schrieb sie am 3. Dezember. »Nicht weit, bloß nach Dijon oder Toulouse, bis die Scheidung vorbei ist. Mir scheint es ein ganz schön dicker Brocken zu sein, wenn zwei Menschen sie allein das alles durchmachen lassen, um gemeinsam wegzugehen und stark und glücklich zu werden.«

Hadley war in Wirklichkeit nicht mehr zu bemitleiden. Ihren Tagen mochte vielleicht einiges von den Aufregungen einer Hemingwayehe abgehen, dafür aber war sie auch frei von deren Anforderungen. Als Erwachsener erinnert sich Jack Hemingway, daß seine Mutter sagte, die Scheidung sei nicht die schreckliche Enttäuschung gewesen, wie sie angenommen hatte, sondern eine Art Erleichterung. »Er war eine Plage«, sagte Jack, »für all seine Ehefrauen und für jeden.«

Begehrenswerte Männer und verheiratete Freunde heiterten Hadleys Abende auf. Dann traf sie eines Tages auf einem lokalen Tennisplatz Paul Mowrer, den Pariser Korrespondenten und zugleich Chef der Auslandsredaktion der *Chicago Daily News*, den Ernest aus Genua kannte. Kultiviert und unaufdringlich, war Mowrer sowohl ein erfahrener Journalist, als auch ein Dichter von überraschender Subtilität. Er war ein Mann des öffentlichen Lebens mit einer tiefen Sehnsucht nach Zurückgezogenheit, einer, der klassische Musik von Schallplatten dem Betrieb und Trubel des Konzertsaals vorzog. Sein fundiertes Wissens war aufs anziehendste hinter Bescheidenheit und Zurückhaltung verborgen. Er erinnerte sich an Hadley von einem früheren Zusammentreffen her, wo sie wie eine Frau in ernsthaften Schwierigkeiten gewirkt hatte. Aber zur Zeit ihrer zweiten Begegnung war sie lebhaft und entspannt. »Mir gefiel ihr sauberer Schlag«, erinnerte sich Mowrer, »ihr unbefangener Geist und ihr großzügiger, guter Humor. Nach dem Tennis gingen wir machmal ins Café de l'Observatoire auf ein Bier.« Paul war, als er Hadley traf, vierzig Jahre alt, mit Winifred Adams verheiratet und Vater von zwei halbwüchsigen Söhnen. Seine Ehe war auch in einer Krise, nicht auf Grund irgendeiner dramatischen Konfrontation, sondern infolge eines langsamen Versiegens der gemeinsamen Interessen. Es war eine Übergangsperiode für ihn, und er begann, sich auf die Zeit mit Hadley zu freuen.

Ernest war gemeinsam mit Ada und Archie MacLeish, die mit ihm von einem einwöchigen Skiurlaub in den Schweizer Alpen hergekommen waren, in Cherbourg, um Pauline vom Schiff abzuholen. Die vier Freunde machten in Paris Halt, um Jinny mitzunehmen, und fuhren dann als Gruppe weiter nach Gstaad zu einem langen Winterurlaub. Ernests Freundschaft mit Virginia Pfeiffer hatte sich während der dreimonatigen Trennung von Pauline entwickelt. Sie tröstete ihn, wenn er verzweifelte, und amüsierte ihn, wenn es ihn nach Zerstreuungen verlangte. Wenn es ihn störte, daß sie Lesbierin war, so schob er seine Vorurteile beiseite, weil sie Paulines Schwester und selbst so attraktiv und schick war. Jinny war frei, mit ihnen herumzureisen, Pauline bei allen möglichen Dingen zu helfen und ihr Gesellschaft zu leisten, wenn Ernest auf eigene Faust fortging. Er hatte nichts dagegen, mehr als eine aufmerksame Frau in seinem Haushalt zu haben, wenn sie ihm nicht in die Quere kamen. Sein Zögern, Hadley selbst als er sich in Pauline verliebte aufzugeben, läßt vermuten, daß er es wie viele Männer genossen hätte, »beides zu haben«. Er schrieb Isabelle Godolphin, daß seine Ehe mit Hadley auseinandergegangen sei, weil er mit ihr in Schwierigkeiten geraten sei, da er jemand anderen liebe. »Natürlich wollte ich nichts dergleichen tun«, erklärte er lahm, »aber Hadley sagte, ich sollte es tun.«

Er schien noch immer zu zögern, das Datum für seine zweite Heirat festzusetzen. Er hatte den Verdacht, daß dieser Vorgang des Sichverliebens riskant war. Auch wenn Pauline mit solchem Eifer protestierte, daß sie sich ihm in nichts entgegenstellen werde, daß er die ganze Zeit tun könne, was er wolle, wußte er, daß von ihm Kompromisse erwartet würden. Sowohl in seinem Leben, als auch in seinen Werken hatte er nichts als Verachtung für Männer übrig, die es zuließen, daß die Vorherrschaft in die Hände einer Frau überging. Gleichheit in einer Beziehung hatte auf ihn keine Anziehungskraft.

Hadleys Scheidung – als Grund wurde Verlassen angegeben – trat am 27. Januar 1927 in Paris in Kraft. Es gab keine Unterhaltsregelung, außer daß Ernest an Perkins geschrieben hatte, daß die Tantiemen aus »Fiesta« an Hadley ausbezahlt werden sollten. Von diesem Zeitpunkt an schickte er ihr gelegentlich Geld und bezahlte das meiste, was Bumbys Schulen kosteten. Ihr persönliches Einkommen betrug jetzt etwa zweitausend Dollar im Jahr. Bevor ihre Investitionen so unglücklich plaziert worden waren, hatte es zwischen vier- und fünftausend jährlich betragen. Im März, als Ernest Bumby nach Gstaad brachte, achteten Pauline und Jinny darauf, daß das Kind regelmäßig aß und schlief, während Ernest tagelange Skitouren machte. »Es geht mir jetzt prima«, schrieb er Isabelle am 5. März. »Ich bin verrückt nach Pauline und werde im Mai heiraten... Ich habe mich zuvor wie in der Hölle gefühlt, aber jetzt ist alles sehr, sehr gut und alle fühlen sich prima.«

Möglicherweise fühlte sich Pauline nicht ganz so prima. Als sie nach Paris zurückkehrten, beschloß Ernest, mit Guy Hickok einen Ausflug nach Italien zu unternehmen, ein Junggesellenunternehmen in letzter Minute, sehr ähnlich dem dreitägigen Angelausflug, den er vor der Heirat mit Hadley unternommen hatte. Pauline hatte genug von Trennungen, sie hatte sogar Jinny ein bißchen über. Sie wollte einige Zeit mit Ernest allein sein. Sie nannte den Plan »diese Italientour zur Förderung der Männergesellschaft«. Aber sie ertränkte ihre Enttäuschung mit Auspacken und Wäschewaschen (ihrer eigenen und der von Ernest) und machte sich auf die Suche nach einer Wohnung. Ada MacLeish führte sie zu einer in der Rue Férou 6, einem malerischen Gäßchen hinter der Kirche von St. Sulpice. Dort würden sie ein großes Schlafzimmer haben, einen Salon und ein Speisezimmer, eine wunderbare Küche, zwei Badezimmer, ein kleines Arbeitszimmer für Ernest und ein weiteres Zimmer für ein Hausmädchen oder ein Kind. Die Wohnung war frisch ausgemalt und in gutem baulichem Zustand. Pauline schrieb Onkel Gus Pfeiffer davon, weil sie (zu Recht) annahm, daß er ihr das Geld vorstrecken würde, um sie zu bezahlen.

Das nächste, was sie zu erledigen hatte, solange Ernest fort war, bestand darin, herauszufinden, welche Dokumente sie für ihre katholische Trauung brauchen würden. Beide würden einen Taufschein brauchen. Pauline hatte den ihren. Vielleicht konnte Ernest jetzt, wo er in Italien war, den Priester ausfindig machen, der ihn katholisch getauft hatte. Das einzige andere Dokument, das noch erforderlich war, würde seine Heiratsurkunde mit Hadley sein, die als ungültig betrachtet werden würde, da die Trauung nicht innerhalb der katholischen Kirche stattgefunden hatte. Ernest traf den Priester, Don Giuseppe Bianchi, der ihm die letzte Ölung gegeben hatte, als er 1918 verwundet im Piavetal lag. Es gibt keinen Hinweis darauf, daß Ernest irgendwelche Taufpapiere vorgelegt hat, aber offensichtlich konnte er die Kirche von seiner Zugehörigkeit überzeugen. Hadleys einziger zur Veröffentlichung bestimmter Kommentar dazu lautete, daß es doch einigermaßen sonderbar sei herauszufinden, daß die eigene Trauung, da sie in einer kleinen Methodistenkirche in Horton Bay stattgefunden habe, gar keine Trauung gewesen sei.

Mittlerweile war Hadley bereit, Bumby auf eine lange Reise nach Amerika mitzunehmen. Sie würde Freunde in New York und Kalifornien und auch die beiden Familien – ihre eigene in St. Louis und die Hemingways in Oak Park, besuchen. Während sie für ein Wochenende mit Winifred Mowrer in Chartres war, lud Paul Mowrer Ernest zum Mittagessen in seine Wohnung ein. Während der Unterhaltung fragte er Ernest, ob seine Ehe wirklich zu Ende oder ob noch etwas daran zu reparieren sei? Soweit Ernest sich später daran erinnerte, hatte Paul ihm gesagt, er sei in Hadley verliebt. Paul bestritt, das gesagt zu haben. Er glaube nicht, daß er zu dieser Zeit, als er Hadley erst eine kurze Zeit kannte und noch nicht offiziell mit Winifred gebrochen hatte, so offen gesprochen habe. Da die Initiative zu dem Treffen von ihm ausging, wollte er vielleicht Ernest über Hadleys wirkliche Situation aushorchen.

In New York ging Hadley mit verschiedenen Männern aus und wurde freundlich von Max Perkins empfangen, der bereits einen Teil der »Fiesta«-Tantiemen auf ihr Konto überweisen hatte lassen. Aus St.Louis schrieb sie Ernest am 21. Mai, daß er ihr noch immer fehle. »Manchmal tut mir noch das Herz weh und ich habe schlechte Träume... Schreib einer ehemaligen Gespielin... In dieser gottverlassenen Stadt gibt es keinen einzigen Kavalier für mich.« Sie fügte hinzu, daß sein Name überall bekannt sei und ihr aus diesem Grund ein königlicher Empfang bereitet werde. Bevor sie für den Sommer nach Kalifornien fahre, werde sie Bumby nach Oak Park bringen, um seine Großeltern zu besuchen.

Die Hemingways hatten, nachdem Hadleys Scheidungsurteil rechtskräftig geworden war, endlich von Ernest die Wahrheit erfahren. In einer Sprache, die ziemlich weit entfernt war von ihren früher geäußerten Ansichten über romantische Liebe, gab Grace ihm ihre Reaktionen bekannt. Es tue ihr leid zu hören, daß seine Ehe vorbei sei, aber ihrer Meinung nach verdienten es nur sehr wenige Ehen, erhalten zu bleiben. Sie gestand, daß sie ziemlich ketzerische Ansichten über die Ehe habe, diese aber gewöhnlich für sich behalte, eine starke Aussage von Grace, die ihre eigene Ehe – wenn auch nur indirekt – denunziert und die Ehen in ihrer Umgebung sarkastisch betrachtet. Und sie platzte mit derartig »ketzerischen Ansichten« einem Sohn gegenüber heraus, der ihr wenig Sympathie oder Zuneigung entgegenbrachte. Eine so leidenschaftliche Äußerung unterstreicht, in welchem Ausmaß sie sich in einer Gesellschaft, die nur eine sehr eng definierte Frauenrolle sanktionierte, vermutlich gefangen fühlte.

Im gleichen Brief versuchte sie auch, sich gegen Ernests Beschuldigung zu verteidigen, mit ihrer Kritik an »Fiesta« unloyal gewesen zu sein. Er verwechsle ihre Besorgnis, die Sünde betreffend, mit ihrer Sorge um sein Wohlergehen. (Zwei Wochen später, in ihrem Brief vom 6. März, war sie darauf bedacht, »Die Killer« zu loben und kaufte die O'Brien-Sammlung mit dem Neuabdruck von »Der Unbesiegte«.)

Alle Briefe von Grace aus dieser Zeit künden von ihrer Euphorie über die lokale Aufmerksamkeit, die ihrer eigenen Arbeit zuteil wurde. Einige Bilder waren immerhin für 250 Dollar verkauft worden. Sie beschloß, 600 Dollar für ihr jüngstes Werk, eine große Berglandschaft, zu verlangen, war auch gerade in die *Chicago Society of Arts* aufgenommen worden – eine große Ehre, die ihr viele Türen in der Kunstwelt öffnen würde. Selbst unter Berücksichtigung ihrer übertriebenen Selbsteinschätzung waren diese Leistungen beachtlich, vor allem, da sie zu einer Zeit erbracht wurden, als sie sich um den Gesundheitszustand ihres Mannes Sorgen machte. Ed Hemingway hatte vor kurzem bei sich selbst Diabetes diagnostiziert. Außerdem litt er an ernsten Anfällen von Angina pectoris.

Pauline und Ernest wurden am 10. Mai 1927 in der Kirche von St. Honoré d'Eylau am Place Victor-Hugo, getraut. Der Bräutigam trug einen dreiteiligen Tweedanzug und die Braut ein weiches Seidenkleid mit Perlenkette. Ihr schwarzes Haar im Bubikopfschnitt war in die Stirn gekämmt. Jinny Pfeiffer war Trauzeugin bei der katholischen Trauung, und einige enge Freunde kamen danach zum Hochzeitsessen. Andere Verwandte konnten nicht anwesend sein, aber es kamen Telegramme, Briefe und Schecks aus Übersee. Paul Pfeiffer sandte der Braut tausend Dollar und einen Blumenzweig, den in seinem Garten zuerst erblühten, für den Brautkranz. Mary Pfeiffer schrieb, daß es schon ein merkwürdiges Gefühl sei, wenn die eigene Tochter in Übersee heirate und man weder ihr Gesicht sehen noch ihre Hand drücken könne: »Aber, mein lieber Ernest, wenn Du all das bist, was die, die Dich am besten kennen, von Dir glauben, so sind wir froh, Dir unseren Herzensschatz anvertrauen zu können.« Tante Harriet in Cedar Falls, Iowa, die am 24. Mai schrieb, drei Tage nach Lindberghs Alleinflug nach Paris, fragte schalkhaft, ob Pauline nicht mit ihrem Mann herüberfliegen könne »und den Tag mit uns verbringen, jetzt, wo es so leicht ist, über den Ozean zu kommen«.

Die Großzügigkeit von Paulines Verwandten sowie ihre eigene luxuriöse Lebensweise bringen immer wieder die Frage nach Paulines Geld aufs Tapet. Sie hatte selbst noch kein großes, unabhängiges Einkommen, aber es gab stets finanzielle Unterstützung, die den Rahmen ihrer Möglichkeiten erweiterte und es ihr gestattete, gewisse Risiken einzugehen und ihr die Bewegungsfreiheit sicherte, die für die Liebesaffäre bedenklich war. Aber anzunehmen, daß Ernest sie wegen ihres Geldes geheiratet hätte, oder daß es auch nur ein entscheidender Faktor gewesen sei, hieße, Paulines Originalität und Tiefe entschieden zu unterschätzen. Gleichermaßen zumindest hatte ihn ihre Überzeugung, daß sie beide verwandte Seelen seien, die in einzigartiger Weise zueinander paßten, aufgerüttelt. Sie war die andere Hälfte, die ihn ganz machen würde. Sie war eins mit ihm und würde für *ihn* dasein in einer Weise, wie es keine andere Frau konnte.

Ihre Hochzeitsreise machten sie in das kleine Fischerdorf Grau-du-Roi in der Nähe von Aigues-Mortes an der Rhônemündung. Das Wetter war mild und die Strände waren unberührt. Eines Tages färbten sie ihre Gesichter mit Beerensaft, verkleideten sich als Zigeuner und fuhren auf ihren Fahrrädern zu einem Fest in der Umgebung. Pauline ermutigte Ernest, in seinem eigenen Tempo zu arbeiten und, wann immer er Lust hatte, fischen und schwimmen zu gehen. Es ging ihnen beiden prächtig, bis Ernest sich den Fuß zerschnitt und eine Milzbrandinfektion bekam (ein tiefsitzender Abszeß, der schwer zu behandeln ist), die nach ihrer Rückkehr nach Paris eine zehntägige Bettruhe erforderlich machte.

Unter Paulines Einfluß begann sich Ernest wie ein junger Gardeoffizier und weniger wie ein Fischer vom linken Seineufer anzuziehen. Er bestellte stattliche Anzüge bei einem Schneider in der Rue St.Honoré und achtete darauf, daß sie auch richtig paßten. Pauline und Jinny vollendeten die Einrichtung der Wohnung und halfen dann, die Sammlung von Geschichten zu tippen, die Ernest – zur Veröffentlichung im Oktober – an Perkins schicken wollte. Ernest schickte seiner neuen Schwiegermutter den ersten seiner häufigen Berichte – wonach Pauline 52 Kilo wog, zu jeder Zeit alles esse, was sie bezahlen könnten, achtundsechzig Kilometer mit dem Fahrrad fahre, ohne zu ermüden, und daß sie jetzt im Nebenzimmer eine Geschichte abtippe.

Am 17. Juni schrieb Sara Murphy vom Cap d'Antibes Pauline, daß sie und Gerald sehr froh für sie und Ernest wären. Es war eine ungeheure Erleichterung für sie und alle, die an Ernest hingen, daß er eine so schlimme Zeit hinter sich gebracht hatte. Sara war während der Trennung klar auf Paulines Seite gewesen und hatte Hadleys Bestehen auf der hunderttägigen Trennung zu hart gefunden. Sie lud die Hemingways an die Riviera ein, aber Pauline konnte die Einladung nicht annehmen, Ernest plante bereits einen Sommer in Spanien – Pamplona, dann San Sebastian und Valencia und schließlich eines der ruhigen kleinen Städtchen, wo er konzentriert schreiben wollte.

Hadley, die mit Ernest jedes Jahr seit 1923 in Spanien gewesen war, war jetzt in Kalifornien und verbrachte »einen Tag miserabel, den nächsten großartig – wie soll einer wissen, wann sie aus den Wäldern auftauchen?« Sie hatte ein Haus in Carmel gemietet, zehn Minuten vom Strand entfernt, und ein Schulmädchen angeheuert, das ihr mit Bumby half. »Meine Zeit ist wenigstens ausgefüllt«, schrieb sie, »auch wenn es mein Leben nicht ist. Es gibt Möglichkeiten – aber bei allen stimmt etwas ein kleines bißchen nicht – Du weißt.« Die Person, die sie mit Vorbedacht nicht erwähnte, war Paul Mowrer. Die Familie Mowrer war ebenfalls auf Urlaub in Amerika, und Paul hielt Hadley auf dem laufenden über seinen Aufenthaltsort. Obwohl ihre wachsende Freundschaft nicht offen eingestanden wurde, wußten beide, daß sie stark voneinander angezogen wurden. Als sie von den Möglichkeiten sprach, die ein kleines bißchen nicht stimmten, dachte Hadley an Paul. Da er noch immer verheiratet war, hielt sie, da die Rückkehr nach Paris näherrückte, ihre Gefühle fest im Zaum.

Hadley traf am 8. Oktober in New York ein, wenige Tage

bevor sie sich nach Frankreich einschiffen sollte. Paul Mowrer war in der Stadt. Sie trafen sich allein und sprachen offen über ihre Zukunft. Paul erklärte, daß er und seine Frau getrennte Wege gehen würden. Winifred wolle ein kleines Atelier mit einem engen Freund in Paris teilen. Paul hingegen sah sich nach einem Landbesitz um, vorzugsweise in der Umgebung von Crécy, von wo aus man schnell in der Stadt war. Von Scheidung wurde immer noch nicht gesprochen. Winifred würde ihm helfen, sich einzurichten und ihn an den Wochenenden besuchen. Aber es war klar, daß er mehr Kontakt mit Hadley wollte, wenn sie, zumindest für den Moment, gewisse Unklarheiten akzeptieren könne. Hadley versicherte ihm, daß sie konnte. Für sie, die eben die Härten ihrer Scheidung hinter sich hatte, waren seine Wärme und Bewunderung wichtiger als ein sofortiger Heiratsantrag.

Nach sechs Monaten auf Reisen war Hadley körperlich müde, aber in guter moralischer Verfassung, als sie Mitte Oktober in Paris eintraf. Die Wohnung, die sie schließlich mietete, befand sich im fünften Stock eines modernen Gebäudes in der Rue Auguste de Blanqui 98, über dem Lärm der Hochbahn, und hatte große Fenster und einen kleinen schmiedeeisernen Balkon. Jack hatte als Erwachsener zärtliche Erinnerungen daran. »Ich lernte das Geräusch des Regens auf dem schiefergedeckten Mansardendach lieben und die Sicherheit, so nahe bei ihr zu schlafen. daß ich am frühen Morgen aus meinem kleinen Alkoven in ihr großes warmes Bett gehen konnte.«

Im November half Ernest, Hadleys Habseligkeiten, die bei diversen Freunden gelagert waren, zu sammeln und zur neuen Wohnung zu transportieren. Er überreichte ihr auch ein Exemplar seiner neuen Sammlung von Kurzgeschichten »Männer ohne Frauen«, die kürzlich erschienen war.

Ernest widmete »Männer ohne Frauen« Evan Shipman, auch wenn seine erste Wahl Jinny Pfeiffer gewesen war, die ihm während der schlimmen Monate der Trennung von Pauline unterstützt hatte. Wie er später Mary Pfeiffer erklärte, schien ihm dann, daß es geschmackvoller sein würde, das Buch mit dem Titel »Männer ohne Frauen«, das Geschichten von Kämpfen und ähnlichem enthielt, einem Mann zu widmen. Er wollte Jinny etwas geben, das ihr gefiel, dachte aber, daß eine derartige Widmung sie möglicherweise in Verlegenheit bringen würde. Für Pauline, die jetzt in den ersten Monaten ihrer Schwangerschaft war und mehr und mehr auf Jinny angewiesen sein würde, war es eine große Erleichterung, daß Ernest ihre Schwester mochte. Jinny schmeichelte ihm nie in der Art, wie es Pauline tat, aber sie war auch nicht seine Frau, und Ernest schien das zu verstehen. Es war genug, zumindest für jetzt, daß sie Pauline gegenüber loyal und ihm gegenüber amüsant war.

Während Paulines Schwangerschaft zeigte Ernest nichts von der Ambivalenz, die während der Schwangerschaft von Hadley sichtbar geworden war. Er hatte nicht die finanziellen Sorgen wie damals, und nach allem, was Pauline demonstriert hatte, spürte er, daß für ihn keine Gefahr bestand, verdrängt zu werden. Sie fuhren zu den Sechstagerennen nach Berlin und zu ihrer zweiten Skisaison nach Gstaad. Wie schon oft, blieb Ernest einige Tage länger, um allein skizufahren. Zu dieser Zeit war Hadleys Groll Pauline gegenüber verschwunden, und mit Jinnys Billigung unterhielten die drei Frauen eine friedliche Freundschaft miteinander, die auf ihrem gemeinsamen Interesse an Bumby und Ernest basierte.

»Ich fühle mich einfach toll überall, außer im Herzen, das nach dir schreit«, schrieb Pauline an Ernest in Gstaad. »Die Energie ist einfach großartig. Ich stehe bei Sonnenaufgang auf und hüpfe herum wie ein Sack Flöhe.« Sie hatte in der Wohnung alle Hände voll zu tun. Während ihrer Abwesenheit hatte es einen Rohrbruch gegeben, der das Heizungssystem außer Betrieb gesetzt und die Räume überflutet hatte. Der Schaden war noch immer nicht behoben, als Ernest ankam. Er ging mit einem Anfall von Grippe ins Bett und brummte, daß es ein miserables Jahr für seine Gesundheit gewesen sei.

Anfang März stieß Ernest ein sonderbares Mißgeschick zu, etwas, das die Meinung erhärtet, daß seine schlechten Augen und seine physische Unbeholfenheit ihn anfällig für Unfälle machten. Um zwei Uhr nachts zog er im Badezimmer irrtümlich an einer Leine, die an einem altersschwachen, gesprungenen Oberlicht hing. Das ganze Fenster fiel ihm auf den Kopf und fügte ihm über dem rechten Auge eine zwei Zoll lange klaffende Wunde zu. Pauline eilte herbei, um das Blut zu stillen und rief dann in Panik Archie MacLeish, der ihn ins Amerikanische Hospital brachte, wo er genäht wurde.

Ob es nun das Ergebnis von soviel Mißgeschick war oder einfach Heimweh, auf jeden Fall beschloß Ernest, für eine Zeitlang nach Amerika zurückzugehen. Pauline war einverstanden. Sie zog es vor, ihr Baby in den Vereinigten Staaten zu bekommen, in der Nähe ihrer Familie. Dos Passos hatte Ernest auf Key West in Florida aufmerksam gemacht und es als einen tropischen, unverdorbenen Seeort beschrieben. Pauline beschloß, die Wohnung in der Rue Férou zu behalten. Sie hatte sie mit hübschen Antiquitäten eingerichtet und wollte sie nicht aufgeben.

Und so machten sie sich auf die Reise, um herauszufinden, daß Dos Passos den Ort treffend beschrieben hatte. Es gab eine üppige Vegetation von blühenden Büschen und Bäumen. Überall war Wasser – der Atlantik im Süden, der Golf von Mexiko im Norden, die ganze Insel war nur eineinhalb Meilen breit und viereinhalb Meilen lang. Sie war mit einer Fähre, per Schiff oder mit der Eisenbahn erreichbar. Die meisten der 7 000 Einwohner lebten recht und schlecht vom Fischfang oder arbeiteten in den Saloons und Bordells, deren Kundschaft reiche Kubaner waren, die von Havanna herüberkamen, um zu spielen und zu zechen. Die U.S.Marinebasis, die einmal der Hauptarbeitgeber für die Conches (gebürtige Key Wester kaukasischer Abstammung) gewesen war, hatte ihre Tätigkeit stark eingeschränkt. Die Straßen waren halb gepflastert. Die meisten Behausungen waren ungestrichene Hütten mit Blechdächern, Aborten und zusammensinkenden Veranden an der Vorderfront. Aber es gab auch einige hart arbeitende Familien, die es zu Wohlstand gebracht hatten und in deren Nachbarschaft es stille, schattige Gassen und komfortable einstöckige Häuser im Conchstil gab (einem entfernt georgischen, stark spanisch beeinflußten Architekturstil mit kunstvollem Fachwerk, Balkonen und üppigen Gärten).

Am Ende der ersten Woche hatte Ernest bereits einige der Einheimischen kennengelernt. Er schloß enge Freundschaft mit einem jungen Mann namens Charles Thompson, der ebenso alt war wie er und seine Interessen teilte – vor allem Jagen und Fischen. Charles hatte seine Erziehung im Norden erhalten und war zurückgekommen, um bei der Führung der Familienbetriebe mitzuhelfen – der Eisenwarenhandlung, dem Fischmarkt, dem Geschäft für Schiffsausrüstung und einer kleinen Zigarrenfabrik.

Charles' Frau Lorine, eine Mittelschullehrerin aus Richmond, Georgia, war Paulines Rettung, deren sinkender Mut im sechsten Schwangerschaftsmonat im kühlen Schatten der Veranda der Thompsons etwas wiederbelebt wurde. Lorine lud die Hemingways oft in ihr Haus zum Essen ein. Die Abende waren meistens still. Es gab viel Betrieb auf der Duval Street, wo sich die Bars und Spielhallen häuften, aber Ernest vermied das Trinken und den Lärm. Er war zufriedener als er es seit Monaten gewesen war, denn in den ruhigen Morgenstunden arbeitete er erfolgreich an einem neuen Roman. Er hatte ihn in Paris begonnen, unregelmäßig daran gearbeitet und ihn dann während der Überfahrt nach Key West beiseitegelegt. Es sollte die literarische Darstellung seiner Kriegserlebnisse in Italien werden.

Ernests Arbeit machte so gute Fortschritte, daß Pauline beschloß, vor ihm nach Arkansas zu fahren. Wenige Tage vor ihrer Abreise kamen Ernests Eltern für einen Tag auf Besuch. Sie kamen nicht unangekündigt, denn Grace hatte in ihrem Brief, der Ernest von Paris nachgeschickt worden war, erklärt, daß sie nach Florida und Kuba fuhren und über Key West zum Festland zurückkehren würden. Als sie in Florida waren, hatten sie ihre Investitionen in Grundbesitz überprüft und schockiert feststellen müssen, wie sehr der Wert ihrer Anteile gesunken war. Ed, den seine körperlichen Beschwerden deprimierten, war nicht in der Lage, entschlossen zu handeln. Anstatt alles zu verkaufen, was ihnen ihr ursprüngliches Kapital und einen kleinen Gewinn gebracht hätte, beschlossen sie weiterzumachen, möglicherweise bestärkt darin von ihrem zungenfertigen Agenten.

Das Treffen fand an den C & O-Docks statt, und Pauline schloß sich ihnen zum Mittagessen und einer Tour über die Insel an. Grace erzählte Ernest wenig von ihren persönlichen Sorgen. Stattdessen sprach sie mit großer Begeisterung von einer Maltour durch den Südwesten am Pazifik, die sie mit seinem Bruder Leicester unternommen hatte, der sie zu viertägigen Ausflügen in die Wüste gefahren hatte. Ed Hemingway hatte nichts von ihrem Elan. Es schien Ernest, daß die Kraft seines Vaters dahinschwand, während die seiner Mutter sich erneuerte.

12

Aus Jacksonville in Florida schrieb Pauline, die sich auf ihrem Weg nach Arkansas befand: »Klein Pilar reist gerne und tritt und stößt ständig, und ich habe angefangen zurückzustoßen.« Ende Mai reiste Ernest übers Land, um wieder zu ihr zu kommen, begleitet von ihrem Vater, der nach Key West gefahren war, um mit ihm zu fischen. Er war imstande, mit Paul Pfeiffer eine behutsame Freundschaft einzugehen. Mit Mary Pfeiffer war er viel spontaner und herzlicher. Ihre offensichtliche Aufrichtigkeit war so anziehend, daß er sich sofort entspannte. Sie war eine echte Geschichtenerzählerin aus dem Süden, deren komische Beobachtungen des Dorflebens Ernest ungemein unterhielten.

Den Rest von Piggott fand Ernest nicht so unterhaltsam. Das Wetter war drückend. Es war nicht die richtige Zeit, um Wachteln zu jagen, und er hatte keinen Einfluß auf die Organisation des Haushaltes, um sie seinen Schreibgewohnheiten anzupassen. Pauline, die noch vier Wochen von der Entbindung trennten, war mehr damit beschäftigt, wo sie das Kind bekommen sollte. Sie wählte Kansas City, weil es ein medizinisches Zentrum war. Ihre Freunde Ruth und Malcolm Lowry luden sie ein, in ihrem geräumigen Anwesen gegenüber vom Country Club zu wohnen, und Ernest gefiel dieses Arrangement. Er fuhr Pauline in sengender Hitze von Piggott nach Kansas City.

Paulines Wehen setzten am 27. Juni 1928 ein. Sie kam ins Research Hospital im Geschäftsviertel von Kansas City, aber es dauerte noch achtzehn Stunden, bis sie den neuneinhalb Pfund schweren Patrick Hemingway durch einen Kaiserschnitt zur Welt brachte. Es war eine lange und schwierige Geburt, und die Tage nach der Operation waren voller Trübsal. Der Arzt warnte, daß Pauline zumindest in den nächsten drei Jahren nicht wieder schwanger werden dürfe. (Wenn sie nicht zu einem Krüppel oder einem Leichnam werden wollte, wie Ernest seiner Schwiegermutter anschaulich schrieb.)

Ernest war erleichtert, daß die Nervenanspannung vorbei war, aber er ärgerte sich über die Unterbrechungen seiner Arbeit. Vater zu werden war nichts Neues mehr für ihn, und ihm graute vor dem Aufenthalt in Piggott auf dem Rückweg. Wonach er sich jetzt sehnte, das war kühles Wetter, Ruhe, gute Flüsse und ein Impuls, der sein Buch in ein gewaltiges Finish steigern würde. Drei Wochen nach der Geburt des Babys brachte er einen brüllenden Patrick und die rekonvaleszente Mutter zurück in das Haus der Pfeiffers. Jinny Pfeiffer kam aus Paris zurück und überwachte Patricks Versorgung. Mary Pfeiffer wachte mit Argusaugen über Pauline, die noch immer keine Treppen steigen durfte. Ernest schrieb Waldo Peirce, einem Maler, den er in Paris kennengelernt hatte, daß er nicht verstehen könne, warum er Vater werden wolle. Er machte Pläne, nach Wyoming zu flüchten, bis Pauline soweit wiederhergestellt war, damit sie sich ihm anschließen konnte. Am 25. Juli nahm er den Zug zurück nach Kansas City, wo er seinen alten Freund Bill Horne traf, der ihn über die Prärie begleiten sollte.

Pauline schien die Trennung philosophisch zu sehen. Sie verstand, daß Ernest die richtige Umgebung für sein Buch brauchte, und sie wußte, warum er Piggott so verdummend und lähmend fand. Sie war ihm auch nicht etwa böse, weil er genug hatte von Fläschchen, Fütterungszeiten und Babygeschrei dazwischen (sie war selbst auch nicht so begeistert davon). Sie mochte nicht, daß er trübselig herumhing, wenn sie sich ihm nicht anzuschließen vermochte. Sie wollte vor allem wieder stark und fit werden, damit sie auch nach Wyoming fahren konnte.

Jinny hatte sich bereits freiwillig bereit erklärt, mit Patrick daheim zu bleiben. Das Muster, das sich jetzt abzeichnete, sollte als Modell für die folgenden Jahre dienen. Jinny mochte die Mutterrolle – das heißt, solange die endgültige Verantwortung nicht bei ihr lag. Pauline machte sich bereit, ihr Patrick zu überantworten, sobald sie nur imstande war zu reisen. »Wenn Du fort bist«, schrieb sie Ernest am 31. Juli 1928, »scheint es, als ob ich nur eine Mutter wäre, was bestimmt nicht sehr spannend ist. Aber in drei Wochen werde ich fast so weit sein, um nach Wyoming zu kommen, wo ich nur eine Ehefrau sein werde.« Paulines Mutterinstinkt ging nicht so tief wie der von Hadley. »Wir haben einen kleinen Spruch, um Patrick bei guter Laune zu halten. Er heißt ›Das Fläschchen machen‹.« Am 4. August konnte sie die Stiegen wieder hinauf und auch ihren neuen flachen Bauch bewundern. »Beeile Dich und laß Deine Frau kommen«, schrieb sie. »Ich werde mir sogar selbst die Fahrt zahlen.«

Patrick Pfeiffer wurde von Mary Pfeiffers Ortspfarrer am 14. August getauft. »Er gab keinen Laut von sich«, berichtete Pauline, »bis der Priester sagte, ›Patrick, schwörst du dem Teufel ab und all seinen Werken und seinem Prunk?‹, worauf er ein kurzes Stöhnen und ein Protestgewimmer ausstieß.« Die meiste Zeit beschrieb sie ihn, als ob er das Kind von jemand anderem wäre. »Jinny hat die Zwei-Uhr-Mahlzeit ausgelassen, weil der Arzt sagte, daß er zu rasch zunehme, und er hat begonnen, Orangensaft zu trinken. Ich glaube, wir werden ihn sehr gern haben.« Er war ihr Erstgeborener, aber ihre leidenschaftlichen Gefühle blieben seinem Vater vorbehalten und sollten das auch immer bleiben.

Nach der Taufe reiste Pauline nach Wyoming ab und legte einen Zwischenaufenthalt in St. Louis ein, lang genug, um zum Zahnarzt zu gehen und einige amüsante, wenn auch stark entstellte Klatschgeschichten zu hören. Die örtlichen Spaßvögel erzählten, daß der Charakter von Lady Brett Ashly eindeutig ein Porträt von Ernest Hemingways zweiter Frau sei. Ihren eigenen Freuden gegenüber berichtigte Pauline die Geschichte und erklärte, daß es zwar eine Brett Ashley gebe, ihr richtiger Name jedoch Duff Twysden laute und nicht Pauline Pfeiffer. Pauline wußte natürlich nicht, daß Duff zu dieser Zeit dabei war, ihre eigene Fortsetzung zu Ernests romanhafter Darstellung ihres bewegten Schicksals zu durchleben. Im Sommer 1927, nachdem sie endgültig mit dem zügellosen Pat Guthrie gebrochen hatte, verliebte sich Duff in Clinton King, einen jungen amerikanischen Maler, der sich in Paris angesiedelt hatte. King, der sich von ihrer ersten Begegnung an zu ihr hingezogen fühlte, arrangierte es, in ihrer Gesellschaft nach Tréboul zu fahren und lud sie dann ein, mit ihm in seinem Atelier in der Rue Boissonade zu wohnen. Duff vertraute ihm an, daß sie – ungeachtet ihrer leichthin gemachten Bemerkung über den Stierkämpfer – von dem Bild, das Ernest von ihr gezeichnet hatte, verletzt sei. Sie fragte sich bekümmert, ob diese Darstellung nicht den letzten Hoffnungsschimmer zunichte gemacht hatte, doch eines Tages den Twysdens die Vormundschaft über ihr Kind zu entwinden.

King war dreizehn Jahre jünger als Duff und finanziell von seinem wohlhabenden Vater abhängig, der die King Candy Company in Fort Worth, Texas, leitete. Sie machte sich Sorgen wegen des Altersunterschiedes und des Wechsels vom Montparnasse nach Texas. Aber schließlich verband sie ihr Schicksal mit dem seinem. Diesmal hatte sie das richtige getroffen. King war ihr gegenüber völlig loyal. Er setzte sich über seine Familie hinweg, um mit ihr zusammen zu bleiben, und am 21. August 1928, drei Tage nachdem Pauline Ernest in Wyoming wiedergetroffen hatte, heirateten Duff Twysden und Clinton King in einem Londoner Standesamt.

Pauline, inzwischen in Sheridan, war so dankbar, wieder mit Ernest zusammen zu sein, daß sie sich leicht seinem Tagesablauf anpaßte. Wenn er zu ruhelos war, um am frühen Morgen zu arbeiten, gingen sie Moorhühner schießen und veranstalteten dann ein Picknick auf den Kotflügeln des Autos am Straßenrand. Auf den nahen Feldern schimmerte das heranreifende Korn. In der Ferne erhoben sich kahl die graubraunen Berge. Ende August war der erste Entwurf des Kriegsromans fertig und Ernest wollte einen richtigen Urlaub. Die Wildnis im Westen – South Fork am Yellowstone, das Snake River Valley und die Grand Tetons bei Jackson Hole – reizten ihn. Das Wetter war jetzt prachtvoll, ein vollkommener Frühherbst, wenn die Sonne noch den Rücken wärmte und die Luft schon die stärkende Frische des Winters hatte. Pauline war, mit Ernests Worten, »stark wie eine Ziege«. Sie angelte im Snake River Forellen und schoß vom fahrenden Auto aus mit Ernests Colt auf Präriehunde. Sie blieben nirgends mehr als ein paar Tage, sondern machten eine Tour durch das ganze herrliche Gebiet, bis sie schließlich in Casper, Wyoming, nach Osten abbogen, um die tausend Meilen über die Prärie nach Arkansas zurückzulegen.

Dort war die Hitze unerträglich, mit Temperaturen von 42 Grad im Schatten. Pauline begann, sich nach ihrer Pariser Wohnung zu sehnen, sie hatte genug von kleinen Städten und Wäldern. Ernest vermißte Paris auch, aber Key West vermißte er noch mehr. Als sie über die Landstraßen dahinzuckelten, äußerte er seine Pläne, beim Einsetzen des guten Winterwetters wieder dort zu sein. Aber zuvor mußte er den alten Hemingways in Oak Park einen Besuch abstatten.

Als er seine Eltern sah, war er erschüttert von der Verschlechterung des Gesundheitszustands seines Vaters. Die Diabetes des Doktors hatte sich verschlimmert und seine Angina pectoris Anfälle häuften sich. Entweder war er still und deprimiert oder durch jeden gereizt, so daß er wegen der harmlosesten Bemerkungen beleidigt war. Grace flehte ihn an, sich zu schonen, aber seine Schlaflosigkeit machte die Nächte ebenso erschöpfend wie die Tage. Er hatte Grace nie zur

Gänze in seine Geldangelegenheiten eingeweiht, und nur er wußte, wie sehr sie und die Kinder von den Einkünften aus seiner Praxis abhängig waren. All seine Ersparnisse waren in die Grundstücke in Florida investiert worden, die keinen Gewinn brachten, sondern die Zahlung hoher Zinsen erforderten. Grace vertraute Marcelline an, daß er jetzt seine Schubladen und Wandschränke abschließe und viele Stunden allein hinter den verschlossenen Türen seines Büros verbringe. Der einzige Mensch, der sein Vertrauen und seine Zuneigung genoß, war der dreizehnjährige Leicester, den er so oft wie möglich bei sich hatte, wobei er sich sogar über die Zeit ärgerte, die der Junge in der Schule verbrachte. Ernest tendierte dazu, Grace zu beschuldigen, daß sie die Bedürfnisse seines Vaters nicht verstehe, aber seine Schwestern sahen es anders. Sie waren der Meinung, daß ihre Mutter in einer furchtbaren Situation ihr Bestes tat und durch Eds Zurückweisung verwirrt und verletzt war; ein Teil ihrer Hyperaktivität zu jener Zeit sollte ihre ständige Sorge um seinen Zustand überdecken, aber es war charakteristisch für sie, selbst die drohendsten Anzeichen hoffnungsvoll zu interpretieren.

Am Morgen des 6. Dezember, einige Wochen nach Ernests Besuch, erwachte Ed Hemingway mit einem besorgniserregenden Schmerz in seinem Bein. Er als Arzt konnte sich lebhaft vorstellen, was dieser Schmerz bedeuten mochte – den Verschluß einer Arterie, möglicherweise ein Gangrän und die Aussicht auf eine Amputation. In seinem deprimierten Zustand ängstigte ihn das besonders, und er vertraute Grace beim Frühstück seine Befürchtungen an. Sie flehte ihn an, unverzüglich einen seiner Kollegen zu konsultieren, was er auch zu tun versprach, ohne sein Versprechen zu halten. Vielleicht hatte er zu große Angst, die Wahrheit über seinen Zustand herauszufinden, oder er war so verzweifelt, daß ihm dieser naheliegende Schritt zuviel war. Erst wenige Tage zuvor hatten Grace und er auf den Rat seines Bruders George Hemingway, der Bankier war, beschlossen, einige der Floridaanteile zu verkaufen, aber Grace wußte, daß diesbezüglich noch nichts geschehen war. Ed kam um die Mittagszeit nach Hause, mit schmerzverzerrtem

Gesicht und blaß, und fragte nach Leicester, der mit einer Erkältung daheim war. Als Grace ihm versicherte, daß es dem Jungen viel besser gehe und daß er schlafe, ging Ed Hemingway in den Keller, um einige persönliche Papiere zu verbrennen, und sagte ihr dann, daß er sich in seinem Zimmer ausruhen würde, bis das Mittagessen fertig sei. Das nächste Geräusch im Haus war ein einziger scharfer Schuß. Er hatte sich selbst mit Anson Hemingways altem Smith-and-Wesson-Revolver erschossen, den er hinter dem rechten Ohr angelegt hatte.

Als Ernest in Oak Park ankam, war bereits Marcelline aus Detroit eingetroffen, um Grace bei der Durchführung des Begräbnisses zu helfen. Ernest stand an der Spitze der Familie, als sie im Musikstudio, wo der Leichnam aufgebahrt war, das Gebet abhielten. Trauergottesdienste wurden in der Ersten Kongregationalkirche abgehalten, und die halbe Stadt nahm daran teil. Trotz einigem Gerede über die Art seines Todes, schienen die meisten der Trauergäste ehrlich berührt zu sein vom Verlust des Doktors, der sie so viele Jahre lang behandelt hatte. Ernests Geschwister wandten sich an ihn um Trost und eine Erklärung. Er sagte ihnen, daß es am Tod ihres Vaters nichts gebe, dessen sie sich zu schämen brauchten. Er sei zu krank gewesen, um noch zu wissen, was er tat. Nichts hätte etwas geändert für einen Mann, der zeitweise nicht bei Sinnen gewesen sei, sagte Ernest.

Grace hatte ihren Schmerz und ihren Schock noch nicht überwunden, als Ernest nach Key West abreiste, aber er wiederholte – bis sie es begriff – daß er ihr jede mögliche Hilfe geben würde, um die beiden jüngeren Kinder zu erziehen, und auch für ihre Sicherheit sorgen würde. Im Augenblick, erklärte er, hatte er eine große Arbeit abzuschließen. Wenn sein Roman ein finanzieller Erfolg würde, so sollten alle davon profitieren.

Am 21. Dezember schrieb Hadley an Ernest. Für Hadley brachte die Tragödie traurige Erinnerungen wieder. Fünfundzwanzig Jahre zuvor hatte sich ihr eigener Vater, James Richardson, der einen so besonderen Platz in ihrem Leben eingenommen hatte, auf die gleiche Weise wie Ed Hemingway und möglicherweise auch aus den gleichen Gründen getötet – finanzielle Rückschläge, eine gestörte Ehe und eine sich vertiefende Depression.

Bei Ernest, der sich mit seinem Vater identifizierte und seiner Mutter gegenüber äußerst kritisch war, setzte der Selbstmord eine fortgesetzte Suche nach einem Schuldigen in Gang. Schließlich wies er Grace Hemingway diese Rolle zu. Er empfand angesichts der Tragödie tiefe Scham und Enttäuschung und mußte sich hinter einer rauhen Haltung davon distanzieren. Als er erfuhr, daß der *Brooklyn Eagle* verkauft worden war und Guy Hickok in Gefahr war, seinen Job zu verlieren, schrieb er Hickok am 9. Januar 1929, daß er im nächsten Jahr auf Ernest zählen könne, aber daß sich dieses Jahr sein Vater getötet und ihm die ganze Familie zur Unterstützung hinterlassen habe. Er würde seinen Verwandten etwas von seinem Vorschuß von Scribners abtreten, fügte er hinzu, wenn sie versprachen, ihm nie zu schreiben. Ein derartiger Sarkasmus scheint, auf Grace angewandt, besonders unfair zu sein, da sie glaubhafte Anstrengungen machte, um die Realität ihrer neuen wirtschaftlichen Lage zu erfassen. Als sie mit Marcelline die Bücher ihres Mannes durchging, entdeckte sie, daß Ed Monate vor seinem Tod die Kontrolle über seine Geschäfte verloren hatte. Unbezahlte Rechnungen waren nicht zur Kenntnis genommen worden und das Scheckbuch war nicht ausgeglichen. Obwohl Grace nie den Ruf gehabt hatte, eine gute Finanzverwalterin zu sein, war sie intelligent und findig und paßte sich rasch den veränderten Umständen an. Ihr Schwager George Hemingway und ihr Schwiegersohn Sterling Sanford bezahlten die Begräbniskosten. In einem Brief von 2. Februar schrieb sie Ernest, daß sie drei Privatschüler für Malerei und zwei für Gesang angenommen habe und hoffe, Zimmer zu vermieten. Drei Wochen später antwortete er mit dem Versprechen ständiger finanzieller Hilfe. Er würde ihr 100 Dollar pro Monat schicken.

Ernest werde nie wissen, erwiderte sie am 24. überschwenglich, was für eine enorme Erleichterung es gewesen sei, die

Benachrichtigung von so beträchtlicher materieller Hilfe zu erhalten. (Sie gestand, daß sie vor Sorgen kaum habe schlafen können.) Es war geradezu eine Gnadenfrist. Der Unterschied zwischen 100 und 200 Dollar im Monat war nichts anderes als der zwischen Armut und Wohlergehen. Bevor sie seine gute Nachricht erhalten hatte, mußte sie an allem knausern – den Zeitschriftenabonnements, den Kirchenbeiträgen und sogar dem Taschengeld für die Kinder.

Der letzte Punkt in diesem Brief betraf eine Bitte, die Ernest geäußert hatte. Er hatte sie gebeten, ihm den Revolver zu schicken, mit dem Ed sich erschossen hatte. Es gelang ihr schließlich, die Waffe vom Untersuchungsrichter zurückzubekommen; es war der alte »Long John« aus dem Bürgerkrieg, mit dem sie schießen gelernt hatte, als Ernest ein Baby war. Leicester habe auch darum gebeten, schrieb sie, aber Ernest habe Vorrang. (Dieser Briefwechsel sollte den hartnäckigen Gerüchten ein Ende setzen, daß Grace den Revolver Ernest aus eigener Bösartigkeit geschickt hätte.)

Auf Ernests Vorschlag war Sunny Hemingway im November 1928 nach Key West gekommen, um das endgültige Manuskript von »In einem anderen Land« abzutippen. In zwei Monaten war sie damit fertig, und Ernest schickte Max Perkins ein Telegramm, er solle es sich persönlich abholen. Zwischen Angelausflügen las Perkins das Manuskript, bezeichnete es als hervorragend und schlug vor, daß *Scribner's Magazine* es vor der Veröffentlichung in Buchform als Fortsetzungsroman bringen sollte. Die Redakteure der Zeitschrift stimmten zu und boten Ernest den höchsten Betrag in der Geschichte ihres Verlagshauses an: 16 000 Dollar für den Erstabdruck als Fortsetzungsroman.

Ernest, der dem Rat gefolgt war, den er einmal Fitzgerald gegeben hatte, beim Schreiben die Dinge zu verwenden, die ihn sehr verletzt hatten, hatte zwei persönliche traumatische Erfahrungen verarbeitet – seine Verwundung bei Fossalta und die Zurückweisung durch Agnes von Kurowsky, wobei beide Erfahrungen im Vergleich zu der Realität bedeutsam verändert wurden. Leutnant Frederic Henry ist ein amerikanischer Rotkreuzfahrer, der der italienischen Armee zugeteilt worden ist. Nach seiner Verwundung im Schützengraben kommt er in ein amerikanisches Rotkreuzhospital in Mailand, wo er sich in Catherine Barkley, eine schöne englische Krankenschwester verliebt. An die Front zurückkehrt, erfährt er das Leid, die Gewalt und den Verrat des Rückzugs von Caporetto. (Hemingway, der Journalist, hatte über den Rückzug in der Türkei im Jahr 1922 berichtet.) Leutnant Henry kann nicht länger zusehen, wie italienische Carabinieri ihre eigenen Offiziere erschießen, und flieht mit Catherine, die jetzt schwanger ist, zu einem kurzen Idyll nach Chamby in die Schweiz, bevor sie eine Totgeburt hat und dann stirbt.

Catherine Barkley ist eine idealisierte Hemingwayfrau, selbstlos, tapfer und erotisch – halb Mutter, halb sexuelle Partnerin. Sie verlangt von ihrem Liebhaber nichts als daß er sie wiederliebt. Jene Kritiker, die Ernests Heldinnen verteidigen, behaupten, diese Idealwesen seien seinen Helden überlegen – sie seien treuer, liebender und hätten größeres Verantwortungsbewußtsein. Das scheint jedoch nicht den Einwand zu entkräften, daß Ernest wenig Interesse daran hatte, die Bedürfnisse, Hoffnungen und Konflikte von Frauen aus Fleisch und Blut zu erforschen.

Agnes von Kurowsky ist als Modell für Catherine Barkley identifiziert worden. Aber in Wirklichkeit verwendet Ernest viele Quellen bei der Gestaltung seiner todgeweihten Heldin. Ihre schottische Herkunft und Redeweise stammten von Duff Twysden, ihre bewegte Vergangenheit von Agnes' Kollegin Elsie Jessup. Ihr Name, Catherine, und seine Abkürzung Cat, kamen von Ernests Spitznamen für Hadley – »Feather Cat«, der zu Kat oder Cat verkürzt wurde. Und das Idyll in Chamby basierte auch auf Winterszenen aus seiner Zeit mit Hadley.

Wenn Catherines Entwurzeltsein zu Duff Twysden gehört, die Umgebung der Schweizer Alpen zu Hadley und die warmen Augustnächte auf dem Balkon des Spitals zu Agnes, so bezieht sich der tragische Tod der Heldin klarerweise auf Paulines Kaiserschnitt in Kansas City. Kritiker haben festgestellt, daß Ernest die Sterbeszene von »In einem anderen Land« einen Monat nach der langwierigen und gefährlichen Entbindung seiner Frau geschrieben hat, aber sie haben Catherines heiligenmäßige Darstellung im allgemeinen Ernests Vorstellung von Hadley zugeschrieben. Ernests Idealisierung von Hadley kam jedoch erst viel später, dreißig Jahre danach, in dem Buch »Paris – ein Fest fürs Leben«. Als er »In einem anderen Land« schrieb, basierte seine Darstellung wahrscheinlich eher auf Pauline. Catherines Art, ihrer Liebe zu dem Leutnant Ausdruck zu verleihen, klingt so wie Paulines Brief an Ernest im Jahre 1926.

Da das Manuskript an Perkins abgeliefert war und ein solider Vorschuß bald auf seinem Bankkonto eintreffen würde, drängte Ernest seine Freunde, nach Key West herunterzukommen. Mike Strater folgte dieser Aufforderung ebenso wie Dos Passos und Katy Smith, deren Loyalität Hadley gegenüber sie offensichtlich nicht daran hinderte, eine angenehme Freundschaft mit Pauline einzugehen. Strater reiste ab, und Dos Passos blieb, betört von der grünäugigen Kate, die mit siebenunddreißig noch immer unverheiratet war. Sie mochte Dos Passos, einen liebenswürdigen kurzsichtigen Mann, der sie an ihren einsiedlerischen, professoralen Vater erinnerte. Katy behandelte Ernest noch immer wie am Walloon Lake, als er sechzehn gewesen war, mit neckischer Zuneigung und ohne die Ehrerbietung, die andere ihm gegenüber zu zeigen begannen. In seiner Erinnerung war sie eines seiner ersten Mädchen. Jetzt, wo er ein reifer, zum zweitenmal verheirateter Mann war, verfolgte er Katys romantisches Leben mit Interesse. Es war Zeit, daß sie einen Mann nahm. Ernest stimmte zu, daß der freundliche, kahl werdende Dos Passos einen guten Ehemann für sie abgegen würde. (Die beiden heirateten sechs Monate später.)

Während die Besucher kamen und gingen, führte Pauline den Haushalt mit der Hilfe des lokalen Dienstpersonals und begann Ende März mit den Vorbereitungen für die Reise zurück nach Europa. Sie überquerten Anfang April die Meerenge nach Havanna und gingen am 5. April an Bord des Schiffes nach Europa. Ernest nahm Jinny und Guy Hickok in einem nagelneuen Ford, mit dem Onkel Gus sie ausgestattet hatte, mit nach Pamplona, während Pauline in Paris wartete, bis Patrick mit seinem Kindermädchen nach Compiègne fahren konnte. Mit der Freigiebigkeit von Gus Pfeiffer und Ernests Vorschuß von *Scribner's Magazine* war es nicht mehr notwendig, sich einzuschränken, obwohl Ernest seinen Freunden schrieb, er sei noch immer total pleite. Er zeigte Gus Pfeiffer offen seine Dankbarkeit, nicht nur für die Geschenke und das Geld, sondern auch für seine Hochachtung, und er achtete darauf, ihm seine Wertschätzung zu zeigen. Er hatte ihm bereits das Originalmanuskript von einigen Kurzgeschichten geschenkt und widmete jetzt »In einem anderen Land« G. A. (Gustavus Adolphus) Pfeiffer, dem er auch das Manuskript schenkte.

Am 30. August erlebten die Reisenden, denen sich Pauline inzwischen angeschlossen hatte, den Aufstieg eines neuen Phänomens in der Stierkampfarena. Es war Sidney Franklin, der jüdische Matador aus Brooklyn, und Ernest war von Franklin genügend beeindruckt, um seinen wichtigsten Corridas während der nächsten zwei Wochen zu folgen. Franklin war ein überschwenglicher junger Mann ohne Nerven mit einem untrüglichen Instinkt dafür, sich in Szene zu setzen. Er wurde zu einem von Ernests ergebensten Bewunderern, und seine Loyalität ging so weit, auch Pauline miteinzuschließen, die von Franklin trotz seines anmaßenden Wesens amüsiert war und ihn als einen von Ernests Kumpeln akzeptierte.

Am 20. September 1929 kehrten die Hemingways nach Paris zurück, weniger als eine Woche, bevor »In einem anderen Land« veröffentlicht wurde. Perkins telegrafierte ihnen, daß die ersten Rezensionen »prächtig« seien. Grace Hemingway schien von dem Buch echt gerührt zu sein und schrieb Ernest am 5. Oktober, es sei sein bisher bestes Werk und verdiene das Lob der Kritiker. Einen Monat vor der Veröffentlichung waren bereits 33 000 Exemplare vorausbezahlt worden, und Ernest prophezeite, daß die Zahl der verkauften Exemplare

100000 übersteigen würde. Wenn der Gewinn groß genug sein würde, hatte er vor, einen Treuhandfonds für Grace zu gründen. Onkel Gus hatte bereits versprochen, einen Beitrag dazu zu leisten.

Agnes von Kurowsky, die in Port-au-Prince auf Haiti lebte, erfuhr einige Monate später, daß Ernest ihre Kriegsromanze in einen Bestseller umgesetzt hatte. Für Agnes war die Lektüre des Buches eine lebhafte Erinnerung an eine exotische Episode aus ihrer Vergangenheit. Es war ein sonderbares Gefühl, sich selbst in eine schöne unglückliche Heldin umgestaltet zu sehen. Aber sie hatte einen zu klaren Kopf, um von Ernests künstlerischer Einbildungskraft getäuscht zu werden. Catherine hatte für Agnes mehr Ähnlichkeit mit der so koketten Elsie Jessup als mit ihr selbst. Eine Kollegin, die mit Agnes 1918 im Ospedale gewesen war, erwies sich als vertrauensseligere Leserin. Nachdem sie den Roman gelesen hatte, war die Krankenschwester sicher, daß sich ein derartiger Skandal vor ihrer Nase abgespielt hatte. Agnes war nie imstande, sie vom Gegenteil zu überzeugen.

Im Frühjahr 1926 hatte sich Agnes, begierig nach neuen Horizonten, wieder zum Roten Kreuz gemeldet. Am 4. Juli, nach vier Jahren als Krankenschwester im Privatdienst, war sie nach Haiti abgereist. Die amerikanische Militärregierung auf der Insel brauchte französisch sprechende Schwestern, um die Lernschwestern aus Haiti auszubilden. Am 15. Mai 1927 wurde Agnes zur Direktorin der Schwesternschule am General Hospital von Haiti ernannt und vom Verwaltungschef des Spitals für das hohe Niveau gelobt, das sie einführte. »Die Hitze war entsetzlich«, erinnerte sich Agnes, »aber wir brachten es fertig, es uns in angenehmen Häuschen bequem zu machen. Wir schliefen unter Moskitonetzen – es gab keine Fliegengitter auf der Insel – und ich trug Sommerkleider aus Baumwolle anstelle des heißen grauen Flanells, den die französischen Schwestern trugen. Ich hatte mein eigenes Pferd, was hübsch war, und ich lernte einen Ford, Modell T, zu fahren.«

Im nächsten Jahr, als sie mit dem Schiff von einem Urlaub auf dem Festland zurückkam, lernte Agnes Howard Preston

Garner kennen, einen zivilen Rechnungsprüfer aus Georgia, der in der Finanzabteilung der amerikanischen Armee arbeitete. Er war ein muskulöser Mann mit einem runden Gesicht und einem schwarzen Schnurrbart (seine Fotos zeigen einige Ähnlichkeit mit dem Ernest Hemingway der dreißiger Jahre). »Pete« Garner hatte als Vertreter der USA in verschiedenen europäischen Schadenersatzkommissionen fungiert, und er schien lebhaft und anziehend zu sein. »Kleine Männer mochten mich immer«, war Agnes Kommentar. Am 23. November 1928, sie war siebenunddreißig, wurden sie vom Bischof von Haiti in der Episkopalkirche von Port-au-Prince getraut. »Wir mögen keine Publicity«, schrieb Agnes an Clara Noyes im Rotkreuzbüro in Washington D.C., »so daß alles sehr still verlief«. Clara Noyes sandte ihre Glückwünsche. »Die Zeiten haben sich geändert«, schrieb sie. »Einst wurde es für eine Krankenschwester als nicht ganz schicklich betrachtet zu heiraten, während sie noch Dienst tat. Jetzt hat sich unsere Haltung selbstverständlich völlig geändert.«

Als Bumby 1929 wieder zu Hadley zurückkam, brachte er als Geschenk von Ernest ein Exemplar von »In einem anderen Land« mit. »Es ist fesselnd«, schrieb Hadley am 7. Oktober. »Ich gratuliere und danke dir.« Sie hatte Ernest häufig während der vergangenen zwei Jahre geschrieben, und der Ton ihrer Briefe war der einer liebevollen Freundin. Als Ernest ihr telegrafisch Patricks Geburt mitgeteilt hatte und ihr anschließend in einem Brief die traumatischen Einzelheiten berichtete, hatte Hadley geantwortet: »Was für eine schreckliche Zeit mußt Du durchgemacht haben... Ich habe mit Dir, Baby, und der armen kleinen alten Pauline mitgelitten... Gib ihr von mir und Bumby unsere Liebe und herzliche Glückwünsche bezüglich der Größe und dem Geschlecht.« Sie warnte ihn, er solle »versuchen, dem müden Kopf und Herzen Erleichterung zu verschaffen... und all die Frauen und Kinder vergessen und die diversen Schmerzen, die sie Dir gebracht haben. Ich habe viel über Dich nachgedacht, und ich bin sicher, daß Du eine richtige Erholung brauchst und wie gewöhnlich genug Verstand gehabt hast, sie am richtigen Ort zu suchen.« Was sie betraf, so war es ein idealer Sommer gewesen. Sie hatte mit Paul Mowrer und seinen Söhnen Berge bestiegen, geangelt, Brombeeren gesammelt und in Winifreds Abwesenheit den Haushalt geführt. Bumby war braun und stark und mit allen gut Freund. »Ich mag Dich sehr, Papa«, schrieb seine Mutter für ihn, wobei sie seine kindliche Sprache nachahmte. »Ich mag Dich mehr als die ganze Welt und schicke Dir einen Blumentopf, damit Du Blumen kaufen kannst, um sie hineinzugeben.«

Es gab keine Klagen in den Briefen, keinen Sarkasmus und keine nachklingende Bitterkeit. Hadley war immer noch stolz auf Ernests Leistungen, aber mehr interessiert an der wachsenden Anerkennung, die Paul Mowrer zuteil wurde. Im Mai 1929 war er für seine Arbeit als Auslandskorrespondent mit dem Pulitzerpreis ausgezeichnet worden. Er begann, mit Hadley vom Rückzug ins Privatleben zu sprechen und war im Begriff, seine beträchtlichen Investitionen zu verkaufen, als der Börsenkrach vom 3. Oktober diesen Träumen ein Ende setzte. (Als er 1930 verkaufte, waren seine Aktien 8000 Dollar statt 100000 Dollar wert.) Sie war Paul Mowrer auch dankbar für die Aufmerksamkeiten ihrem Jungen gegenüber. Unbefangen akzeptierte Hadley ihren Platz in Paul Mowrers Leben, und es gab kein Anzeichen dafür, daß sie ungeduldig auf die Scheidung wartete, die ihm die Freiheit geben würde, sie zu heiraten.

Jahre später antwortete sie auf Fragen über ihre erste Ehe mit dem einfachen Satz: »Er schenkte mir Bumby.« Erinnerungen an ihr vergangenes Leben mit Ernest schmerzten sie nicht mehr. Manchmal war sie sogar imstande, darüber zu scherzen. Als die Godolphins sie im Spätsommer 1929 besuchten, erinnerte sich Isabelle daran, wie es gewesen war, in Oak Park aufzuwachsen. »Wenn Ernie nicht so spießig erzogen worden wäre«, hatte Hadley da mit einem Lächeln gesagt, »hätte er gewußt, daß man sich nicht jedesmal scheiden lassen und die Neue heiraten muß, wenn man sich mal außerehelich verliebt.«

13

Ernest beklagte sich Waldo Peirce gegenüber, daß er eine Ehefrau, eine Mutter, zwei Schwestern, einen Bruder, eine Exehefrau, zwei Söhne und drei Dienstboten zu erhalten habe, und daß Tausende hungern würden, wenn er nicht bald wieder dazu kommen würde zu arbeiten. In Wirklichkeit bekam Pauline oft zusätzlich Geld von ihrer Familie, Sunny erhielt sich selbst, und Hadley verwendete ihr eigenes Einkommen zusätzlich zu den unregelmäßigen Zahlungen von Scribners.

Die Verbindung mit der Familie Pfeiffer schien ihn mehr in die Defensive zu drängen als es seine Ehe mit Hadley getan hatte. Er und Hadley waren jung und erfinderisch gewesen und hatten die meiste Zeit wie arme Leute gelebt. Aber jetzt war Ernest eine auffallende Gestalt. Er und seine Begleitung reisten wie reiche Zigeuner hin und her über den Ozean und durch die Vereinigten Staaten. Pauline zog es vor, ihren Lebensstil eher mit zusätzlichen Geldern aufrecht zu erhalten, anstatt etwas von ihrem gewohnten Komfort zu opfern. Als die Wirtschaftskrise sich verschärfte und immer weniger Menschen so wie sie leben konnten, kehrte Ernest mehr seine Stacheln hervor und tendierte zu Übertreibungen, was das Ausmaß seiner Ausgaben und die Zahl der Leute betraf, die von ihm finanziell abhängig waren.

Am 10. Januar 1930 stachen die Hemingways und Henriette, Patricks französisches Kindermädchen, von Bordeaux aus in See und trafen Anfang Februar in Key West ein, wo sie in ein anderes gemietetes Haus zogen, das an der Pearl Street lag. Im März kam Ernests Clique zum Fischen im Frühjahr an. Er war wütend über die Unterbrechungen, wäre aber der Letzte gewesen, der irgendwem abgeraten hätte herzukommen. In Wirklichkeit war er noch nicht in der Stimmung für ernsthafte Arbeit. Der Fischfang war zu gut, und es gab zu viele anregende Trinkkumpane.

In einem Briefwechsel mit Hadley brachte Ernest die Frage von Bumbys religiöser Erziehung zur Sprache und bemerkte, daß er und Pauline aus ihm gerne einen kleinen Katholiken machen würden, wenn Hadley nichts dagegen habe. Sie erwiderte:

»Meine wohlüberlegte Antwort lautet so, mein alter Liebling. Ich *habe* etwas dagegen – er gehört durch seine Taufe der Episkopalkirche an, und ich hoffe, daß er frei von Urteilen und voll Glauben in diesen Dingen aufwächst. Er kann sich selbst entscheiden, wenn er achtzehn ist und so wie viele Katholiken sein, wenn er es *dann* will. In der Zwischenzeit bringe ich ihm Geschichten aus der Bibel bei... und all die Freundlichkeit, Fürsorge und Rechtschaffenheit, die ich aus meinem eigenen Glauben schöpfen kann. ... Ich möchte nicht, daß er in irgendeine Kirche eintritt, bevor er alt genug ist, für sich selbst vernünftig darüber nachzudenken oder es *nach seinem Gefühl* zu entscheiden.«

Für seine jährliche Reise nach New York wurde Bumby der Obhut von Jinny Pfeiffer anvertraut. Anfang Juni verließen Ernest und Pauline getrennt Key West – Ernest fuhr nach New York, um Bumby vom Schiff abzuholen, und Pauline, Patrick und Henriette fuhren mit dem Zug nach Arkansas. Ein kräftiger, plappernder Bumby war begeistert von der Aussicht, mit seinem geliebten Papa das Land zu durchqueren. Sie fuhren nach Westen bis Piggott, wo sich Pauline ihnen anschloß, und überquerten die Prärie im heißen Hochsommer. Am 13. Juli trafen sie auf der L-Bar-T-Vergnügungsfarm ein, wo sie der Eigentümer, Lawrence Nordquist, in seinem besten Doppelbungalow unterbrachte, von dem man einen schönen Ausblick auf die hohen Berggipfel im Westen hatte. Ernest verbrachte die meisten Morgenstunden mit der Verwirklichung einer Idee, die er schon seit einigen Jahren mit sich herumtrug. Er wollte ein richtiges Buch in voller Länge über den spanischen Stierkampf schreiben, das auch mit Fotos ausgestattet sein würde. Es mußte interessant und ganz genau sein. Er fing langsam an, schrieb aber in den nächsten zwei Monaten zweihundert Seiten. Wenn er nicht arbeitete, ritten und angelten

Pauline und Bumby mit ihm. Klein und schlank in ihren Jeans, das Haar knabenhaft geschnitten, saß Pauline gut auf ihrem großen schwarzen Roß.

Während der wenigen klaren Tage, als das Angeln gut war, fingen sie viele Regenbogenforellen und andere Fische. Am 13. September ließen Pauline und Ernest neue rechtskräftige Testamente ausfertigen, in denen sie alles einander vermachten. Ernest betraute Pauline insbesonders mit der Verantwortung für die Sorge, die Erziehung und den Unterhalt seiner beiden Söhne »John H. N. Hemingway und Patrick Hemingway«. Am nächsten Tag reisten Pauline und Bumby nach New York ab, um Henriette zu treffen, die mit dem Jungen nach Frankreich zurückkehren würe.

Am Morgen des 2. November bekam Pauline schlechte Nachrichten aus Wyoming. Ernest lag mit einem gebrochenen rechten Arm im St. Vincent's Hospital in Billings. Es war in der Nacht zuvor, als er mit dem Ford eine schmale zweispurige Schotterstraße entlangfuhr, von den Scheinwerfern eines entgegenkommenden Wagens geblendet worden, der ausgeschert war, um ein anderes Auto zu überholen. Ernests Ford fuhr in einen tiefen Graben, überschlug sich, und Ernest wurde verkehrt hinter dem Lenkrad eingeklemmt. Dos Passos (der im Oktober herausgekommen war) und einer der Arbeiter von der L-Bar-T-Farm wurden herausgeschleudert und kamen mit leichten Abschürfungen davon. Sie befreiten Ernest aus dem Wrack und stoppten einen vorbeifahrenden Wagen.

Einen Monat lang war er im Krankenhausbett festgenagelt. Pauline, die sofort nach Billings gekommen war, saß die ganze Zeit über jeden Tag bei ihm, las ihm vor und schickte Nachrichten an Freunde in aller Welt.

Als Ernests Schmerzen nachließen und er besser schlief, schlug ihm Pauline vor, er solle ihr den Text für das Stierkampfbuch diktieren. Das klang für Ernest nicht praktikabel, aber er genoß es, lange Briefe zu diktieren, die sie auf der Maschine tippte. Mitte Dezember wurde er aus dem Krankenhaus entlassen, und sie kehrten mit dem Zug nach Arkansas zurück, gerade rechtzeitig für Weihnachten. Pauline war guter Stimmung, dankbar, der deprimierenden Krankenhausatmosphäre entronnen zu sein, aber Ernest war immer noch verdrießlich wegen der langen Untätigkeit. Schließlich reisten sie Mitte Januar nach Key West ab. Pauline brachte Ernest, Jinny, Patrick, Henriette (die aus Paris zurück war) und sich selbst in einem gemieteten Haus an der Ecke der Whitehead und United Avenues unter und stellte neues Hauspersonal ein. Da sein Arm inzwischen fast völlig verheilt war, nahm Ernest die Arbeit an dem Stierkampfmanuskript wieder auf und begann, im späten Frühjahr, eine Reise nach Spanien zu planen.

Im Februar kam Grace Hemingway nach Florida, um ihre jüngste Tochter Carol zu besuchen, die ihr erstes Jahr am Rollins College absolvierte, und um sich zum ersten Mal ihren Enkel Patrick anzusehen. Bei ihren Reisen nach Arkansas und zurück hatten weder Pauline noch Ernest Patrick nach Oak Park gebracht, obwohl Grace einen derartigen Besuch in vielen ihrer Briefe vorgeschlagen hatte. Patrick erinnert sich an seine Großeltern Pfeiffer als wichtige Personen seiner Kindheit. Aber er nahm seine Großmutter Hemingway nur als große sonderbare Frau wahr, die sein Vater nicht mochte. Zur Zeit dieses Besuchs in Key West war der Treuhandfonds, den Ernest, Pauline und Onkel Gus geplant hatten, bereits in Funktion. Pauline und Onkel Gus hatten zusammen 20 000 Dollar beigetragen und Ernest steuerte den Großteil seiner Einkünfte aus »In einem anderen Land« bei – 30 000 Dollar. Es war ein großzügiger Entschluß, und er war stolz darauf. Wie er einmal Fitzgerald schrieb: »Das einzige im Leben, wo ich mit Anständigkeit Glück hatte, ist Geld, so daß ich sehr großzügig und genau damit bin.«

Grace war voller Dankbarkeit. Sie hatte Ernest immer wieder geschrieben, daß sie von Paulines und seiner Freigiebigkeit überwältigt war. Aber die Art der Beziehung zwischen Mutter und Sohn war so, daß es häufig Mißverständnisse in ihrem Briefwechsel gab. Grace gebärdete sich päpstlich, und Ernest nahm Anstoß daran. Dann versuchte Grace sich zu entschuldigen. Sie begriff, daß sie einen Hang dazu hatte, das Falsche zu sagen – Dinge, die ihn irritierten –, und sie gab zu, daß das eine

216

unglückliche Schwäche ihrerseits war. Könnte er nicht versuchen, dafür Verständnis zu haben? Schließlich war das Leben doch so kurz; warum sollte man nur die Vorwürfe und Unstimmigkeiten im Gedächtnis behalten?

Leider war Ernest zu verhärtet, um sein schroffes Urteil über sie zu ändern. Und es gab noch einen Punkt in seiner Beschwerdeliste – die Überzeugung, daß seine Mutter seinen Vater zum Selbstmord getrieben hätte. Einige Jahre später sollte er eine derartige Möglichkeit in der Kurzgeschichte »Väter und Söhne« andeuten. Jetzt war er noch nicht so weit, seiner Mutter die Schuld zu geben. Aber es gab einen Hinweis auf diese Beschuldigung in seinen Versuchen, das Opfer freizusprechen. »Er war in einer Falle umgekommen, an deren Aufstellung er nur wenig beteiligt war, und sie hatten ihn alle auf ihre verschiedene Art und Weise verraten, bevor er starb.« Aus »sie« im Plural wurde später »sie« im Singular, als Ernest fortfuhr, über die schmachvolle Tat nachzugrübeln. (Carol Gardner, die nach dem Tod ihres Vaters noch zwei Jahre zu Hause verbrachte, ist der Ansicht, daß die Trauer ihrer Mutter echt und Ernest verbohrt gewesen sei, darauf zu bestehen, daß Grace ihren Mann zu seinen Lebzeiten nicht geliebt und geschätzt habe.)

Wenn Grace dieser Aspekt von Ernests Feindseligkeit zum Bewußtsein kam, so hat sie das nie eingestanden. Zu dieser Zeit ihrer Witwenschaft war sie von ihren vielen Interessen in Anspruch genommen. Sie hatte einen gebrauchten Pontiac gekauft und fahren gelernt. Während sie mit Skizzenblock und Pinsel durch das Land reiste, malte sie Seestücke in Nantucket und Wüstenlandschaften in New Mexico. Wenn ihre Bilder sich nicht verkauften, versuchte sie, Befriedigung durch die Leistungen ihrer Schüler zu bekommen.

Niemand hörte sie sich je über Einsamkeit beklagen. Sie fuhr von Ort zu Ort, besuchte ihre Kinder und Enkelkinder, aber immer nur für einige Tage, wobei sie stets in langen Kleidern und hohen weißen Schnürstiefeln erschien. Die neue Freiheit, die sie genoß, entschädigte sie wahrscheinlich in mancher Hinsicht für die Einsamkeit, die sie für sich behielt. Sogar als sie um Ed trauerte, war eine gewisse Erleichterung, ein Freiwerden von schöpferischer Energie zu spüren. Als sie sich den Veränderungen nach seinem Tod anpaßte, hielt sie die Kraft ihres eigenen Ego aufrecht. Die Eigenschaften, die Ernest von ihr entfremdet hatten und die selbst ihre ergebensten Kinder irritierten – der starrsinnige Glaube an ihre eigenen Ansichten, die Wichtigtuerei, der Stolz und die Eitelkeit – diese Charakterzüge waren auch die Eigenschaften, die sie vor einem ängstlichen, hoffnungslosen Alter bewahrten.

Im März blieb Paulines Regel aus, und ein Arzt in Key West bestätigte, daß sie irgendwann im November ein Baby bekommen würde. Sie begann sofort mit der Suche nach einem Haus, diesmal in fieberhafter Eile. Ihre Bedürfnisse waren klar. Es mußte genug Platz für Ernest geben, damit er ungestört schreiben konnte, Zimmer für Patrick, das neue Baby und den älteren Bruder, der manchmal zu Besuch kam, und etwas Luxus im Schlafzimmer. Außer Lesen war die Gärtnerei Paulines liebstes Hobby. Es mußte also viel Platz im Hof vorhanden sein. Und wie immer der Grundriß aussehen mochte, das Haus mußte im Charakter europäisch sein, um den richtigen Hintergrund für ihre spanischen Antiquitäten aus dem fünfzehnten Jahrhundert abzugeben.

Es erwies sich, daß das am wenigsten einnehmende Grundstück die meisten Möglichkeiten bot – ein vernachlässigtes Haus, das Pauline im Vorjahr gesehen hatte und seitdem als »das verdammte Spukhaus« bezeichnete. Es lag in der Whitehead Avenue 907 auf einem schönen Eckgrundstück und war 1851 von einem reichen Reeder erbaut worden. Hinter dem äußeren Verfall zeigten sich eine edle Struktur und solide Materialien – weißer Stein, Pinienholz aus Georgia, schöne schmiedeeiserne Geländer. Die Fenster waren lang und anmutig, mit alten Läden, die man in ihrer ursprünglichen Schönheit restaurieren konnte. Das steile Treppenhaus führte in die zentrale Halle im ersten Stock, die die Räume der Hausherren von einem Flügel für die Kinder trennte, in dem sich auch ein Wohnzimmer und ein hohes altmodisches Badezimmer mit erlesenen Kacheln befanden. Große Glastüren öffneten sich auf eine Veranda, die den ganzen ersten Stock umgab. Es gab eine Scheune für Kutschen und Wagen, eine Zisterne, die zwanzigtausend Gallonen faßte, und offene Kamine in mehreren Zimmern. Gus Pfeiffer kam her, um die Finanzierung zu sichern und die Kaufverhandlungen zu führen. Der Vertrag wurde am 29. April 1931 unterzeichnet, der Kaufpreis betrug 8000 Dollar, und Ernest und Pauline wurden als Eigentümer eingetragen. Ernest war etwas befangen darüber, daß sein erstes Haus vom Onkel seiner Frau bezahlt wurde. Und Pauline wußte genug, um sich Sorgen zu machen wegen der Probleme, die die Renovierung eines achtzig Jahre alten Hauses mit sich bringen würde. Die Fenster waren zerbrochen, der Verputz bröckelte ab, und die Installationen hatten Altertumswert. Alle Türen waren verzogen, und der Fußboden war eingesunken.

Aber es gab keine Zeit, um Angst vor der Zukunft zu haben. Zu viel geschah in der Gegenwart. Ernest fuhr einige Tage später nach Havanna, um an Bord der S. S. *Volendam* nach Vigo in Spanien zu reisen. Pauline würde mit Patrick und Henriette nach New York fahren, um Ende Mai mit der S. S. *President Harding* nach Cherbourg zu reisen. Die Pläne verlangten, daß Ernest in Madrid arbeitete, während Pauline den Haushalt in Key West zusammenpackte, sich in Paris um geschäftliche Angelegenheiten kümmerte und ihn schließlich am Strand von Hendaye treffen würde. »Ich werde ein braves Mädchen sein und versuchen, meine Mutterschaft zu lieben, aber was mir wirkliche Zufriedenheit bringen wird, das wirst Du sein«, schrieb sie am 13. Mai aus Key West. Diese Schwangerschaft brachte keine beschwerliche Übelkeit mit sich, und sie agierte in der drückenden Hitze gemeinsam mit Jinny, die hergekommen war, um ihr zu helfen, mit großer Energie. Am 13. Mai schrieb sie Ernest: »Du fehlst mir die ganze Zeit, und ich kümmere mich nicht um die aktuellen Ereignisse und alles, was ich will, bist Du. Du bist sowohl die Interpunktion und die Grammatik, als auch die spannende Geschichte.«

In Paris fand sie dreizehn Briefe von Ernest, »einen reizender als den anderen, voller Liebe und hübsch, was die ideale Kombination ist«. Sie traf sofort Vorbereitungen, um Henriette und Patrick nach Bordeaux zu schicken, organisierte den Transport der in Paris gelagerten Möbel nach Key West und gab sich dann den Einkaufsmöglichkeiten von Paris hin. »Ich gebe noch immer ganz schön viel aus«, gestand sie, »aber ich will und erwarte keine Geburtstagsgeschenke und werde alle Geburtstagsschecks, die ich bekommen sollte, einsenden.« Sie beschrieb ihre neue Dauerwelle und hoffte, daß Ernest nicht enttäuscht sein würde. Sie meinte, daß sie hübsch und weich sei und sich gar nicht wie künstliche Locken anfühle. »Ich glaube, es wird Dir gefallen. Beeile Dich und laß Deine Haare wachsen, dann werde ich Dir an regnerischen Nachmittagen Zöpfe flechten und Locken drehen.«

Zu dieser Zeit begann Pauline, das kommende Kind hoffnungsvoll als Klein Pilar zu bezeichnen, »ein hübsches kleines Mädchen, das leicht auf die Welt kommt«. Da sie bereits einen Sohn geboren hatte, war es jetzt ihr offener heißer Wunsch, Ernest eine Tochter zu schenken. Er machte kein Geheimnis daraus, daß das auch sein Wunsch war. Er schrieb Waldo Peirce, daß er sich »sehr ein Mädchen wünsche, aber da ich bisher weder eine legitime, noch eine illegitime Tochter gehabt habe, weiß ich nicht, wie ich das anstellen soll«. Da er in einem Haushalt mit vier Schwestern aufgewachsen war, war er an weibliche Gesellschaft gewöhnt, besonders wenn er die Chefrolle des großen Bruders spielen konnte, und er hatte die Zuneigung seiner Schwestern Ed Hemingway gegenüber erlebt. In Ernest gab es einen Beschützerinstinkt, eine Väterlichkeit, die sich seit kurzem darin äußerte, daß er seine Frau und befreundete Frauen »Tochter« nannte. Ein alter Aberglaube, daß ein Mann, der keine Töchter bekommen konnte, weniger wert war, mochte auch eine Rolle spielen, denn Ernest konnte so abergläubisch sein wie ein mittelalterlicher Bauer. Als Paulines Bauch wuchs, phantasierte sie mit immer größerer Intensität über die Befriedigung, die es ihr bringen würde, die glückliche Frau zu sein, die ihm die Tochter schenkte. Ihre strenge katholische Erziehung ließ ihr keine Wahl bei Fragen der

Schwangerschaft und Empfängnisverhütung, aber es spricht wenig dafür, daß sie starkes Verlangen danach hatte, Mutter zu werden. Wonach sie Verlangen hatte, das war Ernest. Was immer ihm gefiel, fand sicher auch ihr Gefallen.

Anfang Juni war Ernest nach Paris gefahren, um Bumby zu einem Urlaub nach Spanien zu bringen. Es war das erste Mal, daß der Junge seinen Vater und seine Mutter seit der Scheidung zusammengesehen hatte. »Ich möchte Deinen Rat«, hatte Hadley Ernest im April geschrieben, »und (Deine) Meinung als Freund bezüglich der Situation von Paul (Mowrer) und mir, besonders was Bumby betrifft. Wir haben alle Höhen und Tiefen durchgemacht, seit ich Dich zuletzt gesehen habe. Läßt Du mich reden und hörst zu und dann, wenn Du redest, höre ich zu. Vielleicht kannst Du mir helfen, mir über die Dinge klar zu werden.« Offensichtlich konnte er das, denn am 15. Juni schrieb sie ihm einen überschwenglichen Dankesbrief. »Nie hat mir etwas so gut getan wie dieser Besuch von Dir. Bumby war ganz *verrückt* vor Freude, aber ich möchte besonders von mir selbst sprechen. Es hat buchstäblich meinem Herzen gut getan, und mein Herz war in keiner guten Verfassung.«

Ernest war abgereist, um Pauline in Madrid zu treffen. Die Hitze, die Schwangerschaft und die jämmerliche Unterbringung hatten ihre Stimmung verschlechtert. Was sie in Wirklichkeit am meisten beunruhigte war die Frage, wo das Kind zur Welt kommen sollte. Sollte sie nach Paris gehen oder nach Piggott und von dort nach Kansas City, wo Dr. Guffey, der ihren Fall kannte und dem sie vertraute, den Kaiserschnitt durchführen konnte?

Sie reisten mit der *Ile de France* und nahmen eine interessante Neuerwerbung mit, »Der Gitarrenspieler«, ein Bild des spanischen Kubisten Juan Gris, der 1927 gestorben war. Ernest, der ein scharfes Auge für Kunstwerke hatte, behauptete, er hätte den Großteil ihres Reisegeldes für das Bild ausgegeben. Das war eine typische Hemingwayübertreibung, da es nicht wirklich so teuer gewesen war, obwohl es bereits 1931 ein wertvolles Bild war. Pauline war jetzt im siebenten Monat. Sie kam zwar mit der Schwangerschaft gut zurecht, war aber nicht in der Lage, die Schiffsküche oder die Weinkarte zu genießen und an Festlichkeiten teilzunehmen. Donald Ogden Stewart war ebenfalls mit seiner schwangeren Frau an Bord, und die beiden werdenden Väter vertrieben sich die Zeit mit Jane Mason aus Havanna, der Frau von G. Grant Mason, dem Leiter der Pan American Airways in Kuba.

Mit zweiundzwanzig war Jane bereits eine anerkannte Schönheit. Sie war mittelgroß, hatte einen zarten, wohlproportionierten Körper, schöne Gesichtszüge und blaue Augen. Ihr rotblondes Haar war in der Mitte gescheitelt und, um eine Illusion von heiterer Reinheit zu schaffen, sittsam aus dem Gesicht gekämmt. Es gab allerdings nichts Sittsames an ihrer Persönlichkeit, denn sie tanzte und trank mit großem Eifer. Sie war als Jane Coyle in Tuxedo Park, New York, am 24. Juni 1909 zur Welt gekommen und hatte den Namen Kendall angenommen, als sich ihre Mutter wieder verheiratete. Als Kunststudentin an der Briarcliff School in New York hatte sie begonnen, eine Begabung für Bildhauerei und Malerei zu zeigen, aber ihre Studien waren zweitrangig gegenüber ihrem gesellschaftlichen Leben. Sie wurde der Gesellschaft von Washington D. C. nicht nur einmal, sondern gleich zweimal als Debütantin präsentiert und heiratete mit achtzehn, am Ende der Saison, Grant Mason, dessen Karriere ebenso vielversprechend war, wie die Verbindungen seiner Familie untadelig waren.

Als die *Ile de France* im Hafen von New York vor Anker ging, hatte sich nicht nur Ernest, sondern auch Pauline mit Jane Mason angefreundet, und sie tauschten ihre Adressen aus. Ernest und Pauline wohnten im Brevoort und unterhielten Besucher in ihren Zimmern damit, daß sie Frühstücks- und Dinnertabletts auf ihren Knien balancierten. Ende Oktober war es Zeit, nach Kansas City zu fahren, »um die Ouverture zu spielen«, wie Ernest es ausdrückte. Paulines Wehen begannen am Waffenstillstandstag, dem 11. November 1931, um 6 Uhr morgens, und sie wurde in das Research Hospital gebracht. Sie hatte fast zwölf Stunden lang schwere Wehen, während der

Arzt wartete und auf eine normale Geburt hoffte, aber schließlich war es notwendig, einen Kaiserschnitt durchzuführen.

Ernest berichtete seiner Schwiegermutter alle Einzelheiten in der Form eines Logbuchs, wobei er zornig erklärte, daß Pauline sieben Stunden lang umsonst furchtbar gelitten habe. Als endlich alles vorbei war, litt Pauline jedoch an keiner der postoperativen Beschwerden, die sie nach Patricks Geburt gehabt hatte, und eine gnädige Amnesie ließ sie den Großteil der Leiden vergessen, deren Zeuge Ernest geworden war. Gregory wog neun Pfund, hatte dichtes blauschwarzes Haar und einen starken kleinen Körper. Er wurde Gregory genannt nach einer Anzahl von schlechten Päpsten, scherzte sein Vater. Es ist nirgends erwähnt, ob einer der beiden Elternteile wegen des Geschlechts des Kindes enttäuscht war. Das scheint vernünftigerweise zurückgestellt worden zu sein, als sie sich über seinen prächtigen Gesundheitszustand freuten.

14

»Depression und alles«, schrieb Hadley am 16. Dezember 1931, »Bumby und ich fahren für drei Wochen in das Hotel Edelweiß in Combloux.« Das lag in der Gegend der sogenannten Haute Savoie, die sie so sehr an vergangene Urlaube mit Ernest erinnerte. Etwas weiter im Norden in der Schweiz war die Pension Gangwisch in Chamby, wo sie gelernt hatte Ski zu fahren. Einige Kilometer nach Osten lag der St. Bernhard Paß, der Schauplatz der denkwürdigen Frühlingstour mit Chink Dorman-Smith im Jahr 1932. Aber das war nicht die Zeit für nostalgische Erinnerungen. An ihrem unmittelbaren Horizont zeichneten sich bedeutsame Veränderungen ab. Paul Mowrer war endlich imstande, seine Scheidung voranzutreiben. Winifred war auf eine kleine Milchfarm in der Normandie gezogen und hatte das Haus in Crecy für Hadley und Paul geräumt. Rechtliche Angelegenheiten brauchten ihre Zeit in Frankreich, aber Hadley äußerte Ernest gegenüber keine Klagen, als sich das Jahr 1932 näherte, sondern wünschte ihm nur den fröhlichsten Urlaub und das glücklichste neue Jahr. »... bessere Augen, mehr Bücher und keine Kinder mehr«, war der Schlußsatz.

Amen, murmelte der frischgebackene Vater in Key West, als sich Gabrielle, das französische Kindermädchen heimwehkrank ins Bett legte, und ein zorniger Patrick seinen kleinen Bruder mit Moskitopulver einsprühte. Pauline, die ihre Arbeitsmannschaft von einem behelfsmäßigen Bett im Wohnzimmer aus dirigierte, erkannte rasch Ernests Stimmung und beauftragte die Arbeiter, im alten Wagenschuppen ein Arbeitszimmer für ihn einzurichten. Am 21. Januar 1932 telegrafierte Ernest an Perkins, daß er mit der Überarbeitung von »Tod am Nachmittag« fertig sei.

Mit Jinnys Hilfe fuhr Pauline mit der Leitung der Renovierung fort, die langsame Fortschritte machte. Wenn er nicht fischte oder an dem Stierkampfbuch arbeitete, hielt Ernest, der sich die medizinische Weisheit seines verstorbenen Vaters zugelegt hatte, Pauline Vorlesungen darüber, wie sie ihre inneren Organe vor Schaden bewahren sollte, oder er vertraute es Mary Pfeiffer an. »Es gibt nichts, was eine Frau so vollständig und endgültig zugrunde richten kann«, schrieb er, »wie Unvorsichtigkeiten während der ersten acht Wochen nach der Geburt eines Babys. Bis die Stelle, an der sich die Plazenta befunden hat, völlig verheilt ist.«

Er begann, Mary Pfeiffer gegenüber auch seiner Unzufriedenheit über das Buch und die Qualität der Überarbeitung Ausdruck zu geben.

»Wenn dieses Buch Mist ist, so hilft es auch nichts, die Leser – wenn es welche geben sollte – beiseite zu nehmen und ihnen zu sagen: ›Ihr müßtet aber sehen, was Gregory für ein großer Junge ist, und seht euch einmal die große Narbe an meinem Arm an und ihr solltet unser wunderbares Wasserversorgungssystem sehen und ich gehe jeden Sonntag zur Kirche und bin ein guter Vater für meine Familie.‹ . . . Ich bin eben in einem sehr harten Geschäft, wo es keine Alibis gibt . . . Zuflucht zu nehmen zu häuslichen Erfolgen, gut zu seinen bankrotten Freunden zu sein etc. ist nichts als eine Form aufzuhören.«

Im Februar herrschte im Haus einigermaßen Ordnung, und das vollständige Manuskript von »Tod am Nachmittag« wurde an Perkins abgeschickt. Ein Kunsttischler, Otto Bruce, wurde damit beauftragt, ein übergroßes Bett für Pauline und Ernest zu bauen, sowie einige besondere handgearbeitete Möbelstükke, die die importierten ergänzen sollten. Jinny traf Vorbereitungen, um nach Paris zu fahren, und Pauline, die mit Bedauern zugeben mußte, daß sich Gabrielle nie an Key West gewöhnen würde, zahlte ihr die Überfahrt zurück nach Frankreich und fuhr nach New York, um ein neues Kindermädchen zu suchen. Sie berichtete von ihrem Glück, rasch eine kompetente Yankeefrau namens Ada Stern gefunden zu haben, die vorzügliche Empfehlungen hatte. Ada konnte nicht nur als Kinderfrau für die Jungen arbeiten, sondern auch mit Hilfe des Personals den Haushalt führen.

Sowie Pauline nach Key West zurückgekehrt war, stellte sie eine entsprechende Mannschaft zusammen, die sich aus den vielen arbeitslosen Inselbewohner rekrutierte, die in der Mehrzahl wenig Ausbildung hatten, aber begierig darauf waren, ihren Lebensunterhalt zu verdienen. Sie zahlte Spitzenlöhne, und Ernest gab Trinkgelder. Pauline war höflich zu den Leuten aus Key West, wahrte aber Distanz, denn sie hatte ein aristokratisches Empfinden für ihren Platz im Leben. Ihr Mutterwitz kam nicht immer zum Vorschein, selbst nicht in der Gesellschaft von Ernests Freunden, aber er war da, wie ihre Briefe und die Zeugnisse ihrer Vertrauten beweisen. Vielleicht war es Selbstschutz, was sie dazu veranlaßte, eine gewisse Wachsamkeit aufrechtzuerhalten.

Gäste waren während des Frühjahrs glücklicherweise rar,

und Ernest machte sich im April auf, mit Josie Russells kleinem Fischerboot, der *Anita*, in kubanischen Gewässern zu fischen. In seiner Abwesenheit widmete Pauline ihre ungeteilte Aufmerksamkeit dem Haushalt. Noch immer wimmelte es von Handwerkern und Arbeitern. Das Haus war bewohnbar, aber weit davon entfernt, fertig zu sein. Pauline hatte keine Eile. Sie hatte ein klares Bild von dem Effekt, den sie letzten Endes erzielen wollte – eine mediterrane Atmosphäre in einem alten, aber sorgfältig restaurierten amerikanischen Haus. Als Ada, die neue Kinderfrau, sich mit den Kindern und dem Haushalt genügend auskannte, schloß sich Pauline in Havanna Ernest an. Er hatte eine wunderbare Entdeckung gemacht – den Sport des Schwertfischfangs, »total befriedigend als Sport, als Lebensunterhalt, als Schauspiel und als Training«. Zwischen den Angelausflügen las er die Fahnen von »Tod am Nachmittag« und machte Fortschritte mit einigen Kurzgeschichten. Nach Paulines Ankunft beschleunigte sich das Tempo des gesellschaftlichen Lebens. Aus ihrem sonnigen Zimmer im ersten Stock des Ambos Mundos Hotels rief sie Jane Mason an, ihre Reisegefährtin von der *Ile de France*. Die Masons führten die Hemingways in die Café-Gesellschaft von Kuba ein, mit Tanz unter den Palmen des Sans Souci und mitternächtlichem Roulettespiel. Grant Masons war Eigentümer von Jaimanitas, einem schönen Besitz westlich der Stadt, und unterhielt die *Pelican II*, einen sechsundvierzig Fuß langen Matthews-Kreuzer.

Jane war leidenschaftlich der Sportfischerei ergeben und eine der wenigen Frauen in der kubanischen Gesellschaft, die am Tontaubenschießen im Club de Cazadores teilnahmen. Sie war in Männergesellschaft zu Hause und bestand darauf, wie »einer der Jungen« behandelt zu werden. Das war nicht immer möglich. Ihre Schönheit stand einer derartigen Hoffnung im Wege, da die Männer aufsprangen, um ihr einen Drink zu bringen oder ihre leichten Spezialpatronen zu tragen. Ernest jedoch behandelte sie als fähige Sportlerin, die begierig darauf war, etwas zu lernen und keine besondere Rücksichtnahme verlangte. Er übernahm sogleich die Rolle des älteren Bruders,

der ihr geduldig alles über den Fang von Schwertfischen beibrachte, wie er ihn lernte.

Jane freundete sich rasch mit beiden Hemingways an. Sie
bewunderte Paulines Art, in der sie für Ernest sorgte, und
spürte in der Ehe eine Stabilität, die ihrer eigenen mangelte.
Vielleicht hatte sie zu jung geheiratet. Bestimmt geriet die
phlegmatische Persönlichkeit ihres Mannes in Konflikt mit
ihrer eigenen Ruhelosigkeit. Obwohl sie Tiefseefischen und
andere Sportarten genoß und sie mit Geschick betrieb, reichten diese Aktivitäten nicht aus, sie zu befriedigen. Sie hatte
zwei kleine Jungen adoptiert und liebte sie innig, aber sie
vertraute sie der Obhut einer englischen Kinderfrau an. In
einem Versuch, andere Interessen zu entwickeln, begann sie
wieder, sich mit Bildhauerei zu beschäftigen und versuchte, ein
Kunstgeschäft aufzumachen, da sie einen guten Blick für die
einheimische Kunst hatte. Aber die Ruhelosigkeit hielt an.

Von Zeit zu Zeit hatte Jane mit tiefen Minderwertigkeitsgefühlen zu kämpfen, und ihre Stimmung konnte abrupt von
einem Hochgefühl in Verzweiflung umschlagen. Ihr Mann
spürte, daß sie sich mit ihm – und ihrem Leben – langweilte und
fragte sich, ob ihre häufigen Konsultationen von Ärzten eine
Form von Schwäche seien. Er persönlich glaubte, daß sie die
Aufmerksamkeit der Ärzte suchte und daß diese sie verhät-
schelten. Die Mediziner erkannten jedoch, daß bei ihr eine
schwerwiegende Störung vorlag, und schlugen bei einer Reihe
von Gelegenheiten einen Klinikaufenthalt vor, nicht so sehr
wegen irgendeiner spezifischen psychiatrischen Behandlung,
sondern um Jane eine Zeitlang aus ihrer problematischen Umgebung zu entfernen.

Pauline, der nichts am Hochseefischen lag, sah, daß Ernest
von Jane Mason angeregt wurde, aber sie fühlte sich noch nicht
bedroht. Für den Moment schien Jane wirklich mehr an
Freundschaft interessiert zu sein. Pauline meinte, wahrscheinlich zu Recht, daß Ernest nicht viel Geduld mit überspannten
Frauen hatte, und das gab ihr das Gefühl, daß die Freundschaft
nicht lange dauern würde.

So standen die Dinge in der Woche von Paulines Aufenthalt

in Havanna. Ernest blieb, nachdem sie abgereist war, dort, schrieb ziemlich regelmäßig in den frühen Morgenstunden und fuhr am Nachmittag und an den Wochenenden mit Jane und Josie mit der *Anita* zum Fischen. Irgendjemand, nicht Ernest, schrieb in das Logbuch des Bootes: »Ernest liebt Jane.« Was zwischen ihnen geschah, war wahrscheinlich nicht Liebe – dazu war es eher noch zu früh – aber die angenehme sexuelle Spannung, die sie an Bord der *Ile de France* genossen hatten. Die Tatsache, daß sie beide verheiratet waren, behinderte sie nicht, denn streng genommen hatten sie noch keine Regeln gebrochen. Jane war eine perfekte Partnerin beim Fischen. Sie war wunderschön anzusehen, sie war amüsant, und sie konnte wie ein Fachmann mit der Angelrute umgehen. Sie wurde nie seekrank und half beim Kochen. Es war eine ideale Situation, und Ernest genoß sie.

Am 10. Mai, seinem fünften Hochzeitstag, war Ernest noch immer in Havanna. Pauline war in Key West, und Jane war auf dem Weg nach New York ins Spital, nicht wegen eines emotionellen Problems, sondern wegen einer Operation. Ihre Stimmung trug Züge von Hysterie, als sie seltsam formulierte Telegramme an beide Hemingways abschickte. Aus Jacksonville in Florida kabelte sie an Ernest: FELICIDADES. FLASCHEN WERFEN VERBOTEN IN FLUGZEUG. HABE STATTDESSEN MIT ZERRISSENEM TASCHENTUCH GEWUNKEN... LIEBE DEN ELEFANTEN UND GO-CARTS. JANE. Ein zweites war an Pauline adressiert. DU WIRST IN HAVANNA GESCHENK ZUM HOCHZEITSTAG PAAR FLAMINGOS VORFINDEN STOP MÖGLICHERWEISE NEHME ICH DEINE EINLADUNG AN UND BLEIBE EINE NACHT EN ROUTE WENN DIR ANGENEHM. LIEBE JANE. Am nächsten Tag telegrafierte sie aus New York wieder an Ernest. YO VOY PARA EUROPA SHOW BEGINNT FREITAG MORGEN DOKTORS KLINIK. Paulines Reaktion auf all das bestand darin, für das Wochenende nach Havanna zu fahren und die Vögel gehorsam nach Key West zu bringen und ihnen in ihrem Garten ein Haus aufzustellen. Nachdem sie Ada und die kleinen

Jungen nach Piggott geschickt hatte, war sie frei, um den Rest des Monats mit Ernest in Havanna zu verbringen.

Am 6. Juni erholte sich Jane bereits auf dem Besitz ihrer Mutter in Tuxedo Park. KOMME SAMSTAG MORGEN, kabelte sie Ernest in Havanna. VIELLEICHT FISCHE ICH SONNTAG. LIEBE JANE. Pauline war da, um sie zu begrüßen, und reiste dann nach Arkansas ab. Wieder blieb Ernest ein paar Wochen länger. Aus dem Ton von Paulines Briefen zu schließen, reagierte sie jetzt auf das wachsende Interesse ihres Mannes an Jane Mason. Als sie von Ernest hörte, daß er an seinem letzten Tag auf See mit Josie und Jane einen großen Schwertfisch zwei Stunden lang am Haken gehabt und dann verloren hatte, schrieb sie: »Nächstes Jahr werden wir hinüberfahren und riesige Fische fangen, und wenn Du hierherkommst, werde ich Dich für eine lange, lange Zeit nicht weglassen... Du fehlst mir sehr und die ganze Zeit, und ich werde Dir überallhin nachlaufen wie ein kleiner Hund und Patrick ebenso. ...Beeile Dich, beeile Dich, beeile Dich, ich kann nicht länger warten, als es möglich ist. Ich glaube, Du wirst mich mögen.« Dieser letzte Satz bezog sich auf eine neue Frisur mit den vorteilhaften Ponyfransen, die sie getragen hatte, als sie Ernest im Jahr 1925 kennenlernte. 1929 in Madrid hatte sie ihr Haar blond gefärbt, ihr erstes von vielen Experimenten mit Tönungen und neuen Frisuren. Diese periodische Beschäftigung mit ihrem Haar war im allgemeinen ihre Antwort auf Ernests Interesse für andere Frauen.

Aber die aktuelle andere Frau – Jane Mason – war einstweilen aus seinem Leben verschwunden, da er in einem neuen Ford V-8 Roadster nach Arkansas aufgebrochen war. Nachdem er seine Schwiegereltern begrüßt hatte, nahm er Pauline mit nach Wyoming für einen langen, goldenen Sommer auf der Nordquist Ranch. »Pauline ist zum Verrücktwerden schön«, berichtete Ernest Guy Hickok. »Ihre Figur ist reizend nach der Geburt von Greg – sie hat nie besser ausgesehen oder sich besser gefühlt.« Eine Woche lang las er noch die restlichen Druckfahnen von »Tod am Nachmittag«. Pauline wanderte hinunter zu der Koppel, um zuzusehen, wie die Pferde gesattelt wurden, ging auf sonnenwarmen Piniennadeln spazieren und sortierte Bücher und Zeitschriften aus den großen, fest verpackten Kisten aus, die den Hemingways überallhin folgten. Wenige Tage nach ihren Geburtstagen (Ernest war am 21. Juli dreiunddreißig geworden, und Pauline am 22. Juli siebenunddreißig) wurden die Druckfahnen an Perkins geschickt. Von da an gingen die Tage, einer nach dem anderen, leicht dahin. Pauline stand mit Ernest am frühen Morgen auf, ihren Stetsonhut auf dem Kopf, um über die vertrauten Pfade zu reiten. Am 22. September reiste sie widerwillig nach Key West ab, um sich um Haushaltsangelegenheiten zu kümmern. Ernest und Charlie Thompson folgten in dem Ford Roadster am 16. Oktober und fuhren die ersten drei Tage durch einen so heftigen Schneesturm, daß Ernest eine Kerze in einer Konservendose anbrachte, um die Windschutzscheibe zu enteisen.

In Key West hatte Pauline alles für Ernests Ankunft vorbereitet. Ein Willkommensbankett wurde abgehalten – es gab frisches Schildkrötensteak, braune Bohnen und Reis, Muschelsalat und guten französischen Wein. Die Arbeiter bekamen frei, und ein grinsender, liebevoller neun Jahre alter Bumby, der auf Besuch aus Paris da war, konnte wieder mit seinem Papa zusammensein. Aber Paulines eigene Freude, Ernest wiederzusehen, wurde von einem Alarmruf aus Piggott unterbrochen. Patrick und Gregory waren beide an Keuchhusten erkrankt, und weder Ada Stern noch Mary Pfeiffer konnten damit ohne ihre Hilfe fertig werden. So reiste Pauline unverzüglich nach Arkansas ab. Ernest blieb da, um unruhig auf die Rezensionen von »Tod am Nachmittag« zu warten, die ihm der Servicedienst, der ihn mit Zeitungsausschnitten versorgte, schicken sollte.

Das Buch war im Oktober erschienen und verkaufte sich gut trotz der schlechten allgemeinen Wirtschaftslage. Es trug einfach die Widmung »Für Pauline« und war keineswegs ein unkomplizierter Bericht über die Geschichte und den gegenwärtigen Stand des spanischen Stierkampfes, sondern ein weitschweifiger und sehr persönlicher Text. Ernest verwendete einen Dialog zwischen einer alten Frau und dem Autor als

Hilfsmittel, um seine Ansichten über alles zum Ausdruck zu bringen, angefangen von männlicher Sexualität (»Drei Dinge halten die Burschen von wahllosem Geschlechtsverkehr ab – religiöser Glaube, Schüchternheit und Angst vor Geschlechtskrankheiten«) bis zu seinem Feind, dem Literaturkritiker. Als die alte Frau fragt, was er mit Liebe meine, erwidert er, indirekt auf den Schmerz anspielend, der damit verbunden war, Hadley zu verlassen: »Ich würde lieber die Pocken haben, als mich in eine andere Frau verlieben, wenn ich die liebe, die ich habe.« Und er gibt mit Gefühl und Klarheit seine Eindrücke von der spanischen Landschaft und Mentalität wieder. Die Rezensionen des Buches waren lau, nichts von dem, worauf Ernest gehofft hatte.

Zu Beginn des neuen Jahres fuhr Ernest zu geschäftlichen Besprechungen nach New York. Während dieses Besuches ereignete sich ein familiärer Zwischenfall, der wegen seiner Unerfreulichkeit und bleibenden Folgen einer der unangenehmsten war, die Ernest je verursacht hatte. Der Vorfall betraf seine Schwester Carol und war ein Beispiel für die Besitzhaltung, die er Leuten gegenüber, für die er sich verantwortlich fühlte, vor allem aber Frauen gegenüber an den Tag legte. Während ihres Studiums am Rollins College war Carol zu Ernests Lieblingsschwester geworden. Sie war die hübscheste von Graces Töchtern und die gebildetste – sie hatte in der Mittelschule die literarische Vierteljahresschrift herausgegeben und wurde bei der Abschlußfeier für ihre schriftstellerische Begabung geehrt. Als Carol nach Key West kam, ging sie gerne mit Ernest fischen und hielt stundenlang geduldig die Angelrute in der glühenden Sonne.

Als Studentin hatte sie sich in einen Kollegen, John Gardner verliebt, und obwohl sie jetzt in Wien war, um Französisch und Deutsch zu studieren, blieben der junge Mann und sie in engem Kontakt. Da er wußte, daß Carol Ernest als Familienoberhaupt betrachtete, kam Gardner in das New Yorker Hotel, in dem Ernest abgestiegen war, um ihm zu erklären, daß er und die einundzwanzigjährige Carol beschlossen hatten zu heiraten. Ernest bekam einen Wutanfall. Er faßte sofort eine Abneigung gegen Gardner, der auf ihn offensichtlich den Eindruck machte, eher ein Idealist als ein Praktiker zu sein, und drohte, ihm die Zähne einzuschlagen, wenn er Carol noch irgendwelche Anträge mache.

Unbeeindruckt von Ernests Widerstand fuhr Gardner nach Wien und heiratete Carol Ende März. Eine Beziehung, die Ernest zu genießen begonnen hatte, endete abrupt. Er verzieh Carol nie, daß sie gegen seinen Wunsch geheiratet hatte. »Ernest unterstützte mich finanziell«, sagte Carol Gardner, als sie sich mit einer gewissen Nachsicht an den Zwischenfall erinnerte. »Und er glaubte, daß er nur seine Pflicht tue. Abgesehen davon«, fügte sie mit einem Lächeln hinzu, »beschlossen John und ich, ins Erziehungswesen zu gehen, und Ernest haßte das, wie Sie wissen. Er hatte eine aufrichtige Abneigung gegen Lehrer.«

Carols Flucht war auch für Grace ein Schock, aber sie versuchte das Beste daraus zu machen in der Erkenntnis, daß Carol eine willensstarke junge Frau war, wie alle ihre Kinder. Es war klar, daß Carol ihr eigenes Glück über Ernests Einwände stellte. Was Grace betraf, so dachte sie, daß das eher »mutig von ihnen« sei.

Trotz der Zimmerleute und Anstreicher, der lärmenden Kinder und einer tropischen Menagerie (vier Waschbären, achtzehn Goldfische, eine Beutelratte, drei Pfauen und jetzt auch zwei Flamingos) arbeitete Pauline mit gutem Humor an der Schaffung einer Umgebung, in der Ernest fruchtbar arbeiten konnte. Ihre Belohnung war seine Abreise am 12. April 1933, um wieder zwei Monate lang an der kubanischen Küste zu fischen. Obwohl sie wußte, daß Havanna auch Jane Mason bedeutete, machte sie darüber einen wehmütigen Scherz. »Lasse meine große Nase, unvollkommenen Lippen, abstehenden Ohren, Warzen und Muttermale alle wegmachen, bevor ich nach Kuba komme«, schrieb sie Ernest am 28. April. »Dachte, es ist besser. Mrs. Mason und die kubanischen Frauen sind so reizend. Bumby fragt sich, ob er Mrs. Mason in Kuba sehen wird. Bumby sagt, ›Ich hoffe stark, daß ich sie sehe.‹«

Bumbys Wunsch ging bald in Erfüllung. Am 3. Mai begleitete ihn Pauline nach Havanna. Es sei einsam und naß dort, schrieb sie, »und es gab keinen Papa zu bewundern mit rotbrauner Haut und einem hübschen Schnurrbart über dem fest geschlossenen Mund.« Er brauche sich keine Sorgen wegen Geld zu machen, schrieb sie, denn sie habe einen Scheck aus Zinserträgen von ihrem Vater bekommen und würde die Ausgaben für das Haus gesondert verrechnen.

»Der Ort ist wieder in den Händen meiner Feinde, der Arbeiter«, klagte sie gegen Ende Mai. Sie sublimierte ihre Einsamkeit durch Verbesserungen im Garten, der jetzt in voller Blüte stand, mit Feigen- und Zitronenbäumen und üppigen Palmen. Gregory gedieh körperlich gut, war aber einsam ohne Ada (die jetzt mit Patrick zu Besuch bei seinem Vater war). Nach Paulines Worten war Gregory in Adas Abwesenheit »zum elendesten Muttersöhnchen« geworden, das an Pauline hing und brüllte, wenn sie nicht zu sehen war. Sie prahlte, wie süß er sei, aber es begann an ihr zu nagen, daß er nicht die Tochter war, um die sie gebetet hatte.

In Havanna fischte Ernest im Golfstrom und schrieb darüber für Arnold Gingrich, den er im Januar in New York kennengelernt hatte und der Ernest überzeugt hatte, eine Artikelserie für seine neue Männerzeitschrift *Esquire* zu schreiben. Was allerdings Ernest nicht mit seinen Lesern von *Esquire* teilte, seinen Tagen auf dem Wasser und seinen Nächten in der Stadt aber einen besonderen Reiz verlieh, war die Gesellschaft von Jane Mason.

»Das schönste Leben, das Du je gesehen hast«, schrieb er glücklich an Janet Flanner, die Pariser Korrespondentin der Zeitschrift *New Yorker*. Und es war, zumindest für ihn, die beste aller Welten. Die Worte flossen dahin, die Fische bissen an, und daheim in Key West gab es das Haus, die liebenswerten Kinder und die ergebene Ehefrau, die den warmen und einladenden Zufluchtsort bildeten, den er von Zeit zu Zeit brauchte. Havanna, wo sein Boot vor Anker lag und wo er arbeitete und manchmal umherstreifte, war eine weit offene Stadt, aber es war nicht Ernests Gewohnheit, nach flüchtigen sexuellen

Abenteuern zu suchen. Was immer er im rauhen Gespräch mit seinen männlichen Freunden sagen mochte, er war empfindlich und stolz und ging sexuelle Verbindungen vorsichtig und behutsam ein.

Trotz seiner beiden Ehen waren seine Erfahrungen mit Frauen beschränkt gewesen. Von seiner kurzen, intensiven Verehrung für Agnes war er zu einer konventionellen Ehe mit Hadley zurückgekehrt. Duff war in sein Leben getreten, als er noch nicht dazu bereit war, untreu zu werden, und Hadley mit Pauline zu betrügen hatte ihm Schuldgefühle und Verletzungen gebracht. Aber jetzt war er älter und raffinierter, und er konnte rationalisieren, daß seine sexuelle Beziehung mit Pauline nicht völlig befriedigend war. Nach der strengen Warnung ihres Geburtshelfers aus Kansas City, wonach sie nicht ein drittes Mal schwanger werden dürfe, behauptete Ernest, daß er nun den *coitus interruptus* praktizieren müsse, da andere Formen der Empfängnisverhütung von ihrem Katholizismus untersagt wurden. In seinen Erinnerungen stellte Gregory Hemingway diese Argumentation in Frage, da er es sonderbar fand, daß der Sohn eines Arztes nicht wissen sollte, daß es bestimmte Zeiten gab, zu denen Paare befriedigenden Geschlechtsverkehr miteinander haben konnten, ohne befürchten zu müssen, daß die Frau schwanger werde. Aber eine gewisse sexuelle Abkühlung war eingetreten, wie ihre langen Trennungen nahelegten. Es war Ernest, nicht Pauline, von dem die Initiative zu den Trennungen ausging. Möglicherweise war die Abwesenheit für ihn eine Form der Empfängnisverhütung.

Jane Mason fand es leicht, sich zu Ernest hingezogen zu fühlen. Ihr Leben auf See war anregend, und Ernest war zu dieser Zeit auf dem Höhepunkt seiner Anziehungskraft. Er war eine literarische Berühmtheit und ein guter Sportsmann. Da waren der funkelnde Witz und die unerwartet stille Sensitivität, das strahlende Lächeln, das sich auf dem dunklen Piratengesicht ausbreitete. Patrick Hemingway hat postuliert, daß Ernest, der Turgenjews »Sturmfluten des Frühlings« (zu deutsch auch unter dem Titel »Frühlingserwachen« bekannt. Anm. d.

Übers.) gelesen hatte, Jane mit der russischen Heldin Maria Nikolajewna verglichen haben mochte, die ebenfalls zweiundzwanzig Jahre alt und reich ist und in einer Vernunftehe mit Polossow mit dem schweren Blick lebt: In der Gesellschaft des Amerikas des zwanzigsten Jahrhunderts bewahrte sich eine wohlhabende Frau ihrer Bewegungsfreiheit am besten – nicht anders als im Rußland des neunzehnten Jahrhunderts – wenn sie gut verheiratet war. Diskrete Affären wurden toleriert. So traf Jane Ernest ungehindert, mit Grant und ohne ihn, meistens auf der *Anita*, aber gelegentlich auch in der Stadt und in ihrem Haus.

Wie sie ihre Affäre genau handhabten, ist unklar. »Nicht auf dem Boot«, sagte Jack Hemingway. »Da spielte sich zuviel ab, und Papa hätte das sicher nicht in Gegenwart der Mannschaft getan. Das waren seine Kumpel.« Ernest prahlte später Jack gegenüber, daß sich Jane gern über das Fenstersims in sein Hotelzimmer im Ambos Mundos geschwungen habe, wo er sich jeweils einmietete, wenn er zum Fischen in Kuba war. Fast fünfzig Jahre später, nach dem Tod ihres vierten Mannes und gelähmt nach einem Schlaganfall, antwortete Jane stockend auf Fragen der Autorin, daß sie Ernest fast geheiratet hätte. Es hätte keine Streitigkeiten zwischen ihnen gegeben, sagte sie, bloß gutmütige Neckereien, und wenn keiner von ihnen zu jener Zeit verheiratet gewesen wäre, hätten sie einander vielleicht geheiratet.

Am 27. Mai ereignete sich der erste von zwei Vorfällen, die Jane für den Rest des Jahres außer Gefecht setzten. Als sie mit Bumby und Patrick in ihrem großen Packard zurück nach Jaimanitas fuhr, wurde sie von einem Fordbus, dessen Lenker die Kontrolle über das Fahrzeug verloren hatte, von der schmalen Landstraße gedrängt. Ihr Auto rollte einen Abhang hinunter und blieb auf dem Dach liegen. Wie durch ein Wunder wurde der Wagen nicht ernsthaft beschädigt, und die Jungen blieben unverletzt. Mit großer Geistesgegenwart schaltete Jane die Zündung aus und half ihnen aus dem Wagen. Sie selbst war jedoch ziemlich mitgenommen und fragte sich immer wieder, ob der Unfall nicht doch ihre Schuld gewesen sei.

Sie glaubte nicht, daß sie zu schnell gefahren war, obwohl sie oft sehr schnell fuhr.

Einige Tage später fiel oder sprang sie vom Balkon im ersten Stock des Hauses in Jaimanitas und brach sich einige Rückenwirbel, was vielleicht ein Selbstmordversuch gewesen sein mochte. Es war nicht das erste Mal, daß sie versucht hatte, sich das Leben zu nehmen, aber ihr Mann hatte sich wegen der früheren Vorfälle keine besonderen Sorgen gemacht. Keiner davon hatte zu ernsthaften Verletzungen geführt, und er tendierte dazu, sie als Suche nach mehr Aufmerksamkeit zu betrachten. Diesmal jedoch erkannte Mason den Ernst der Lage und schickte Jane in Begleitung einer Krankenschwester mit einem Schiff der Ward Line nach New York. Ihre Kabine hatte speziell vergitterte Bullaugen. In New York lag Jane fünf Monate in der Klinik und stimmte zu, sich bei Dr. Lawrence Kubie, einem prominenten freudianischen Analytiker mit gutem Ruf, der Grant Masons Vertrauen genoß, einer Psychoanalyse zu unterziehen. Janes Rücken verheilte schließlich, obwohl sie ein Jahr lang einen Stützverband tragen mußte, und sie schränkte ihr Trinken ein.

Die Zeugnisse über Ernests Reaktion auf Janes Verzweiflungstaten sind widersprüchlich. Als er über den rätselhaften Titel seiner Kurzgeschichte »Wie du nie sein wirst« befragt wurde, sagte er, es sei ein Versuch gewesen, ein höllisch hübsches Mädchen aufzuheitern, das von Tag zu Tag verrückter wurde. Die Implikation dabei war, daß Nick Adams, der an Alpträumen litt, »viel verrückter« war, als dieses Mädchen je sein würde. Jeder nahm an, daß das »hübsche Mädchen«, von dem er sprach, Jane sei. Ernests Erklärung in einem Brief an seine Schwiegermutter war konkreter. Er sagte, daß Mrs. Mason sich ihre Rückenwirbel bei einem Autounfall mit den Kindern gebrochen habe, und das war in der Folge auch der Eindruck, den Ernests Söhne hatten. Aber in einem groben Witz Dos Passos gegenüber bezeichnete er sie später als das Mädchen, das für ihn in der direkten Bedeutung des Wortes gefallen war. Möglicherweise half ihm der geschmacklose Scherz, die Angst zu zerstreuen, die jede Erwähnung von Selbstmord in ihm auslöste. Ernest widerstand der Versuchung, sich in Frauen mit emotionellen Problemen zu verlieben. Er beschrieb seine diversen Ehefrauen gerne als »glücklich, gesund, hart wie ein Felsen«. So vermied er auch sorgfältig, irgendeine Verantwortung für Janes gestörten Zustand zu übernehmen, während er sich zu ihr stark hingezogen gefühlt haben mochte und wahrscheinlich sogar in sie verliebt war.

Ernest sah Jane für den Rest des Jahres nicht wieder. In Kürze stand eine Reise von großer Bedeutung bevor, die er monatelang geplant hatte – eine Safari nach Ostafrika, der ein langer Urlaub in Europa vorausgehen sollte. Gus Pfeiffer hatte angeboten, die Reise mit 25 000 Dollar zu finanzieren, eine gewaltige Summe im Jahr 1933, als Banken Bankrott machten, Millionen arbeitslos waren und Fabriken geschlossen wurden. Charlie Thompson sollte Pauline und Ernest auf dem afrikanischen Teil der Reise begleiten. Im Juli kam Ernest nach Key West zurück, um letzte Vorbereitungen zu treffen, und Pauline organisierte zielstrebig alle Einzelheiten mit dem Personal, auch was die Betreuung der Kinder betraf. Die Gesellschaft der Hemingways, die am 4. August von Havanna aus in See stach, bestand aus Pauline, Ernest, Jinny, Patrick und Bumby. Gregory wurde in Adas Obhut zurückgelassen, eine Tatsache, die große Bedeutung erhielt in der bitteren Erinnerung des erwachsenen Gregory Hemingway und viel zu seinem Glauben beitrug, daß sein Bruder und nicht er der Liebling seiner Mutter war.

In Bordeaux kümmerte sich Henriette, Patricks früheres Kindermädchen, um die beiden Jungen, während Pauline und Jinny mit Ernest in Madrid blieben. Im Oktober fuhren die beiden Frauen nach Paris. »Wer glaubst Du hat angerufen?« schrieb Pauline am 19. Oktober an Ernest. »Mrs. Mowrer!... Hadley ist sehr glücklich, sieht großartig aus in ihrem tollen Pelzmantel. Paul habe ich nicht gesehen, da er noch nicht aus Genf zurück war.« Hadley und Paul hatten am 3. Juli 1933 in London geheiratet. Hadley hatte jetzt keine Zweifel mehr bezüglich ihrer Zukunft. Sie und Paul waren jetzt fünf Jahre lang zusammen gewesen. Ihre Hochachtung für ihn gründete sich nicht zuletzt auf seine zärtliche Fürsorge für Bumby, der jetzt unter seinen Einfluß kommen würde.

Nach Hadleys Heirat begann eine Beziehung, die – zumindest für Pauline – ihre frühen entschlossenen Bemühungen rechtfertigte, Hadleys Freundschaft zu gewinnen. Jetzt waren ihre Motive nicht mehr suspekt. Jeder konnte sehen, daß Hadley besser zu Paul paßte als zu Ernest. Und Ernest war, im Endergebnis, für Hadley mehr eine Hilfe als ein Hindernis gewesen. Dos Passos drückte es einfach aus. Hadley war verwirrt gewesen, als sie Ernest kennengelernt hatte. Er habe ihr ein Zugehörigkeitsgefühl gegeben und sei für seine erste Frau eher »aufbauend« als »zerstörerisch« gewesen.

Als Charlie Thompson im November ankam, um mit ihnen nach Afrika zu reisen, wurde Ernest zum kundigen Fremdenführer in Paris. Seit den zwanziger Jahren hatte sich viel geändert. Montparnasse war von der Bourgeoisie übernommen worden und das Dôme voll von Leuten, die vor dem Naziterror geflohen waren. Duff Twysden hatte Paris schon seit langem verlassen. Eine Zeitlang hatten sie und ihr Mann, Clinton King, am Ufer des Chapalasees in Mexiko gelebt. »Wir haben ein Leben gelebt, das sich von den eher sinnlosen Tagen am Montparnasse stark unterschied«, erinnerte sich King. »Ich habe den ganzen Tag über gemalt, während Duff ihre amüsanten Aquarelle anfertigte oder für mich Modell stand oder viel las.« Der Wirtschaftsfachmann Stuart Chase und seine Frau lernten die Kings kennen, als sie in dieser Gegend Urlaub machten. »Wir kamen jeden Abend zusammen, um uns zu unterhalten und ... zu trinken«, erinnerten sie sich. Duff pflegte einen großen spanischen Hut zu tragen und sah sehr attraktiv aus. Eines Abends sang sie »Seemannslieder« für sie. Bei einer anderen Gelegenheit weinte sie, weil ihr Sohn Geburtstag hatte und die Familie ihres Exgatten sie den Jungen nicht sehen ließ.

Im Sommer 1933 zogen Duff und Clinton nach New York. Clintons Unterstützung durch seine Familie war eingestellt worden, als er Duff geheiratet hatte, und seine Mittel waren nahezu erschöpft. Sie waren gezwungen, von den kleinen Schecks zu leben, die gelegentlich von Duffs Verwandten in England kamen, und von den seltenen Gelegenheiten, wo King eines seiner Bilder verkaufte. Duffs Stil und Erscheinung waren nicht so verschieden von der Lady Twysden vom Montparnasse. Aber es umgab sie eine Zufriedenheit, ein Gefühl für ihren eigenen Wert, die ihr in den Pariser Tagen traurigerweise gefehlt hatten.

Fünf Jahre später, am 27. Juni 1938, starb Duff Twysden King in Santa Fé, New Mexiko, an Tuberkulose im Alter von fünfundvierzig Jahren. Sie wurde ihrem Wunsch gemäß eingeäschert; es gab keine Zeremonie und kein Begräbnis. Sie hatte es abgelehnt, alte Tuberkulosestellen behandeln zu lassen, von denen sie annahm, daß sie abgeheilt wären, stimmte aber unmittelbar vor ihrem Tod zu, sich in die Obhut der Schwestern vom St. Vincent's Hospital zu begeben. Ihr Leben mit King war schön und still gewesen, und wenn Ernest in »Fiesta« ihre wilden Jahre dargestellt hatte, so war das, was nach Pamplona geschah, eher das Gegenteil davon. Die Legende von Duff Twysden war in der Literatur der verlorenen Generation verankert. Die Tatsachen ihres Lebens jedoch waren ziemlich verschieden davon.

Ernests eigene Liebesgeschichte mit der französischen Hauptstadt war zu Ende. »Es war ein guter Platz, um da ziemlich jung zu sein«, schrieb er für *Esquire*, »und es ist ein notwendiger Teil für die Erziehung eines Mannes... Aber Paris ist wie eine Frau, die nicht alt wird und jetzt andere Liebhaber hat.« Er hatte seine Vorliebe für die Berggipfel von Wyoming und die blauen Wasser der Dry Tortugas verkündet. Jetzt war er dabei, jenen Teil von Ostafrika zu erkunden, der der Tummelplatz der Reichen war, eine exotische Enklave, die zum Vergnügen weißer Europäer organisiert worden war. Er war dabei, eine neue Persona zu konstruieren, die des rauhen internationalen Sportsmanns.

15

Am 10. Dezember 1933 erschien in der *New York Herald Tribune* ein Foto von Ernest und Pauline mit der Meldung, daß das bekannte Paar nach Afrika abgereist sei. In der Begleitung von Charles Thompson waren sie am 22. November von Marseille aus in See gestochen. Ihr Schiff war die S.S. *General Metzinger*, verschludert und langsam. Pauline und Charles erlitten am dritten Tag auf See eine Lebensmittelvergiftung, aber Ernest, der während der kalten, regnerischen Überfahrt stetig trank, kam mit leichten Durchfall davon. In Mombasa, der Hafenstadt von Kenia, setzte Ernest einen breitkrempigen Stetsonhut auf und krempelte die Hemdsärmel für die Landung hoch. Pauline ließ sich nicht ausstechen und trug ein knöchellanges weißes Kleid mit Handschuhen und einen weißen Sonnenschirm. »Pauline und ich sahen wie Missionare aus«, erinnerte sich Charles, »während Ernest eindeutig wie ein Vertreter für Whisky wirkte.« Nachdem sie das Wochenende mit einem jungen britischen Ehepaar im modernen Teil der Stadt verbracht hatten, fuhren sie mit dem Zug nach Nairobi, dreihundert Meilen nach Westen. Dort wies ihnen die Tanganyika Guides Ltd. den erfahrenen britischen weißen Großwildjäger Philip Percival zu, der seit 1919 in Kenya lebte. Er und seine Frau betrieben eine große Farm in Potha Hill in Machakos, zwanzig Meilen südlich von Nairobi. Während die Vorbereitungen für die Safari getroffen wurden, blieben Pauline, Ernest und Charles auf der Farm, wo sie Gazellen, Impalas und Perlhühner in der Kapitiebene jagten. Ein Freund von Jane Mason, der junge Alfred Vanderbilt, hielt sich auch in Potha Hill auf, und als er Ernest erzählte, daß er Schriftsteller werden wolle, hielt ihm Hemingway väterliche Vorträge.

Am Morgen des 20. Dezember, vier Wochen nachdem die Hemingwaygesellschaft Marseille verlassen hatte, gingen sie auf Safari. Die Mannschaft bestand aus Ben Fourie, einem weißen Mechaniker, einem Kikuyufahrer, zwei Büchsenträgern bzw. Fährtensuchern, den Trägern und dem Küchenpersonal. Zwei Lastwagen transportierten die Ausrüstung. Die Jäger fuhren in einem Wagen mit großer Bodenfreiheit, der an den Seiten offen war. Ihr Ziel war das große Jagdreservat in der Serengeti im Südwesten, wo der Löwe die begehrteste Beute war.

Zwei dokumentarische Berichte sind von der Safari erhalten – Ernests veröffentlichtes Buch »Die grünen Hügel Afrikas« und Paulines Tagebuch. »Der Autor hat versucht, ein wirklich wahres Buch zu schreiben«, erklärt Ernest in seiner Einführung, »um festzustellen, ob die Eigenart eines Landes und die Eindrücke eines vierwöchigen Jagdunternehmens bei wahrheitsgetreuer Darstellung neben einem Werk der Phantasie bestehen können.« Ob sie es wirklich können, war später ein Streitpunkt unter den Kritikern. Aber Hemingway gibt dem Leser auf jeden Fall ein Bild von Ostafrika und den Geschehnissen. Er schließt auch seine eigene Philosophie der Jagd mit ein, einen langen Vortrag über die harten Herausforderungen, mit denen ein ehrlicher Schriftsteller zu kämpfen hat, und eine verschämte Analyse seines Wettkampfes bei der Jagd mit seinem Freund Thompson. Und obwohl er den Leser einlädt, »beim Lesen all das hineinzulegen, was er oder sie im Augenblick an Liebe empfindet«, so steuerte er selbst ein solches Gefühl nur in Form der Kameradschaft zwischen sich und Pauline, der POM *(Poor Old Mama)* bei. Zu dieser Zeit war Ernest »Papa« oder »Poppa«, eine Anrede, die ursprünglich von Bumby eingeführt, aber allmählich – mit Ernests Ermunterung – von seinem ganzen Kreis übernommen worden war.

Der zweite Bericht von der Safari ist Paulines Tagebuch, das sie führte, während sie von Lagerplatz zu Lagerplatz zogen. Es ist voll von geographischen Einzelheiten und Details über das Wild und deutet ihre wechselnden Stimmungen eher an, als daß es sie ausführlich beschreibt, gibt aber immer ihre ganz persönliche Reaktionen wieder. An der Grenze zu Tanganyika, als die Gewehre zerlegt, geprüft und gekennzeichnet wurden, beobachtete sie, wie ein Flirt zwischen einem hübschen schwarzen Mann und zwei Frauen hitzig wurde. Als die ältere, weniger attraktive Frau das Feld räumte, begann das junge Paar zu lachen und miteinander zu ringen und zog sich schließlich in eine nahegelegene Hütte zurück. Zum ersten Mal sah sie Massaikrieger, glänzend schwarz und »hochnäsig«. Auf einem Rastplatz genoß sie eine gute Nachtruhe in einer getünchten Hütte unter einem weiten Moskitonetz und wachte am nächsten Morgen auf, um die lange, staubige Fahrt nach Aruscha anzutreten. »Der Kilimandscharo tauchte von Zeit zu Zeit hoch in der Luft auf und verschwand wieder wie eine Cheshirekatze.«

In Aruscha gab es ein gutes Hotel mit einem Swimmingpool, bequemen Zimmern und europäischem Essen. Von dort fuhren sie nach Westen, hinauf in die Hochregion des Ngorongoro-Kraters, und kamen am Weihnachtstag hinunter in die Serengetiebene. Der erste Anblick der Serengeti war eindrucksvoll, große Rudel von Wild zogen in allen Richtungen, Zebras, Gazellen und riesige Mengen von Vögeln. Pauline schoß selbst fünf Flughühner, »zwei davon im Flug«.

Es gab keinen Mangel an Löwen in dem Gebiet. Die einzige Frage war, welchem man folgen sollte. Mr. Percival prüfte sie alle mit seinem hervorragenden Feldstecher und sonderte die Weibchen aus, diejenigen, die zu jung waren, sowie die Löwen mit zu wenig eindrucksvollen Mähnen. Alle waren damit einverstanden, daß Pauline den ersten Schuß haben sollte, wenn sie auf den Richtigen trafen.

Schließlich wählte Percival den Löwen für sie aus, »einen leichten Löwen, alt, mit einer nicht zu großen Mähne«, schrieb sie. Mit ihrer kleinen Mannlicherbüchse schoß sie aus einer knienden Stellung, verfehlte ihn aber. Dann schoß Ernest mit seiner großen Springfield, und das Tier ging zu Boden. M'Cola, der gedrungene, kahlköpfige schwarze Gewehrträger, der Pauline »Mama« getauft hatte und ausschließlich ihr ergeben war, kam nahe heran und stellte fest, daß der Löwe tot war. Die Eintragung im Tagebuch war kurz und bündig. »Prächtig; ich wünschte, ich hätte den Löwen geschossen. Gab allen einen Shilling.«

Ernest wollte noch immer bei allem der Erste sein. Aber als sie von Camp zu Camp zogen und Wasserböcke, Elenantilopen, Büffel und Leoparden jagten, war es Charlie Thompson, der die phänomenale Jagdbeute machte. Sogar Ernests Löwe, den er schließlich am 11. Januar 1934 erlegte, war zwar schön und hell gefärbt, aber nicht so groß wie der, den Thompson eine Woche zuvor zur Strecke gebracht hatte. Pauline, die seinen Drang zu gewinnen verstand, notierte, daß Ernests Löwe zumindest nicht so schlecht roch wie der von Charlie, »der wie ein Vampir roch.« Zu allem Überfluß bekam Ernest auch noch Durchfall. Zunächst versuchte er, ihn zu ignorieren. Dann griff er zu verschiedenen Mitteln, von denen keines half. Er wurde schwach und verlor zuviel Wasser. Pauline verlor ihre Begeisterung für die sonnenverbrannten Ebenen und das ständige Töten. Sie begann sich Sorgen zu machen, daß er an irgendeinem abgelegenen Ort zusammenbrechen könnte, wo es keine Hilfe geben würde.

Am 14. Januar 1934 kam Ernest nach stundenlangem intensiven Schießen auf Vögel mit so großen Schmerzen ins Camp zurück (infolge eines Vorfalls der unteren Darmteile), daß Philip entschied, er müsse zur sofortigen Behandlung nach Aruscha geflogen werden. »Ben (Fourie) fuhr zur nächsten Station (am Viktoriasee – 115 Meilen entfernt), um das Telegramm abzuschicken (das das Flugzeug herbeirufen sollte). Ben wird heute abend dort sein«, schrieb Pauline, »und das Flugzeug wird am Morgen da sein.« Ernest blieb den ganzen Tag über im Bett, nur bei Sonnenuntergang setzte er sich ans Lagerfeuer. Am nächsten Morgen wachte er auf und behauptete, es gehe ihm besser. Aber als er zu gehen versuchte, hatte er wieder einen Schwächeanfall.

Als das Flugzeug nicht kam, ging Pauline mit Charles Vögel schießen und Ernest blieb im Bett und las englische Zeitschriften. Jetzt wurde immer wieder darüber diskutiert, ob er sich in Aruscha oder in Nairobi behandeln lassen sollte. Wo gab es das bessere Krankenhaus und die besseren Ärzte? Und mußte er überhaupt ins Spital? Vielleicht konnte der Arzt ihn in einem Hotel behandeln. So entkräftet wie er war, nahm jeder an, daß

eine Behandlung von wenigen Tagen ihn wiederherstellen würde. Als das Flugzeug schließlich am Dienstagmorgen landete
und ihn abholte, nahm Pauline an, daß er in Aruscha abgesetzt
werden würde. Sie brachte es fertig, fröhlich dreinzuschauen
und wünschte ihm Glück.

Das Flugzeug war kaum verschwunden, als die Safari das
Lager abbrach, denn der Zeitplan erforderte eine Rückkehr
ins Hügelland. Als sie die Serengeti verließen, hatten sie eine
letzte Begegnung mit Löwen. Es wurde nachlässig geschossen,
aber zumindest Pauline war mit den Ergebnissen zufrieden.
»Ich glaube, meiner (der nach mindestens zehn Schüssen zu
Boden ging) ist der schönste von all den 85 (Löwen), die wir
gesehen haben ... ich wollte, meine Darbietung wäre ein wenig
glänzender gewesen.« Gegen Abend verdüsterte sich ihre
Stimmung. Sie vermißte Ernest, Percival hatte Verdauungsstörungen, und mit ihrem Schlaf war es vorbei, als um zwei Uhr
nachts ein Käfer von der Größe eines kleinen Vogels unter ihr
Moskitonetz kroch. »Ich schlug ihn oftmals mit der Taschenlampe, aber er war so widerstandsfähig wie ein Eingeborener.«
Der Rest der Reise war »eine jämmerliche Angelegenheit«.
Percival hatte jetzt Fieber, und die Jagd entsprach nicht seinem
üblichen Standard – sie brauchten achtundzwanzig Schüsse,
um einen Kongoni zur Strecke zu bringen. Am 18. Januar
erreichten sie den Ngorongoro-Krater. Am nächsten Tag fiel
Pauline in einen Dornbusch, als sie ein paar Blumen pflückte.
»Sehr schmerzhaft, Dornen aus dem fetten Teil der Anatomie
zu entfernen«, schrieb sie.

Am 10. Januar zogen Charles und der Rest der Mannschaft
voran, um ein Basislager zu errichten, von dem aus man Jagd
auf Kudus und Nashörner machen konnte, während Pauline
und Percival nach Aruscha fuhren. »Mr. P. und ich ... fuhren
auf der heißen, staubigen Straße nach Aruscha, um Ernest zu
überraschen ... Wir kamen in Aruscha um etwa 3 Uhr 30 an ...
sehr schmutzig. Stürmten ... ins Hotel und fragten den indischen Angestellten nach Mr. Hemingway. ›Mr. Hemingway
nicht hier‹, sagte er, und er habe nie von Mr. Hemingway
gehört.« Das Rätsel wurde von der Frau des Besitzers gelöst,

die sich daran erinnerte, daß Ernest vor fünf Tagen hereinge-
eilt sei, um die Post in Empfang zu nehmen und dann nach
Nairobi zur ärztlichen Behandlung weitergefahren sei. »Ich
weiß nicht, wer mehr zerstört war«, schrieb Pauline. »Mr. P.
ging etwas trinken, und ich ging zu Bett.« Sie versuchte, sich
den ganzen Sonntag über zu beschäftigen, bloß, daß es in
Aruscha nichts zu tun gab.

Nach einem Austausch von Telegrammen wurde festgelegt,
daß Ernest am Montagmorgen nach zurückkehren würde. Pauline und Philip fuhren zur Landebahn, die für die Ankunft des
amerikanischen Außenministers hergerichtet worden war. Ein
überschwenglicher, nur noch leicht abgemagerter Ernest traf
plangemäß ein. Er hatte sich in Nairobi eine Serie von Eme-
thinspritzen geben lassen, ein ausgezeichnetes Mittel gegen
Amöbenruhr, und er hatte fast augenblicklich begonnen, sich
besser zu fühlen. Von seinem Zimmer im New Stanley hatte er
ein Stück für *Esquire* abgeschickt und die ganze Post mit Genuß gelesen, vor allem die Nachricht von Perkins, daß von
»Der Sieger geht leer aus« zu Weihnachten bereits 12 500
Exemplare verkauft waren.

Pauline, Ernest und Philip Percival schlossen sich jetzt Charlie Thompson und dem Rest der Mannschaft in dem neuen
Basislager an. Es war ein Gebiet von Wäldern und Wildbä-
chen, und Ernest war jeden Tag in der Morgendämmerung auf,
um den Rhinofährten tief in die grasbewachsene Wildnis zu
folgen. Aus dieser Hochstimmung heraus kam eine zärtliche
Zuneigung für Pauline, der er später in den »Grünen Hügeln
Afrikas« Ausdruck gab.

Pauline war bei Ernest, als dieser am 29. Januar sein erstes
Nashorn schoß. Aber Ernests Stolz wurde wieder von Charles
Thompson eingeschränkt, der wenige Tage später ein viel größeres erbeutete. »Aber er hatte es fertig gebracht, daß mein
Rhino neben seinem so winzig aussah, daß ich es niemals in
derselben kleinen Stadt, in der wir alle wohnten, zeigen konnte«, schrieb Ernest, beschämt von seinem Neid, aber unfähig,
ihn zu beherrschen. Percival, der die schlechte Stimmung spürte, verringerte die Spannung, indem er Charles am nächsten

Tag auf die Jagd nach Oryxantilopen schickte, während Ernest und Pauline weiter Nashörner und Büffel jagten.

Das Drama der letzten beiden Wochen war Ernests hartnäckige Suche nach einem Kudubock. Percival führte sie aus dem zerklüfteten Hügelland zurück zu der Straße, die vom Kap nach Kairo führte, und zweihundert Meilen nach Süden in die Gegend um Kibaya in der Massaisteppe. Auf dem Weg jagten sie Oryx' und Zebras und konnten dem Staub und den Tsetsefliegen kurz entkommen, um einem Engländer, Richard Cooper, der ein Freund von Jane Mason und ein großer Bewunderer von Ernests Werken war, in seinem Haus einen Besuch abzustatten. Pauline schrieb:

>Es ist ein bezaubernder Platz, hoch und kühl, voll von Blumen und wildem Wein. Mit einem wunderschönen Blick auf den Manyarasee. Es gibt auch langsam rinnendes Fließwasser und ziemlich unstabiles elektrisches Licht. Wir spielten Grammophon und tranken auf der Veranda... Mr. P. in seinem Storchschlafrock und Dick Coopers Verwalter (ein netter Junge mit guten Manieren), dann gingen wir in einem großen Doppelbett schlafen. *Ich glaube, Jane würde dieser Platz gefallen.*<

Zunächst hatte Charles nicht mehr Glück als Ernest. Dann meldeten am 11. Februar zwei örtliche Fährtensucher frische Kuduspuren bei einer Salzlecke, fünf Meilen weiter an der Straße. Aus ihrem Zelt hörte Pauline einen Streit zwischen Ernest und Charles – wer sollte zu der Salzlecke gehen und wer zu den Hügeln? >Ich hörte deutlich ein unflätiges Schimpfwort<, schrieb Pauline, >und Charles ging zu der Salzlecke.< In dieser Nacht kam Charles mit einem respektablen Kudu heim und Ernest ohne Beute. >Kein Kudu< war Paulines Schlußeintragung für diesen Tag.

Jetzt wurde die Jagd zu einem verbissenen Wettbewerb für Ernest, der die gesamte Reise als Fehlschlag betrachten würde, wenn es ihm nicht gelingen sollte, mit Charles gleichzuziehen. Es waren nur mehr wenige Tage, bevor die Regenfälle die Straßen unpassierbar machen würden. Pauline identifizierte sich loyalerweise mit Ernests Enttäuschung und blieb mit Philip im Lager, um auf Schüsse zu warten. »Es ist jetzt 9 Uhr 30«, schrieb sie am 13. Februar, »und Mr. P. und ich warten auf das Geräusch von Schüssen. Diese Kudujagd ist ein Wartespiel – und jetzt ist wieder einer von den fünf restlichen Jagdtagen vorbei.«

Ernest kehrte spät nachts ohne Beute zurück. Am nächsten Tag machte er sich mit Taschen, Feldflasche, Zitronen, Matratze und Fährtensuchern zu einer weit weg befindlichen Salzlecke auf. In seiner Abwesenheit gingen Pauline und Philip »etwas Fleisch für den Kochkessel schießen... Es gab aber nichts zu schießen für uns, so sitzen wir wieder hier um 9 Uhr 20 am Morgen und warten auf – was glaubst Du – Neuigkeiten von den Kudus! Eine Menge Kühe muhen neben dem Lager, was genau so klingt, wie ich mich fühle«. Am Nachmittag machte sie einen Spaziergang mit Philip. Wieder kam Ernest mit leeren Händen zurück. Das Essen war eine traurige Angelegenheit. Die Regenfälle standen unmittelbar bevor. Drei Tage später, am 16. Februar, meldeten Fährtensucher, daß sie zwei schöne Kudubökke in einer Herde gesichtet hatten. »Sofort herrschte Jubel, wo es eben noch nur Schwermut und Bestürzung gegeben hatte, und Ernest machte sich noch einmal auf den Weg mit der Matratze, den Zitronen, dem Whisky etc. Und Mr. P. und ich sind wieder unserer gewohnten Beschäftigung, dem Warten, überlassen. Wir sind beide sehr unruhig. Das Wetter ist düster.«

Am nächsten Tag brachen sie das Lager ab und machten sich auf, um Charles und Ben zu treffen, die auf der Suche nach Rappenantilopen nach Osten gegangen waren und jetzt zurückkommen sollten. Mit sinkendem Mut hörte Pauline, wie Ben einen prächtigen Kudubock beschrieb, den Charles auf ihrer Antilopenjagd geschossen hatte. Der Anblick bestätigte Bens Beschreibung. Die Hörner hatten eine Spannweite von mindestens siebenundfünfzig Zoll, »wie eine Kathedrale«, bemerkte Pauline. Wie würde Ernest eine solche Niederlage verkraften? Aber dann, um zehn Uhr abends, als sie schon im Bett lag, hörte sie einen mächtigen Lärm. Einen Moment später erkannte sie Ernests Rufe über dem Geräusch des Autohorns, und dann ging ein Gewehr los. Sie stürzte hinaus, um von Ernest gepackt zu werden, der sie fest an sich drückte. (»Sie fühlte sich in der gesteppten Fülle ihres Schlafrocks sehr klein an, und wir sagten allerlei zueinander.« »Grüne Hügel«) Aus dem Wagen ragten schöne Kuduhörner und die einer Rappenantilope. »Es gab Essen und Trinken für alle«, schloß Pauline, »und die Geschichte der Jagd. Ein sehr schönes Ende für die Safari.«

Nachdem sie sich an der Ostküste Afrikas bei viel Tiefseefischfang erholt hatten, gingen die Hemingways und Charles Thompson an Bord der *Gripsholm* für die Rückreise ins Mittelmeer. Vanderbilt und Baron von Blixen, sein weißer Großwildjäger, ein weltmännischer Europäer, der mit der Schriftstellerin Isak Dinesen verheiratet gewesen war, waren ebenfalls auf dem Schiff. Dieses schwedische Schiff war das Gegenteil der unordentlichen, vollgestopften *General Metzinger*. Es war ein Luxusliner mit Privatsuiten und einem Salzwasserschwimmbecken, auf dessen Passagierliste viele Millionäre und adelige Europäer standen. Ernest, der Mittelklassenjunge aus Oak Park, genoß die Gesellschaft seiner neuen Freunde aus vermögenden Kreisen. Er verbrachte die meiste Zeit mit Vanderbilt und dem Baron am Pool oder trank in der Ritz-Bar am Heck des Schiffes.

Sie legten am 16. Mai in Haifa an, und Lorine Thompson, die mit einer Kreuzfahrt von New York herübergekommen war, schloß sich ihnen für die Überfahrt nach Villefranche an. Als sie Pauline ein paar erst kürzlich aufgenommene Fotos von Gregory und Patrick zeigte, stiegen dieser bei dem ernsthaften Gesichtsausdruck der Kinder die Tränen in die Augen. »Arme kleine Lämmer«, sagte sie, »ich kann sehen, daß ihnen Mummy fehlt.« Wie sehr sie ihr fehlten, darüber läßt sich streiten. Auf jeden Fall schrieb sie nichts in ihr Tagebuch, was darauf schließen lassen könnte, daß sie sich danach sehnte, wieder in Key West bei ihren Kindern zu sein. Aber nach einer Abwesenheit von sieben Monaten war es Zeit, nach Hause zu fahren. Sie blieben neun Tage in Paris und fuhren dann mit der *Ile de France* nach New York. Unter den Passagieren war auch Marlene Dietrich, die ihre erste Begegnung mit Ernest in einem

Ein Familienporträt.
Oak Park, 1906.
Von links: Marcelline,
Ed Hemingway mit
der zwei Jahre alten
Sunny, Ursula auf
Graces Knie, Ernest
ganz rechts.
Aus der John F. Kennedy Bibliothek

Grace zeigt, was sie heute gefangen
hat. Ernest, Ursula und
Marcelline sehen sich die Beute an.
Walloon Lake, Sommer 1904.
Aus der John F. Kennedy Bibliothek.

*»Mein Vater konnte grimmig dreinschauen, aber er war es
nicht.« Paul Moritz von Kurowsky mit Agnes, 1905.*
Aus der Michael Reynolds Sammlung, John F. Kennedy Bibliothek.

*Schwester Agnes
von Kurowsky.
Ospedale Croce
Rossa Americana.
Mailand, Sommer
1918.*
Mit Genehmigung
von Agnes Stanfield

*Ein Ausflug auf den
Rennplatz von San
Siro. Agnes (rechts
von Ernest), etwa
Sept. 1918.*
Aus der John F. Kenne-
dy Bibliothek.

Ernest Hemingway zur Zeit seines Werbens um Hadley Richardson.
Frühling 1921.
Aus der John F. Kennedy Bibliothek.

*Hadley Richardson, einige Augenblicke vor der Trauung am
3. September 1921, um 4 Uhr nachmittags.*
Aus der John F. Kennedy Bibliothek.

Ernest, Lady Duff Twysden und Hadley mit Freunden in Pamplona. Juli 1925.

Aus der John F. Kennedy Bibliothek.

Pauline Pfeiffer zu der Zeit, als sie für Vogue *arbeitete. 1918.*
Aus der Patrick Hemingway Sammlung. Universitätsbibliothek von Princeton.

*Hadley in Schruns.
Winter 1925/26.*
Aus der John F. Kennedy Bibliothek.

Eine Beziehung entwickelt sich. Pauline und Ernest in Schruns. Weihnachtswoche 1925.
Aus der Patrick Hemingway Sammlung. Universitätsbibliothek von Princeton.

Pauline, Ernest und sein großer Fisch. Key West, 1929.
Aus der Patrick Hemingway Sammlung. Universitätsbibliothek von Princeton.

Pauline als Friseurin. Bimini, 1937.
Aus der John F. Kennedy Bibliothek.

Jane Kendall Mason.
Von einem Porträt
von Simon Elwes,
1936.
Mit Genehmigung von
Jane Gingrich.

Martha Gellhorn. Sun Valley, Idaho, 1939.
Aus der John F. Kennedy Bibliothek.

Martha bei einem Ausflug mit Trägetieren im Middle Fork Gebiet des Lachsflusses. Oktober 1940.
Aus der John F. Kennedy Bibliothek.

Martha und Ernest zur Zeit ihrer Heirat. November 1940.
Robert Capa/Magnum Photos, Inc.

*Martha Gellhorn.
Sun Valley, 1941.*
Aus der John F.
Kennedy Bibliothek.

*Mary Welsh als
Kriegsberichterstatterin.
London, 1943—44.*
Aus der John F.
Kennedy Bibliothek.

Mary und Ernest auf der täglichen Jagd. Sun Valley, 1946.
Aus der John F. Kennedy Bibliothek.

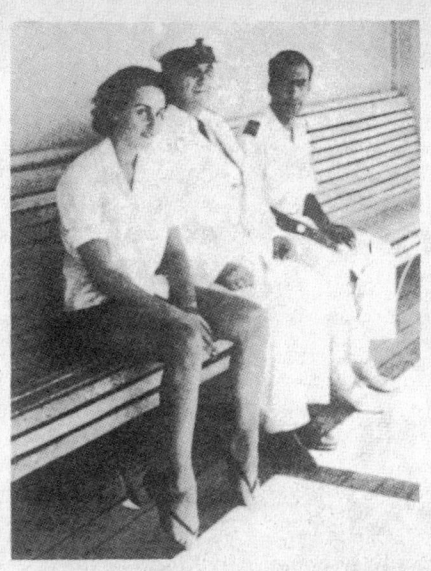

*Adriana Ivancich
und Freunde. Venedig, 1949.*
Aus der John F.
Kennedy Bibliothek.

Adriana in der Bibliothek in der Calle di Rimedio. 1963.
Adriana Ivancich.

Erinnerungen an die paradiesischen Sommer der Kindheit. Mary auf der Pilar. *Ca. 1955.*
Aus der John F. Kennedy Bibliothek.

Die lezten Tage. Ernest und Mary mit Tillie Arnold (von hinten). 1961.
John Bryson.

Artikel beschrieb, den sie viele Jahre später verfaßte. »Ich betrat den Speisesaal, um zu einer Dinnerparty zu gehen. Die Männer standen auf, um mir einen Stuhl anzubieten, aber ich sah sofort, daß ich die Dreizehnte am Tisch sein würde. Ich entschuldigte mich, daß ich abergläubisch sei, als mir ein großer Mann den Weg versperrte, der sagte, er würde mit Vergnügen der Vierzehnte sein. Dieser Mann war Hemingway.«

Nach der Landung in New York gab es noch eine wichtige Sache zu tun. Ernest hatte in der Broschüre der Wheeler-Schiffswerft von einem achtunddreißig Fuß langen Boot gelesen, das einen Benzinmotor mit Doppelschraubenantrieb, doppeltem Steuerruder und viel Raum für die Kojen hatte. Er hatte den ganzen Winter über Pläne gemacht und davon geträumt, wie er sich so ein seetüchtiges Schiff kaufen könnte. Er wollte es aus eigener Tasche bezahlen, aber es kostete 7 500 Dollar. Als ihm Arnold Gingrich für seine künftigen Beiträge zu *Esquire* einen Vorschuß von 3 300 Dollar gab, fuhren Ernest und Pauline in einem Taxi zu der Werft in Brooklyn, um das Boot zu bestellen. Der Scheck von Gingrich war die Anzahlung. Die Lieferung wurde ihnen in dreißig Tagen zugesagt.

Pauline war geschmeichelt, als Ernest sein stolzes neues Schiff *Pilar* nannte, nach ihrem Geheimnamen während der Zeit vor ihrer Heirat, aber sie war sich im klaren darüber, daß es jetzt noch längere Trennungen zwischen Ernest, ihr und den Jungen geben würde. Die *Pilar* war ein Boot für seriösen Fischfang, nicht für Vergnügungsfahrten, und Pauline war nicht imstande gewesen, für diesen Sport wirkliche Begeisterung zu entwickeln. Sie ließ sich ihre Vorbehalte jedoch nicht anmerken, um Ernest fröhlich zu begrüßen, als er das Boot Anfang Mai 1934 aus Miami in den Hafen von Key West steuerte.

Während der nächsten zwei Monate pendelte Ernest zwischen Fischfangfahrten mit der *Pilar* und morgendlicher Arbeit an dem afrikanischen Manuskript. Pauline entband ihn von dem obligatorischen Besuch in Piggott, als sie Patrick am 31. Mai zu einem Besuch bei ihren Eltern mitnahm. Der drei Jahre alte Gigi (Gregory) fuhr mit Ada in ihre Heimat nach

Syracuse, New York. Auch wenn Pauline glaubte, daß Ada ein vernünftiger Mutterersatz sei, so war es ein Fehler, Gigi von Patrick zu trennen. Diese Trennungen verstärkten Gregorys Gefühl von Isolierung und Ablehnung. Als Erwachsener tröstete er sich mit Paulines Bemerkung, daß sie wahrscheinlich nicht »viel von dem hatte, was man Mutterinstinkt nennt ... Ich kann schreckliche kleine Kinder *nicht ausstehen* ... Das ist der Grund, warum sich immer Ada um dich gekümmert hat. Aber ich habe dich geliebt, Darling, wirklich, obwohl ich glaube, daß ich es nicht immer gezeigt habe.«

Auf dem Weg von Jacksonville nach Piggott schrieb Pauline an Ernest. »Patrick ist ein feiner Junge, aber er ist nicht Du – wie ich feststelle ...« In Arkansas gab es für Pauline unerwartete Glücksfälle, wann immer sie in der Nähe ihres Vaters war. Diesmal bekam sie 2 308 Dollar von einem längstvergessenen Sparbuch aus ihrer Kindheit. »Es war Papas Idee, die Ersparnisse abzuheben«, schrieb sie. »Es gibt niemanden, dem man etwas zurückzahlen müßte, und ich kann mehr mitbringen, wenn Du willst. Dieses schmutzige Geld nimmt kein Ende. Laß es mich wissen (wenn Du willst, daß ich mehr Geld mitbringe) und leg dir keine andere Frau zu, Deine Dich liebende Pauline. Armer Papa, reicher Papa.« Pauline versuchte, nicht die ungeschickte reiche Frau zu sein und machte Witze über ihr Geld, aber Ernest war nach wie vor befangen in dieser Beziehung.

Im April hatte Hadley aus Chikago geschrieben, um zu fragen, ob Bumby den Sommer in Key West verbringen könne. Sie und Paul hatten Paris im Januar verlassen, nachdem Paul geschäftsführender Redakteur der *Chicago Daily News* geworden war, und sie richteten sich langsam in einem großen, sonnigen Zweifamilienhaus ein.

Als Pauline Piggott erreichte, waren die Pläne fertig. Pauline würde Bumby am 21. Juni treffen und nach Florida bringen. »Ich werde so froh sein, wenn ich wieder zurück (nach Key West) fahre«, vertraute sie Ernest an. »Ich werde dich die ganze Zeit lieben, und wir werden nicht mehr voneinander getrennt sein.«

Aber das war Wunschdenken. Pauline würde von Mitte Juli an, wenn er in die kubanischen Gewässer fuhr, bis zum 26. Oktober, wenn er für den Winter nach Key West zurückkehrte, wenig von ihm sehen. Die Frau, die er viel häufiger sah, war Jane, die gesundheitlich wiederhergestellt zu sein schien und wieder in Havanna war, als Ernest dort mit der *Pilar* am 18. Juli eintraf.

Pauline war hinübergeflogen, um ihn zu treffen und ein paar Tage mit ihm zu verbringen. Carlos Gutiérrez wurde als erster Maat angeheuert und außerdem fallweise ein Koch, der auch als Steuermann fungieren konnte. Am nächsten Tag kamen Jane und Grant an Bord, um auf die Ankunft des schnittigen schwarzen Kreuzers zu trinken. Pauline fing den ersten Schwertfisch, einen Vierundvierzigpfünder, wobei ihr Ernest Anweisungen gab. Sie feierten seinen fünfunddreißigsten Geburtstag in El Pacifico, dem exotischen Vieretagenrestaurant, wo im Keller Haschisch geraucht wurde und wo die Qualität der Speisen und Etablissements von Stockwerk zu Stockwerk besser wurde, bis zu dem Speisesaal auf dem Dach.

Für den Rest des Sommers war Pauline in Key West. Da Ada und Gregory weg waren, verbrachte sie einen Gutteil der Zeit damit, Patricks Mahlzeiten, Bäder und Lesestunden zu überwachen. Die härteste Zeit des Tages war nach fünf Uhr, wenn selbst der netteste kleine Junge ermüdend wird. Pauline hatte wieder begonnen, mit ihrem Haar herumzuexperimentieren – sie versuchte es in genau dem tiefen Goldton zu tönen, der ihr richtig erschien. Sie verschob sogar einen geplanten Wochenendflug nach Havanna, damit ihr Friseur den Rosastich der Färbung korrigieren konnte. »Ich möchte, daß es ein wenig wie Gold ist, bevor ich es Freunden bei öffentlichen Anlässen zeige ... ich wollte, daß du währenddessen hier wärst«, schrieb sie Ernest. Trotz Paulines Versuchen, Ernests umherschweifende Aufmerksamkeit zu gewinnen, war das Haarfärben wahrscheinlich ein Fehler, da ihre Freunde darin übereinstimmten, daß ihr eigenes dunkles Haar am besten aussah.

Als Pauline im September nach Havanna flog, war Jane Mason nach Tuxedo Park abgereist. Wie gewöhnlich war Paulines Aufenthalt bei Ernest kurz, und sie kehrte allein nach Key West zurück. Als Ernest ankam, hatte sie ihn eine Woche lang für sich, bevor Katy und Dos für den Winter kamen. Sie mieteten einen angenehmen Bungalow in der Nähe, nahmen aber ihr Abendessen meistens mit den Hemingways ein. Während dieser Abende war Ernest voll von Klagen. Er hatte nie den großen Schwertfisch gefangen, den er sich wünschte, und er war nervös wegen des Afrikabuchs, das er am 16. November für beendet erklärte. An vielen Abenden zog er sich vor dem Essen in sein Bett zurück, während Pauline und die Gäste sich um ihn versammelten, um von Tabletts zu essen. Katy, seine älteste Freundin, machte sich lustig über sein königliches Gehabe, und Dos schrieb später: »Wir nannten es das *lit royale*. Ich habe nie einen athletischen, kraftvollen Mann gekannt, der so viel Zeit im Bett verbrachte wie Ernest.«

Um den Tag des Erntedankfestes begannen die Jagdtrophäen aus Afrika vom Tierpräparator aus New York einzutreffen – Löwen- und Leopardenfelle, ausgestopfte Köpfe von Wasserböcken und Rappenantilopen, von Impallas und Oryx' und schließlich auch von Kudus und Nashörnern. Aus Chicago kam eine ganz andere Art von Wandschmuck, Mirós »Der Bauernhof«, das Bild, das Ernest im Jahr 1925 für Hadley gekauft hatte. Als die Ausstellung »Das Jahrhundert des Fortschritts« ihr zweites Jahr in Chicago eröffnete, hatten Paul und Hadley das Gemälde an die öffentliche Ausstellung verliehen. Nachdem eine Pressenotiz Ernest an die Existenz des Bildes erinnert hatte, bat er Hadley, ob er sich das Gemälde für fünf Jahre ausleihen könne. Sie stimmte zu, und es wurde auf dem Ehrenplatz im Speisezimmer aufgehängt. Pauline gefiel es viel besser als die Tierköpfe. (Ernest vielleicht auch. Er hat es Hadley nie zurückgegeben.)

Während des Weihnachtsbesuches in Piggott 1934 engagierte Ernest Otto »Toby« Bruce, den jungen Kunsttischler, der Paulines Möbel gebaut hatte, auf Dauer, damit dieser die Dinge übernahm, die Ernest nicht mochte – er sollte als Chauffeur, Mechaniker und Sekretär arbeiten. Ernest war jetzt der berühmteste Mann in Key West und kam von Arkansas zurück, um sein Haus im lokalen Touristenführer als wichtige Fremdenverkehrsattraktion genannt zu sehen. Da 80 Prozent der Stadtbevölkerung von der Fürsorge lebten, war der Fremdenverkehr die letzte verzweifelte Maßnahme, um irgendeine Form von Wohlstand zu verwirklichen.

In den sieben Jahren, seit Ernest nach Key West gezogen war, waren seine Muskeln härter und größer geworden, und der Umfang seines Bauches hatte beträchtlich zugenommen. Auf der *Pilar* war er der Kapitän, der die Befehle gab, mit seinem grünen Augenschirm breitbeinig dastand, die weißen Hosen mit Schmieröl und Fischblut verschmiert. In Sloppy Joes Bar änderte sich seine Haltung, wenn er wieder zu dem aufmerksamen Schriftsteller wurde, der Josies streitlustige, trinkfreudige Gäste beobachtete, um Material für künftige Werke zu sammeln. Ernest war ebenfalls ein starker Trinker, und auch er hatte Momente von Streitlust. Aber seine große Alkoholverträglichkeit ließ ihn selten betrunken werden, und seine Streitlust war sporadisch. Wenn er in einem Nachtklub eine Auseinandersetzung gehabt und Pauline in Verlegenheit gebracht hatte, so war er am nächsten Morgen so zerknirscht, daß sie nicht lange böse sein konnte.

Er machte sich weiterhin Sorgen wegen der »Grünen Hügel« und übergab Perkins ein sauber getipptes Manuskript, als dieser zu einem kurzen Urlaub ankam. Max lobte es, zögerte jedoch, es für *Scribner's Magazine* zu einem hohen Preis als Fortsetzungsserie zu erwerben. »Ich bin pleite«, schrieb Ernest am 4. Februar 1935 an Gingrich, »und brauche Geld für meine Steuern und 300 Dollar, die ich für Bumbys Schule versprochen habe.« Natürlich war er nicht pleite. Aber Ernest wurde zunehmend ablehnender gegen »die Reichen« und war mehr darauf bedacht, seine Ausgaben selbst zu bestreiten. Schließlich zahlte *Scribner's Magazine* nur 5 000 Dollar, was für Ernest kümmerlich war angesichts all dessen, was er seit 1926 für die Firma getan hatte. Zu allem Überfluß hatte er wieder einen Anfall von Amöbenruhr, der ihn zwang, nochmals eine Injektionskur mit Emethin zu machen. Katy hörte auf, ihn zu nekken, und Dos nahm sanftmütig seine Anweisungen entgegen.

Schließlich besserte sich sein Zustand, und er überwand auch seine Enttäuschung über den niedrigen Preis für die Serienrechte. Er begeisterte sich für etwas Neues – den Thunfischfang.

Siebenundvierzig Meilen genau östlich von Miami (zweihundertdreißig Seemeilen nordöstlich von Key West) lag eine winzige Inselgruppe in den westlichen Bahamas, die unter dem Namen Bimini bekannt war. Man sprach von einem prächtigen breiten Strand, einer heruntergekommenen Werft, Kokospalmen und Eingeborenenhütten. Ein Wasserflugzeug der Pan American landete gelegentlich dort. Schlanke Yachten aus Havanna und Miami legten in dem kleinen Hafen an. Aber die große Attraktion für Ernest war das Gerücht von riesigen Thunfischen. Am 7. April stach er mit seiner zweiköpfigen Besatzung und drei Passagieren – Mike Strater, Katy und Dos – in See. Die Reise wurde plötzlich unterbrochen, als Ernest sich selbst versehentlich in beide Beine schoß, während er einen Hai mit Kugeln vollpumpte. Katy war wütend, weil sie der Ansicht war, daß Ernest mit seiner Pistole viel zu unvorsichtig hantierte und nur durch ein Wunder kein schreckliches Unglück geschehen sei. Ernest war gedemütigt. Die Schmerzen waren schlimm, aber die Peinlichkeit war noch schlimmer. Er blieb eine Woche lang daheim, um sich zu erholen, und fuhr dann am 14. April wieder los. Diesmal verlief die Fahrt ohne Zwischenfälle.

Zwei Wochen später flog Pauline nach Bimini, um es sich selbst anzusehen. Sie war mit Ernest einer Meinung. Es war genau das Richtige. Sie würde alles arrangieren, um ihre Kinder Ende Juni herzubringen.

16

Jack Hemingway bedauerte als Heranwachsender die Kinder, die nur eine Mutter hatten. Er hatte praktisch zwei, denn Pauline behandelte ihn immer wie eines ihrer eigenen Kinder. Sie schenkte ihm dieselbe gutmütige Aufmerksamkeit wie Patrick und Gregory und verlangte von ihm dasselbe hohe Niveau an gutem Benehmen. Als Onkel Gus Pfeiffer Treuhandfonds für die jüngeren Familienmitglieder einrichtete, überredete sie ihn, auch einen für Bumby zu gründen. »Er ist ein reizendes Kind«, schrieb Pauline, als Bumby 1935 aus Chikago auf Besuch kam, »nicht verwöhnt oder egozentrisch oder dumm, sondern ein hübscher, guterzogener intelligenter Bursche mit einem feinen Sinn für Humor... Er versucht, diesen Sommer Mädchen aus seinem Leben rauszuhalten, weil sie einen nervös machen und Eifersucht verursachen. Finde Du heraus, was er meint.«

Es war während seines ersten Sommers in Bimini, als Jack mehr von Ada Sterns komplexer Persönlichkeit zu sehen bekam. Ihre Herkunft war unbekannt. Sie war unverheiratet und erzählte eine ziemlich überzeugende Geschichte, daß ihr Mann sie in der Hochzeitsnacht verlassen habe. Patrick, der fast vier war, als er ihrer Obhut anvertraut wurde, war alt genug, um zu wissen, daß »meine Mutter meine Mutter war und Ada einfach eine Frau, die ich haßte«. Aber Gregory war erst drei Monate, als er Ada anvertraut wurde. Er wurde von ihr in all seinen Bedürfnissen abhängig – besonders was Liebe und Wohlwollen betraf. Er wußte, daß sie ihm beides entzog, wenn er sich schlecht benahm, wobei sie drohte, ihn zu verlassen, wenn er ihr nicht gehorchte. Pauline gegenüber wirkte sie tüchtig und loyal. Andererseits aber war sie von unberechenbarem Temperament und trank heimlich. (Die weitere Frage nach Adas Homosexualität war Bumby mit elf Jahren noch nicht bewußt, aber als Erwachsene kamen alle Hemingwaysöhne zu dem

Schluß, daß sie homosexuell war.) Jedes der Kinder hatte seine eigene Taktik, um mit Ada zurechtzukommen. Jack, der älteste, war der findigste. Er bestach Ada mit geringen Mengen alkoholischer Getränke, die er aus der Speisekammer absaugte. Patrick, ein kniffliger Esser, der Ada nie den unangenehmen Mischmasch verzieh, den sie kochte, betete dafür, daß sie in der Hölle brennen möge. Gigi, der an ihren Röcken hing, wenn sie ihm drohte, ihn zu verlassen, war emotionell zu abhängig von ihr, um ihre Autorität in Frage zu stellen. Keiner der Brüder scheint Pauline die Schuld daran zu geben, daß sie sie nicht vor Ada rettete, obwohl sie zugeben, daß Ada aus ihren eigenen besonderen Bedürfnissen heraus Gregory gegen Pauline einnahm, indem sie sich seine Angst, nicht geliebt zu werden, zunutze machte.

In eben diesem Sommer des Jahres 1935 lebte Ernest – bevor noch Pauline erschien – auf der *Pilar* im Hafen von Bimini. Er schrieb Jane Mason, sie möge herüberkommen und mit ihm fischen. Er hatte sie viele Monate lang nicht gesehen und auch nichts von ihr gehört – was sie damit erklärte, daß sie während des Winters eine lange Reise nach Afrika unternommen hatte. Ein Teil von Ernests Reizbarkeit während dieses Winters mochte auch von beider Trennung herrühren und davon, daß sie sich für einen andere Mann interessierte – für Richard Cooper, den Engländer, dem das Haus am Manyarasee gehörte.

Jane kam im Juni nach Bimini, brachte Wein und konservierte Leckerbissen mit und fuhr mit der *Pilar* mit zum Thunfischfang, aber Dick Cooper beschäftigte sie noch immer. »Mein Sonnenbrand schmerzt, und Mr. Cooper ist reizend«, schrieb sie Ernest am 20. Juni aus Miami.

Sie beendete den Brief mit einem Gefühlsausbruch über einen unangenehmen Streit, den sie mit ihrem Psychiater, Dr. Kubie, hatte und der Ernest betraf. Auf Vorschlag seines Freundes Henry Seidel Canby, dem Herausgeber der *Saturday Review of Literature*, hatte Dr. Kubie eine Artikelserie geschrieben, in der er versuchte, die Grundsätze der Psychoanalyse auf »die moderne Literatur des Neurotizismus« anzuwenden. Der erste Artikel, der William Faulkners *Sanctuary* (Die Freistatt) behandelte, und der zweite über Erskine Caldwells *God's Little Acre* (Gottes kleiner Acker) waren bereits veröffentlicht worden. Der dritte sollte die Werke von Hemingway behandeln – »Fiesta«, »In einem anderen Land«, »Tod am Nachmittag«, »Männer ohne Frauen« und »Der Sieger geht leer aus«.

In einer Zusammenfassung seiner langatmigen Analyse formulierte Kubie eine Reihe von Thesen. Für den Helden Hemingways sind Frauen keines Gefühles wert außer Feindseligkeit und Abneigung. In seinem Versuch, zu beweisen, daß er wirklich keine Angst vor ihr hat, wird der Held ständig dazu getrieben, seine Überlegenheit zu behaupten. Die wärmste Zuneigung in den Geschichten entsteht zwischen jungen Männern und gütigen älteren Männern, wobei die ältere Männergestalt wiederholt die Gefahr der offenen Homosexualität repräsentiert. Als Ergebnis davon – der angstbesetzten Auffassung von Frauen und der übertriebenen Liebe älterer Männer – benimmt sich der Held, als ob das Leben »voller Gefahren« wäre. Es ist nicht genug, das Risiko zu akzeptieren, er muß die Gefahr, sogar den gewaltsamen Tod suchen, um seine Männlichkeit zu beweisen. »Der dem zugrunde liegende Kampf bleibt der gleiche: Es ist der Kampf aller Männer, den Schrecken zu überwinden, der in der komplexen Beziehung zu ihrem Vaterbild erzeugt wird. Wenn die verworrene Schlacht vorbei ist«, schrieb Kubie, »bleiben die Symbole des Sieges leer, und die unterschwelligen Gefühle des Zorns und der Angst bestehen weiter.«

Kubie sandte Ernest den Artikel und bat um seine Meinung. Wie zu erwarten, war Ernest wütend. Er drohte, sowohl den Psychiater, als auch die *Saturday Review* zu verklagen, wenn der Artikel im Druck erschiene. Jane, die das Gefühl hatte, zwischen den Fronten zu stehen, war außer sich. Hatte sie irgendwelche Intimitäten über Ernest offenbart, die dem Psychiater Material für seine Analyse liefern konnten? »Papa«, schrieb sie am 29. Juni, »Du warst reizend bezüglich der ganzen Geschichte (der Kubieaffäre), und ich fühle mich um soviel besser, weil ich Dir alles gesagt habe ... Deine Freundschaft,

257

und das gilt auch für Dich, Madame, *bedeutet* mir viel mehr, als einer von Euch ermessen kann, und ich würde nie, nie, *nie* absichtlich etwas tun, um sie zu ... verderben. Und ich bedaure es so sehr wie nur irgendetwas, daß ich zuviel Angst hatte, Dir gleich davon zu erzählen. Ich schicke Dir die Briefe, so daß Du sie bald haben wirst.«

Anfang Juli kamen die Briefe bei Ernest an. In dem Brief von Dr. Kubie an Jane hatte er ihr von Ernests Drohung geschrieben, gerichtliche Schritte zu ergreifen, und seiner eigenen Meinung Ausdruck gegeben, daß eine derartige Handlungsweise kindisch wäre. Er bemerkte dann, daß Ernests Handschrift der von Jane in verblüffender Weise ähnlich sei, und äußerte die Vermutung, daß sie in den letzten Jahren möglicherweise unbewußt begonnen hatte, seine Handschrift in einem außergewöhnlichen Ausmaß zu imitieren. Der zweite Brief, vom 12. Mai, war Janes Antwort an Kubie. Ihre Handschrift sei nie anders gewesen als jetzt, beteuerte sie. Sie sei von einer derartigen Vermutung enttäuscht und verletzt, und sie erinnerte den Doktor daran, wie sehr sie von Anfang an gegen seinen Plan, diesen Artikel zu schreiben, gewesen sei. Denn sie wußte, daß er Ernest erzürnen würde, vor allem, wenn er herausfand, daß Kubie ihr Analytiker sei, und da sie ihre Freundschaft mit Hemingway sehr schätze, sei ihr die ganze Angelegenheit äußerst zuwider. In ihrem letzten Brief an Ernest zu diesem Thema zitierte Jane Kubie, der zugesagt habe, den Artikel nicht zu veröffentlichen und daß er bedaure, daß er sich überhaupt dazu habe überreden lassen, ihn zu schreiben. Aber er wiederholte, um seine eigene Integrität zu verteidigen, daß nichts, was er von Jane über Hemingway erfahren habe, in der endgültigen Fassung des Artikels irgendeine Rolle gespielt hätte.

Die Kubieaffäre, die Janes Verliebtheit in Richard Cooper auf dem Fuße folgte, kühlte Ernests Begeisterung sehr wahrscheinlich ab. Pauline war jetzt in Bimini, und Ernest zog vom Boot in ein Haus mit ihr. Gelegentlich fuhr Pauline auf der *Pilar* mit. Einmal fing sie sogar einen Fisch von beachtlicher Größe. Aber sie zog es vor, an Land zu bleiben mit Jinny, die auch zu Besuch da war, und mit Katy und Dos, die für den Sommer hergekommen waren und deren gemächlicher Tagesablauf sich scharf von dem Ernests unterschied. Sie legten sich eine Muschelsammlung zu, schwammen in dem klaren Wasser und angelten in den Untiefen zwischen den Korallen. Zur Cocktailstunde gingen alle zum Hafen hinunter, um die *Pilar* willkommen zu heißen. Pauline brachte alle Zutaten für die Bar mit, und die Buben hingen herum und tranken die Reste aus den Gläsern. Alle drei Kinder verehrten ihren Papa, der eine Art von Magie für sie ausstrahlte. Jack glaubte, daß Ernest ein echter Held sei, und nahm bis ins Mannesalter automatisch an, daß Ernests Ansichten alle richtig seien.

Im August, als es in Bimini schwül und unangenehm wurde, kehrten die Hemingways nach Key West zurück. Da »Die Grünen Hügel Afrikas« im Oktober erscheinen sollten, konnte Pauline Ernest überreden, mit ihr nach Norden zu fahren. Sie wollte gemeinsam mit Jinny Einkäufe machen und auch ihre Pfeifferverwandten besuchen, die sich von Zeit zu Zeit an ihrer Heimstätte im ländlichen Connecticut trafen, wo Onkel Gus einundzwanzig Farmhäuser im Kolonialstil aufgekauft und restauriert hatte, die der Familie und ihren Freunden zur Verfügung standen. Ernest blieb noch eine Woche auf dem Land, nachdem Pauline bereits nach Manhattan zurückgefahren war.

An dem Abend, an dem er in ihre Suite im Hotel Westbury zurückkehrte, war Pauline damit beschäftigt, drei Besucher zu unterhalten – den Stierkämpfer Sidney Franklin, Ward Merner, ihren Vetter aus San Francisco, und Merners Freund Jay McEvoy. Sydney war mit Schachteln voll Konfektionskleidung für Kinder und Erwachsene aus der Fabrik seines Schwagers in Brooklyn erschienen. Pauline, die ihm versicherte, daß ein maschinengestricktes, leuchtend blaues Kleid genau das sei, was in ihrer Garderobe fehlte, zog es an und stand geduldig da, während er daran herumzupfte und ihr Anweisungen gab, wo sie es herauslassen und wo sie es einnähen sollte. McEvoy, der die Hemingways noch nie getroffen, aber viel von ihnen gehört hatte, stellte fest, daß sich Paulines Verhalten änderte, sobald Ernest da war. War sie eben noch lebhaft und voller Witze gewesen, so wurde sie jetzt schüchtern und ängstlich, als ob sie unsicher sei, wie ihr Mann auf einen Fremden reagieren werde. McEvoys Erinnerung nach war Ernest zu ihnen allen nett und erwähnte die Rezensionen nicht, die jetzt über »Die Grünen Hügel Afrikas« erscheinen sollten.

Ernest hatte vorausgesagt, daß die politisch links stehenden Kritiker nicht von seinem fortgesetzten Mangel an Interesse an sozialen Problemen angetan sein würden. Einer der amerikanischen Linken drängte Ernest, wichtigere Themen zu finden als »das Verfolgen und Massakrieren von Tieren und Fischen, wie groß auch immer«. Die Kritiker einiger der größten Zeitungen und Zeitschriften waren günstiger gesonnen.

Am 4. November 1935 machte *Time* Hemingway das Kompliment, offen und taktvoll über die Liebe zu seiner Frau zu schreiben. Viele Jahre später schrieb der Kritiker Robert W. Lewis jr. in *Hemingway on Love*, daß Ernests Liebe für Pauline, wie sie in den »Grünen Hügeln« mitgeteilt würde, eine »gute« Liebe sei, reif und harmonisch. Pauline, die diese Liebe unter dem Blickwinkel einer neun Jahre alten Beziehung erlebte, versuchte zweifellos daran zu glauben, daß zwischen ihnen alles ebenso festgefügt war wie damals, als er 1926 Hadley verlassen hatte, und daß ihre häufigen Trennungen keine Bedeutung hatten. Zu Weihnachten beschloß sie, die Feiertage in Key West statt in Arkansas zu verbringen. Ernest schrieb Mary Pfeiffer im Januar 1936:

»Pauline hat die gleiche Energie wie immer und bringt es fertig, sie in einen guten Achtstundentag zu stecken und dann am Abend... schläft sie um neun Uhr fest ein und schläft die ganze Nacht wie ein Kind... Sie hat davon gesprochen, zu Dir zu fahren, um sich ein wenig zurückzuziehen, aber sie hat vor kurzem Ulysses von James Joyce gelesen und ist so von Bewunderung für Mr. Joyce erfüllt, daß sie sich vielleicht stattdessen mit Ulysses zurückzieht.«

Anfang März kam Jane Mason für einen kurzen Besuch. Als sie hörte, daß Ernest und Josie mit der *Pilar* Ende April nach Kuba fahren würden, bot sie von sich aus an, den Mai in Havanna zu verbringen und die Rückfahrt gemeinsam mit ihnen zu machen. »Mrs. Mason«, schrieb Hemingway an Dos Passos, »ist fast so geschickt, ohne ihren Mann irgendwo hinzufahren, wie Mr. Josie ohne seine Frau.«

Als Jane ankam, war die Atmosphäre auf dem Schiff gespannt. Ernest war mürrisch und unberechenbar. Die Schwertfische wurden rar, und er ließ seine Enttäuschung an dem armen alten Carlos Gutiérrez aus. Carlos, dessen Augen und Ohren nicht so scharf waren wie früher, der sich aber Ernest gegenüber absolut loyal verhielt, war vom Verhalten seines Kapitäns verletzt. Jane, die wußte, daß die Mannschaft verstimmt war, trug zur Entspannung der Lage bei, indem sie Ernest leicht schalt und Carlos in Gesprächen unter vier Augen tröstete. Ihr Taktgefühl und ihre gute Laune trugen Früchte. Als sie Ende Mai in Key West anlegten, war Ernests düstere Stimmung verflogen, und er hatte sogar beschlossen, Carlos wieder anzuheuern.

Als seine unklare Beziehung mit Jane sich dem Ende näherte, schuf Ernest eine weibliche Figur, deren Vorbild – wie er einigen seiner kubanischen Freunde anvertraute – die Frau war, die alle als Jane Mason kannten. In ihrem Äußeren ist Margot Macomber mit ihrem vollkommenen ovalen Gesicht und ihrem Haar, das im Nacken zu einem Knoten zusammengefaßt ist, ohne Zweifel Jane nachgebildet. Ebenso steht es mit ihrem Eifer, an der Löwenjagd teilzunehmen, und auch, was den traurigen Zustand der Ehe der Macombers betrifft. Die Geschichte, die im *Cosmopolitan* als »Das kurze, glückliche Leben des Francis Macomber« veröffentlicht wurde, ist die Erzählung von einem jungen amerikanischen Sportsmann, der auf Safari in Afrika ist. Francis Macomber – groß, gutgebaut und fade – gerät angesichts eines gefährlich verwundeten Löwen in Panik und ergreift die Flucht. Margot, seine Frau, die elf Jahre mit ihm verheiratet ist, zeigt ihre Verachtung für seine Feigheit, indem sie mitten in der Nacht ihr gemeinsames Bett verläßt, um dem Zelt des wortkargen weißen Großwildjägers Wilson einen Besuch abzustatten, der den Löwen mutig aus nächster Nähe getötet hat, nachdem sein Jagdgast weggelaufen war. Am nächsten Tag, als Macomber seine Furcht überwindet und sich einem angreifenden Büffel entgegenstellt, richtet Margot ihre Mannlicher auf den Büffel, tötet aber stattdessen ihren Mann.

Die Meinung der Kritiker über Margots Motive ist geteilt, obwohl die Mehrzahl der Meinung zu sein scheint, daß sie, wenn auch nur unbewußt, dazu getrieben wird, ihren Mann zu vernichten, weil sie sieht, wie ihre Macht über ihn zu Ende geht. Falls er durch den Akt der Tapferkeit ein Gefühl für den eigenen Wert bekommt, so würde ihre Freiheit, ihm Hörner aufzusetzen, voraussichtlich eingeschränkt werden. Edmund Wilson sah in ihr ein Beispiel für Ernests wachsenden Antagonismus allen Frauen gegenüber. Als Arnold Gingrich zu Besuch kam, um mit Ernest zu fischen und seine neuesten Werke zu lesen, zeigte ihm Ernest neues Material über Harry Morgan, den einzelgängerischen Kapitän eines Charterbootes, der von Key West aus seine Fahrten unternahm und bereits der Held von zwei früheren Geschichten gewesen war.

Gingrich war von dem neuen Material begeistert und überredete Ernest, daraus einen kurzen Roman zu machen. Er war nicht so begeistert vom Fischen. Ernests Konkurrenzverhalten an Bord der *Pilar* ermüdete ihn und er wollte schon abreisen, als Pauline ihn bei einem Drink in der Compleat Angler Bar Jane Mason vorstellte. Plötzlich wurde sein Interesse wieder wach. Er fühlte sich sofort zu Jane hingezogen und begann schon Pläne für ein Wiedersehen in New York zu machen.

Am 5. Juli flog Pauline mit Ada und den Jungen zurück nach Key West, wobei Jinny mit Ernest in Bimini blieb, der einen letzten Versuch machte, eine miserable Schwertfischsaison zu retten. Jinny machte wenig Zugeständnisse an Ernests Temperament. Sie hielt ihn für einen »großen, selbstsüchtigen Burschen«, und es ist möglich, daß er sie gerade deswegen mehr respektierte, weil sie sich nicht von ihm einschüchtern ließ. Die Tatsache, daß sie lesbisch war, beseitigte das Problem der sexuellen Spannung zwischen ihnen, obwohl Ernest sich noch immer fragte, ob es nicht irgendwo einen Mann gebe, der sie interessieren könnte. Es störte ihn, daß sie sich nicht ernsthaft mit dem Schreiben beschäftigte. »...Jinny hat ebensoviel Begabung fürs Schreiben oder sogar mehr als ich«, schrieb er Mary Pfeiffer, »nur hat sie kein Vertrauen und arbeitet nicht daran. Sie hat wirklich Talent und ist genug herumgekommen, so daß sie etwas zu sagen hat.« An seinem siebenunddreißigsten Geburtstag schrieb er Arnold Gingrich, daß ihm in Wahrheit nur an zwei Menschen auf der Welt (abgesehen von seinen Kindern) wirklich etwas liege – an Pauline und Jinny.

»Der Schnee vom Kilimandscharo« war gerade in der Augustnummer von *Esquire* erschienen, und Freunde aus aller Welt schickten Briefe der Bewunderung. Katy Dos Passos, nicht mundfaul, wenn es darum ging, Ernest eins auszuwischen, schrieb, daß er mehr Menschen zum Weinen gebracht habe als irgend etwas sonst seit dem Waffenstillstand.

Die Handlung der Geschichte ist minimal. Die ganze emotionale Intensität kommt von der inneren Landschaft des Schriftstellers Harry Walden, der auf Safari an Wundbrand erkrankte und in einem afrikanischen Basislager im Sterben liegt, während seine Frau Helen hilflos zusieht. Seine Erinnerungen an die Vergangenheit umfaßt Orte, die ihn einst fesselten – den Schnee in Schruns am Weihnachtstag, der so hell war, daß es weh tat, ihn anzusehen, die Forellenbäche im Schwarzwald, die ausladenden Bäume und weißgetünchten Häuser auf dem Place Contrescarpe. Eine andere Erinnerung, die wieder lebendig wird, ist der Schmerz um eine verlorene erste Liebe.

»...hatte er ihr, der ersten, die ihn verlassen hatte, einen Brief geschrieben, in dem er ihr erzählte, daß er es nie hätte abtöten können... wie ihm, als er einmal glaubte, sie vor dem Régence zu sehen, inwendig ganz schwach und übel geworden wäre, und daß er einer Frau, die ihr in irgend einer Art ähnelte, den Boulevard entlang gefolgt wäre, angsterfüllt, sie möge es nicht sein, voller Angst, das Gefühl, das es ihm gab, zu verlieren. Wie ihn jede, mit der er geschlafen hatte, sie nur noch mehr vermissen ließ, und wie das, was sie getan hatte, ja völlig bedeutungslos sei, da ihm klar wäre, daß er sich nicht von seiner Liebe zu ihr heilen könne.«

Viel traumatischer für den sterbenden Schriftsteller ist jedoch das Bewußtsein, daß er sterben wird, bevor er seine beste Arbeit getan hat. Der Sündenbock für seine Versäumnisse ist Helen, seine gegenwärtige Frau – die reiche, gewissenhafte Helen in mittleren Jahren, deren Geld die korrumpierende Kraft in seinem Leben gewesen ist. Es gab jedoch auch für Pauline beunruhigende Botschaften in vielen von Harrys bitteren Träumereien. »In seinem Inneren sagte man sich, daß man über ... diese Schwerreichen schreiben würde ... Aber er würde niemals dazu kommen, denn jeder Tag des Nichtschreibens, des Luxus, jeder Tag dieser Existenz, die er verachtete, stumpfte seine Fähigkeiten ab und schwächte seinen Arbeitswillen, so daß er schließlich überhaupt nicht mehr arbeitete.« Das war Ernests ständige Angst, daß er verweichlichen und sein Talent verlieren würde. Pauline, die in vieler Hinsicht in derselben Art wie die fiktive Helen seine »freundliche Hüterin« war, ließ ihm keine Entschuldigung für Fehlschläge. »›Ich wäre überallhin gegangen (sagte Helen). Ich hab' dir doch immer gesagt, daß ich überallhin mit dir gehen würde.‹« »›Dein verfluchtes Geld‹, sagte er.« Eine Verzerrung, wenn man sie auf Pauline anwandte, aber als sich Ernests Angst wegen seiner Arbeit vertiefte und er zu stagnieren glaubte, schlug er voll Zorn um sich. Jahre später schrieb er, daß die Idee zu der Geschichte begonnen habe, als ihn eine reiche Frau 1934 in New York zum Tee einlud und ihm anbot, noch eine Safari zu finanzieren. Harry Walden sei ein Bild seiner selbst, wie er gewesen sein könnte, wenn er das Angebot der Frau angenommen hätte. Die fertige Arbeit geht jedoch über Ernests gewitzte Vorstellung hinaus, Wahrheiten über sich selbst zu offenbaren, die seine Beziehung zu Pauline entscheidend beeinflussen würden.

Die Geschichte ist natürlich auch beachtenswert der Erwähnungen seiner ersten Liebe wegen. Zum dritten Mal in seinem Werk und siebzehn Jahre nach der Episode durchforschte Ernest noch immer den Schmerz, den ihm Agnes' Zurückweisung bereitet hatte. Agnes selbst war jetzt mit William Stanfield verheiratet, einem Witwer mit drei Kindern. Ihre Ehe mit dem Rechnungsprüfer Howard Garner war in die Brüche gegangen, als sie entdeckte, daß Garner gewalttätig und unberechenbar war und, was fast ebenso enttäuschend war, keinen Sinn für Humor hatte. Rückblickend wunderte sie sich, warum sie sich mit ihm eingelassen hatte, und kam zu dem Schluß, daß sie mit siebenunddreißig genug davon gehabt hatte, allein zu leben, und übereilt geheiratet hatte. 1930 zog sie aus ihrem Haus auf Haiti aus, gelobte, Garner nicht um einen einzigen Penny zu bitten, und fuhr nach Reno, um sich scheiden zu lassen.

Ende des nächsten Jahres wurde der Scheidung stattgegeben und sie kehrte nach New York zurück, um eine leitende Stelle bei der Ausbildung von Schwestern in einem Tuberkulosesanatorium in Otisville, New York, anzunehmen. Dort lernte sie Bill Stanfield, einen Hotelmanager, kennen. Diesmal ging sie vorsichtig zu Werk, und es dauerte vier Jahre, bevor sie heirateten. Als »Der Schnee vom Kilimandscharo« veröffentlicht wurde, lebte Agnes in Virginia Beach und half ihrem Mann, ein kleines Kurhotel zu führen. Sie erinnert sich nicht daran, die Geschichte zu jener Zeit gelesen zu haben.

Im Herbst redete Ernest davon, nach Spanien zu fahren, wo eben ein erbitterter Bürgerkrieg ausgebrochen war. 1936 war eine Volksfrontregierung aus Republikanern, Gewerkschaftlern, Sozialisten und einigen linken Gruppen von einer Mehrheit der Bevölkerung gewählt worden, aber die Polizei, die Offiziersschicht der Armee, die kirchliche Hierarchie und die Aristokratie hatten das Wahlergebnis nie akzeptiert. Es war diese Rebellenkoalition, die sich Nationalisten nannten, die einen Krieg mit der loyalistischen Regierung provozierte.

Zunächst war Ernest mit sich selbst im Zwiespalt. Er hatte gute Freunde auf beiden Seiten und schien nicht darauf erpicht zu sein, in den Krieg zu ziehen. Aber er sagte einem jungen Schriftsteller, mit dem er befreundet war, daß seine Sympathien auf seiten der demokratischen Regierung und der einfachen Leute lägen. Im September gestand er Max Perkins, daß er sehr bedauern würde, nicht bei der spanischen Geschichte dabei zu sein.

Pauline war besorgt, sie hatte Angst um Ernests Sicherheit. Ihre natürlichen Tendenzen waren konservativ, und sie hatte kein Interesse an den linken Intellektuellen, die Ernest wegen seines Mangels an Engagement für politische Fragen gescholten hatten. Aber sie verstand, besser als irgendjemand anderer, was er von sich selbst als Schriftsteller und Mann der Tat verlangte. Sie wiederholte ihre Einwände so bestimmt, wie sie es wagte, aber mit der düsteren Vorahnung, daß die Ereignisse sie überrollen würden.

Gleichsam als Bestätigung ihrer Ängste traf am 25. November 1936 in Key West ein Brief von Harry Wheeler ein, dem Generaldirektor der *North American News Alliance* (NANA). Der Nachrichtendienst wolle, daß Ernest für sie über den Krieg berichte. Pauline sagte nichts, als Ernest zurückschrieb, daß er interessiert sei. Dann fuhr er mit der *Pilar* für eine Woche nach Kuba, um Sidney Franklin zu besuchen, und kam mit großartigen Neuigkeiten zurück. Sidney hatte zugestimmt, ihn nach Spanien zu begleiten, was Pauline gefallen sollte, wie er dachte. Pauline gab zu, daß es tröstlich sein würde, Franklin dabeizuhaben, aber sie war nicht bereit, deshalb von dem Projekt begeistert zu sein. Sie erinnerte Ernest daran, doch erst daran zu denken, die anderen Frauen seiner Familie, vor allem Grace, zu beruhigen, die die Zeitungsberichte gesehen hatten, wonach Ernest nach Spanien ging. Ernest überließ diese Aufgabe Pauline. Er hatte ein wichtigeres Problem. Max Perkins, alles andere als begeistert von der Tatsache, daß sein berühmtester Autor in den Krieg zog, wollte den fertigen Morganroman. Ernest hatte mit Gingrichs Idee gekämpft, die Harry-Morgan-Geschichten in eine lockere Romanform zu verschmelzen. Sein neues Material spiegelte seine sich verhärtende Haltung gegenüber dem Großteil jener Leute wider, mit denen er und Pauline auf Bimini beisammen gewesen waren, einschließlich Jane Mason. Er hatte bereits dem Romancier Kinnan Rawlings geschrieben, daß Frauen, die den Fischfang ernsthaft betrieben, die besten und dümmsten Weibsbilder zugleich, und daß 90 Prozent ihrer Ehemänner genau so seien. Zu dieser Kategorie zählte er auch die reichen Parasiten und ihre Speichellecker, die den Yachthafen von Key West bevölkerten. Jetzt hielt Ernest das Manuskript zurück, weil er plötzlich besorgt war, daß er die reichen Sportsleute und ihre Frauen nicht genügend getarnt hatte. Er schickte Gingrich ein Telegramm, er möge aus Chikago herkommen, und lud auch seinen Anwalt, Maurice »Moe« Speiser, aus New York ein. Gemeinsam würden sie das Manuskript im Hinblick auf mögliche Verleumdungsklagen prüfen.

Gingrich, der bereits das meiste Material gelesen hatte, war der Meinung, daß Ernest guten Grund hatte, sich Sorgen zu machen. Arnold dachte, daß er seiner weisen Ratschläge halber herzitiert worden sei. Aber als er meinte, daß Jane und Grant Mason als Helene und Tommy Bradley, eines der Ehepaare in dem Buch, »bis über die Ohren verleumdet« worden seien – spürte Ernest scharfsinnig, daß Arnolds Interesse nicht ganz unpersönlich war. »Gottverdammter Herausgeber kommt herunter nach Bimini, sieht eine Blondine und ist seitdem nicht wiederzuerkennen«, spottete Ernest. Gingrich wand sich vor Verlegenheit. Seit Juni hatte er Jane in New York getroffen – heimlich, wie er dachte. Aber dann erinnerte er sich, daß Jane später im Sommer eine Reise mit Jinny Pfeiffer unternommen hatte. »Vielleicht wußten sie alle, was eine wußte«, dachte er kläglich.

Gegen Ende der Woche deutete Ernest an, daß er die beleidigenden Passagen abändern könne, was aber schließlich übrig blieb, war weder für Jane, noch für Grant sehr schmeichelhaft. Helene Bradley ist eine reiche, lüsterne Frau, die »Schriftsteller sammelte ebenso wie ihre Bücher«. Sie betrügt offen ihren albernen Mann Tommy und wirft ihren gegenwärtigen Liebhaber, Richard Gordon, hinaus, weil er schlapp macht, als sie während des Geschlechtsverkehrs von Bradley überrascht werden.

Großzügige Verwandte wurden in diesem letzten Manuskript nicht verschont. Die »nette, respektable Familie«, die auf einer der Yachten schläft, scheint offen Paulines Verwandten nachgebildet zu sein, vor allem was die Art betraf, wie sie mit Patentmedizin ihr Glück gemacht hatten. »Und wo kommt das Geld her, daß sie alle so glücklich sind, und das sie so gut und geschmackvoll auszugeben verstehen? Das Geld kam von dem Verkauf von etwas, von dem jeder Millionen Flaschen benützt, dessen Herstellung pro Liter anderthalb Cent kostet und für das im Verkauf ein Dollar... pro Flasche bezahlt wird.« Und mit den Worten der Frau eines Regisseurs in Hollywood warnt Ernest alle Frauen, die von ihren Männern erwarten, monogam zu sein:

>Aber sie sind nicht so beschaffen. Sie wollen irgendeine andere oder Jüngere, oder jemand, den sie nicht haben können, oder irgendeine, die einer andern ähnlich sieht. Oder sie wollen eine Blondine, wenn man brünett ist, oder sie laufen einem Rotkopf nach, wenn man blond ist. Oder wenn man ein Rotkopf ist, dann ist es wieder irgend etwas anderes. Vielleicht ein jüdisches Mädchen, und wenn sie wirklich übersättigt sind, dann wollen sie eine Chinesin, oder wie nennt man sie noch? Oder der Himmel weiß was. Ich weiß nicht. Oder wahrscheinlich werden sie einfach müde. Man kann ihnen keine Schuld geben, wenn sie eben so sind, ...Je besser man einen Mann behandelt und je mehr man ihm zeigt, daß man ihn liebt, um so eher wird er der Sache überdrüssig. Wahrscheinlich sind die Guten so beschaffen, daß sie eine Menge Frauen haben müssen, aber es ist furchtbar anstrengend, wenn man versucht, all die verschiedenen Frauen in sich zu verkörpern.«

Man kann darüber nur theoretisieren, wieviel von diesen fiktiven Grübeleien Ernests eigenen Gemütszustand widerspiegelte, da aber das Buch direkt auf den »Schnee vom Kilimandscharo« folgte, schien es eine weitere Warnung an Pauline zu sein. Eines Nachmittags Ende Dezember, als er gerade den kühlen Innenraum von Sloppy Joe's Bar verlassen wollte, kam ein Touristentrio herein. Eine davon war eine junge Frau mit wunderschönem – goldbraunem – Haar, das locker über ihre Schultern fiel. Sie trug ein einfaches schwarzes Kleid, das ihre langen, wohlgeformten Beine gut zur Geltung brachte. Ernest lauschte interessiert ihrem Ostküstenakzent und ihrer tiefen, etwas heiseren Stimme. Er kam zu dem übereilten Schluß, daß sie mit dem jungen Mann an ihrer Seite verheiratet und die ältere Frau ihre Mutter sei. In seinem Gehirn blitzte der Gedanke auf, daß er sie dem jungen Mann ausspannen könnte.

Am nächsten Nachmittag kam er wieder in die Bar und hoffte, sie wiederzusehen. Als er sie wieder in derselben Begleitung fand, stellte er sich vor. Sie sagte, daß sie Martha Gellhorn heiße, und Ernest erinnerte sich an den Namen. Sie war eine Schrifstellerin aus St. Louis, deren kürzlich erschienenes Buch, *The Trouble I've Seen* (Das Leid, das ich gesehen habe), ein hervorragendes literarisches Werk war. Er hatte falsch getippt, was ihren Ehestand betraf; der junge Mann war ihr Bruder Alfred. Die gutaussehende Frau hingegen war tatsächlich ihre Mutter.

Skinner, der schwarze Barmann, beschrieb die Begegnung von Martha und Ernest später als ein Zusammentreffen der Schönen mit dem Ungeheuer. Was Martha betraf, so hatte er recht. Sie war tatsächlich eine Schönheit. Ernest jedoch als Ungeheuer zu bezeichnen, war stark danebengegriffen, obwohl er groß und schlampig war, einen Hanfstrick achtlos um den Bund seiner baskischen Fischershorts geschlungen. Aber mit seiner sonnenverbrannten, mahagonifarbenen Haut und seinem dichten, schwarzen Haar, das ihm in die Stirn fiel, war er eine eindrucksvolle Erscheinung. Die Grübchen strahlten, wenn er lächelte, und die warmen, braunen Augen waren aufmerksam und teilnahmsvoll.

Das Gespräch war freundlich, und da gab es den Zufall, daß Martha aus St. Louis war, wo beide, Hadley und Pauline, zur Schule gegangen waren. Ernest blieb bis zum Abend da, bot den Besuchern an, ihnen die Insel und die schönsten Plätze zum Schwimmen zu zeigen. Zu Hause hatte Pauline ein feines Langustendinner vorbereitet. Sie nahm noch einen Drink mit ihren Gästen, den Thompsons, und bat Charles dann, Ernest zu holen. Charles tat, was ihm aufgetragen worden war, konnte jedoch Ernest nicht zurückholen, der ihm Martha Gellhorn als literarische Verehrerin vorstellte und Pauline sagen ließ, er würde sie später am Abend in Pena's Garden of Roses treffen. Charles berichtete, daß der Grund für die Verspätung des Gastgebers eine schöne Blondine in einem schwarzen Kleid sei.

VIER

1936–44

17

Martha Gellhorn war am 8. November 1908 zur Welt gekommen, als einzige Tochter bemerkenswerter Eltern. Ihr Vater, Dr. George Gellhorn, einer der besten Gynäkologen von St. Louis, hielt Vorlesungen über Frauenkrankheiten und Geburtshilfe an den Universitäten von Washington und St. Louis. Edna Gellhorn, ihre Mutter, war Absolventin des Bryn Mawr College und arbeitete, mit einem stark ausgeprägten Gemeinschaftssinn begabt, unablässig für soziale Anliegen. Dr. Gellhorn war stolz auf alles, was sie tat. »Sie hatten wunderbare Männer«, sagte Martha über die Ehemänner ihrer Mutter und Großmutter. Sie erinnerte sich daran, wie ihr Vater in den Schulsälen und Hörsälen saß, wo seine Frau über das Frauenwahlrecht sprach. Und wie er zustimmend nickte. Martha betrachtete es als ihr größtes Glück, gemeinsam mit ihren drei Brüdern in einem »liebevollen, lustigen, anregenden Zuhause« aufgewachsen zu sein.

Nachdem sie die John-Burroughs-Schule in St. Louis abgeschlossen hatte, besuchte Martha Bryn Mawr, verließ es aber am Ende ihres dritten Jahres gegen den Wunsch ihres Vaters, der erwartete, daß sie dort ebenso wie ihre Mutter einen akademischen Grad erwerben würde. Martha akzeptierte freudig den Grundsatz, daß man dafür bezahlen muß, wenn man sein eigenes Leben führen will, und verdiente von da an ihren eigenen kärglichen Lebensunterhalt. Nach zwei kurzen Jobs im

Sommer und Herbst 1929 für die *New Republic* und die *Hearst Times Union* in Albany, schrieb sie einen Artikel für ein Handelsblatt, das ihr die Überfahrt nach Frankreich bezahlte. Drei Sommerurlaube in Europa während ihrer Schul- und Collegejahre hatten in ihr eine Leidenschaft für Frankreich geweckt. Ihr Ziel war, Auslandskorrespondentin zu werden und davon zu leben. Sie schrieb irgendwo, daß »mein Lebensplan darin bestand, überall hinzufahren, alles zu sehen und darüber zu schreiben«.

Marthas erster Job in Paris war bei einer Werbeagentur, ihr zweiter bei *Vogue*, ihr dritter bei *United Press*. Als freie Mitarbeiterin für die *St. Louis Post-Dispatch* fuhr sie nach Genf, um über die Tagung des Völkerbundes zu berichten, interviewte wichtige Frauen über die Politik des Völkerbundes und brachte es schließlich zu einer Serie, die an hervorragender Stelle gebracht wurde.

Zum Unterschied von Hemingway, der sich in der Pariser Exilwelt der Schriftsteller und Maler bewegt hatte, lebte und arbeitete Martha ausschließlich mit den jungen Franzosen. Geld war rar. Arbeitslosigkeit, unterbezahlte und schlecht behandelte Arbeiter, der Zynismus der alten Politiker – das waren die Themen, die Martha und ihre Freunde beschäftigten, obwohl ihnen das reiche, elegante Leben von Paris nicht unbekannt war. Martha lebte weiterhin von ihrem Schreiben und machte ausgedehnte, wenn auch sehr billige Reisen durch Deutschland, Italien, Spanien und England.

Sie war die einzige Frau in einer Delegation junger Franzosen, hauptsächlich von der Sorbonne, die auf Einladung der jungen Nationalsozialisten nach Deutschland fuhren. Die politischen Richtungen der Franzosen reichten vom Kommunismus bis zum rechten Katholizismus, aber alle hatten den glühenden Wunsch, einen weiteren Krieg zwischen Frankreich und Deutschland zu verhindern. Die Reise war kaum ein Erfolg; die jungen Franzosen fanden die jungen Nazis intellektuell absurd und somit uninteressant. Zum besonderen Gunstbeweis wurden einige Delegationsmitglieder von Baldur von Schirach, dem Chef der Hitlerjugend, zum Essen eingeladen, der mit einem jungen Mann aus Rumänien zusammenlebte. Martha, die die jungen Nazis infantil gefunden hatte, fühlte sich von dieser Umgebung sonderbar abgestoßen und fand von Schirach selbst widerwärtig. Als er den Soldaten schlug, der sie bediente, weil dieser Kaffee verschüttet hatte, verließ Martha das Haus.

Während des Sommers 1933 fuhr sie nach Capri, um an ihrem ersten Roman zu arbeiten. Literatur war ihr wirkliches Ziel und ihr Ehrgeiz; der Journalismus war ein Mittel, um etwas von der Welt zu sehen und zu lernen. Das Buch wurde zu der Geschichte von drei amerikanischen Studentinnen, die ihre angesehene Hochschule für Frauen verlassen, um nach dem Sinn ihres Lebens zu suchen. Sie entlehnte den Titel *What Mad Pursuit* (Was für ein verrücktes Unterfangen) von John Keats und das Motto »Nichts geschieht je dem Tapferen« von Ernest Hemingway.

Im Herbst 1934, als sie verspätet feststellte, daß ihr eigenes reiches Land auch in ernsthaften Schwierigkeiten steckte – die Arbeitslosigkeit blieb nicht auf Europa beschränkt – kehrte Martha nach Amerika zurück, um zu helfen. »Das Schöne daran, jung zu sein«, schrieb sie später, »besteht darin, daß man immer glaubt helfen zu können. Man muß sich einfach hineinstürzen und arbeiten, dann kann man Berge versetzen: die Welt zu einem schöneren, besseren Ort machen.«

Ausgerüstet mit einem Empfehlungsschreiben von ihrem Freund Marquis Childs, einem Washingtoner Reporter der *Post-Dispatch*, bot sie Harry Hopkins ihre Dienst an. Sie wollte herausfinden, wie die Fürsorge tatsächlich funktionierte, ob die Arbeitslosen wie Menschen behandelt wurden und wie sie es fertigbrachten zu überleben. Hopkins stellte sie als Fürsorgeforscherin der *Federal Emergency Relief Administration* (FERA, Bundesverwaltung für Notstandsfürsorge) an, deren Chef er war, und schickte sie in die stagnierenden Industriestädte New Englands und des Südens. Als sie ihre ersten Berichte von schrecklicher Not bei Hopkins ablieferte, stellte sie dieser Eleanor Roosevelt vor, die immer an den wirklichen Lebensbedingungen der Menschen und damit auch an Marthas

Arbeit interessiert war. Die First Lady stellte Martha ihrerseits dem Präsidenten vor, der von da an für den Rest seines Lebens immer Zeit fand, sie zu treffen, ebenso wie Mrs. Roosevelt, wann immer Martha über Informationen von der Basis verfügte, von denen sie meinte, daß sie davon erfahren sollten. Martha und Eleanor Roosevelt wurden Freundinnen für ihr ganzes Leben.

Den restlichen Winter 1935 und einen Gutteil des Sommers fuhr Martha für ein Gehalt von 35 Dollar pro Woche plus Reisespesen kreuz und quer durch das Land und interviewte Hunderte von Menschen, die ihren Job, ihre Ersparnisse und ihr Heim verloren hatten. Sie erfuhr mehr über Hunger, Verzweiflung und Enttäuschung als die meisten Bürokraten. Aber schließlich gab sie die Arbeit auf, weil sie das Gefühl hatte, daß ihre Berichte den gequälten Menschen, die sie sah, keine Hilfe brachten. Sie beschloß, statt dessen ein Buch über sie zu schreiben, weil sie glaubte, ihnen mehr damit zu dienen, wenn sie sie als Menschen von Fleisch und Blut darstellen könnte, statt nur als Zahlen in der Statistik.

Das Ergebnis war *The Trouble I've Seen*, das sorgfältig geplant war, um die vier Altersgruppen zu repräsentieren, die Opfer der Arbeitslosigkeit waren – die Alten, die Leute in mittlerem Alter, die Jungen und die Kinder. Das Buch ist in die vier Teile des Landes aufgeteilt – den Süden, den Osten, den Westen und den Mittelwesten. Marthas Sensitivität und ihr Instinkt für Understatement ließen die Menschen für sich selbst sprechen. Und das Ergebnis ist heutzutage noch immer so frisch und bewegend wie vor vierzig Jahren. Ruby, zum Beispiel, war ein verwahrlostes Kind, das Martha in einer Baracke in Hooverville, Illinois, getroffen hatte und dessen schäbige Lebensgeschichte die Dimensionen einer Tragödie annahm. Herbert G. Wells, der Martha im Weißen Haus kennengelernt hatte, war von ihrer Arbeit so beeindruckt, daß er ihr anbot, ein Vorwort zu schreiben. Martha wollte das nicht, weil sie das Gefühl hatte, keine Gönnerschaft zu brauchen. Ihr gefiel auch nicht, was er schrieb, aber sie war zu jung und unerfahren, um zu wissen, wie sie das Angebot des großen Mannes ablehnen sollte. »Wenn man dieses Buch millionenfach vergrößert«, sagte Wells, »hat man die komplette amerikanische Tragödie.« Er empfahl es dem englischen Verleger Putnam, der das Buch als Frühjahrsneuerscheinung kaufte.

The Trouble I've Seen wurde von den britischen Kritikern gut aufgenommen. Das höchste Lob, das einen vorwiegend männlichen Standpunkt widerspiegelte, kam von Graham Greene in *The Spectator.* »Ihre Geschichten sind erstaunlich unweiblich«, schrieb er. »In ›Joe und Pete‹... der Erzählung von einem Gewerkschaftsorganisator... ist es ganz unmöglich festzustellen, daß da eine Frau schreibt. Sie hat keine der weiblichen Untugenden wie übermäßiges Mitleid oder gewollte Gewalttätigkeit; ihre männlichen Charaktere werden ebenso überzeugend wie ihre weiblichen dargestellt, und ihre Art zu schreiben ist hart und klar.«

Am 3. Juni 1936 schiffte sich Martha nach England und Deutschland ein. Im Juli arbeitete sie in Stuttgart und recherchierte Hintergrundmaterial für einen Roman, der auf den Jahren ihres Engagements mit all ihren französischen Freunden für das politische Leben in Frankreich basieren sollte. Die Hauptpersonen des Romans waren ein außergewöhnliches junges französisches Ehepaar, dessen Erfahrungen von Polizeibrutalität, an der Seite von streikenden Grubenarbeitern erlebt, bis zu eleganten Pariser Empfängen reichten. Sie waren Pazifisten und Idealisten, die der Ansicht waren, daß nur eine Wiederannäherung zwischen Frankreich und Deutschland einen weiteren gefürchteten Krieg verhindern könne.

Das neue Naziregime machte jedoch diese Hoffnung bereits zum Gespött. Wenn sie nicht in der Weltkriegsbibliothek arbeitete, las Martha deutsche Zeitungen und beobachtete das Leben auf den Straßen – die prahlerischen Nazis oder Braunhemden, die eingeschüchterten Menschen – ohne es ganz zu verstehen, aber doch in dem Wissen, daß es viel »besorgniserregender und abscheulicher« war als während ihres letzten Deutschlandbesuchs im Jahr 1933. Wofür die Nazis auch eintraten, sie war absolut dagegen. Als sie vom Ausbruch des Bürgerkriegs in Spanien las und die Nazizeitungen die demokratisch gewählte Regierung der spanischen Republik als »Rote Schweinehunde« bezeichneten, wußte sie sofort, auf wessen Seite sie stand.

Eleanor Roosevelt, die ein Vorausexemplar von *The Trouble I've Seen* bekommen hatte, war stolz auf ihre junge Freundin. Während der Woche des 5. August schrieb sie dreimal über Martha in *My Day*, ihrer in mehreren Zeitungen regelmäßig erscheinenden Kolumne. In ihrer direkten, ungekünstelten Art erzählte sie, wie sie das Buch eines Nachmittags zwei Stunden lang gelesen hatte, als sie an Bord der S.S. *Potomac* war, und wie sie es am Abend des 3. August laut einigen Gästen im Hyde Park vorgelesen hatte. In der Woche des 17. September las sie wieder aus dem ersten Abschnitt des Buches vor, diesmal vor einer Gruppe von Buch- und Zeitungsverlegern im Colony Club. Sie schrieb in ihrem Artikel:

> »Es war wenig genug, was ich tun konnte, nicht nur für eine Freundin, sondern für ein Buch, von dem ich das Gefühl habe, daß es auf Grund seines eigenen Wertes verdient, in den nächsten Monaten von vielen Menschen gelesen zu werden... Die amerikanische Ausgabe von *The Trouble I've Seen* wird am 23. dieses Monats erscheinen. Ich kann Ihnen nicht sagen, wie Martha Gellhorn, jung, hübsch, Collegeabsolventin, aus gutem Haus, mehr oder weniger mit einem Junior League Background und einem Touch von eleganten Pariser Kleidern und *ésprit* es fertigbringt, so zu schreiben, wie sie schreibt. Sie hat Verständnis für viele Menschen und viele Situationen, und sie kann sie für uns lebendig machen. Laßt uns dankbar dafür sein, daß sie es kann, denn wir haben ihre Darstellung bitter nötig, um einander zu verstehen.«

Der Beifall für das Buch war weltweit. Der *San Francisco Chronicle* verglich es mit »Kleiner Mann, was nun«, dem Klassiker von Hans Fallada über den Durchschnittsdeutschen, der von destruktiven Wirtschaftskräften zermalmt wird. Lewis Gannett, dessen Kolumne *Books 'n Things* im ganzen Land erschien, hob das Gellhornbuch und Martha selbst einen Tag nach seinem Erscheinen hervor. »Wer ist diese Martha

Gellhorn? ... Was sie schreibt, brennt ... Hemingway schreibt auch kein authentischeres Amerikanisch, noch kann Ernest Hemingway Martha Gellhorn etwas über Sparsamkeit der Sprache beibringen.« Der Verleger des Buches, Morrow, dehnte seine Werbung noch weiter aus, weil man sich einen Bestseller versprach. Martha, die den Werberummel, der mit der Veröffentlichung einherging, nicht mochte, floh nach St. Louis, sobald sie konnte.

Zu Weihnachten – dem ersten Weihnachtsfest ohne ihren Vater, der Anfang des Jahres gestorben war – schlug Martha vor, die Familie solle eine Reise in den Süden machen. Ihr Bruder Alfred, der Medizin studierte und jetzt Ferien hatte, Edna Gellhorn und Martha selbst nahmen den Zug nach Miami, das sie vom ersten Augenblick an haßten. Alfred, der sich umsah, bemerkte einen Bus mit der Aufschrift Key West. Der Name gefiel ihnen. Der Busfahrer sagte, daß es weiter im Süden liege, und sie nahmen den Bus, um aus Miami herauszukommen. Als sie in Key West ankamen, machte Edna Gellhorn eine Bar mit dem sonderbaren Namen Sloppy Joe's ausfindig. Sie nahm die jungen Leute dorthin mit, um das Lokal zu erforschen.

Alfred und Edna Gellhorn verließen Key West nach dem Neujahrstag, als Alfreds Universitätsferien zu Ende gingen, während Martha noch eine Woche zum Sonnen und Schwimmen im Colonial Hotel in der Duval Street blieb. Solange ihre Mutter und ihr Bruder da waren, hatte sie Ernest nur in Alfreds Begleitung und auch nur bei Tag gesehen. Sie wurde Pauline vorgestellt, als Ernest Martha und Alfred auf der Insel herumfuhr. Pauline ging gerade vorbei, und Ernest hielt den Wagen an und bat sie einzusteigen. »Sie war sehr verstimmt«, erinnerte sich Martha, und »er war sehr scharf ... Es fiel mir nie ein, daß sie eifersüchtig sein könnte, und wer weiß, ob sie es war; sie mochte irgendeinen anderen Grund gehabt haben, sauer zu sein.«

Nach der Abreise ihrer Familie sah Martha mehr von Ernest, obwohl immer noch nur bei Tage und hauptsächlich zum Schwimmen. Nachdem sie bereits für sich beschlossen hatte, nach Spanien zu gehen, sprach sie zu ihm ausführlich von den Gefahren, die der spanischen Republik drohten. Sie sah ihn nie am Abend und erinnert sich nur an einen Besuch in dem Haus in Key West. Weder mit Worten noch Taten zeigte Ernest mehr als freundliches Interesse. Das ist Marthas Erinnerung. Paulines Freunde waren anderer Meinung, zumindest soweit es Ernest betraf. Ihnen schien, als ob Martha für ihn mehr als eine Zufallsbekanntschaft war. In ihren Shorts und mit ihrem offenen Haar sah sie viel jünger aus als achtundzwanzig, ihr tatsächliches Alter. Und doch war sie bereits ein eigener Mensch. Das Aufsehen, das ihr Buch hervorgerufen hatte, war noch nicht verebbt. Harry Hansen, ein anderer Kolumnist, der im ganzen Land gelesen wurde, bezeichnete sie als die Entdeckung des Jahres unter den jungen Schriftstellern. Sie verkaufte ihre Kurzgeschichten an den *New Yorker* und an *Harper's Bazaar*. Ihre ersten Begegnungen mit Ernest Hemingway müssen sie beeindruckt haben. Seit ihrer Collegezeit hielt sie ihn für einen großen Schriftsteller; und er sah um soviel älter aus als die neun Jahre, die sie trennten. Er sprach älter. Er handelte älter.

Im Vergleich zu Pauline war Martha im Vorteil. Fünf Jahre lang war Ernests außereheliche Energie von Jane Mason in Anspruch genommen worden, die selbst schön und wagemutig war. Aber Jane war verheiratet und Martha war es nicht. Jane hatte enge freundschaftliche Beziehungen zu Pauline, die laut ihrer eigenen Erinnerung ihrer Intimität mit Ernest hinderlich waren. Martha war in dieser Gesellschaft eine Fremde. »Ihre Sache war die Welt«, erinnerte sich Patrick Hemingway. Sie fand immer einen Weg, das zu tun, was sie wollte, und folgte ihrem Instinkt, wohin immer er sie führte.

Am 5. Januar schrieb Martha Eleanor Roosevelt, daß sie Hemingway treffen werde, der

»ein seltsamer Vogel ist, voller Feuer und ein wunderbarer Geschichtenerzähler. (Bei einem Schriftsteller ist das Phantasie, bei jedem anderen Lüge. Da kommt das Genie ins Spiel.) So sitze ich herum und habe gerade das Manuskript seines neuen Buches gelesen und sehr klug darüber geredet; es ist leicht, über die Bücher von anderen Bescheid zu wissen, aber es ist so ein Jammer bei den eigenen. Hemingway erzählt mir also schöne Geschichten über die kubanische Revolution und den Hurrikan, und dann komme ich heim und... versuche, einen soliden Plan für ein Buch zu machen... Wenn es einen Krieg gibt, dann werden all die Dinge, die die meisten von uns tun, keine Bedeutung mehr haben. Ich habe das Gefühl, daß man Tag und Nacht arbeiten muß und auch leben und schwimmen und die Sonne im Haar spüren und so viele Menschen lieben, wie man finden kann, und daß man all das furchtbar schnell tun muß, da die Zeit mit jedem Tag kürzer und kürzer wird.«

In demselben Brief erzählte Martha Mrs. Roosevelt, daß sie alles weggeworfen habe, was sie für ihr neues Buch geschrieben hatte. Das Buch müsse stimmen, sonst würde sie es nicht schreiben.

Martha verließ Key West um den 10. Januar 1937, und Ernest reiste am nächsten Tag unerwartet nach New York ab, holte sie in Miami ein, wo sie zusammen Steaks aßen und dann zusammen mit dem Zug bis Jacksonville fuhren. Sie erkannte nun in dieser Aktion ein Interesse, das über das übliche hinausging, aber ihr Verhalten verletzte in nichts den Anstand, als sie einander in der Bahn gegenüber saßen und sich über Spanien unterhielten.

Aus St. Louis schrieb Martha an Pauline, daß es schlimmer sei, als sie es in Erinnerung hatte. »Es regnet und ist furchtbar kalt. Man bahnt sich seinen Weg durch den Rauch mit einer Azethylenfackel... Aber ich werde mich nur kurz dort aufhalten. Mein neues System vom täglichen Dutzend (Seiten, bei Gott) wird dieses Buch in Windeseile fertigstellen... Vielleicht werde ich dann mit einem Kutter um Kap Hoorn segeln, oder vielleicht ist der Himalaya der richtige Platz für ein ehrgeiziges Mädchen.« Sie beendete den Brief mit Dankesworten für Paulines Gastfreundschaft. »Wenn ich ein Tagebuch führen würde, wäre es voll von Lobesworten über Dich.«

Pauline, die Marthas Brief als das auffaßte, was er war – einen übertriebenen Dankesbrief – schickte Ernests Kleidung für kaltes Wetter expreß nach New York und verausgabte sich beim Tennis und Schwimmen, damit sie in der Nacht schlafen konnte. Fast täglich trafen Telegramme von den Vorsitzenden der in Eile gebildeten Komitees zur Unterstützung der spanischen Loyalisten, den Republikanern, ein. Sie schrieb Ernest:

> »Ich versuche ein geschäftiges, unterhaltsames Leben zu führen, aber in Wirklichkeit zähle ich bloß die Tage, bis Du zurückkommst und das Leben wieder beginnt... Ich wäre so gerne bei Dir, anstatt hier bei niemandem und dem Meer zu sein. Und all diese Telegramme über Spanien und Feldlazarette bringen mir das Gefühl bevorstehenden Unheils vors Haus, wo ich sonst nur vor dem Storch und dem bösen Wolf Angst zu haben brauchte... Also leb wohl, großer Hosenscheißer, alles Gute – und warum fängst Du nicht an, mich auf dem laufenden zu halten? Deine Dich liebende Frau, Pauline.«

Eines Abends ging sie, um »die entsetzliche Dinnerleere« zu füllen, mit Freunden zu Josie's.

> »Es war voll Swing und hin- und herwogender Bürger. Und da wir nur zwei Drinks hatten, denke ich mir, daß wir irgendwie auffielen, wie wir gerade und groß wie junge Bäume dastanden und als einzige nicht hin- und herschwankten, und wir zogen sofort die Aufmerksamkeit von Gentlemen voller Bewunderung auf uns und waren bald bis zum letzten Tanz ausgebucht. Aber nach dem Tanz gingen wir sofort. Teils um Josie zu entlasten, und teils weil ich Angst hatte, Du würdest einem dieser Bürger begegnen, wenn Du zurückkommst, und sie würden sagen: ›Ich habe unlängst mit Ihrer Frau getanzt‹, und du müßtest ihnen eine knallen.«

Die meisten ihrer Abendstunden waren jedoch mit nichts Aufregenderem als Briefeschreiben und Gesellschaftsspielen mit Ada und den Kindern ausgefüllt sowie mit Abrechnungen.

Ein neuer Freund von Pauline in Key West war ein junger Schriftsteller namens Jack Latimer. Sie machte mit ihm Fahrradausflüge und bot ihm an, die Korrekturfahnen für sein Buch zu lesen, einen geheimnisvollen Thriller, der bei Doubleday erschien. Er nahm dankbar an, weil er gehört hatte, daß sie gut redigieren könne und ihrem Mann bei ähnlichen Aufgaben geholfen hätte. »Sie war nicht hübsch«, erinnerte sich Latimer, »aber sehr gewinnend, sehr fröhlich. Ihr Gesicht war nicht schön, aber so überaus intelligent und wach, daß sie attraktiv wirkte.«

In New York hatte Ernest bei einer Nachmittagsbesprechung mit Perkins versprochen, den Morganroman bis zum Sommer abzuliefern, und dann vorgeschlagen, daß Max eine gute Geschichte mit dem Titel »Exil« von Martha Gellhorn lesen sollte. Perkins, der *The Trouble I've Seen* bewunderte, akzeptierte Ernests Vorschlag, und einige Tage später kaufte *Scribner's Magazine* die Geschichte. Ernest unterzeichnete einen Vertrag mit der NANA über seine Berichterstattung aus Spanien und schrieb einen neuen Kommentar zu einem Propagandafilm »Spanien in Flammen« für Prudencio de Pereda, einen jungen Schriftsteller, dessen Werke er respektierte. Zur gleichen Zeit schrieb er Martha und rief sie an, drängte sie, nach New York zu kommen, und sagte, er könne es arrangieren, daß sie auch nach Spanien kommen könne. Martha, die ihn als Schriftsteller verehrt hatte, war durch diese Aufmerksamkeiten geschmeichelt und überrascht.

Pauline war, als Ernest nach Key West zurückkehrte, nicht auf die fieberhafte Eile vorbereitet, die ihn überkam. Obwohl Trennungen in der Vergangenheit ein akzeptabler Bestandteil ihrer Ehe gewesen waren, hatte sie das ungute Gefühl, daß diese Trennung gefährlich sein würde. Sie begann davon zu reden, daß sie vielleicht mit ihm nach Spanien gehen sollte. Ernest betonte nachdrücklich, daß sie das nicht könne. Alles, was sie tun konnte, war, ihn in Paris zu treffen, wenn er aus Spanien herauskam.

Martha schrieb mittlerweile aus St. Louis. »Ich hoffe, wir werden auf derselben Arche sein, wenn die richtige Sintflut beginnt«, schrieb sie. »Wenn ich soviel Glück habe wie immer, überlebe ich wahrscheinlich mit den Mitgliedern des St. Louis Wednesday Club.« Ihr Verleger Morrow behandele sie schlecht. Ob es eine Möglichkeit gebe, daß Ernest ihr Manuskript Perkins zeigen könnte? Ihr letzter Brief, der ihn erreichte, bevor er Key West verließ, war am 15. Februar 1937 geschrieben worden. Er begann in einem traurigen Ton. »Das ist sehr vertraulich. Wir sind Verschwörer (ein Hinweis auf ihre Bemühungen, nach Spanien hineinzukommen, der französisch-britische Nichteinmischungspakt hatte es sehr schwierig gemacht, irgendeine Art von Visum zu bekommen), und ich habe mir persönlich schon einen Bart besorgt und dunkle Brillen. Wir werden beide nichts sagen und stark aussehen.« Dann wurde sie sprunghaft. »Engel, ich habe Dir so viel zu sagen, aber plötzlich komme ich drauf, daß keine Zeit mehr ist, logisch zu denken... Bitte, bitte hinterlasse eine Nachricht in Paris (für den Fall, daß sie ihn in New York verfehlte). Liebe Grüße an Pauline.« Sie beendete den Brief in einem letzten Anfall von Angst. »...schreibe, wenn Du kannst. Bitte verschwinde nicht. Sind wir nicht Mitglieder der gleichen Gewerkschaft? Hemingstein, ich mag dich sehr. Marty.«

Während sie noch tiefer in ihre Schrecken von St. Louis versank, kam Martha zu dem Schluß, daß ihr Roman ein Fehlschlag sei. Sie beendete ihn, um ihn dann in eine Schublade ihres Schreibtisches zu verbannen. »Du steigerst Dich selbst in die Nervosität hinein«, schrieb Eleanor Roosevelt. »Mr. Hemingway hat recht. Ich glaube, du verlierst den Gedankenfluß durch zuviel Umschreiben. Es wird keine leblose Geschichte sein, wenn Dein Gefühl darin ist, obwohl es vielleicht einen Schliff braucht.« Am schlimmsten war die Enttäuschung darüber, daß sie keinen Zeitungsverleger finden konnte, der ihr einen offiziellen Grund für die Einreise nach Spanien gegeben hätte. Als die weiblichen Angestellten der National Underwear Co. zu streiken begannen, schloß sich Martha den Streikposten an und war Mitglied des Komitees der Washington-Universität, das aus Ehefrauen der Angehörigen des Lehrkörpers bestand und mit dem Fabrikseigentümer im Namen der Arbeiter verhandelte.

Sie kam in New York Ende Februar an, einige Tage nachdem Ernest sich in Begleitung von Evan Shipman und Sidney Franklin nach Frankreich eingeschifft hatte. Enttäuscht darüber, daß Ernest keine klaren Informationen bezüglich ihrer Einreise nach Spanien hinterlassen hatte, suchte sie verschiedene Personen auf, die ihr vielleicht helfen konnten. Schließlich gab Kyle Crichton von *Collier's* Martha am 3. März ein Schreiben, das sie als Sonderkorrespondentin für diese Zeitschrift auswies. Tatsächlich hatte sie keine Abmachung mit *Collier's*, aber der Brief mochte für die Behörden genügen. Eine Notiz in der *St. Louis Post-Dispatch* vom 17. März besagte, daß Miss Martha Gellhorn auf dem Weg nach Europa war, um zu versuchen, nach Spanien hineinzukommen. »Sie hat Abmachungen getroffen, um sich Ernest Hemingway und anderen Amerikanern anzuschließen, die ebenfalls in dieses Land hineinzukommen versuchen.« Es war das erste Mal, daß Marthas Name öffentlich im Zusammenhang mit Ernest genannt wurde.

In Paris suchte sie die französischen Behörden auf, um sich die notwendigen Papiere zu besorgen, bevor sie Frankreich verließ. »Der französische fonctionnaire (sic) ist, wie alle wissen, die mit ihm zu tun hatten«, schrieb sie später, »ein amtlich bescheinigtes Scheusal. Er sitzt ohne zuzuhören hinter seinem Schalter und kratzt mit scharfer Amtsfeder und blasser Tinte herum. Ich konnte mit diesem Typ nicht gut klargekommen sein, da ich mich nur daran erinnere, eine Karte studiert zu haben, worauf ich in den Zug stieg und an der Station in der Nähe der Grenze zwischen Spanien und Andorra ausstieg...« Sie ging die kurze Strecke von Frankreich nach Spanien zu Fuß und fand dann einen anderen Zug nach Barcelona. Dieser, der aus alten Holzwaggons bestand, beförderte Soldaten der spanischen Republik, die kaum so alt wie ihr Bruder Alfred aussahen und ebenso freundlich und nett waren. Sie boten ihr Knoblauchwurst und hartes Brot an und brachten ihr spanische Lieder bei. Barcelona lag im strahlenden Sonnenlicht, und überall wehten rote Fahnen. Zu diesem Zeitpunkt des Krieges glaubten die Menschen noch an den Sieg. Ein Taxifahrer lehnte es ab, von ihr Geld anzunehmen. »Da nur wenige Menschen eine derartige Atmosphäre – und sei es nur für eine Minute – erlebt haben, kann ich berichten, daß es die wunderbarste Atmosphäre ist, die man sich vorstellen kann. Ich wurde weitergereicht wie ein Paket, fröhlich und freundlich...«

Sidney Franklin, dessen eigene Ausreise aus Frankreich ein obskures Unternehmen war, das geheimnisvolle Zusammenkünfte mit Unbekannten an Straßenecken erforderte, behauptete später, Ernest habe ihm Anweisungen gegeben, sich um Martha in Paris zu kümmern, und daß sie ihn in einem Taxi voller Koffer getroffen und er sie zum Zug nach Toulouse gebracht habe. Martha wies auf die Absurdität dieser Geschichte hin. Ernest hatte keine Ahnung, wann sie nach Frankreich kommen würde; sie wußte es selbst nicht. Wenn er Sidney solche Anweisungen gegeben hatte, dann nur, um als der Insider zu posieren, der imstande war, Fäden zu ziehen. Was die Koffer betraf, so war das eine weitere Legende. Sie hatte einen Rucksack und die Kleider, die sie auf dem Leib trug – graue Flanellhosen, einen Pullover und eine warme Windjacke. Einer der Gründe, warum sie persönlich im Krieg glücklich war, bestand im Freisein von Besitztümern, darin, daß sie absolut keine andere Verantwortung hatte als »zu schauen und zu schreiben«.

Martha und Sidney kamen jedoch in Valencia auf sehr verschiedenen Reiserouten etwa zur gleichen Zeit an. Constancia de la Mora, die das Pressebüro leitete, buchte beide für ihren Transport nach Madrid für denselben Wagen und Fahrer. Am Morgen des 30. März fuhr der Fahrer, neben dem Franklin saß, vor dem Hotel Victoria vor, um zwei weitere Fahrgäste, Martha und Ted Allan, mitzunehmen. Constancia hatte Allan, einen jungen Korrespondenten für die Federated Press, gebeten, gemeinsam mit der Korrespondentin für *Collier's* (Martha) nach Madrid zu fahren und sie unterwegs über die politische Situation zu informieren. Allan zog ein Gesicht. Das klang sehr langweilig. Constancia lächelte. »Sie werden es nicht bedauern«, sagte sie, »wenn sie sie sehen.« Da hatte sie recht, erinnerte sich Allan. »Ich war von ihr total hingerissen – von ihrem wunderbaren Lächeln, ihrem Haar, ihrer tollen Figur.« Sie nahmen auf den Hintersitzen Platz und kuschelten sich schon bald kichernd zusammen, um sich zu wärmen – unter dem bösen Blick von Franklin, der sich oft mißbilligend nach ihnen umsah.

In Madrid folgte Martha Sidney in den Speisesaal im Keller des Hotels Gran Via, dem einzigen Platz, der für die Verkösti- gung der Berichterstatter vorgesehen war und wo Ernest bei einem späten Abendessen saß. Das Essen war grauenhaft – übelriechender Fisch in gelbem, mehligem Reis und wässerige Hirsesuppe. Das einzige Appetitliche war eine gelegentliche Orange. Aber infolge des Lebensmittelmangels in Madrid wa- ren alle ständig hungrig und aßen gierig, was auf den Tisch kam.

»Ich wußte, du würdest hierher kommen, Tochter«, sagte Ernest, als er vom Tisch aufstand, um seinen Arm um sie zu legen, »weil ich es arrangiert habe, daß du kommen konntest.«

Martha sah ihn erstaunt an. Was meinte er? Er hatte nichts arrangiert. Das war der erste seiner vielen kleinen Versuche zur Selbstglorifizierung, die sie zu bemerken begann. In dieser Nacht jedoch war er der Inbegriff von Kraft und Autorität, stämmig und Gesundheit ausstrahlend. Als er Marty sah, wie sie jung, staubig und durchfroren ankam, rechnete er sich ihre Ankunft in seinem Überschwang als Verdienst an. Aber Mar- tha hatte nicht die Absicht, seine Illusionen zu nähren. Sie fuhr fort, ihm genau zu berichten, wie sie es fertiggebracht hatte, herzukommen.

Madrid befand sich seit fast fünf Monaten im Belagerungs- zustand. Das Hotel Florida lag direkt in der Feuerlinie von Francos schwerer Artillerie, und die meisten Zimmer, die auf den Platz hinausgingen, waren zu schwer beschädigt, um sie benützen zu können. Der Aufzug funktionierte selten; Sessel standen verlassen in staubigen Ecken; heißes Wasser gab es nur manchmal und in manchen Wochen kaum oder gar nicht. Soldaten der Internationalen Brigaden, die Urlaub hatten, kamen für ein Essen und ein Bad in Ernests Zimmer. Die Gespräche waren gut, und eine Menge Frauen, Ernests *who- res de combat,* hingen in der Nähe des Hotels herum. Sidney Franklin, der Schinken, Kaffee und Butter aus Paris mitge- bracht hatte, bereitete auf einer Kochplatte Essen zu und stopfte Ernests großen Schrank mit Lebensmitteln voll. Mar- tha und der Stierkämpfer schlossen keine Freundschaft. Seine

Loyalität blieb Pauline vorbehalten, und Martha mochte seine politische Ignoranz und sein Posieren nicht. Aber die anderen genossen seine Gesellschaft. Er machte Witze, wenn alle niedergedrückt waren. Er machte Gelegenheitskäufe von Pelzen und Parfüms ausfindig. Wenn er ein Dorf besuchte, verbreitete sich die Nachricht wie ein Lauffeuer. Die Kinder liefen ihm nach, die Erwachsenen standen bezaubert da, sogar der Bürgermeister erschien, um ihm die Hand zu schütteln.

Nach ihrer Ankunft in Madrid versuchte Ernest, die Verantwortung für Martha zu übernehmen, was er manchmal in unbeholfener Weise tat. In ihrer zweiten Nacht erwachte sie während eines schweren Bombenangriffs und wollte ihr Zimmer verlassen, fand ihre Türe jedoch von außen abgeschlossen. Sie hämmerte dagegen und schrie, aber ohne Erfolg. Schließlich öffnete ein Fremder die Tür, als der Beschuß aufhörte. Sie fragte sich, wer die Tür abgeschlossen hatte. Sie machte Ernest in einem der Hinterzimmer ausfindig, wo er Poker spielte. Er hätte sie abgeschlossen, gestand er schelmisch, damit sie kein Mann belästigen könne. Rückblickend wunderte sich Martha, warum sie eine derartige Possessivität akzeptierte, wo sie doch vor jedem Mann auf der Hut war, der die Führung übernehmen wollte. Irgendwie wirkten Ernests Aufmerksamkeiten wie ein Befehl, wenn er seine Hand auf sie legte und sie in Anspruch nahm. Doch sie schmeichelte ihm nie in der Art, wie es andere Frauen taten. Sefton Delmer vom *London Daily Express*, der viel Zeit mit beiden verbrachte, sagte, daß sie gerade den richtigen Ton von humorvoller Nachsicht traf. Es war bald offensichtlich, daß sie zusammen schliefen; eines Nachts, als eine Granate den Heißwasserspeicher des Hotels traf und einige Paare aus ihren Schlafzimmer flohen, waren Ernest und Marty unter ihnen.

Zunächst verfaßte Martha keine Geschichten. »Ich lief den Kriegsberichterstattern hinterher, erfahrenen Männern, die ernsthafte Arbeit zu leisten hatten,« schrieb sie 1959 in *The Face of War* (Das Gesicht des Krieges). »Ich fuhr mit ihnen zu den Fronten in und um Madrid. Noch immer tat ich nichts außer ein bißchen Spanisch zu lernen und ein bißchen was über

den Krieg zu lernen und die Verwundeten zu besuchen...«
Dann fragte Ernest sie eines Tages, warum sie nicht schreibe.
Sie sei eine Schriftstellerin oder etwa nicht? So schrieb sie ein
Stück über Madrid, hämmerte es auf einer alten, geborgten
Schreibmaschine herunter und schickte es an *Collier's*, ohne zu
erwarten, daß es veröffentlicht werden würde. Es wurde tat-
sächlich veröffentlicht. *Collier's* gab ihm den Titel »Nur die
Granaten heulen«, ihr Name erschien im Impressum, und nun
war sie eine rechtmäßige Kriegsberichterstatterin.

Mit den Eselskarren, die über die Straßen rumpelten, und
den Wasserstoffsuperoxydblondinen, die vor Chico's Bar her-
umlungerten, schien die Atmosphäre manchmal so irreal wie
auf einer Bühne. Ein paar Kinos waren immer noch geöffnet.
Die Menschen gingen unbekümmert herum, so unberührt von
der Verwüstung wie ausgebildete Soldaten. Eines Nachmittags, als Martha in einem Geschäft war, das keine Waren zu
verkaufen hatte, hörte sie plötzlich das »mächtige, steinerne,
tiefe Geräusch einer herabkommenden Granate.« Das Bom-
bardement dauerte etwa dreißig Minuten. Und die Menschen,
die sich am Gehsteig um Lebensmittel anstellten, blieben bewegungslos stehen, niemand wagte es, seinen Platz in der
Reihe zu verlassen, selbst als der Beschuß begann. Während
Martha gebannt zuschaute, rannte eine alte Frau, ein veräng-
stigtes Kind an der Hand, auf den Platz hinaus. Einen Augenblick später wurde das Kind getötet. Zwei Stunden danach
hatte man die Trümmer bereits zur Seite geräumt, die Laden-
besitzer hatte ihre Waren wieder in Ordnung gebracht, kleine
Jungen sammelten Schrapnellteile als Souvenirs auf, und die
Menschen schlenderten wieder Arm in Arm im Sonnenschein
umher.

Nach einem Tag wie diesem war Martha froh, mit Ernest bei
Chicote's oder Molinero's einen Drink zu nehmen. Dann
konnte man vergessen, wenn auch nur auf eine oder zwei
Stunden, daß die Front nur einen Kilometer etwa entfernt war.
Sie lachten über die Berühmtheiten, die in der belagerten Stadt
auftauchten – Filmstars, Bloomsbury-Intellektuelle, sogar der
Dekan von Canterbury. Martha hörte aufmerksam den militä-

rischen Gesprächen zu und gestand, so gut wie nichts zu wissen, nicht einmal, wie man eine Karte liest. Aber sie paßte auf und lernte schnell.

Als Martha mit Ernest herumging, stellte sie sofort fest, daß er auf Grund seines Ruhmes als Schriftsteller besondere Privilegien genöß. Selbst bei dem extremen Mangel an Autos und Fahrern hatte er ein requiriertes Taxi zur Verfügung und bekam leicht Benzin. Als er sich freiwillig meldete, um an einem Dokumentarfilm »Die spanische Erde« mitzuarbeiten, der in Amerika verbreitet werden sollte, lernte Martha das Filmteam und Ernests besondere Freunde von der Zwölften Internationalen Brigade kennen – den ungarischen General Lucasz, Werner Heilbrun, einen deutsch-jüdischen Arzt und Gustav Regler, den Polit-Kommisar der Brigade. Besonders Regler gewann sie sehr lieb.

Während der letzten Aprilwoche unternahm Martha mit Ernest und einem Fahrer eine Tour zu den vier Hauptfronten. Es war sehr mühsam und anstrengend. Wenn sie nicht zum Übernachten nach Madrid zurückkehren konnten, schliefen sie am Straßenrand oder machten von der kargen Gastfreundschaft eines Armeehauptquartiers Gebrauch. Einmal machten sie einen Streifzug in einem gepanzerten Wagen, der viermal von Maschinengewehrgarben getroffen wurde. Martha war Ernest ihr ganzes Leben lang dankbar dafür, daß er ihr beigebracht hatte, die verschiedenen Geräusche von Feuerwaffen zu unterscheiden und wann es am besten war, sich flach hinzuschmeißen. Er begann zu sagen, daß sie die tapferste Frau sei, die er je getroffen habe, tapferer als die meisten Männer, einschließlich seiner selbst. Ihr Mut war nicht durch Vorsicht gemäßigt wie seiner, denn sie hatte nicht wie er bei Fossalta eine Verwundung überstehen müssen. Er begriff und respektierte die Minenfallen des Schlachtfeldes in einer Weise, wie sie es nicht konnte, aber ihr Mangel an Wissen verringerte in keiner Weise seine Hochachtung für sie.

Da Mut zu dem Maßstab geworden war, nach dem Ernest Menschen beurteilte, steigerte Marthas Tapferkeit seine Bewunderung für sie dramatisch. Sie sah ihn ihrerseits von seiner besten Seite. »Ich glaube, das war die einzige Zeit in seinem Leben«, bemerkte sie, »als er nicht das Wichtigste war, was es gab. Ihm lag wirklich etwas an der Republik und am Ausgang des Krieges. Ich glaube, sonst wäre ich auch nie hängengeblieben.«

18

Während der zwei Monate, die sich Ernest im Bürgerkriegsgebiet aufhielt, schickte er Pauline eine Anzahl von Telegrammen, aber nur einen Brief. Dieser Brief erreichte sie schließlich am 15. April und enthielt den Hinweis, daß er Madrid möglicherweise in zwei Wochen verlassen würde. »Wenn das wirklich wahr ist«, schrieb sie, »telegrafiere mir, wenn Du Bescheid weißt, und ich werde anfangen, mich zu beruhigen. Wenn es nicht wahr ist, werde ich mich nicht beruhigen.« Sie hatte von Jane Mason gehört, die wegen eines Bandscheibenschadens im Krankenhaus war. Jane, die niedergedrückt klang, hatte Pauline gebeten, ihr das Manuskript von Ernests Roman zu schicken.

Pauline schrieb Ernest am 20.:

> »Wenn Du im nächsten Telegramm, nachdem Du das erhalten hast, ›Jane‹ einfügst, dann heißt das, daß sie es lesen kann. Sie schien nicht viel von diesem Plan zu halten, aber ich habe ihr gesagt, es sei das Beste, was ich tun könne. Da hast Du es also.«

Grace Hemingway hatte geschrieben, um zu fragen, ob Ernest der Teppich gefiele, den sie für ihn gewebt hatte und daß die Shevlins telegrafiert hätten, sie würden am ersten Mai in Cat Cay sein. Pauline entschuldigte sich bei Ernest für diese langweilige Rekapitulation so unwichtiger Ereignisse. »Du darfst nicht vergessen, daß ich in Wirklichkeit eine sehr lustige Frau im realen Leben bin... Ich will damit sagen, daß ich von all dem genug habe... Ich möchte, daß Du hier bist, in meinem Bett schläfst und mein Badezimmer benützt und meinen Whisky trinkst... Lieber Papa, bitte komm heim, sobald Du kannst.«

Pauline nahm jetzt ein großes Projekt in Angriff, um den Besitz zu verschönern. Es sollte eine Überraschung für Ernest sein – eine hohe Mauer, um seine Privatsphäre zu schützen, ein Salzwasserswimmingpool (der einzige – egal ob Salz- oder Süßwasser – zwischen Miami und Key West) und ein kleines Gartenhaus, um gelegentlich die Zimmer wechseln zu können. Pauline begann sich zu fragen, warum sie nicht darauf bestanden hatte, nach Spanien zu fahren. »Offensichtlich stimmt irgendwo irgendetwas mit mir nicht«, vertraute sie Max Perkins an, der sie gefragt hatte, ob sie irgendwelche Hilfe, finanzielle oder sonstige, brauche. »Man hat mir erzählt, daß ich als sehr kleines Baby auf keinem Sessel alleingelassen werden konnte ohne hinunterzufallen. Es sieht so aus, als ob das noch immer so ist.« Sie versicherte Max jedoch, daß es ihr wirklich gut gehe. »Im Augenblick ist alles in Ordnung auf dem Witwengipfel, und es gibt wenig Grund anzunehmen, daß dieser Zustand nicht andauern könne.«

Am 24. April telegrafierte Ernest, um ihr zu sagen, daß er am 9. Mai in Paris eintreffen und am 18. Mai in New York sein würde. Pauline war so froh, daß sie auf dem Patio eine Dinnerparty für zwanzig Personen gab, unter dem Vollmond, mit Caféhaustischen und einer Menge zu trinken. Der letzte Gast ging um vier Uhr morgens. »Jetzt bin ich stocknüchtern«, schrieb sie Ernest am 26. auf die *Normandie,* »und vermisse dich ebenso sehr wie immer.«

Das Filmmaterial von »Die spanische Erde« war komplett und bereit zum Schnitt, als Ernest und Martha Madrid verließen. Sie reisten getrennt, rechneten aber damit, einander im Juni in New York zu treffen. In Paris erzählte Ernest einem NANA-Korrespondenten, daß er in die Vereinigten Staaten zurückkehre, um die Überarbeitung eines Romans fertigzustellen, im Spätsommer aber nach Spanien zurückkommen würde. Diesmal so zitierte man ihn, werde seine Frau ihn begleiten. Der Hinweis auf Pauline machte ihn nicht befangen. Obwohl es in Madrid ein offenes Geheimnis war, daß er und Martha intime Beziehungen miteinander hatten, war der Tratsch noch nicht bis zum Rest der Welt vorgedrungen. Für eine kurze Zeitspanne hatte er eine berauschende Kombination genossen – verbotene Liebe und die Gefahren des Krieges – aber jetzt kehrte er wieder zur Sicherheit und dem häuslichen Herd zurück.

Es ist nicht klar, wieviel Pauline wußte. Ernest sagte Martha später, daß sie, ehe sie nicht einen Schnappschuß von Martha nach seiner zweiten Spanienreise in seinem Gepäck entdeckte, nichts wußte. Die meisten von Paulines Freunden in Key West vermuteten jedoch, daß sie etwas ahnte und bewunderten sie dafür, daß sie sich nichts anmerken ließ. Patrick Hemingway beschrieb seine Mutter, als er gemeinsam mit der Autorin seine Erinnerungen durchging, als die verantwortungsbewußte ältere Frau, die, mit einem jüngeren Mann verheiratet, glaubte, daß es von ihr abhinge, daß die Ehe funktioniere. Wenn sich ihr Mann für eine andere Frau interessierte, dann mußte sie warten, bis dieses Interesse versiegte. Diese Verhaltensmaßregel hatte sich in seiner Beziehung mit Jane Mason gut bewährt. Jetzt würde sie wieder getestet werden.

Pauline wartete darauf, daß Ernest wieder seine Schreib- und Angelgewohnheiten aufnahm. Vielleicht würde Spanien jetzt ruhig in der Erinnerung versinken. Aber es gab zu viel zu tun, was mit Spanien zusammenhing, als daß sich diese Hoffnung hätte erfüllen können. Sie wurde zunehmend angespannt, als in rascher Folge Telegramme von Joris Ivens eintrafen, dem Dokumentarfilmer, der bei »Die spanische Erde« Regie geführt hatte. Ivens erinnerte Ernest an sein Versprechen, den Kommentar zu dem Film zu schreiben und auch auf dem bevorstehenden Schriftstellerkongreß in New York darüber zu sprechen.

Martha, die Mitte Mai in New York eingetroffen war, drängte Ernest, alles zu tun, worum Joris bat. »Ich glaube, ich

werde für den verdammten Mann bluten und sterben«, schrieb
sie, »weil ich ihn so bewundere.« Andere Kommunisten, die sie
kennenlernte, bewunderte sie nicht so sehr und beobachtete
ihre Manöver, alle Situationen und Komitees zu infiltrieren, mit
Mißtrauen. »Diese Kommunisten sind unheimliche Leute und
sehr, sehr verschlagen…« Am 28. Mai, als sie mit Eleanor
Roosevelt im Weißen Haus zu Mittag aß, bat Martha die First
Lady, sie, Ernest und Ivens einzuladen, um dem Präsidenten
den Film zu zeigen. »Martha Gellhorn scheint mit einer einzigen
tiefen Überzeugung zurückgekommen zu sein«, schrieb Mrs.
Roosevelt in ihrer täglichen Kolumne, »daß das spanische Volk
ein großartiges Volk ist und daß in Spanien etwas geschieht, das
für den Rest der Welt von großer Bedeutung sein kann.«

An einem glühendheißen 4. Juni flog Ernest von Bimini nach
New York, um auf dem Schriftstellerkongreß zu sprechen und
Martha im Hotel Gladstone wiederzusehen. Der Bund amerikanischer Schriftsteller, dessen politische Richtungen vom Zentrum bis zur radikalen Linken reichten, begann die Einberufung
des Kongresses mit einer öffentlichen Versammlung in der
Carnegie Hall. Dreitausendfünfhundert Menschen drängten
sich im Saal, und etwa tausend wurden abgewiesen. Ernest, der
in seinem Anzug schwitzte und nervös an seiner Krawatte
zerrte, hörte sich die ersten Reden gemeinsam mit dem Vorsitzenden Archie MacLeish und Martha an. Nach zehn ging er zum
Rednerpult, um eine siebenminütige Rede zu halten, die die
Zuhörer elektrisierte. »Es gibt nur eine Regierungsform, die
keine guten Schriftsteller hervorbringen kann«, sagte er, »und
dieses System ist der Faschismus. Denn der Faschismus ist eine
Lüge, die von Tyrannen verbreitet wird. Ein Schriftsteller, der
nicht lügt, kann nicht unter dem Faschismus leben und arbeiten.« Die bloße Kraft seiner Anwesenheit eroberte den Saal im
Sturm. Wellen von Beifall gingen durch die Halle, als Ernest das
Rednerpult verließ. »Er war erstaunlich gut und so einfach und
aufrichtig«, schrieb Martha später an Eleanor Roosevelt. Er
hatte ihren Glauben gerechtfertigt, daß er seinen Ruf für eine
Sache einsetzen würde, »die größer war als seine eigene«.

Am nächsten Nachmittag hielt Martha ihre eigene Rede vor

der geschlossenen Nachmittagssitzung des Schriftstellerkongresses in der Neuen Schule für Sozialforschung, in der sie sagte:

> »Die Schriftsteller, die jetzt in Spanien sind... sind einfach mutige, intelligente Menschen, die einen wichtigen Beitrag zum Krieg leisten... wobei sie überhaupt *nicht an sich* selbst denken. ... Ein Mann, der ein Jahr seines Lebens, ohne sich dessen zu rühmen oder den Helden zu spielen, dem Krieg in Spanien gewidmet hat, oder der auf die gleiche Art und Weise ein Jahr seines Lebens den streikenden Stahlarbeitern geschenkt hat oder den Arbeitslosen oder den Problemen der Rassenvorurteile, hat seine Zeit nicht verschwendet oder verloren. Er ist ein Mann, der erfahren hat, wohin er gehört.«

Sobald der Kongreß vorbei war, trennten sich Ernest und Martha wieder. Ernest ging zurück nach Bimini, um seine Überarbeitung des Morganromans abzuschließen, der jetzt »Haben und Nichthaben« hieß, während Martha in New York blieb. Sie bedrängte ihre Freunde in der Regierung und den Gewerkschaften, von der Situation in Spanien Notiz zu nehmen. Verrückte Komitees entstanden überall. Es war ein endloses Ärgernis, sie abzuwehren. Dann erfuhr sie am 17. Juni, daß Lucasz und Heilbrun von der Zwölften Brigade getötet und Gustav Regler schwer verwundet worden war. »Ich habe gedacht, daß ich alles über den Krieg wüßte«, schrieb sie traurig an Ernest, »aber was ich nicht wußte, war, daß Deine Freunde getötet wurden.«

Einige Tage später traf Ernest in New York ein, um den gesprochenen Kommentar zu »Die spanische Erde« aufzunehmen. »Es schien mir«, erinnerte sich Prudencio de Pereda, der Romancier, der mit Hemingway an der Vertonung des Filmes arbeitete, »und ich glaube, auch Joris (Ivens) ging es so..., daß Martha den größten Teil der Werbung erledigte. Das war natürlich genug... Ich glaube, sie ist eine draufgängerische Frau, die den Kern der Sache sieht.« De Pereda und die anderen sahen wahrscheinlich, wie spontan und offen Martha zu dieser Zeit war. Sie schien Ernest mit ihren Gefühlen vertrauen zu können. Ihre Freunde hatten an ihr immer genossen, daß sie voller Leben war. Sie war großzügig, tat viel für andere Menschen, und all das kam zusammen, als sie sich verliebte.

Am 1. Juli war Ernest zurück in Bimini, nachdem er Perkins seine Zustimmung gegeben hatte, »Haben und Nichthaben« im Herbst zu veröffentlichen. Am 5. Juli bekam er einen Brief von Martha. Der Briefkopf lautete »Rettungskomitee; Ernest Hemingway, Präsident; Martha Gellhorn, Sekretär; Thomas Shevlin, Schatzmeister.« »Lieber Präsident«, begann sie, »... von all den Dingen, die mit diesem Krieg zu tun haben und die ich lustig gefunden habe, ist dieses Papier... das lustigste... Es sieht so unecht aus, daß man vermuten würde, der Schatzmeister sei ein Defraudant, der Präsident... ein Schwindler und der Sekretär... ein mordlüsterner Kretin.« Was ihr eigenes Schreiben betraf, war sie von Tag zu Tag deprimierter. »Ich schreibe elender und elender und länger und länger mit jedem Tag. Bevor ich sterbe, wird man mich für Dreiser halten. ... Das Buch ist so schlecht, daß es mich nicht wundern würde, wenn ich die Serienrechte daran verkaufen könnte. Salud, Marty.«

Fünf Tage später verließ Ernest wieder Cat Cay, zum dritten Mal in nicht ganz zwei Monaten, um mit Joris und Martha nach Washington zu fliegen, wo sie den Film im Weißen Haus zeigen wollten. Auf dem Flughafen von Newark kaufte Martha Sandwiches für die Gruppe und erklärte den erstaunten Männern, daß das Essen im Weißen Haus entsetzlich und es eine gute Idee sei, etwas zu essen, bevor man dort zu Tisch gehe. Sie wußte das, weil sie »oft dort gewesen war«, wie Ernest später seiner Schwiegermutter erklärte, wobei er Martha als »das Mädchen, das es arrangiert hat«, daß der Film dort gezeigt werden konnte, bezeichnete.

Aus Washington flogen Ernest und Joris nach Hollywood, um dort Geld zu beschaffen. Martha, die noch immer in Manhattan war, schrieb an Eleanor Roosevelt. »Ich bin der Schreiber der Gruppe (Hemingway und Ivens), und so bin ich auch damit beauftragt, Ihnen in ihrem Namen herzlich zu danken. ... Wenn ich mich nicht so sehr wie eine Mutter mit ihren beiden Wunderkindern gefühlt hätte und wenn ich nicht so nervös gewesen wäre, daß mit dem Film etwas schief gehen könnte, wäre ich fröhlicher gewesen... Sie waren wunderbar zu uns, und ich hoffe, daß Ihnen meine zwei Kumpel aus dem Schützengraben gefallen, die ich beide verehre.«

Ernest kehrte rechtzeitig nach Bimini zurück, um dort am 21. Juli seinen achtunddreißigsten Geburtstag zu feiern. Der häuslichen Routine unterzog er sich mit Märtyrermiene. Der offene Kampf mit Pauline wegen Martha war noch nicht ausgebrochen. Sie flehte ihn nur tränenreich an, nicht sein Leben in Spanien aufs Spiel zu setzen, während Ernest hartnäckig darauf beharrte, daß in Spanien seine Pflichten lägen. Wenn sie ihn wirklich liebe, dann würde sie mit ihm kooperieren. Die Berichte von der Front waren alle schlecht. Am 26. kam ein düsterer Brief von Martha aus New York. Trotz endloser Bemühungen und Diskussionen hatte sie nur wenig Fortschritte gemacht bei den Verhandlungen mit den Filmverleihern, den Film in die Kinos zu bringen. Sie haßte es, überall wie ein »weltfremder Idealist« behandelt zu werden. Eine Kiste mit Büchern sei zu seinem Geburtstag unterwegs. In der Zwischenzeit fahre sie nach St. Louis, um ihre Mutter zu besuchen.

Pauline sah hilflos zu, wie Ernest Vorbereitungen traf, um wieder nach Spanien zu gehen. Ernest vermochte seinen Kindern kaum etwas dazu zu sagen, aber er versuchte Mary Pfeiffer gegenüber seine Handlungsweise zu verteidigen. Als er ihr am 2. August schrieb, gab er zu, daß er sich nach zwei Wochen in Spanien wie ein Mann gefühlt habe, der keine Frau, keine Kinder, kein Haus, kein Boot, der nichts hatte. Dort drüben sei das die einzige Art, um zu funktionieren. Jetzt, zu Hause, schätze er all diese Dinge wieder. Aber er habe seine Angst vor dem Tod verloren und wisse, daß es einfach egoistisch sei, an seine persönliche Zukunft zu denken, wenn die Welt in so schlechter Verfassung sei. Nachdem er auf diese Weise seine Trennung von Pauline rationalisiert hatte, reiste er nach New York ab, um Martha zu treffen. »In jener prähistorischen Vergangenheit«, schrieb sie vierundvierzig Jahre später, »versuchten wir ständig, aber ohne Erfolg, diskret zu sein.«

Ernest stach am 17. August 1937 mit der *Champlain* von New York aus in See. Martha folgte zwei Tage später mit der *Normandie*. Sie buchte Touristenklasse, denn das war alles, was sie sich leisten konnte. Es kam nicht in Frage, daß ihr Ernest Geld für Hotels, Schiffskarten oder irgendetwas anderes geben könnte. Ernest drängte ihr auch kein Geld auf. Er neigte nicht dazu, Geld für Frauen auszugeben. (Martha konnte sich nicht erinnern, daß er ihr außer einem Gewehr und langen Kaschmirunterhosen von Abercrombie and Fitch für das Entenschießen an kalten Tagen je etwas geschenkt hätte.)

In Paris wurde sie von Ernest und Herbert Matthews von der *New York Times* erwartet. Sie traf letzte Vorbereitungen für Spanien und fuhr dann allein zum Schwimmen nach le Lavandou an die Riviera, wo das Meer warm und ruhig und der Strand sauber war. Dann verbrachten sie noch einige Tage in Paris, bevor sie zu dritt am 6. September nach Madrid abreisten. Sofort nach ihrer Ankunft im Hotel Florida fuhren sie an die aragonesische Front. Zwei Drittel von Spanien waren in Francos Hand, aber Belchite bei Saragossa war eben von den Loyalisten zurückerobert worden. Martha ging durch die rauchenden Trümmer, sah den Soldaten zu, wie sie ihre Toten begruben, und schloß sich dann einigen Amerikanern an, die auf einer Sandbank am Fluß unter den Olivenbäumen lagen. Sie konnte den gelben Staub von Aragonien auf ihrer Zunge spüren und wie er ihre Kleider, ihr Haar und ihre Augenbrauen bedeckte. »Es war sonderbar«, schrieb sie in *Collier's*, »durch diesen Olivenhain zu gehen . . . und die Gesichter aus Mississippi und Ohio und New York zu sehen und die Stimmen zu hören, die man beim Baseball, in der U-Bahn oder auf irgendeinem Universitätscampus hört . . .«

Von Belchite aus fuhren die drei Reisegefährten weiter zu den Anhöhen über Teruel. Während Martha auf Händen und Knien über duftendes Stroh in einem pechschwarzen Unterstand kroch, blickte sie durch einen Spalt in der Wand auf eine hübsche, friedliche Szene hinab. »Selbst im Krieg«, notierte sie, »kann nichts dieses schöne Land verderben.« Drei Tage lang kletterten sie über steile Bergpfade zu neu angelegten

Militärstraßen und besuchten die höchsten Stellungen in den Bergen. Sie waren die ersten Korrespondenten, denen man gestattet hatte, diesen Frontabschnitt zu besichtigen. Sie reisten im offenen Lastwagen, der mit Matratzen, Decken und Kochgerätschaften ausgestattet war, und übernachteten im Hof von Bauernhäusern bei den Rindern und Eseln. Die gastfreundlichen Bauern teilten ihre kleinen Vorräte an Lebensmitteln und Wein mit ihnen.

Da die faschistische Feuerkraft in Aragonien konzentriert war, hatte der Artilleriebeschuß von Madrid an Intensität abgenommen. Das Wetter war schön, und die Bars waren überfüllt. Das Leben war angenehm für die Liebenden. 1981 schrieb Martha in der *Paris Review* über Ernest, daß er in Spanien und China »...gute Scherze machte und ein wertvoller, fröhlicher Begleiter war... nicht lästiger als wir alle es zeitweise sind«. An regnerischen Tagen spielten sie Domino, und am Sonntagmorgen gingen sie auf den Flohmarkt, um Kanarienvögel in Papiertüten zu kaufen und silberne Uhren, die nie gingen.

Am 15. Oktober wurde »Haben und Nichthaben« veröffentlicht. Es wurde schnell zu einem nationalen Bestseller, aber die Kritiken waren gemischt. Was Pauline betraf, so kann wenig Zweifel daran bestehen, daß sie von Ernest brutaler Schilderung einer zusammenbrechenden Ehe erschüttert war. Es war alles da, die sexuellen Spannungen und Paulines katholisches Gewissen, ihre Loyalität und Sorge um ihn, ihr Dünkel und ihre Ansprüche. Sie schickte ihm die Kritiken und die Verkaufszahlen, aber sie persönlich war verwirrt und deprimiert.

Nachdem es von der Front nichts zu berichten gab, blieb Ernest in Madrid und begann wieder zu arbeiten – diesmal an seinem ersten Melodrama in voller Länge. Der Held, Philip Rawlings, ist mit Ernest eigenen Gewohnheiten und Meinungen ausgestattet. In Wirklichkeit ein Geheimagent der Loyalisten, tritt er unter dem Deckmantel eines rüpelhaften Journalisten auf, der rohe Zwiebeln ißt, wie ein Gorilla geht und von Schlaflosigkeit und Alpträumen geplagt wird. Er liebt Dorothy

Bridges, eine schöne amerikanische Korrespondentin, die nichts von militärischen Dingen versteht und wünscht, er würde seine abgerissene Uniform mit einem eleganten Anzug und einer Melone vertauschen. Die Bühnenanweisungen sind eine genaue Beschreibung von Ernests Zimmer im Florida, und die Schauspielerin, die die Korrespondentin spielt, soll blondes Haar haben, ohne Make-up sehr jung aussehen und eine Silberfuchsstola tragen.

Ernest machte kein Geheimnis aus dem Manuskript. Jeder, der es las, erkannte die Karikatur von Martha. Aber Martha, die sich wohl fühlte und sich keine Sorgen wegen der Zukunft machte, akzeptierte es gutmütig. Wenn er sie in einem solchen Licht darstellen mußte, hatte es vielleicht etwas mit seinen eigenen Konflikten zu tun. Philip Rawlings kuriose Antwort auf die Frage, warum er sich weiterhin mit der Vertreterin der Junior League herumtreibe, lautet, daß er einen wirklich kolossalen Fehler machen möchte. Vielleicht wollte Ernest, wenn nicht dem Leser, so doch sich selbst gegenüber andeuten, daß er *im Begriff war,* einen kolossalen Fehler zu machen.

All die Erinnerungen, die hier mit einer gewissen trauervollen Endgültigkeit wachgerufen werden, gehören zu seinen zehn Jahren mit Pauline – das Crillon und das Ritz, Nairobi, der lange weiße Strand in Lamu, Sans Souci an einem Samstagabend in Havanna. »...Ich bin an all diesen Orten gewesen«, sagt Philip verächtlich, »und ich habe sie alle hinter mir gelassen. Und wo ich jetzt hingehe, gehe ich allein hin oder mit anderen, die aus dem gleichen Grund hingehen wie ich.« Wenn er noch nicht völlig dazu bereit war, Pauline zu verlassen, so schien Ernest sein Lieblingsforum – die Werke seiner eigenen Phantasie – dazu zu verwenden, sie auf die künftigen Schwierigkeiten vorzubereiten.

19

Im November wurde das Wetter in Madrid trostlos. Es regnete ständig, und die Straßen waren von senffarbenem Schlamm bedeckt. Es wurde viel von einer kommenden Offensive gesprochen. Alle schienen unter einer brütenden Lähmung zu leiden, die nur um die Mittagszeit nachließ, wenn die Bars Bier verkaufen konnten. Chicote's war noch immer der Platz, wo man hinging. »Der Rauch von dem schwarzen Tabak war erstickend«, schrieb Martha, »der Lärm ohrenbetäubend... die unvermeidlichen Mädchen mit gefärbtem Haar und hohen Stöckelschuhen winkten und lächelten; Leute kamen durch die mit Sandsäcken verbarrikadierte Tür herein, schauten sich um, sahen niemanden, den sie kannten oder mochten, und gingen wieder hinaus.« Eines Tages, während eines besonders schweren Beschusses, aß Ernest mit dem Chef der Geheimpolizei und einigen anderen Funktionären zu Mittag. Plötzlich stand er auf und ging, besorgt um Marthas Sicherheit. Wo war sie? Im Hotel? An irgendeiner gefährlichen Straßenecke? Er hastete durch Schlamm und Schutt, um sie zu finden. Martha hatte nichts gegen dieses Zeugnis seiner Sorge um sie – sie schätzte es – aber es schien ihr, daß er sich die meiste Zeit erstaunlich wenig Sorgen machte.

Meistens gingen Martha und die anderen zur nächsten Front, die nur zehn oder fünfzehn Häuserblocks vom Hotel entfernt war. »Egal, wie oft man es tut«, schrieb sie für *Collier's,* »es ist immer wieder eine Überraschung, einfach zum Krieg zu gehen, vom eigenen Schlafzimmer aus, wo man eben einen Kriminalroman oder eine Biographie von Byron gelesen oder Platten gehört oder mit seinen Freunden geplaudert hat.« Sie bewegten sich mit einigen Schwierigkeiten durch die flachen, schlammigen Schützengräben vorwärts. Mörser explodierten, Maschinengewehre knatterten zur Antwort, aber Martha schien es, als ob das die jungen Soldaten, die Dienst taten, so wenig berührte wie die Besucher eines Freiluftkonzertes im Sommer.

Es gab keine guten Nachrichten, nur Regen und Gerüchte und das endlose Wunschdenken, daß eine Offensive irgendwie die Pattstellung beenden würde. Während der Monate Oktober und November war Martha einer der Korrespondenten, die von ausländischen Rundfunkstationen gebeten wurden, Kurzwellenübertragungen aus dem schallisolierten Gebäude im Diplomatenviertel durchzuführen. Eine dieser Sendungen wurde von NBC in den Vereinigten Staaten wiederholt, und ihre Mutter in St. Louis hörte sie. Im Dezember begann Martha mit den Vorbereitungen, um Spanien zu verlassen. Mit einigem Widerstreben stimmte sie zu, eine Vortragsreise durch die Vereinigten Staaten zu unternehmen, wobei ihr Honorar dem spanischen medizinischen Hilfsdienst zugute kommen sollte. Ernest haßte den Gedanken an diese Vortragsreise und beleidigte sie ständig, obwohl er nie erklärte warum.

Eine Woche vor Weihnachten, Martha und Ernest waren in Barcelona, kam die Nachricht, daß die lang aufgeschobene Offensive nun im Gange sei. Die Regierungstruppen hatten einen Überraschungsangriff gegen Francos Truppen, die Teruel verteidigten, durchgeführt. Ernest raste mit Herbert Matthews und Sefton Delmer zur Front. Der Angriff tobte einige Tage in einem die Sicht raubenden Schneesturm, während die drei Berichterstatter die Truppenbewegungen von einem Kommandoposten aus beobachteten, wo ein Sturm mit einer Windgeschwindigkeit von fünfzig Meilen in der Stunde tobte. Bei Nacht eilten sie zurück nach Valencia, um ihre Depeschen abzuschicken. Bei Tag kämpften sie sich von Anhöhe zu Anhöhe vor, um eine bessere Aussicht zu haben, und zogen schließlich gemeinsam mit Offizieren der Loyalisten in die Stadt ein – hinter zwei Lastwagen voll Dynamit, das von jungen Soldaten befördert wurde. Ernest pendelte täglich nach Valencia, um die Säuberungsoperationen der Loyalisten zu beobachten, und kehrte dann nach Barcelona zurück, um den Sieg gemeinsam mit Martha bei einem Weihnachtsessen im Hotel Majestic zu feiern.

Am nächsten Tag reiste Martha in der Erwartung nach Paris ab, die Abwechslung genießen zu können. Stattdessen wurde sie vom guten Essen krank und ärgerte sich über die Gleichgültigkeit ihrer Freunde gegenüber den Ereignissen in Spanien. Sie beglich mit dem Tantiemenscheck, der sie bei ihrer Pariser Bank erwartete, ihre Schulden bei Ernest, schickte ihm eine Liste der beiderseitigen Rechnungen, wobei sie immer sorgsam darauf bedacht war, ihren Anteil zu bezahlen. »Du sollst wissen, daß dieses Buch *(The Trouble I've Seen)*, das Beste, was ich je geschrieben habe, für Spanien bezahlt hat, was das Beste ist, was ich je getan habe.« Wenige Tage später schrieb sie ihm wieder von Bord der *Normandie*. Ihr Gepäck war vorübergehend verloren gegangen, und sie hatte eine schlechte Kabine, aber sie wollte versuchen zu arbeiten. Der Ton des Briefes war deprimiert. »Ich hoffe, daß mit Dir alles in Ordnung ist und daß die Weihnachtszeit die Weihnachtszeit ist. Ich sehe Dich irgendwann. Grüße, Marty.«

Inzwischen hatte Pauline Anfang Dezember Key West verlassen, nachdem sie zu der Überzeugung gekommen war, sie könne alles in Ordnung bringen, wenn es ihr gelänge, Ernest zu sehen. Sie hatte den Zug nach New York genommen und hoffte, zu Weihnachten in Paris, vielleicht sogar in Spanien zu sein. Aber nichts klappte bei ihr. Die Überfahrt war stürmisch, und dann gab es enttäuschende Verzögerungen in Paris, als sie auf ein Visum wartete, das nie kam. Sie traf Jay Allen und erzählte ihm unter Tränen, daß es furchtbar wichtig für sie sei, zu Ernest zu kommen, da sie nun begreife, wie entscheidend es für sie sei, etwas über den Krieg zu erfahren und was er für ihren Mann bedeute. Als Jay nach Barcelona zurückkehrte, erzählte er Ernest, wie Pauline sich vergeblich um ein Visum bemüht hatte. Ernest unterzog Allen stundenlang einer Art Verhör dritten Grades. »Er schien überrascht und geschmeichelt zu sein, daß seine Frau die Gefahren des Krieges auf sich nehmen wollte, um ihn zu sehen«, erinnerte sich Allen, »und sehr unzufrieden mit mir, daß ich es nicht möglich gemacht hatte.«

Als Ernest in Paris ankam, war Pauline erschöpft und gereizt vor Enttäuschung. Die Wiedervereinigung wurde rasch zu einem bitteren Streit. Sie tobte und raste, versprach, mit ihm abzurechnen, ihn teuer dafür bezahlen zu lassen, drohte, vom Balkon ihrer Suite im Hotel Elysée zu springen. Ernest, der Leute tolerierte, die sich gegen ihn auflehnten, solange sie die gute Laune dabei behielten und es nicht zu schwer nahmen, rührte sich nicht. Er fragte, warum sie sich die Mühe gemacht habe, ihn zu besuchen, wenn sie so unangenehm sei.

Die Reise von Frankreich nach New York war nicht besser. Das winterliche Meer war stürmisch, und ihr Schiff, die *Gripsholm*, war eine ironische Erinnerung an jene besseren Tage, als sie 1934 Afrika damit verlassen hatten. Aber in der gewohnten Umgebung von Key West entspannte sich Pauline. Selbst als Ernest mit der *Pilar* nach Havanna fuhr, machte sie keine Einwände, sondern sagte nur, der Swimmingpool werde voll sein, wenn er wiederkomme.

Im Ambos Mundos versuchte Ernest zu arbeiten, aber die Worte stellten sich nicht ein. Hadley hörte am 31. Januar von ihm. Sie bekam einen offenen Brief voller Klagen, der mit der Anerkennung endete, daß er sie und Pauline von allen Menschen auf der Welt am meisten bewundere. Seine Ehe mit ihr schien ihm allmählich zu einer Insel der Ruhe geworden zu sein, und Hadley selbst mehr und mehr zu jemand, der ihm niemals die geringsten Schwierigkeiten gemacht hatte. In keinem der Briefe an seine Freunde erwähnte er Martha direkt, obwohl er Perkins gegenüber zugab, daß er in einer gigantischen Klemme stecke, die er größtenteils selbst verursacht habe.

Am 15. März hörte Ernest in einem Telefongespräch aus Europa, daß es einen neuen faschistischen Großangriff über Aragonien hinaus zum Mittelmeer gebe. Er telegrafierte sofort an Max Perkins, für ihn die Überfahrt auf der *Ile de France* zu buchen, und beauftragte Pauline, ihm beim Packen zu helfen. Als sie seine warme Kleidung für die Kämpfe in den kalten Bergen zusammensuchte, kündigte sie an, daß sie mit ihm nach Newark fliegen werde. Ernest, erleichtert darüber, daß sie ihn nicht auszankte, nahm den früheren Kosenamen *Poor Old Mama* wieder auf, und beide reisten gemeinsam ab.

Am Tag nachdem Ernests Schiff New York verlassen hatte, war Pauline zum Tee bei Max Perkins und seiner Frau Louise. Sie sagte dem Ehepaar Perkins nichts von ihrem privatem Leid, aber ihren Freunden und Jinny gegenüber zeigte sie sich eindeutig bestürzt und verärgert. Ruth und Jay Allen versuchten, ihr Mut zuzusprechen, aber Jinnys Trost bestand darin, daß sie Ernests Verhalten scharf kritisierte. Was Jinny betraf, so war er eine Ratte, weil er Pauline so schäbig behandelt hatte, und sie warnte sie vor einer drastischen Verschlimmerung der Situation. Sie solle ihm gegenüber hart sein, das sei die einzige Sprache, die er verstehe. Pauline erleichterte ihr bekümmertes Herz, bezweifelte aber die Weisheit von Jinnys Ratschlag. Stattdessen behielten ihre Briefe an Ernest nach wie vor einen leichten, liebevollen Ton. Er solle sich nicht beeilen, wieder nach Hause zu kommen, wenn sein Bleiben dazu beitragen werde, die Faschisten zu schlagen. Gelegentlich schlich sich ein ahnungsvoller Scherz ein. »Denke daran, daß Tragödien von innen, nicht von außen kommen, und stell Dir mich vor ohne Dich, innerhalb von Grenzen (werde daraus klug).«

Martha, die ihr Versprechen der Agentur des *Post-Dispatch* gegenüber gehalten hatte, im Interesse der spanischen Republik auf Vortragsreise durch die Vereinigten Staaten zu gehen, fand es zunehmend anstrengend und mühsam, eine sogenannte Berühmtheit zu sein. Am 7. Januar 1938 sprach sie vor 3000 Menschen auf dem Campus der Universität von Minnesota. Am 19. Januar hielt sie einen Vortrag im Des-Moines-Frauenclub. Unter der Schirmherrschaft des Bundes für Industrielle Demokratie begrüßte sie am 29. Januar im Sheldon War Memorial in St. Louis eine begeisterte Menge und erinnerte sie daran, daß berühmte Schriftsteller aus der ganzen Welt, einschließlich Ernest Hemingway nach Spanien gegangen seien, um für ein verzweifeltes und mutiges Volk zu tun, was sie konnten. »Sie sprach wie eine aufrichtige Partisanin«, berichtete der *Post-Dispatch,* »und nannte Franco einen Schlächter.« (Martha paßte ihre Ansichten nicht der politischen Richtung des Publikums an. Die konservativen und stark deutschstämmigen Katholiken von St. Louis bekamen das Gleiche zu hören wie das liberale New York.) Bei einem Interview im Haus ihrer Mutter sagte Martha voraus, daß die Niederlage der republikanischen Regierung zu einem Weltkrieg führen werde. Am 3. Februar, zwei Wochen später, war sie in Chikago, wo ihr Forum der Frauenclub des Neunzehnten Jahrhunderts war. Eine begeisterte Zuhörerin war Grace Hemingway. Am Rand des Zeitungsausschnittes mit dem Bericht über die Rede schrieb Grace an Ernest, wie sehr sie es genossen habe, Martha zu sehen.

Nach zwei Monaten öffentlichen Auftretens in Amerika hatte Martha ihre Honorare verpfändet und floh nach Harbor Island auf den Bahamas. Die Vergeblichkeit, ihr wohlgenährtes Publikum davon zu überzeugen, daß das spanische Volk wirklich dessen Unterstützung brauche, war schließlich zu viel für ihren jugendlichen Idealismus. Sie war wieder in Paris, als Ernest dort ankam. Nachdem sie ihr Wiedersehen ganz kurz gefeiert hatten, bestiegen sie den Zug nach Perpignan, der französischen Küstenstadt in der Nähe der spanischen Grenze. Vom 31. März, dem Tag ihrer Abreise, bis Mitte Mai, als sie wieder in Paris ankamen, waren sie unzertrennlich, wenn auch oft nicht allein. Vincent Sheean und Jim Lardner fuhren mit ihnen nach Barcelona. Nach zwei Tagen im zerbombten Hotel Majestic schlossen sie sich Herbert Matthews für die gefährliche Reise südwärts nach Tarragona und dem Ebrodelta an, das jetzt das Ziel von Francos Großangriff war, um Valencia abzuschneiden.

Eine halbe Meile vor Reus fuhren Martha und ihre Reisegefährten ihren kleinen offenen Wagen in einen Graben, um nicht von einem Rebellenflugzeug beschossen zu werden. Als Flüchtlinge und Karren, Vieh und müde Soldaten die Straße verstopften, waren sie gezwungen umzukehren, um es am nächsten Morgen nochmals zu versuchen. Diesmal schafften sie es, sehr nahe an die sich ständig verändernden Kampflinien heranzukommen. Am Nachmittag waren sie unterwegs nach Tortoga und manövrierten ihr kleines Auto zwischen Dynamitkisten durch, die dazu bestimmt waren, die Steinbrücken an der engen Straße zu verminen. Ernest konnte nicht genug Worte finden, um Marthas Mut zu beschreiben; er wiederholte immer wieder, daß sie die tapferste Frau sei, die er je getroffen habe.

Am Karfreitag, dem 15. April, um 4 Uhr morgens verließen die Berichterstatter, denen sich jetzt Tom Delmer angeschlossen hatte, Barcelona beim Licht des Vollmonds, der die aufragenden Zypressen auf den felsigen Hügeln Kataloniens beleuchtete. Wieder suchten sie in den Gräben Zuflucht, als die silberweißen italienischen Savoia-Marchettis anflogen, um das Gebiet zu bombardieren. Neun Tage später beschrieb Martha die Szene in einem Brief an Eleanor Roosevelt. Nachdem sie die letzte intakte Stahlbrücke überquert hatten, erreichten sie Ulldecona, um zu erfahren, daß sich die maurischen und Navarreser Truppen, die Franco unterstützten, von der nächsten Ortschaft her näherten. Ernest liebte es, mit Marthas Gelassenheit zu prahlen und erzählte seinen Freunden, daß sie ungeachtet der scheußlichen Behandlung, die manche Mauren ihren Gefangenen beiderlei Geschlechts angedeihen ließen, nicht von seiner Seite wich.

Bei dem Versuch, Ernests Anziehungskraft auf sie zu analysieren, hat Martha von seiner Selbstlosigkeit und Großzügigkeit für die Sache Spaniens gesprochen. Aber sie lernte auch andere Männer kennen, die sich selbstlos und ernsthaft in den Dienst Spaniens stellten. Nur Ernest wurde ihr Liebhaber. Ihre eigene Antwort erklärt es. Ernest bekam im allgemeinen was er wollte. Er war immer an ihrer Seite und ein Bollwerk der Stärke. Er verstand den Krieg aus eigener Erfahrung, er sprach fließend Spanisch, er war ihr Führer und Lehrer. Und er war in diesen Tagen ein wunderbarer, lustiger Gefährte. Wenn die Liebe ihm intensives Vergnügen bereitete, so war es gut; für sie war es der am wenigsten wichtige Teil ihrer Beziehung. Sie hatte den meisten Spaß mit Männern, die ihre Kumpel waren, »die Burschen« wie sie sie später nannte, die kein besonderes Recht auf sie beanspruchten.

Im Frühjahr 1938 hatte Ernest noch kein besonderes Anrecht auf sie. Aber die Kameradschaft, die sie teilten, die Scherze, die politische Bindung an Spanien, ihr Respekt für sein literarisches Genie – all das war genug, um sie zu gewinnen. Wenn sie zögerte, ihn zu heiraten – denn zu diesem Zeitpunkt schlug er eine Ehe vor – so war es deshalb, weil sie wußte, daß sich die Anforderungen, die er als ihr Ehemann stellen würde, von denen unterscheiden würden, die er als ihr Liebhaber stellen konnte.

Sie hingen in Barcelona herum, dann in Paris, da es ihnen widerstrebte, sich zu trennen. Martha war unsicher, wann sie ihn wiedersehen würde. Sie mußte wichtige Aufträge für *Collier's* in der Tschechoslowakei, England und Frankreich erledigen. »Mein tägliches Brot wird mich wahrscheinlich eine Weile fernhalten«, schrieb sie an Eleanor Roosevelt, »aber dann werde ich zurückkommen. Was hier (in Spanien) geschieht, scheint mir uns alle anzugehen, die wir keine Welt wollen, deren Bibel ›Mein Kampf‹ ist.«

Als die Zeit ihrer Trennung näherrückte, brütete Ernest schwermütig über den Möglichkeiten ihrer Wiedervereinigung. Er war dabei, in denselben Zustand von Hilflosigkeit zu versinken, der ihn 1926 überwältigt hatte, als er an eine Frau gebunden und in eine andere verliebt war und wünschte, es würde etwas gänzlich Unvorhergesehenes geschehen, um ihn zu retten. Es war zu dieser Zeit, daß er nach jemandem suchte, dem er – abgesehen von sich selbst – die Schuld an dem Chaos in seinem Privatleben geben konnte. Einst hatte er Sara und Gerald Murphy dafür verantwortlich gemacht, daß er Hadley verließ. Diesmal war die Übeltäterin seine Schwägerin. Er hatte recht, Jinny zu verdächtigen, gegen ihn Paulines Partei zu ergreifen, ihr jedoch die Rolle der vorsätzlichen Unruhestifterin zuzuschieben, war offenkundig unfair.

Als er auf seinem Weg nach Key West in New York eintraf, begab er sich zur Wohnung Allens am Washington Square. Zunächst fragte er Jay und Ruth über Pauline aus – was sie wüßten und was sie gehört hätten. Dann beschuldigte er Jinny, Pauline gegen ihn aufzuhetzen. Jay war mitfühlend, hatte aber keinen anderen Ratschlag als den parat, daß Jinny nichts damit zu tun habe. Jedem tat es leid, was mit den Hemingways geschah. Selbst Hadley hatte Jay, als sie ihn in Chicago sah, gefragt, ob es irgendetwas gebe, was sie tun könne, »Ernest schreiben oder irgendetwas«. Aber in Wirklichkeit gab es nichts, was irgendjemand tun konnte.

Pauline war höflich, als Ernest schließlich nach Hause kam, aber es gab keine Fröhlichkeit mehr, nur verletzten und geschlagenen Stolz. In der Öffentlichkeit war sie erschöpft von der Anstrengung, das zu ignorieren, was jetzt offensichtlich war. Privat war es unmöglich für sie, ihre Würde aufrechtzuerhalten. Sie wurde wütend auf ihn, er schlug zurück. Obwohl die Freunde Paulines Partei ergriffen, konnten sie sehen, daß es Ernest ebenso elend ging wie ihr. Er schien weder imstande zu sein, sie zu verlassen, noch auch einen Neubeginn zu machen. All seine Energien steckte er in seine Arbeit. Aus der schöpferischen Schaffenspause des Winters fand er zu einer kontinuierlichen Produktion – Kurzgeschichten, die auf seinen Erinnerungen an Madrid basierten, und einige politische Artikel für *Ken,* eine neue Zeitschrift.

Pauline schrieb ihrer Mutter, daß Ernest ein ruhiges Leben mit Arbeit und Fischen führe, »vielleicht zu ruhig«. Sie ging ihm soviel wie möglich aus dem Weg, reagierte aber zornig, wenn er Schwierigkeiten machte. Mitten in ihre letzten Vorbereitungen für ein Kostümfest im Havanna-Madrid-Nightclub platzte Ernest, von einer Angeltour kommend, herein, um zu erklären, daß die Tür seines Arbeitszimmers verschlossen und der Schlüssel weg sei. Er feuerte mit seiner Pistole in die Decke, ging dann hinaus, um das Türschloß aufzuschießen und sich dann drinnen zu verbarrikadieren. Pauline schickte die Kinder zu den Thompsons, ging wie geplant zu dem Fest und bat dann Charles, nach Ernest zu sehen.

Ernest, dessen Wutanfall vorbei war, beschloß jetzt, auch in den Club zu gehen. Eine Zeitlang war er aufmerksam zu Pauline, die ein verführerisches Hula-Hula-Kostüm trug. Später jedoch, als einer der männlichen Gäste Ernests Tanzpartnerin zu betatschen begann, ging Ernest mit den Fäusten auf den Mann los. In dem darauffolgenden Tumult gingen Einrichtungsgegenstände zu Bruch. In den alten Zeiten hätte Pauline einen derartigen Zwischenfall vielleicht nicht weiter tragisch genommen, aber diesmal geriet sie in eine Raserei, die sogar noch nach einem wackeligen Waffenstillstand andauerte.

Im August wurde die Hitze und Feuchtigkeit drückend, und sie fuhren auf die Nordquist-Ranch. Die Ehepartner zankten ständig miteinander und gaben keinen Zoll nach, während die Streitigkeiten weitergingen. Pauline versuchte Ernest zu sagen, wie er fahren solle, und Ernest, der sie ignorierte, gab ihr die Schuld, wenn er sich verfuhr. »Ich registrierte es einfach wie ein Tonbandgerät«, erinnerte sich Patrick, der zu dieser Zeit zehn war. »Erst später nahm ich auf, was das alles bedeutete.« Marthas Name wurde noch immer nicht ausgesprochen, ihre Gegenwart war aber ständig zu spüren. Auf der Ranch konnten sie infolge wolkenbruchartiger Regenfälle nicht ihren Bungalow verlassen. Zwei Wochen lang lasen Pauline und Ernest Druckfahnen und diskutierten, was bezüglich der Veröffentlichung der »Fünften Kolonne« zu tun war. Ernest beschloß dann, das Stück bei Scribners in demselben Band zu veröffentlichen, der eine Sammlung von neunundvierzig Kurzgeschichten – einige neu, die meisten jedoch alt – enthielt. Vielleicht würde es jemand anderer für die Bühne umschreiben.

Am 20. August schickte er die Fahnen an Perkins mit der Widmung „Für Marty und Herbert in Liebe". Obwohl diese Widmung später gestrichen wurde, war dieser Satz wahrscheinlich Ernests Art, seine neuen Gefühle zu bestätigen. Pauline bewahrte solange Haltung, bis er ihr mitteilte, daß er wieder nach Spanien fahre. Wieder flehte sie ihn an, es sich noch einmal zu überlegen. Wieder sagte er, daß er tun müsse, was er tue.

Eine Woche später war Ernest in New York und bereitete ein Treffen mit Martha in Paris vor. Am 30. August, dem Abend, bevor er sich auf der *Normandie* einschiffte, aß er mit Jinny und Jay McEvoy, die feststellten, wie einsam er wirkte. Plötzlich wandte sich Ernest an Jinny und bat sie, mit ihm zu fahren. »Wir könnten telegrafieren, damit du deinen Paß bekommst«, schlug er vor. Es war eine sonderbare Einladung, und sie spiegelte wahrscheinlich die Ausgelassenheit wider, die Ernest überkam, wenn er von einer Frau zur anderen wechselte. Jinny, die den Vorschlag als Scherz auffaßte, sagte später zu Jay, daß sie vielleicht hätte fahren sollen. Vielleicht hätten sich die Dinge anders entwickelt; sie implizierte, daß sie möglicherweise sogar die Ehe hätte retten können.

Marthas Sommer war sowohl anstrengend als auch ernüchternd gewesen. Am 6. August hatte *Collier's* ihren Bericht aus der Tschechoslowakei veröffentlicht. Er war ausführlich mit Dokumenten belegt und beunruhigend. Martha berichtete über England in derselben Art, besuchte die Landstädte und die Geschäftsviertel in den Großstädten, hörte zu, was die Arbeiter in den Pubs und die Industriellen in den Fabriken zu sagen hatten.

Zwei Jahre später veröffentlichte Martha einen Roman, *A Stricken Field* (Ein heimgesuchtes Feld), dessen Heldin Mary Douglas ist, eine amerikanische Journalistin, die in Europa arbeitet. Als Mary ihren Liebhaber in Paris besucht, beschreibt sie ihre Stimmung folgendermaßen:

> »... frei wie die Luft und fröhlich wie eine Dampfpfeife ... Kaffeetrinken mit John auf der Terrasse von Weber's und ihm zuzusehen, wie er *L'Auto* liest und aufhört zu lesen und sieht, daß du ihn beobachtest, und lächelt, und man faßt sich einen Augenblick lang in der Sonne an den Händen, und dann liest er weiter über die Boxkämpfe im Salle Wagram, und du siehst dir die vorbeigehenden Frauen an, ob du nicht Ideen für deine Herbstkleider finden kannst, und nach dem Frühstück nimmst du seinen Arm und wir gehen die Rue Royale hinunter und bleiben bei den Auslagen aller teuren Geschäfte stehen ...«

Man kann Spekulationen darüber anstellen, daß diese Stimmung bis zu einem gewissen Grad Marthas eigene Stimmung im September 1938 widerspiegelt, obwohl Martha nicht Mary Douglas ist und nachdrücklich betont hat, daß das reale Leben in Paris mit Ernest keineswegs so wunderschön wie im Roman gewesen sei.

Sie verließ Ernest, der mit seiner eigenen Arbeit beschäftigt war – er machte einen zögernden Anfang zu einem Roman über den spanischen Bürgerkrieg –, um per Auto Material für den dritten ihrer Aufträge von *Collier's* zu sammeln, und fuhr nach Süden an die spanischen und italienischen Grenzen. Im abgeschiedenen Bergdorf von Massat sprach sie mit dem Briefträger; in Marseilles trank sie mit Metallarbeitern Kaffee; in der befestigten Stadt Briancon, dreizehn Kilometer von der italienischen Grenze entfernt, besuchte sie den Bürgermeister. Nirgends hatte man Lust auf Krieg. »Im letzten Krieg sind über achteinhalb Millionen Männer getötet worden«, schrieb sie für *Collier's*. »Die Franzosen wollen nicht, daß es jemals wieder geschieht: Es gibt genug Gräber für alle Zeiten. Und sie wissen, daß es weder Sieg noch Niederlage gibt; es gibt nur eine Katastrophe.«

Am 3. November kehrten Martha und Ernest noch ein letztes Mal nach Spanien zurück. Gemeinsam mit Herbert Matthews und Vincent Sheean besuchten sie jeden Tag die zusammenbrechende Front der Loyalisten. Am Geburtstag der Sowjetunion wurde im Hotel Majestic, in der Suite der Boleslawskaja, der Assistentin des *Prawda*-Korrespondenten, eine lärmende Party gefeiert. Um Mitternacht wurden alle still. Es war eine Gedenkminute für die, die gefallen waren. Martha und Ernest standen mit gesenkten Köpfen schweigend da. Sie hatten liebe Freunde verloren und waren die trauernden Zeugen einer furchtbaren Tragödie geworden. Ihre Sache war verloren, die Sache, die sie zusammengebracht hatte. Der Sieg der Faschisten stand bevor, selbst wenn er noch ein paar Monate lang abgewendet werden konnte.

Es war Zeit weiterzuziehen. Ernest fuhr nach New York, um sich Pauline und allem, was er fürchtete, zu stellen. Vielleicht würde es beim zweiten Mal nicht so schlimm sein. Vielleicht würde Pauline schließlich so taktvoll wie Hadley und die Jungen wie Bumby sein, voller Liebe und Gehorsam. Er war weniger zerknirscht als besorgt und schrieb Perkins, daß er »... genug von miteinander in Konflikt stehenden Verpflichtungen habe, ein Produkt von dem ich am meisten zu haben scheine.«

Martha blieb noch einige Wochen in Barcelona, besuchte Krankenhäuser und normale spanische Familien. Die Schlangen der Menschen, die nach Nahrungsmitteln anstanden, zogen sich um Häuserblöcke; die Rationen waren erbärmlich – eine Handvoll getrockneter Erbsen, eine Scheibe Kabeljau. In den Kinderabteilungen der großen Krankenhäuser herrschte nahezu Hungersnot.

Im September hatten England und Frankreich Hitler zum Frieden bewegt, indem sie ihr Engagement für die Tschechoslowakei zurückzogen und damit faktisch die tschechische Regierung zwangen, das ganze Sudetenland an Deutschland abzutreten. Wieder wollte Martha mit eigenen Augen sehen, was geschah. Als sie in Prag eintraf, fand sie das tschechische Volk tief beschämt über seine Regierung, die zu Hitlers entsetzlichen Bedingungen kapituliert hatte. Einer guten Armee war es verboten worden, sich selbst zu verteidigen, ein reiches Industriegebiet war verloren. Martha untersuchte die Tragödie für *Collier's* vom wirtschaftlichen und politischen Standpunkt aus. Grimmig und mit kaum verhehltem Zorn betrauerte sie den Verlust der Demokratie.

Martha verließ die Tschechoslowakei mit dem letzten Zivilflugzeug und brachte Geheimdokumente mit, die den Naziterror belegten. Monate später, als sie versuchte, ihr eigenes Glaubensbekenntnis zu formulieren, schrieb sie an Eleanor Roosevelt:»Ich meinerseits habe ein wunderbares und privilegiertes Leben und bin mir jeden Augenblick meiner Vorteile und meines Glücks zutiefst bewußt. Aber das läßt mich nicht aus. Oder vielleicht ist es das, was mich hineinläßt... Die einzige Art, auf die ich zurückzahlen kann, was Schicksal und Gesellschaft mir gegeben haben, besteht darin, auf – wenn auch noch so geringfügiger und nutzloser Art – zu versuchen, meine Stimme zornig gegen Ungerechtigkeit zu erheben.«

20

Zwei Monate mit Jinny hatten Pauline in ihrem Entschluß bestärkt, es Ernest, falls er auf eine Scheidung bestehe, nicht leicht zu machen. (Laß den Bastard zahlen, war die Quintessenz des schwesterlichen Rates.) Gleichzeitig belebten sie die Anregungen, die ihr New York bot. Jinnys Freunde luden sie zum Essen und zu Ausstellungseröffnungen ein. Wenn ihr die Zeit lang wurde, fuhr sie auf das Pfeiffergrundstück in Connecticut, um sich von ihren alten Tanten verwöhnen zu lassen. Der Schmerz, Ernest zu verlieren, war wie ein Urteil, das nie aufgehoben werden konnte, aber sie hatte einen Weg gefunden, ihre Tage zu verbringen. Ernest war nicht immer ein guter Schauspieler: Als Jinny beide in ihre Wohnung zum Essen einlud, starrte Ernest die ganze Zeit auf ein Bild zwischen den Fenstern und schmollte wie ein eifersüchtiger kleiner Bub, den man ignoriert.

Nach den Weihnachtsfeiertagen in Key West war Ernest wieder einmal in New York. Er las Benjamin Glasers Bühnenfassung von »Die fünfte Kolonne«, die für die Theater Guild geschrieben worden war, und verbrachte einige Tage mit Martha, die aus Europa zurück war und mit ihrer Mutter in den Süden fahren wollte. Jack kam fürs Wochenende aus seiner Vorbereitungsschule. Sein Vater, der ihn vom Zug abholte, erwähnte, daß sie sich »Die spanische Erde« ansehen und im Stork Club vorbeischauen würden. »Wer sollte mit uns ins Kino gehen, wenn nicht dieses wirklich wunderbare Wesen?« erinnerte sich Jack. Wie, fragte er sich, konnte sein »alter« Vater etwas mit jemandem zu tun haben, der so jung und schön war? Sie trug einen langen, eleganten Pelzmantel und gebrauchte unanständige Worte in einer Art, die den fünfzehnjährigen Schüler beeindruckte. Er begriff erst viele Monate später, daß Martha ein besonderer Mensch im Leben seines Vaters war.

Grace hatte Ernest im Dezember geschrieben, daß sie nach Lake Wales in Florida fahren würde, um Carol und ihre Familie zu besuchen. Es wäre schön, ihn zu sehen, denn es sei schon sieben Jahre her, seit sie einander getroffen hätten, und Gigi sei das einzige von ihren zehn Enkelkindern, das sie noch nicht gesehen habe. Ernest war wieder in Key West, als sie Anfang Februar 1939 zu Besuch kam. Sie malte und ging spazieren und versuchte, beide Enkelkinder besser kennenzulernen. Patrick war verärgert, als sie ihn eines Nachmittags beiseite nahm, um ihm ein kleines Taschenmesser zu schenken, ein, wie sie sagte, wertvolles Erbstück von seinem Großvater, dem Doktor. Patrick war alt genug, um zu erkennen, daß das Messer aus einem Souvenirladen in Key West stammte, wo Grace es am Morgen gekauft hatte. Dieser Vorfall pflanzte in Patricks Kopf den unglücklichen Verdacht, daß seine Großmutter eine Lüngerin sei, ein Gedanke, der oft von Ernests ätzenden Bemerkungen verstärkt wurde. Was Patrick, zumindest nicht, bis er viel älter war, in Betracht zog, war die Tatsache, daß etwas Rührendes in dem Täuschungsmanöver seiner Großmutter lag, ein Wunsch ihrerseits, etwas von seinem Großvater in sein Leben zu bringen.

Grace war mit ihren sechsundsechzig Jahren noch immer eine königliche Erscheinung und wirkte in der Öffentlichkeit unbeugsam. Sie trug noch immer die geblümten Chiffonkleider, die schon längst unmodern waren, aber untrennbar zu ihr gehörten. »Es war, als ob eine Königin erschien, wenn sie einen Raum betrat«, erinnerte sich eine Frau, die sie damals zum ersten Mal sah. »Sie hatte eine beredte Ausdrucksweise und verwendete oft metaphysische Begriffe ... Sie strahlte soviel Freude und Begeisterung aus, daß es mir vorkam, als wäre ein exotischer Paradiesvogel in unsere Mitte gekommen und wir wären im Vergleich zu ihm alle braune Spatzen.« Vier Jahre zuvor, im Jahre 1935, hatte Grace einen schweren Entschluß gefaßt, nämlich das große Haus aufzugeben, das sie mit soviel Begeisterung und Erfindungsgeist vor neunundzwanzig Jahren erbaut hatte. Es war nicht möglich, die 10 000 Dollar für die Hypothek aufzubringen, die zu dieser Zeit fällig war, und die Steuern und die Erhaltung waren unerschwinglich. Sechs Monate später zog Grace in ein kleines Haus in River Forest, Illinois. Der Wechsel war gut für sie. Sie schloß rasch Freundschaften und sammelte eine neue Anhängerschaft von Kunststudenten, zum Großteil Erwachsene, um sich. Ihr Hochgefühl über diese Entwicklung wurde dadurch genährt, daß sie gelegentlich einen Preis für eine Landschaft bekam oder von einem örtlichen College zu einer ihrer Vorlesungen mit Bildern eingeladen wurde. Die Honorare waren ebenfalls wichtig, denn trotz des Treuhandfonds war Geld rar. Sie erinnerte Ernest gerne daran, daß sie ihren Beitrag leistete, indem sie ein oder zwei Zimmer vermietete oder ein Bild verkaufte.

Bevor Ernest nach Spanien gegangen war, hatte er Grace etwa zweimal im Jahr geschrieben – einen Weihnachtsbrief mitsamt Scheck im Dezember und einen Dankbrief für die Geburtstagswünsche im Juli. Aber während der Jahre 1937 und 1938 hatte sie nichts von ihm gehört, außer über dritte Personen.

Am 24. Dezember 1938 bekam sie einen Brief von Ernest. In ihrer Antwort vom nächsten Tag dankte sie ihm für seinen großen Scheck, wiederholte aber gefühlvoll, daß seine Liebe, die in seinem Brief zum Ausdruck kam, für sie wichtiger sei als Geld.

Sobald der Besuch seiner Mutter vorbei war, fuhr Ernest mit der *Pilar* nach Havanna, um auf Martha zu warten, die versprochen hatte, im Frühjahr zu kommen. Er schrieb jetzt fünf und sechs Stunden täglich an dem Kriegsroman, den er im Herbst begonnen hatte. Je mehr Seiten er füllte, desto mehr faszinierte ihn die Qualität der Arbeit. Es schien ihm, daß er besser sei als jemals seit »In einem anderen Land«. Im April kam Martha an, und die Stunden, in denen er nicht arbeitete, waren nicht mehr einsam. Am späten Nachmittag schwammen sie und spielten Tennis. Die Abende waren ruhig. Sie vermieden das Nachtleben von Havanna und beschränkten ihre Ausgänge auf gutes Essen in den ausgezeichneten französischen und spanischen Restaurants. Martha hatte wie Ernest Material für einen Roman, der auf ihrer Erfahrung in der Tschechoslowakei, während der angespannten Tage, die dem Nazieinmarsch im Sudetenland folgten, basieren sollte. Sie sah, mit welch fleißiger Sorgfalt Ernest schrieb, und hat nie unterschätzt, wieviel diese Lehrzeit für sie bedeutete. »Die gewissenhafte Sorgfalt des Schreibens verdanke ich ihm«, sagte sie.

Das einzige Problem war das Hotel. Ernest hatte sich mit seiner alten Schreibmaschine und seinen Angelsachen in einem kleinen Zimmer im ersten Stock eingerichtet, obwohl er versprochen hatte, ein geeignetes Haus für sie beide zu finden, wenn sie nach Kuba komme. Martha war zwar bereit, Unbequemlichkeiten mit Freuden in Kauf zu nehmen, wenn es einen Grund dafür gab. Aber es schien ihr lächerlich, in Havanna im Schmutz zu leben. »Ich bin wirklich nicht abnormal sauber«, bemerkte sie. »Ich bin einfach so sauber wie jeder normale Mensch. Ich habe an Orten gewohnt und bin an Orten gewesen, wo auch nur ein bißchen Sauberkeit ein Problem war. Aber Ernest war extrem schmutzig, einer der anspruchslosesten Männer in dieser Hinsicht, die ich je gekannt habe«. Es war nur im Vergleich zu ihm, daß sie wie der Inbegriff der Sauberkeit wirkte.

Sie weigerte sich, die Unordnung zu akzeptieren, und suchte mit Grundstücksmaklern nach Häusern, die zu mieten waren. Schließlich gefiel ihr eines, ein verfallenes Haus fünfzehn Meilen östlich vom Geschäftsviertel Havannas, in der Nähe des verarmten Dorfes San Francisco de Paula. Es war ein ausgedehnter einstöckiger Bau mit einigen Vorzügen – einem Wohnzimmer von sechzig Fuß, fünfzehn Morgen saftigem Farmland, einem Swimmingpool, der mit ungefiltertem grünlichen Wasser gefüllt war, und einem Areal, das jetzt von Unkraut überwuchert und einst der Tennisplatz gewesen war. Sein Name, La Finca Vigia, kam von dem alten Wachturm her, der einst auf dem Grundstück gestanden hatte. Der Ausblick auf Havanna im Westen war wunderbar und die Miete, 100 Dollar pro Monat, angemessen. Obwohl die Anstriche und die Möbel häßlich und geschmacklos waren, sah Martha, daß das Haus Möglichkeiten bot.

Ernest erschien der Platz jedoch hoffnunslos. Er fuhr zum

Fischen und ließ Martha die Arbeit tun. Das Haus war nicht so verschieden vom Haus in Key West zu der Zeit, als Pauline es zum ersten Mal gesehen hatte. Und ebenso wie Pauline verwendete Martha ihr eigenes Geld für die Restaurierung. Es machte ihr nichts aus, ein Haus allein zu suchen und herzurichten, denn darin lag ein kreatives Element. Ein Maler aus der Umgebung weißte die Wände, und ein Zimmermann baute einfache Möbel. Zwei Gärtner kümmerten sich um die Pflanzen, und in der Küche setzte sie einen Koch ein.

In *Luigi's House,* einer späteren Kurzgeschichte, beschreibt Marthas amerikanische Heldin ihre Befriedigung bei der wiedererstandenen Hausordnung eines alten korsischen Hauses.

»...Es würde kühle Getränke geben unter den Mimosen, und bei Nacht würde sie in bequemen Sesseln neben guten Lampen lesen... Sie würde am Morgen durch das Haus gehen und den Wäscheschrank aufmachen, um sich an den Stapeln der Bettwäsche zu erfreuen, den flauschigen Badetüchern und den flachen Vierecken der Servietten. Sie würde im Wohnzimmer stehen, ihre Arbeit bewundern und sich fragen, wie sie bisher gelebt hatte ohne ein Haus, das sie versorgen und beaufsichtigen konnte... Bald würde das ein Heim für zwei Menschen sein, eine wirkliche Wohnstätte.«

Vielleicht wurde die Finca in dieser Weise zum Heim für zwei Menschen. Ernest, von den Ergebnissen der Anstrengungen Marthas recht angetan, wohnte mit ihr für den Rest der Saison dort, obwohl er aus Rücksicht auf Pauline seine Post ins Ambos Mundos bekam. Sie teilten die Haushaltskosten miteinander, abgesehen von den Kosten seines Alkoholkonsums, der seine Sache war. »Ernest hat auch nichts anderes vorgeschlagen«, sagte Martha. Sie bestand immer darauf, daß die Geldfrage klar geregelt war, und das gab ihr das absolute Recht, wegzugehen und ihren eigenen Lebensunterhalt zu verdienen. Sie bat ihn um keine finanzielle Hilfe und unterhielt sich weiterhin selbst, wie sie es immer getan hatte. Kuba mochte nicht ihre erste Wahl gewesen sein, aber da es das für Ernest war, versuchte sie, es auch für sich annehmbar zu machen. »Du bist deinem Mann überallhin gefolgt, wohin er gehen mußte; du bist bei ihm geblieben oder hast in der Nähe gewartet: daran war nichts Sonderbares.« Zu diesem Schluß kam die amerikanische Frau in *Luigi's House* und vielleicht auch Marty an diesem Punkt ihrer Beziehung mit Hemingway. Ernests kubanische Freunde – Mario G. Menocal und sein Vetter, Elicin Arguelles, die beide wohlhabende Sportsleute waren – freuten sich zu sehen, daß Martha Ernest mit Zärtlichkeit und Respekt behandelte, obwohl sie sich privat darüber wunderten, warum es notwendig war, seine gute Ehe mit Pauline abzubrechen. Konnte ein Mann nicht gleichzeitig eine Ehefrau und eine Geliebte haben?

Paulines Briefe während dieser Zeit waren sorgsam und korrekt. Wenn sie ironisch waren, dann nur andeutungsweise, als sie etwa bemerkte, daß er drei Garnituren Unterwäsche dagelassen habe oder detailliert beschrieb, was es Sonntags zum Mittagessen gegeben hatte. Ende Mai nahm sie Patrick und Gigi nach New York mit und rüstete sie für das Sommercamp aus. Als sich Ernest beklagte, daß sie ihre Pläne nicht mit ihm besprochen habe, antwortete Pauline: »Ich dachte, es sei gut, Dich nicht mit Plänen zu belästigen, aber wie aus Deinem Brief hervorgeht, hätte ich Dir meine Pläne mitteilen sollen. Ich habe die Kinder auch nicht ins Camp abgeschoben, mein Süßer, um sie loszuwerden, wie Du zu denken scheinst.« Ihre sorgsam aufgebauten Verteidigungshaltungen begannen zusammenzubrechen. Sie nahm Patricks Geburtstag zum Vorwand und bat Ernest, zum Boxkampf im Schwergewicht von Joe Louis gegen Tony Galenti zu kommen. Sie drängte:

> »Hoffe, daß Du telegrafierst, daß Du kommst. Du hast ziemlich regelmäßig gearbeitet und könntest über Nacht mit blondem Haar und Bart herfliegen... Es würde mich sehr freuen, wenn Du das tun kannst.«

Aber Ernest kam nicht, und Pauline fuhr nach Nantucket, um sich dort nach einem Sommerhaus umzusehen. Dort bekam sie Darmblutungen. Ein Arzt aus Boston schlug eine Serie von Untersuchungen vor, um die Möglichkeit, daß die

Sache bösartig sei, auszuschließen; und sie fuhr zu diesem Zweck nach New York. Alle Tests waren negativ, und sie war so erleichtert, daß sie, gemeinsam mit zwei Freunden, impulsiv eine Überfahrt nach Europa buchte, anstatt den Sommer in Nantucket müßig herumzuhängen. Am 12. Juli, vor ihrer Abreise, schrieb sie Ernest:

>Nur ein paar Zeilen in großer Eile... Bin sehr aufgeregt, habe ziemliche Angst und wünsche mir auf jeden Fall, daß Du auch fahren würdest. Mach Dir keine Sorgen, Liebling, schreibe gut, und abgesehen von ein paar verrückten Ideen, die Du hast, gibt es niemanden wie Dich und niemanden, der klüger ist, so daß Du am Ende schon das Richtige machen wirst.«

Während Pauline ihre Untersuchungen absolvierte, hatte Ernest nichts von ihr gehört. Beunruhigt über ihr Stillschweigen, erreichte er sie schließlich telefonisch am Tag, als die erste Untersuchung des Magens negativ ausgefallen war. Während sie auf die Ergebnisse der Röntgenaufnahmen vom nächsten Tag wartete, traf er Vorbereitungen, um nach New York zu fliegen, falls sie sich einer Operation unterziehen müsse. Als die Nachricht eintraf, daß sie genesen sei, ging er wieder an seine Arbeit.

Ernest korrespondierte zu dieser Zeit auch mit Hadley, um ein Treffen im Spätsommer in Wyoming zu arrangieren. Noch wurde Martha nicht erwähnt, aber er schrieb viel von seinen finanziellen Schwierigkeiten und kritisierte Pauline, weil sie das ganze Geld von ihrem gemeinsamen Konto ausgegeben hatte. Er dürfe nicht, schrieb er, den leichten Ausweg »Deiner und meiner bekannten Vorfahren« wählen (wobei er auf den traurigen Zufall anspielte, daß sowohl Hadleys als auch Ernests Vater Selbstmord begangen hatten). Er pries sie als jene Vertreterin ihres Geschlechts, die er am meisten bewundere und verglich ihre Urlaubszeiten im Schwarzwald und am Iratifluß mit dem Himmel auf Erden.

Daß Ernest sich um die Gesundheit einer Ehefrau Sorgen machte, während er den Charakter der anderen idealisierte, störte Martha nicht. Eifersucht auf andere Frauen war keines ihrer Probleme. In dieser Hinsicht gab es wenig Reibungsflächen zwischen ihnen. Sie war süß, wenn sie ihn ausschalt, und hielt sich in den meisten Dingen an seine Entscheidungen. Der größte Segen für ihre Harmonie war seine Fähigkeit, außergewöhnlich gut zu arbeiten. Als sie Mitte August Kuba verließen, umfaßte sein Roman bereits 76 000 Worte.

Nach einem kurzen Aufenthalt in Key West, um sein Auto abzuholen, fuhr Ernest Martha, die dort ihre Mutter besuchte, nach St. Louis. Dann fuhr er allein nach Cody weiter und machte von dort einen Abstecher, um Hadley und Paul zu besuchen, die auf der Crossed Sabres Ranch zum Angeln waren. Es war ein herzliches Wiedersehen. Paul ließ Ernest eine Unmenge Äschen fangen, und alle drei stellten fest, wie schön Jack heranwuchs. Hadley strahlte Zufriedenheit aus. Sie hegte keine Bitterkeit gegen Ernest und hätte Dos Passos als erste zugestimmt, daß sie in besserer Form war, als Ernest sie verlassen hatte, als bei ihrer ersten Begegnung mit ihm. Jetzt, wo er versuchte, Pauline loszuwerden, stellte er fest, daß nicht alle Frauen so gutmütig waren. Bumby war immer der Grund, ihr zu schreiben, aber es gab auch tiefere Motive – den Wunsch, ihren großzügigen Geist in seinem schwierigen Leben zu bewahren.

Am 1. September 1939 – nur wenige Tage nachdem sich Ernest und seine Söhne auf der Nordquist Ranch in Wyoming eingefunden hatten – brach in Europa Krieg aus. Hitlers Truppen waren in Polen einmarschiert, und England erklärte Deutschland den Krieg. Ernest war nicht überrascht; er hatte das schon einige Jahre lang vorausgesagt.

Pauline rief von New York aus an. Sie war eben an Land gegangen und wollte herfliegen, um bei ihm und den Jungen zu sein. Aus Europa hatte sie ihm häufig geschrieben. Nur selten fanden ihre wahren Gefühle den Weg in ihre Briefe wie am 5. August, als sie auf dem Boden ihres Koffers einen kleinen Angelhaken für fliegende Fische gefunden hatte. »Ich weiß nicht, wie er dorthin gekommen ist«, hatte sie geschrieben, »aber als ich ihn sah, hatte ich gerade Deinen Brief gelesen. Ich brach in Tränen aus.«

Auf dem Flug nach Westen erkältete sich Pauline, und einige Stunden nachdem sie in Billings gelandet war, hatte sie einen entzündeten Hals, Gliederschmerzen und Fieber. Das Wetter auf der Ranch war schlecht, und Ernest behandelte sie wie eine flüchtige Bekannte, die zeitweilig Hilfe brauchte. Er versuchte, einfache Speisen zuzubereiten, blickte die ganze Zeit über finster und distanziert drein, und sie verkroch sich in die Decken und versuchte, sich mit Whisky zu kurieren. Es schien für sie keinen Weg zu geben, ihr Unglück und Ernests undurchdringliche Zurückweisung zu überwinden. Er machte ihr, ohne es tatsächlich zu sagen, klar, daß sie aufgeben und nach Hause fahren sollte. Dann rief er Martha an, daß sie ihn in Billings treffen sollte.

Ernests schwarzes Buickkabrio war vollgepackt mit Ausrüstung – Schlafsäcken, Angelruten, Büchsenfutteralen und Kisten von Büchern – als sich Martha ihm in Billings, Montana, anschloß. Es war am 20. September nach Mitternacht, als sie schließlich ihr Ziel, das Sun Valley Lodge in Zentral-Idaho erreichten. Dort sprang der Portier, der über seinem Pult döste, auf, um sie in Nummer 206 zu führen, eine kleine Ecksuite mit einem Kamin in jedem der beiden Zimmer und einem schönen Blick auf die Berge.

Früh am nächsten Morgen bemerkte Lloyd Arnold, der Hotelfotograf, eine junge Frau mit offenem blondem Haar und zielstrebigem Gang, die gemeinsam mit Hemingway über den Rasen ging. Er stellte fest, daß sie nicht wie Mrs. Hemingway aussah, von der er Fotos gesehen hatte, und man erzählte ihm, daß die Ehe von Pauline und Ernest in Gefahr sei.

Zwei Tage später war Martha in hüfthohen Wasserstiefeln unterwegs, um gemeinsam mit Lloyd Arnold und Ernest einen Sumpf zu durchqueren, als sie das Marschland am Silver Creek erforschten. Obwohl der Tag windstill und heiß und keine Ente zu sehen war, geriet Ernest in Ekstase. Er sah schon, daß dieser Talgrund Unmengen von Vögeln beherbergte, die man jagen konnte – Rebhühner, Stockenten, Sumpftauben. Während sie zu der Straße zurückrutschten, zogen und trugen die beiden Männer Marty halb, die um einen festen Halt im Schlamm kämpfte.

Für die nächsten sechs Wochen paßte Martha ihren Tagesablauf dem von Ernest an – Arbeit am Morgen, dann Reiten, Tennis und etwas Schießen am Nachmittag. Sie war vom Schießen nie begeistert, aber sie wußte, daß Ernest stolz auf ihre raschen Fortschritte war. Ihre liebste Erholung war es, mit ihm am Nachmittag in die Berge zu reiten, wobei sie ein paar Sandwiches und eine Flasche Wein in der Satteltasche mithatten. Die Leute von Sun Valley waren alle von ihrer Sportlichkeit und ihrem Sinn für Humor beeindruckt. Tillie Arnold, Lloyds Frau, mochte sie von Anfang an und nannte sie »ein Faß voll Spaß und scharf wie ein Reißnagel«. Clara Spiegel, eine häufige Besucherin, wurde eine loyale Freundin sowohl von Martha als auch von Ernest. Ihr Mann, Fred Spiegel aus Chikago, hatte gemeinsam mit Ernest 1918 in Italien Rotkreuzwagen gefahren.

Mitte Oktober bekam Martha einen Telefonanruf von Charles Colebaugh von *Collier's* . Er wollte sie nach Finnland schikken, wo die Sowjetunion bedrohliche Truppenbewegungen an der finnisch-russischen Grenze durchführte. Martha war sich nicht sicher, ob sie fahren sollte. »Ich habe mit Ernest darüber gesprochen«, schrieb sie am 18. Oktober ihrer Mutter, »der immer so fabelhaft in diesen Dingen ist und nie an sich denkt, sondern nur an mich und was mir Befriedigung bringt.« Ernest sagte, sie könne die Skandinaviengeschichte ganz gut machen, und sie beschlossen, daß sie Colebaugh schreiben sollte, sie würde in zwei Wochen aus Sun Valley abreisen. Falls Ernest wegkonnte, würde er sie drüben treffen; wenn nicht, würde sie ihn nach Neujahr in Kuba wiedersehen.

Martha machte es in ihrem Brief an Edna Gellhorn klar, daß ihr Hauptgrund, den Auftrag anzunehmen, das Geld war. »»Das ist vielleicht das letzte Mal, daß du (Martha) es tun mußt,‹« schrieb sie, während sie Ernest zitierte. »»Denn mit diesem Notgroschen kannst du schreiben und Kurzgeschichten verkaufen. Und das wird genug Geld bringen, und du mußt dich nicht mehr mit Journalismus beschäftigen.‹« »Außer-

dem«, fuhr Martha fort, »werden wir wahrscheinlich im Frühjahr verheiratet sein, denkt er, und wenn wir erst verheiratet
sind, habe ich eine gute Ausrede, mich nicht von ihm zu trennen. Ich kann *(Collier's)* einfach sagen, mein Mann und ich
arbeiten gemeinsam.« Sie sagte ihrer Mutter, daß sie den Gedanken hasse, Ernest zu verlassen, denn sie sei so glücklich in
»diesem Paradies«, aber sie habe Angst, eine bestimmte Art,
Geld zu machen, auszuschlagen.

Als die Reiseanweisungen eintrafen, ging Ernest herum und
beklagte sich darüber, daß er verlassen werde. »Welcher alte
Indianer möchte seine Squaw verlieren, wenn ein harter Winter vor der Tür steht?« fragte er jedermann in Hörweite, sagte
aber nichts davon, daß Geld der Grund für ihre Trennung war.
Tillie Arnold, die glaubte, daß Marthas Ehrgeiz und Ruhelosigkeit sie dazu bewegt hatten, das Angebot anzunehmen,
versuchte, sie davon abzubringen. Warum mußte sie Ernest
jetzt verlassen, fragte sie, wo alles so gut ging? War es wirklich
notwendig? Martha erwiderte einfach, daß sie sich so eine
Gelegenheit keinesfalls entgehen lassen könne. Sie fügte nicht
hinzu, daß sie so wie jeder Mann, der sich selbst erhielt, Geld
verdienen mußte. Ernest schien die Märtyrerrolle zu genießen,
die ihm ihr sogenanntes Verlassen bot, aber schließlich ließ er
diese Pose fallen und erzählte jedem, wie mutig sie sei. Am
Vorabend ihrer Abreise gab er eine Abschiedsparty für sie,
und bevor sie zum Zug in Shoshone gebracht wurde, versammelten sich alle zum Mittagessen. »Schaut ein bißchen nach
diesem großen Clown«, sagte Martha zu Tillie und Clara.
»Achtet darauf, daß er rasiert und gewaschen ist, wenn ihr
ausgeht... Ich verlasse mich auf *euch*.« Sie hatte ihnen dasel-
be auch privat gesagt, daß es schwer für ihn sein würde ohne sie
und daß sie sich um sein Wohlbefinden kümmern sollten.

Am 10. November 1939 stach Martha von Hoboken, New
Jersey, aus mit einem kleinen holländischen Schiff in See, das
amerikanischen Weizen nach Belgien brachte. Das Essen auf
dem Schiff sei »so interessant wie gekochter Karton«, schrieb
Marty in *Slow Boat to War* (Ein langsames Schiff in den
Krieg), »so daß die Leute einen sonderbaren Lebensrhythmus

entwickelten, sich bis fünf Uhr morgens herumtrieben und dann bis drei am nächsten Nachmittag schliefen...« Die meisten Passagiere waren besorgte Europäer, die in Länder zurückkehrten, die auf dem Weg der Nazikriegsmaschinerie lagen, und jedermann hatte Angst vor der Einführung einer neuen deutschen Waffe – der Magnet-Mine. Am achten Tag erreichte das Schiff, das mit großen Zeichen seine Neutralität verkündete, die englischen Küstengewässer, die schwer vermint worden waren. Martha schien das alles idiotisch. Wie sollte man einer treibenden Mine seine Neutralität erklären? Zwei Tage später gingen sie in den Downs vor Anker, einem unverminten Wasserstreifen, und näherten sich Ramsgate im Kanal, wo die englische Blockade verstärkt und die Ladung inspiziert wurde. Über den Schiffsfunk kamen dauernd Meldungen von selbst in der sogenannten sicheren Zone gesunkenen Schiffen.

Als der Kapitän endlich die Erlaubnis zur Weiterfahrt bekam und das Schiff sich wieder auf den Weg machte, waren nur noch zwei englischsprachige Passagiere an Bord, Martha und ein junger Mann aus Amerika. In der See, durch die sie fuhren, trieben tote Körper mit dem Gesicht nach unten im Wasser, die noch immer in ihren Schwimmwesten hingen. Basketballförmige Minen tauchten auf dem bewegten Wasser auf. Dann fiel Nebel ein, und es war nichts mehr zu sehen, bis die Lichter von Ostende in Belgien in Sicht kamen. Das Schiff glitt im Mondlicht langsam in die Schelde. »Plötzlich schien die ganze Reise weit zurückzuliegen und nur mehr eine Erinnerung zu sein«, berichtete Martha. Sie telegrafierte Ernest und ihrer Mutter, daß sie wohlbehalten angekommen war und flog am 29. November nach Helsinki, nur wenige Stunden bevor die Russen ihre ersten Bomben abwarfen. »Es ist höllisch kalt und regnerisch wie in Gary, Indiana«, schrieb sie Ernest am nächsten Tag. »Um 9 Uhr 15 war ich angezogen und wollte zum Frühstück hinuntergehen, als ich die Sirene hörte... Es wird furchtbar werden. Sie (die Finnen) sind vom Standpunkt des Kriegsmaterials her etwa so gut ausgerüstet wie Spanien.« Es war entsetzlich und allzu vertraut – die niedergeschmetterten Zivilisten, die Brände, die verlorenen Kinder. Am nächsten Tag kamen die Russen wieder, diesmal mit Flugzetteln und Bomben. Man werde Helsinki dem Erdboden gleichmachen, falls die sowjetischen Forderungen nicht erfüllt würden. Das Volk sei wunderbar, fügte Martha in demselben Brief hinzu, die Menschen hätten Angst, aber auch eine Art gefrorener Stärke. Zum Unterschied von der tschechischen Regierung hatten die finnischen Führer beschlossen, einen Verteidigungskrieg zu führen, »ehe sie ihr Land und ihren hart erarbeiteten, nicht aggressiven, freundlichen Lebensstil verlören«, berichtete sie für *Collier's*. Mit ihrem scharfen Auge und Ohr für den unschuldigen gesunden Menschenverstand von Kindern beendete Martha diesen Bericht mit einer Anekdote über einen dicklichen blonden Jungen von neun Jahren, der vor seinem Haus in Helsinki stand und die russischen Bomber beobachtete. Als die Flugzeuge wieder verschwunden waren, sagte er: »Allmählich werde ich wirklich wütend.«

Dankbar für die beiden Telegramme von Ernest, die sie am 4. Dezember bekommen hatte, antwortete Martha mit einem langen, gefühlsbetonten Brief. »Ich bin so glücklich, daß Du stolz auf mich bist, obwohl ich nicht weiß wofür. Ich versuche einfach zu überleben.« Er müsse mit seiner Arbeit fortfahren, denn das sei es, was bleiben werde. »Ohne das Buch ist unsere Arbeit fast verschwendet, und da ich Dich liebe, liebe ich Deine Arbeit, und da Du ich bist, ist Deine Arbeit auch meine.« Sie fügte hinzu, daß sie wunderbares Material bekomme, den besten Kriegsstoff des Jahres, aber daß sie froh sein werde, mit ihm daheim zu sein, wo sie hingehöre. »Ich werde Dich nie verlassen, und Du kannst überall hingehen, wohin Du willst, und alles tun, was Dir gefällt, nur ich werde, bitte sehr, auch mitkommen«.

Am nächsten Morgen in der Dämmerung fuhr ein junger Militärchauffeur Martha in Frost und Dunkelheit und über unmarkierte eisige Straßen und schwer verminte Brücken an die südliche Grenze. In den unendlichen Wäldern lagen die Armeen verborgen. Geschützfeuer erleuchtete den Himmel. Sie befand sich mitten in der ersten großen Nachtoperation des

Krieges, und die Russen waren weniger als einen dreiviertel Kilometer entfernt. Plötzlich kam ein Offizier aus dem Dunkel, um sie zurückzubeordern. »Das ist der Gipfel der Dummheit«, sagte er auf deutsch. Marthas Führer lachte, gehorchte aber. In der zerbombten Stadt von Viipuri besuchte sie gefangene Russen und wurde später zum Flugfeld gebracht, das der kleinen, hervorragenden Staffel von finnischen Jagdflugzeugen als Basis diente. »Wie immer«, schrieb sie für *Collier's*, »ist man erstaunt über das Alter der Piloten (sie sind so jung).« In ihrem von Föhrenbüschen getarnten Unterstand brachte ihr ein Flieger mit einem finnischen Liebeslied ein Ständchen, während ihn ein zweiter auf der Gitarre begleitete. Der Oberst des Regiments informierte sie über die russischen Bomber, und der Fliegerleutnant sagte kurz: »Auf dem Präsentierteller werden sie uns nicht bekommen«.

Am Weihnachtsabend hatte Martha den finnischen Auftrag beendet und in Schweden ihre Artikel für *Collier's* geschrieben. Jetzt war sie auf dem Weg nach Lissabon, um den Pan American Clipper nach Kuba zu besteigen. Wenige Tage vor Jahresende erreichte Martha Lissabon, um wieder warten zu müssen. Schlechtwetter verzögerte den Start des Clippers.

Ernest war noch einen Monat in Sun Valley geblieben, nachdem Martha abgereist war. Er war mit dem Roman gut weitergekommen – 474 Seiten des maschinengeschriebenen Manuskripts waren am 15. November fertig. Die Handlung spielt in einem loyalistischen Partisanenlager in der Sierra de Guadarrama, und der Held ist Robert Jordan, ein amerikanischer Professor, der nach Spanien gekommen war, um gegen die Faschisten zu kämpfen. Die Heldin Maria ist einer wunderschönen jungen spanischen Krankenschwester nachempfunden, die Ernest in einem Küstenhospital in der Nähe von Barcelona im Frühling 1938 kennengelernt hatte.

Ernest schrieb Perkins, daß Martha die verminte Nordsee überquert habe und sich in Finnland erschießen lasse, so daß er es sich leisten könne, sein Buch zu schreiben. »Ich glaube, sie ist bald draufgekommen«, fügte er schalkhaft hinzu, »daß diese zweimotorigen Katuschkas nicht mehr unsere Flugzeuge waren.« Er ärgerte sich über die Gefahren, denen sie sich aussetzte. »Ich habe mir solche Sorgen gemacht, kann nicht essen und schlafen, wenn ich an Marty denke«, schrieb er Clara Spiegel am 9. Dezember. »Die Schiffe vor und nach dem ihren auf dem Kanal sind von Minen versenkt worden.«

Diejenige, die am häufigsten von ihm hörte, war Hadley, ihr schüttete er sein Herz aus. Pauline hatte ihn verärgert, weil sie seinem Wunsch gegenüber, Weihnachten mit ihr und den Jungen in Key West zu verbringen, Einwände geäußert hatte. Er beklagte sich, daß man sich in Key West gemein verhalte, aber das habe er von Leuten, die nur an sich selbst dächten, ja erwartet. Hadley, die immer ein weiches Herz für seine Mißhelligkeiten hatte, lud ihn ein, Weihnachten mit ihnen zu verbringen. Er zögerte und erklärte, daß er nach Süden fahren müsse. »Hier ein Scherz, um zu zeigen, daß ich noch Witze machen kann«, fügte er hinzu. »Ich glaube, wenn man ewig dazu verdammt ist, Menschen aus St. Louis zu heiraten, dann ist es das Beste, die aus den besten Familien zu heiraten.«

In der Zwischenzeit hielt Tillie Arnold ihr Versprechen Martha gegenüber, sich in Sun Valley um Ernest zu kümmern. Eines Abends, als sie und Lloyd mit Ernest zum Essen gingen, kam das Gespräch auf Eltern. Ernest bemerkte, daß sein Vater mit ihm, als er klein war, keine Geduld gehabt habe, und daß er immer die Kameradschaft und den Wettstreit mit Brüdern vermißt habe, als er größer wurde. Tillie neckte ihn, weil er sich selbst bemitleidete, und das brachte ihn in Verteidigungsstellung. Er beschrieb die Einzelheiten vom Selbstmord seines Vaters und gab in diesem Zusammenhang seinem Haß gegen Grace Ausdruck. »Sie mußte alles beherrschen«, sagte er leidenschaftlich. »Sie war eine Hure.« Tillie war schockiert und sagte das. Aber er zog das nie zurück, sondern wiederholte einfach, daß es wahr sei, egal, was Tillie dächte, und fuhr dann fort, Grace die Schuld am Selbstmord seines Vaters zu geben.

Carol Gardner, gegen deren Heirat Ernest gewesen war, erinnerte sich der Autorin gegenüber, daß er Lügen über sie zu erzählen begann, nachdem sie sich seinen Wünschen widersetzt hatte. Wenn jemand fragte, wie es Carol gehe, sagte er, daß sie geschieden oder gestorben sei. Ernest wußte, wie man einen Groll am Leben erhielt, sagte Carol, besonders gegen jemanden, der sich ihm widersetzt hatte. Hinsichtlich der Tatsache, daß er Grace die Schuld am Tod von Dr. Hemingway gab, wies sie darauf hin, daß Ernest auch ihren Onkel George Hemingway entsprechend beschuldigt habe (weil er gleichgültig gegenüber der finanziellen Zwangslage seines Bruders geblieben war), und daß er sich manchmal auch selbst die Schuld gab. Alle Kinder fragten sich zeitweise, ob sie etwas zu der Tragödie beigetragen hätten. Eine Versöhnung zwischen Ernest und seiner Mutter war nicht möglich, da seine Gefühle sich so verhärtet hatten, daß sie nicht mehr zu revidieren waren. Carol, die Grace oft in den Jahren sah, in denen Ernest ihr fernblieb, hörte sie viele Male wiederholen, wie stolz sie auf ihn sei. Grace schien die sogenannte Unmoral seiner frühen Werke nicht mehr zu stören.

An einem Tag mit Nieselregen im Dezember reiste Ernest nach Key West ab. Unterwegs schickte er Paulines Mutter einen Brief, am 12. Dezember 1939 datiert. Er versuchte, die Entfremdung zwischen sich und Pauline zu rechtfertigen, indem er Jinny hineinverwickelte. Es war eine lahme Verteidigung. »Virginias Version von meinem Leben und Treiben ist sehr phantastisch. Aber sie hat sie genügend und zur rechten Zeit verbreitet, um mein Heim zu zerstören... Ich meine nicht, daß ich bei *irgendetwas* im Recht gewesen bin, aber die wahre Version wäre sehr verschieden von allem, was Du gehört hast.« Er versicherte ihr, daß er sich um Paulines Interessen kümmern werde als ob es seine eigenen seien, und er sagte, daß er gut für die Kinder sorgen würde und fügte hinzu, daß sie sehr gut mit ihm auskämen.

Das war nicht bloß Eitelkeit seinerseits. Ernest war für Gigi und Patrick ein ebensolcher Held wie für Bumby. »Wenn man mit meinem Vater unterwegs war, war es wie bei einem Kreuzzug«, erinnerte sich Pat. »Er war Richard Löwenherz, und meine Mutter war die Frau, die er mit dem Keuschheitsgürtel im Schloß zurückließ.« Es war verwirrend, daß sich ihre Mutter und ihr Vater trennen sollten, aber für die jüngeren Buben schien es auch ein Gutes zu haben – sie konnten all diese wundervollen Ferien und Sommer mit Ernest verbringen, so wie es ihr Bruder Jack während so vieler Jahre getan hatte.

Als Ernest in Key West ankam, stellte er fest, daß Pauline die Dienstboten entlassen hatte und nach New York gefahren war. Nur die Jungen waren mit Ada da und warteten darauf, mit ihrem Vater zu Weihnachten nach Kuba zu fahren. Ernest blieb eine Woche in dem Haus und packte langsam seine persönliche Habe zusammen. Am 24. wurde der Buick auf die Fähre von Key West nach Havanna verladen, zusammen mit Kisten, Fischereigerätschaften und Kleidung, und die beiden Jungen und Ernest fuhren nach Havanna ins Ambos Mundos. Eine der letzten Postsendungen, die er vor seiner Abreise öffnete, war ein trauriger Brief von Mary Pfeiffer. »Dies sind die traurigsten Weihnachten, die ich je erlebt habe. Eine zerbrochene Familie ist etwas Tragisches, besonders wenn Kinder da sind.«

21

Marthas Roman über die Tschechoslowakei sollte bei Duell, Sloan und Pearce veröffentlicht werden, und Ernest führte die Verhandlungen. »Es ist ein höllisch gutes Buch mit dem Titel *A Stricken Field* «, schrieb er am 10. Januar 1940 an Perkins.

Martha war zu dieser Zeit in Kuba angekommen, und sie zogen zusammen in die Finca. Ernest hatte es gehaßt, allein zu sein; er hatte sich verlassen gefühlt. Sie dürfe das nicht wieder tun, sagte er Martha, und eines Nachmittags setzte er einen

Scherzkontrakt auf, den sie unterzeichnen sollte. Was auf den ersten Blick wie eine Albernheit aussah, hatte einen ernsten Unterton.

»Ich, die unterfertigte Mrs. Martha oder Mrs. Fetthaus Schwein ... garantiere und verspreche hiermit, meinen gegenwärtigen und zukünftigen Gatten in keiner wie immer gearteten Weise brutal zu behandeln ... Ich erkenne an, daß ein sehr guter und sensibler Schriftsteller nicht zwei Monate und sechzehn Tage lang alleingelassen werden kann, während welcher Zeitspanne er vielen nervtötenden und unmöglichen Dingen willkürlich und unwillkürlich ausgesetzt ist, und daß ich ... ein triftiger Grund für seinen bedrückten Gemütszustand während dieser langen Periode der Einsamkeit war ... Ich gebe auch vor Zeugen bekannt, daß ich ihn nicht aus dem Geschäft drängen will, sondern daß er und sein Geschäft das sind, was für mich in diesem Leben wichtig ist ... Ich bedaure das daher zutiefst und werde versuchen..., ihn für das Elend zu entschädigen, das er durchgemacht hat, und ich werde auch versuchen, ihn vor dem gleichen Elend in der Zukunft zu bewahren. Diese Erklärung wird von mir aus freien Stücken und im Vollbesitz meiner geistigen Kräfte und Liebe abgegeben. Martha Gellhorn. Zeugen: Richter R. R. Kaninchen, Richter P. O. Schwein.«

Nun, da er Martha wieder sicher an seiner Seite wußte, vertiefte sich Ernest wieder in seinen Roman, schränkte sein Trinken ein und ging zu vernünftigen Zeiten schlafen. Sie hatten eine gute Sammlung von Schallplatten. Sonntags kam eine Gruppe von ausgewanderten Basken – republikanische Soldaten, die nach Francos Sieg aus Spanien geflohen waren – zum Tennis und Schwimmen auf die Finca. Glücksspiele, Pelota, Trinkgelage im Floridita – all diese bevorzugten Zerstreuungen wurden auf das Wochenende beschränkt. Der Januar war kalt und stürmisch, aber Anfang Februar wurde das Wetter mild. Martha, die von ihren Reisen erschöpft war, konnte sich noch nicht auf ihre eigene Arbeit konzentrieren. So widmete sie sich den Aufgaben einer »Hausfrau« und ging manchmal allein in die Felder Tauben jagen. »Es ist erstaunlich schön«, schrieb sie an Clara, »und ich sehe mir das Haus und das Land an und kann nicht herausbekommen, wieso ich soviel Glück in meinem Leben habe, um an einem solchen Ort und mit einem solchen Menschen zu leben.«

Im März wurde *A Stricken Field* veröffentlicht, mit einer Widmung an Ernest. Die Ereignisse der Handlung ähneln Marthas Erfahrungen vom vorhergehenden Winter. Die fiktive Mary Douglas ist eine junge Journalistin, die sich der Sache der Freiheit und Demokratie verschrieben hat und voller Bewunderung für das tschechische Volk und angewidert und entsetzt davon ist, wie es durch den Vertrag von München verraten wurde, als Chamberlain und Daladier die Tschechoslowakei faktisch den Nazis auslieferten. Es gibt Hinweise auf einen abwesenden Liebhaber namens John, der mit ihr in Spanien war. Am 7. März 1940 empfahl Eleanor Roosevelt den Roman in ihrer Zeitungskolumne als wichtiges Buch. *Time* hingegen tat ihn in einem Absatz leichthin als romantisierte Autobiographie ab. Martha sei »eine Schriftstellerin mit einer Legende«. Das Nachrichtenmagazin brach als erste Zeitschrift das offizielle Schweigen über »ihren großen und guten Freund Ernest Hemingway«. Ernest schrieb angewidert an Jay Allen, daß der »große-und-gute-Freund-Stoff« von *Time* anstelle von Fortsetzungsserien gebracht werde. Die vielen Facetten von Marthas Persönlichkeit gerieten mit den Fotos, die nun, nachdem ihr Buch auf den Markt gebracht wurde, auftauchten, in den Brennpunkt des Interesses. In *Time* war sie ganz elegante Schönheit mit scharlachrotem Lippenstift, ausgezupften Augenbrauen und modischer Frisur. In der *Saturday Review* war sie die kontemplative Künstlerin – ein ernstes Profil, gefaltete Hände, nüchterne Aufmachung. Schließlich gab es noch jene dritte Marty, die so oft in Tennisshorts oder Reithosen in Sun Valley und auf der Finca fotografiert worden war und deren rundes, rosiges Gesicht gerade in ein entspanntes Grinsen ausbrach. Das war die Marty, die Ernest am meisten liebte und die er am wenigsten bedrohlich fand. Er tendierte dazu, zu vergessen, daß sie auch unabhängig und voll Unternehmungsgeist war und reagierte scharf, wenn er mit diesen Eigenschaften direkt konfrontiert wurde.

Am 20. März kamen Patrick und Gigi auf der Finca an. Zum ersten Mal seit dem Winter von 1936 hatten sie Gelegenheit, die lebhafte Frau zu sehen, die jetzt ihres Vaters liebe Freundin war. Sie reagierten, vor allem Gigi, auf Marthas Wärme mit einer Welle der Zuneigung. Ernests ständiger Umzug nach Kuba bot Gigi die ideale Fluchtmöglichkeit vor Ada und Pauline. Die Finca erschien ihm wie ein Paradies, wo sein Vater sein Spielgefährte wurde und die bezaubernde Martha – eine neue Mutter.

Anfang April schloß sich Bumby der Gruppe an. Dem sechzehnjährigen Burschen erschien es als besonderes Glück, daß die Frau, die ihn im Vorjahr in New York so beeindruckt hatte, nun täglich um ihn herum sein sollte. Die Ferien waren sehr lustig, die besten überhaupt, erinnerte sich Jack. Es gab Tennismatches und Fechtstunden, und einer von Ernests baskischen Freunden brachte ihm bei, Pelota zu spielen. Das Beste von allem waren die langen Gespräche mit Martha. Sie erzählte ihm von ihren Abenteuern in Finnland und gab ihm den Spitznamen „Bumble".

Martha schrieb an Hadley, nachdem er abgereist war:

»Ich schätze mich unglaublich glücklich, daß er durch Erbschaft auch mein Freund geworden ist. Ich weiß nicht, wie eine Frau einen besseren und schöneren Jungen hervorbringen könnte als es Dir gelungen ist.«

Patrick, still und beobachtend, meinte, daß diese besondere Beziehung zwischen Jack und Martha entstanden sei, weil sie beide so hübsche junge Menschen waren, blond und strahlend, und alle mit ihrem Charme und Elan bezauberten. Martha war für alle drei Jungen eine liebevolle Stiefmutter. »Ich glaube, sie akzeptieren mich als Mitglied der Bande«, fuhr sie in ihrem langen Brief an Hadley fort, »Ernests Bande, noch eine aus der großen Familie, die herumsaust, um Poppa zu gehorchen und eine schöne Zeit zu haben.« Sie gehorchte lachend. Ernest verehrte sie, er prahlte in jedem Brief damit, daß sie höllisch schön sei und er der glücklichste Bursche auf der ganzen Welt. Sie war immer in sehr nachgiebiger Stimmung, seit sie von ihrem lebensgefährlichen Auftrag zurück war, obwohl sie sich das Recht verdient hatte, leichtsinnig zu sein.

Seit sie aus Europa zurück war, hatte Martha nur eine Geschichte geschrieben. Sie beklagte ihre mangelnde Disziplin als das verhängnisvolle Kennzeichen eines Amateurs. *Collier's* sei hinter ihr her, um sie wieder ins Kriegsgebiet zu schicken, »worauf ich nicht eingehen werde«, wiederholte sie, »weil ich mein Heim und ihn nicht verlassen werde«.

Trotz des begeisterten Lobes all derer, die Kapitel des großen spanischen Romans gelesen hatten, wünschte sich Ernest, daß Pauline das Manuskript lesen sollte. Er schätzte ihr literarisches Urteil höher als das aller anderen ein. Patrick ist der Meinung, daß sein Vater in diesen Dingen am besten gemeinsam mit seiner Mutter arbeitete. Es gibt jedoch kein Zeugnis dafür, daß Pauline irgendeines der Kapitel las. Am 2. April fand er den Titel für den Roman. Er telegrafierte Perkins den vorläufigen Titel »Wem die Stunde schlägt« und arbeitete im Vertrauen darauf weiter, daß das Ende in Sicht war.

Wenn »Die fünfte Kolonne« seine Ambivalenz bezüglich einer Affäre mit Martha widerspiegelte, so enthielt der neue Roman keine derartige negative Botschaft. Es gibt eine bewegende Passage über den Wert der Liebe, dem Helden Robert Jordan in den Mund gelegt: »Du hast es nie erlebt, und jetzt erlebst du es. Was du mit Maria erlebst... ist das Wichtigste, das einem Menschen passieren kann. Immer wird es Leute geben, die behaupten, so etwas existiere gar nicht, nur weil es ihnen versagt ist.« Und dann:

> »Sie hatte hohe Backenknochen, lustige Augen und einen regelmäßigen Mund mit vollen Lippen. Ihr Haar hatte das goldene Gelb eines Kornfeldes... Ihre Beine ragten lang und schlank aus den offenen Stulpen der Hosen hervor... Sooft Robert Jordan sie ansah, wurde ihm das Atmen schwer... Sie bewegte sich unbeholfen wie ein Füllen, aber mit der Anmut eines jungen Tieres.«

Niemand würde vermuten, daß die fügsame Maria psychologisch auch nur entfernt mit Martha in Beziehung steht. Es gab nicht zwei Persönlichkeiten, die verschiedener sein konnten.

Aber insofern dieses Buch Ernests emotionellen Zustand zu der Zeit, als er das Buch schrieb, widerspiegelt, kann man sagen, daß es zu Martha gehört. »Ich bin so verdammt glücklich mit Marty«, hatte er Perkins geschrieben, »daß alles besser geworden ist.«

Marthas Arbeit ging nicht so gut voran. Ernest hatte Max gegenüber geprahlt, daß sie gut schreibe. Jetzt, wo sie in der Klemme war, brummte er, daß alle Schriftsteller verrückt seien und konzentrierte sich auf seine eigenen Stichtage. Das Schlimmste von allem waren für Martha die schrecklichen Nachrichten aus Europa. Im April hatte Hitlers Kriegsmaschinerie Dänemark und Norwegen überrollt, die Dänen sofort und Norwegen im Lauf von wenigen Wochen außer Gefecht gesetzt. Im Mai folgte die vernichtende Niederlage der Niederlande. Martha verfolgte die Katastrophen auf Wandkarten und kaufte ein Radio, so daß sie die Schrecken aus erster Hand vernahm.

»Es ist äußerst anmaßend, die Schwierigkeiten der Welt als seine eigenen zu betrachten«, schrieb sie Clara am 30. Mai, »aber ich muß sagen, daß sie mich mehr beschäftigen als irgendetwas anderes. Mich juckt es in meiner Haut, während ich hier sitze und von nichts eine Ahnung habe.« Es hatte drei Tage lang geregnet, und die mit Wasser vollgesogene Decke des Wohnzimmers war in einem Nebel von Mörtelstaub eingebrochen. Bumby und Patrick, die zu ihrem Sommerbesuch ankamen, fanden das Haus in einem aufgelösten Zustand vor und das Wetter noch immer nicht sehr vielversprechend. Sie hingen herum und warteten darauf, daß der Regen aufhörte. Ernest, der Familie und Umgebung ignorierte, vergrub sich tiefer in seine Arbeit. Martha, die genug hatte von der Isolation, floh nach New York. Sie war am 22. Juni dort, als Frankreich kapitulierte. Jeder erwartete von Marty als aktiver Journalistin, daß sie eine Meinung hatte. Sie war noch immer verbittert über den britischen Ausverkauf in München, spürte aber, daß Präsident Roosevelt recht hatte, England jetzt, wo es allein gegen Hitler kämpfen mußte, mit Kriegsmaterial zu unterstützen. Was die Entsendung amerikanischer Truppen betraf, war sie nicht sicher.

Edna Gellhorn, die aus St. Louis nach New York gekommen war, begleitete Martha zu einem Besuch zurück auf die
Finca. Bald wurden sie und Ernest gute Freunde. »Er liebte
meine Mutter«, erinnerte sich Martha. »Meine beiden Ehemänner liebten meine Mutter, immer... Sie liebten sie mehr
als mich... und sie hatten vollkommen recht.« Sie war überrascht – und etwas irritiert – als sie ihre Mutter sagen hörte, daß
ihr Ernest leid tue. Wie konnte einem so ein Bär von Mann leid
tun, der solchen Erfolg gehabt hatte? Edna Gellhorn ließ das
Thema fallen, aber Martha fragte sich später, ob ihre Mutter
vielleicht eine emotionelle Labilität in Ernest gespürt hatte, die
noch nicht offenkundig war. Ihre Mutter war auch Ernests
nachlässigen Gewohnheiten gegenüber toleranter als sie
selbst. Eines Nachmittags, als sie geplant hatten, sich zu dritt
zu treffen und Ernest nicht kam, stürmte Martha ins Floridita,
wo er bei einem Drink saß, und zankte ihn wegen seiner
Gedankenlosigkeit aus. »Du kannst mich versetzen«, schrie
sie, »aber du kannst das nicht mit meiner Mutter machen.«
Mrs. Gellhorn war amüsiert, aber Martha verlangte eine Entschuldigung. Sie würde nicht nachgeben. Das hatten schon
seine Söhne so gut wie seine kubanischen Freunde festgestellt.
Es lag etwas Anziehendes in der Art, wie sie ihn bezwang, und
er schien es gutmütig zu akzeptieren. Mit einem schelmischen
Grinsen folgte er ihr hinaus aus der Bar.

Ende Juli fuhr Ernest für ein paar Tage nach New York, um
das fertige Manuskript an *Scribner's* abzuliefern. Am 1. September reisten er und Martha nach Sun Valley, Ernest in einem
neuen Wagen von Key West aus und Martha mit dem Zug über
St. Louis. Da Ernests Scheidung noch immer in Schwebe war,
schien es besser, getrennt zu reisen, wann immer das möglich
war. Am Tag der Abreise schrieb Martha an Clara, daß sie und
Ernest irgendwann im Herbst heiraten würden. Sie hatten
damit gerechnet, diese Formalität noch in Kuba erledigen zu
können, aber die Dinge verzögerten sich. Martha gestand, daß
verheiratet zu sein alles möglicherweise vereinfachen würde,
sie persönlich jedoch fand es wunderbar, »in Sünde« zu leben.
»Wir verbringen jetzt unser viertes zufriedenes Jahr zusam-

men«, schrieb sie in demselben Brief. Sie kam sich, als das Datum der Heirat näherrückte, allmählich gefangen vor.

Ernest hatte das ganze Jahr über gemurrt, daß seine Scheidung durch Paulines Tricks verzögert werde. Er spielte immer wieder auf ihren Wunsch an, »ihn aus dem Buchgeschäft zu drängen«. Er meinte in finanzieller Hinsicht, denn er war wütend darüber, daß er ihr monatlich einen Scheck senden mußte. Daß sie das Geld nicht brauchte, war nicht der springende Punkt. Geld symbolisierte sein Eingeständnis, daß ihr Unrecht getan worden war. Sie fühlte sich tief betrübt und wurde von Jinny darin bestärkt, es ihm nicht so leicht zu machen, wie Hadley das getan hatte. Jetzt, nach Monaten des Hinhaltens (Ernests Version nach), hatte sie einem Trennungsabkommen zugestimmt, das ihr Onkel Gus aufgesetzt hatte, nur um wieder ihren Sinn zu ändern und mehr Geld zu verlangen. Ernests ätzender Rat an Max Perkins lautete, so wenig wie möglich zu heiraten, vor allem nie eine reiche Hure; er sagte, sie hätten eine bestimmte Art, die Schwachstellen eines Mannes aufzuspüren und den Preis in die Höhe zu treiben. Er verbreitete später unsinnige Berichte darüber, was ihn die Scheidung gekostet habe, behauptete, Pauline habe wertvolle Gegenstände aus Ketchum mitgenommen (das es damals noch gar nicht gab), das Haus in Key West und einen Großteil seiner früheren Einkünfte. Tatsächlich waren die einzigen Zahlungen, die er bisher leistete, die 500 Dollar monatlich, gegen die er ständig protestierte.

Daß Pauline ihr Geld großzügig und diskret mit ihm geteilt hatte, besänftigte nicht Ernests Groll. Daß er einen beachtlichen finanziellen Erfolg zu erwarten hatte (»Wem die Stunde schlägt« war bereits für Oktober vom Book-of-the-Month Club vorgemerkt worden), änderte nichts an seiner Entschlossenheit, ihr so wenig wie möglich zu geben. Sie stand seiner Heirat mit einer anderen Frau im Weg. Je länger sie die Scheidung verzögerte, desto mehr bestand er darauf, daß ihr frommer Katholizismus sein Sexualleben zugrundegerichtet habe. (»Papa würde eine lange Zeit mit einer Frau leiden, die ihm sexuelle Probleme bereitete, am Ende aber würde er sie mehr leiden lassen«, schrieb Gregory Hemingway 1976.) Und Pauline hatte, da sie ihn Hadley gestohlen hatte, so lautete Ernests Logik, einfach bekommen, was sie verdiente.

In Key West arbeitete Pauline schließlich ein Abkommen aus, das für beide Seiten annehmbar war. Das Haus würde sechzig zu vierzig geteilt werden, obwohl Onkel Gus ursprünglich das Geld zum Kauf aufgebracht hatte. Im Fall von Paulines Tod würden ihre 60 Prozent zu gleichen Teilen unter Patrick und Gregory aufgeteilt werden, während Ernest die restlichen 40 Prozent bekam. Die monatlichen Zahlungen von 500 Dollar würden weitergehen.

Pauline versuchte ihr Leid zu verbergen und behauptete, daß es wunderbar sein würde, endlich eine freie Frau zu sein. Sie hatte die Scheidung in Miami eingereicht, wo man sie nicht so gut kannte wie in Key West, und fuhr dann nach San Francisco. Mit Jinnys Hilfe fand sie eine komfortable Wohnung auf dem Telegraph Hill mit Blick auf die Bucht und die Insel Alcatraz. Da sie versprochen hatte, die Kinder nie von ihrem Vater fernzuhalten, machte sie Pläne für sie, damit sie Ende des Sommers per Bahn ins Sun Valley kommen konnten, um mit ihm und Martha zumindest die Entenjagd-Saison zu verbringen.

Am 10. September hatte Ernest zusammen mit einer sorgfältigen Liste der Schreibweise spanischer Wörter und der Widmung »Dieses Buch ist für Martha Gellhorn« die letzte Partie korrigierter Druckfahnen von »Wem die Stunde schlägt« an Perkins geschickt. Martha plante, um den 15. November herum abzureisen und tat, was sie konnte, um von *Collier's* einen Auftrag als Berichterstatterin über den Fernen Osten zu bekommen. Ernest sah diesen Plan nur äußerst verdrießlich entstehen. Für ihn hieß es, sie von »Krieg, Pestilenz, Gemetzel und Abenteuern« fernzuhalten. Da er den Verdacht hegte, daß diese Hoffnung vergeblich sein würde, nahm er Kontakt mit Ralph Ingersoll, dem Herausgeber der Zeitung *PM,* auf und informierte ihn, daß er bereit sei, über den Krieg in China zu berichten, falls Martha den Auftrag von *Collier's* bekomme. Er konnte sie nicht alleine auf eine so harte Reise gehen lassen. Es sei nicht seine Vorstellung von Flitterwochen, schrieb er Charlie Scribner. Sie hatten einen Monat lang darüber gestritten, und alle hatten Martha gedrängt, es sich zu überlegen, aber sie gab nicht nach. »Ich will diesen Auftrag mehr als irgendetwas auf der Welt«, sagte sie.

Inzwischen verfolgte Martha die angeregten Gespräche über die Möglichkeiten einer Verfilmung von »Wem die Stunde schlägt«. Gary Cooper, der bereits Leutnant Frederic Henry in der Verfilmung von »In einem anderen Land« gespielt hatte, wollte den Robert Jordan spielen. Ernest war sehr dafür.

Ernests Vertrauen in das Buch war gerechtfertigt. Der Aufbau ist gut, und das Thema von einem Volk, das verraten wurde, ist kraftvoll dargestellt; die Charaktere sind, mit Ausnahme der Maria, komplex und glaubhaft. Die meisten Kritiker priesen das Buch überschwenglich als wichtigen Beitrag zur amerikanischen Literatur. Edmund Wilson schrieb in *The New Republic:* »Hemingway der Künstler ist wieder bei uns; und es ist so, wie wenn ein alter Freund zurück ist.« Aber in einem folgenden Essay rechnete er ätzend mit der »amöbenartigen« Maria ab, die zu sehr den gefügigen Eingeborenenfrauen bei Kipling ähnelte, die nur lebten, um ihren Herren zu dienen. Der Affäre im Schlafsack zwischen Robert und Maria fehle völlig jenes »Geben und Nehmen«, das zwischen richtigen Liebenden stattfinde, schrieb Wilson, der weiterhin meinte, daß Hemingways Heldinnen dazu verurteilt seien, eines von zwei Extremen zu verkörpern, entweder die tödliche Frau (Brett Ashley, Margot Macomber) oder die heilige (Catherine Barkley, Maria), erstere dabei seine Furchtprojektionen, die letzteren Wunscherfüllungen.

Am 4. November 1940 kam über die *Associated Press* die Meldung, daß

»Ernest Hemingway, der Romancier, in Miami von seiner zweiten Frau, der gebürtigen Pauline Pfeiffer, wegen Verlassens geschieden wurde. Die unangefochtene Scheidung sprach Mrs. Hemingway die Vormundschaft über ihre beiden Kinder, Patrick und

338

Gregory, zu mit der Auflage, daß der Vater sie jederzeit sehen könne... Mrs. Hemingway war in New York, als das Scheidungsurteil von Kreisrichter Arthur Gomez unterzeichnet wurde, und Hemingway war auf einem Jagdausflug in der Nähe von Sun Valley, Idaho.«

Am nächsten Tag erreichte ein Reporter der *St. Louis Post-Dispatch* Martha telefonisch. Sie dementierte Gerüchte, daß sie und Ernest in nächster Zukunft heiraten würden. »Ich beende gerade ein Buch, an dem ich eine Zeitlang gearbeitet habe«, sagte sie dem Reporter. »Wenn es fertig ist, werde ich nach New York gehen, und weiter habe ich derzeit noch keine Pläne. Meine Mutter, die hier (in Sun Valley) bei mir zu Besuch ist, wird in wenigen Tagen nach St. Louis zurückkehren.«

In River Forest, Illinois, erhielt Grace Hemingway einen warmen, sorgfältig formulierten Brief von Pauline. Sie würde in Grace immer ihre zweite Mutter sehen. Sie wisse, wie sehr die Neuigkeiten, die ja auch für ihre eigenen Eltern ein Schock gewesen seien, sie bestürzt hätten. Sie sei froh, daß jetzt endlich alles vorbei sei. Sie verglich das Herz eines anderen mit einem dunklen Wald und schrieb, wie erstaunlich es doch sei, daß die Menschen irgendetwas in dieser Welt richtig machten, wenn man in Betracht zog, womit sie kämpfen mußten. Martha war eben – ein verblüffender Zufall – dabei, *The Heart of Another* (Das Herz eines anderen) als Titel für ihr neues Buch, eine Sammlung von Kurzgeschichten zu wählen. Auf der Titelseite stehen die folgenden Worte: »Das Herz eines anderen ist ein dunkler Wald.«

Den offiziellen Dementis zum Trotz machten die Heiratspläne Fortschritte. Anfang November kam Robert Capa an, der Martha und Ernest aus den Tagen des spanischen Bürgerkriegs kannte, um eine Fotoreportage über beide für *Life* zu machen. Ernest gab am Vorabend der Hochzeit eine Party in der Trail Creek Cabin, und am 21. November 1940 wurde das Paar in Cheyenne, Wyoming, von einem Friedensrichter getraut.

In New York mieteten sie eine Suite im Lombardy. Die meiste Zeit tolerierte Martha Ernests Anhang. Aber sie schätzte auch ihre Privatsphäre und mochte manchmal die Publicity nicht, die ein Nebenprodukt seines Ruhmes war. »Ich glaube nicht, daß die Privatperson öffentliches Eigentum sein muß«, erklärte sie Jahre später. »Das Werk schon, aber die Person nicht.« Ernest stimmte ihr zu, aber er besaß eine unwiderstehliche Anziehungskraft. Wo immer er auftauchte, sammelten sich Reporter, alte Männer, Kinder und Persönlichkeiten aus Literatur und Sport um ihn. War er in empfänglicher Stimmung, hieß er sie willkommen. Auf dieser Reise war ihm jedermann willkommen. Er hatte eine neue Frau an seiner Seite und einen Roman, der ein großer Erfolg war. Die Tür zu der Suite im Lombardy stand weit offen, während der Alkohol in Strömen floß und das Telefon unaufhörlich klingelte. Ernest schickte nach Bumby, damit er gemeinsam mit ihnen feiern und eine Reihe von Boxstunden in der Sportschule von George Brown nehmen sollte, wo auch Ernest gerne trainierte.

H. G. Wells, auf einer Vortragsreise in New York, kam auf einen Nachmittagsbesuch vorbei, als er erfuhr, daß Hemingway, den er nie gesehen hatte, in der Stadt sei. Wells genoß den Trubel und die bunte Galerie von Besuchern, aber Martha war von dem Gespräch enttäuscht, weil sie vergeblich darauf wartete, daß ein verbaler Schlagabtausch zwischen Hemingway und Wells ein paar Geistesblitze bringen werde. Ernest zog es vor, sich den Anschein zu geben, daß er nichts gelesen habe und nichts wisse und verbarg sein umfassendes Wissen hinter der Pose des ungebildeten Sportsmanns. Es schien Martha, daß er nicht gerne mit Leuten sprach, die lesen und schreiben konnten. Mag sein, daß sie ihn damit zu hart beurteilte. Viele seiner Generation waren der Ansicht, daß es von schlechter Form zeuge, wenn man literarische Fachsimpelei betrieb. Filme waren eine weitere Form von Unterhaltung, die Ernest mied und Martha genoß. Wenn sie nörgelte oder sie versöhnen wollte, besuchte er mit ihr einen Film oder ein Theaterstück. Aber die meiste Zeit war es das Boxen, waren es Stierkämpfe und Pferderennen – alles, wo man wetten konnte und was die Geschicklichkeit eines Mannes auf die Probe stellte. Bill Conn, der Halbschwergewichtler, war im Moment sein Favorit.

Zu Weihnachten waren sie zurück auf der Finca. Der heruntergekommene Besitz, den Martha entdeckt und im Frühjahr 1939 aufpoliert hatte, gehörte jetzt ihnen. Ernest hatte das Grundstück für 12500 Dollar gekauft. Martha schloß ihr Abkommen mit *Collier's* ab, nach China zu gehen, und legte dann in Eile letzte Hand an ihren Band von Kurzgeschichten, der bei Scribners herauskommen sollte. (Ernests frühere Ansicht, daß zwei Autoren aus derselben Familie nicht denselben Verleger haben sollten – spielte nun keine Rolle mehr.) Widerwillig traf Ernest Vorbereitungen, um mit ihr zu gehen. Geld war zur Zeit kein Problem für ihn, da von »Wem die Stunde schlägt« bereits 180000 Exemplare verkauft worden waren und David Selznick ihm 100000 Dollar für die Filmrechte bot. Fünf Reisen nach Spanien, vier Jahre Ringen mit Pauline, eine ungeheure Anstrengung für die Arbeit an dem Roman – all das hatte ihn in die Stimmung gebracht, das Leben, das die Finca bot, richtig zu genießen. Er wollte fischen und jagen und mit seinen Freunden trinken, Spaß mit seinen Söhnen haben, vielleicht sogar eine Tochter zeugen, da er diesen speziellen Traum nie aufgegeben hatte.

Aber nichts davon hatte Reiz ohne Marty. Und sie war entschlossen, in den Fernen Osten zu gehen. »Ich verspürte eine drängende Eile: schnell, schnell, ehe es zu spät ist... Ich war entschlossen, den Orient zu sehen, bevor ich starb oder die Welt unterging oder was immer als nächstes geschah«, schrieb sie 1978 in *Travels with Myself and Another* (Reisen mit mir und einem anderen). Ernest wußte alles über ihre Wißbegier, als er sie heiratete. Das war es, was sie zu einer erstklassigen Journalistin machte. Und da er ihr kein Geld anbot, war es notwendig für sie zu arbeiten. Obwohl Ernest noch keine Erfahrung mit einer Ehefrau hatte, die ein von dem seinen unabhängiges Leben führte, versuchte er sich anzupassen, zumindest zum gegenwärtigen Zeitpunkt.

Es war Mitte Januar 1941, als Martha und Ernest nach New

York reisten, um den ersten Teil ihrer Reise in den Fernen Osten anzutreten. Alles war so wie im Dezember, Jack war aus der Schule zu seinen Boxstunden am Wochenende da, in der Suite im Lombardy gab es ein offenes Haus und Trinkgelage mit alten Freunden. Eines Abends gab es ein Champagnerdinner, dann folgte der Tony-Zale-Kampf im Madison Square Garden und dann noch eine Feier bei Toots Shor's. Martha gab schließlich auf und ging zu Bett, aber Ernest und Jack waren die ganze Nacht unterwegs.

Martha lieferte ihren Band mit Kurzgeschichten, damit er im Herbst bei Scribners erscheinen konnte, bei Max Perkins ab und erhielt letzte Anweisungen von *Collier's*. Earl Wilson, der Kolumnist, bat sie, für ihn ein Interview mit Ernest zu arrangieren. Sie vereinbarte das Treffen und versprach, anwesend zu sein, aber als Wilson kam, war Ernest allein im Bett und litt unter den Typhusimpfungen. Das Interview ging gut vonstatten, Wilson war von Marty instruiert worden, welche Themen er aufs Tapet bringen und welche er vermeiden sollte. Schließlich erschien Martha, vollgepackt mit Zeitschriften, die sie am Fußende des Bettes deponierte. Sie lächelte und war herzlich, bis Ernest sie fragte, ob er dem Journalisten erzählen solle, wie er seinerzeit bankrott gegangen und sie nach Finnland gefahren sei, um Geld zu machen, damit er sein Buch schreiben konnte. Ihr Gesichtsausdruck verfinsterte sich, und sie sagte knapp, Wilson solle ihm nicht glauben, denn das sei einer seiner Scherze. Der war verblüfft, und Martha führte das Thema nicht weiter aus. Was sie störte, war die Tatsache, daß Ernest alles in bezug auf sich selbst interpretierte. Die einfache Tatsache, daß sie sich selbst unterhielt, daß Journalismus ihr Job war, befriedigte sein Ego nicht. Er zog es vor zu glauben, daß sie es für ihn tue.

In San Francisco aßen sie auf dem Weg zum Orient mit Ingrid Bergman, mit der Ernest die Möglichkeit diskutierte, die Maria in dem Selznickfilm zu spielen. Die Überfahrt nach Honolulu war stürmisch. Weder Martha noch Ernest schätzten den Inselbrauch, den Touristen Blumenkränze umzuhängen und sie ständig zu unterhalten. »Das ist ein Ort«, schrieb

Martha an ihre Mutter, »wo Gastfreundschaft ein Fluch ist und niemand allein sein kann.« Vergeblich hatte sie auf einen Hafen des Sonnenscheins und der Abgeschiedenheit gehofft. Ernest nahm bei einem literarischen Bankett, dessen Ehrengast er war, seine Ungebildetenpose ein und fing während eines Lunchs fast einen Faustkampf an. Er trank so viel, daß Martha versuchte einzugreifen, als eine der Serviererinnen wieder sein Glas füllte. Er winkte sie gebieterich beiseite. Das Mittagessen mit seiner Tante und eine Versammlung von Missionaren waren ein Fehlschlag, da kein Alkohol serviert wurde, aber Martha dankte der Tante höflich für ein Foto von Ernest aus dem Jahr 1904, wie er am Horton Creek angelte. Auf der Rückseite des Fotos stand »Für unsere wunderschöne neue Nichte, Martha Gellhorn Hemingway, Honolulu, 15. Februar 1941«.

22

1978 veröffentlichte Dodd & Mead Martha Gellhorns Buch *Travels with Myself and Another,* einen außerordentlich lustigen und scharfsichtigen Bericht über Reisen, die sie in verschiedene Teile der Welt unternommen hatte. Das erste Kapitel, *Mr. Ma's Tigers*, ist ihre Erinnerung an die Reise nach China mit Ernest, der durchwegs als U. B. (Unwilliger Begleiter) bezeichnet wird, da Martha nicht von seinem berühmten Namen profitieren wollte. Dieses Buch enthält möglicherweise das klügste und fesselndste Porträt von Hemingway, das je gezeichnet wurde, zumindest des Hemingway von 1941 – voller Humor und Weisheit, robust und ausdauernd. Für jene, die sich fragen, was Martha an ihm liebte, ist alles in diesem

Buch enthalten; es wird in der Ichform mit Zuneigung und Wertschätzung erzählt. Sie schrieb:

> »U. B. fand sofort Gefallen an Hongkong... Augenblicklich versammelte er eine gemischte wohlwollende Gefolgschaft um sich, angefangen von örtlichen Polizisten... bis zu fetten reichen chinesischen Geschäftsleuten... U. B. hat nie genug von wahren Geschichten... Es war ein richtiges System für ihn. Außer daß es seine Form von Unterhaltung war, erfuhr er viel über einen Ort und die Menschen durch die Augen und Erfahrungen jener, die dort lebten.«

Martha, die nur mäßig trank, hatte keinen Wunsch, das zu tun, was Ernest tat – den größten Teil des Tages und der Nacht zu trinken und zuzuhören. Wenn sie sich von den Marathongesprächen entfernte, um Material für ihre Artikel zu sammeln, »pflegte U. B. freundlich zu sagen, ›M. geht der Nation den Puls fühlen‹«.

Ihr Auftrag von *Collier's* war es, über die Verteidigung von Hongkong, Singapur und der holländischen Kolonien in Ostindien zu berichten, sich die Burma Road anzusehen und etwas über die Fortschritte im chinesisch-japanischen Krieg herauszufinden. Die britischen Militärbehörden in Hongkong waren entschlossen, die Kronkolonie zu verteidigen, aber es gab schreckliche Probleme beim Schutz des Gebietes, teils durch einen möglicherweise ernsthaften Mangel an Lebensmitteln und Wasser, teils durch häufiges Aufflammen von Cholera, und die überfüllten Straßen konnten bei einem Luft- oder Seebombardement zu Todesfallen werden.

Vier Tage nach ihrer Ankuft reiste Martha Richtung Burma Road ab. Sie ließ Ernest zurück und bestieg eine DC-2, die gemeinsames Eigentum der chinesischen Regierung und der Pan American war und von einer amerikanischen Besatzung geflogen wurde. Die Maschine startete im Dunkel einer eiskalten Februarnacht vor dem Morgengrauen nach Lashio an der Grenze von Burma. Die erste Zwischenlandung war in einer Entfernung von 770 Meilen in Tschungking, der Hauptstadt von China. Das Flugfeld, nur 1900 Fuß lang und 100 Fuß breit, befand sich auf einer Insel in der Mitte des Yangtse-Flusses. Bei Einbruch der Dunkelheit erreichten sie Kunming, wo sie nur auftankten und weitere Passagiere an Bord nahmen. Vierzehnhundert Meilen einer engen Schlammstraße, die sich über die höchsten und zerklüftetsten Berge wand, verbanden Tschungking und Lashio. Das war die Burma Road. Fahrzeuge, die durch ihre gefährlichen Kurven manövrierten, brauchten zwei Wochen für die Reise. Die Piloten der China National Aviation flogen die Strecke regelmäßig in weniger als vier Stunden. Es war die Lebensader von China.

Es war zehn Uhr abends, als Martha im Hotel eintraf, wo es heißes Wasser zum Baden und eine Matratze auf einem Brett gab. Martha schlief fest. Am Morgen sah sie, was es in Lashio zu sehen gab – einen lebendigen Bauernmarkt, einheimische Frauen, die sich bescheiden an öffentlichen Wasserhähnen wuschen, ein indisches Juweliergeschäft, das von einem Hindukaufmann geführt wurde, der stolz zu sein schien auf die Kriminalitätsrate der Stadt – ebenso hoch wie in Chikago, erklärte er. Einige Stunden später flog sie zurück nach Kunming, wo der Pilot nach Einbruch der Dunkelheit und nach dem letzten japanischen Bombenangriff bei Tageslicht landete. Die Gasleitungen waren dort getroffen worden, und die Abwasserkanäle und elenden Häuser gaben alles, was sich an Schmutz und Abfall darin angesammelt hatte, preis. Ein grunzender Kuli schleppte Martha und den Piloten in einer Rikscha ins Hotel de l'Europe. In der Dunkelheit trotteten Tausende von Obdachlosen, die in die Hügel geflohen waren, nach dem Bombenangriff in die Stadt zurück.

Um sechs Uhr dreißig am nächsten Morgen ging sie zum letzten Mal an Bord des Flugzeugs und flog durch Wolken, die wie eine »vulkanische weiße Suppe« aussahen. In Tschungking kamen einige wichtige Persönlichkeiten an Bord, um die letzte Strecke nach Hongkong mitzufliegen. In drei Tagen hatte Martha zweimal die Strecke Chikago – San Francisco zurückgelegt, unter Bedingungen, die diese Reise zu dem gefährlichsten Zivilflug auf der ganzen Welt machten. »Voll von Adrenalin und Elan, wäre ich mit Vergnügen gleich zum nächsten Flug gestartet«, schrieb sie in *Travels*.

Während der nächsten drei Wochen sammelte sie weitere Informationen und schrieb ihre Artikel für *Collier's* , während Ernest herumbummelte und auf ihre Erlaubnis wartete, die Kantonfront zu besuchen. U. B. erwarb »eine ständig wachsende Bande von Kumpels«, genoß riesige chinesische Feste und war von den örtlichen Bräuchen »z. B. der Ohrreinigung«, fasziniert, schrieb Martha in *Travels*. »Die chinesische Leidenschaft für Feuerwerkskörper entzückte ihn ebenfalls. U. B. kaufte sie täglich und war sehr enttäuscht, als ich darauf bestand, daß er aufhöre, sie in unseren Zimmern anzuzünden... Von Anfang an kam er mit dem bezaubernden Fernen Osten viel besser zurecht als ich, flexibel und unerschrocken.«

In ihrem Artikel für *Collier's* vom 7. Juni 1941 beschrieb Martha die scheußliche Situation der armen Leute, die zu zehnt in überfüllten, dunklen, luftlosen, schmutzigen Zellen schliefen. Aber selbst diese armen Menschen waren noch besser dran als die dreißigtausend Obdachlosen, die in den Straßen lebten, kochten, bettelten, schliefen oder einfach an baufälligen Mauern lehnten.

Martha schrie U. B. an: »Wir leben alle von Sklavenarbeit! Die Menschen sind halb verhungert! Ich will da raus, ich halte diesen Ort nicht aus!'«

U. B. sah sie »nachdenklich« an. »»Das Problem mit dir, M., ist, daß du glaubst, jeder ist genau wie du. Was du nicht aushalten kannst, können sie auch nicht aushalten... Wieso weißt du, was für Gefühle sie über ihr Leben haben? Wenn es so schlimm wäre, wie du denkst, dann würden sie sich umbringen, anstatt immer mehr Kinder zu bekommen und Feuerwerkskörper abzuschießen'«. Martha beschreibt sich selbst in *Travels* folgendermaßen. »Aus der Agonie über den Zustand meiner chinesischen Mitmenschen verfiel ich fast übergangslos in einen Zustand hysterischen Ekels. ›WARUM müssen sie alle so viel spucken?‹ schrie ich.« Martha kannte die Antwort – das Spucken konnte auf die örtliche Tuberkulose zurückgehen –, und sie wußte, daß sie »gemein« war, aber um weitere Szenen zu vermeiden übersiedelte Ernest sie aus dem alten Hotel im Geschäftsviertel in ein englisches Hotel an der Repulse Bay, wo es kein Spucken und keine unangenehmen Gerüche gab. Er zog sie mit ihrer Zufriedenheit in der britischen Enklave auf, aber er genoß es auch, ruhig lesen und in den Hügeln spazierengehen zu können.

Am 24. März schien für die Hemingways alles in Ordnung zu sein, um die Kantonfront (den nächsten Abschnitt, den Tschiang Kai-scheks Kuomintang-Armee hielt) zu besuchen. Sie flogen nach Namyung, 200 Meilen nördlich von Hongkong, wo sie von zwei chinesischen Eskorten begrüßt wurden, die sie in einem alten Chevrolet über verrottete Schlammstraßen nach Schaoschan begleiteten. Die Unterbringung im örtlichen Hotel bestand aus zwei Pritschen zum Schlafen, einem Spucknapf und einer Waschschüssel sowie einem Plumpsklosett auf dem Gang.

Martha schrieb in *Travels:*

»Ich wunderte mich laut über die Waschgewohnheiten: Wie sollten zwei Menschen mit einer Schüssel Wasser auskommen? U. B. sagte mir ernsthaft, ich solle mich überhaupt nicht waschen, und wenn ich davon träume, mir die Zähne zu putzen, so sei ich gänzlich verrückt. Ich solle besser meinen Sauberkeitsfimmel kontrollieren. ›Sei fröhlich‹, sagte U. B... ›Wer wollte nach China kommen?‹«

Die Last der Höflichkeit und der Reden fiel Ernest zu, der diese Prüfung mit Hilfe des gelben Reisweins hinter sich brachte, der für Martha wie Petroleum schmeckte. Als Frau erwartete man von ihr, daß sie immer bloß lächelte. »Wenn ich jetzt nach so vielen Jahren darüber nachdenke«, schrieb sie in ihren Reiseerinnerungen, »so habe ich U. B.'s Geduld und Höflichkeit, die beide nicht zu seinen hervorstechendsten Eigenschaften zählen, ganz schön in Anspruch genommen...«

Um die gebirgige Front, hundert Meilen von Schaoschan entfernt, zu erreichen, war es notwendig, auf elenden Straßen voranzukommen, den rasch dahinfließenden schlammfarbenen Nordfluß hinunterzufahren, schlüpfrige Schlammbänke zu überqueren und endlose Stunden auf tückischen mongolischen Ponys zu reiten. Immer wehte der Wind, es fiel der feine kalte Regen, und die Feuchtigkeit durchdrang die Schichten der dicken Kleidung. Die Reise auf dem Fluß fand in einem verfallenen Motorboot statt, das alle zwei Stunden ausgepumpt werden mußte, damit es nicht sank.

Vierundzwanzig Stunden nachdem sie Schaoschan verlassen hatten, war die Fahrt flußabwärts vorbei. Jetzt wechselten sie zu den Ponys über. »Ein Zug von Soldaten in durchnäßten Baumwolluniformen und acht stämmige Kulis mit acht Miniaturpferden standen stramm, um uns zu empfangen«, schrieb Martha. »Menschen und Tiere zitterten vor Kälte.« Es war nicht einfach, auf den Ponys zu reiten. Marthas Pferd schlug wütend aus. Die Kulis schlugen die Ponys und schrien sie an, und die Pferde versuchten, die Kulis zu beißen. Der Fußpfad war eine Mischung aus Schmutz und Leim. Es regnete in Strömen, und die ganze Prozession »zog in durchnäßtem Schweigen dahin«.

Eine Woche lang zogen sie auf engen Saumpfaden von Dorf zu Dorf, von Außenposten zu Regimentshauptquartieren. Dies war die Siebente Kriegszone, und es blieb Ernest überlassen, die täglichen Ansprachen vor den Truppen zu halten. Gemeinsam nahmen Martha und Ernest Paraden ab, studierten Landkarten und beobachteten politische Veranstaltungen. Die Unterbringung war immer die gleiche – Pritschen und Wanzen. Eines Nachts, als die Moskitos und Fliegen herumschwärmten und es keinen Whisky gab, weil er dem General so gut geschmeckt hatte, sagte Martha »ins Dunkel hinein: ›Ich möchte sterben.‹ ›Zu spät‹, antwortete U. B. von der anderen Seite des Zimmers. ›Wer wollte nach China kommen?‹«

Auf der Reise zurück nach Schaoschan fühlte sich Martha stumpf und teilnahmslos der Landschaft gegenüber. »Nachdem man drei Reisfelder gesehen hat, braucht man nicht mehr hinzuschauen.« Bei Nacht schlief sie gemeinsam mit den chinesischen Familien in einem Sampan-Boot. Während des Tages, U. B. las, erholte sie sich und stellte sich vor, daß es jetzt besser

348

werden würde. »Ich schrie über dem Lärm des Bootsmotors: ›Das Schlimmste ist vorbei!‹ U. B. warf mir einen Blick zu und las weiter.«

Dreiundvierzig Stunden später kletterten sie aus dem Boot. Einige Stunden danach saßen sie in einem heißen, stickigen Zugabteil erster Klasse, das von Obstschalen und Zigarettenstummeln übersät war. Fünfundzwanzig Stunden und vierhundert Meilen später sollten sie zu einem Flug nach Tschungking abgeholt werden. Natürlich funktionierte es nicht wie geplant. Das Flugzeug kam nicht, und die beiden Reisenden wurden in Kwen-luns Palace Hotel bei Wanzen, schmutzigem Wasser und überlaufenden Toiletten untergebracht. »Ich habe keine Vorstellung davon, wie wir diese Tage durchgestanden haben«, schrieb Martha, »uns an die Reste unserer geistigen Gesundheit klammernd.«

Schließlich kam das Flugzeug, eine Maschine außerhalb des Flugplans, die Waren beförderte, und Martha und Ernest blieben für einige Wochen in Tschungking. Zu dieser Zeit begann Martha an einer hartnäckigen Pilzerkrankung der Hände – Chinafäule war ihr widerlicher Name – zu leiden und mußte große weiße Handschuhe über einer starkriechenden Salbe tragen. Die Hemingways wurden von Generalissimus und Madame Tschiang Kai-schek, den Herrschern von China, allein zum Essen eingeladen und nach einem heimlichen Treffen auf einem Marktplatz zum Geheimquartier von Tschou En-lai, dem Kommunistenführer, gebracht. »Wir hielten Tschou für einen Gewinner, den einzigen wirklich guten Mann, den wir in China getroffen hatten...« schrieb Martha. Sie und Ernest trennten sich in Rangun, Hemingway kehrte mit dem Clipper in die Vereinigten Staaten zurück, und Martha erfüllte ihren Auftrag von *Collier's* und besuchte die Militär- und Marinestützpunkte der Niederlande in Ostindien und Singapur. Sie pries Ernest für seine Großzügigkeit, mit ihr nach China gekommen zu sein. Es wäre, schrieb sie, wenn er mehr Zeit gehabt hätte und sie nicht dagewesen wäre, sogar möglich gewesen, daß er sich zu einem glücklichen alten Chinamann entwickelt hätte. Er geriet nicht in Verzweiflung über die Krankheiten und den Schmutz. »Er sah die Chinesen als Menschen, während ich sie als eine unterdrückte, heldenmütige, zum Untergang verurteilte Menschenmasse sah.«

In der Marinebasis in Surabaya auf Java beobachtete Martha, wie U-Boote auf der Werft repariert wurden. »Die Holländer bereiten sich nicht nur darauf vor, ihre Inseln zu verteidigen«, schrieb sie später für *Collier's,* »sondern sie sind, falls sie die Japaner nicht abwehren können, dazu bereit, alles zu vernichten, was diese wollen. Jetzt wollen die Japaner hauptsächlich Öl, ... und die Holländer in Ostindien haben viel Öl.« Es herrschte viel Uneinigkeit bezüglich der Ziele der Japaner. Manche bezweifelten, daß sie einen Krieg anfangen würden; es war nicht logisch, wenn sie das Öl doch kaufen und dafür ihre eigenen Waren absetzten konnten. Andere sagten, es sei keine Frage der Vernunft. Die japanische Militärclique verlange eine »Neue Ordnung« in Asien. Aber alle waren sich in einem Punkt einig: Die Flotte der Vereinigten Staaten war der wichtigste Faktor im Pazifik.

Marthas letzte Station vor ihrer Rückkehr in die Vereinigten Staaten war Singapur, ein verblüffender Gegensatz zur Tüchtigkeit der Holländer auf Java. Die Bürokratie war entsetzlich, die Zensur bedrückend, aber »wenn man sich entspannt und beschließt, daß man Teil eines Filmes ist – eines besonderen Filmes, vielleicht«, berichtete sie, »dann kann man hier eine wunderbare Zeit verbringen.« Es gab jeden Luxus, von frischem Kaviar bis zu Champagner. Sie ging mit galanten jungen britischen Offizieren zu Cocktailparties in der Offiziersmesse, zum Tanz in den Country Club und zu Mondscheinfahrten im Hafen. Es gab relativ wenig weiße Frauen in Singapur, wie sie bald festgestellte, und es mangelte ihr nicht an Verehrern.

Ernest, noch für ein paar Wochen in Hongkong, absolvierte seine eigene Runde von Cocktailpartys, aber seine Briefe aus dieser Zeit klingen nicht so, als ob er es genossen hätte. Um jedoch seine abwesende Frau zu provozieren, erzählte er mit offensichtlichem Frohlocken einen Vorfall von zweifelhafter Glaubwürdigkeit mit drei jungen chinesischen Schönheiten, die ihm ein Kriegsherr aus Kanton zum Geschenk gemacht habe. Eines Nachts in sein Zimmer zurückkehrend, habe er sie dort kichernd und sich verneigend vorgefunden. Da er sich über das Protokoll im unklaren war, schlug er vor, daß sie alle zusammen duschten. Danach, noch immer unsicher, löschte er das Licht und lernte, so gut er es vermochte, was man mit drei jungen Frauen machen konnte.

Ernest sollte Martha erst im Juni 1941 in New York wiedersehen. Seine Briefe folgten ihr nach Manila und Guam und auf ihrem Flug über den Pazifik. Er schrieb wiederholt, wie sehr er sie vermisse. Max Perkins berichtete er (vielleicht, weil er sich das wünschte), daß sie vom Herumreisen genug habe und bereit sei, mit ihm zu Hause zu bleiben. Ob Martha es nun ernst damit meinte oder nicht, ihre Arbeit aufzugeben und mit ihrem Mann zu Hause zu bleiben, auf jeden Fall erzählte sie Tillie Arnold, daß sie vor Erleichterung und Dankbarkeit geweint habe, als sie schließlich die Golden Gate Bridge sah, und daß sie es ohne Ernest nie geschafft hätte. Nachdem sie Ernest in New York getroffen hatte, fuhr sie mit ihm nach Washington D. C. zu einem Informationsgespräch mit Oberst John W. Thomason vom Marinegeheimdienst. Oberst Thomason schrieb später Max Perkins, daß ihm Ernest und Martha gefielen und daß Martha durchaus eine eigenständige Person sei. Er hörte sich respektvoll ihre Kritik des unzureichenden britischen Verteidigungssystems von Singapur an.

In Key West verbrachte Ernest einige Zeit mit Gigi und Patrick, bevor die beiden Jungen abreisten, um in San Francisco ihre Mutter zu treffen. Pauline telegrafierte ihm auf die Finca, daß die Jungen gut angekommen seien, und er antwortete, daß er für das Telegramm danke, schalt sie aber, weil sie mit »herzlichen Grüßen« unterschrieb. Ungeachtet aller Auseinandersetzungen vermisse er sie noch immer und würde seine Briefe liebevoll unterzeichnen, »wenn Du weißt, was ich meine«. Er hatte ihr ein paar Schmuckstücke aus Jade und eine Holzschnitzerei aus China geschickt und wünschte ihr alles Gute zum Geburtstag.

Derartige Gesten taten Paulines Feindseligkeit keinen Abbruch. Sie hatte sich um Trost und Gesellschaft an Jinny gewandt, die ihre Zeit zwischen San Francisco und Los Angeles aufteilte. Jinny übte auf jeden Fall einen subtilen Einfluß auf Pauline aus, und Pauline fragte sich jetzt, ob man einem Mann je vertrauen könne. Einmal während des Sommers beschuldigte sie Ernest, nicht genug Zeit mit seinen Söhnen zu verbringen und lehnte es ab, von ihrem beharrlichen Bestehen auf dem monatlichen Scheck abzugehen.

Marthas Temperament eignete sich für den spanischen Lebensstil von mitternächtlichen Abendessen und spätem Aufstehen – diese zeitlose Existenz, die keine Grenzen anerkennt. Und sie genoß Ernests zahlreiche Katzen. »Was ich nicht mochte, das war der Haushalt«, sagte Martha zu der Autorin. »Das Personal war hoffnungslos, und ich konnte nicht einmal ein Ei kochen. Ich konnte niemandem das Kochen beibringen, denn ich konnte nichts zubereiten, was genießbar war... Verrückt machte es mich, wenn ich mit Chauffeuren, Dienstboten und Verrückten zurechtkommen sollte, und ich hörte nie auf, mich darüber zu beklagen.«

Im September waren Martha und Ernest wieder im Sun Valley Lodge als Gäste der Union Pacific. Die spielten in Ketchum, und es gab ständig Partys mit Berühmtheiten aus Hollywood, die hier Urlaub machten – den Coopers, Howard und Slim Hawks, Barbara Stanwyck und Robert Taylor. Die Fröhlichkeit war jedoch von den bedrohlichen Ereignissen in Europa überschattet. Die Deutschen drangen ins Herz Rußlands vor, und Ernest wettete mit allen, daß die Vereinigten Staaten mit Beginn des Neuen Jahres im Krieg sein würden.

Im Oktober erschien Marthas Kurzgeschichten-Band *The Heart of Another*. Ernest drängte sie, unter ihrem neuen Namen Martha Hemingway zu schreiben und war verärgert, als sie das ablehnte. Die Kritiker behandelten das Buch als ernsthafte Literatur, aber Marthas Weigerung, als eine Hemingway klassifiziert zu werden, ersparte es ihr nicht, als solche zu gelten. Robert Littell in der *Yale Review* sagte, daß sie Herz und Substanz habe und wünschte ihr, daß sie »ihren ausgeprägten, aber nicht unheilbaren Hemingwayakzent verliere«. Solche Vergleiche scheinen übertrieben. Marthas letzte Geschichten waren stilistisch nicht so verschieden von denen, die sie 1935 geschrieben hatte, als sie Ernest noch nicht kannte.

Am 7. Dezember 1941 schlürften die Hemingways Daiquiries in einer Bar in der Nähe von Tucson, Arizona, als die Nachricht von dem japanischen Angriff auf Pearl Harbor durchkam. »Ein zerlumptes Indianerkind kam mit ein paar zerknüllten Zeitungen herein und sagte schüchtern, ›Con la guerra, la guerra‹«, schrieb Martha 1959 in *The Face of War* (Das Gesicht des Krieges). Obwohl sie beide Veteranen in bezug auf internationale Krisen waren, entsetzte sie das Ausmaß der amerikanischen Verluste. Ernest tobte, daß Frank Knox als Marineminister zurückzutreten habe und die Verantwortlichen in Oahu erschossen werden sollten. Martha war, bis sie schließlich Ende 1943 nach London kam, ständig ». . . gelähmt von widerstreitenden Gefühlen: private Verpflichtungen, öffentlicher Widerwille und eine Sehnsucht, beide zu vergessen und sich jenen anzuschließen, die den Krieg erlitten. Es ist zu schwer«, schrieb sie, »draußen zu sitzen und dem zuzusehen, was man weder ändern noch bessern kann; es ist viel einfacher, seine Augen und seinen Verstand zu verschließen und in das allgemeine Unglück hineinzuspringen, wo man fast keine Wahl mehr hat, dafür aber die herrlichste Gesellschaft.«

»Diesen Winter müssen wir beide wieder anfangen zu arbeiten«, hatte Martha aus Sun Valley an Clara geschrieben. »Wir sind unheimlich viel herumgefahren, aber die wirkliche schwere Arbeit beginnt, wenn man ganz allein stillsitzt.« Sie fing einen neuen Roman an, als sie nach Havanna zurückkehrten, aber Ernest, der über ein Jahr lang nicht ernsthaft gearbeitet hatte, ließ durch nichts erkennen, daß er zu schreiben beginnen wolle. Er hatte jedoch Max Perkins gesagt, daß er in der Nähe seines Heims etwas für die Kriegsanstrengungen tun wolle. Er hatte zugestimmt, einen Band von Kriegsgeschichten für Crown Publications herauszugeben und ein Vorwort dazu zu schreiben. Obgleich er keine Propaganda schreiben wollte, dachte er daran, daß ein Anschauungsbuch über den Krieg öffentliche Unterstützung hervorrufen könnte. Dann entwikkelte er eine Idee, die viel mehr zu seiner Persönlichkeit paßte. Er würde ein privates Nachrichtennetz organisieren, um Informationen über Aktivitäten der Fünften Kolonne in und um Havanna zu sammeln. Ernest heuerte als Agenten einige Pelotaspieler an, ein paar antifaschistische spanische Adelige, Kellner und Fischer und einige Hafenratten. Das kleine Gästehaus auf der Finca, zu dem Martha kürzlich die alte Garage umgestaltet hatte, wurde das geheime Hauptquartier. Die Informationen liefen bei Ernest zusammmen, der sie übersetzte, bearbeitete und persönlich unter dem Codenamen *Crime Shop* an Robert Joyce von der Botschaft weitergab. Aber Ernest selbst bezeichnete das Netzwerk scherzhaft als »Betrugsfabrik«.

Im Mai fuhr Martha nach Florida, um einen Urlaub mit ihrer Mutter zu verbringen. Die dauerhafteste Liebe in Marthas Leben galt Edna Gellhorn, und sie stand ihr näher als irgendjemand anderer. Sie bewunderte sie und, was das Wichtigste war, vertraute ihr und konnte sich auf sie verlassen.

Martha schrieb Ernest täglich. Verging eine Woche ohne eine Nachricht von ihm, wurde sie ängstlich und geriet in Panik. War er krank? War er in einer entsetzlichen Stimmung? Oder, was am schlimmsten war, trieb er mit der *Pilar* mit Motorschaden auf dem Meer und gab es niemanden, der sich darum kümmerte, daß er noch nicht zurück war? »Wenn Du sauer auf mich bist«, schrieb sie am 27. Mai, »so werde ich dafür Verständnis haben. Aber sag es mir, damit ich nicht hier sitze und mir entsetzliche Dinge ausmale. Ich fühle mich so abgeschnitten.« Schließlich schickte sie ihm Telegramme, in denen sie ihn dringend um irgendeine Nachricht bat. Am 30. bekam sie ein Telegramm und einen schönen Brief. Sie schrieb sofort und fragte, ob er sie brauche. Wenn ja, so solle er ihr telegrafieren, und sie werde sofort zurückkommen. »Ich zähle jeden Tag, bis ich komme«, schrieb sie. »Ich glaube, ich liebe dich sehr oder etwas ähnliches.«

Als sie die Post las, die Ernest seinem Brief beigelegt hatte und die von spanischen Freunden kam, wurde Martha wieder einmal bewußt, daß Spanien das Beste von allem gewesen war. Sie war jung und stolz, es war eine gerechte Sache, und

Ernest war ihr Held gewesen. »Es wird nie wieder etwas Ähnliches geben«, schrieb sie. Am 1. Juni, als sie gerade zum Flughafen von Miami abreisen wollte, bekam sie ein weiteres Telegramm, in dem stand, daß er ihr elf Briefe geschrieben habe. Sie hatte drei erhalten. So hinterließ sie ihre Nachsendeadresse und hoffte, daß die Briefe vielleicht zur Finca zurückgeschickt würden und sie sie beim Frühstück lesen könnte.

Während Marthas Abwesenheit hatte Ernest Botschafter Braden gebeten, eine andere seiner Ideen zu unterstützen, die Nazis zu bekämpfen. Die *Pilar* sollte als U-Boot-Falle ausgerüstet und Ernest ihr Kommandant werden. Braden, ein phantasievoller Mann, war interessiert. Martha war durch ihre Freundschaft mit den Roosevelts imstande, die Erlaubnis für ein Marineradargerät und die Bewaffnung zu bekommen. »Der Präsident liebte Verwegenheit und Spaß«, erinnerte sie sich. »Er hätte es selbst getan, wenn er gekonnt hätte.« Die Ausrüstung wurde zusammengestellt, und Ernest rekrutierte eine Mannschaft. Martha war der Ansicht, daß das ganze Unternehmen sehr phantasievoll klang und neckte Ernest der verrückten Dinge halber, die passieren könnten; aber Ernest sagte ihr, sie sei ein schwacher Stratege und stach in See, um in den nördlichen Küstengewässern zu kreuzen. Er hatte sie ekstatisch begrüßt, als sie von Miami zurückgekommen war. Aber nach der liebenden Wiedervereinigung verfolgte er seine eigenen Ziele und Vergnügungen. Seine verschwörerischen Aktivitäten mit seinem Nachrichtendienst im Verlauf dieses Sommers zerstörten selbst ihre Minimalanforderungen an ein geregeltes Leben, da seine diversen Informanten zu jeder Tages- und Nachtzeit auftauchten und verschwanden.

Sechs Wochen nach ihrer Rückkehr traf Martha schon wieder Vorbereitungen zur Abreise, diesmal für einen zweimonatigen Streifzug durch die Karibik, um für *Collier's* die Auswirkungen des U-Bootkrieges auf das Leben der Inseln zu erforschen. »Während des furchbaren Jahres 1942 lebte ich in der Sonne, sicher und bequem, und haßte es«, schrieb sie in *Travels*. Wie so viele andere konnte sie wegen der Zensur nicht das Ausmaß der Verluste der Alliierten an Schiffen in allen

Gegenden, einschließlich der Karibik erfassen, wo in einem Jahr 251 Schiffe versenkt wurden und während der zwei Monate von Marthas Auftrag 71 verloren gingen. Obwohl sie die Absicht hatte, »aus dem spärlichen Material, das da war« das Beste zu machen, nahm sie irrtümlich an, daß die Gewässer, in denen sie unterwegs sein würde, nur ein »Nebenschauplatz« seien.

23

Am 20. Juli 1942, einen Tag vor Ernests dreiundvierzigstem Geburtstag, schickte ihm Martha Grüße aus Port-au-Prince, Haiti. Sie fühlte sich erfrischt und zufrieden. Die Insel war ein sehr angenehmer Ort, selbst in der drückenden Hitze. Sie genoß es, ohne viel Gepäck zu reisen, ohne Pläne, so daß jeder Tag eine neue Überraschung war. »Es bringt wahrscheinlich nicht die Tiefe der Weisheit«, schrieb sie am 23., »aber es hält den Verstand leicht und biegsam und voll von Späßen.« In Ciudad Trujillo nahmen die Zöllner Anstoß an ihrer Schreibmaschine, fragten sie aber, nachdem sie ihren Paß eingehend studiert hatten, ob sie mit dem »grande escritor« verwandt sei. Als sie das bejahte, machten sie keine Schwierigkeiten mehr wegen der Schreibmaschine. »Es ist mir peinlich, von deinem Ruhm zu profitieren, sehr peinlich«, sagte sie Ernest. In Haiti hatte sie damit angefangen, sich als Miss Gellhorn auszugeben, aber es war zu kompliziert, denn wenn das ihr Name war, wieso lautete ihr Paß dann auf Hemingway? Egal, wie sehr sie es zu erklären versuchte oder was sie tat, es war vergeblich, denn sein Name folgte ihr überallhin, Ernest fand ihr Verhalten einfach närrisch, aber sie meinte es ernst damit. Schließlich bat sie ein emigrierter Österreicher, der in einem Restaurant auf Haiti als Kellner arbeitete, sein Exemplar von *A Stricken Field* zu signieren, und sie genoß es, wieder in ihrer eigenen Identität anerkannt zu werden.

Zur Zeit als sie San Juan erreichte, sorgte sie sich schon, weil sie nichts von Ernest hörte und begann wieder, Telegramme zu schicken. Am 1. August telegrafierte sie sogar einem kubanischen Freund und bat ihn herauszufinden, ob Ernest krank oder nicht imstande sei zu schreiben. Sie war sehr erleichtert, als vier Briefe und zwei Telegramme eintrafen. Sie hatte sich vorgestellt, er wolle sie ohne ein Wort loswerden. Solche wechselnden Stimmungen waren typisch für Marthas Gefühle für Ernest. Wenn sie fort war, sehnte sie sich nach ihm. Wenn sie daheim war, fand sie es schwierig, mit seinen aufreizenden Gewohnheiten fertigzuwerden. Zur gleichen Zeit, wo sie ihn ausschalt, weil er nicht badete oder weil er zuviel trank oder irgendeine dumme Lüge über seine Heldentaten erzählte, machte sie gewöhnlich eine eindrucksvolle Anstrengung mit seinen Söhnen, seinen Katzen, seinen Partys und seinen Gästen. Wenn sich nichts änderte, kam die Enttäuschung in ihr hoch, und sie kannte nur den einen Ausweg, für eine Weile wegzufahren. »Alles ist hier in Ordnung, jetzt, wo ich weiß, daß Du mich nicht loswerden willst«, schrieb sie am 2. August als Antwort auf all die schönen Briefe.

Ihr Tempo in San Juan wurde hektisch, da sie zwölf Stunden am Tag arbeitete, um Rundfahrten im Hafen zu machen sowie Slumviertel und Marineeinrichtungen zu besuchen. »Ich scheine von diesem ständigen Schauen besessen zu sein... Nicht für *Collier's«,* schrieb sie, »sondern aus irgendeiner furchtbaren Neugier heraus, aus einem Wunsch zu wissen, wie alles ist, während ich die ganze Zeit weiß, daß ich es nicht erfahren werde... Ich bin so müde und voll von neuem und zwecklosem Wissen.« An jenem Sonntag hatte sie die Möglichkeit, sich auszuruhen und ihre Papiere und Kleidungsstücke zu ordnen. Ihr war die Lektüre ausgegangen. Jahrelang, schrieb sie Ernest, hatte sie Proust herumgeschleppt. Schließlich könne sie nun eingestehen, daß er sie langweilte und ihn aufgeben.

Eine Woche später traf sie in St. Thomas auf den Virgin Islands ein. Es war ein Genuß nach dem Elend von Puerto Rico, die wunderbaren Häuser in zarten Farben, die gewundenen Steinstraßen, die herrlichen Ausblicke aufs Meer zu sehen. Sie schrieb einen langen Artikel, schickte ihn am 12. August ab und mietete ein heruntergekommenes Kartoffelboot, das Einheimischen gehörte, um damit durch die Windward Islands zu fahren. Ihr Bericht, der in *Travels* veröffentlicht wurde, ist ein weiteres Zeugnis für ihre Fähigkeit, entsetzliche Reisebedingungen zu ertragen, und für ihr unersättliches Interesse an vulgären Charakteren. Im Zusammenhang ihrer Ehe mit Hemingway und der Verantwortung für ihn und seinen Haushalt scheinen einige ihrer Bemerkungen eine zusätzliche Dimension zu gewinnen. »Ich habe mich nicht so unbeschwert gefühlt«, schrieb sie nach einer einsamen Schwimmtour an einem Strand auf St. Martin, »seit meinen Reisen, die ich als Mädchen mit einem Rucksack gemacht habe, um Europa zu entdecken.«

Ernests Reaktion auf all das war offener Sarkasmus. »Marty, meine Marty«, schrieb er Evan Shipman, »ist in der Karibik unterwegs mit einer Schaluppe von dreißig Fuß und einer Besatzung von drei schwarzen Genossen, um ein paar Artikel für *Collier's* zu schreiben. Zuletzt habe ich gestern von ihr ein Telegramm aus St. Kitts bekommen. Wenn sie mit ihren Begleitern untergeht, wird *Collier's* wahrscheinlich das Doppelte für den Artikel zahlen. Oder vielleicht lassen sie mich einen Nachruf auf sie schreiben.«

In Antigua fand Martha ihre Idee für ihren letzten Artikel für *Collier's*. Sie würde nach Surinam gehen, einer abgelegenen holländischen Kolonie an der Nordküste Südamerikas, die für die amerikanischen Kriegsanstrengungen wegen ihrer reichen Bauxitlager von vitaler Bedeutung war. Die holländischen Sicherheitskräfte bewachten die Minen, und die amerikanische Armee und Luftwaffe betrieben den Militärflugplatz. Eine Stunde Fahrt vom Flugplatz befand sich die Hauptstadt, Paramaribo, deren Gebiet direkt aus dem Dschungel herausgehauen worden war und wo ein geschäftiges Treiben mit

Läden, Restaurants und Bars herrschte. Es gab ein Hotel, klein, schäbig und voller Moskitos, aber auch gastfreundlich zu Reisenden und amerikanischen Soldaten, die sich um Marty scharten, um ihr ein Bier zu kaufen und ihr Fotos mit Eselsohren von zu Hause zu zeigen. Ihre Anwesenheit in dem verlassenen Außenposten war ein bemerkenswertes Ereignis, und ihr Akzeptieren der harten Lebensbedingungen wurde sehr bewundert.

Von Südamerika aus flog Martha für zwei Wochen nach New York. »Habe auf dem Flug nicht schlafen können und sehe daher abgezehrt und schrecklich aus«, berichtete sie Ernest am 10. Oktober aus ihrem Zimmer im Lombardy. »Fühle mich wie eine sterbende Kuh, bin aber *sehr glücklich*. Die Stadt ist wunderbar und interessant und das Wetter großartig.« Sie ließ ihren Gesundheitszustand überprüfen, sich bei Elizabeth Arden die Haare schneiden und machte ein paar Besorgungen für Ernest. Eleanor Rooselvelt lud sie zum Essen in ihr Stadthaus in Manhattan ein, und sie aß auch mit Charlie Scribner und ihrem Redakteur bei *Collier's,* Charles Colebaugh. »Er (Colebaugh) ist süß, läßt dich grüßen und ist verrückt nach mir«, schrieb sie Ernest am 21. (Ernest reagierte immer sauer auf die Nachrichten von Marthas Essens-Verabredungen mit ihren Redakteuren und Verlegern. Zu lesen, daß jemand nach ihr verrückt war, sei es auch ihr Redakteur, war nicht die Art von Neuigkeit, die er genoß, besonders wenn er sie selbst drei Monate lang nicht gesehen hatte.)

Am 22. begleitete Martha die First Lady für ein Wochenende ins Weiße Haus. Plötzlich wurde sie von Heimweh überwältigt. Mehr als alles andere wollte sie auf der Finca mit Ernest sein, aber allein. Ohne den Druck von irgendwelchen Leuten. »Wir werden uns scheiden lassen müssen, um einander als Liebende sehen zu können«, schrieb sie klagend, gab aber zu, daß nicht nur Ernest daran Schuld trug. Sie hatte bereits zwei Freunde aus dem spanischen Bürgerkrieg für Januar eingeladen.

Als Martha Ende Oktober auf die Finca zurückkam, war Gigi bereits nach Key West abgereist. Ernest kam es so vor, als sei das Datum seiner Abreise Adas Bedürfnissen und nicht den seinen angepaßt. Seine Briefe aus dieser Zeit enthielten zahlreiche verärgerte Hinweise auf Paulines mangelnde Rücksichtnahme. Pauline war der Ansicht, daß sie sehr kooperativ sei. Sie konsultierte ihn bezüglich der Kinder und achtete darauf, daß sie ihn oft besuchten. Es war Zeit, daß er begriff, daß ihr Leben nicht nur daraus bestand, alles zu seinen Gunsten zu arrangieren. (Ernest würde das nie akzeptieren. Offensichtlich wurde er selbst nach der Scheidung eifersüchtig, wenn Pauline anderen gegenüber Zuneigung und Aufmerksamkeit zeigte.)

Nach Kriegsausbruch eröffnete Pauline gemeinsam mit zwei Freunden Bahama House, ein Stoffgeschäft, wo sie Vorhänge und Polsterwaren verkauften. Sie arbeitete auch als Hilfsschwester im örtlichen Spital und freundete sich mit einigen der Offiziere an, die im Siebenten Marinedistrikt Dienst taten. Einer von ihnen, ein Fregattenkapitän Campbell, kam oft, um mit ihr auszugehen, und sie schien ihn ziemlich zu mögen. Patrick bedauerte in späteren Gesprächen, daß seine Mutter nicht wieder heiratete und sich wieder den Lebensstil schuf, den sie mit seinem Vater genossen hatte. Sie führte einem Mann gern den Haushalt, sagte er, und tat das sehr gut. Aber es schien ihm, daß sie mehr wie ihre Mutter wurde, eine ältere Frau, die nicht mehr an sexuellen Beziehungen interessiert war. Sie hatte weiterhin männliche Freunde, aber das Herz zur Heirat fehlte. Der Schmerz darüber, daß Ernest sie verlassen hatte, war zu tief. Jay Allen und seine Frau stellten das auch fest, als Pauline sie im Herbst besuchte. Das Gespräch kam auf Spanien, und aus Pauline brach es plötzlich mit großer Bitterkeit hervor: »Spanien! Sprich nicht von Spanien in meiner Gegenwart. Dieser Krieg hat mir den Mann geraubt, den ich geliebt habe.« Und, wie Patrick es ausdrückte, »da gab es immer die Schwester ... Tante Jinny war Lesbierin, und sie war ziemlich scharf darauf, daß meine Mutter auch homosexuell wurde ... Bei Jinny war das immer unterschwellig da.«

Gigis Reaktion auf den Verehrer seiner Mutter war unmittelbar und negativ. »Als sie den Fehler machte, mich zu fragen, was ich von Campbell hielt«, sagte Gregory Jahre später, »zog ich rasch ein Gesicht und machte eifrig Einwände.« Er meinte rückblickend, daß seine ablehnende Haltung wahrscheinlich etwas mit seiner Heldenverehrung für seinen Vater zu tun hatte. Wie konnte irgendjemand Ernests Platz einnehmen?

Martha war erfreut, als Ernest die Operation »Betrugsfabrik« an Gustavo Durán weitergab, einen früheren Oberst der Loyalisten, den sie und Ernest in Spanien kennengelernt hatten. Sie mochte Durán, da sie aber um die Möglichkeit zu ungestörter Arbeit kämpfte, war sie verärgert, daß er seine Frau Bonte mitbrachte, mit ihm auf der Finca zu wohnen. Die Spannungen zwischen den Paaren verstärkten sich. Bonte Durán hielt Martha für arrogant, Martha hielt sie für dumm. Ernest hatte Anfälle von Schuldgefühlen wegen der Unterbrechungen von Marthas Arbeit. Als der Chauffeur der Duráns rücksichtslos mitten in der Nacht unter ihrem Fenster hupte, drohte Ernest, dem Mann eine Pistole an den Kopf zu setzen. Die Duráns zogen in ein Hotel, und Martha und Ernest kehrten zu ihren Streitigkeiten zurück.

Jack, der jetzt im Gästehaus wohnte, stellte fest, daß sein Vater viel mehr trank und seine Ausbrüche gegen Marty nicht vorherzusehen waren und oft in der Öffentlichkeit stattfanden. In Havanna machte er ihr eines Nachts Vorwürfe, weil sie seiner Ansicht nach dem Personal zu dürftige Weihnachtsgeschenke gegeben habe und verließ dann die Party, um sie allein nach Hause fahren zu lassen. Ein anderes Mal, als er total betrunken war, bestand sie darauf, auf die Finca zu fahren. Er beschimpfte sie den ganzen Weg über und schlug sie dann, nicht sehr, aber doch stark genug, um sie in eine kalte Wut zu versetzen. Da sie nicht zu denen gehörte, die sich einschüchtern ließen, verlangsamte sie absichtlich die Geschwindigkeit des Wagens – seines geliebten grünen Lincoln Continental – bis zu zehn Meilen pro Stunde und fuhr ihn dann in einen Graben und an einen Baum, so daß Ernest den Rest des Weges zu Fuß gehen mußte.

Martha beschuldigte Ernest, seine Patrouillenfahrten als U-Boot-Falle dazu auszunützen, das spärliche Benzin für

Fischfangausflüge zu bekommen. Sie meinte, daß diese ganze U-Boot-Jagd nur »Quatsch und Unsinn« sei. Zeitweise, wenn Winston Guest schlechte Gedichte rezitierte und Handgranaten zwecklos auf Bojen im Golfstrom geschleudert wurden, schien die Atmosphäre an Bord der *Pilar* nur einer Karikatur der Kriegszeit zu gleichen. Martha, die ursprünglich Ernests Fischfangfahrten mitgemacht hatte, um ihm eine Freude zu machen, schien nun von seiner kindlichen Befriedigung bei der Planung solcher Fahrten unberührt zu bleiben. Sie fuhr mit, um im ersten Hafen wieder auszusteigen. Das, was sie an seinem Verhalten zu stören begann, war sein Bedürfnis nach Selbstverherrlichung. Wenn ihm die Wirklichkeit keine ständigen Triumphe bot, nahm er seine Phantasien zur Hilfe. Seine kubanischen Freunde sahen in diesem Märchenerzählen nichts Böses. Sie wandten sich einfach ab, bis er seinen gesunden Menschenverstand wiedergefunden hatte. Für Martha hingegen waren das einfach Lügen, und sie machten sie krank, wie sie später zugab. »Es machte den Boden unter den Füßen unsicher.«

Sobald Patrick und Gigi ankamen, um ihre Weihnachtsferien mit Ernest zu verbringen, fuhr Martha nach St. Louis zu ihrer Mutter. Sie war noch keine vierundzwanzig Stunden fort, als sie schrieb, daß sie Ernest schrecklich vermisse. Sie hatte ihren unvollendeten Roman mit, aber die amerikanischen Zensoren nahmen ihn ihr in Miami weg und versprachen, ihn ihr nach St. Louis nachzuschicken. Zum ersten Mal bezeichnete Martha Ernest in ihrem Brief als ihre verlassene Lieblingskobra. Niemand weiß, wann eine Kobra das nächste Mal zuschlagen wird. Wenn diese Metapher Marthas wachsende Wahrnehmung vom Verhalten ihres Mannes widerspiegelte, so war die Ehe in ernstlichen Schwierigkeiten.

Am letzten Tag des Jahres 1942 schrieb sie Ernest einen drei Seiten langen maschinegeschriebenen Brief. Der 31. Dezember machte sie fast so traurig wie ihr Geburtstag, nicht wegen der Gedanken an die Zukunft, sondern wegen der Erinnerungen an die Vergangenheit. Ihr Manuskript war endlich von der Zensur freigegeben und sie wollte versuchen, daran zu arbeiten. Sie hatte Dostojewskijs Briefe an seine Frau gelesen. Sie hoffte, daß Ernests nächste Ausfahrt erfolgreich sein würde und versprach, »schnell wie der Wind« wieder zu Hause zu sein.

Am 8. Januar 1943 reiste Martha nach Chikago ab, um dort den ganzen Tag auf das Flugzeug nach Miami zu warten, das wegen eines neuen Sturmes nie startete. Ernest und ihre Mutter, schrieb sie ihm, seien alles, was sie auf der Welt liebte, so daß sie eine riesige Menge an Liebe zwischen ihnen zu teilen habe. Wenn ihm irgendetwas passieren sollte, während sie weg sei, ein Unfall oder eine Krankheit, so würde sie sich töten. Sie hätten ein wunderbares Leben und sollten dankbar dafür sein, für ihr schönes Haus und den Sonnenschein. Sie gab zu, daß es kein gutes Jahr gewesen sei. Obwohl sie nicht katholisch war, hatte sie in der Kathedrale eine Kerze für ihn und die Jungen angezündet. Vielleicht würden die Kerzen sie beschützen?

Ernest schrieb an Max Perkins, daß er die Zeit fürchte, wenn Martha wieder in den Krieg ziehen wolle, aber es sei gut, daß sie das gern tue. Mit Paulines Geldforderungen mußte Martha fertigwerden, ob sie es wollte oder nicht. In dem gleichen Brief fügte er hinzu, daß das ganze Geld, das Martha im Vorjahr mit ihrer Reise durch die Karibik verdient hatte, verbraucht sei. Martha hat darauf hingewiesen, daß das offenkundig nicht stimme. Ernest übertrieb seine finanziellen Probleme zu dieser Zeit sehr. Er hatte immer genug Geld für die Dinge, die er tun wollte – das Boot, Alkohol, Reisen usw. Martha arbeitete, um sich selbst zu erhalten und ihren Teil zu den Kosten der Finca beizutragen.

Im April begann Martha sich über Patricks und Gigis Sommerreisepläne Gedanken zu machen. Am 21. Mai, nach einer Reihe von ärgerlichen Verzögerungen, stachen Ernest und seine Mannschaft mit der *Pilar* in See, um zwei Monate lang U-Boote zu jagen. Sie würden an verschiedenen Inseln vor Anker gehen, um Vorräte und Post zu übernehmen. In seiner Abwesenheit begann Martha mit einer Reihe von Reparaturen am Haus. Sie stritt sich täglich wegen der Preise herum und machte sich Sorgen, daß Ernest sie für extravagant halten könnte, weswegen sie alle Rechnungen sorgfältig für ihn aufhob. Sie meinte, er könne sich nicht beklagen, wenn für weniger als zweihundert Dollar der Fußboden neu gefliest, das Dach und der Tennisplatz repariert, die Wände außen und innen gestrichen, neue Elektroleitungen gelegt und Möbel und Bäume gekauft worden seien. Als sie Ernests Zimmer aufräumte, entdeckte sie Hunderte von Lotterielosen, deren Ziehung bereits abgelaufen war, sortierte sie und konnte sechzig Dollar Gewinn abheben. »Nach dieser Reise wirst Du vielleicht sogar Ordnung, Platz und Sauberkeit genießen«, schrieb sie ihm hoffnungsvoll.

Ihr größter Kampf bestand darin, den Roman zu beenden. Um den Handwerkern zu entkommen, schloß sie sich mit dem Manuskript in dem kleinen Haus ein. Eines Tages gab sie in optimistischer Stimmung ein Fest für die Pelotaspieler. »Es war ein großer Erfolg«, berichtete sie, »siebzehn Männer, drei Kinder und ich. Wir waren alle betrunken wie die Ziegen.« Sie versicherte Ernest, daß er ihr sehr fehle und daß ihr Rausch so gewesen sei, wie sie es immer haben wollte, kein schwindelerregendes Kreisen, sondern ein wunderbares lachendes Gefühl. Seine Freunde seien lustiger als ihre Freunde aus der guten Gesellschaft von Havanna. Doch am nächsten Tag beendete sie mit einem Kater den Brief in ernüchterter Stimmung und deprimiert darüber, daß sie nie eine richtige Schrifstellerin sein werde.

> »So zu schreiben, das kommt offensichtlich von einer Kraft, die ich nicht habe ... Ich komme mir selbst klug und gefällig vor, mit einer Art Pseudoraffinesse, aber das Wissen, das Ohr, der Saft fehlt. Wenn ich keine gute Schriftstellerin sein kann, würde ich lieber nichts veröffentlichen. Es ist eine unglückliche Art, um über sich selbst nachzudenken. Ich liebe Dich so. Liebe mich bitte. Ich bin eine tüchtige Frau ohne Selbstvertrauen.«

Gigi und Patrick kamen wie geplant und nahmen auf Marthas Bedürfnis nach Arbeit Rücksicht, während sie schwammen und lasen und sich mit den Katzen in der drückenden Hitze vergnügten. Ständig trächtige Katzenweibchen und ein Strom von durch Inzucht entstandenen Katzenjungen waren kein Segen mehr. Martha hatte das Gefühl, daß ein Familienbeschluß gefaßt werden sollte, um die weiblichen Tiere zu sterilisieren und die männlichen zu kastrieren.

Am 13. Juni steuerte Winston Guest die *Pilar* in den Hafen von Havanna, um Vorräte zu übernehmen, die Martha zusammengestellt hatte, und um die Jungen an Bord zu nehmen, die den nächsten Monat mit ihrem Vater verbringen sollten. Martha schickte Ernest mit Winston die Nachrichten, daß die Paramount Pictures Ernest Anwesenheit bei der Premiere von »Wem die Stunde schlägt« im Juli in New York wünschten. Da sie seine Gefühle bezüglich derartiger Veranstaltungen kannte, hatte sie an seiner Stelle geantwortet, daß ihr Mann für den Film nicht werben könne, weil er ihn nicht gesehen habe. Sie lehnte es entschieden ab, selbst dorthin zu fahren, »weil ich kein natürliches Talent dazu habe, eine Berühmtheit zu sein, und sei es auch nur durch Heirat«. Ihre Mutter kam am 9. Juli auf die Finca, und das war viel wichtiger als jeder *Public-Relations*-Auftritt.

Schwere Regenfälle im Juni verzögerten das Streichen der Außenwände, aber der Fußboden war fertig, das Dach repariert und der Schwimmingpool frisch gefüllt, während Martha am Schlußkapitel ihres Romans weiterarbeitete. Am 27. Juni saß sie in dem kleinen Haus und sah die letzte Seite an. Sie war fertig, fertig. Immer wieder sagte sie diese einfachen Worte und versuchte, daran zu glauben. Jane und Bo Joyce kamen an diesem Abend herüber, um mit ihr im Dunkeln zu schwimmen, während sie redete und redete und ihren Triumph auskostete. Um fünf Uhr morgens wachte sie voller Zweifel auf. War der Roman wirklich gut oder bildete sie sich das bloß ein? Als sie die letzten zwei Wochen daran geschrieben hatte, hatte sie das beste Gefühl gehabt, das sie kannte, vielleicht das beste Gefühl, das es überhaupt im Leben gab, trotz der Müdigkeit und der vierzig Zigaretten pro Tag. Konnte es wirklich nur ein Haufen Scheiße sein? Sie glaubte es nicht. Wenn er noch einmal überarbeitet werden müßte, so würde sie das tun.

Am 28. spürte Martha den ganzen Tag lang die Abspannung, das Buch beendet zu haben. Wie sonderbar es sei, schrieb sie Ernest, daß sie, die mit dem Traum vom Schreiben begonnen hatte, einem Traum, der sich nie veränderte, die so kärglich in Paris gelebt und sich romantisch Ansteckveilchen anstelle eines Frühstücks gekauft hatte, als sie einen Job suchte, nun »in dieser perfekten, sicheren Schönheit« enden sollte, wenn sie ihr fünftes Buch fertigstellte. Aber es gab keine wirkliche Entschädigung für die Zeit, die verging. Sie wollte nicht alt werden. Sie würde dieses vielleicht ausgezeichnete fünfte Buch für ihr elendes erstes hergeben, wenn sie dafür wieder zwanzig sein könnte, mit all den Ängsten, Überraschungen und Hoffnungen jener Zeit.

> »Ich wünsche mir, daß wir jetzt alles stoppen könnten, das Ansehen, den Besitz, die Position, das Wissen, den Sieg. Und daß wir durch ein Wunder zusammen unter den Triumphbogen in Mailand zurückkehren könnten, Du so frech in Deiner Beiwagenmaschine und ich schlecht angezogen, feurig und liebend... Jenes laute... rücksichtslose... schlampige Mädchen war ein besserer Mensch... Bei Gott, wie sehr wünsche ich es mir... Die Tage wären hart, aber auf ihnen läge dieser Glanz, der davon kommt, daß man unsicher ist, aber Hoffnung hat, daß man in Wirklichkeit an eben die Dinge glaubt, die wir jetzt so reichlich haben.«

Als sie nach dem Abendessen im Wohnzimmer saß, während die Katzen einander über die Möbel jagten und die, die Friendless hieß, in ihrer Hand schnurrte, kehrte sie zurück zu dem sehr langen Brief, den sie früher am Tag begonnen hatte und versuchte, ihr Unbehagen über ihre Ehe in Worte zu fassen. »Du bist so oft und so lang verheiratet gewesen«, schrieb sie, »daß ich nicht glaube, die Ehe kann Dich dort berühren, wo Du lebst, und das ist Deine Stärke. Es wäre schrecklich, wenn es anders wäre, denn Du bist soviel wichtiger als die Frauen, mit denen Du verheiratet bist.« Was sie betreffe, so sei sie zu dem Glauben gelangt, daß die Ehe eine seltene und gute Sache sei und eher etwas Instinktives, da sie überall in der Natur vorkomme, aber sie sei »auch eine Verrohung... Man ist sicher.

Zwei Menschen leben zusammen... und werden allmählich füreinander der gemeinsame Nenner. Sie kommen schweigend überein, die Phantasie und Leidenschaft, das schwierige persönliche Privatleben wegzulassen. Sie finden eine gemeinsame Basis, die grün und weich ist, und dort bleiben sie«. Aber was ist, wenn sie (oder »sie« im Singular) »eine ganze seltsame und brennende Sorte Mensch sind oder ist«? Zu welcher Zeit können sie oder kann sie so wild und frei sein, wie sie wirklich ist?

Und dann wiederholte sie die Essenz dessen, was sie am Nachmittag geschrieben hatte, diesmal in Worten, die Bedeutsameres über ihren Konflikt aussagten.

> »Ich möchte jung und arm und in Mailand sein und zusammen mit Dir und nicht mit Dir verheiratet sein. Ich glaube, daß ich mich immer in gewisser Weise wie eine Frau fühlen wollte, und wenn ich das je getan habe, so war es im ersten Winter in Madrid. In diesem Gefühl steckt eine Art Blindheit und Feuer und Rücksichtslosigkeit, die man immer wollen muß. Ich hasse es, so weise und vorsichtig, so verläßlich und denaturiert zu sein, so imstande zurechtzukommen.«

Noch beunruhigender als ihre eigene Unsicherheit über ihre Beziehung war die Angst, daß er nicht verstehen würde, was sie wollte und daß eine wirkliche Kommunikation unmöglich wurde. Sie schrieb:

> »Ich möchte fast zwanzig Dollar wetten, daß dieser Brief Dich zornig macht, nicht wahr? ›Was meint sie‹, wirst Du sagen, ›wenn sie sich beklagt und anderen Zeiten, Orten und einem anderen Leben nachweint? Was zur Hölle ist los mit diesem Weibstück? Habe ich nicht auch ohne sie genug Probleme?‹ Ich bin kein Problem, Bug, glaube das nie... Ich schreibe Dir heute nur, was ich denke und fühle, warum auch nicht? Wir können nicht so sehr miteinander verheiratet sein, daß wir nicht mehr miteinander reden können. Liebe, Marty.«

Am Morgen gewann wieder die verläßliche, tüchtige Marty die Oberhand. Das Manuskript ging zum Tippen. Die Außenmauern des Hauses wurden in einem kühlen Rosa gestrichen. Sie organisierte einen Arbeitsplan für die Gärtner, trieb den

Chauffeur an, sich um die Autos zu kümmern, und drängte das Hausmädchen, einen Großputz für die Rückkehr von Mr. Hemingway zu machen. »Ich habe mit einer Diät nach *Harper's Bazaar* begonnen«, schrieb sie Ernest am 4. Juli. »Werde ich Dir gefallen, klein und lockenköpfig, braun und dünn, wie ich vor unserem hübschen frisch gestrichenen rosa Haus sitze?... Es wird wunderbar sein, mit Dir persönlich zu schwatzen statt in die Schreibmaschine.« Alles war bereit für seine Heimkehr in zwei Wochen. Die Katzen sahen wunderschön aus, wie sie auf den hinteren Terrassen herumlagen, wie herrliche Tiere bei einem prima Wasserloch. Edna Gellhorn war angekommen und fühlte sich im renovierten Gästezimmer wohl. Marty fuhr in die Stadt, um die neuesten Bücher, Zeitungen und Zeitschriften zu holen. Sie versprach, ihn mit zuviel Aufmerksamkeit zu verwöhnen und überall, wo er ging, Rosenblätter zu streuen!

Eine Woche lang herrschte zwischen ihnen nach Ernests Rückehr Fröhlichkeit und Liebe. Edna Gellhorns sonnige Gegenwart hatte einen besänftigenden Effekt, und Ernest machte Marty Komplimente für die schönen Verbesserungen im Haus. Aber dann bekam sie die offizielle Benachrichtigung, daß sie im Herbst nach London fahren sollte. *Collier's* schickte sie auf den europäischen Kriegsschauplatz. Wäre es nicht toll, wenn er einen ähnlichen Auftrag übernehmen würde und sie gemeinsam in den Krieg ziehen könnten, wie sie es in Spanien getan hatten? Je mehr er vor dem Gedanken zurückscheute, desto mehr Druck übte sie auf ihn aus, machte seine U-Boot-Jagd offen verächtlich und bestand darauf, daß er nach Europa gehen müsse, wo er etwas Gutes zum Krieg gegen Hitler beitragen konnte. Nichts war wichtiger als Hitler zu vernichten, und sie reagierte scharf auf Ernests Wunsch, sie möge daheimbleiben und sich um ihn kümmern. Das klang für sie alles falsch. Ihm zuzuhören, wie er Märchen erzählte über die *Pilar* und ihre U-Boot-Jagd, machte sie krank. Sie wußte, daß sie ihre Achtung für ihn verlor. Und sie argumentierte, daß es nicht nur gut wäre für seine Ideale, sondern auch für sein Genie, wenn er in den Krieg zöge.

Insgeheim mochte Ernest etwas von dem glauben, was sie sagte. Er wußte, wie man ihn in den dreißiger Jahren beschuldigt hatte, eingerostet zu sein, und wie er dann zur Aktion zurückgekehrt war und ein Meisterwerk geschrieben hatte. Aber er wollte das bequeme Leben nicht aufgeben, das nach seinen Bedürfnissen organisiert war. Und er übernahm immer mehr die pompöse »Paparolle«, die von der Unterwürfigkeit seiner vielen Bewunderer gespeist wurde. Martha schien die einzige zu sein, die ihm die Stirn bot. So wurden die Streitigkeiten verbissen, und Ernest trank und wurde gehässig. Besonders Gigi war tief verletzt, als sein Vater begann, Martha zu quälen, vor allem, weil ihm schien, daß sie so oft recht und Ernest unrecht hatte.

Das Ausmaß, in dem sie sexuell nicht zusammenpaßten, trug wahrscheinlich zu der wachsenden Spannung und Bitterkeit bei. Einer der Grundpfeiler der Ehe – »mit meinem Körper verehre ich dich« – fehlte ständig für Martha, die diese Tatsache aus Unwissenheit und Selbstzweifel nie mit Ernest diskutierte. Obwohl seine körperliche Erregung ständig vorhanden war, verhielt er sich Marthas Gefühlen gegenüber völlig unsensibel. In dieser einseitigen Situation konnte die körperliche Liebe auch nicht als jener Balsam wirken, der so viele eheliche Streitigkeiten lindert. Ihre kubanischen Freunde spekulierten, daß Martha vielleicht mit einem hübschen baskischen Pelotaspieler eine Affäre habe, aber Martha verneinte das. Sie habe nie daran gedacht, nicht die ganze Zeit treu zu sein und »erwarte kein Lob dafür«. Jack Hemingway bemerkte der Autorin gegenüber, daß sein Vater geschmeichelt hätte sein sollen, weil Marthas Loyalität so lang andauerte. Jack hielt sie für eine mutige Frau, die sich nie der üblichen Doppelmoral beugen würde.

Ernest erwartete immer, daß sich die Moral einer Frau von der eines Mannes unterscheiden müsse. In seiner Einleitung zu *Men at War* (Männer im Krieg), schrieb er, daß ein Schriftsteller »von ebenso großer Rechtschaffenheit und Ehrlichkeit sein sollte wie ein Priester. Er ist entweder ehrlich oder nicht, so wie eine Frau entweder keusch ist oder nicht, und nach einem unehrlich geschriebenen Stück ist er nie wieder derselbe«.

Dieser gewundene Essay war das letzte gewesen, was Ernest im August 1942 geschrieben hatte. Die lange Unterbrechung macht ihm schwere Sorgen. Er war schnell damit bei der Hand, jedermann zu erklären, daß seine Arbeit für den Krieg dafür verantwortlich sei. Er sagte Max Perkins am 18. August 1943, daß er sich so sehr zu schreiben wünsche, daß das manchmal ärger als im Gefängnis sei. Er hatte jeden Schein einer Arbeit am Morgen aufgegeben. Wenn er morgens etwas tat, dann war es Briefeschreiben. Der einzige Grund für seine Streitlust, der Martha legitim geschienen haben mochte, war der schmerzhafte Verlust seiner literarischen Schaffenskraft. Aber selbst diese Enttäuschung und Frustration entschuldigte nicht seinen Haß auf sie. Nicht in ihren Augen. Sie hatte zuviel Selbstachtung, um seine Mißhandlungen zu tolerieren.

Anfang August traf Ernest Vorbereitungen für eine dreimonatige U-Bootjagd-Expedition, die zur gleichen Zeit wie Marthas Auftrag in Europa stattfinden sollte. Aber diverse Widrigkeiten verzögerten seine Abreise. Er war noch immer auf der Finca, als sie am 20. September nach New York fuhr, und er fühlte sich unglücklich, sobald sie ihn verlassen hatte. Ihm schienen die Streitereien nicht soviel auszumachen wie Martha, vielleicht weil so viele davon von ihm ausgingen. Marion (Mayito) Menocal jr., der einundzwanzigjährige Sohn von Ernests engem Freund, wurde unfreiwilliger Zeuge der Meinungsverschiedenheiten, weil er in jenem Sommer viel Zeit damit verbrachte, in Ernests reichhaltiger Bibliothek zu lesen. Er ist der Ansicht, daß Ernest nie aufgehört hat, Marty zu lieben, egal, welche Form seine Schikanen annahmen.

In New York regelte Martha einige Verlagsprobleme mit Scribners und wartete auf ihr Visum. Sie ging in den Central Park, um für das Foto zu posieren, das auf dem Umschlag ihres kürzlich beendeten Romans erscheinen sollte. Charlie Scribner versprach, *Liana* (so lautete der offizielle Titel) zum ersten großen Buch des Jahres 1944 zu machen. Paramount und der Book-of-the-Month Club, zeigten ein gewisses Interesse. Martha schrieb Ernest, daß ein Stück Geld sie schon interessiere, wenn es seinen finanziellen Druck erleichtern würde. Nichts von dem, was sie jetzt tue, sei so wichtig wie ihre Liebe zu ihm. »...Ich gehöre zu allererst Dir, und Du bist mein Hauptanliegen... Sag mir, was Du willst, und ich werde es tun.« Was er wollte, war, daß sie auf der Finca blieb. Wenn sie ihn von New York aus liebte, so war das keine Hilfe für seine Depressionen.

Am 8. Oktober erfuhr Martha zu ihrer Bestürzung, daß sie sich vielleicht erst am 25. würde einschiffen können. Sie sah sich die alte Verfilmung von »In einem anderen Land« an. Obwohl sie kitschig und unecht war, vergoß sie Ströme von Tränen für ihre und jedermanns verlorene Jugend. Da sie noch Zeit hatte, fuhr sie nach Lakeville, Connecticut, um ein paar Tage auf dem Land zu verbringen. Das Laub war purpurrot und golden. Alles erinnerte sie an die Orte, an denen sie und Ernest gemeinsam gewesen waren. Als sie am See spazierenging, stellte sie sich vor, was sie tun würde, wenn ihr der Book-of-the-Month Club fünfzehntausend Dollar geben würde. Sie schämte sich, wie schlecht sie ihr Geld verwaltet hatte. Sie hatte bereits ihren gesamten Vorschuß von Scribners verbraucht.

Am nächsten Tag teilte ihr ein verärgerter Charlie Scribner mit, daß der Book-of-the-Month Club *Liana* übergangen habe. »In meinem Herzen«, schrieb sie Ernest, »habe ich immer gewußt, daß das Buch nicht dazu bestimmt war, ein Bestseller zu werden.« (Als *Liana* einige Monate später veröffentlicht wurde, verkaufte es sich gut im ganzen Land und kam in die Bestsellerlisten. Die Kritiker waren im allgemeinen davon angetan.)

Martha schickte Ernest anstelle eines fetten Schecks eine Schachtel mit neuen Kriminalromanen und wartete unruhig auf Post von ihm und auf Nachricht bezüglich ihrer Papiere. Am 15. kamen zwei lange Briefe, die sie beim Frühstück las und dann noch einmal im Nachtzug nach Washington, D. C. Auf dem Briefpapier des Weißen Hauses, als Gast der Roosevelts, bat sie Ernest dringend, seine Augen vor der gleißenden Sonne zu schützen. »Ich habe nichts dagegen, Deine Tochter zu sein, aber ich will nicht, daß Du Milton bist.« Sie verbrachte eine schöne Zeit in der Hauptstadt, wo sie von attraktiven

Männern bewundert wurde, die ihr das Gefühl gaben, elegant und charmant zu sein. Der Film »Wem die Stunde schlägt« wurde im Weißen Haus für den Präsidenten und Mrs. Roosevelt gezeigt. Elmer Davis, Harry Hopkins und eine Reihe von Generälen waren auch anwesend. Allen gefiel er und alle waren fasziniert zu erfahren, daß Martha mit dem Verfasser des Romans verheiratet war. Hopkins setzte seinen Einfluß ein, um die bürokratischen Schwierigkeiten zu überwinden, die sie hatte, um ihre Papiere zu bekommen, und ihrer Abreise schien nichts mehr im Wege zu stehen. Am 21. schrieb sie Ernest einen weiteren langen Brief. »Bitte denke daran, wie sehr ich Dich liebe... Du bist ein viel besserer Mann als ich, aber ich hoffe, daß ich keine zu schlechte Frau bin, selbst wenn ich weggefahren bin, als ich dachte, Du würdest auch weg sein... Ich schäme mich, glücklich zu sein, wenn Du es nicht auch bist. Und heute abend, wo ich fahre, wo ich schon die seltsamen Plätze spüre, an denen ich sein werde, bin ich glücklich wie ein Feuerwehrgaul... Aber als Frau, als Deine Frau, bin ich traurig; aber es ist ja nichts endgültig, nicht wahr? Das ist einfach eine kurze Reise, und dann werden wir beide von unseren kurzen Reisen in unser schönes Heim zurückkommen... und dann werden wir Bücher schreiben und gemeinsam den Herbst erleben und durch die Kornfelder gehen und auf die Fasane warten.«

24

»Es macht großen Spaß, die Welt bei 250 Meilen die Stunde zu sehen«, schrieb Martha am 29. Oktober 1943 aus Estoril. Der Flug über die Bermudas und die Azoren war ohne Zwischenfall verlaufen, aber jetzt gab es eine Wartezeit von vier Tagen. Martha wohnte in einem Luxushotel. An zwei Abenden ging sie tanzen, vom Flugkapitän, dem Co-Piloten, dem jungen Bordingenieur und einem Wissenschaftler aus Montana begleitet. »Sie waren allesamt feste Trinker, gute Tänzer und aufmerksam zu Deiner Frau; ein netter, nichtssagender Zeitvertreib für mich.« Die letzte Station auf ihrem Flugplan war Irland. Nach zehn Tagen Reise – zwei Nächte im Flugzeug, acht am Boden – kam sie am 3. November um 11 Uhr abends in London an und nahm sich ein Zimmer im Dorchester.

Innerhalb von zwei Tagen erhielt sie ihren offiziellen Kriegskorrespondenten-Ausweis, den dazugehörigen Rang eines Captains und die entsprechenden Privilegien. Alle führten sie aus und behandelten sie phantastisch. In der Hoffnung, Ernest durch Schmeicheleien überzeugen zu können, sein »heuchlerisches und dummes« Dasein in Kuba aufzugeben, schrieb sie ihm am 6. November, er sei hier der große Held, und alle wollten den Film »Wem die Stunde schlägt« sehen. »Ich glaube, die Leute mögen mich, weil ich Deine Auserwählte bin und Du mich so mit dem Zeichen höchster Zustimmung versehen hast.«

Marthas erster Auftrag führte sie zu einem Flugplatz in Woodhall Spa, wo die britischen Lancaster-Bomber für ihre Deutschland-Missionen stationiert waren. Von der Kontrollstation (einem angestrichenen Anhänger) auf dem Flugfeld aus beobachtete sie, wie dreizehn Flugzeuge wie ungeheure, »tödliche« schwarze Vögel in die Luft stiegen. »Erst wartet man darauf, daß sie losfliegen, und dann wartet man darauf, daß sie wiederkommen«, schrieb sie in ihrem ersten Bericht für *Collier's*.

Sie kehrte mit einer schlimmen Erkältung nach London zurück, ließ sich jedoch nicht davon abhalten, durch die am stärksten beschädigten, schwer bombardierten Stadtteile zu ziehen, um über die arbeitenden Kinder zu berichten. Kinder, die anstelle der Männer, die im Krieg waren, jetzt abertausende von Arbeiten verrichteten.

Wo immer Martha auch auftauchte – in Zügen, Clubs, auf

Flugplätzen – die Leute überschütteten sie mit ihrer Bewunderung für Ernests Bücher. »Mit Dir verbunden zu sein, das ist, als ob man mit einem Mythos verheiratet sei«, schrieb sie ihm. Ein Offizier der Royal Air Force (R. A. F.) hatte alles von ihm gelesen. Ein junger holländischer Flüchtling vertraute ihr an, daß er sämtliche Geschichten von seiner Schulzeit her kannte. Und das waren nicht die literarischen Fachsimpeleien, die Ernest nicht ausstehen konnte. »Ich wünschte, du könntest das alles selbst hören«, fügte sie hinzu. Es beunruhigte sie allmählich, daß sie keine Post von ihm erhalten hatte.

> »Versuche doch wenigstens, mir alle zwei Wochen ein Telegramm zu schicken, nur damit ich weiß, daß alles in Ordnung ist. Deine Fotos stehen auf meinem Schreibtisch, und ich versuche, mir damit alles über Dich in Erinnerung zu rufen, aber es geht nicht. Ich habe zuviel über Dich gesprochen, ich meine über Deine Arbeit und was du gerne tust und wie Du aussiehst... In gewisser Weise habe ich Dich von mir weggeredet, so wie man eine Geschichte wegreden kann... Bei dieser Entfernung zwischen uns wirst Du monumental, nicht ganz menschlich. Und ich bin so etwas wie ein komisches Original, die ganz gewöhnliche Frau eines außergewöhnlichen Mannes.«

Ihre Erkältung verschlimmerte sich. Sie litt jetzt an einer chronischen Infektion. Vom Krankenbett aus versuchte sie wieder, Ernest zu überreden, nach England zu kommen. Er könne sich zunächst von einem der Radiosender engagieren lassen und später dann bessere Verträge abschließen. »Alle kennen Dich und wollen, daß Du kommst, und es wäre ganz besonders wundervoll für mich... Erinnere Dich, wie wir vorhatten, in Paris Kaffee zu trinken und *Le Sport* zu lesen.« In seinem nächsten Brief widersprach er ihr scharf, wobei er seine eigene Kriegsarbeit als Hauptgrund für sein Bleiben anführte. So ließ sie das Thema fallen und machte sich, immer noch fiebernd und mit schmerzenden Gliedern, wieder an die harte Arbeit des Journalismus.

Martha traf charmante und elegante Leute, die alle mit dem Krieg zu tun hatten, ebenso wie Schriftsteller, die vom Militärdienst befreit waren und nun auf ihre Weise ihren Beitrag dazu in London leisteten. Aber der Sieg über die Grippe stellte sich als trügerisch heraus. Eine akute Gastritis, die zur Erkrankung der Atemwege noch hinzukam, fesselte sie erneut für eine Woche ans Bett. Jetzt wurde sie von Panik ergriffen. Erst ein einziger Artikel war geschrieben. Wie würde sie jemals die anderen vollenden? Von Ernest kamen keine Briefe mehr. »Ich hoffe unsinnigerweise immer noch, daß ich eines Tages, eine tolle Nachricht von Dir erhalte«, schrieb sie am 5. Dezember, »und daß darin steht, daß Du rüberkommst... Glaub nicht einen Augenblick lang, ich hätte kein Verständnis für Deine lange Arbeit dort, aber es ist mir so peinlich, nicht da zu sein, Dir Gesellschaft zu leisten und das Haus in Ordnung zu halten, daß ich immer noch hoffe, Du würdest einen Urlaub nehmen.«

Bis zum 9. ging es ihr besser, obwohl sie sich immer noch schwach und elend fühlte. Ihre Lebensgeister kehrten zurück. Sie brachte es sogar fertig, sieben Artikel zu vollenden, die ihr ein hübsches zusätzliches Familieneinkommen einbringen würden. Es wäre großartig, wenn sie an die italienische Front könnte. Herbert Matthews war dort. Es wäre wieder »wie in alten Zeiten«. Ihre Entschlossenheit, Ernest von der Finca loszueisen, wuchs. In einem langen Brief vom 12. Dezember führte sie alle Argumente ins Feld – seine Schriftstellerkarriere, seine Rolle als zeitgeschichtlicher Romancier, wie wichtig es für ihre weitere Beziehung sei, daß er an diesen monumentalen Ereignissen teilnahm.

Sie schrieb:

»Als Schriftsteller wirst Du Dich ausgeschlossen fühlen, wenn all das hier vorbei ist und Du nicht Anteil daran hattest... Der Schauplatz schreit geradezu nach Dir, nicht für Sofortiges, aber für Aufzeichnungen... Ich bitte Dich, sehr ernsthaft darüber nachzudenken... Ich sage das nicht nur, weil Du mir fehlst und weil ich Dich hierhaben will, aber ich hasse es, diese Dinge nicht mit Dir teilen zu können... Es wäre ein schrecklicher Fehler, das hier zu verpassen, für uns beide... Ich wäre auch nicht imstande, es Dir zu erzählen, weil ich niemals die Dinge unternehmen könnte, die Du unternehmen kannst. Du wärst derjenige, der für uns beide sieht.«

Sie schlug vor, er solle Verbindung mit Harry Hopkins aufnehmen. Er bewundere Ernest und werde dafür sorgen, daß die Formalitäten rasch erledigt seien. Sie wiederholte, daß jede Minute, die er allein sei, sie ängstige. »Wäre es nicht das Leichteste, Klügste, Glücklichste und Beste, wenn Du ein bißchen zu mir kämst, besonders in der Jahreszeit, wo es das Klima dort Dir so schwer macht, zu schreiben?« (Die Zensur untersagte es ihr, direkt auf die große Invasionslandung anzuspielen).

Am nächsten Tag, dem 13. Dezember, trafen vier Briefe von Ernest ein, es war »also ein Nationalfeiertag«. In allen erklärte er nachdrücklich, daß er Kuba nicht verlassen werde. Sie las sie wieder und wieder, schluckte ihre Enttäuschung hinunter und versuchte ehrlich und bedacht zu antworten. Der Journalismus mochte für ihn kein guter Tauschhandel sein, für sie aber war er sehr gut, denn er lieferte ihren Augen und ihrem Geist viele Dinge, die sie bereicherten. Was sein Kommen oder Nichtkommen nach London anbelangte, so mache sie ihren Frieden damit. »Ich werde Dich nicht mehr drängen, zu kommen... Ich denke, Du wirst es bereuen. Es ist ein großer genereller Verlust für alle, die Dich brauchen und gerne lesen... aber ich will nicht wieder davon anfangen... Ich sehe jetzt ein, daß Du eben nicht, wie ich erst dachte, genügend Zeit hast.«

Dann schrieb sie sich vom Herzen, was sie über das, was sie tat, empfand.

»Du hast ein Leben dort, weil Du eine nützliche Arbeit hast. Du glaubst daran und fühlst Dich darin bestätigt. Aber ich glaube auch an das, was ich tue, und ich bedaure zutiefst, daß mir in diesen Jahren so viel entgangen ist, was ich hätte sehen und verstehen können. Ich gäbe alles darum, Teil der Invasion zu sein, Paris ganz am Anfang zu erleben und dabei zu sein, wenn Frieden wird... Ich muß auf meine Art leben, genau wie Du auf Deine, oder es gäbe kein Ich, mit dem ich Dich lieben könnte. Du würdest mich nicht wirklich wollen, wenn ich einen hübschen großen Steinwall rund um die Finca baute und mich da hineinsetzte.«

Aber vielleicht wollte er einen Wall bauen und sie darin behalten. Immer seit der Zeit, da er der »Goldschatz« seiner Mutter gewesen und dann zusehen mußte, wie sie ihre Liebe auch unter ihre anderen Kinder verteilte, wollte er, daß die Frau seines Lebens an einem Platz blieb, wo er sie stets auffinden konnte. Und ihm sollte der Vorrang gebühren, zu jeder Zeit, vor allen anderen Dingen.

Ernest schrieb jedem – Perkins, MacLeish, Scribner – daß er ohne Martha krank vor Einsamkeit sei, wie jemand, dem man das Herz herausgeschnitten habe. Wenn ihr etwas zustieße, würde es ihm übel ergehen. Von der *Pilar* kommend, torkelte er in die düstere, unaufgeräumte Finca hinein, verleibte sich Whisky ein und schlief dann auf dem Strohteppich im Wohnzimmer ein, während draußen der Wind blies und die Katzen es sich auf seiner Brust bequem machten. Bei Tagesanbruch goß er sich etwas Tee auf und wartete, bis der Koch kam, um ihm ein anständiges Frühstück zuzubereiten. Am späten Vormittag fuhr ihn sein Chauffeur in die Floridita-Bar, wo er doppelt kalte Daiquiris trank und jedem, der zuhören wollte, immer wieder die alten Geschichten erzählte. Er verspielte im Glücksspiel mehr, als er sich leisten konnte, und er trank, bis ihm die Zunge schwer wurde.

Trotz seiner Einsamkeit suchte Ernest, soweit sich seine kubanischen Freunde erinnern konnten, nicht die Gesellschaft anderer Frauen. Ein Ersatz für Martha interessierte ihn nicht. Er wollte sie nur einfach zurückhaben. »Ich hatte nie in meinem Leben so verdammt viel Zeit zum Nachdenken«, schrieb er Hadley am 25. November, »besonders nachts auf dem Wasser und hier, wenn ich nicht schlafen kann... Dachte an Dich mit großer Freude und Bewunderung und wie wundervoll Du warst und bist... Paul kann nichts dagegen haben, daß ich Dich noch liebe, denn da er Dich kennt, weiß er, daß ich verrückt wäre, wenn ich es nicht täte...«

Hadley schrieb Ernest im Dezember und dann im Januar wieder. Sie hatte sich am Rücken verletzt, war aber auf dem Weg der Besserung und sandte ihm Weihnachtsgrüße. »Dein Zustand klingt viel schlimmer als meiner«, schrieb sie am

14. Januar 1944. »Mein Rücken mag zum Heilen seine Zeit brauchen und ich mag noch so mit einem Gestell hier herumhumpeln, aber wenigstens bin ich nicht einsam. Es war Pech, daß Marty Dir ausgerechnet in diesen Monaten entwischte, wo sie sicher war, daß Du ohnehin nicht zu Hause sein würdest.« Es rührte sie, daß er Paul und sie zu sich eingeladen hatte, aber sie erklärte ihm, daß Paul sieben Tage in der Woche arbeite und gleichzeitig versuche, nachts ein Buch zu beenden.

Martha hatte Weihnachtsgrüße aus einem Dorf an der Themse geschickt, wo sie eine Geschichte über einen englischen Sonntag während des Krieges schreiben wollte. Sie besuchte mit den ganz Alten und den ganz Jungen den Gottesdienst. Jeder teilte das Leid der Familien, die ihre Söhne verloren hatten. Eine winterliche Sonne schien, Wildenten schwammen auf dem Wasser und ein sanfter Nebel verschleierte die Atmosphäre. Kuba kam ihr vor wie am anderen Ende der Welt. Sie konnte es sich kaum vorstellen. »Es gibt Dich wirklich, und Du gehörst mir«, schrieb sie am 22. Dezember 1943, »aber alles andere, die guten langweiligen, lieben Leute und das Leben, ist weit entfernt, irgendwie schrecklich, und ich fürchte es. Bitte vergib mir. Wenn ich daran denke, ist es, als ob ich erwürgt würde von diesen schönen Tropenblumen, die Kühe verschlucken könnten!« Welch ein Gegensatz zu den ekstatischen Worten, die sie vor vier Jahren an Clara Spiegel geschrieben hatte. (»Es ist schön wie ein Wunder, und ich schaue auf das Haus und das Land und kann mir nicht erklären, wieso ausgerechnet mir das Leben so viel Glück beschert, an einem solchen Ort und mit einem solchen Mann leben zu dürfen.«) Aus einem Paradies der Sinne war eine Teergrube und aus dem heroischen Liebhaber ein zänkischer Trunkenbold geworden.

Für Ernest, der sie noch immer liebte, war der Brief eine überwältigende Abweisung. Gab es keinen Weg, sie zurückzugewinnen, als sich zu ihr aufzumachen? Das empfand er als ungeheuer unfair. Hatte er sich nicht schon in Italien und in Spanien bewährt! »Mein Vater hatte stets viel größere Angst umzukommen als Marty«, sagte Patrick. »Seiner Meinung nach war es sein gutes Recht, den Dingen fernzubleiben und an einem Ort zu leben, den er liebte und wo er es sich gut ergehen lassen konnte.« Bei Pat, der über Weihnachten für ein paar Tage auf der Finca war, ließ Ernest seinen ganzen Groll heraus. Er trank mehr denn je und beschuldigte Martha, egoistisch und ambitiös zu sein. Nie erwähnte er den praktischen Grund für ihre Abwesenheit – daß sie Geld verdienen mußte. Nun, da ihn der respektvolle Junge überdeutlich daran gemahnte, überkam Ernest sogar ein Anflug von Bedauern für das, was er aufgegeben hatte, als er sich von Pauline scheiden ließ, mit schmerzlicher Gewalt. Am meisten jedoch frustrierte und ärgerte ihn, daß Martha ihn, wie er es beharrlich nannte, derart gefühllos behandelte. Ihr Neujahrstelegramm, in dem sie wieder sagte, daß sie ihn liebe, änderte seine Stimmung nicht.

Mitte Januar traf sie Vorbereitungen für die Fahrt an die italienische Front und nach Nordafrika. Ernest blieb in Bezug auf ihre Aktivitäten weiterhin hart. Er verkündete laut, daß er sie als Frau geheiratet habe und nicht als entferntes Ideal oder »gar den unbekannten Soldaten«. Aber in der Öffentlichkeit lobte er sie weiterhin, besonders im *Collier's* vom 4. März 1944.

> »Ihre Berichte haben immer mit Menschen zu tun. Was ihren Leuten zustößt, geschieht wirklich, man empfindet es, als ob es einen selbst beträfe und man dabei wäre ... Sie geht zum Schauplatz, holt sich die Geschichte, schreibt sie und kommt nach Hause. Der letzte Teil ist der beste.«

Von einem Presselager in der Nähe eines zerbombten Dorfes bei Assino aus fuhren Martha und die anderen Kriegskorrespondenten mit einem Jeep über die gebirgige italienische Front. Ganze Dörfer waren wie durch Wirbelstürme niedergemacht, aber die Kinder spielten im Staub, und ihre Mütter schrubbten die zerlumpten Kleider in den Flüssen. Ein französischer Soldat fuhr sie zu den Feldlazaretten, wo sie die schrecklichen Wunden sah – Männer mit abgetrennten Beinen, andere gerade erblindet. Ernests Telegramme folgten ihr auf dem Weg durch die Divisionen. Überall wurden sie mit großer

Erheiterung von den Zensoren gelesen: BIST DU KRIEGS-KORRESPONDENT ODER EHEFRAU IN MEINEM BETT?

Im März kehrte Martha, wie sie es versprochen hatte, zur Finca zurück, aber nicht, um wieder in die alte Routine einzumünden:

>»Ich wurde nicht mit liebender, zärtlicher Fürsorge empfangen, obwohl ich völlig erschöpft ankam. Der Flug von Tanger im eiskalten Aluminiumbauch eines Bombers mit ein paar kranken GIs an Bord, die nach Hause geschickt wurden, war schlimm genug. Aber Ernest fiel sofort wie ein Rasender über mich her, das ist nicht übertrieben. Er weckte mich auf, wenn ich versuchte, zu schlafen, er stieß mich herum, schrie mich an und mockierte sich über mich – mein wirkliches Verbrechen war, im Krieg gewesen zu sein, als er es nicht war, aber so drückte er es nicht aus. Ich sei wahrscheinlich wahnsinnig, ich wolle nur Aufregung und Gefahr, ich hätte kein Verantwortungsgefühl, niemandem gegenüber, ich sei unglaublich egoistisch... So ging das fort, und glaube mir, es war wild und häßlich. Ich sagte ihm ins Gesicht, daß ich, ob er nun mitkomme oder nicht, zurückgehen würde, und daß er durch Roald Dahl einen Platz im Flugzeug bekommen könnte.«

(Auf ihrem Rückweg aus Italien hatte sie einen Zwischenstop im Weißen Haus eingelegt, wo sie Roald Dahl traf, der dort als stellvertretender Luftwaffenattaché an der Britischen Botschaft arbeitete. Wenn Ernest die R. A. F. in seinen Berichten erwähnte, würde Dahl ihm vorrangig einen Platz im Flugzeug verschaffen.)

Nach zwei Jahren der Weigerung gab Ernest jetzt nach. Vielleicht war es das persönliche Bedürfnis nach einer Veränderung so gut wie Marthas Überzeugungskraft, die ihn sich nun losreißen ließen. Er hatte genug von den langen Seereisen, die zu nichts führten. Die Verwilderung rund ums Haus machte ihn nervös. Und es ist möglich, daß sein Konkurrenzinstinkt schließlich erwacht war. Warum sollte Martha nicht wissen, daß er ein fürchterlicher Gegner sein würde, wenn er sich erst in den Wettstreit mit anderen Auslandskorrespondenten einließ. Schon bald fand sie heraus, was das bedeutete. Obwohl er

unter allen Zeitungen und Magazinen der Welt hätte wählen
können, bot er seine Dienste ausgerechnet *Collier's* an, dem
Magazin, für das sie seit 1937 arbeitete. Gemäß den Richtlinien
des US-Pressecorps wurde jeder Zeitung für den Schauplatz
Europa nur jeweils ein offizieller Frontberichterstatter erlaubt. »Deshalb«, sagte Martha, »war ich total blockiert...
Indem er *Collier's* gewählt hatte, ruinierte er automatisch meine Chancen, (in offizieller Funktion) über das Kampfgesche-
hen zu berichten.«

Im April fuhren sie nach New York, wo Ernest Martha
weiterhin mit seinen »scheußlichen und wahnsinnigen Beschimpfungen« überhäufte. »Er werde umkommen, ohne
Zweifel, und er hoffe, daß ich dann zufrieden sei mit dem, was
ich angerichtet habe... Ich sagte ihm in New York, daß es mir
unmöglich sei, ihn noch zu lieben, wenn er so weitermache.« Sie
lernte, daß sich Ernest auf die unterschiedlichste Art zu rächen
verstand, wenn er glaubte, selbst schlecht behandelt worden zu
sein. Sie war zu stolz, um für sich selbst einen Platz im Flugzeug
zu erbitten, doch sie nahm an, daß er sich für sie einsetzen
würde. »Oh nein«, sagte er schlicht, »das geht nicht. Die fliegen
nur Männer.« (Später erfuhr sie, daß Beatrice Lillie und Gertrude Lawrence mit im selben Flugzeug geflogen waren.) So nahm
Martha am 13. Mai ein Schiff. Sie war der einzige Passagier an
Bord eines Frachters, der Dynamit geladen hatte. »Es war eine
sehr gute und sehr interessante Erfahrung«, erklärte Martha
ironisch, »aber es war lang, glauben Sie mir.«

Wie sie vorausgesagt hatte, wurde Ernest in London wie ein
Held empfangen. Alte Freunde tauchten auf – Freddie Spiegel,
Lewis Galantière, ebenso Ernests Bruder Leicester (der bei
einer Dokumentarfilm-Abteilung in London arbeitete) und der
Life-Fotograf Robert Capa. Ernest übertrug sein Zölibat in
Havanna nicht auf London. Einige Tage nach seiner Ankunft
ging er zum Lunch ins White-Tower-Restaurant. Auf seinem
Weg durch den Speisesaal blieb er an einem kleinen Tisch
stehen, um Irwin Shaw zu begrüßen.

»Stell mich deiner Freundin vor, Shaw«, sagte er, während er
Shaws Begleiterin beäugte.

Shaw gehorchte. Ihr Name war Mary Welsh Monks. Sie war Amerikanerin, arbeitete als Korrespondentin in London und schrieb Features für die *Time*. Sie war klein und zierlich, hatte lockige, honigbraune Haare, ausgeprägte Gesichtszüge und ein gespaltenes Kinn. Ihre Stimme klang sanft und melodisch. Ihr Mann, Noel Monks, arbeitete für die *Daily Mail* und war zuständiger Korrespondent für den Kriegsschauplatz im Südpazifik. Später erinnerte sich Mary, daß Irwin Shaw sie auf Ernest aufmerksam gemacht hatte, bevor er an ihren Tisch gekommen war. In der schweren, wollenen R. A. F.-Uniform habe er sich offenbar nicht wohlgefühlt und es sei ihm darin sichtlich heiß gewesen. Sie wußte, daß er mit Martha Gellhorn verheiratet war. Ernest erkundigte sich etwas zaghaft, ob Mary wohl mit ihm essen würde. Sie war einverstanden, vielleicht weil etwas in ihr auf die schüchterne Wärme in seiner Art ansprach. Aber ihre erste Verabredung war nichts Besonderes, lediglich eine Gegeneinladung im gleichen Restaurant.

Marys dritte Begegnung mit Ernest fand in der Suite der Wertenbakers im dritten Stock des Dorchester statt. Charles Wertenbaker war aus New York herübergekommen, um für die *Time* die Berichterstattung über die kommende Invasion zu leiten. Seine Frau, Lael Wertenbaker, erinnerte sich noch lebhaft daran, wie Mary, wieder in Begleitung von Irwin Shaw, auf einen Drink in ihre Suite kam. Ernest riß mit weitschweifigen Vermutungen und geschmacklosen Witzen die Unterhaltung an sich. Ein zähneknirschender Frohsinn charakterisierte seine Stimmung während dieser ersten Tage in London, ein verräterisches Zeichen dafür, daß er sich innerlich in Aufruhr befand. Als er Mary verkündete, er werde sie später in ihrem Zimmer besuchen, hoffte sie heimlich, daß er nicht auftauchen würde. Aber er kam, machte es sich auf einem der Betten bequem und redete dann lange mit Mary und ihrer Zimmergenossin Connie Ernst über seine Kindheit in Oak Park. Als er schließlich aufstand, um zu gehen, starrte er Mary an. »Ich kenne Sie nicht, Mary«, sagte Ernest, »aber ich möchte Sie heiraten.«

Mary nahm an, er sei ziemlich betrunken.

FÜNF

1944 – 61

25

Marthas Schiff legte am 27. Mai 1944 in Liverpool an. In ihren *Travels* steht ein recht heiterer Bericht über diese Reise, die aber in Wahrheit überaus gefährlich war. Der Frachtraum war angefüllt mit hochexplosiven Stoffen, und es gab keine Rettungsboote.

Am Kai wurde Martha von einigen englischen Reportern umringt, die sie nach dem Unfall ihres Mannes befragten. Was für ein Unfall, erkundigte sie sich, froh, endlich wieder festen Boden unter den Füßen zu haben. Ein Autounfall, ein Zusammenprall mit einem Wassertankwagen, war die Antwort. Er lag im St. George's Hospital. (Drei Tage zuvor, am 24. Mai, hatte ein Dr. Gorer sich angeboten, den volltrunkenen Ernest von einer Party in Robert Capas Wohnung zurück ins Hotel zu fahren. Ernest war gegen die Windschutzscheibe geschleudert worden und hatte eine klaffende Wunde am Hinterkopf und eine Gehirnerschütterung davongetragen.)

Martha mietete sich im Dorchester ein. Sie nahm das Zimmer gleich neben Ernests Zimmer, in einem »sicheren Winkel« im zweiten Stock gelegen, und ging dann ins Krankenhaus. Sie fand ihn dort mit einem riesigen Turban vor. Champagner- und Whiskyflaschen lagen unter dem Bett, und er hielt, wie gewöhnlich, Hof. Die ganze Szene versetzte sie in rasende Wut. »Wenn er wirklich eine Gehirnerschütterung gehabt hätte, wäre er kaum in der Lage gewesen, mit seinen

Kumpanen zu trinken oder sie auch nur zu empfangen. Jedenfalls sah er nicht im geringsten krank aus.« Ihrer Meinung nach war es keine Art, sich im Krieg so aufzuführen. Die Tatsache, daß sie gerade siebzehn Tage auf einem mit Dynamit beladenen Schiff verbracht hatte, kümmerte ihn überhaupt nicht. Da sagte sie ihm in wütender Entrüstung, daß sie fertig mit ihm sei, absolut fertig. Von nun an betrachte sie sich als frei. Sie hatte siebzehn Tage lang Zeit gehabt, über alles nachzudenken – seine Selbstherrlichkeit, seine Täuschungsmanöver im Gegensatz zu der wirklichen Tapferkeit und den Leiden, die sie in London und Italien gesehen hatte, seine »endlosen, dummen Beschuldigungen« in Kuba und New York, die Vorwürfe wegen ihres Ehrgeizes und ihres Egoismus', die sie tief verletzten, weil sie so unfair und unwahr waren. Ernest, der sich einbildete, knapp dem Tode entronnen zu sein, wollte Mitgefühl und Trost. Martha indes, müde und abgestoßen, reagierte kalt und kritisch und stolzierte aus dem Zimmer. (Nach dem Besuch bei ihm zog sie in die oberste Etage des Dorchester in ein »herrlich exponiertes« Zimmer, weit entfernt von dem seinen im zweiten Stock.)

Nachdem ihm so hitzig die Meinung gesagt worden war, konnte Mary Welshs Armvoll Tulpen nur noch eine Wohltat für Ernests verletzten Stolz bedeuten. Seine Komplimente an jenem Maiabend in ihrem Hotelzimmer hatten Mary völlig perplex zurückgelassen. Sie erinnert sich, daß sie Connie Ernst sagte, er sei wahrscheinlich zu groß für sie, womit sie beides, »Statur und Status«, meinte. Aber nach einem enttäuschend verlaufenen Wiedersehen mit ihrem Mann fühlte sie sich alleingelassen. Als ihr Mann am 1. Juni abreiste, um einen Geheimauftrag zu übernehmen, entschloß sie sich, Hemingway einen Besuch abzustatten. Er begrüßte sie freudig und lud sie ein, ihn im Dorchester zu besuchen, wenn er in ein oder zwei Tagen entlassen werde. Sie sagte zu.

Mary Welsh wurde 1908, im gleichen Jahr wie Martha Gellhorn, geboren, aber sie unterschied sich in ihrer Herkunft nicht nur sehr von Marty, sondern auch von Hadley und Pauline. Adeline und Tom Welsh waren einfache Leute mit begrenzten

Mitteln gewesen. Beide hatten sich größtenteils selbst weitergebildet. Tom Welsh war Holzfäller. Er verdiente noch etwas nebenbei, indem er für Gruppen aus der Umgebung Tagesausflüge auf einem Mississippi-Dampfer, der *Northland*, organisierte. Mary war das einzige Kind. Sie wurde in Walker, einem Dorf in Minnesota, geboren, wuchs aber in Bemidji auf, einer nicht wesentlich größeren Stadt. Die Winter waren lang, ruhig und schneereich, aber mit dem Sommer kam jeweils die Zeit der Abenteuer, wenn sie für drei Monate auf das Flußboot zog und dort mit ihrem Vater in einer rauhen Männeratmosphäre lebte. Wenn sie bisweilen dachte, es wäre besser ein Junge zu sein, dann nur, weil sie wie ihr Vater sein wollte. »Wahrscheinlich kam das nicht so sehr daher, daß er mich wie einen Jungen behandelte«, erklärte sie später der Autorin, »sondern eher, weil er mich wie ein menschliches Wesen behandelte, das alles tun und alles versuchen konnte.«

Ihre Mutter, Adeline Welsh, war Mitglied der Christlichen Szientisten, eine freundliche Frau, die daheim blieb, um einer ruhigen Tagesroutine nachzugehen. Mary spürte, daß es grundlegende Differenzen zwischen ihren Eltern gab, und sie respektierte deren redliche Bemühung, dennoch ein Ehepaar zu bleiben.

Als Mary 1926 ihren High-School-Abschluß machte, war das Geschäft mit der Holzfällerei bedrohlich zurückgegangen. Jeder bewunderte ihren Schneid, als sie verkündete, sie würde sich an der Northwestern Universität mit dem Hauptfach Journalismus einschreiben. Ohne finanzielle Hilfe von ihren Eltern, aber mit vielen Ermutigungen machte sie sich auf nach Evanston, Illinois, wo sie sich mit Teilzeitjobs durchbrachte.

Im ersten Jahr verliebte sich Mary in einen Studenten der Schauspielschule aus Ohio. Er hatte eine poetische Ader und war ein guter Tennisspieler. Nach kurzer Romanze ließen die beiden sich von einem Friedensrichter trauen. Mary ging von der Schule ab und nahm einen Job bei einer kleinen Handelszeitung an, die als *The American Florist* bekannt war. In einer Woche lernte sie dort mehr über die Arbeit in einer Redaktion und die Mechanismen der Veröffentlichung als in den drei

Jahren College. Ihre Ehe jedoch kam ins Schwimmen. Sie glaubte ans Erreichen eines Ziels durch harte Arbeit, ihr Mann konnte keinen Job halten. Es genügte ihm, von ihrem Gehalt und von etwas Geld, das von seiner Familie kam, zu leben. Nach zwei Jahren mußte sie schließlich einsehen, daß es ein Jugendfehler gewesen war, ihn zu heiraten. In aller Stille ließen sie sich scheiden.

Während der Inflationsjahre in den frühen Dreißigern arbeitete Mary zehn Stunden am Tag, sechs Tage in der Woche. Von der Zeitung ging sie zu einer Firma, die Wegwerf-Wochenblätter herausgab. Der Lohn war erbärmlich, aber mit der Erfahrung, die sie dort sammeln konnte, gelang ihr der Schritt zur *Chicago Daily News*, wo sie als Gesellschaftsreporterin arbeitete. Colonel Frank Knox hatte die Zeitung gekauft und Paul Mowrer aus Paris zurückgeholt und zum Chefredakteur berufen. Mary wollte die Gebiete Rathaus und Verbrechensbekämpfung bearbeiten, konnte aber nicht wählerisch sein. Die *News* hatten einen angesehenen Redaktionsstab, und für Mary war das ein großer Schritt nach vorn, weg von der Knochenarbeit in den Zeitungsklitschen auf der Nordseite der Stadt. Ab und zu gab es Redaktionspartys im Haus der Mowrers 1300 North State, aber es wurde dort nie etwas davon erwähnt, daß Hadley Mowrer die ehemalige Mrs. Ernest Hemingway war.

1936 besuchte Mary England und Irland und überquerte dann den Kanal via Paris, wo der Bürochef des Londoner *Daily Express* sie zum Essen einlud. Als sie sich über ihre Rückkehr nach Chikago beklagte, überredete er sie, seinen Londoner Chef Lord Beaverbrook anzurufen und ihn nach einem Job bei einer seiner Zeitungen zu fragen. Beaverbrook schien der Anruf dieser jungen Fremden nicht sonderlich zu beeindrucken, aber er willigte ein, ein Vorstellungsgespräch mit seinem Redakteur in der Fleet Street zu vereinbaren.

Nach ihrer Rückkehr nach Chikago versuchte Mary ein Jahr lang, die Leute der *Daily News* davon zu überzeugen, sie in eines ihrer Auslandsbüros zu schicken. Schließlich ergab sich der Zwischenfall, der ihr weiterhalf. Lord Beaverbrook war nach Chikago gekommen und hatte sie zum Lunch eingeladen. Eine Woche später rief er aus New York an und erklärte sich bereit, ihre Fahrtkosten zu tragen, wenn sie ihn besuchen würde. Sie nahm sein Angebot nicht an, besorgte sich aber über ihre Presseverbindungen eine Rundreise-Fahrkarte. Von seinem riesigen Bett in der kalten Waldorf-Astoria-Suite aus begann der spindeldürre, asthmatische Beaverbrook, auf seine Besucherin einzureden. Erst lud er sie ein, ihn auf einer Nilfahrt zu begleiten. Dann schalt er sie wegen ihrer hinterwäldlerischen Weigerung und ging ihr schließlich gänzlich auf die Nerven, als er romantische Liebe für reine Zeitverschwendung erklärte. Das Ziel einer Frau, sagte er, solle es sein, dem Mann zu gefallen. Mary formulierte eine höfliche Erwiderung in dem Sinn, daß ihr Vater sie gewarnt habe, niemals Geschäftliches mit Sentimentalem zu vermischen. Daraufhin gab Beaverbrook widerwillig auf und versprach, zu versuchen, ihr einen Job zu besorgen, wenn sie nach London käme.

Drei Monate später, am 2. Juli 1937 trat Mary ihre Arbeit im Redaktionsbüro des Londoner *Daily Express* an. Lord Beaverbrook hatte sein Versprechen gehalten. Ihr erster Auftrag lautete, eine tausend-Worte-Story über das Verschwinden von Amelia Earhart über dem Südpazifik zu schreiben. Weitere Artikel folgten – ernsthafte und heitere – und schon bald konnte sie ihre Artikel namentlich unterzeichnen. Sie wohnte in einer Parterre-Wohnung in Chelsea. Ihre Kollegen waren ihre Freunde. Noel Monks, ein rotwangiger Australier und ehemaliger Schwimmchampion, der jetzt für die *Daily Mail* arbeitete, begann sie auszuführen. In ihrer Autobiographie »Wie es war« beschreibt Mary ihn als »genügsam« und »konservativ«, beides Eigenschaften, die in ihr selbst nicht sonderlich vorhanden waren. Mary trank so viel sie wollte und hatte sowohl eine liberale politische Einstellung als auch eine ungezwungene Haltung in Bezug auf ihr Privatleben. Aber die gegenseitige Anziehung hielt an, und so wurde im Sommer 1938 aus Mary Welsh Mary Welsh Monks.

Sie erhielt immer interessantere Aufträge und überquerte nun oft den Kanal. Sie war es, die über das erste Kind der niederländischen Prinzessin Juliana schrieb, und sie flog noch im September 1938 nach München, um über das Zusammentreffen von Neville Chamberlain und Adolf Hitler zu berichten. Im März 1939 gab Chamberlain den Verteidigungspakt mit Polen bekannt, und im April wurde in Großbritannien die allgemeine Mobilmachung ausgerufen. Mary und Noel waren gerade von ihrem August-Urlaub zurückgekehrt, als die deutsche Armee in Polen einmarschierte. Am 2. September, um 11 Uhr vormittags, erklärte England Deutschland den Krieg.

Als Noel in den nordöstlichen Teil Frankreichs geschickt wurde, um über die R. A. F. zu berichten, richtete es Mary so ein, daß man sie nach Paris schickte. Sie mietete eine Studiowohnung hinter dem Invalidendom und lernte in ihrer Freizeit Konversationsfranzösisch. Dabei war ihr zumute, als ob sie »Menuett tanze in einem Haus, das jeden Augenblick in Flammen aufgehen konnte«. Der Brand brach im Mai aus. Die Deutschen drangen von den Niederlanden her vor, die Franzosen zogen sich zurück, und die britischen Expeditionstruppen wurden abgeschnitten. An einem nassen Sonntag im Juni erfuhr Noel, daß Paris kurz vor der Kapitulation stand. Sie packten die wichtigsten Sachen zusammen und nahmen das nächstbeste Taxi zum Bahnhof Austerlitz. Per Bahn und Bus, mit einem requiriertem Fahrzeug und per Taxi schlugen sie sich bis Bordeaux durch und gelangten dann in die Sicherheit eines kleinen Schiffes, das Flüchtlinge nach England brachte.

In London erkundigte sich Mary bei Walter Graebner, einem alten Freund aus Chikago, inzwischen Londoner Bürochef der *Time*, ob er einen Job für sie habe. Zwei Tage später, die Deutsche Luftwaffe flog ihren verheerenden Angriff auf England, wurde Mary als *Time*-Korrespondentin engagiert. Am 7. September 1940 befahl Luftwaffengeneral Göring den nächtlichen Blitzangriff auf London. Am 22. September wurde Marys Haus am Berkley Square, Lansdowne House, zerbombt. Obwohl Winston Churchill später schrieb, die Deutschen hätten bis Anfang November die Schlacht um Britannien verloren, erinnert sich Mary an den Winter 1940–41 als eine Zeit voller Terror und Zerstörung. Jede Nacht kamen die

Bomber, und die Brände rasten von Dach zu Dach. Wenn sie morgens zur Arbeit ging, sah sie die schlichten grauen Lastwagen, auf die man die Toten lud.

Mary war lebhaft, aufgeschlossen und flexibel. Sie konnte mit allem fertigwerden und gehörte nicht zu denen, »die sich beklagten«. Als die Fenster in ihrem Penthouse zertrümmert wurden, packte sie ruhig ein paar Habseligkeiten zusammen, und die Monks zogen in die Park Lane 55, hinter dem Dorchester. Was immer auch die Zukunft bringen mochte, sie hatte Grund, sich an der Gegenwart zu freuen. Die *Time* veröffentlichte ihre Titelgeschichte über ihren alten Freund Beaverbrook, der jetzt das Ministerium für Flugzeugbau innehatte. Mary war bei den Leuten in den offiziellen Zirkeln für ihre gutmütige Art, die Dinge anzugehen, bekannt.

Als sie und Noel am 7. Dezember 1941 im Restaurant ihres Park-Lane-Gebäudes saßen, eilte ein Reporter vom *Daily Express* auf sie zu und sagte ihnen, daß die Japaner Pearl Harbor bombardiert hätten. Innerhalb kurzer Zeit wurde Noel in den Südpazifik geschickt, wo er über die australischen Truppenbewegungen berichten sollte. Mary kehrte nach Amerika zurück. Sie war für einen befristeten Zeitraum ins New Yorker Auslandsbüro der *Time* berufen worden. Ihr Schreibtischkollege im siebzehnten Stock des Time-Life-Gebäudes war ein junger Autor namens William Walton. Mary entdeckte zu ihrem Kummer, daß, sofern es um die Rangordnung ging, Männer die »Autoren« und Frauen die »Recherchierer« waren. Als ihre ersten Geschichten im Magazin erschienen, reagierten die Frauen im Redaktionsstab mit Neid und die Männer mieden sie. Erst die Nachricht von Noels Ankunft munterte sie wieder auf. Er kam auf seinem Weg zum Schauplatz Europa zurück über New York. Sie feierten gemeinsam Weihnachten, ehe sie auf getrennten Wegen Amerika wieder verließen.

Zu ihrer Überraschung fand Mary heraus, daß sie froh war, ja daß es ihr sogar Spaß machte, allein zu leben. Sie und Noel hatten nicht mehr so viel gemeinsam wie früher. Sie hatten über ein Kind gesprochen, aber, bedingt durch den Krieg und die Trennungen, schien die Zeit dafür niemals die geeignete.

Vielleicht hatte es weniger mit dem Krieg zu tun als damit, daß sich ihre Gefühle für ihn änderten. Ohne viel Aufhebens davon zu machen glaubte sie, die bessere Reporterin zu sein. Sie packte Probleme schneller an und löste sie. Die Tatsache, daß er lieb und nett war, machte nicht wett, daß er, wie sie nunmehr frei heraus erkannte, einfach langweilig war.

Als ihr von geschwätzigen Freunden die Nachricht zugetragen wurde, daß Noel in Kairo eine andere Frau habe, zuckte Mary nur mit den Schultern. Es trafen in London so viele Amerikaner ein, daß keine Frau hier allein zu sein brauchte, wenn sie nicht wollte. Und Mary wollte nicht. »Sie lachte viel und hatte viele Liebhaber«, erinnerte sich Bill Walton, der aus New York nach London gekommen war, um über die US Air Force zu berichten. »Sie war sehr klein, sehr attraktiv und schien immer diejenige zu sein, die in die Dunkelheit rannte, um ein Taxi zu rufen.« Walton war beeindruckt von ihren Reportagen. Es war erstklassiger, kreativer Journalismus. Er wußte, welchen langen Weg sie und ganz allein von Bemidji zur *Time* gegangen war, und er erkannte sie voll an. »Ich glaube, London war eine wunderbare Zeit für sie«, fuhr er fort, »vielleicht die beste ihres Lebens.« Sie war selbstsicher im Umgang mit Männern. Wenn einer mit ihr flirtete, war sie bereit, aber sie rannte niemals jemandem nach. »Wenn jemand zur Jagd blies«, so Walton, »dann war es immer der Mann.«

Als im Herbst und Winter 1943 immer mehr Amerikaner ins Londoner Westend strömten, begann sich Marys engster Kreis zu formen – Robert Capa, der den Krieg für *Life* fotografierte, Leute aus Literatur und Film, darunter auch Henry Hathaway, William Saroyan und Irwin Shaw. Schon im folgenden Jahr war ihr Freundes- und Bekanntenkreis beträchtlich angewachsen. Am 5. April 1944, ihrem Geburtstag, versammelte sie in ihrem winzigen Wohnzimmer gewöhnliche GIs hautnah mit Generälen und Chefredakteuren. Die Unterhaltung drehte sich um die Invasion – ob, wo und wann. Nach und nach wurden alle englischen Häfen geschlossen. Später studierte Mary den Kalender und schloß daraus, daß die Gezeiten für den 4. bis 6. Juni günstig standen. Ein Freund in der Admiralität, dem sie ihre Berechnungen anvertraute, war darüber so erstaunt, daß er drohte, sie einsperren zu lassen.

Als die deutschen Bomber in den warmen Frühlingsnächten verstärkt wiederkamen, wurde Mary von einem unangenehmen Gefühl der Einsamkeit gepackt. Sie fragte sich, ob es nur die Angst davor sei, in einer Zeit höchster Gefahr allein zu sein. Irwin Shaw machte sie mit Connie Ernst, einer jungen Frau aus New York bekannt, die ebenfalls allein war, und so bezogen die beiden zusammen ein riesiges Hotelzimmer im Dorchester. Mary führte Connie in ihre Time-Life-Clique ein. »Mary war schon so lange in London«, erinnerte sich Connie, »daß sie jeden kannte und wundervolle Beziehungen hatte. Sie war so ungeheuer lebendig und sagte immer, was sie dachte. Ich bedeutete in beruflicher Hinsicht keinerlei Konkurrenz für sie, und so wurde ich die Freundin, der sie zu vertrauen schien.«

Bevor Mary ins Dorchester zog, war Noel nach London gekommen und hatte zwei Wochen mit ihr in ihrer gemeinsamen Wohnung verbracht. Mary leugnete nicht, daß es gut war, seine vertraute, solide Gegenwart in ihrem schmalen Bett zu spüren. Sie berichtete ihm von ihren Neuigkeiten und hörte höflich den seinen zu, aber unter dem Plaudern und dem Lieben gab es eine Entfernung, die nicht mehr überbrückt werden konnte. Am 1. Juni verließ Noel London, um einen geheimen Auftrag zu übernehmen, der mit der kommenden Invasion zu tun hatte, und Mary, die erfahren hatte, daß Ernest Hemingway Opfer eines Autounfalls geworden war und im St. George's Hospital lag, entschloß sich, ihn zu besuchen.

26

Bei einer morgendlichen Pressekonferenz in London erfuhr Martha Gellhorn mit hunderten von anderen Journalisten von der Invasion der Alliierten, die ein paar Stunden zuvor eingeleitet worden war. Ernest war nicht dabei. Man hatte ihn mit einigen anderen Sonderkorrespondenten schon Tage zuvor insgeheim zu einer Beobachtungsstelle gebracht. Spät in der Nacht des 5. Juni ging er an Bord des Truppentransporters *Dorothea L. Dix*. Am 6. Juni gegen 5 Uhr morgens wurde er zu einem Landeboot übergesetzt. Von seinem Posten neben dem Kommandanten des Schiffes aus beobachtete er, wie die kampfbereiten Truppen an Land wateten. Am 22. Juli 1944 veröffentlichte *Collier's* die Berichte seines berühmten Mann-Frau-Teams über das Landemanöver. Ernests Augenzeugenbericht von der Landung in der Normandie wurde als Titelgeschichte gebracht. Marthas Beschreibung des ersten Lazarettschiffes an der normannischen Küste erschien unter ferner liefen.

Martha, die sich irgendwie den Transport zum Einschiffungshafen erschwindelt hatte, lungerte dort bis nach Mitternacht herum und riegelte sich dann in der Toilette eines unbewaffneten Lazarettschiffes ein, das den Kanal bei Anbruch der Dämmerung überqueren sollte. Das mit riesigen roten Kreuzen bemalte Schiff mit seinen 422 leeren und bereitstehenden Betten fuhr langsam durch den verminten Kanal. Zweiunddreißig Stunden lang wurden verwundete amerikanische und deutsche Soldaten vom Ohmahastrand an Bord gehievt. »Ich verdingte mich als Hilfskrankenschwester... Sie hatten nicht genügend Lebensmittel an Bord, also veranlaßte ich, daß die Stewards belegte Brote mit Corned Beef machten, die einzig verfügbare Nahrung für die Verwundeten, die essen konnten. Ich schleppte Urinflaschen und rief nach den Krankenschwestern, wenn sich irgendwo die Lage drastisch zuspitzte.« Im

Schutz der Dunkelheit ging Martha in der Nacht des 7. Juni mit den Bahrenträgern an Land, wo sie die Verwundeten einsammelten.

So kam es, daß sie es war, die die normannische Küste betrat, sich den Weg durch die Minenfelder und Stacheldrahtverhaue bahnte, während Ernest zum Ausharren auf der Brücke eines Landungsbootes verurteilt war. Das machte Ernest so wütend, daß er sich einredete, sie könne niemals dort gewesen sein. Er erklärte, sie habe nicht einmal die nötigen Papiere für eine Landung gehabt. Wieder in London hoffte Martha, nach Italien gehen und über die weiteren Kriegsgeschehnisse ohne die US-Streitkräfte berichten zu können, wofür sie dann keine offiziellen Papiere benötigt hätte. Sie schickte Ernest eine Nachricht. »Ich fahre mit einer dieser hoffnungslosen Cooks Tours nach Italien«, hieß es darin. »Ich kam, den Krieg zu sehen und nicht, um im Dorchester zu leben.« Ernest schrieb sarkastische Kommentare an den Rand ihrer Notiz.

In der ständigen Gesellschaft von Mary Welsh nahm Ernests Gereiztheit etwas ab. Bei langen Mittag- und Abendessen in Pubs und Restaurants im Londoner West End tauschten sie ihre Ansichten sowie die Einzelheiten aus ihrer Vergangenheit aus. Die Liebesaffäre entwickelte sich so zufriedenstellend, daß Ernest ein Gedicht »Für Mary in London« schrieb. In freiem Versmaß enthielt es Überlegungen über vergangene Triumphe, gegenwärtige Nöte und zukünftige Hoffnungen. Als er ihr sagte, sie habe so kräftige Beine wie Prudy Boulton, schien sie dies als nettes Kompliment aufzufassen und schrieb merkwürdigerweise: »(Prudence) war das erste weibliche Wesen, das er je beglückt hatte.« Mary war gern ein guter Sexpartner. Sex fiel ihr leicht, und offensichtlich stellte sie keine Anforderungen an Ernest, die er nicht erfüllen konnte. Eine derart leichte Akzeptanz war genau das, was er nach Marthas ausgesprochener Abweisung benötigte.

Zwei Monate nachdem er Mary im White Tower Restaurant kennengelernt hatte, ging Ernest nach Frankreich, um dort über die amerikanischen Truppenbewegungen zu berichten. Am 24. August näherte sich General Jacques LeClerq mit seinen Truppen Paris, und die Deutschen zogen sich zurück. Bis dahin hatte Mary Graebner überredet, sie ebenfalls nach Frankreich zu schicken. Sie wurde zur französischen Küste geflogen und fuhr dann mit einem amerikanischen Jeep weiter nach Paris. Mit Schlafsack und Schreibmaschine beladen, bahnte sie sich ihren Weg durch die schreiende Menge. Die Stadt feierte ihre Befreiung. Im Ritz fragte sie nach Mr. Hemingway und wurde zum Zimmer Nr. 30 geschickt. Dort feierte Ernest gerade mit seinen Freunden von der Résistance. Während der Champagner floß, machte er es sich bequem und erzählte seine eigenen Abenteuer.

Ende Juli hatte er sich beim amerikanischen General Raymond Barton von der 4. Infanteriedivision gemeldet und danach Kontakt zu einigen Offizieren aus Bartons Kompanie aufgenommen. Am 28. Juli lernte er in einem kleinen normannischen Bauernhaus in der Nähe des Dorfes Mesnil-Herman Colonel Charles T. »Buck« Lanham, den Kommandanten des 22. Infanterieregiments kennen. Colonel Lanham hatte weitreichende Interessen, einschließlich einer Neigung zu Literatur und Kunst. Der ungepflegte Hemingway, dessen physische Präsenz und wache Augen, die ihn an einen Piraten aus dem 18. Jahrhundert erinnerten, erregte seine Neugier.

Neun Tage später trafen sich die Männer wieder, diesmal in Villedieu-les-Poëles. Granaten splitterten und Gebäude brannten nieder, während Lanhams Männer die sich zurückziehenden Deutschen bekämpften. Der Colonel entdeckte Ernest auf einer seiner rasenden Jeepfahrten durch die Stadt. Er stand an einer Straßenecke und wippte lässig auf den Ballen seiner Füße. Bei ihm war Archie Pelkey, ein rothaariger Landser, der sich Ernest als Hilfsbursche angedient hatte. Ernests Londoner Stimmung, aus Selbstmitleid und sarkastischem Pessimismus zusammengesetzt, hatte sich in der kritischen Atmosphäre einer vorrückenden Infanterie in Luft aufgelöst. Herumirrende Kugeln, Schlafen in Bauernkarren, sich Nahrung zusammenkratzen, das waren Dinge, auf die er sich verstand und die er geschickt ausführte. In Villebaudon hatte er ein verlassenes deutsches Motorrad, einen zerbeulten Mercedes sowie Pelkey beschlagnahmt. Er war in seinem Element, nahm für sich die Privilegien in Anspruch, die für Männer galten, die sich höchster Gefahr aussetzten. Am 18. August stießen er und Pelkey auf zwei Lastwagen mit Widerstandskämpfern. Am 20. bereits hatte Ernest seinen eigenen Kommandoposten im Hotel du Grand Veneur in Rambouillet und leitete die geheimen Zusammenkünfte der Partisanen. Auf der Innenseite seines Hemdes trug er eine offizielle Bescheinigung, die ihn zum Tragen von Waffen und zum Anführen geheimer Aktionen seiner kleinen Gruppe ermächtigte. Sie war ihm von Colonel David Bruce vom *Office of Strategic Services* (OSS) erteilt worden. Ernest und seine Gefolgsleute, die *maquis*, schlugen sich, der Route der Befreiungstruppen folgend, bis nach Paris durch und kamen dort am selben Tag an wie Mary.

Berauscht vom Champagner und von Ernests warmem Empfang, begab Mary sich noch einmal auf die Straßen, um einen Bericht über den ersten Tag der Befreiung zu machen. Sie befand sich am Triumphbogen, als LeClerqs Männer über die Champs Elysées einmarschierten. Auf der Tribüne stand Charles de Gaulle höchstpersönlich. Vom Hotel Scribe, dem Presse-Hauptquartier der Alliierten aus, gab sie ein langes Telegramm durch. Der Rest des Abends verschwamm vor ihrem Bewußtsein. Zu erschöpft, um noch auszupacken oder sich gar auf Nr. 26, ihr eigenes Zimmer, zu begeben, schlief sie auf Ernests Bett mitten unter Gewehren, Handgranaten und Pelkeys Kochutensilien ein. Am nächsten Morgen erst ging sie in ihr eigenes Zimmer, die Nr. 26 mit den taubengrauen Wänden, der rosafarbenen Brokat-Chaiselongue und dem Marmorkamin. Charles Ritz schien nichts zu bemerken, wenn sein guter Freund Hemingway sein überfülltes Quartier gegen Marys ordentliches Boudoir eintauschte.

Obwohl sie eigene Termine für Berichte einzuhalten hatte, nahm Mary an Ernests laufenden Champagnerfeiern teil so oft sie konnte. Natürlich wollte er ihr sein Paris zeigen. So lernte sie Picasso in seinem Atelier kennen; sie besuchten die Rue de Fleurus 27, wo man ihnen sagte, daß Miss Stein und Miss Toklas fort seien. Es folgte ein steifer, formeller Besuch bei der

Familie eines französischen Maquisard, eines Mannes aus der Arbeiterklasse, der Ernest treu ergeben war. Mary glaubte, die schwierige Situation richtig gemeistert zu haben, aber Ernest fluchte und beschuldigte sie, ungeschickt und gönnerhaft aufgetreten zu sein. Sie schrak unter seinen verletzenden Worten zusammen. Zum ersten Mal, seit sie ihn kannte, befand sie sich in der Rolle des Prügelknaben. Martha hatte dieser Rolle kräftig Widerstand geleistet, indem sie sich schließlich weigerte, mit Ernest zu leben. Mary reagierte dagegen auf seine Beschimpfungen mit einer erstaunlichen Selbsterniedrigung. »Ich lernte nie, die Dinge so anmutig und leidenschaftslos hinzunehmen, wie ich es gerne gewollt hätte«, schrieb sie. Solche Demut schien unnötig. Aber vielleicht war sie zu der Überzeugung gelangt, daß der wichtigste Charakterzug in einer Verbindung mit Ernest die Fähigkeit war, diese Beziehung zu ertragen. »Papa kann strenger sein«, bemerkte Capa in Bezug auf Ernests Neigung zum Schikanieren, »als Gott an einem rauhen Tag, wenn die ganze Menschheit sich schlecht benimmt.«

Am 4. September verließ Ernest Paris, um sich Lanham und seinem 22. Regiment anzuschließen, das durch Belgien vorrückte. »Das war eine glückliche Zeit für uns alle«, erinnerte sich Lanham. »Es war eine Zeit voller Gelächter und Siegesrausch... Wir standen im wahrsten Sinne des Wortes auf der Grenze des Vaterlandes (900 m vor den Bunkern der Siegfried-Linie, des Westwalls), und Ernest war so fröhlich und witzig wie nie.« Privat schrieb Ernest Liebesbriefe an Mary. Die Tage mit ihr im August seien die glücklichsten seines Lebens gewesen, schrieb er, ohne Enttäuschung und Desillusionierung.

»...Ich bin einfach glücklich und schnurre wie eine alte Dschungelkatze, weil ich Dich liebe und Du mich liebst... Wir werden kämpfen... gegen Einsamkeit, Hühnerkacke, Tod... Faulheit... und viele andere unnütze Dinge – und dafür, daß Du aufrecht im Bett sitzt, schöner als jede Gallionsfigur am feinsten und größten Schiff... Liebste Mary... bitte liebe mich ganz sehr und paß immer auf mich auf, als Kleiner Freund, so wie Kleine Freunde auf

Große Freunde aufpassen... Oh Mary, Liebling, ich liebe Dich sehr.«

Die Sonne und der blaue Himmel verwandelten sich in Eisregen, während der zermalmende Ansturm weitergeführt wurde. In vielen dunklen Nächten, die nur das Donnern des entfernten Kanonenfeuers unterbrach, sprachen Ernest und Lanham stundenlang über ihre Kindheit, ihre Eltern, ihre Frauen, ihre Träume und Ängste. In dieser Zeit war es, als der Colonel Ernest von Grace als von »dieser Hure« reden hörte und als er von der Feigheit seines Vaters sprach. Hadley, obwohl in seiner Erinnerung verehrt, entrann ebenfalls nicht der Kritik. »Er erzählte mir, wie seine Frau (die erste) auf dem Weg zu ihm in die Schweiz seinen Band Kurzgeschichten verloren hatte«, erinnerte sich Lanham. »Er sagte, sie habe ihn damit beinahe umgebracht. Selbst als er die Geschichte erzählte, konnte ich noch sehen, wie die Wut in ihm hochstieg. Die arme Frau konnte bestimmt nichts dafür, aber ich hatte den Eindruck, er machte sie dennoch verantwortlich und würde ihr das niemals verzeihen.«

Ernests tiefste Wut jedoch galt Martha und ihrem Verhalten im Londoner Krankenhaus. »Es war schrecklich zu sehen, wie sehr er sie haßte«, schrieb Lanham. In einem Brief, den er am 15. September an Patrick ins Internat schickte, brachte Ernest seine ganze verzehrende Bitterkeit zum Ausdruck:

»Habe von der Marty seit dem Junibrief nichts gehört... Ihr Prima-Donna-ismus macht mich krank. Als (in London) Kopf völlig zerschlagen war, schreckliche Kopfschmerzen usw., tat sie nicht so viel für einen Mann, wie wir für einen Hund tun würden. Ich habe mit ihr einen sehr großen Fehler gemacht – oder aber sie hat sich stark verändert – womöglich beides, glaube ich – aber hauptsächlich das letztere. Ich hasse es, jemanden zu verlieren, der so wunderschön aussehen kann und den wir so gut schießen und schreiben lehrten. Aber ich habe sie mir aus dem Kopf geschlagen und wäre froh, sie nie wieder zu sehen... Dachte, ich sollte Dir das über Marty schreiben, damit Du weißt, wie die Dinge stehen... Als ich in dem verdammt schlimmen Zustand in London war, war Capas Mädchen Pinkie schrecklich gut zu mir, und noch ein anderes nettes Mädchen, sie heißt Mary Welsh. Ich traf sie in Paris wieder, und wir verbrachten eine schöne Zeit. Glaube, sie würde Dir gefallen. Habe ihr den Spitznamen Papas Taschenrubens gegeben. Wenn sie noch dünner wird, avanciert sie zum Taschen-Tintoretto... Sehr nettes Mädchen. Kümmerte sich um mich, als es mir am dreckigsten ging.«

In seinem Zustand von Selbstmitleid unterließ es Ernest zu erwähnen, wie er Martha mit Beschimpfungen überhäuft hatte. Das konnte Martha nicht mehr überraschen. Sie wußte, als sie ihm im Krankenhaus sagte, wie sehr sie ihn verachte und daß sie sich frei und von ihm getrennt fühle, daß er ihr das nie verzeihen würde. Sie hatte ihn verlassen, und das war unverzeihlich. »Seitdem log er über mich, wo er nur konnte – all diesen Unsinn von meinem Ehrgeiz und meiner Hartherzigkeit.«

Ernests krasse Verunglimpfungen von Marthas Berichten über den Krieg waren lächerlich. In Wahrheit war alles ganz anders. Als sie nach der Invasion vom Lazarettschiff kam, wurde sie von der PR-Stelle der amerikannischen Armee festgenommen, weil ihre Papiere nicht stimmten. (Ihre Papiere als zweiter Korrespondent für *Collier's* erlaubten ihr nur den Zutritt zu Gebieten, die hinter der Front lagen.) Zur Strafe dafür, daß sie sich in die Normandie begeben hatte, wurde sie in ein amerikanisches Schwestern-Ausbildungslager im englischen Hinterland beordert. Man sagte ihr, sie könne mit den Schwestern nach Frankreich übersetzen, sobald diese dort in ein Basiskrankenhaus berufen würden. Martha hielt es einen Tag lang aus, dann kletterte sie über den Drahtzaun, fuhr per Anhalter zum nächsten Militärflugplatz, erzählte einem Piloten eine traurige Geschichte von einem Verlobten, den sie in Italien besuchen wolle, und kam so auf illegale Weise nach Neapel. »Ich besaß weder Papiere noch eine Reisegenehmigung noch eine Einkaufsgenehmigung für die PX, nichts. Ich war eine Zigeunerin in diesem Krieg, nur um über ihn zu berichten«, sagte sie. Und sie berichtete gut und tapfer über verschiedene Einheiten der britischen Achten Armee, die Polen an der Adria und die Franzosen in Mittelitalien. Sie »teilte die Gefahren und Entbehrungen der Soldaten und der italienischen Bevölkerung, deren Land Meile um Meile erfochten wurde«. Harold Acton, der britische Literat, lobte ihre Artikel als die am besten geschriebenen und aktuellsten von allen, die ihm im Hotel Scribe übergeben wurden. Acton hielt Marthas Arbeiten im Vergleich zu Ernests für die besseren, und er war der Meinung, daß sie einen guten Einfluß auf ihn ausübte.

Martha kam auf ihrem Rückweg aus Italien über Paris. Von Florenz aus hatte sie eine Depesche abgeschickt, die am 30. September 1944 in *Collier's* veröffentlicht wurde.

Ernest, der von der Siegfried-Linie zurückgekehrt war und mit Mary im Ritz wohnte, rief Martha im Hotel Lincoln an – er wußte immer, wo sie sich befand. Sie dagegen wußte nie, wo er war. »Er bestand darauf, mit mir essen zu gehen. Ich dachte, wir könnten über unsere Scheidung sprechen. Stattdessen kam er mit einer Meute junger Kameraden aus ›seinem‹ Regiment und beschimpfte und verhöhnte mich vor ihnen während des ganzen Essens. Es war ihnen schrecklich peinlich, und einer nach dem anderen verschwand. Ich hatte auf der rückwärtigen Bank an der Wand gesessen, zwischen ihnen eingeklemmt. Als sie fort waren, konnte ich endlich aufstehen und hinauslaufen.« Capa fand sie in Tränen aufgelöst und versuchte sie zu trösten. Was gab Ernest das Recht, sie zu strafen, wenn er selbst eine Beziehung zu einer anderen Frau hatte, fragte Capa mitfühlend. »Es war das erste Mal, daß ich von Mary Welsh hörte, und ich war überglücklich. Es bedeutete, daß er nun einer Scheidung zustimmen *mußte*«, sagte Martha.

Am 3. November schrieb Martha Ernest von Holland aus, daß es an der Zeit für endgültige Schritte sei. Wie sonst könnten er und Mary Pläne für die Zukunft machen oder sie für die ihre? »Wir sind ehrliche Leute, Bug«, fuhr sie fort, »und das ist ein ungutes, dummes Arrangement. Das ist nicht unser Stil ...Ich denke, das Beste für Dich ist, die Sache mit mir zu beenden.«

Da Ernest bereits öffentlich auf sie verzichtet hatte und voll von Mary eingenommen war, würde man annehmen, daß ihm Marthas Versuch, Frieden zu schließen, gelegen kam. Aber er mochte sich nicht damit abfinden, daß sie einfach so von ihm fortlaufen könnte. Hatte nicht Hadley eine Prüfungszeit von 100 Tagen gefordert, ehe sie in die Scheidung einwilligte? Und Pauline hatte drei Jahre lang gekämpft, bevor sie aufgab. Sein Stolz war tief verletzt; aber die kubanischen Freunde und seine Söhne gaben der Vermutung Ausdruck, daß er sie immer noch geliebt, immer noch gewollt habe.

Im Ritz in Paris stritten sich Mary und Ernest und versöhnten sich wieder. Als ein paar seiner Freunde vom 22. Regiment ein betrunkenes Spektakel vollführten und ihr das Badezimmer vollkotzten, wurde Mary fürchterlich wütend. Ernest machte ihr Vorwürfe. Wie könne sie es wagen, die tapferen Männer des 22. zu beschimpfen. Mary entgegnete, daß sie Trunkenbolde und Geiferer seien, und damit verpaßte er ihr auch schon einen leichten Faustschlag ins Gesicht.

Ein anderer Streit wurde ausgelöst, weil er sich in ihre Arbeit einmischte. Als eines Morgens ein Anruf von Wertenbaker kam, sagte Ernest Wert, was er von Marys Auftrag hielt, statt den Hörer an sie weiterzureichen. Erst als er ihren wütenden Blick bemerkte, ließ er sie selbst ans Telefon. Sie erinnerte ihn mit Nachdruck daran, daß sie in Bezug auf ihre Arbeit keine Hilfe von ihm bräuchte. Zur gleichen Zeit jedoch fing sie allmählich an, sich einzugestehen, daß Ernest für sie wichtiger wurde als ihre Arbeit. Was sie wirklich wollte, war die Karriere einer Ehefrau, besonders dann, wenn sie zugunsten eines so anziehenden Mannes, wie Ernest es damals war, aufgebaut wurde.

Eines Tages, als sie im Ritz gerade beim Mittagessen saßen, brachte ein Kurier die Nachricht, daß Jack Hemingway (er hatte die Offiziersanwärter-Schule absolviert und war jetzt einer OSS-Abteilung in der 30. Infanteriedivision zugeteilt) am Tage zuvor in der gebirgigen Umgebung von Montpellier verwundet und gefangengenommen worden war. Ernest spann seltsame Pläne zur Befreiung seines Sohnes aus, so daß Mary schließlich vorschlug, ob sie nicht zum Divisionshauptquartier in Nancy fahren und sich dort nach Jacks Verbleib erkundigen solle. Ernest war damit einverstanden. Mary, die harmlose *Time*-Reporterin, würde unauffällig Nachforschungen anstellen können. Wertenbaker besorgte ihr die Reisegenehmigung, und am 7. November morgens wurde sie von einem Armeejeep mit Fahrer vom Hotel abgeholt. Wie sie sich mit Ernest in Verbindung setzen würde, der in ein paar Tagen zu Lanhams Gefechtsstand in Deutschland fahren sollte, war ungewiß. Aber sie versprach, ihm einen ausführlichen Bericht zu schreiben.

Eine Woche später, wieder in Paris, schrieb Mary ihm alles, was sie in Erfahrung gebracht hatte. Jacks Auftrag lautete, die Partisanen dahin auszubilden, feindliche Stellungen zu infiltrieren. Bei einer Routineerkundung mit seinem Captain und einem französischen Widerstandskämpfer war der Partisan im deutschen Feuer gefallen, während die beiden Amerikaner verletzt wurden. Von einem gefangenen deutschen Soldaten erfuhr Jacks Vorgesetzter, wo man die beiden Amerikaner gefangenhalten würde. Nach seiner Freilassung bei Kriegsende fügte Jack dieser Geschichte noch eine dramatische Einzelheit hinzu. Der österreichische Befehlshaber der Alpenjäger-Einheit, die ihn festgenommen hatte, kannte Ernest und Hadley sowie ihr zweijähriges Kind von ihrem Aufenthalt 1925 in Schruns her. Als er Jacks Namen sah, beendete der Offizier das Verhör und ließ ihn in ein Krankenhaus im Elsaß einweisen.

Ernest hatte in der Zwischenzeit Buck Lanhams Regimentskommandostelle im Hürtgenwald erreicht. Drei Wochen lang warfen sich Lanhams Sturmtruppen, die Helden der Normandie, gegen die gigantische deutsche Artillerie an der Siegfried-Linie. »Die Tage vergingen«, schrieb Lanham grimmig, »die Verlustlisten wurden immer länger, und die 22ste wühlte sich vorwärts, Meter um verdammten Meter.« Bill Walton, der ebenfalls zugegen war, vermerkte, daß Ernest damals »besonders lustig, ohne innere Konflikte, aufs glücklichste frei von den Komplikationen mit Frauen« gewesen sei. Walton mochte recht haben. Ernest schien besser für den Umgang mit mörderischen Kanonenfeuer, wilden Tieren und stürmischer See ausgerüstet zu sein, als für den mit den privaten Problemen, die ihn bedrängten. Aber die Feuertaufe am Hürtgenwald bildete jahrelang den Kern, um den sich seine Alpträume drehten.

Ernests zensierte Briefe an Mary und Patrick enthielten wenig Einzelheiten über die Kämpfe, aber es war offensichtlich, daß er von der Hinschlächterei die Nase voll hatte und sich nach Hause sehnte. »Aber nach dem hier«, schrieb er Pat, »gehe ich nach ... Kuba, bringe das Grundstück in Ordnung ... schreibe Buch ... Die Mart (Martha) will in Europa bleiben ... Wir streiten nicht mehr. Als ich den Schlußstrich zog, wollte sie unbedingt zurück (Das mochte Wunschdenken sein, da Martha davon nicht das geringste Anzeichen gab). Aber wir wollen eine richtige Arbeit, nicht allein sein und nicht in den Krieg gehen müssen, um bei der Ehefrau zu sein und dann zusehen müssen, wie es Frau zu anderen Kriegsschauplätzen zieht, damit die Geschichten sich nicht Konkurrenz machen. Hole mir jemanden, der in meiner Nähe bleiben will und mich den Schriftsteller der Familie sein läßt.«

Mary, die in jenem trüben Pariser Winter ihren eigenen Aufgaben nachging, fragte sich, ob sie wohl diejenige sein könnte. Trotz unterschwelliger Zweifel, ob sie ihre hart erkämpfte Unabhängigkeit aufgeben sollte, bat sie Wertenbaker um einen befristeten Abwesenheitsurlaub und schrieb Ernest am 14. November, daß sie versuchen wolle, mit ihm in Kuba zu leben. Aber Ernest, der mit einer schweren Lungenentzündung ins Ritz zurückgekehrt war, führte sich in der darauffolgenden Zeit reichlich häßlich auf. Eines Tages, als sie selbst in bedrückter Stimmung war und eine tröstliche Plauderei bei einer Flasche Cognac gebraucht hätte, sagte er ihr, sie sähe aus wie eine »Spinne«. Verletzt und stumm zog sie sich in ihr eigenes Zimmer zurück. Traurig schrieb sie in ihr Tagebuch, daß sie möglicherweise doch nicht füreinander bestimmt seien. Von Zuneigung hatte er keine Ahnung. Warum hatten andere Frauen an ihm festgehalten, wenn er sie so hündisch behandelte, wie er es mit ihr tat?

Am 16. Dezember erfuhr Ernest, daß das deutsche Oberkommando einen Generalangriff auf die vordersten Stellungen der amerikanischen Armee in der Nähe von Luxemburg eingeleitet hatte. Bartons 4. Division würde die erste Wucht des Angriffs abbekommen. Mit fiebriger Lungenentzündung und schwitzend machte sich Ernest am Morgen des 17. schleunigst mit Jeep und Fahrer auf den Weg.

Ende 1944 fand ein letztes Scharmützel zwischen Mann und Frau statt. Am späten Vormittag des 31. Dezember mietete sich Bill Walton im Luxembourg-City-Hotel, dem lokalen Pressequartier, ein. Im Foyer fiel ihm eine umwerfend schöne Frau auf, die er von Fotos her als Martha Gellhorn erkannte. »Man würde sie meilenweit erkennen«, sagte Walton, »wegen ihres eleganten Haares von glühender Goldfarbe. Ihre Haltung ist wie die eines schönen Rennpferdes.« Nach kurzer Unterhaltung vereinbarten sie, eine nahegelegene Einheit aufzusuchen. Die Stadt war nicht zerstört, sondern lediglich von deutschen Jagdfliegern gestreift worden. Als sie am späten Nachmittag zurückkehrten, gingen sie mit den einheimischen Kindern im Park Schlitten fahren. Sie lachten viel und stürzten, und Martha war eine gute Gesellschafterin. Bill lud sie zum Abendessen ein. Voll freudiger Erwartung sah er einem lustigen Abend entgegen. Aber als er in sein Hotelzimmer kam, um sich umzuziehen, saß dort Ernest auf seinem Bett. Er wußte nichts von den Ereignissen des Tages.

»Ich habe heute abend eine Verabredung mit deiner Frau«, sagte Walton. Obwohl Ernest ihm im Hürtgenwald alles über seine Affaire mit Mary erzählt und ihm gesagt hatte, was für eine schreckliche Person Martha sei, war Walton nicht ganz sicher, wie Ernest auf diese Ankündigung reagieren würde.

Ernest sah eine Gelegenheit, Unheil zu stiften. »Ich komme auch mit«, sagte er grinsend.

Der Abend wurde eine Katastrophe. Ernest beschimpfte Martha nach Kräften, und sie gab es ihm zurück. Walton kam es vor, als ob er Zuschauer bei einem Tennismatch sei. An einer Stelle versuchte er Ernests Angriffen ein Ende zu machen. Er bestand darauf, daß er solche Beleidigungen einer Frau gegenüber nicht tolerieren werde, aber Ernest konterte nur, man könne nicht von ihm verlangen, daß er einen Elefanten mit Pfeil und Bogen jage. Walton fand, Martha habe sich unter diesen Umständen recht gut verhalten. Als das Essen endlich vorüber war, atmete er ungeheuer erleichtert auf.

Aber es kam noch mehr. Wieder im Hotel, stellte er bestürzt fest, daß Ernest vorhatte, in seinem Zimmer zu übernachten, und daß er mit Martha noch nicht fertig war. Ernest zog sich bis auf seine langen Unterhosen aus und holte sich einen Mop und einen Eimer aus einer Putzkammer. Den Eimer als Helm auf dem Kopf und den Mop über der Schulter, schickte er sich an, Marthas Zimmer zu stürmen. »Hau ab, du Besoffener«, befahl sie hinter der verschlossenen Tür. Walton freute sich insgeheim, als Ernest sich schließlich geschlagen zurückzog.

Mitte Januar, wieder in Paris, befand Ernest sich in besserer Stimmung und war tatsächlich besser gelaunt, als Mary ihn je erlebt hatte. Während seiner Abwesenheit hatte sie die Dinge noch einmal nüchtern überdacht und sich gesagt, daß sie nicht eine perfekte Beziehung wie im Paradies erwarten dürfe, wenn sie mit ihm nach Kuba ging, was sie versuchsweise vorhatte. Sie war sechsunddreißig und hatte zwei gescheiterte Ehen hinter sich. Schmerzen und Konflikte würden unvermeidlich sein, und das bestimmt »mit so einem komplizierten und widersprüchlichen Stück Mechanismus wie Ernest«.

Walton hielt sich zu dieser Zeit ebenfalls im Ritz auf. Er sah die muntere Verspieltheit zwischen den beiden und hörte, wie Ernest immer wieder seine Genugtuung über das gute Bettverhältnis ausdrückte, das er mit Mary genoß. »Er sprach viel darüber«, sagte Walton, »und er war stolz auf sie, dieses niedliche kleine Mädchen an seinem Arm, wenn er in den Speisesaal des Ritz stolzierte. Mary behandelte ihn nicht als den berühmten Schriftsteller – sie tat so, als hätte sie nicht viel von ihm gelesen.« (Laut Leicester Hemingway hatte sie alles gelesen, was Ernest geschrieben hatte.) »Stattdessen«, fuhr Walton fort, »behandelte sie ihn wie einen Superkrieger, Machomann, Betthelden.« Das war der Anfang des Verhältnisses: Mary als Schülerin, Ernest als Lehrer. Auch die Geschichten von Marys Vater erlangten nun Bedeutung, denn Ernest war ein Mann, der sich für jedermanns Vergangenheit interessierte. Und die Vorstellung, daß sie auf einem Riverboat aufgewachsen war und im Land der Holzfäller gelebt hatte, regte seine Phantasie an. »Ich glaube nicht, daß sie viel über die Zukunft nachdachten«, bemerkte Bill, »zumindest nicht am Anfang. Die Gegenwart war so bewegt und so losgelöst von jeglicher Zukunft.«

Aber nach einigen Wochen voller Champagnerpartys fingen beide dennoch an, sich Gedanken über ihre Zukunft zu machen. Mary schrieb Noel, sie würde die ersten notwendigen Schritte für eine Scheidung unternehmen, und sie teilte ihren Eltern mit, daß es einen wichtigen neuen Mann in ihrem Leben gebe. Anfang Februar 1945 ging sie mit einem Auftrag nach London. Gleichzeitig wollte sie sich dort um ihre Möbel kümmern. Doch Noel zeigte sich rachsüchtiger als sie erwartet hatte. Er hatte das Büro der *Time* beauftragt, ihre Sachen zu verkaufen und hatte dann das gesamte Geld von ihrem gemeinsamen Bankkonto abgehoben.

Als feststand, daß die Schlacht von Bulge gewonnen war, flog Martha von Luxemburg nach London. Ernest hatte ihr Anfang des Jahres nach jenem elenden Abendessen in Paris ein paar Entschuldigungsworte zukommen lassen. Er schrieb: »Ich fühle mich so, wie sich wohl ein Mann fühlen würde, der den Heiligen Gral angespuckt hat.« (Martha blieb ungerührt von solcherlei Rhetorik.) In der ersten Märzwoche, Ernest befand sich auf dem Rückweg in die Vereinigten Staaten, suchte er sie im Dorchester auf.

»Obwohl er sich vorher geweigert hatte, überhaupt über Scheidung zu sprechen, kam er jetzt, um sein Ja dazu zu geben. Er würde die Scheidung so, wie ich wollte, in Kuba einreichen. Wir waren beide dort gemeldet, damit konnte die Scheidung ohne Schwierigkeiten gesetzlich vollzogen werden. Ich hatte nicht die Absicht, den Kriegsschauplatz zu verlassen, um einige Wochen in Reno herumzusitzen, und ich dachte nicht im Traum daran, etwas zu beanspruchen – Geld, Unterhalt. Ich wollte diese Scheidung unbedingt haben, damit ich meinen Paß wieder auf den Namen Gellhorn ändern konnte. Vor allem wollte ich frei von ihm und seinem Namen sein und schnell aus der ganzen Geschichte aussteigen.« Mit den gleichen Phrasen, die er damals über Pauline an Mary Pfeiffer geschrieben hatte, sagte Ernest zu Martha: »Ich werde mich um deine Angelegenheiten kümmern, als ob es meine eigenen wären.«

Martha lag mit einer Grippe im Bett, als er auftauchte, und war erleichtert, als er nur wenige Minuten blieb. Sie sahen sich nie wieder.

27

Mit einem britischen Linienschiff, das jetzt als Truppentransporter diente, fuhr Mary von Glasgow aus nach Amerika zurück. Am 21. April 1945, dem Tag, als Franklin Roosevelt starb, gab sie in New York für das Rundfunkprogramm *March of Time* ihre Vorstellungen davon, wie der amerikanische Durchschnittssoldat in Europa auf den Tod seines Präsidenten reagieren würde, zum besten. Ehe sie nach Havanna flog, besuchte sie ihre Eltern, die inzwischen nach Chikago gezogen waren. Ihr Vater arbeitete in der Buchhaltung einer lokalen Fabrik. Die Mutter widmete sich eifrig den Aktivitäten innerhalb ihrer Sekte, und wie es Mary schien, hatten sich die Streitereien zwischen den beiden etwas gelegt. Als sie sich von ihrem Vater verabschiedete, wurde ihr traurig bewußt, wie sehr er gealtert war.

Ernest war inzwischen nach Kuba zurückgekehrt, fest entschlossen, sich wieder in guten Schreibzustand zu bringen. Er würde sich in die Finca zurückziehen und das Trinken einschränken. Doch sein angeschlagener Körper und die schlechte Stimmung sorgten für einen ungleichen Kampf. Bald schon langweilte ihn das zivile Leben und er sehnte sich nach seinen Armeefreunden zurück. Für einen Mann, der vor dem Frühstück bereits eine Flasche Champagner zu trinken pflegte, mußte es ein herkulischer Kraftakt des Willens sein, nun bis Mittag auf seinen ersten Tom Collins zu warten. Die beim Londoner Unfall erlittene Gehirnerschütterung mit Bluterguß war allzu sorglos behandelt worden (durch seine starrköpfige Weigerung, zu ruhen und durch den ständigen Konsum von purem Gin) und verursachte ihm nun schreckliche Kopfschmerzen, Hörschäden, zeitweiligen Gedächtnisschwund und Sprachstörungen. Und er haßte es, allein zu sein. »Die Menschen sind nicht dafür gemacht, so zu leben«, beklagte er sich in einem Brief an Hadley.

Mary landete am 2. Mai auf dem Flughafen von Havanna. Ernest, rasiert und sauber angezogen, holte sie mit seinem Chauffeur ab. Die Fahrt zur Finca verlief schweigend, die Stimmung war angespannt. Möglicherweise beschäftigte sich Ernest gedanklich mit seinen vorherigen Ehen und den Schwierigkeiten, die es mit sich brachte, wenn eine neue Frau in das Haus einzog, das ihm und Martha gehört hatte. Mary schluckte ihre Enttäuschung hinunter, als er sie ins Gästehaus führte. Offensichtlich ging er davon aus, daß sie eher dort schlafen würde als in Marthas altem Schlafzimmer neben dem seinen. (Nach kurzer Zeit zog sie dennoch ins Haupthaus, und Marthas Zimmer wurde mitsamt den persönlichen Habseligkeiten der Vorgängerin nun zu Marys Zimmer.)

Am nächsten Tag engagierte sie ein Dorfmädchen, das ihr Spanischunterricht geben sollte, und machte sich mit allen Bediensteten bekannt. Es gab ihrer dreizehn, einschließlich der vier Gärtner. Ernest stellte sie seinen kubanischen Freunden vor, die ziemlich oft zum Lunch zu kommen schienen. Am 8. Mai hörten sie plötzlich Geschrei und Gesang auf der Straße. Ernest ging hinaus, um nachzusehen, und kam mit der Nachricht zurück, daß der Krieg in Europa zuende sei. Ein schreckliches Gefühl von Isoliertheit überkam Mary. Sie fühlte sich völlig aus ihrem eigenen Kreis herausgerissen und wurde von einer übermächtigen Sehnsucht nach ihrem Londoner Leben gepackt.

Ihre Stimmung hellte sich jedoch wieder auf, als Ernest sie zum Hafen fuhr, wo die *Pilar* vor Anker lag. Neben ihm auf dem Oberdeck, den leichten Wind in den Haaren, fühlte sich Mary zum ersten Mal voller Hoffnung. Ihr Analogieschluß ist interessant. »Es war mir«, schrieb sie, »...als ob ich in das Sommerparadies meiner Kindheitserinnerungen zurückkehrte.«

Die Zufriedenheit dauerte an, bis Ernest sie auf den Anglersitz setzte, um Schwertfische zu angeln. Sie bemühte sich, seinen Anweisungen zu folgen, aber als sie den kleinen Fisch an die Bootsseite brachte, schwamm er darunter hinweg, die Schnur riß, und die Rute versank im Wasser. Dieses Versagen war ihr so peinlich, daß sie in Tränen ausbrach. Ernest tat so, als ob der Verlust dieser unersetzbaren Angelrute aus der Vorkriegszeit nicht so schlimm sei; er versuchte sie zu trösten, aber sie wußte – und vergaß nie –, wie sehr ihm dieser Vorfall in Wirklichkeit mißfallen hatte.

Mary war ungefähr einen Monat auf der Finca, als seine drei Söhne zu Besuch kamen. Sie merkten schnell, daß sie Ordnung in das Chaos brachte, das während Marthas Abwesenheit entstanden war. Ihre anfänglichen Gefühle in Bezug auf Mary waren unterschiedlich. Gigi, mit vierzehn der Jüngste, mochte sie erst nicht. »Sie hatte Marty verdrängt, meine wirkliche Liebe.« Patrick, so sehr er Martha auch liebte, hatte allmählich angefangen, einige der Beschuldigungen seines Vaters zu glauben. Er wußte, wie gewieft Ernest darin war, Charaktere abzutöten; die Wut und das Elend, die sein Vater im Winter 1943 durchgemacht hatte, waren ihm nicht entgangen. Deshalb empfand er es jetzt als große Erleichterung, daß sich wieder jemand um ihn kümmerte. Patrick gab jedoch zu, es sei ermüdend gewesen, sich wieder an eine neue Hemingway-Frau gewöhnen zu müssen. Aber er und seine Brüder waren höfliche, offenherzige junge Männer, und es fiel ihnen leicht, Mary zu mögen. Sie packte köstliche Picknicks für Ausflüge aufs Land zusammen und feuerte sie bei den Schießwettbewerben im Club an. Jack, alt genug, Frauen nachzulaufen und Daiquiris zu trinken, war Mary ein netter Gesellschafter auf dem Tennisplatz und in der Floridita. Er war in der Lage, zwischen Loyalität zu seiner eigenen Mutter, der Hinwendung zu Pauline und Martha und dem offensichtlichen Bedürfnis seines Vaters, verheiratet zu sein, zu trennen.

Anfang Juli beschrieb Mary in einem Brief an die Lanhams mit Begeisterung Ernests wiederhergestellte Gesundheit und Kraft – flacher Bauch, Kopfschmerzen verschwunden, Appetit gesund. Seine Begeisterung für alles stecke an. Manchmal habe sie Schwierigkeiten zu unterscheiden, welcher Hemingway der Vater und welcher der Sohn sei. In ihrem Tagebuch jedoch drückte sie sich anders aus. Sie begann zu spüren, was es bedeutete, vollkommen von Ernest abhängig zu werden, eine Situation, der keine seiner vorhergehenden Frauen ausgesetzt war. Er hatte begonnen, Marys Eltern zu unterstützen, indem er ihnen regelmäßig Geld schickte. Am 19. Juni schrieb er einen höflichen, altmodischen Brief an seinen zukünftigen Schwiegervater. »Mein einziger Ehrgeiz ist es, ihr ein guter Ehemann zu sein, wenn wir erst verheiratet sind, und falls Sie für irgendwelche Dinge einen Sohn brauchen, seien Sie versichert, daß Sie einen haben.« Mary schätzte solche Gesten, dennoch fürchtete sie, daß ihm diese Last eines Tages zuviel sein könnte.

Die Ausflüge aufs Meer waren wundervoll, aber die rauhen Schießpartys im Club de Cazadores irritierten und langweilten sie ebenso wie die leeren Konversationen mit den Frauen, die Marys Interesse am Weltgeschehen nicht teilten. Sie war noch zu neu in Ernests Leben, um in der Finca bedeutende Veränderungen durchzusetzen. Zwanzig Katzen verbreiteten immer noch ihren Geruch und ihre Exkremente über das ganze Haus. Der filterlose Swimmingpool mußte mit Unmengen von Chlor versetzt werden, höllisch für Augen und Haut. Der Rosengarten war ein Gewirr von Brombeerstauden. Fünfzig Pfund Eis täglich vermochten die Lebensmittel in der alten Kühlbox nicht richtig frischzuhalten. Jedesmal, wenn Ernest sie bei Eintragungen in ihr Notizbuch erwischte, nannte er es beißend ihr Horror-Tagebuch. Als sie am 31. August 1945 schließlich wegen ihrer Scheidungsformalitäten nach Chikago flog, fragte sie sich nur halb im Scherz, ob sie tatsächlich bereit sei, ihre neugewonnene Freiheit für eine weitere Ehe aufzugeben.

Die sechs Wochen ihrer Abwesenheit arbeiteten für Mary. Ernest fing an, alle Vorschläge, die sie in Bezug auf die Verbesserung des Hauses und des Grundstückes gemacht hatte, umzusetzen. Die Abflußrinnen wurden vergrößert, um das Wasser besser speichern zu können, es gab Möbel für das etwa 11 Meter lange Wohnzimmer, und für die Katzen wurde eine Hütte angelegt. Seine Briefe waren voller Versprechungen – hart zu arbeiten; sie bei allen Vorhaben als vollen Partner zu behandeln; sie immer zu lieben. Er gab zu, daß seine Briefe besser als seine Reden und Handlungen seien und zeigte ungewöhnliches Einfühlungsvermögen angesichts ihrer Bedenken, die neugewonnene Unabhängigkeit wieder aufzugeben. Er beklagte sich, allein zu sein, aber dieser Zustand wurde wenigstens teilweise wettgemacht, als Buck Lanham, jetzt Brigadegeneral, und seine Frau Mary »Pete« ihn im September für zwei Wochen besuchten.

Gemeinsam mit Buck hing Ernest Kriegserinnerungen nach und genoß das Fischen und Jagen. Mit Pete Lanham dagegen ließ er sich in widersprüchlichere Debatten ein – Stierkampf, Weltpolitik, seine vergangenen und gegenwärtigen Beziehungen zu Frauen. Nach einigen weinseligen Nachmittagen mit ihm stellte Pete fest, daß Ernest, außer für Mary, kaum gute Worte für irgendeine Frau hatte. Seine leidenschaftlichste Abneigung jedoch galt Martha Gellhorn. »Ich hatte den Eindruck«, sagte Pete, »daß sie – außer seiner Mutter – die einzige Frau in seinem Leben war, die je gegen ihn aufstand und ihm trotzte.« Ernest erzählte Pete eine dumme Geschichte, wonach er im Londoner Krankenhaus nach einem Unfall in Lebensgefahr gewesen sei, während die Ärzte Martha auf einer Cocktailparty ausfindig machen mußten, um ihre Erlaubnis zur Operation einzuholen. Laut Ernest habe Martha ihnen gesagt, sie könnten mit ihrem Mann machen, was sie wollten, und sie habe sich geweigert, die Party zu verlassen. Aber er räumte ein, sie sei tapfer wie eine Löwin.

Seine Haltung Pauline gegenüber schien Pete zufolge von einer kolossalen Selbstgerechtigkeit geprägt zu sein. Sie hatte ihn ihrer Freundin Hadley geklaut, und es gab nichts, wodurch er sie hätte davon abhalten können. »Wenn Frauen erst mit so etwas anfangen, kann nichts mehr sie aufhalten«, erklärte er und fügte hinzu, Paulines Reichtum habe es unmöglich gemacht, ihr zu widerstehen. Daß er sie zehn Jahre später verlassen hatte, schob er auf ihre Weigerung, mit ihm nach Spanien zu gehen! Während er sein Leben riskierte, habe sich Pauline an der Riviera geaalt, so sei es nur natürlich gewesen, daß er sich in diese tapfere, schöne Reporterin verliebte. Als er Pauline um die Scheidung gebeten und sie dagegen protestiert hatte, antwortete er bloß: »Nun meine Liebe, wer mit dem Schwert lebt, muß durch das Schwert sterben.«

Als Mary Anfang Oktober aus Chikago zurückkehrte, erklärte sie sich damit einverstanden, die Organisation in Haus, Garten und Speisekammer sowie die Haushalts-Buchführung zu übernehmen. Dazu sollte sie Ernests Manuskripte tippen und sich um die Korrespondenz kümmern. Alle finanziellen Entscheidungen würden in seinen Händen bleiben. Sie war bereit, all ihre Kraft für das Gelingen ihrer Ehe einzusetzen. Sie empfand es als Beruhigung, finanziell abgesichert zu sein. Obgleich sie noch nicht verheiratet waren, glaubte sie, schon jetzt einige Rechte im Haus zu haben und stellte ein paar Familienfotos auf Marthas Schreibtisch auf. Zu ihrer Bestürzung schien dies Ernest überhaupt nicht zu gefallen, und so schmollte sie nun ihrerseits. Anstatt ihm entgegenzutreten, schrieb sie ihm eine Nachricht – ihre Art, ihren Standpunkt zu verteidigen, wenn sie stritten. »Überall in diesem Haus bist Du der Herr . . . Ich wollte nur eine Kleinigkeit, die nach etwas von mir aussehen könnte.« In seinem Arbeitszimmer befand sich noch immer ein schönes gerahmtes Foto von Martha an seinem Platz.

Die Feindseligkeit gegen Martha, die Ernest im Gespräch mit Pete zum Ausdruck gebracht hatte, schien verschwunden zu sein, wenn er mit Mary über sie sprach. Dann erwähnte er nur ihre Liebe zu seinen Söhnen und ihre Bemühungen, ihnen zu gefallen und sie glücklich zu machen. Martha hatte in ihm einen ebenso permanenten Eindruck hinterlassen wie dreißig Jahre zuvor Agnes von Kurowsky. Die Schmach der Abweisung sollte ihn nicht loslassen. Am 23. Juli schrieb er Lanham, daß es der größte Fehler seines Lebens gewesen sei, sie zu heiraten. Aber er dürfe sie nicht für seine Dummheit verantwortlich machen. Er bewundere sie ihrer Tapferkeit in Spanien halber und für das, was sie in Finnland geleistet habe. Der letzte Krieg sei es gewesen, der sie für ihn ruiniert habe, obgleich er diese Anklage sinngemäß mit dem Vergleich aufwertete, daß ein Pferd, das 1937 ein Rennen gewinnen konnte, nicht unbedingt auch 1944 eines gewinnen mußte.

Am 26. Juli hatte Martha bei einem Interview in St. Louis gesagt, daß sie im Herbst von Ernest Hemingway geschieden werde. Sie wartete ungeduldig darauf, daß Ernest so, wie im März vereinbart, die Scheidungsformalitäten einleitete. Schließlich tat er es, klagte auf Verlassen ihrerseits. Am 21. Dezember 1945 wurde Rechtsbescheid erstellt. Martha las es in der *Time*. »Nach kubanischem Recht«, sagte sie, »hat man bei einer Scheidung wegen Verlassens ein Recht auf alles, was den beiden Parteien gehört.« Ernest behielt alles, was ihr gehörte – die Schreibmaschine, auf der sie alle ihre Bücher geschrieben hatte, ihren Gebrauchtwagen, ihren Tennisschläger, ihre Kleider, die vier- oder fünfhundert Dollar auf der Bank, sogar die langen Kaschmirunterhosen und das Gewehr.

Als Mary sich dagegen wehrte, in Marthas Möbeln zu leben, ermächtigte Ernest den Finca-Tischler, ein paar neue Stücke zu fertigen. Er sagte Mary, er werde Martha mitteilen, daß ihre Möbel eingelagert würden und er solange die Lagergebühren bezahle, bis er von ihr höre. (Später schrieb Mary, daß Ernest diese Gebühren fünfzehn Jahre lang zahlte.) Martha sagte, sie habe nie ein Wort von Ernest über ihre Möbel erhalten und daß sie sie »auf der Stelle« verkauft hätte, denn sie besaß damals wenig Geld. Dagegen war sie sehr daran interessiert, ihr Familiensilber, Porzellan und Glas zurückzuverlangen, das ihre Mutter geerbt und später als Geschenk an Martha weitergegeben hatte. Edna Gellhorn schrieb Ernest einen taktvollen Brief, in dem sie darauf hinwies, daß Mary sicherlich nicht das Tafelsilber mit Marthas Familienmonogramm haben wolle. »Kannst du dir so etwas vorstellen?« sagte Ernest zu Pete

Lanham, die keinerlei Schwierigkeiten hatte, mit Marty einer Meinung zu sein.

Schließlich zahlte Martha für die Schiffsfracht, obwohl die Sachen so schlecht verpackt ankamen, daß das Kristall zerbrochen und das Porzellan stark angeschlagen war. Martha, die damals mit ihrem adoptierten Söhnchen Sandy und zwei mexikanischen Dienern in einem bescheidenen Mietshaus in Cuernavaca in Mexiko lebte, verdiente ihren Lebensunterhalt mit kommerziellen Kurzgeschichten, die alle glücklich endeten. Es war die Art von Schriftstellerei, die sie »Bauch«-Geschichten nannte.

Als es Zeit wurde, den Hochzeitstermin festzusetzen, überkamen Mary noch einmal letzte Zweifel. Am Nachmittag liebte sie ihn, am Abend fand sie ihn unerträglich. Sie warf ihm vor, daß er sie nicht zu den fröhlichen Partys ausführte, zu denen Jack ging, daß er sie um die Gelegenheit brachte, das Leben einer umherschweifenden Reporterin zu führen, daß er alles seiner eigenen Arbeit unterordnete. Seiner jetzigen Theorie nach, schrieb er verzweifelt an Lanham, seien alle Frauen, die es wert waren, mit ihnen zu schlafen, schwierig. Egal, ob er aufmerksam und höflich sei, nicht trinke und nicht spiele – alles was er tue, versetze sie (Mary) in üble Laune.

Einen Einkaufstrip als Vorwand gebrauchend, flog Mary nach Miami. Dort besuchte sie Bill Lyons von der Pan American und seine Frau Maruja Braden, denen sie ihre Ängste anvertraute. Ernest argwöhnte indessen, daß der Einkauf eine Ausrede sei, und schickte Blumen und Telegramme – wie sehr er sie vermisse und wie leicht es doch wäre, das Datum festzusetzen. Mary erwog indessen Marujas Rat, der darauf hinauslief, daß sie ihn heiraten solle, wenn sie ihn wirklich liebe. Sie rief sich ins Gedächtnis, wie langweilig ihre früheren Ehemänner gewesen waren und kam zu dem Schluß, daß Ernest unmöglich langweilig sein konnte. Und die einjährige Lehrzeit hatte sie gut geschult. Für die verschiedenen Aspekte eines Lebens mit Ernest bedurfte es keiner weiteren Vorbereitung. So kehrte sie nach Havanna zurück und setzte den Tag fest – den 14. März 1946.

Die Hochzeitszeremonie fand im Büro eines kubanischen Anwaltes statt. Vor dem Mittagessen wurde Mary und Ernest die komplette spanische Version des Code Napoleon, soweit er die Besitztumsverhältnisse der Parteien betraf, verabfolgt. Nach dem Essen legten sie ihr Gelübde vor eine kleinen Gruppe von Leuten ab, zu der auch Patrick und Gigi sowie Winston Guest gehörten. Anschließend gab es einen Champagner-Empfang. Im weiteren Verlauf des Tages wurde Ernest zänkisch und Mary reizbar. Auf der Fahrt zurück zur Finca gab es einen heftigen Streit, und als Mary zu Bett ging, überlegte sie, ob sie am Morgen packen und wegfahren sollte. Aber am Morgen war die Luft weich und duftend, Ernest überschlug sich vor Entschuldigungen, und Marys voreheliche Nervosität war vorüber. Sie ließ den Gemüsegarten in Ordnung bringen und besorgte Milchkühe, sie studierte die Navigation ebenso wie spanische Verben und begann sich im Zielschießen zu üben. Nur selten dachte sie an das alte aufregende Leben von London. Die Finca lieferte ihre eigenen Aufregungen, beispielsweise als Ramon, der Koch, mit einem Brotmesser auf Justo, den Butler, losging und Justo seinerseits ihm mit Ernests Pistole entgegentrat.

Dann im Juli blieb ihre Periode aus. Sie war überglücklich. Mit achtunddreißig hatte sie sich bereits gefragt, ob sie noch schwanger werden könnte. Zusätzlich zu ihrem eigenen Wunsch, ein Kind zu haben, gab es die verlockende Möglichkeit, daß sie es sein könnte, die Ernest eine Tochter gebar. »Stell dir vor, Mary bekommt vielleicht ein Baby«, berichtete Ernest am 20. Juli Lanham. »Kann noch nichts Genaues sagen, aber die Zeichen deuten darauf hin...«

Die neue Frau in seinem Leben und die Aussicht auf ein weiteres Kind hinderten Ernest keineswegs daran, sich für seine früheren Frauen und die älteren Kinder zu interessieren. Als Jack der international als Schönheit bekannten Nancy de Marigny, der ehemaligen Nancy Oakes, verfiel und ihr auf deren Familienbesitz nach Nassau folgte, schrieb Ernest einen gepfefferten Brief an seinen liebeskranken Sohn. Diese Krise eröffnete eine neuerliche Korrespondenz mit Hadley, die den wütenden Vater sanft daran erinnerte, daß solche Probleme Teil des Erwachsenwerdens seien.

Als er hörte, daß Pauline für sich und ihre Söhne eine Überlandfahrt plante, feuerte Ernest auch einen Brief in diese Richtung ab. »Wie gut kann Mutter fahren? Wie weit ist sie je gefahren?« wollte er von Patrick wissen. »Wieviel in Städten? Wie lange Strecken?«

Pete Lanham war nach ihrem Besuch auf der Finca zu dem Schluß gekommen, daß Ernest außer derjenigen, die ihm gerade eine gute Sexpartnerin war, alle Frauen haßte. Das Gegenteil mag näher an der Wahrheit liegen – Ernest mochte und bewunderte viele Frauen, aber er war nicht zu der nötigen Anpassung, die eine enge Beziehung erfordert, fähig.

Im Spätsommer des Jahres 1946 fuhren Ernest und Mary nach Sun Valley. Es war heiß und staubig auf den Straßen. Selten gab es Klimaanlagen, und meist befanden sich die Motels in baufälligem Zustand. Aber Mary ertrug die Hitze von etwa 45 Grad. Nur gelegentliche leichte Schwindelanfälle erinnerten sie daran, daß sie schwanger war. Am 18. August mieteten sie sich in Casper, Wyoming, im Mission Motor Court nahe dem Eisenbahngelände ein.

Früh am nächsten Morgen, während Ernest gerade die Sachen ins Auto lud, wachte Mary mit Entsetzen auf. Sie hatte ein Gefühl, als ob sie »aufgespießt« worden sei. Der Schmerz im Bauch war so qualvoll, daß sie nur jammern und stöhnen konnte. Eine Ambulanz wurde gerufen. Sie bekam gerade noch mit, daß man ihr eine Spritze gab. Stunden später wachte sie beim Klang von Ernests Stimme auf dem Operationstisch auf. Sie sah seine gummibehandschuhten Hände, die Plasma durch eine Kanüle in ihren linken Arm pumpten. Es war eine Bauchhöhlenschwangerschaft, und ihr linker Eileiter war durchgebrochen, während sie im Motel geschlafen hatte. Der einzige Weg, die Blutung zu stillen, war die Operation. Den ganzen Tag über verabreichte das Hauspersonal ihr Plasma und Flüssigkeiten, damit der Arzt später in der Lage war, die Operation sicher durchzuführen.

Ernest schrieb später:

»Dr. sagte mir, es sei hoffnungslos, unmöglich zu operieren. Sie könne den Schock nicht verkraften, solle mich von ihr verabschieden (nutzloses Anliegen, da sie bewußtlos). Ich assistierte beim Venenschnitt und brachte das Plasma in Gang (es gab wenig Helfer, in den Plasmakanülen waren Luftblasen, die Luftspunde zu fest verstöpselt, es floß nicht). Ich übernahm die Plasmazufuhr, ich bekam den Schlauch klar, indem ich ihn so lange knetete und bearbeitete, bis wir das Plasma in Fluß kriegten, und gegen Ende der ersten Flasche kam sie so weit zu sich, daß sie in die Operation einwilligte. Um noch einmal zu rekapitulieren: Während der Operation bekam sie vier Flaschen Plasma, danach zwei Bluttransfusionen, seither im Sauerstoffzelt bis heute und fühlt sich jetzt (Sonntag, den 25. August) gut ... Sie entfernen den durchgebrochenen Eileiter, der andere Eileiter und alle anderen Organe sind intakt und ok. Aber Buck, das war das am nächsten dran, was ich je gesehen habe. Dr. hatte sie aufgegeben – Handschuhe ausgezogen. Beweist eindeutig, daß es sich nie auszahlt, aufzugeben.«

Drei Tage später schrieb Ernest erneut an Lanham, entschuldigte sich für den Fall, daß sein Freund ihn für einen Angeber halte. »Versuchte nur, es Dir Zug um Zug mitzuteilen und war immer noch fasziniert davon, wieviel getan werden kann, auf das Schicksal eher zu sch ..., als es hinzunehmen.«

Keiner, der die Krise miterlebt hatte, empfand etwas anderes als einen ungeheuren Respekt vor Ernests schnellem Zugriff. Der Anästhesist, die Ärzte und Mary selbst wußten, daß er ihr das Leben gerettet hatte. So enttäuscht sie auch über den Verlust ihres Babys war, aus der Wertschätzung, die Mary Ernest entgegenbrachte, schien ein nie endendes, unerschütterliches Vertauen in ihn zu erwachsen. Nichts, was er ihr, ob bewußt oder unbewußt, antat, konnte diese Dankbarkeit je zerstören. Sie hatte ihn von seiner entschieden besten Seite kennengelernt – schnell im Denken, bescheiden, effektiv, und das wog für immer die gelegentlichen Schikanen, die Eitelkeit, die plötzlichen Ausbrüche von Grausamkeit auf.

Am 13. September fuhr Ernest eine ergeben dankbare Mary nach Ketchum. Dort war eine Hütte mit vier Schlafzimmern für sie und die Jungs reserviert. Man hatte das Sun Valley

Lodge noch nicht wieder aus seiner Funktion als Marinelazarett gelöst und für den normalen Ferienbetrieb freigegeben. Tilly Arnolds erster Anblick von Ernests neuer Frau war der von einer schlaffen Puppe, die er gerade aus dem Auto hob und dann in einen Schaukelstuhl in der Arnoldschen Küche setzte, wo sie in der Wärme eines alten Eisenherdes glücklich vor sich hindöste. Nach einer Woche war sie wieder kräftig genug, um mit auf die tägliche Jagd nach Enten, Fasanen, Bergwachteln und Rebhühnern gehen zu können.

Im Spätherbst brachte Al Horowitz das Filmtreatment für »Die Killer« nach Sun Valley. Ernest sollte es durchsehen. Horowitz fiel auf, wie zärtlich Ernest Mary damals behandelte, aber auch, daß er Mary aus dem Zimmer schickte, wenn geschäftliche Dinge besprochen wurden. Mary zeigte darüber keine Betroffenheit. Sie schien dies als Ernests Eigenheit hinzunehmen.

Zu Weihnachten lud Ernest Sunny, die jetzt mit Kenneth Mainland verheiratet war, und ihren jungen Sohn für ein paar Tage auf die Finca ein. Keinem entging, wie viel Ernest zu jener Zeit trank. Trotz seines nach der Rückkehr aus dem Krieg gefaßten Entschlusses, war sein Alkoholkonsum enorm. Sowohl Jack wie Patrick erinnern sich, wie er nach stundenlangem Weintrinken mit den Basken über dem Eßzimmertisch zusammensackte.

Im Januar entschloß sich Mary zu einem Anbau an das Haus. Sie war mit Skizzen und Beratungen mit einem Bauunternehmer beschäftigt, als Patrick krank wurde. Er hatte sich nach dem Abschluß der Canterbury School ein Jahr freigenommen und lebte nun auf der Finca. In dieser Zeit wollte er sich auf sein Studium vorbereiten. In Gigis Osterferien war Pat nach Key West zurückgekehrt, wo die beiden Jungs einen Autounfall erlitten. Gigi hatte Schnittwunden am Knie, Patrick klagte über Kopfschmerzen. Trotzdem kehrte er, wie vorgesehen, zur Finca zurück, weil er am 12. April in Havanna die Aufnahmeprüfung für das College ablegen wollte. Am 14. bekam er Fieber und verfiel ins Delirium; in der Nacht verfärbte er sich violett.

Während Ernest noch herauszufinden versuchte, was mit Patrick geschehen sollte, erhielt Mary einen dringenden Anruf. Ihr Vater sei mir fortgeschrittenem Prostatakrebs ins Krankenhaus eingeliefert worden. Sie flog nach Chikago und kam sich vor wie eine Verräterin; aber sie glaubte, daß ihre Eltern sie mehr brauchten als Ernest. Während Mary im St. Luke's Hospital in Chikago über ihren ausgemergelten, ängstlichen Vater wachte, erhielt sie täglich Briefe von Ernest, in denen er ihr erklärte, daß Pats Zustand wahrscheinlich auf eine nicht diagnostizierte Gehirnerschütterung zurückzuführen sei, die zu Gehirnblutungen geführt hatte.

Am 16. April flog Pauline nach Havanna und schrieb Mary nach Chikago, sie erwarte, daß Patrick in etwa zwei Wochen wiederhergestellt sei. (Ihre Hoffnungen erwiesen sich als voreilig. Patrick wurde erst im Juli wieder ganz gesund.) Als Mary Mitte Mai zur Finca zurückkehrte, war Pauline immer noch dort. Sie hatte auf Marys Vorschlag hin während Marys Abwesenheit deren Zimmer bezogen. Jetzt zog sie ins Gästehaus um, und Mary übernahm wieder das Regiment.

Ernest genoß es, von zwei Frauen umhegt zu werden. Er hätte die beiden gern als Freundinnen gesehen, obgleich er Pauline immer noch die monatlichen Alimente von 500 Dollar nachtrug. Als er eines Tages in ihr Scheckbuch spitzte und sah, daß auf ihrem Konto 9068,43 Dollar standen, wurde er wütend. Perkins gegenüber prangerte er dies als Beispiel für ihren Geiz und ihre Rachsucht an. Laut Patrick verstand Pauline »in Gelddingen keinen Spaß«. Sie würde nie auf die Alimente verzichten, weil sie in der Ehe wesentlich zu den Finanzen beigetragen hatte und nun, nachdem er sie verlassen hatte, das zurückhaben wollte, was ihr zustand.

Ihre Höflichkeit Mary gegenüber war nichts weiter als eine Formsache. Sie war Gast in Marys Haus, und ihr Sohn lag hier als Patient. In Wirklichkeit hatten Mary und Pauline wenig gemein außer der Tatsache, daß Ernest mit der einen wie mit der anderen verheiratet war. Pauline sah deutlich, wie Mary nach seiner Pfeife tanzte. In der Erinnerung daran, daß sie das gleiche getan hatte, empfand sie wahrscheinlich jetzt einige

Genugtuung darüber, daß sie nun seinen Befehlen enthoben war. Einige Monate später dann, Mary und Ernest machten für einige Tage in Key West Station, konnte ihn Mary als Gast in jenem Haus erleben, wo er einst Herr gewesen war, und Pauline verteilte hübsch einige Nadelstiche, die seine Selbstüberschätzung meinten. Ungerührt spielte sie auf ihr schönes Haus an, das sie, wie sie sagte, natürlich nicht allein zu führen vermöge. Dazu bräuchte es schon die Autorität eines Mannes. »Es gibt nichts auf der Welt, was es mit dem männlichen Vorrecht aufnehmen könnte. Mit seinem Recht, zu kommen und zu gehen... besonders zu gehen...« Hinter Paulines Spott steckten die alten, nie verheilten Wunden.

28

Mit Toby Bruce am Steuer eines neuen blauen Buick-Roadmaster-Kabrioletts fuhren Mary und Ernest im September westwärts nach Sun Valley. Dieses Mal wohnten sie im Lodge. Für Mary bedeutete das, nicht oder zumindest nicht gleich kochen und putzen zu müssen, sowie müßige Nachmittage vor dem Kamin in ihrem Zimmer. Gejagt wurde wenig, da Ernest sich an die Anweisungen seines Arztes hielt, sich erst in gebirgigere Regionen zu begeben, wenn sein Blutdruck gesunken sei. (Nach Patricks Krankheit hatte er 215/125 gehabt.)

Um Platz für ihre Weihnachtsbesucher zu machen, zogen Mary und Ernest aber im Dezember aus dem Lodge aus und mieteten drei Hütten in Ketchum – eine für sich, eine zweite für Ernests Söhne und eine weitere für die Kubaner, die sich während Patricks Krankheit so um ihn bemüht hatten. Mary nahm es auf sich, für alle das Essen zu kochen. Wildgerichte konnte sie inzwischen zubereiten, jetzt kamen Pasteten hinzu, oft buk sie ein halbes Dutzend an einem einzigen Tag. Lillian Ross, die Ernest bei einem Artikel über den Matador Sidney Franklin für den *New Yorker* um Hilfe ersucht hatte, kam zum Weihnachtsessen herüber. Es fiel ihr auf, wie abgearbeitet Mary war, zu stolz aber auch, einen der Männer um Hilfe beim Saubermachen zu bitten. Lillian ging mit ihr in die winzige Küche zum Geschirrabtrocknen. Mary nahm ihre Hilfe an, wirkte aber sehr resigniert. Sie machte nun auch die zwar keineswegs neue, aber doch oft vergessene traurige Entdeckung, daß Ernests Frauen leicht zu einem Stück »seiner Staffage« werden konnten. In ihrer wilden Entschlossenheit, eine gute Ehefrau zu sein, lehnte Mary sich jedoch nicht gegen eine derartige Behandlung auf. Vielleicht glaubte sie wirklich, Ernest sei so außerordentlich begabt, daß man ihn nicht mit den Maßstäben messen konnte, die bei normalen Männern angelegt wurden.

Als Ernest im Februar 1947 nach Key West zurückkehrte, hatte er beschlossen, daß der vergangene Winter vorerst der letzte in Idaho gewesen sein sollte – zu viele Touristen, zu wenig alte Freunde. Im Frühling sprach er von einer Reise nach Italien, seiner ersten seit 1927, und im Sommer sollte Mary die Einzelheiten ausarbeiten. Sie buchte die Überfahrt auf der *Jagiello*, einem kleinen, ansehnlichen ehemals deutschen Schiff, das nach dem Krieg an Polen übergeben wurde. Auch für die Verschiffung des Buick sorgte sie und kümmerte sich um die Packerei.

Die *Jagiello* verließ Havanna am 7. September 1948 und kam zwei Wochen später in Genua an. Ein italienischer Chauffeur fuhr den Buick. Ernest zeigte Mary Norditalien in seiner ganzen Schönheit. Sie besuchten Orte, die er seit einundzwanzig Jahren nicht mehr gesehen hatte: Stresa, Como, Bergamo und schließlich Cortina d'Ampezzo, wo er mit Hadley 1923 zum ersten Mal Ski gelaufen war. In Cortina machten Ernest und Mary die Bekanntschaft eines venezianischen Sportsmannes, Graf Federico Kechler, der sie zum Fischen in seinem österreichischen Lieblingssee gleich hinter der Grenze einlud.

Er war ein Bewunderer von Ernests Werken und drückte den Wunsch aus, die Hemingways bei seinen Freunden in Venedig einzuführen.

Ursprünglich hatte Ernest geplant, den Winter – mit einem kurzen Abstecher nach Venedig – in Portofino zu verbringen. Aber Cortina gefiel ihm so gut, daß er Mary beauftragte, ihnen ein Haus für die Wintersaison zu suchen. Mary mietete die Villa Aprile gleich neben den Pisten, und dann fuhren beide nach Venedig weiter. Der Mond war gerade über dem Canale Grande aufgegangen, als ihr Wassertaxi vor dem fünfhundert Jahre alten Hotel Gritti Palace gegenüber der Kirche Santa Maria della Salute anlegte. Mary war enttäuscht, daß Ernest sofort nach dem Abendessen einschlief, anstatt mit ihr noch einen Spaziergang zu machen. Am Morgen und in den nächsten Tagen jedoch holte sie alles nach. Unermüdlich besichtigte sie Paläste und Museen, stöberte in den alten Geschäften herum und verlief sich wohlgemut in einem Gewirr winziger Brücken und verschlungener Kanäle.

Graf Kechler machte die Hemingways mit den Franchettis bekannt. Graf Franchetti, deren väterliches Oberhaupt, war ein berühmter Jäger, der seinen Kindern kenianische Namen oder auch Spitznamen gegeben hatte. Der junge Baron wurde Nanyuki genannt, und seine gutaussehende Schwester hieß Afdera. Nanyuki lud Ernest und Mary in sein Wildenten-Jagdrevier an der nördlichen Lagune ein. Als das leuchtende Rot des Nachmittagshimmels zur milchigen Abenddämmerung verblaßte, flogen Wolken von Enten auf; rasch holte Ernest 18 davon herunter. Mary, beladen mit einem schweren, geliehenen Gewehr, schoß sehr schlecht. Sie traf nur eine. Ihre Beziehung zu Ernest war so verwoben mit dem Wunsch, ihm zu gefallen, daß ihr dadurch der ganze Nachmittag verdorben war.

Auf der Insel Torcello, eine halbe Motorbootstunde von Venedig entfernt, befand sich das Locando Cipriani, eine kleine Luxusherberge mit Restaurant. Ihr Besitzer war Guiseppe Cipriani, dem auch Harry's Bar gehörte. Das Restaurant hatte einen vortrefflichen Ruf, und das halbe Dutzend Suiten im zweiten Stock war aufs Verschwenderischste möbliert. Außer einer alten Kathedrale und etwas Marschland voller Sumpfvögel gab es sonst nichts auf der ganzen Insel. Am 4. November zogen Mary und Ernest hinüber nach Torcello. Mary packte aus und richtete alles für Ernests Bequemlichkeit her. Zwei Wochen danach verließ sie ihn, um ihre Freunde Alan und Lucy Moorehead in ihrem Haus aus dem 15. Jahrhundert bei Fiesole zu besuchen. Und dort, Lucy Moorehead gegenüber, verteidigte Mary hartnäckig ihren Entschluß, die Karriere aufgegeben zu haben, um nach Kuba zu ziehen und Ernests Frau zu werden. Es habe viele Vorteile, beharrte sie Lucy gegenüber, »einfach eine Ehefrau zu sein, und nicht eine gehetzte Karrierefrau im Konkurrenzkampf«.

Ernest hatte ihr aus Torcello geschrieben, daß er viel arbeite und sie noch mehr vermisse, aber an Lanham schickte er eine eher zynische Betrachtung seines Ehelebens. Die beste Art, schrieb er, mit Frauen umzugehen, sei es, ihnen Komplimente zu machen, mit ihnen zu schlafen und sie sich dann vom Leib zu halten. Anfang Dezember jedoch lernte er im Jagdhaus der Franchettis in der Nähe von Latisana eine junge Frau kennen, deren Unschuld und deren romantischer Hintergrund nach etwas völlig anderem verlangten – nach einer Sanftheit und Achtung, die Ernest immer noch zu geben imstande war. Es war Adriana Ivancich, die achtzehnjährige Tochter von Dora Betti und dem verstorbenen Carlo Ivancich.

Adrianas Vorfahren aus der Ivancich-Linie kamen von der jetzt jugoslawischen Insel Lussino (Lošinj) und waren während der Regierungszeit der Dogen Eigentümer und Kapitäne von Handelsschiffen gewesen, die bis zur Nordsee segelten. Die Familie hatte ihre Glanzzeit an Ansehen und Reichtum zur Zeit von Adrianas Großvater erreicht, dem das Grand Hotel zu jener Zeit gehörte, als Königin Victoria dort zu Gast war, und dazu noch ein Palazzo in der Calle di Rimedio. Seine Schwestern, Adrianas Großtanten, waren ihrer Schönheit und ihrer literarischen Salons wegen berühmt. Zwar war, als Adriana am 1. Januar 1930 geboren wurde, das Ivancich-Vermögen aufgrund schlechter Investitionen und der Verwüstungen im ersten Weltkrieg etwas geschrumpft, aber die Familie stand bei der venezianischen Regierung weiterhin hoch in Ansehen, besonders Adrianas Vater Carlo, dem für seine vielen guten Werke für die Gemeinde offiziell der Titel *Grandissimo Ufficiale Dottore* verliehen wurde. Ihre Mutter Dora hatte die delikate Schönheit einer Kamee und war bei den venezianischen Freunden ihrer Freundlichkeit und ihres Esprit' wegen beliebt.

Adriana war eines von vier Kindern. Gianfranco und Francesca waren zehn und acht Jahre älter als Adriana, die altersmäßig Giacomo, dem Jüngsten näherkam. Familienwohnsitz war noch immer der Palazzo, den Adrians Großvater in der Calle di Rimedio, ein paar Straßenzüge östlich der Piazza San Marco, erworben hatte.

Bis zum Zweiten Weltkrieg war das Leben in der Calle di Rimedio ruhig und geregelt verlaufen. Dann überstürzten sich die Ereignisse. »Ich war zehn, als der Krieg begann«, schrieb Adriana Jahre später. »Ich wußte nicht, was das bedeutete, aber ich erinnere mich, daß ich weinte... Ich sah die Soldaten weggehen und niemals zurückkehren. Ich wußte noch nicht, was der Tod bedeutete... Dann ging auch Gianfranco, und ich sah meine Mutter weinen.« Gianfranco, bei einer italienischen Panzerdivision eingesetzt, kämpfte mit Rommels Streitkräften in Nordafrika in der Schlacht von El Alamein und wurde im Herbst 1942 verwundet, nach Italien evakuiert und in einem Krankenhaus am Meer in der Nähe des Lido untergebracht. Im Juli 1943 marschierten die Alliierten in Sizilien ein. Am 8. September wurde Italien offiziell von den Alliierten eingenommen, obwohl noch ganz Norditalien von der deutschen Armee besetzt war. Als die amerikanischen Bombardements um Venedig und Triest zunahmen, zählte Adriana sechzig einzelne Angriffe in der Umgebung ihres Landhauses in San Michele am unteren Tagliamento.

Zu dieser Zeit begann Adrianas Vater mit den Partisanen zusammenzuarbeiten und sorgte dafür, daß heimlich Lebensmittel von seinem Landgut an die verschiedenen Gruppen geliefert wurden, die die Alliierten unterstützten. Ihre Mutter fand als freiwillige Krankenschwester im Hauptbahnhof von Venedig Möglichkeiten, ein paar venezianische Juden vor der Verschleppung in Konzentrationslager zu retten. Gianfranco erreichte es, daß er vorzeitig aus dem Krankenhaus entlassen wurde und meldete sich bei der amerikanischen OSS. Im Frühjahr 1944 war er bereits Anführer aller Partisanenbewegungen in Venetien. Adriana, damals ein Teenager und sich der gefährlichen Aktivitäten von Vater und Bruder voll bewußt, wollte auch etwas tun. Nach und nach übertrug man ihr einfache Aufgaben. Meist sollte sie Botschaften von einem Haus zum anderen tragen – einfache Dinge, aber nicht weniger riskant.

Norditalien wurde zwischen 1944 und 1945 und bis zum Kriegsende im Mai stark verwüstet, denn die Deutschen zogen sich sehr widerstrebend zurück. Das Gut der Ivancichs fiel schließlich im Frühjahr 1945 in Trümmer.

Doch der härteste Schlag traf die Familie im Juni. Die gesteigerten revolutionären Aktivitäten während der letzten Kriegsmonate hatten zu extremer Cliquenbildung unter den Partisanen und zur Unterwanderung durch kriminelle Elemente geführt. Am 12. Juni 1945 fand Gianfranco Ivancich die Leiche seines Vaters in einer Kopfsteingasse in San Michele. Der Mörder wurde nie verhaftet. Die Familie nahm an, daß er selbst umgebracht wurde, vermutlich, weil er wußte, daß einer der Partisanen Parteigelder unterschlagen hatte.

Dora Ivancich überwand nie den brutalen Tod ihres Mannes. Die Finanzen der Familie erholten sich wenigstens teilweise, aber die Stärke und Stabilität, für die ihr Mann gesorgt hatte, konnten durch nichts wiederhergestellt werden. Gianfranco, den jungen, gutaussehenden Mann mit dem ruhigen Charme, hatten der Tod des Vaters und die wiederholte Lebensgefahr, in der er selbst sich befunden hatte, zutiefst verstört. Er versuchte sich in verschiedenen Berufen, hielt aber nirgends durch. Die Wirrnisse des Krieges waren zuviel für ihn gewesen. Mit dem Einkommen aus einigen verbliebenen Gütern konnte Dora den Palazzo in der Calle di Rimedio halten, die jüngeren Kinder zur Schule schicken und ihrem Leben wieder Kontinuität geben. Adriana erhielt ihre höhere Schulbildung im Liceo Classico, wurde an ihrem 18. Geburtstag in die Gesellschaft eingeführt und dann für sechs Monate in die Schweiz geschickt, wo sie ihre Französischkenntnisse vervollkommnen sollte. »Es war ein Schock, als ich dort die amerikanischen Mädchen kennenlernte«, sagte sie, »denn ich stellte fest, daß man mehr als zwei Elternteile haben konnte (wegen der Anzahl der Scheidungen). Für mich war das alles neu. Sie hatten Freunde und lackierten sich die Fingernägel, und sie hatten Geld.«

Adriana war noch nicht lange aus der Schweiz zurück, als Graf Carlo Kechler, ein Freund Gianfrancos, sie zu einem Jagdwochenende im Privatrevier des jungen Barons Nanyuki Franchetti einlud. Das Jagdhaus der Franchettis in der Nähe von Latisana lag nahe dem Besitz der Ivancichs in San Michele. Adriana überquerte also das Land um ihr zerbombtes Haus und wartete an der Straßenkreuzung außerhalb der Stadt, wo Graf Kechler sie abholen wollte. Schließlich sah sie, eine Stunde war sie im Regen auf und ab gelaufen, einen amerikanischen Buick sich langsam nähern und halten. Er war blau, ein Chauffeur saß am Steuer, und ein fremder Mann saß neben ihm.

»Es tut mir leid, daß ich so spät komme. Wir haben unterwegs angehalten«, rief Graf Carlo vom Rücksitz und fügte, als Adriana einstieg, hinzu, daß er, wenn Ernest vom Krieg erzähle, die Zeit vergesse. »Übrigens«, fragte er, »kennst du Ernest, Ernest Hemingway, den Schriftsteller?« Er deutete auf den breitschultrigen Mann auf dem Vordersitz.

Das also ist Hemingway, dachte Adriana, der Mann von dem ganz Venedig spricht. Nun ja, er ist ein alter Mann. Als er sich jedoch umdrehte und sie seine wachen Augen und sein schiefes Lächeln sah, kam sie zu dem Schluß, daß er so alt nun wieder auch nicht sein könne. Die Männer boten ihr einen Drink aus Ernests roter Taschenflasche an. Sie lehnte ab. Ernest sagte ermunternd, Whisky sei gut für den Kreislauf. Sie antwortete, daß ihr Kreislauf, danke, hervorragend sei und begann sich im weiteren Verlauf der Unterhaltung wohler zu fühlen. Ernest trank auf sie, das Mädchen, das eine Stunde lang im Regen auf sie beide gewartet hatte und das, wie Carlo ihm gesagt habe, einst am anderen Ufer des Flusses zu Hause gewesen sei, ehe die Amerikaner ihr Haus zerbombten. »Ich hoffe, Sie vergeben uns«, sagte er.

»Daran hat niemand schuld«, antwortete sie. »Krieg ist Krieg.«

Ernest verfluchte den Krieg und entschuldigte sich dann rasch für seine Ausdrucksweise, die die eines alten Soldaten sei. Carlo bemerkte, Hemingway sei nicht nur ein Soldat, sondern auch ein sehr guter Schriftsteller.

»Ich weiß«, sagte Adriana, »aber ich habe nicht ein einziges Buch von ihm gelesen.« Sie hielt inne, besorgt, unhöflich gewesen zu sein und sagte, daß es ihr leid tue. Sie brauche sich nicht zu entschuldigen, sagte Ernest, aus seinen Büchern könne sie ohnehin nichts Gutes lernen. Sie erwiderte, daß es überall etwas Gutes gebe, wenn man nur danach suche, und hoffte insgeheim, daß ihm die Banalität des Gesagten entgangen sei. Es sei, sagte Ernest, gut, daß sie sich heute trotz des Regens getroffen hätten und gemeinsam im Tal auf die Jagd gehen würden. Und dann hob er erneut seine Flasche zu einem Toast auf Adrianas Gesundheit.

Als Adriana Ivancich ihrer Mutter von ihrem Wochenende in Nanyukis Jagdhaus berichtete, zeigte sie auf die kleinen Federstrichskizzen, die sie von den verschiedenen Gästen gemacht hatte. Da war Carlo mit seiner großen Nase, da war Hemingways Bauch. Sie sagte, wie nett dieser Mr. Hemingway sei. Am Tag der Jagd hatte es wieder geregnet, und als sie ihre Haare vor dem großen Kamin in der Küche trocknete, hatte er sich nett mit ihr unterhalten und sich dafür entschuldigt, daß sie die einzige Frau bei dieser Jagdgesellschaft sei. Er erklärte, daß eigentlich seine Frau Mary hätte dabeisein sollen, die aber in letzter Minute ihrer Kopfschmerzen wegen nicht hätte mitkommen können.

»Und ich möchte dir sagen, Mama«, fügte Adriana hinzu, »daß er mich in Harry's Bar eingeladen hat.«

Dora zögerte. Gehörte es sich für Adriana, von einem, den

sie gerade erst kennengelernt hatte, von einem Fremden, eine Einladung anzunehmen? (Harry's Bar war ein renommierter Treffpunkt für Venezianer aus guten Familien. Sogar junge Frauen konnten dort ohne Begleitung erscheinen). Adriana wischte die Einwände ihrer Mutter beiseite. Natürlich gehörte es sich. Mr. Hemingway wollte sie seiner Frau vorstellen, und die anderen würden auch da sein, und sie würden wieder über die Jagd sprechen, und außerdem, nur noch knapp ein Monat und sie sei neunzehn!

Bei ihrem offiziellen Debut vor etwa einem Jahr hatte Adriana in Venedig beträchtliches Aufsehen erregt. Zum Teil wegen ihrer Erscheinung – einer auffallenden Kombination von Kolorit, Körperbau und klassisch italienischer Ausstrahlung. Sie hatte tiefschwarze, lange, volle und glänzende Haare, dazu ungewöhnlich grüne, wache Augen und eine schmale, römische Nase. Ihre Wangen waren von jener interessanten Hohlheit, und sie hatte geschwungene Lippen, die mühelos lächelten, auch wenn sie konzentriert beobachtete. Eine gute Figur, ein kraftvoller Gang, und dazu verliehen die Schrecken des Krieges, die sie am unmittelbarsten durch den Tod ihres Vaters getroffen hatten, ihrer Jugendlichkeit einen leichten Beigeschmack von Tragik. Außer ihrem Aussehen und ihrer Persönlichkeit besaß sie eine helle, wache Intelligenz. Sie hatte keine besondere Schulbildung genossen – eine katholische Mädchenschule und sechs Monate in der Schweiz. Aber sie las ernsthaft, hatte seit ihrem vierzehnten Lebensjahr Gedichte geschrieben und konnte sehr gut zeichnen.

Adriana ging zum Lunch in Harry's Bar und lernte dort Mary kennen, die ihrerseits Adriana wenig Beachtung schenkte. Ihr fiel lediglich Adrianas mädchenhafte Höflichkeit auf und daß Ernest sie bereits »Tochter« nannte. Nachdem Mary nach Cortina abgereist war, um das Ski-Chalet herzurichten, traf Ernest Adriana noch einige Male, immer in Gesellschaft ihrer Freunde, die sich entweder in Harry's Bar oder im Foyer oder auf der Terrasse des Gritti um ihn scharten. Dora erkundigte sich, wie es denn komme, daß Adriana so nett zu diesem verheirateten Mann sei. Wieder versuchte Adriana sie zu beruhigen. »Aber seine Frau geht und kommt doch ständig«, erklärte sie, »und er lädt meine Freunde ein, und wir laufen herum und reden, und es macht ihn glücklich.«

Über was aber redeten sie in so vielen Stunden? Das sei nicht so einfach, sagte Adriana. Oft verstünde sie nicht, was Ernest sage. Sein amerikanischer Slang sei nicht wie das Englisch, das sie gelernt habe, und seine Art, die Stimme zu senken und aus dem Mundwinkel heraus zu flüstern als ob er Staatsgeheimnisse preisgebe, mache es noch schwerer. Aber wenn er lache, lachten sie auch, und das scheine ihm zu gefallen.

Ernest fuhr nach Cortina, um dort mit Mary Weihnachten zu verbringen. Es schien alles so, wie sie es sich erhofft und wie sie es erwartet hatte – sie konnte ab und zu in der eigenen Küche kochen, freundliche Dienstmädchen räumten hinter ihr auf, der Schnee war gut, und die Pisten führten direkt am Haus vorbei. Erst Ende März kehrten Ernest und Mary nach Venedig zurück.

Während Mary wieder durch ihre Lieblingsmuseen streifte, suchte Ernest wiederum die Gesellschaft Adrianas, und diesmal nicht immer in Begleitung ihrer Freunde. Es faszinierte ihn, daß sie im Venedig des zwanzigsten Jahrhunderts, das sich an die Größe seiner Vergangenheit klammerte, eine Erziehung wie im 18. Jahrhundert genossen hatte, und er nannte sie auch weiterhin Tochter. Zu dieser Zeit wurde Ernest bereits von den meisten seiner Freunde und Verwandten »Papa« genannt, und »Tochter« war die Form der Anrede, die er am liebsten auf Frauen anwandte. Derlei Ausdrücke waren die logische Erweiterung seiner Paternalität und nährten sein Bedürfnis, in sich selbst den angegrauten, kampferprobten Veteranen zu sehen. Im Falle Adrianas jedoch war diese Paternalität eine geeignete Maske für neue – vielleicht unwillkommene? – erotische Sehnsüchte. Adriana jedoch glaubt nicht, daß sie Ernest mit ihrem Vater verwechselte. »Die Leute haben sich gefragt, ob meine Zuneigung zu Hemingway für mich eine Art von Vaterersatz war«, schrieb sie 1980 in ihren Memoiren *La Torre Bianca*. »Das stimmt nicht. Mein Vater hatte zwar strenge Moralbegriffe, aber er gab mir Liebe und tiefes Verständnis. Er war es, der mich ermunterte, Gedichte zu schreiben. Die beiden kommen aus unterschiedlichen Kulturkreisen. Papa hatte Mut wie mein Vater, aber er setzte ihn ganz anders ein.« Adriana meint, sie habe versucht, Ernest auf diesen Unterschied aufmerksam zu machen. Als er ihr etwas kaufen wollte, protestierte sie. »Sie können das nicht tun«, erinnerte sie ihn, »denn ich bin nicht Ihre Tochter.«

In dieser Zeit – im Frühjahr 1949 – lernte Ernest Gianfranco Ivancich kennen. »Das ist Gianfranco, mein Bruder«, sagte Adriana zu Ernest und zeigte auf einen schlanken, dunkelhaarigen Mann, der bei San Marco auf sie zukam. Gianfranco hatte gerade sechs Monate in New York verbracht und war soeben nach Venedig zurückgekehrt. Adriana hatte Ernest bereits über seine Situation aufgeklärt – wie er als Soldat und Partisan verwundet worden war, welche Schwierigkeiten er gehabt hatte, sich nach dem Krieg zurechtzufinden, und daß er jetzt Aussicht auf eine Position in Kuba habe. Ernest fühlte sich sofort von ihm angezogen. »Er geht wie ein Indianer«, sagte er. Er sah, wie sich Gianfrancos geistesabwesender Gesichtsausdruck schnell in ein freudiges Lächeln verwandelte, als er seine Schwester erkannte. Nachdem Adriana sie einander vorgestellt hatte und Gianfranco seiner Wege gegangen war, sagte Ernest: »Ich mag den Jungen. Ich werde mich in Kuba mit ihm treffen.« Adriana war überrascht. Von allen möglichen Stellen hatte man ihrem Bruder jetzt ausgerechnet eine in Kuba, in Havanna angeboten, dort wo Hemingway, ihr neuer Freund, lebte. »Sie können von jetzt an auf mich zählen«, wiederholte Ernest. »Ich werde mich in Kuba mit ihm treffen.«

Ehe er Ende April Venedig verließ, lud Ernest Adriana und Gianfranco zum Lunch mit ihm und Mary ins Gritti ein. Marys Kommentar in ihrem Tagebuch: Adriana und Ernest hätten sich auf einen heftigen Flirt eingelassen. Adriana indes, die ihr aus dem Weg gegangen war, um ihre Mutter zu überzeugen, daß Ernests Interessen harmlos seien, zog es vor, das Ganze als Freundschaft anzusehen. »Für mich war er ein wesentlich älterer Mann«, betonte sie später, auch wenn er etwas von einem großen Kind an sich hatte. Manchmal empfand ich sogar den Wunsch, ihn vor sich selbst zu beschützen. Aber dreißig Jahre waren für mich ein ganzes Leben. Ich habe mir nie eingebildet, in ihn verliebt zu sein. Ich schätzte seine Freundlichkeit und seine Aufmerksamkeit. Wir waren Freunde. Ich lernte viel von ihm.«

Ernest mit seinen Gefühlen eines abgeklärten, nicht nur einmal verheirateten, älteren Mannes, den ein so neugierig auf ihn eingehendes Mädchen erregte, reagierte ganz anders als Adriana. Sie konnte, dreißig Jahre jünger als er und von so offensichtlich anderer Herkunft, nur Komplikationen in sein Leben bringen. Aber die Phantasie hatte sich bereits seiner bemächtigt – die Vorstellung, daß er sie haben könnte. Das wurde deutlich, als er die Arbeit an einem Roman wieder aufnahm, den er in Torcello begonnen hatte und an dem er jetzt auf der Finca weiterarbeitete. Später wurde er unter dem Titel »Über den Fluß und in die Wälder« veröffentlicht, die Geschichte von Richard Cantwell, einem amerikanischen Colonel mittleren Alters, der nach dem Zweiten Weltkrieg in Triest stationiert ist. Cantwells Kriegslaufbahn gleicht der von Buck Lanham, seine persönlichen Charakteristiken aber deuten eher auf Ernest hin. Bei der Frau, die er leidenschaftlich begehrt, aber nicht heiraten kann, weil sie Katholikin und er geschieden ist, handelt es sich um eine 19jährige venezianische Gräfin namens Renata. In Ernests Vorstellung wurde nun Adriana Ivancich die edle Mätresse des zynischen, vom Leben reichlich angeschlagenen Cantwell.

Als Buck Lanham im Juni , kurz vor seiner Abreise zu einer neuen Stationierung in Europa, auf die Finca kam, überraschte ihn, was er als Marys wachsende Unterwürfigkeit unter Ernests Exhibitionismus bezeichnete. Ernest prahlte am Pool oder bei den Mahlzeiten mit seinen (echten oder erdachten) sexuellen Eroberungen, und Mary, ihre Verlegenheit unterdrückend, tat so, als sei sie stolz auf seine Männlichkeit. Es störte Buck, daß sie sich – bei Ernests schlechten Manieren – selbst so erniedrigte. Eines Abends, als das Gespräch auf Venedig kam, bemerkte sie etwa, daß alle Frauen dort mit Papa hätten ins Bett gehen wollen, daß aber sie die Glückliche sei, ihn ganz für sich zu haben, ein Reichtum allerdings, der ihr manchmal Schuldgefühle verursache. Lanham wußte, daß sie glaubte, Ernest ihr Leben zu verdanken, aber ihm und auch anderen schien es, daß sie weitaus mehr hinnahm, als ihr die Pflicht geboten hätte. Ein kubanischer Sportsfreund, der mit Ernest fischte, war, zumindest was Marys Selbsterniedrigung anbelangte, gleicher Meinung mit Buck. Er hatte manchmal den Eindruck, daß Mary sich tatsächlich zur Sklavin seiner Wünsche machte. Nie erlebte er, daß sie ihn in der Öffentlichkeit kritisierte, wie immer er sie auch provoziert haben mochte.

Weshalb Mary – die stürmische, freche Reporterin – so bereitwillig in die Rolle der unterwürfigen Ehefrau schlidderte, kann nur vermutet werden. Von Ernests mächtiger Persönlichkeit und Marys Dankbarkeit in Bezug auf sich selbst und ihre Eltern einmal abgesehen, waren es vielleicht die Verehrung, die Mary ihrem Vater entgegenbrachte sowie die Erkenntnis, daß ihre Mutter dessen Bedürfnissen nie gerecht geworden war, die Mary besonders empfänglich für Ernests Ansprüche machte. Auf jeden Fall schien sein Wohlbefinden ihr die ständige Unterordnung zu versüßen. Am besten erging es ihr an Bord der *Pilar,* wo sie sich nicht besonders anzuziehen brauchte und sich in Ernests Wohlwollen angesichts ihrer Fähigkeiten als Anglerin und Seglerin sonnen konnte. Seit Jane Mason hatte keine seiner Gefährtinnen sich so bereitwillig und mit solchem Behagen seinem Leben auf See angepaßt.

Sie begannen wieder über einen Winter in Paris und Venedig zu sprechen, aber erst flog Mary nach Chikago, um ihre Eltern zu besuchen. Ernests Hang zum Briefeschreiben trat nie mehr zutage als in diesen Wochen von Marys Abwesenheit. Er schrieb an Grace Hemingway, die mit siebenundsiebzig auf die Hilfe einer privaten Krankenschwester angewiesen war, und berichtete ihr von den Aktivitäten seiner drei Söhne – zu jener Zeit alle in Europa – und er erwähnte, daß das Buch, an dem er gerade arbeite, ein sehr gutes Buch werden würde. An Mary schrieb er, sie solle die »Operation Nerzmantel« in Angriff nehmen und erklärte dann zerknirscht, daß seine Flirts so

harmlos seien »wie ein Ringkampf mit den großen Katzen...
Aber im Grunde ist es nur, um Dich zu ärgern«. Eine venezianische Adelige, die ihm im vergangenen Winter viel schmeichelhafte Aufmerksamkeit hatte zukommen lassen, erhielt eine Nachricht über den Fortgang des neuen Buches – 1641
Wörter am Montag, 1176 in der Woche zuvor. Er wünschte,
daß sie auf der Finca sei, damit sie es lesen könne. Hatte sie
seine Jungs getroffen? Sie seien mit ihrer Mutter, einer wunderschönen, aber manchmal schwierigen Frau, in Venedig.

Pauline, die im Sommer mit Gigi und Patrick nach Europa
gereist war, hielt sich selbst nicht für schwierig. Hatte sie nicht
Mary, die der Last der Finca entfliehen wollte, gastfreundlich
aufgenommen? Konnte er als Vater nicht stolz auf Patrick und
Gigi sein, wo er den größten Teil der Erziehung doch ihr
überlassen hatte und dennoch die gutgelaunte Gesellschaft der
Söhne genießen konnte, wann immer es ihm beliebte? In Paris
besuchte Pauline Hadley, die mit Paul 1945 wieder nach Crécy-
en-Brie gezogen war. Paul hatte dort den Posten des Chefre-
dakteurs der Pariser Ausgabe der *New York Post* übernommen. Es überraschte Patrick, wie freundlich seine Mutter und
Hadley miteinander umgingen. »Vielleicht«, bemerkte er Jahre später, »weil sie das Wettrennen gut überstanden hatten und
sich jetzt entspannen konnten.«

Hadely war Pauline dankbar für all die Freundlichkeiten, die
sie Jack erwiesen hatte, der im Frühjahr eine junge Frau aus
Idaho, Byra »Puck« Whitlock, geheiratet hatte. Er nannte sich
selbst so etwas wie eine in der Nachkriegswelt verlorene Seele,
war wieder in die Armee eingetreten und hatte Puck zu seiner
ersten Dienststelle nach Berlin mitgenommen. »Pauline war
die einzige in der Familie«, sagte er, »die sich in jenem Jahr die
Mühe machte, uns zu besuchen.« Auf dem Weg nach Venedig
lernten Pauline und die Jungs einige junge Leute aus den
Familien Franchetti und Ivancich kennen. Patrick fand Adriana sehr attraktiv, entschied sich aber mit dem Geschmack eines
reifen Harvard-Studenten für Afdera Franchetti als die Ver-
führerischere: »Eine richtige italienische Sirene, immer umringt von vier oder fünf Verehrern.«

Ernest ließ Adriana wissen, wie froh er sei, daß die Jungs sie kennengelernt hätten. Mary und er würden um den 6. oder 7. November in Paris sein. Von dort aus wollten sie nach Venedig kommen und ein wenig mit Nanyuki auf die Jagd gehen. Er sehne sich nach Venedig und nach ihr und hoffe, daß sie ihm schreiben werde. Sie brauche sich nicht die Mühe zu machen, ihm auf englisch zu schreiben, denn er lese Italienisch so gut wie er es schlecht spreche.

Mary kam mit einem 5000-Dollar-Nerzmantel im Arm aus Chikago zurück, und Ernest schrieb Lillian Ross am nächsten Tag, mit Marys Rückkehr werde nun wieder die Disziplin im Hause einziehen – Mahlzeiten zur rechten Zeit, der Ernst des Lebens eben. »Ich bin froh, sie wieder hierzuhaben«, sagte er, »obwohl ich das wirklich wilde Leben liebe.«

Mary hatte wohl, indem sie so erfolgreich die Rolle der Hausmanagerin übernahm, etwas von der Verspieltheit verloren, die Ernest einst angezogen hatte. Sah er nicht mehr so eindeutig seinen »Taschenrubens« in ihr, an dem er 1944 solchen Gefallen im Bett gefunden hatte? Das Sexualleben der beiden war zufriedenstellend, aber Ernest drängte es, besonders in der Abgeschiedenheit der Finca, nach zusätzlichen Stimulanzien. Mary erkundete die Natur, sammelte gerne Tatsachen und las Bestseller, aber Ernest empfand ihre kulturellen Weisheiten schon bald als oberflächlich. Marys intellektuelles Wachstum hatte sich aus den Erfahrungen einer neugierigen, energischen, hart arbeitenden Reporterin gespeist. Als sie ihre Karriere aufgab, um sich um Ernest und seinen Haushalt zu kümmern, verscherzte sie sich den größten Teil der Möglichkeiten, ihren Horizont zu erweitern.

Wie interessant diese Möglichkeiten zu Kriegszeiten waren, das kam wieder durch die Veröffentlichungen eines Romans ans Licht, den ihr ehemals guter Freund Irwin Shaw geschrieben hatte. In »Die jungen Löwen« zeichnete er das Bild einer Frau, die an Mary Welsh erinnert. Die Louise des Romans hat helles Haar und einen »kleinen, eleganten Körper«, sie arbeitet im London der Kriegszeit für das Amt der Kriegsberichterstattung und »...schien jedes große Tier auf den Britischen

Inseln zu kennen. Sie hatte eine geschickte, raffinierte Art, mit Männern umzugehen, und wurde ständig zum Wochenende auf die berühmten Landhäuser eingeladen, wo ihr geschwätzige Militärs von hohem Rang eine Menge gefährlicher Geheimnisse anzuvertrauen schienen... Nach dem Krieg... nahm sie sich vor, für den Senat zu kandidieren oder sich um eine Botschafterstelle irgendwo zu bewerben.« Ernest war wütend über die Ähnlichkeiten mit Mary, aber Shaws Beschreibung ist vielleicht Zeugnis dafür, daß Mary, bevor sie sich in Kuba niederließ, ein völlig anderes Leben führte.

Mitte November flogen die Hemingways nach New York und wohnten ein paar Tage in einer Suite im Sherry-Netherland, bevor sie per Schiff nach Europa fuhren. Es war zu dieser Zeit, daß Lillian Ross den größten Teil des Materials für ihr Hemingway-Protrait im *New Yorker* sammelte. Aus Mary, stellte sie darin fest, die sich zum Ziel gesetzt habe, eine perfekte Ehefrau zu sein, sei letztlich nicht viel mehr als eine gute Trinkgefährtin und der Partner geworden, der auspackte, Essen bestellte und die Bücher führte.

Am Silvesterabend 1949 dinierten Mary und Ernest frühzeitig und allein in einem Hotel in Nervi, südlich von Genua. Ernest war düsterer Laune, sobald sie dann aber Venedig erreichten, hellte sich durch Adrianas Gegenwart seine Stimmung auf. Mary schrieb Ernests Vernarrtheit in Adriana den romantisierten Erinnerungen an das Italien seiner Jugend zu, sowie einem Bedürfnis, die von ihm erfundene Liebesaffäre zwischen Cantwell und Renata auszuleben. Aber damit schätzte sie Adriana selbst falsch ein. Arrigo, der ältere der Cipriani-Söhne, im Winter 1950 noch ein Teenager, meint, daß Adriana jene Qualitäten, die sie als reife Frau auszeichneten – der aristokratische Stil und ihre Haltung, der herausragende Sinn für die Vergangenheit, die erregende Schönheit, der flinke Geist (Ernest nannte sie sein »schnelles Gehirn«) –, auch schon in ihrer Jugendzeit besessen habe. Man könne sich, schloß er daraus, unschwer vorstellen, daß ein reifer Mann wie Hemingway von ihr hingerissen sein mußte.

Wieder erkundigte sich Dora bei Adriana, was Ernests häufige Aufmerksamkeiten zu bedeuten hätten. »Du siehst diesen Mann, diesen Hemingway, zu oft«, sagte sie. »Es ist nicht normal, ein verheirateter Mann, älter als du. Ich verbiete dir nicht, ihn zu treffen, aber nur gelegentlich, nicht so viele Verabredungen.« Adriana protestierte. Ernest genieße ihre Gesellschaft und auch die ihrer Freunde. Er fühle sich jung dadurch, und sei so auch vor stumpfsinnigen Bewunderern, die ihn langweilten, geschützt.

»Du mußt in Betracht ziehen, was die Leute denken könnten«, drängte ihre Mutter. Da wurde Adriana böse. Was mache es schon aus, was die Leute dächten? Diese Angst vor den Leuten sei eine Art Besessenheit. Vielleicht sollte ihre Mutter Hemingway einmal kennenlernen, um sich selbst ein Urteil zu bilden. Dora war einverstanden.

»Es ist höchste Zeit, daß ich ihn kennenlerne«, sagte sie. »Wir werden ihn zum Mittagessen einladen.«

»Also kam Ernest zum Mittagessen in die Calle di Rimedio«, erinnerte sich Adriana, »und er war ganz in Blau, sauber, trug eine Krawatte, und er sprach sehr langsam, so daß meine Mutter ihn verstehen konnte.« Ebenfalls eingeladen war Adrianas Tante Emma, die sich erinnerte, 1923, als sie ihre Freundin Renata Borgatti in Cortina d'Ampezzo besuchte, auch Renatas amerikanische Bekannte Hadley Hemingway kennengelernt zu haben. Sie entsann sich auch, daß man nachmittags im Speisesaal des Hotels einen Platz für Hadleys Ehemann freigehalten hatte, der noch oben saß und schrieb und später zum Essen kommen würde. »Du wirst eines Tages von diesem jungen Mann hören«, hatte Renata gesagt. Einige Minuten später war Hemingway erschienen. Ernest erinnerte sich ebenfalls an diesen Vorfall, und man freute sich allseits über einen solchen Zufall. Adriana, die dem Schwatz darüber zuhörte, war erleichtert. Jetzt würden die Zweifel ihrer Mutter zerstreut sein. Papa war also nicht einmal ein Fremder, sondern ein alter Bekannter der Familie.

In den nächsten zwei Monaten traf Adriana Ernest häufig in Venedig und zweimal zum Skifahren in Cortina. Sie entwickelten einen privaten Geheimcode. »Witz« bedeutete »nicht ernst«, »Fehler« war das Codewort für einen Kuß oder auch einen anderen Ausdruck von Zärtlichkeit. Sie unterhielten sich über viele Dinge, einschließlich ihrer gegenseitigen Sorge um Gianfranco, der jetzt in Havanna arbeitete. »Er trägt nur dich und deine Mutter im Herzen«, sagte Ernest. »Alles andere ist ihm egal. Er ist mir sehr zugetan, und ich fühle mich ihm sehr nahe. Das macht es leichter für uns, bringt dich näher zu mir.«

In Harry's Bar hänselte Carlo Kechler Ernest Adrianas wegen. Er warnte ihn, sich vor ihr in acht zu nehmen, vor diesem Mädchen mit den grünen Augen, das wie ein wildgewordenes Pferd sein könne. Nein, sagte Ernest, nicht wie ein wildgewordenes, sondern wie ein großes schwarzes Pferd. Von da an nannte Ernest Adriana auch »Schwarzes Pferd«.

Zum ersten Mal kam Adriana nach Cortina, als dort an einem Wochenende ein internationales Skirennen stattfand. Mary, die alles, was sich dort tat, hilflos mitansah, fühlte sich außerstande, etwas dazu zu sagen. »Ernest hatte ein Netz ausgeworfen, in dem er sich selbst verfangen und das ihm Schmerzen zufügen könnte«, schrieb sie in ihr Tagebuch. »Aber ich war sicher, daß kein warnender Satz meinerseits den Prozeß würde aufhalten können.« Adrianas zweiter Besuch dort erfolgte aufgrund einer Einladung venezianischer Freunde, und sie blieb in deren Haus in Cortina, bis sie von ihrer Mutter nach Venedig zurückbeordert wurde. Ernest, der nicht Ski lief, bot ihr an, sie nach Venedig zurückzufahren. Mary blieb in Cortina zurück und ging jeden Tag mit einem Skilehrer auf die Pisten, bis sie stürzte und sich diesmal das linke Fußgelenk verletzte.

Als sie mit einem Gehgips nach Venedig zurückkehrte, eröffnete Ernest ihr, daß er Adriana und Dora nach Kuba einladen wolle. Als Vorwand führte er an, daß es doch nett für sie sein werde, Gianfranco wiederzusehen. Mary kannte natürlich seine wirklichen Motive und reagierte entsprechend kalt, sah aber keine andere Möglichkeit. Sie erinnerte ihn jedoch daran, daß die Einladung aus Gründen des Anstandes wenigstens von ihnen beiden kommen sollte. Ernest war einverstanden, und so wurde Dora Ivancich mitsamt einer Freundin zum Mittagessen in Harry's Bar eingeladen. Ernest machte sich mit seinen Kumpanen davon und ließ Mary als seine Vertreterin zurück. Man konnte von Mary nicht erwarten, in dieser Situation Adrianas Mutter gegenüber Sympathie zu empfinden, so fiel ihre entsprechende Beschreibung in »Wie es war« äußerst nachteilig aus. Demnach schien Dora wenig Ahnung davon zu haben, wer sie, Mary, wirklich war. »Haare, Augen, Manieren und Kleidung, alles an ihr war grau«, und sie schien erleichtert«, als Mary sagte, daß sie und Ernest nicht »in der Kirche« getraut worden seien. Mary spottete über Doras bemühtes Englisch, und sie fand es »höchst unverständlich«, daß die hochgeborene venezianische Frau daran interessiert sein könnte, eine so unterentwickelte Region wie Kuba aufzusuchen.

Mary und Ernest verließen Venedig mit Doras vorsichtig formulierter Antwort, daß sie die Einladung schätze und sie für die Zukunft berücksichtigen werde. In Paris hütete Ernest mit einer Bronchitis das Bett, während Mary einkaufen ging und um ihn herumschwirrte. Erst als Adriana um den 15. März herum eintraf, ging es ihm besser. Adriana war nach Paris gekommen, um für einige Monate Kunst zu studieren. Sie wohnte bei einer Schulfreundin, die einer bekannten Pariser Familie entstammte. Als man sie Charles Scribner, der gerade zu Besuch in Paris weilte, vorstellte, kam es zu einem triumphalen Erlebnis. Ernest hatte Adriana ermuntert, Scribner einige Skizzen für den Schutzumschlag von »Über den Fluß und in die Wälder« vorzulegen. Und Scribner hatte, ohne zu wissen, daß sie eine Freundin von Ernest war, genau ihre Federzeichnung von Venedig allen anderen Vorlagen vorgezogen, was er ihr jetzt mitteilte. Ernest nannte sie fortan stolz seine Partnerin und bat zu einem großen Buffet im La Rue Royale, das einen Tag vor seiner und Marys Abreise von Le Havre aus stattfand. Spät an jenem Nachmittag ging Adriana mit ihm spazieren. Sie kehrten auf einen Drink im Deux Magots ein.

Die Unterhaltung begann harmlos. Ernest fragte Adriana, ob sie die Ähnlichkeit zwischen ihrer Mutter und der Mona

Lisa bemerkt habe. »Ein wahres Glück für mich«, sagte er, »daß du nicht die Tochter der Altehrwürdigen bist.«

Dann beobachteten sie die Passanten, wobei Ernest seine Witze über die verschiedenen Typen machte. An diesem Punkt, schrieb Adriana, blickte er geradeaus, sah sie nicht an und sagte, daß all diese Männer, wenn sie sie sähen und nicht dumm seien, den Wunsch haben müßten, sie zu heiraten. »Da ich nicht dumm bin, würde ich genauso empfinden.«

»Aber du hast Mary«, sagte Adriana.

»Ach ja, Mary. Sie ist natürlich nett und solide und couragiert.« Aber er fügte hinzu, ein Paar könne einen Teil seines Weges gemeinsam gehen und dann zwei verschiedene Richtungen einschlagen. Das sei ihm schon passiert. Aber dieses Mal, versprach er, würde es nicht passieren. »Ich liebe dich in meinem Herzen, und ich kann dagegen nichts tun.«

»An seiner Stimme erkannte ich«, sagte Adriana viel später, »daß es ihm schrecklich ernst war, und plötzlich fühlte ich mich wie gelähmt, unfähig, die Hand nach dem Gin Tonic auszustrecken, der vor mir auf dem Tisch stand. Es war, als wartete ich auf eine Lawine, eine Lawine, die jeden Moment losbrechen konnte.«

Ernest sagte noch einmal, daß er sie liebe und daß er, um mit Dante zu sprechen, nur das Beste für sie wolle. »Ich weiß, was du brauchst, um glücklich zu sein. Ich werde leben, um dich glücklich zu machen.«

»Alles, woran ich in diesem Augenblick denken konnte«, sagte sie später, »war, daß nun alles zu Ende sei, unsere schöne Freundschaft war dahin, vorbei, die Lawine rollte.«

Aber dann schlug seine Stimme um. »Ich würde dich bitten, mich zu heiraten, wenn ich nicht wüßte, daß du nein sagen würdest.« So rollte also die Lawine nicht. Draußen schien noch immer die Sonne. Die Leute liefen auf der Straße vorbei. Und sie wußte, daß der gefährliche Augenblick vorüber war. Sie konnten sich offen in die Augen sehen.

Sie stand auf. Sie lächelten einander zu. Auch Ernest erhob sich. »Laß uns jetzt einen Spaziergang an der Seine machen«, sagte er.

29

In New York unterzog sich Mary einer gründlichen medizinischen Untersuchung. Sie wollte wissen, ob es, nachdem sie vor drei Jahren in Casper nur knapp dem Tod entronnen war, für sie noch die Möglichkeit zu einer normalen Schwangerschaft gab. Die Antwort war nicht ermutigend. Ihr allgemeiner Gesundheitszustand sei ausgezeichnet, aber der ihr verbliebene Eileiter sei »so verstopft«, daß die Chancen, schwanger zu werden, gering seien. Es dauerte einige Tage, bis sie imstande war, sich Ernest anzuvertrauen. Sie fühlte sich wie ein »menschlicher Versager« und schob sich selbst die Schuld an etwas zu, daß außerhalb ihres Vermögens lag. Äußerst niedergeschlagen kehrte sie zur Finca zurück, und es war bestimmt nicht leicht für sie, mitanzusehen, wie euphorisch Ernest sich über drei Briefe Adrianas freute, die ihn dort erwarteten.

»Es ist sieben Stunden her, seit Dein Schiff von mir weggefahren ist«, schrieb sie in holprigem Englisch. »Und ich muß sagen, das macht mich ziemlich traurig... Ich habe so viele Dinge zu sagen, daß es mir lieber ist, sie alle zu übergehen – Du verstehst das doch, nicht?« Um ein Uhr nachts schrieb sie ihm wieder, diesmal auf italienisch. Wenn sie in seiner Gegenwart den Anschein erweckt habe, kühl zu sein, so empfinde sie jetzt, wo er sie verlassen habe, ein starkes Gefühl von Verlust. »Ich weiß nicht, warum ich Dir so viel schreibe... Vielleicht weil ich daran gewöhnt bin, stundenlang mit Dir zu reden, nun muß ich Dir auch stundenlang schreiben... Paß gut auf Mary auf, sie ist gut und lieb und verdient das beste auf der Welt.«

Am nächsten Morgen schrieb sie zum dritten Mal und beklagte sich, daß sich ihr alle Themen verböten. Sie könne ihm nicht danken, denn er finde Dankbarkeit langweilig. Ihn daran zu erinnern, sich um Gianfranco zu kümmern, sei nutzlos, denn das werde er sowieso tun. »Als einziges Thema bleibt mir, über Dich zu reden und zu fragen, worum es in Deinem Buch geht, so wie es Figaros Mädchen tat! Verstehst Du, Papa, ich habe nichts zu sagen – das ist nur ein Vorwand, um Dir ein paar Worte über den Ozean zu schicken.«

Am 10. April antwortete Ernest. »Wenn Du hierwärst, ay, wie man auf spanisch sagt, wenn Du hierwärst.« Am nächsten Tag schrieb er einen zweiten Brief. Eines der Dinge, die er am meisten vermisse, sei der Klang ihrer Stimme. Auf der ganzen Welt gäbe es keine Stimmen, die wie die ihre klinge. Und am 15.: Würde sie bitte ihre Papiere fertigmachen lassen und »sie mir als persönliches Geschenk überbringen«?

Der Briefwechsel wurde kurz unterbrochen, als Pauline und Patrick mit seiner Verlobten Henrietta »Henny« Broyles auf die Finca kamen, um Ernests Segen für die Hochzeit einzuholen. Diese sollte im Juni stattfinden, wenn Patrick in Harvard und Henny in Radcliffe ihr Studium abgeschlossen hatten. »Mein Vater verhielt sich ganz nett«, erinnerte sich Patrick, »obwohl es vermutlich seinem Sinn für Tradition widersprach, daß ich über nichts Konkretes verfügte, um unseren Lebensunterhalt zu sichern.« Patrick war weder zu jung noch auch zu sehr mit sich selbst beschäftigt, um nicht Marys Freundlichkeit schätzen zu können – das schöne Buffet, das sie hergerichtet hatte, ihre Bemühungen um sein, Hennys und Paulines Wohlsein. Es bekümmerte ihn, daß Ernest Mary so grob und bissig behandelte, und er war sich eines Elements von Brutalität in dieser Beziehung voll bewußt. Patrick vermutete, daß Mary keineswegs so stark sei, wie sie sich gab, und er hatte das Gefühl, daß sein Vater ihren Entschluß, alles von ihm hinzunehmen, weidlich ausnützte.

Nachdem Patrick abgereist war, freute sich Mary sehr auf einen Besucher aus ihrer eigenen Verwandtschaft, eine Lieblingscousine. Aber Ernests Verdrießlichkeit steigerte sich. Er weigerte sich sogar zu essen, Das ging so weit, daß er seinen vollen Teller für die Katze auf den Fußboden stellte. Eines Nachmittags ließ er die Frauen in einem lokalen Restaurant stundenlang auf sich warten, um schließlich mit einer stadtbekannten Hure am Arm hereinzustolzieren. Mary brach zusammen und ließ ihrem Schmerz und ihrer Verstörung diesmal freien Lauf.

Wieder schrieb sie ihm einen Zettel. Es klang wie ein Ultimatum: »Sobald es mir möglich ist, auszuziehen, werde ich ausziehen.« Aber sie zog nicht aus. Stattdessen nahm sie den größten Teil der Schuld auf sich. Sie versorgte weiterhin das Haus und hielt nach Zeichen Aussschau, die andeuteten, daß seine Leidenschaft für Adriana sich legte.

Ein solches Zeichen jedoch tauchte nicht auf. Er unterhielt eine fieberhafte Korrespondenz mit Adriana und behandelte Mary gemeiner als je zuvor. Als Gianfranco seine Arbeit verlor, versprach Ernest Adriana, sich um ihren Bruder zu kümmern. In einem Brief versprach er ihr, daß, falls es einmal so weit käme, daß nur einer von ihnen glücklich sein könne, er immer ihr Glück wolle, er selbst würde sich dann aus dem Rennen zurückziehen. In einem anderen Brief schrieb er ihr, es sei 3 Uhr 30 morgens, und er könne vor Sehnsucht nach ihr nicht schlafen. Als sie ihm schrieb, daß die italienischen Männer anfingen, sie zu beachten, antwortete er, obgleich er nicht anders könne als sie zu lieben, hoffe er doch, daß sie den besten Mann auf der Welt, einen, den sie wirklich lieben könne, heiraten werde.

Einer der Gründe, für Adrianas zunehmende Popularität war das Gerücht, daß sie die Heldin von Hemingways neuestem Buch sei, ein Gerücht, das sie – vielleicht aus Versehen – selbst lanciert hatte. Sie erinnerte sich:

»Es war zu der Zeit, als mein Zimmermädchen anfing, sich nach einem Ehemann für mich umzusehen. Sie beschrieb den einen als vertrauensvollen Typ und den anderen als nett, weil er mehr Geld besitze, und wir lachten darüber. Einer davon war Graf Guido, und ich sagte ihr, das sei unmöglich. Er wisse nicht einmal, daß ich existiere. Er hatte nie etwas anderes zu mir gesagt, als ›wie geht es Gianfranco, und wo ist Gianfranco?‹ Aber eines Tages traf ich ihn auf der Straße, und als er seine übliche Frage stellte, antwortete ich ihm, Gianfranco gehe es gut und Hemingway gehe es ebenfalls gut. ›Was, du kennst Hemingway?‹ Jetzt war er interessiert. Natürlich kenne ich Hemingway. Ich hätte mit ihm gegessen, und wir hätten viel geredet. ›Über was?‹ Oh, er hat mich um einen Gefallen gebeten. ›Was für einen Gefallen?‹ um den Gefallen, mein Äußeres für seine Heldin verwenden zu dürfen. ›Du meinst, du bist die Heldin?‹ Nein, nein, das habe ich nicht gesagt. Ich sehe nur wie sie aus. Aber Guido war schon mit meiner Neuigkeit davongestürmt, und bald darauf erzählte man sich in ganz Venedig, daß ich die Heldin in dem Buch sei.«

Seit Mai hatte Ernest in seiner Korrespondenz – und nicht immer gerade feinfühlig – angedeutet, daß er eine andere Frau liebe. An Charlie Scribner hatte er am 10. Mai geschrieben, er fange jetzt mit einem neuen Buch an, um seine Angehörigen mit Nerzmänteln versorgen zu können, sei jedoch nicht in der Lage, einer, die er liebe, auch nur einen einzigen Penny zu geben. Lillian Ross gegenüber beschrieb er sich zwei Wochen später als einen Menschen mit gebrochenem Herzen – ein altmodischer Ausdruck, wie er zugab, aber nichtsdestoweniger wahr. Und als Harvey Breit, ein *New-York-Times*-Autor der gerade eine Vorveröffentlichung von »Über den Fluß...« las, ihn nach Renata befragte, antwortete Ernest am 17. Juli, es handle sich um das – möglicherweise nicht gelungene – Porträt von jemandem, den er mehr als irgendjemand sonst auf der Welt liebe.

Anfang August flog Mary nach Gulfport, Mississippi, wo sie ein kleines Haus für ihre Eltern ausfindig machte, und flog dann weiter nach Chikago, um beim Umzug zu helfen. Während sie sie in ihrem neuen Heim unterbrachte, berichtete Louella Parsons, die Hollywood-Kolumnistin, im Radio, daß die Ehe der Hemingways wegen einer italienischen Gräfin, in die Ernest sich wahnsinnig verliebt habe und die jetzt bei ihm auf der Finca lebe, auseinandergebrochen sei. Eine Stunde nach der Sendung war Ernest am Telefon und versicherte Mary leidenschaftlich, daß das Ganze nichts als ein Haufen Lügen sei. (Der Parsons-Bericht war aus einer von Afdera Franchetti in Umlauf gesetzten Geschichte entstanden, wonach sie das Modell der Renata sei, Ernest sei ihr verfallen, und sie habe ihn zweimal in Kuba besucht.) Ernest nahm an, daß Mary nach seiner telefonischen Entschuldigung den ganzen Vorfall vergessen werde, als sie aber bei ihrer Rückkehr zur Finca noch immer ärgerlich zu sein schien, schrieb er an Lillian Ross, ihr (Marys) Benehmen sei »von der Grazie einer Müllfrau«.

Zu der Zeit jedoch hatte Mary trotz des Klatsches zu ihrer ursprünglichen Haltung zurückgefunden. Ihre Ehe sollte über Adriana nicht zerbrechen. Wenn sie ihn jetzt gehen ließe, so resümierte sie, sei das schlimmer für Ernest als für sie selbst. Ihrer Meinung nach würden die Schuldgefühle ihn zerrütten, und eine Liebesaffäre dieser Art würde ihm keinen emotionalen Frieden bringen. Bill Walton jedoch, der Mary gut kannte, glaubt, daß der Preis, den sie für ihre unterwürfige Haltung Ernests Behandlung gegenüber zahlte, zu hoch gewesen sei. Indem sie sich weigerte, ihn, als er sie so schändlich behandelte, zu verlassen, verlor sie etwas Unbezahlbares – ihre Selbstachtung.

Ernest nannte Mary jetzt einen »Brosamenfresser und Dreckaufräumer« und sagte, sie mache ein Gesicht wie Torquemada. Er traf Vorbereitungen für einsame Angelpartien und wiegte sie in dem Glauben, sie werde für einige Tage ihre Ruhe haben, nur um am gleichen Tag vollgetankt mit Daiquiries zurückzukehren. Sie reagierte immer noch mit gemischten Gefühlen auf eine solche Behandlung. Manchmal trug sie dazu bei, ihren Entschluß, sich nicht abschieben zu lassen, zu festigen. Aber dann wieder reagierte sie mit Verzweiflung. Am 13. Oktober schrieb sie Charlie Scribner, sie habe sich entschlossen, nicht mehr länger bei Ernest zu bleiben. Er zerstöre, was sie als ihren unerschöpflichen Vorrat an Hingebungsfähigkeit angesehen habe. Sie frage sich, ob ein Teil seiner Feindseligkeit damit zusammenhinge, daß sie kein Kind mehr haben könne. Falls Charlie von irgendeinem Job für sie in New York höre, solle er es sie wissen lassen.

»Über den Fluß und in die Wälder« war erschienen, die meisten Buchbesprechungen waren eingegangen. Obwohl das Buch schnell ein Bestseller wurde, bezeichneten die Kritiker es als Hemingways schlechtesten Roman, eine Parodie seiner früheren Themen, schwatzhaft und hochfrisiert. Als Mary die Widmung »Für Mary in Liebe« sah, wunderte sie sich über die Ironie, die, komisch und schmerzlich zugleich, daraus sprach. Jenes Hemingway-Buch, das sie am wenigsten bewunderte, war ihr gewidmet, und seine Heldin war keine andere als ihre augenblickliche Rivalin.

Adriana sah »Über den Fluß...« zum erstem Mal auf einem Bücherständer, als der Frachter, auf dem sie und ihre Mutter nach Kuba fuhren, in Teneriffa anlegte.

In Venedig war das Buch nicht im Handel. (Ernest hatte die italienische Ausgabe für mindestens zwei Jahre untersagt.) Der Klatsch um Adriana und Afdera blühte weiterhin. Einige Journalisten spekulierten, daß Renata eine Kombination aus beiden jungen Frauen sei. Adriana hatte sich in unschöne Streitereien mit Leuten eingelassen, die ihr vorwarfen, sie verfolge mit Hemingway eigene Interessen. Manchmal schreie sie sie an, schrieb sie Ernest, wenn sie ihr sagten, daß es eine wirkliche Freundschaft zwischen einem Mann und einer Frau nicht gebe. Aber das Gerede brachte ihr, wie sie bald entdeckte, auch Vorteile. Wenigstens behandelte man sie wie eine Erwachsene und nicht mehr wie Gianfrancos kleine Schwester.

Als das italienische Schiff mit Adriana und ihrer Mutter an Bord in den Hafen von Havanna einfuhr, kamen ihm Mary, Ernest und Gianfranco auf der *Pilar* entgegen. Gianfranco hatte seine Familie seit über einem Jahr nicht gesehen. Seine übliche Reserviertheit zerfloß jetzt, als er sie am Kai umarmte, in einem Strom von Italienisch. Ernests Gesicht verriet, wie glücklich ihn Adrianas Anblick machte, sonst jedoch gestatte er sich nicht eine Geste der Zärtlichkeit, sondern konzentrierte sich nur auf Doras Wohlbefinden. Mary war so freundlich, als ob die Einladung ihre Idee gewesen sei. Sie organisierte eine Reihe von Partys, als Höhepunkt eine großartige Gala im Freien, und ging dann ausdrücklich ihrer eigenen Routine nach, während Ernest Adriana die Altstadt zeigte, sie in den Club de Cazadores und zu seinen Lieblingsausblicken aufs Meer führte. Einige Tage nach ihrer Ankunft gab Ernest Adriana ein Exemplar von »Über den Fluß...« und erkundigte sich eine Woche später nach ihrer Meinung. »Ich zögerte«, schrieb Adriana, »aber dann sprach ich es aus. ›Das Mädchen ist langweilig. Wie konnte dein Colonel ein Mädchen lieben, das so langweilig ist? So ein Mädchen existiert nicht, wenn sie hübsch ist und aus guter Familie und wenn sie jeden Morgen zur Messe geht. So ein Mädchen würde nicht den ganzen Tag lang wie ein Schwamm trinken und im Hotelbett herumliegen.‹« Ernest war nicht ihrer Meinung. Adriana habe unrecht. Mädchen wie dieses existierten, beharrte er. Er habe einige kennengelernt. Vielleicht in Amerika, erwiderte sie, aber nicht in Venedig. Als sie sah, daß sein Gesicht einen traurigen Ausdruck annahm, korrigierte sie sich leicht. Vielleicht sei es ein gutes Buch, aber sie zöge die anderen vor.

»Für dich«, sagte er, »werde ich ein gutes Buch schreiben, besser, als ich je eines geschrieben habe. Warte nur ab.«

Sowohl Mary Hemingway als auch Adriana Ivancich haben etwas über die Situation auf der Finca während dieses Winters 1950–51 geschrieben, Mary in ihrer Autobiographie und Adriana in *La Torre Bianca*. Zusammengenommen ergeben diese beiden Darstellungen (aus unterschiedlicher Perspektive) glaubwürdige Hinweise darauf, wie die Hauptpersonen sich verhielten. Mary bewahrte sich hartnäckig ihre Selbstkontrolle und ließ sich nicht zum Weglaufen anstacheln. Das hatte sie wieder und wieder deutlich gemacht. Manchmal waren ihre Bemühungen, Ernest versöhnlich zu stimmen, reichlich plump, so etwa wenn sie ihn aus finsterer Stimmung zu reißen versuchte, indem sie eine Platte aus dem Musical *Kiss Me Kate* auflegte und ihn drängte, mit ihr zu tanzen. Von Mal zu Mal wurde er, wenn sie die Worte »auf meine Weise bin ich dir immer treu« sang, wütender. »Papa bewegte sich wie ein abgerichteter Tanzbär«, schrieb Adriana, »und als Mary ihn ein zweites Mal durch das Zimmer ziehen wollte, krümmte er sich wie ein Baseball-Spieler und schleuderte ein Glas Wein an ihrem Gesicht vorbei gegen die Wand.«

Adriana, die sich auf eine Situation eingelassen hatte, die sie mehr als die anderen kompromittierte, glaubt, daß Mary ihr letztlich viel zu verdanken habe, weil sie schließlich nicht mit

Ernest davongelaufen sei. »Ich hätte es tun können«, sagte sie Jahre später. Stattdessen verabredete sie sich mit jungen Männern ihres Alters und überredete Ernest sanft, auf Marys gesellschaftliche Belange einzugehen. Aus ihren persönlichen Gesprächen und der Korrespondenz wußte sie, daß er sie begehrte, und es scheint nur menschlich, daß sie diese Macht genoß. Aber so, wie sie aufgewachsen war, verhielt sie sich auch jetzt, nämlich den Regeln ihrer Welt entsprechend. (In den Augen seiner kubanischen Freunde, für die zu einer Liebesaffäre uneingeschränkt alles gehörte, machte sich Ernest zum Narren, da Adriana sich ihm sexuell vorenthielt.)

Fünf Jahre nach seiner Scheidung griff Ernest Martha Gellhorn immer noch an. Sie war bereits in »Über den Fluß...« versteckt als Cantwells lieblose dritte Frau aufgetaucht, und was der Colonel zu Renata über sie sagt, ist so voller Haß, daß Charles Scribner die Frage aufbrachte, ob es sich etwa um eine Schmähschrift handle. Am 10. Mai 1950 hatte Ernest hitzig geantwortet, »daß Miss Martha, falls sie Anstoß nehmen sollte«, gut beraten sei, sich nicht auf einen Kampf mit ihm einzulassen. Bei anderen Gelegenheiten jedoch waren seine Erinnerungen an Martha von einer gewissen Großmut, wenn nicht gar von Zuneigung geprägt. »Ich las Marthas Artikel in *The New Republic*«, hatte er 1947 an Scribner geschrieben, »und fand ihn gut... Sie ist am besten, wenn sie für etwas kämpft, an das sie glaubt...« Er gestand Charlie gegenüber ein, daß er gerne wüßte, wo sie sei, was sie tue und wie sie zurechtkomme.

Martha ihrerseits wollte nichts von ihm wissen und sprach, wenn möglich, weder in der Öffentlichkeit noch privat über ihn. (Sie gab Interviews über ihr gemeinsames Leben erst nach seinem Tode, und dann nur zwei: eines für Carlos Baker und eines der Autorin). Als sie schließlich merkte, daß er Scribner als eine Art Spionageposten benutzte, wechselte sie den Verlag. »Weit davon entfernt, in bezug auf ihn neugierig zu sein, schämte ich mich, wenn in den Klatschkolumnen etwas erschien, für ihn und zugleich auch für mich, weil ich Teil seines Lebens gewesen war.«

Bill Walton, der sowohl mit Ernest als auch mit Marty gute Beziehungen unterhielt, erlebte aus erster Hand, wie Ernest ihr gegenüber noch immer nicht objektiv sein konnte. Auf seinem Weg nach Cuernavaca hatte er einen Zwischenstopp auf der Finca eingelegt, wo er einen Brief von Martha erhielt. Ernest, der immer zeitig aufstand und vor allen anderen die Post durchsah, erkannte ihre Handschrift. Zwei Tage lang beschimpfte er Walton und beschuldigte ihn, sein (Ernests) Haus auszuspionieren.

Über Weihnachten wuchs die Zahl der Hausgäste auf der Finca an. Patrick und Henny trafen ein – und Gregory, der aus der Schule geflogen war, brachte aus Trotz eine junge Frau mit, die er beim Experimentieren mit Drogen kennengelernt hatte. Gigi wußte nicht recht, wie sein Vater zu ihm stand, wünschte sich aber, daß sie einander wieder näherkämen und verhielt sich also den Bedürfnissen des älteren Mannes gegenüber sympathisierend. »Adriana ist so schön, daß man von ihr träumt«, sagte Ernest zu seinem Sohn, »und wenn ich aufwache, bin ich stärker als am Tag zuvor, und die Worte strömen nur so aus mir heraus.« Vielleicht schmeichelte es dem Mädchen, daß er es so verehrte, fragte Gregory Hemingway sich in seinen Memoiren, »oder vielleicht langweilte es sie auch und sie war nur höflich und so amüsiert, wie es eben nur junge Mädchen sein können, wenn ein alter Mann ihnen verfallen ist, aber bestimmt war sie nicht in ihn verliebt. Aber sie war sehr lieb und überlegt und verriet nie, was sie wirklich dachte. Sie verletzte ihn nie.« Patrick war anderer Meinung als Gigi. Er hielt es für grotesk, daß sein Vater sich wegen eines zwanzigjährigen Mädchens zum Narren machte. Ihr Standpunkt war ihm gleichgültig, nachdem er zu dem Schluß gekommen war, daß Ernest Dinge dieser Art (eine Frau wegen einer anderen zu verlassen und den emotionellen Schaden, den das mit sich brachte) nicht mehr verkraften konnte. Seine Sympathien galten Mary. Er ließ Dora gegenüber durchblicken, daß Ernest nicht so reich sei, wie sie vielleicht vermute, und bei Ernest stichelte er, was er Adriana alles schenken sollte, wenn er sie wirklich liebe –

zum Beispiel ein Auto, damit sie besser zwischen der Finca und Havanna hin- und herfahren könne.

Indem Dora Ivancich Adriana erlaubt hatte, ihre Freundschaft mit Hemingway fortzusetzen und sie sogar für drei Monate auf die Finca gebracht hatte, war sie der Kritik von Patrick, Mary und anderen ausgesetzt. Ihre Familie und die Freunde in Venedig aber schrieben ihre mangelnde Einsicht in die Situation einem im Krieg erlittenen Trauma zu. Adriana, die sich weigerte, ein hartes Urteil über ihre Mutter zu fällen, ließ wiederholt verlauten, daß sie sich schließlich wegen Marys verächtlichen Bemerkungen über Dora in »Wie es war« veranlaßt gesehen habe, ihre eigene Version von ihrer Beziehung zu Hemingway zu schreiben – deren Einzelheiten sie bislang vor der öffentlichen Neugier abgeschirmt hatte.

Soweit sich Adriana erinnert, erhielt Dora im Januar 1951, Ernest plante gerade eine Reise aufs Festland mit Mary und der Familie Ivancich, einen beunruhigenden Brief aus Venedig, in dem stand, daß Adriana die Renata im Buch sei. Ihre Tochter hatte bei der Vermutung nur mit den Schultern gezuckt, für sie war das nichts Neues. Hatte die Öffentlichkeit nicht schon dauernd die wirkliche Renata gesucht? Wußte ihre Mutter nicht mehr, daß die Leute sich zwischen ihr und Afdera nicht entscheiden konnten? Dora ließ nicht locker und drückte schließlich ihrer Tochter eine französische Zeitung in die Hand, die ein großes Foto von Adriana und die Schlagzeile enthielt: »Renata, Hemingways neue Liebe.«

Dora sagte tonlos, sie und Adriana müßten nach Venedig zurückkehren – in Venedig sei Renata Adriana.

Und damit endete es. Dora und Adriana zogen in ein Hotel in Havanna. Gianfranco lief nervös herum und sagte, man solle nicht auf den Klatsch achten. Mary sagte, daß sie genau das erwartet habe und es zu dumm sei, daß Papa nicht auf ihren Rat gehört und dem Mädchen rote Haare und blaue Augen gegeben und sie aus Triest habe kommen lassen. Ernest protestierte. Eine Geschichte sei eine Geschichte, und wenn die Leute sie mit der Wirklichkeit durcheinander brächten, was dann, zum Teufel, sei die Freiheit eines Schriftstellers noch wert.

Die Reisepläne wurden geändert. Die neuerlichen Unstimmigkeiten machten es Ernest unmöglich zu fahren. Mary jedoch erklärte sich einverstanden, mit Dora, Adriana und Juan Verano, einem jungen Kubaner aus guter Familie, der sich in Adriana verliebt hatte den tiefen Süden der Vereinigten Staaten zu bereisen. Juans Teilnahme machte Adriana die Trennung leichter. Der Abschied schmerzte; sie hatte angefangen, die Finca als ihr zweites Zuhause zu betrachten – aber in ihrem jugendlichen Optimismus setzte sie voraus, daß sie eines Tages zurückkehren würde. Ernest fühlte sich in ihrer Abwesenheit verdrängt und einsam, doch die ungewöhnliche Leichtigkeit, mit der er an einer neuen Geschichte schrieb, tröstete ihn. Er hatte damit in den ersten Wochen des Jahres 1951 begonnen und war allmählich überzeugt, nun das gute Buch zu schreiben, das er Adriana versprochen hatte. Es war die Geschichte von einem alten kubanischen Fischer und seinem Kampf mit einem riesigen Schwertfisch.

30

In Venedig zurück, fand Adriana es unmöglich, ein normales Leben zu führen. Jeder, der Englisch konnte, übersetzte »Über den Fluß...«, kicherte darüber, schien aber vor ihr und ihrer Mutter in Verlegenheit zu geraten. Ein italienischer Verleger fühlte sich sogar zu der rhetorischen Anfrage veranlaßt, ob es nicht wirklich feinfühliger vom Autor gewesen wäre, falls dieser die Gräfin wirklich liebe, ihre Züge zu tarnen und sie nicht den Andeutungen auszusetzen. Ernest versuchte sie zu trösten, indem er in einem Brief beharrlich erklärte, daß sie nicht das Mädchen im Buch sei. Vielleicht hatte er sie niemals in Harry's Bar, vielleicht nie in Latisana im Regen treffen dürfen, obwohl es gut gewesen sei, daß er dort eintraf, bevor sie zu naß wurde. Es wäre sowieso egal gewesen, fuhr er fort, auch wenn er nie ein Buch über Venedig geschrieben hätte. Die Leute hätten sie zusammen gesehen, hätten gesehen, wie glücklich sie waren. Sie müsse sich zu vergegenwärtigen versuchen, daß der beste Schutz vor Lügen die Wahrheit sei. Er ließ ihre Mutter herzlich grüßen und schloß den Brief mit einer schwermütigen Bemerkung. Warum kam sie an so einem schönen Tag nicht in die Finca gelaufen, strahlend in ihrer Schönheit?

So sehr er sich nach ihr sehnte und sich wünschte, daß sie bei ihm wäre, nach dem erwähnten Brief schrieb Ernest im Jahr 1951 keinen weiteren Brief mehr an Adriana. Von Juni bis zum Jahresende kamen ihm Telegramme und Ferngespräche wie »Instrumente des Teufels« vor. Am 28. Juni telegrafierte Sunny aus Memphis, daß die Mutter im Alter von neunundsiebzig Jahren gestorben sei. Sie hatte im Oak Park Hospital eine Kopfverletzung erlitten, als ein Krankenwärter ihren Rollstuhl falsch bedient und zum Umstürzen gebracht hatte. Seither war Graces Gedächtnis stark beeinträchtigt, bis schließlich Altersschwachsinn eingesetzt hatte. Sunny nahm sie für die letzten Monate ihres Lebens nach Memphis zu sich nach Hause. An jenem Abend noch, als man sie endgültig ins Krankenhaus brachte, hatte Grace zuvor am Klavier gesessen und mit viel Hingabe einige klassische Stücke gespielt. Einige Wochen später starb sie in einem Krankenhaus in Memphis.

Ernest wohnte der Beerdigung nicht bei, obgleich er dem Dorfpriester offensichtlich von ihrem Tod erzählt hatte, denn am Tag, an dem sie in Illinois beigesetzt wurde, läutete bei Tagesanbruch die Kirchenglocke von San Francisco de Paula. Am 20. Juli 1949, zwei Jahre zuvor, hatte Grace Ernest geschrieben, daß sie ihn noch immer liebe und sich über einen Brief von ihm freuen würde. Diese gütige Bemerkung einer alten Frau hatte nur bewirkt, daß Ernests tiefe Abneigung erneut durchbrach. Wochenlang hatte er anderen gegenüber in den heftigsten Formulierungen seine Feindseligkeit zum Ausdruck gebracht; unter anderen auch bei Charlie Scribner. Er hatte konstatiert, daß er, falls sie es so haben wolle, die Rolle des ergebenen Sohnes spielen werde. »Aber ich hasse sie, und sie haßt mich. Sie hat meinen Vater zum Selbstmord getrieben... Ich will sie nicht sehen, und sie weiß, daß sie nie hierherkommen kann.« Am 30. Juli 1949 schrieb er Grace einen kurzen Brief, um ihr für ihre Geburtstagswünsche – er war am 21. Juli fünfzig geworden – zu danken, und am 17. September bestätigte er den Erhalt einiger persönlicher Papiere aus Key West. Unter den Papieren befanden sich die Baby-Alben, die sie für ihre Kinder angelegt hatte. Offensichtlich hatte sie sie alle schon viel früher nach Key West geschickt, nur hatte Ernest sie damals nicht angesehen.

In der Nacht ihres Todes zeigte Ernest die Alben Bill Walton, der auf der Finca zu Besuch war. Er hatte sie in seinem untersten Schreibtischfach versteckt, damit Mary sie nicht finden konnte. Er erklärte Walton, daß er fürchte, sie werde sie, wenn sie davon wüßte, an *Life* verkaufen. Zehn Tage später schrieb er Harvey Breit, daß er seine Mutter schon lange nicht mehr liebe. Er wisse, es sei nicht gerade nett, so etwas zu sagen, zumindest aber erinnere er sich an die Zeiten, als er sie noch geliebt habe und ehe sie begann, grausam zu seinem Vater zu sein. Im gleichen Brief machte er eine Bemerkung, die nicht nur auf Grace, sondern auch auf andere gemünzt sein mochte: Wenn er zu jemandem hart sei, dann oft nur aus Unwissenheit, und wenn nicht aus Unwissenheit, dann doch weil man ihn »gereizt« habe.

Am 30. September wurde auf der Finca wieder ein schlimmes Telegramm abgegeben. Pauline telegrafierte aus San Francisco, Gigi sei in irgendwelche Schwierigkeiten mit der Polizei in Los Angeles geraten. Sie werde hinfliegen, um mehr über die Geschichte zu erfahren. Sie würde ihn anrufen, sobald sie die genaueren Tatsachen herausgebracht habe. In der nächsten Nacht ließ sich Pauline von Jinnys Haus in Los Angeles aus mit Ernest verbinden. In Kuba war es gerade Mitternacht. Gigi habe mit illegalen Drogen experimentiert, berichtete Pauline, aber sie habe Verbindung zu einem Anwalt aufgenommen, der sich um alles kümmere. Damals deutete Gigi seiner Mutter an, daß es vielleicht besser sei, wenn sein Vater nicht erst in die Sache hineingezogen würde. »Vieles wäre einfacher«, erwiderte Pauline, »wenn du nur einen Elternteil hättest.« Jinny zufolge, die Gigi davon erzählte, hatte das Telefongespräch ruhig genug begonnen. Sehr bald jedoch habe Pauline ins Telefon hineingeschrien und unkontrolliert geschluchzt.

Nach diesem erregten Gespräch mit Ernest ging Pauline zu Bett, schlief, wachte aber um ein Uhr nachts (Los-Angeles-Zeit) durch starke Bauchschmerzen auf. Erst am Tag zuvor hatte sie Jay McEvoy gesagt, daß sie sich prächtig fühle und auf Hochtouren laufe. Es war jedoch bekannt, daß sie machmal unter ganz plötzlichem auftretendem hohen Blutdruck und unter Kopfschmerzen litt. Sie wurde eiligst ins St. Vincent's Hospital gebracht, wo sie drei Stunden später auf dem Operationstisch starb. Im Autopsiebericht hieß es, daß sie an einem seltenen und ungewöhnlichen Tumor des Adrenalmarks gestorben war, der zeitweise abnorme Mengen von Adrenalin ausstieß und damit den extrem hohen Blutdruck bewirkte. Ein Tumor kann auf unterschiedliche Art zum Adrenalinausstoß gereizt werden – oft wird dabei ein plötzlicher Anfall von Streß genannt – obwohl auch so harmlose Dinge wie leichtes Erschrecken oder ein schlechter Traum die Ursache sein können. Als Paulines Tumor in der Nacht »losfeuerte«, schoß ihr Blutdruck in die Höhe und brachte ein Blutgefäß zum Platzen. Später stoppte der Tumor den überhöhten Adrenalinausstoß ebenso abrupt, und ihr Blutdruck sank von 300 auf Null. Sie starb auf dem Operationstisch vor den Augen der frustrierten Chirurgen, die nach dem zerplatzten Blutgefäß in ihrem Bauch suchten.

Fünf Stunden später, es war 9 Uhr morgens an der Westküste, telegrafierte Jinny die Nachricht an Ernest und fügte hinzu, daß sie ihn anrufen und alles näher erklären werde. Ernest wartete den ganzen Tag am Telefon. Als er bis zum Anbruch der Dunkelheit noch immer nichts gehört hatte, rief er in Los Angeles an. Jinny war schwer erschüttert von der Tragödie und hatte keineswegs vergessen, wie aufgeregt Pauline in der vorigen Nacht bei ihrem Gespräch mit Ernest gewesen war. Jetzt fertigte sie ihn kalt ab und sagte ihm nichts, weil es nunmehr wirklich egal sei, was er wisse oder nicht. Einst war ihm Jinny eine Freundin gewesen, obgleich diese Freundschaft von jeher ambivalente Züge gehabt hatte – zwei intelligente Leute, die den gegenseitigen Esprit schätzten, aber auch wußten, wie sie einander verletzen konnten. Und unter gewissen Umständen waren sie Rivalen um Paulines Gust gewesen. Ernest war überzeugt, daß Jinny Pauline nicht nur wegen seiner Untreue gegen ihn aufgehetzt hatte, sondern weil sie, die Lesbierin, den Männern mißtraute. Jetzt war er fürchterlich wütend auf Jinny, schluckte aber, zumindest für den Augenblick, seine Wut hinunter. Pauline, die er einst geliebt hatte, war mit 56 Jahren gestorben. Er schrieb Scribner am nächsten Tag, daß er über Paulines Tod voller Trauer sei. »Ich liebte sie viele Jahre lang sehr, und zur Hölle mit ihren Fehlern.«

Eine Zeitlang sah es so aus, als würde das Jahr 1952 der traurigen Spur von 1951 folgen. Am Morgen des 11. Februar starb Charles Scribner an einem Herzinfarkt. Ernest und Mary verbrachten den Monat gerade auf See und erfuhren erst von der Tragödie, als Mary wegen eines Routineanrufes an Land ging. Ernest schrieb Vera Scribner, wie betroffen und zutiefst traurig er sei.

Bevor die Nachricht von Scribners Tod sie erreichte, hatten Mary und Ernest eine wundervolle Zeit auf der *Pilar* verbracht. Sie fingen ausreichend Fische, lasen ein halbes Dutzend Bücher im Schatten der großen Segel, und gingen in den Gewässern vor Marys Lieblingsinseln vor Anker. Daß sie auf jenen Ausflügen nur selten miteinander schliefen, schien Mary nicht zu stören. Der aufregende Sport war Stimulans genug und die Metapher, die sie wählte – Ernest als großes Zahnrad, sie selbst als das kleine –, bezeugt ein weiteres Mal ihre Bereitschaft, die stets anpassungsfähige Gefährtin zu sein.

Eine weitere Genugtuung brachten Ernest die Vorschußlorbeeren, die er sowohl von der Kritik, als auch finanziell für »Der alte Mann und das Meer« erhielt. Mary hatte das endgültige Manuskript im vergangenen Sommer getippt. Jeder, der es las, war hingerissen. Jetzt, im Mai 1952 bot *Life* 40 000 Dollar für das Recht, den gesamten Text in einer einzigen Ausgabe zu veröffentlichen, und der Book-of-the-Month Club kündigte es als Hauptvorschlagsband an – mit einer Garantiesumme von 21 000 Dollar. Das einzige, was Ernest noch mißfiel, war der mißglückte Buchumschlag, den der Verlag Scribners ihm geschickt hatten. Sofort telegraphierte er Adriana und bat sie um einen Alternativvorschlag. Adriana entsann sich eines Ausblickes oberhalb von Cojimar, wohin Ernest sie bei ihrem Besuch auf der Finca einmal geführt hatte. Innerhalb kürzester Zeit gelang ihr in Weiß, Blau und Braun eine impressionistische Darstellung der dichtgedrängten Hütten und Fischerboote vor dem endlosen blauen Meer. »Ich war niemals stolzer auf Dich... Wenn ich nur hätte dasein und mit Dir den Abschluß Deiner Arbeit feiern können... Ein Buch ohne Deinen Umschlag wäre tragisch gewesen. Aber Du und Deine wundervolle Schnelligkeit und Akkuratheit... machten es möglich«, schrieb Ernest in seinem Brief vom 31. Mai 1952. »Du bist wundervoll, Tochter, und ich danke Dir sehr und liebe Dich sehr...«

Die Reaktion auf das Buch war gewaltig. Fünf Millionen Exemplare von *Life* wurden innerhalb von achtundvierzig Stunden verkauft. Mary schlug vor, nach New York zu fahren und dort zu feiern. So couragiert sie sich auch dem Landleben angepaßt hatte, so fehlte ihr doch die Großstadt, und dies schien ein logischer Zeitpunkt für eine Reise zu sein. Aber Ernest wollte sich nicht von der Stelle rühren. Obwohl sie einwandte, daß sie nicht allein reisen würde, fuhr sie schließlich doch und genoß den New-York-Aufenthalt außerordentlich. Ernest schrieb Bernard Berenson am 13. September, daß Mary die kleinen Triumphe einheimse, die er nicht möge. »Jemand soll sie haben, wenn wir gewinnen oder es doch so scheint...«

Als sie Ende Oktober nach Kuba zurückkehrte, fand Mary Ernest beim Plänemachen für eine wesentlich anspruchsvollere Reise vor – eine Jagdsafari in Ostafrika. Der Gedanke daran war durch einen Brief Patricks ausgelöst worden. Patrick, der nach Tanganjika gezogen war, verhandelte gerade wegen einer 3000-Morgen-Ranch im südlichen Hochland. Ernest kündigte Philip Percival die Möglichkeit einer zweiten Hemingway-Safari an.

Am Ostersonntag hatte Mary ihren fünfundvierzigsten Geburtstag. Die Enttäuschung darüber, selbst kein Kind zu haben, gestand sie sich nur zögernd ein. Sie deutete sogar an, daß das auch sein Gutes haben könne, da so viele Kinder von Freunden sich später als ungeraten erwiesen. Aber es war jene zähe Mary, die sich nicht beklagte und guten Sportsgeist für den äußersten Charakterprüfstein hielt, die dergestalt rationalisierte. Die Frage, ob ein gemeinsames Kind Ernest veranlaßt hätte, ihr gegenüber zuvorkommender zu sein, muß offen bleiben. Mary glaubte es, und besonders für den Fall, daß sie ihm eine Tochter geboren hätte.

Während dieser Zeit der frühen 50er Jahre schrieb Ernest häufig an Berenson, den jetzt Achtundachtzigjährigen, obgleich die beiden Männer sich nie treffen sollten. Als der Kunsthistoriker, der Martha Gellhorn kannte und mochte, mehr über Ernests Beziehung zu ihr wissen wollte, schrieb Ernest am 27. Mai 1953 objektiver und weniger rachsüchtig über sie. Er verachte sich selbst, weil er sich in ihrer Beziehung zum Narren gemacht habe, aber er gab zu, sie geliebt zu haben. Er beschrieb ihre ausgezeichneten Eigenschaften in bezug auf Großzügigkeit und die Hingabe an das, woran sie glaubte, wiederholte aber den alten Vorwurf, daß sie den Krieg liebe, ja sogar dessen »Fußangeln«. Er nannte sich selbst einen verdammten Narren, seine Frau und die Kinder verlassen zu haben, und führte einen Teil seiner Schwierigkeiten mit Martha auf seine eigenen Schuldgefühle zurück, die ihn in den Alkohol getrieben hätten.

Der Brief drückte einen gewissen Respekt für ihre Liebe und für sie selbst aus, der neu war. Er wünsche ihr Glück und beneide Berenson darum, sie zu sehen. Noch weiter nachsinnend deutete er an, daß er ihr möglicherweise kein guter Ehemann gewesen sei, obgleich er ihr alles beigabracht hatte, was sie noch über das Schreiben lernen konnte. »Sie bemühte sich sehr, die Dinge, an denen mir liegt wie Jagen und Fischen, zu mögen«, schrieb er, »und sie war bezaubernd zu meinen Kindern, die sie alle liebten.« Er erwähnte wieder, wie schön sie war und wie er jedes Mal bei ihrem Anblick bewegt gewesen sei. Berenson dürfe ihr diesen Brief nie zeigen noch dürfe er sie necken oder ihre Gefühle verletzen. »Sie gehört für mich nun zu *les temps perdu*. In gewisser Hinsicht doch nicht verloren.«

Wenn Martha seiner Vergangenheit angehörte, so bestimmte Adriana noch immer sehr stark seine Gegenwart. »Zwei Jahre ist es nun her, seit ich nicht dort (in Venedig) gewesen bin, und das sind zwanzig Jahre zuviel«, hatte er Berenson in einem früheren Brief geschrieben. »Heute ist ein düsterer, nasser Tag, und ich habe noch größeres Heimweh.« Obwohl er Adriana des sie verfolgenden Klatsches halber zu trösten versuchte, war er selbst untröstlich darüber, mit ansehen zu müssen, wie man ihnen so die Freiheit nahm, einander zu treffen. Dora Ivancich wolle nicht, daß Adrianas Name auf dem Umschlag von »Der alte Mann und das Meer« erscheine, und sicher würde sie es auch nicht gerne sehen, wenn sie nach Venedig kämen, schrieb er Adriana. Er habe sie nun zwei Jahre lang nicht gesehen, und das sei schrecklich für ihn. Aber was ihm wichtig sei, das sei ihr Wohl. Viele Leute würden sie in ihrem Leben lieben, aber keiner mehr als er. Es nage an ihm, daß er für zwei Monate in Europa sein und sie dennoch nicht werde sehen können. Die Tatsache, daß er Gianfranco etwas Geld für seine kubanische Farm geliehen habe, bedeute nicht, daß sie ihm gegenüber irgendwie verpflichtet sei. Sie dürfe ihn nie als ihre »Geldtante« betrachten. Er liebe sie und vermisse sie fast so, als sei er amputiert, aber wenn es Schwierigkeiten machen werde, ihn zu treffen, werde er es verstehen. Sie könnten einander nicht immer sehen.

Für Adriana hingegen brachte der Publicityrummel tiefergehende Unannehmlichkeiten als die bloßen Klatschereien. Sehr zu ihrem Kummer versuchte ein lüsterner Amerikaner, der sich als Ernests Freund ausgab, ein Rendezvous mit ihr zu vereinbaren. Ihr Freund Graf Carlo versuchte sie zu trösten.

Es sei nicht ihre Schuld, erklärte er, daß sie in Venedig, und nicht in New York geboren sei. In New York würde sie im Fernsehen als die Frau zu sehen sein, die einen Schriftsteller faszinierte, und Coca-Cola würde sie in jeder Hinsicht fördern! Langsam fing sie an, dem italienischen Verleger recht zu geben – es wäre besser für sie gewesen, wenn Ernest sich für seine Renata nicht ihres Aussehens bedient hätte. Und es folgte bald die nüchterne Erkenntnis, daß ihre Verbindung zu Hemingway, dem berühmten, brillanten Hemingway, sich zerstörerisch auf ihre Beziehungen zu gewöhnlichen jungen Männern auswirkte und sogar die Möglichkeit einer erfolgreichen Heirat verhindern konnte. »Keiner wird Dich so sehr lieben wie ich«, hatte Ernest ihr wiederholt geschrieben. Bis jetzt schien er mit seiner Voraussage auf bedrückende Weise recht zu haben. »Ich liebte Juan (Verano), aber als ich nach Italien zurückkehrte, gab ich ihn für Enrico (ein weiterer Beau) auf, der mich wegen einer Venezolanerin verließ«, schrieb sie später. »Ich glaubte Nikki (einen einheimischen Freier) zu lieben, und er wurde bei einem Autounfall getötet.«

In ihrem künstlerischen Dasein jedoch ließ sich Adriana von Ernests Ermunterung und seiner Aufmerksamkeit so anspornen, daß sie sich ernst nahm und produktiv wurde. Ihr Entwurf für »Der alte Mann und das Meer« wurde zum besten Buchumschlag des Jahres gewählt. Im Herbst 1953 veröffentlichte Mondadori ihren schmalen Gedichtband »Ich blicke auf den Himmel und die Erde«. Es war Zufall und hatte nichts mit Protektion zu tun, daß ausgerechnet Hemingways italienischer Verleger ihr einen Vertrag gab. So wie Charles Scribner die Zeichnung für »Über den Fluß...« ausgewählt hatte, ohne von ihrer Freundschaft mit Ernest zu wissen, so kannte Mondadori sie nur als eifrige, unbekannte Dichterin. Nachdem ihr Manuskript von anderen Verlegern wiederholte Male zurückgegeben worden war, brachte Adriana es selbst nach Mailand und drang unangemeldet bis zum Büro von Alberto Mondadori vor. Aus purer Höflichkeit blätterte Mondadori durch die Seiten. Dann sah er genauer hin. Schließlich sagte er ihr, sie solle das Manuskript bei ihm lassen, damit er es in Ruhe durchsehen könne. Einige Wochen später nahm er es zur Veröffentlichung an.

Es stimmte Adriana traurig, daß Gianfranco mit Ernest und Mary durch Europa reisen würde, ohne daß sie die drei auch nur sehen konnte. Aber sie gehorchte den Anordnungen »wie ein braves Mädchen«, denn sie war noch nicht an jenem Punkt ihres Lebens angelangt, wo sie ihre eigenen Entscheidungen treffen konnte. Sie war noch immer die »Tochter aus gutem Hause«. Gianfranco dagegen holte die Hemingways Ende Juni am Kai von Le Havre ab. Er wurde von seinem Freund Adamo begleitet, der den gemieteten Lancia fuhr. Ernest saß vorne, hinten saßen Mary und Gianfranco, eingezwängt zwischen Kleidungsstücken, Kameras und Reiseführern. (Obwohl Mary höflich über Gianfranco schrieb, hatte sie gute Gründe, ihn als Adrianas Bruder abzulehnen. Einige Male flirtete sie mit ihm, um es Ernest irgendwie heimzuzahlen. Dann wieder störte er sie als permanenter Kostgänger auf der Finca und als Rezipient von Ernestens Großzügigkeit. Aber mit ihrer nahezu unerschöpflichen Fähigkeit, sich anzupassen, machte sie das Beste daraus.)

Nach ein paar Tagen Pause in Paris, stiegen die vier Reisenden wieder in den Lancia, um nach Süden zu fahren. Es war ein nebliger 3. Juli, und die Feuchtigkeit drang bis auf die Haut. Bei Irun überquerten sie die Grenze, und Mary machte nun wie Hadley vor ihr und Pauline die rituelle Reise durch das Land von »Fiesta«. In ihrem Tagebuch beschrieb sie getreu die quadratischen Steinbauernhäuser von Navarra, die Weidenwälder nördlich von San Sebastian und die baskischen Schäfer, die über ihre Schafe wachten. Im Pamplona machte Peter Buckley, ein Freund Jack Hemingways, Ernest auf Antonio Ordoñez aufmerksam, einen brillanten neuen Matador. Mary war so begeistert von seiner Darbeitung wie 1925 Hadley von der seines Vaters, Cayetano Ordoñez. »Er vollführte die brillantesten Pässe« schrieb sie in ungewollter Nachahmung von Ernests Stil, »langsam und sicher... Er erstrahlte zwischen den großen Hörnern, und der Stier starb tapfer.«

Nach der Fiesta fuhr Gianfranco nach Venedig, während Adamo Ernest und Mary mit dem Wagen nach Madrid brachte. »Wir wohnten im Hotel Florida, wo ich mit Martha während der Belagerung der Stadt gelebt hatte, und es gab keine Phantome«, schrieb Ernest später an Berenson. Als der Tag seines vierundfünfzigsten Geburtstags näherrückte, ging Mary auf die Suche nach Geschenken. Sie überredete einen Juwelier, die Gold- und Jademedaillons aus einem antiken Armband zu Manschettenknöpfen umzuarbeiten. Nachdem sie nach Paris zurückgekehrt waren, um das dort gelagerte Gepäck abzuholen, ging die Fahrt weiter nach Marseille, und dann begab man sich an Bord des britischen Schiffes *Dunnottar Castle* zur Überfahrt nach Mombasa.

Vom 1. September 1953 an, dem Tag, als die Hemingway-Safari von Philip Percivals Kitanga-Farm nach Süden zu einem Wildreservat im Kajaido-Gebiet, vierzig Meilen südlich von Nairobi, aufbrach, bis zum 26. Januar 1954, als sie mit Patrick von Entebbe in Uganda abflog, führte Mary ein Tagebuch. Es enthielt unter anderem Notizen über die Geräusche und Gerüche Afrikas, die Landschaft und das Wetter, die Verhaltensweisen von Landtieren und Vögeln und über das Leben der Massai. Sie mochte die Kleidung, die einer Arbeiterkluft ähnelte, das gut zubereitete Essen, die langen Gin-Gelage am Feuer. Sie und Ernest fanden immer einen Grund, eine Flasche zu leeren. Entweder war die Jagd gut, was gefeiert werden mußte, oder sie war schlecht, und die Enttäuschung wurde ebenfalls in Gin ertränkt.

Im Gegensatz zu ihrem keuschen Leben auf der *Pilar*, verglich Mary ihr Liebesleben in Afrika mit »kleinen, heimlichen Lustbarkeiten«. Ernest lobte sie reichlich plump vor Lanham, seinen Söhnen und anderen Personen seines Vertrauens. Verschiedentlich hatte er sich über Pauline und Martha als Sexpartner beklagt, aber selbst als er mit anderen Frauen flirtete oder in Adriana vernarrt war, ließ er seine Zufriedenheit über Mary als Bettgenossin verlauten. Marys eigene Bedürfnisse schienen von Ernest gut bedient zu werden, und sie war stolz darauf, daß sie ihn sexuell befriedigen konnte. In ihrer Autobiographie zitiert sie den Eintrag, den Ernest am 20. Dezember 1953 in ihr afrikanisches Tagebuch gemacht hatte. Ihr dreimal-täglich-miteinander-Schlafen in Torcello, schrieb er, sei »die schönste Zeit gewesen, die Papa je erlebte.«

Philip Percival war aus dem Ruhestand zurückgekehrt, um die Safari zu leiten, und Mary fand ihn, wie Pauline vor zwanzig Jahren, wundervoll. Denis Zaphiro, ein junger britischer Gehegepfleger, unterstützte ihn freiwillig. Er war so von Ernest eingenommen, daß er sich der Gruppe anschloß. Am 10. September, dem Tag, an dem sie nach Kimana Swamp weiterziehen sollten, schoß Ernest seinen ersten Löwen. Aber er machte dabei keine gute Figur. Mary, die hinter ihm kroch, hörte den Schuß, doch kein Brüllen und keinen Fall. Das verwundete Tier verschwand im Busch, ein gefährlicher Umstand. Später am Vormittag erlegte Denis den Löwen mit zwei weiteren Schüssen, und Ernest nahm die Glückwünsche der Safariboys entgegen. Am nächsten Tag streckte Mario Menocal jr., der aus Kuba gekommen war, um mit den Hemingways zu jagen, seinen Löwen mit einer Kugel nieder. Der Vergleich war peinlich. Ernest, normalerweise den Bedingungen der afrikanischen Jagd durchaus gewachsen, zeigte schlechte Leistungen. Menocal, ein geübter Sportsmann, hatte eine phänomenale Glückssträhne – zumindest formulierte er es bescheidenerweise so.

Mary war Ernest zu sehr ergeben, um über seine Schwierigkeiten nachzugrübeln. Sie nannte Mario ihren guten Wildlieferanten, der routinemäßig seine Beute ins Lager brachte, aber sie verlor kaum ein Wort darüber, daß Ernest ihr wegen seines Jagdpechs laufend die Hölle heiß machte. So jedenfalls kam es Menocal zu Ohren. Bisweilen zeigte Ernest Reue über die rohe Art, in der er mit Mary umging. Aber meistens resümierte er, daß sie schließlich zu ertragen verstehe und das, was er tue, letztlich nicht so schlimm sein könne, da sie ganz gesund und glücklich aussehe.

Mary selbst schoß anfangs völlig daneben und wurde auch mit der Zeit nur wenig besser, wie oft sie auch üben mochte. Aber da sie die Rolle des demütigen kleinen Bruders gewählt hatte, der dem heldenhaften großen Bruder stets zu gefallen suchte, ließ sie nicht locker. Jedesmal, wenn die Dorfburschen die Nachricht von Löwenfährten brachten, kletterte Mary mit den Männern in den Landrover und kroch in der brennenden Hitze hinter den Spurensicherern durch Gestrüpp und Gras. Manchmal stießen sie auf einen Löwen, und sie schoß in den Boden vor dem Tier. Manchmal erschien er überhaupt nicht, und dann träumte sie nachts davon. Schließlich war am späten Nachmittag des 5. Dezember ein junges, leicht reizbares Männchen aus seinem Lager gelockt worden. Mit Denis' Schießanweisungen bekam sie die linke Schulter des Löwen ins Schußfeld, verlor ihn, fand ihn wieder und schickte ihm eine Kugel aus ihrer Mannlicher 6,5 ins rechte Hinterbein. Denis' größere Kugel brach ihm das Rückgrat. Auf den Lärm und die Schreie hin kamen alle aus dem Basislager in den Busch gefahren, sie schrien und sangen und schlugen auf ihre Blechpfannen. Sie hatten lange darauf gewartet, Memsa'abs *piga* (Treffer) zu feiern.

Um diese Zeit hatte Ernest beschlossen, wie ein Eingeborener zu leben. Er ließ sich die Haare scheren, trug einen Speer, färbte seine englischen Wolljacken und Hemden ins Orangerot der Massai ein und begann mit den eingeborenen Frauen zu flirten. Als Mary mit Roy Marsh nach Nairobi zum Weihnachtseinkauf geflogen war, lud Ernest Debba, seine Favoritin, und einige ihrer Freundinnen zu einer Feier in sein Zelt, bei der es dann so stürmisch zuging, daß das Feldbett zusammenbrach. Als Ernest Debba zu seiner Verlobten machte, schlug Mary trocken vor, ob nicht Debba zuvor ein bitter benötigtes Bad nehmen solle.

Ernests Weihnachtsgeschenk für Mary war ein Flug über die Serengeti-Ebene, den Albertsee und die Murchison-Wasserfälle mit einer Cessna 180. Am ersten Nachmittag, als sie über das Ngorongoro-Center flogen, zeigte ihr Ernest die Stelle, wo Pauline 1933 ihren Löwen erlegt hatte. Roy Marsh, der Pilot, flog tief genug, so daß Mary Fotos machen konnte. Um die Mittagszeit des dritten Tages, am 23. Januar, als sie gerade die Murchison-Wasserfälle überflogen, kreuzte plötzlich ein

Schwarm Ibisse ihre Flugroute. Der Pilot ging tief, um den Vögeln auszuweichen, streifte dabei aber einen alten Telegraphendraht, der über die Schlucht gespannt war und machte eine Bruchlandung zwischen niedrigen Bäumen und Gebüsch. Wie durch ein Wunder fing das Flugzeug nicht Feuer, so daß Roy seine beiden Passagiere sicher aus der Maschine lotsen konnte. Mary versuchte, den Männern beim Aufschlagen eines Lagers auf einem nahegelegenen Hügel zu helfen, aber schon nach einigen Hin- und Herwegen in der brütenden Hitze gab sie auf und legte sich mit ihrem Regenmantel auf den harten Sandboden. Bei Anbruch der Nacht hatten sie den größten Teil ihrer Habe aus dem Flugzeug herbeigeschafft und einen Haufen Brennholz für das Lagerfeuer gesammelt, das sie in der Nacht schützen sollte. Zum Abendessen gab es Whisky und Corned Beef aus dem mageren Konservendosen-Vorrat. Sie machten ein paar schwache Witze. Ernest nannte es eine unvorhergesehene Gelegenheit, im Freien zu kampieren, und Roy bot Mary an, ihr etwas Maschinenöl als Reinigungsmilch für ihre Abendtoilette zu bringen. Aber hauptsächlich hatten sie Schmerzen, froren und fürchteten, Elefanten aufgestört zu haben.

In der Stille der frühen Morgenstunden konstruierte Roy einen hölzernen Pfeil, der auf das abgestürzte Flugzeug zeigte, und Ernest suchte nach mehr Brennholz. Mary war noch nicht aufgestanden, als Ernest mit der Nachricht zurückkam, daß er ein Stück weiter unten auf dem Fluß ein weißes Boot gesichtet habe. Sie winkten wie wild mit ihren Regenmänteln, konnten aber die Aufmerksamkeit der Passagiere, die gerade an Land schlenderten, nicht auf sich ziehen. Sie konnten aber aus Angst, in eine Elefantenherde zu geraten, auch nicht bis zum Bootslandeplatz vordringen. Dann stiegen einige Schiffspassagiere in ihrer Richtung den Hügel hinauf. Das Schiff, die *Murchison*, war für einen Tag von einem britischen Chirurgen aus Kampala gechartert worden. Der indische Skipper erklärte sich nur nach langem Zögern und gegen exorbitante Bezahlung bereit, Mary, Ernest und Roy als Passagiere mitzunehmen.

Es war später Nachmittag, als die *Murchison* ihren Heimathafen Butiaba am Ostufer des Albertsees erreichte. Ein Pilot empfing die Hemingway-Gruppe, um sie mit seinem altmodischen De-Havilland-Rapide-Doppeldecker nach Entebbe zu fliegen, wo bereits ungeduldig die Presseleute warteten. Die Nachricht, Ernest und Mary seien tot, war um die Welt gegangen. Eine BOAC-Argonaut, die in der Nähe der Fälle vorbeigeflogen war, hatte den Absturz gemeldet und angegeben, daß es keine Zeichen von Überlebenden gebe. Mary, erschöpft von dem schrecklichen Erlebnis, wunderte sich, weshalb sie nicht in Butiaba übernachten und am nächsten Morgen weiterfliegen konnten. Aber der Pilot schien es mit dem Start eilig zu haben, und so rollten sie an, hoben ab, setzten auf; es »holperte« wie verrückt, schrieb Mary. Schließlich kamen sie mit einem Aufprall zum Stehen. Das Flugzeug ächzte und krachte, Flammen schossen draußen vor den Fenstern in die Höhe. Mary fummelte an ihrem Sicherheitsgurt und flüchtete sich durch ein Fenster, das Roy Marsh eingeschlagen hatte. Er quetschte sich hinter ihr durch die Öffnung. Ernest, zu massig für das kleine Fenster, schlug sich seinen Weg durch die verklemmte Tür frei.

Ernest hatte sich vor dem Tod in den Flammen gerettet, aber seine Schädeldecke war geplatzt, und er hatte schwere innere Verletzungen erlitten, die jedoch erst Wochen später, in Venedig, diagnostiziert werden sollten. (Unter den Verletzungen waren Leber-, Milz- und Nierenrisse, zeitweiser Sehverlust auf einem Auge und Hörverlust auf einem Ohr, ein gequetschter Wirbel, Lähmung des Schließmuskels und Verbrennungen ersten Grades). Mary, die die beiden Abstürze mit nur einigen Verrenkungen und ein paar gebrochenen Rippen überstanden hatte, konnte an nichts anderes denken, als daß sie noch am Leben waren. Sie wurden von der Startbahn in die fünfzig Meilen entfernte Stadt Masindi gefahren, wo einige Buschpiloten, die nach ihnen gesucht hatten, sie zu einer Feier in die Hotelbar drängten. Zu müde, um mehr als die gröbsten Blut- und Schmutzspuren wegzuwaschen, gingen sie zu Bett und schliefen schließlich beim Hyänengeheule vor den Fenstern ein. Am Morgen war Ernests Kopfkissen mit Gehirnflüssigkeit durchtränkt. Ein ortsansässiger Arzt reinigte ihre Wunden provisorisch, und Roy Marsh besorgte einen Wagen der

Eisenbahngesellschaft mit Chauffeur für Mary und Ernest, ehe er selbst nach Entebbe weiterflog. Vor ihrer Abfahrt brachte Mary es noch fertig, beim Hotelportier einen Scheck einzulösen und ein Telegramm nach Gulfport aufzugeben, um ihre Eltern zu beruhigen.

Als sie das Lake Victoria Hotel in Entebbe erreichten, war Mary nur allzu bereit, dankbar ins Bett zu kriechen. Ernest jedoch kam nicht zur Ruhe, obgleich er als Folge der Gehirnerschütterung nur taumelnd gehen konnte und innere Blutungen hatte. Gestärkt durch Gin sprach er mit Luftfahrtsbeamten und der Presse, las Telegramme und überlegte, wie die ganze Affäre am besten aufgeschrieben werden könnte. Patrick kam mit 14 000 Schilling aus Dar es Salaam, und Mary zwang sich zu einem Gang in den Bazar, um dort die notwendigsten Dinge zu kaufen – einen Pullover für Ernest und einen Tragekorb für sich. Alles, was ihnen gehörte und was in dem Doppeldecker nicht verbrannt war, war in Nairobi gelagert, ihrem nächsten Ziel. Am 28. Januar, sieben Tage nach dem Beginn ihres Rundfluges, flog Ernest mit Roy Marsh in einer neuen Cessna nach Nairobi. Mary konnte sich nicht zu soviel Höflichkeit durchringen und weigerte sich, mit Roy zu fliegen. Es war eins der wenigen Male in ihrem Leben, wo sie wirklich Angst hatte. Sie flog stattdessen mit Patrick in einer regulären Linienmaschine der East African Airways.

In Nairobi war Ernest noch schwieriger als sonst. Er empfing schon morgens und noch bevor Mary überhaupt aufgewacht war Besucher am Bett. Er weigerte sich, zu den Mahlzeiten aufzustehen und trank gegen die Anweisung seiner Ärzte ständig. Schmutzige Wäsche wurde in die Ecken geworfen, leere Whiskyflaschen stapelten sich auf den Nachttischen. Ernest hatte sogar einige Einsicht in sein Verhalten, er konnte es aber selbst offenbar nicht ändern. »Aufgrund der Gehirnsache«, schrieb er Berenson, »sage ich schreckliche Dinge und höre mich selbst sie sagen. Es ist nicht gut.«

Es war so schlimm, daß Mary froh war, Nairobi für eine Woche zu verlassen, und war es nur, um Vorkehrungen für den Angelurlaub auf dem Indischen Ozean zu treffen, der vor den beiden Abstürzen geplant war. Patrick fuhr nach Mombasa und half ihr, das Fischerboot, die *Lady Faye*, nach Shimoni zu bringen. Als Ernest mit Roy Marsh nachkam, mußte sie enttäuscht feststellen, wie wenig er sich in der Zwischenzeit erholt hatte. Obwohl er die alten Witze machte, war er vor Schmerzen gebeugt und verbrachte den größten Teil der Zeit im Schatten sitzend auf der Veranda.

Ernest hatte periodische Ausbrüche von übler Laune, die ohne Vorwarnung auftraten. Eines Nachmittags überkam ihn ein grundloses Mißfallen am Einbaum eines Eingeborenen und er zerschmetterte ihn mit einem Stück Treibholz. Mary entschuldigte sich eiligst und versprach dem Besitzer, die Kosten zu erstatten. Am 3. März begann Ernest mit Patrick beim Frühstück einen Streit, der so absurd war, daß Patrick sich entschuldigte und den Tisch verließ. An diesem Punkt wurde Pat klar, daß Ernests Gehirnerschütterung und sein endloses Trinken mehr Schaden anrichteten, als ihnen allen bisher bewußt geworden war. Als Patrick am nächsten Tag Shimoni verließ, war er tief besorgt, ob der Zustand sich noch werde rückgängig machen lassen. Einige Tage später kamen Mary und Denis von einem Fischfang zurück und fanden Ernest auf seinem Verandastuhl zusammengebrochen vor. Er war wie betäubt, zitterte am ganzen Leib und hatte an den Beinen bis hinauf zum Bauch und zur Brust schreckliche Verbrennungen. Ein Buschfeuer war südlich des Lagers ausgebrochen, und er hatte wie ein Narr darauf bestanden, sich den Feuerbekämpfern anzuschließen. Sein Gleichgewichtssinn war noch so gestört, daß er stolperte und in die Flammen stürzte. Mary und Denis trugen Salbe auf die Wunden auf, verbanden ihn und verabreichten ihm Schmerzmittel und Whisky. Er weigerte sich, seinen Stuhl zu verlassen, bis das Lager abgebrochen wurde und er an Bord der *Lady Faye* auf die Reise zurück nach Mombasa gehen konnte.

In den Wochen, die dem zweiten Absturz folgten, spendeten ihm Adrianas Briefe viel Trost. Als die Nachricht von Ernests Tod um die Welt ging, vertieften sich Adrianas Gefühle für ihn erheblich, wie aus ihren Briefen aus jener Zeit und ihren Erinnerungen hervorgeht. Am 15. Januar, dem Tag, als ihr Mädchen zu ihr ins Schlafzimmer kam und ihr sagte, daß die Hemingways in Afrika ums Leben gekommen seien, weinte und weinte sie, das Herz »schwer wie ein Stein... *La vida es una puta* (Das Leben ist eine Hure)«, dachte sie. Sie machte sich Vorwürfe, es zugelassen zu haben, daß der Klatsch alles zerstörte. »Ich werde die Briefe veröffentlichen«, rief sie wütend, »und die Wahrheit zeigen, wie sehr sie ihn gedemütigt und ihm Leid zugefügt haben.« Sie erinnerte sich, wie sie dann zu Gott gebetet hatte, daß die Tragödie nicht wirklich passiert sein möge. Es war nicht gerecht, daß sie so viel leiden mußte: »Hunger und Angst, der Verlust meines Vaters, der Verlust von San Michele.« Sie erinnerte sich an einen Vorfall aus ihrer Kindheit in Capri, als ihr Zicklein, das sie an der Leine führte, gestürzt war. Sie hatte Angst, das Tier könne sich erwürgen. Je mehr es strampelte, desto fester zog sich die Schlinge zu. Aber wie durch ein Wunder konnte sich das Zicklein befreien und war gerettet. »Gibt es Wunder nur für Kinder?« fragte sie sich traurig.

Adriana erhob sich vom Bett, wo sie geweint hatte, ging zu ihrem Schreibtisch und las noch einmal Ernests Briefe vom letzten Winter. Im letzten, der sie vor den Flugzeugabstürzen erreicht hatte, erwähnte er eine Geschichte aus Venedig, die er schreiben wolle, die wahre Geschichte ihrer Liebe, eine schwierige Geschichte, doch zart und diskret. »Ich kann nicht anders, als Dich zu lieben«, hatte er geschrieben. »Ich werde Dich immer in meinem Herzen lieben, dagegen kann ich nichts tun.« Eine Woche, nachdem er mit dem Leben davongekommen war, schrieb Ernest, daß er sie nie so sehr geliebt habe wie in der Stunde seines Todes. Am 15. Februar schrieb er ihr wieder. Er nehme an, Mary würde vielleicht verstehen, was mit ihm geschehen sei, als er Adriana begegnete. Es hatte ihn eben an der Straßenkreuzung in Latisana im Regen wie ein Blitz getroffen. Er versprach, daß er sich nicht dumm aufführen oder ihr Unannehmlichkeiten verursachen würde, wenn er sie demnächst in Venedig wiedersehe.

»Ich ging hinüber zu meinen Fenster«, schrieb Adriana,

»und blickte hinaus auf die Dächer und in den Rauch, der sich aus den Kaminen kringelte, und ich blickte auf die Vögel, die mit den Flügeln schlugen, wenn sie durch den Rauch flogen.« Irgendwo im Haus rief jemand, und das Telefon in Adrianas Zimmer läutete. An der Leitung war ihre Großtante Clo. Aufgeregt teilte sie ihr mit, die Hemingways seien am Leben.

Als Adriana hörte, daß das Schiff, das die Hemingways von Mombasa nach Venedig bringen sollte, eingelaufen sei, und daß Ernest und Mary im Gritti abgestiegen seien, sagte sie ihrer Mutter, daß sie beide zu sehen wünsche. Dora gab ihr Einverständnis. »Es ist besser, daß du mit meiner Erlaubnis gehst, als ohne sie«, sagte sie. So eilte Adriana ins Hotel. Sie erinnerte sich an ein tiefbewegtes Wiedersehen in Ernests Zimmer; Mary sei nicht anwesend gewesen. Ernest hatte zwanzig Pfund abgenommen, sein Haar war weiß, und seine große Gestalt wirkte geschrumpft. Er hüllte sie in eine enge Umarmung und sah sie dann glücklich an. Adriana kämpfte mit den Tränen. Sie sprachen kurz über die Unfälle, aber größtenteils, so erzählte sie, sprach er von dem Schaden, den das Buch angerichtet hatte. »Das mit dem Buch tut mir leid... Du bist der letzte Mensch, dem ich ein Leid zufügen wollte«, sagte er. »Du bist nicht das Mädchen im Buch... und ich bin nicht der Colonel, der im Auto auf der Straße von Codroipo nach Latisana stirbt.« Er redete wieder über den Klatsch und sagte, die beste Munition gegen Lügen sei die Wahrheit. Adriana nickte und kämpfte noch immer mit den Tränen. Er wiederholte, daß er sie liebe und daß er leben wolle, damit er sie sehen könne, und sie hörte zu und wußte, daß alles zu Ende ging.

Er machte ein paar Schritte zum Fenster, das auf den Canale Grande hinausging, und kam wieder zu ihr zurück. Die Sonne versank gerade. Gegen das orangefarbene Licht, das den Himmel und das Wasser überstrahlte, hob sich seine Gestalt größer und dunkler ab. »Wahrscheinlich wäre es besser gewesen«, sagte er, »wenn ich dich an jenem Regentag nicht getroffen hätte.« Er wandte sich zu ihr um. »Zwei Tränen glänzten in seinen Augen«, schrieb sie. »Mehr Tränen rannen über seine Wangen. ›Sieh Tochter, sieh‹, sagte er, ›jetzt kannst du allen sagen, du hast Ernest Hemingway weinen gesehen.‹«

31

Mary verließ Venedig vor Ernest. Mitte April nahm sie einen Urlaub, der sie nach Paris, London und zu den Frühlingsferias in Sevilla und Ronda führte. Die Trennung sollte ihr eine Schonfrist vor Ernests jähzornigem Temperament gewähren. Sie traf einen Monat später in Madrid wieder mit ihm zusammen. Ihr ging es wesentlich besser, aber Ernests Anblick enttäuschte sie. Noch immer sah er leidend und krank aus. Am 6. Juni nahmen sie das Schiff nach Havanna, ihre vierundzwanzig Gepäckstücke hatten sich inzwischen auf siebenundachtzig vermehrt. Schließlich gehorchte Ernest seinen Ärzten und schränkte den Alkoholkonsum ein. Aber Mary konnte keine merkliche Besserung in seiner Art, mit ihr umzugehen, feststellen. Als sie sich nicht daran erinnerte, in welchem Gepäckstück sein Lieblings-Taschenmesser steckte, schrie er sie im Schiffsspeisesaal an, daß sie eine Diebin sei! Obwohl diese Beleidigung an den Nachbartischen Aufsehen erregte, nahm Mary keine Notiz davon und trank in Ruhe ihren Kaffee aus.

In Havanna angekommen, wurde Mary klar, daß dreizehn Monate Abwesenheit von zu Hause eine zu lange Zeit waren. Sie hatte kaum mit dem Auspacken angefangen, da erhielt sie eine Nachricht aus Gulfport. Ihr Vater war wieder schlimm erkrankt und ihre Mutter zu schwach, sich um ihn zu kümmern. In der erdrückenden Hitze bewerkstelligte sie den Umzug ihrer Eltern in ein privates Altersheim. Es war sauber und gut geführt, das Essen war abwechslungsreich, und die Pfleger waren

freundlich. Trotzdem war Mary besorgt. Die geduldigen Gesichter ihrer alten Eltern drückten stumme Anklage aus. Doch
sie kam zu dem Schluß, daß es ihre Aufgabe sei, sich um Ernest
zu kümmern, und sie konnte nicht beides gleichzeitig tun.
Dennoch nagten Schuldgefühle an ihr.

Sie kehrte rechtzeitig zur Finca zurück, um Ernests fünfund-
fünfzigsten Geburtstag zu feiern. Er war jetzt stark genug, um
Fischen zu gehen, und machte sich auch wieder ans Schreiben.
Am Morgen des 28. Oktober weckte er sie mit der Nachricht,
daß ihm der Nobelpreis verliehen worden sei – »das schwedische Ding«, wie er es albern nannte. Mary sprang auf und
umarmte und küßte ihn. Ihre Gedanken eilten in die Küche.
Sie war sich bewußt, daß es nun hier bald wie auf dem Jahrmarkt
zugehen würde. In den nächsten beiden Monaten kamen die
Touristen herdenweise zur Finca. Ernest versuchte sich einzureden, diese Zudringlichkeiten würden bald aufhören. Er wußte,
der Publicity-Rummel so kurz nach seinen Flugzeugabstürzen
war schlecht für ihn und seine Arbeit. Er hatte bereits bekannt-
gegeben, daß er nicht nach Stockholm zur persönlichen Preis-
übernahme reisen werde. Am Samstag, den 11. Dezember,
wurde seine Nobelpreisrede von US-Botschafter John Cabot
bei den Verleihungsfeierlichkeiten vorgelesen.

Mary erhielt Neujahrsgrüße von Denis Zaphiro aus Kenia.
»Ich sehe noch, wie Sie auf dem weißen Blumenteppich tanz-
ten«, schrieb er, »wie Sie sich im Kreis drehten . . . Sie lachten
glücklich wie ein kleines Kind, das sich mit Wunschträumen
umgab, und das den Augenblick auf ewig in Freude einhüllte.«
Solche Augenblicke waren in Marys Leben nach den Unfällen
nur zu rar. Am 17. Februar 1955 ereilte sie der traurigste Augenblick von allen – der Anruf aus Gulfport. Ihr Vater war im
Alter von fünfundachtzig Jahren gestorben. Mary war Ernest
für seine Anteilnahme dankbar. Plötzlich schienen sie sich
wieder näher zu sein. Wenn das zutraf, dann konnte sie mit
allem fertig werden.

Im Herbst erkrankte Ernest an einer Nierenentzündung und
legte sich zwei Monate lang mit einer zusätzlichen Hepatitis ins
Bett. Nachdem er genesen war, versuchte er zu arbeiten, litt

jedoch darunter, daß er nicht vorankam und verübelte Mary ihren Entschluß, ihn von der Umwelt abzuschirmen. Als Jack und Puck Hemingway nach Havanna zogen, wo Jack in das kubanische Büro von Merrill Lynch eintrat, hatte Puck das Gefühl, daß Mary ihre und Jacks Besuche nicht gerne sah. Mary und Ernest waren meistens allein – besonders bei schlechtem Wetter. Ernest mußte unweigerlich anfangen, sich zu langweilen. Er sehnte sich nach Anregung und wollte ebenso von anderen lernen, als selbst andere belehren. Wer auch immer aus Havanna gerade anrief, wurde zum Essen eingeladen – nicht von Mary, sondern von Ernest – und Freunde, die sich trotz allem sehen ließen, wurden ermuntert, für ein paar Tage, ja sogar Wochen zu bleiben.

Im März 1956 kam ein Hollywood-Team, um die Landsequenzen für »Der alte Mann und das Meer« zu drehen. Im Juni kam Earl Theisen von *Look* für eine Fotoserie auf die Finca, und Ernest willigte ein, den Text und die Bildunterschriften zu schreiben. Mit den 5000 Dollar, die *Look* ihm bezahlte, konnte er Mary nach Spanien bringen. Er machte sich Sorgen um ihre Gesundheit. Sie litt an einer beharrlichen Anämie, die sich trotz Behandlung noch nicht gebessert hatte. Wenn sie ihre Bluttransfusionen bekommen habe, schrieb er Berenson, würden sie nach Europa reisen.

Zwei Wochen später hatte er wieder das Bedürfnis, Berenson zu schreiben; diesmal teilte er ihm mit, was er gerade über Martha empfand. Er war oft in Gedanken bei Martha. Ein Besuch von Alan Moorehead, der ihm von seinem Treffen mit ihr in London berichtete, hatte alte Animositäten wieder aufgewühlt. Ernest wiederholte seine oft geäußerten Anklagen: Martha sei zu ehrgeizig gewesen und habe einen Narren aus ihm gemacht. Er sei froh, schrieb er Berenson, daß sie einen reichen Mann geheiratet habe, der dafür bekannt sei, besonders nett zu sein.

Ernest trieb seinen Plan, Mary nach Spanien zu bringen, voran. Auf der *Ile de France* liefen sie Ende August 1956 aus dem New Yorker Hafen aus. Sie wohnten in El Escorial, einige Meilen nördlich von Madrid, im Hotel Felipe Segundo. In der frischen Herbstluft genoß Mary gemächliche Ausflüge und Besichtigungen und spätes Frühstück im Bett. Nicht dagegen Ernest. Er verkonsumierte Unmengen von Schnaps und Wein, hielt Hof für Freunde, Fremde und Schmeichler, die ihn jetzt belagerten, wo immer er erschien, und die sich um seine Gesundheit nicht zu scheren schienen. Erst als Mary ärztliche Hilfe wegen einer Dickdarmentzündung benötigte, ließ er sich auch untersuchen. Er hatte einen hohen Cholesterinspiegel und hohen Blutdruck, und seine Leber arbeitete schlecht. Nur widerwillig versprach er, den Alkoholkonsum einzuschränken und sich einer fettarmen Diät zu unterziehen. Am 17. November kehrten sie nach Paris zurück und fuhren nach Silvester wieder nach New York.

Wieder auf der Finca, versuchte sich Mary wenigstens mit einer gewissen Harmonie zwischen sich und Ernest zu begnügen. Dann, am letzten Tag des Jahres 1957, wurde per Kabel von der Western Union wieder eine schlechte Nachricht übermittelt – Adeline Welsh, die in einem Altersheim in Prescott, Wisconsin, gelebt hatte, war tot. Schnell traf Mary alle Vorkehrungen per Ferngespräch und flog zur Beerdigung ihrer Mutter nach Wisconsin.

Seit seiner Rückkehr aus Paris experimentierte Ernest mit einer Arbeit, die sich zu einer Art Memoiren entwickelte, herum. »Wenn es dem Leser beliebt, kann dieses Buch als Erzählung betrachtet werden«, schrieb er im Vorwort von »Paris – ein Fest fürs Leben«. »Aber es besteht immer die Möglichkeit, daß eine solche Erzählung Licht auf etwas wirft, das als Tatsache aufgezeichnet wurde.« Die Heldin dieser Pariser Skizzen ist Hadley mit dem »zart modellierten Gesicht«, selbstlos und ergeben. Wenn Ernest die Worte »meine Frau« gebraucht, rührt das den Leser seltsam an, kommen sie nun einmal aus der Feder eines Mannes, der noch drei weitere Ehefrauen hatte, der ausgebrannt und streitsüchtig ist und zu schnell altert.

Was er über Hadley schreibt, ist ein bewegender Tribut, romantisch und idealisiert und zweifellos tief empfunden. Aber die Kehrseite seiner Huldigung an Hadley ist seine selbstgerechte Attacke auf Pauline. Im endgültigen Manuskript, das von Ernest mit den Daten 12. Januar bis 15. Februar 1961 gezeichnet ist und das 1964 posthum bei Scribner veröffentlicht wurde, beschreibt Ernest Pauline als die

»...ledige Frau (die) vorübergehend die beste Freundin einer anderen jungen Frau wird, die verheiratet ist, die mit dem Ehepaar lebt und die dann unbewußt, nicht böswillig, aber unerbittlich darauf aus ist, den Ehemann zu heiraten. Wenn der Ehemann Schriftsteller ist und schwere Arbeit leistet, so daß er die meiste Zeit beschäftigt ist... hat ein solches Arrangement Vorteile, bis man weiß, zu was es führt. Der Ehemann hat nach der Arbeit zwei attraktive Mädchen um sich. Eine ist neu und fremd, und wenn er Pech hat, verliebt er sich in beide.«

In der Hemingway-Sammlung der John F. Kennedy Bibliothek befinden sich die unveröffentlichten »Anfänge und Fragmente«, die dieser endgültigen Fassung vorangingen. Viele dieser Fragmente vermitteln weitere Eindrücke von Ernests Bedauern über den Abbruch seiner ersten Ehe, seinem Zorn auf Pauline, weil sie diesen beschleunigte, und die bitteren Erinnerungen an sein eigenes Elend. Aber es gibt andere, gestrichene Passagen, die einen ganz anderen Standpunkt in bezug auf Pauline veranschaulichen. Ein Standpunkt, der absolut die Bemerkung unterstreicht, die Ernest einmal seinem Bruder und anderen gegenüber machte, daß nämlich Pauline die beste Frau von allen gewesen sein mochte.

»Nie habe ich besser gearbeitet, noch war ich je glücklicher (als in der Zeit, als er nach der Ehe mit Hadley wieder verheiratet war und keine Gewissensbisse mehr hatte) ... Ich liebte das Mädchen (Pauline) aufrichtig, und sie liebte mich ebenso aufrichtig. Und unser gemeinsames Leben war lange Zeit so schön wie die ersten Jahre in Paris... In diesem Buch wird absichtlich nichts von Pauline erwähnt. Es wäre gut, ein Buch mit der Beschreibung jener Tage zu beenden, nur, diese Tage waren ein Anfang und kein Ende... Diesen Teil, den Teil mit Pauline, habe ich nicht ausgelöscht, sondern mir für den Beginn eines neuen Buches aufgehoben... Es könnte ein gutes Buch werden, weil es von vielen Dingen handelt, die keiner weiß oder wissen kann. Und es gibt

Liebe, Reue, Gewissensbisse und unglaubliches Glück darin und die Geschichte von wirklich guter Arbeit und letztendlich von Leid.«

Ernest schrieb dieses Buch nie. Seine letzten Worte über Pauline blieben die harten Urteile in der veröffentlichten Version von »Paris – ein Fest fürs Leben«, im Grunde eine Ironie, denn sie war die einzige von allen Frauen, die er je liebte, die ihre Treue nie auf einen anderen Mann übertrug, wie auch immer ihre gelegentlichen Sticheleien oder kleinen Racheakte ausgesehen haben mochten.

Hadley hingegen, deren Position dank »Paris – ein Fest fürs Leben« die angesehenste ist, ging mit Paul Mowrer eine Bindung ein, die länger andauerte und befriedigender war als ihre Verbindung mit Ernest. Für Hadley gab es kein Bedauern. Alles hatte sich für sie zum besten gewendet.

Ernest jedoch war durch seine Rolle bei der ersten Scheidung in so tiefe Konflikte gestürzt, daß er in beißendem Ton sogar über die ehemaligen Freunde schrieb. Er verurteilte die Murphys, weil sie ihn mit Pauline bekannt gemacht hatte und Dos Passos, weil er ihn mit den Murphys bekannt machte.

Mary las die Entwürfe für »Paris – ein Fest fürs Leben« wie Ernest sie schrieb und tippte dann die fertigen Vorlagen. Wenn die Intensität, mit der er sich nach Hadley sehnte, sie bekümmerte, so hielt sie ihre Gefühle fest unter Verschluß. Ihre pragmatische Natur half ihr, sich mit dem Möglichen einzurichten. Nach der miserablen Behandlung, die er ihr während der Adriana-Zeit zugemutet hatte, als sie ihm leidenschaftlich erklärte, sie würde ihn niemals verlassen, es sei denn (ihren eigenen Worten nach) er käme morgens nüchtern ins Zimmer und bäte sie darum, schränkte sie ihre Erwartungen ein. Wenn er sie einigermaßen menschlich behandelte, würde sie für ihn sein, was immer er brauchte, und wenn er überdies gute Arbeit leisten konnte, was er jetzt offensichtlich tat, so war sie zufrieden.

Ernests Gefühle für Mary jedoch schienen sich zu verschlechtern. Obwohl er sie in seinen Briefen pries und sie ab und zu gut miteinander auskamen, passierte es immer häufiger, daß er sich wie ein Mann aufführte, der in die Falle geraten war und jetzt nach Wegen suchte, dieser zu entrinnen. Er war alt und krank, und sie war seine Betreuerin, das verübelte er ihr bitterlich. Mary war zu stark, um sich fortschicken zu lassen, und das Schlimmste daran war, daß Ernest sich davor fürchtete, ohne sie zu sein. Jack Hemingway sagte einmal, daß sein Vater einen wundervollen alten Mann abgegeben hätte, wenn er es je gelernt hätte, einer zu sein.

32

Als Mary und Ernest im September 1958 von Kuba nach Ketchum reisten, hielt sich Fidel Castro mit seinen revolutionären Truppen draußen in der Sierra Maestra versteckt, und in den Straßen von Havanna ging es ungewöhnlich ruhig zu.

Bald erreichten die politischen Ereignisse ihren Höhepunkt. Batista floh aus dem Land, und Castro bildete die neue Regierung. Am 2. Januar 1959, vierundzwanzig Stunden nach dem Sieg der Linken, telegraphierte Herbert Matthews, der als Beobachter für die *New York Times* am Schauplatz weilte, an Ernest in Idaho, daß die Finca in Sicherheit sei. Es enttäuschte Mary, daß Castro nicht gleich Wahlen ausrief, aber sie war mit Ernest einer Meinung, daß das neue Regime unmöglich so brutal und korrupt sein könne wie das alte.

Sie fuhren Mitte März nach Kuba zurück. Ernest hatte jedoch das Problem einer neuen Behausung für den Fall, daß es zu schwierig sein sollte, unter Castro zu leben, bereits gelöst. Er hatte in Ketchum für 50000 Dollar einen Besitz erworben.

Es war ein zweistöckiges Chalet aus Beton, das auf einem Hügel oberhalb des Wood River stand. Mary fand das Haus scheußlich, kalt und bedrückend, war aber im Augenblick mehr um die Verhältnisse auf der Finca besorgt. Zu ihrer großen Erleichterung stellte sie fest, daß Matthews recht hatte. Nichts war beschädigt worden, das frische Poolwasser lockte, und der Garten stand in voller Blüte.

Aber Ernest ließ ihr keine Zeit, sich auszuruhen. Er nahm eine Einladung von Nathan »Bill« Davis, einem alten Freund, an, ihn und seine Frau Annie auf ihrem Besitz an der Costa del Sol zu besuchen. Von der Hacienda in Spanien aus würden die Hemingways und Davises die Sommerferias verfolgen, und Ernest sollte danach einen großen Bericht für *Life* schreiben. Antonio Ordoñez, Ernests junger Favorit, würde eine Reihe von *mano-a-mano*-Corridas gegen seinen Schwager, den Veteran Luis Dominguín austragen. Mary lauschte Ernests Enthusiasmus, der mehr nach einem ungeduldigen Jungen als einem nahezu sechzigjährigen Mann klang, und ließ sich, wie gewöhnlich, auf seine fieberhafte Zeitplanung ein. Am 22. April waren sie in New York und fuhren wenige Tage später mit der S.S. *Constitution* nach Europa.

Bill Davis erwartete sie im Hafen von Algeciras gegenüber von Gibraltar. Er verstaute ihre zweiundzwanzig Gepäckstücke in einem Ford Sedan, versorgte sie mit einem Lunchpaket für unterwegs und fuhr sie nach La Consula im Landesinnern, westlich von Malaga. Das Gebäude aus dem 19. Jahrhundert erhob sich graziös hinter den schmiedeeisernen Toren. Vasen mit frischen Blumen standen in den Ecken und auf den polierten Oberflächen der Eichenmöbel. Schöne Drucke und Gemälde aus Davis' Kollektion hingen an den weißen Wänden. Ein passender Schreibtisch war für Ernest aufgestellt worden.

Am 13. Mai brach die Hemingway-Gesellschaft zu den Ferias nach Madrid, Cordoba und Sevilla auf. Obwohl sie normalerweise unermüdlich war, machte Mary auf dieser Reise schon bald schlapp. Wo immer sie auch hinkamen, sie wurden von Leuten umringt. Das Mittagessen gab es um vier Uhr nachmittags, Abendessen um Mitternacht. Davis saß am Steuer des Ford, Ernest neben ihm, zwischen ihnen ein Segeltuchbeutel voller Weinflaschen. Annie Davis und Mary saßen auf den Rücksitzen, und so fuhren sie kreuz und quer durch Spanien. Oft fuhren sie die Nächte hindurch wie die Matadoren und ihre Cuadrillas, um rechtzeitig zum Kampf am nächsten Nachmittag dazusein. Ernest stürzte sich mit einer geradezu an Besessenheit grenzenden Begeisterung in die zirkusgleiche Atmosphäre und ergriff Ordoñez' Partei. Mary fieberte und hustete von einer Infektion der Atemwege. Nach Sevilla fiel sie aus und kehrte nach La Consula zurück.

Wenige Tage später, viel früher als erwartet, kamen auch Ernest und Davis zurück nach La Consula. Ordoñez war schwer verwundet worden. Am 25. Juni brachen sie wieder auf, da Antonio seine Kampftournee fortsetzte – Zaragoza, Alicante, Barcelona. Während Ernest Abwesenheit begann Mary mit den ersten Vorbereitungen für die große Party, die sie am 21. Juli für Ernests und Carmen Ordoñez' gemeinsamen Geburtstag geben wollte. Gleichzeitig arbeitete sie an einem Artikel für *Sports Illustrated* über Antonios Verletzung und seinen Genesungsaufenthalt in La Consula. Das Geld für den Artikel sollte zur Finanzierung der Party beitragen. (Die einzigen Artikel, die sie seit ihrer Heirat sonst noch veröffentlichte, waren zwei Fotoreportagen über das Leben mit Ernest auf der Finca – eine 1950 in *Look*, die andere 1953 in *Today's Woman*.)

Die Gruppe, die Ernest für den längsten Teil des Sommers begleiten sollte, hatte sich geformt. Bill Davis übernahm das Chauffieren, und Aaron Hotchner war aus New York herbeigerufen worden. Eine neunzehnjährige irische Journalistin, Valerie Danby-Smith, die sich Ernest für ein Interview ausgesucht hatte, wich selten von seiner Seite. Ihre weiche Haut, die rosigen Wangen und das wirre, schwarze Haar erinnerten einige Leute an Goyas Herzogin von Alba. Als die Kavalkade nach Pamplona unterwegs war, saß Mary bei Annie Davis im Auto, während Valerie zwischen Ernest und Bill auf dem Vordersitz des Ford Platz genommen hatte. Hotchner saß hinten zwischen Wein, Gepäck, Straßenkarten und Picknickvorräten. Die Unterkünfte in den überfüllten Dörfern waren einfach, kaum mehr als karge Jugendherbergen, wo Männer und Frauen getrennt untergebracht wurden. Ernest schlief im Durchschnitt drei Stunden pro Nacht, meist machte er sich nicht erst die Mühe, sein Zimmer aufzusuchen, sondern legte sich zum Schlafen auf die Vordersitze des Ford. Selten gab es weniger als zwanzig Freunde – oder Fremde – zu den Mahlzeiten, und Ernest bezahlte die Rechnung. Sein massiver Kopf mit dem weißen Bart überragte die Menge, die sich ständig um ihn drängte. Die gelockten weißen Haare hatte er nach vorn gekämmt, um seine kahle Stirn zu verbergen. Zu Valerie, die jetzt die Position einer Privatsekretärin einnahm, waren noch zwei Lehrerinnen aus Amerika als »Gefangene« seiner Bande gestoßen.

»Mich widerten die schmutzigen Tische, der sauere Geruch von verschüttetem Wein immer mehr an«, schrieb Mary, »und Ernests endlos wiederholte Aphorismen desgleichen.« Einige Male zog sie sich allein zurück, um zu lesen, sich auszuruhen und an einer Frucht zu knabbern. Annie Davis fand Ernests jugendlichen Übermut, mit dem er beispielsweise ins Frauenquartier eindrang, wo er mit einer Whiskyflasche herumfuchtelte und sich nackt zur Schau stellte, schlicht verachtungswürdig. Peter Buckley, der mit von der Partie war, kannte Ernest noch von anderen Gelegenheiten her, wo er freundlich und zurückhaltend gewesen war. Seine jetzige Grobheit Mary gegenüber irritierte ihn. Buckley ist der Meinung, Ernest habe sie schlimmer behandelt als Mary je selbst zugeben würde. Als sie nachmittags zum Schwimmen und Picknicken an den Irati gingen, strauchelte Mary über ein scharfes Felsstück und verstauchte sich einen Zeh. Ernest sah zu, wie sie hinter ihm herhumpelte, den schmerzenden Zeh in einen harten Wanderschuh gepreßt, nickte ihr zu wie einer Fremden und wandte sich dann wieder an Hotchner, um in eine Schwärmerei über ein köstliches kaltes Essen auszubrechen.

Falls derartige Rücksichtslosigkeiten Mary erschütterten, so beherrschte sie ihren Ärger und schrieb nur, daß etwas in ihm oder ihr oder in ihnen beiden sich änderte. Wieder zurück in La Consula, konzentrierte sie sich in den nächsten Tagen mit aller Kraft darauf, eine erstklassige Geburtstagsfeier zu arrangieren. (Ernests Bemerkungen dazu, die später in *Life* veröffentlicht wurden, waren merkwürdig formuliert: »Es war eine erstaunliche Party. Ich hätte vermutlich nicht gemerkt, daß ich sechzig geworden bin, wenn Mary es nicht so wichtig genommen und etwas Angenehmes daraus gemacht hätte. Aber die Party schaffte es.«) Flamencotänzer, begleitet von sanfter Gitarrenmusik, sorgten für Unterhaltung. Lampions verwandelten die Dunkelheit in ein Märchenland. Es gab Schießstände, Fotografen und Feuerwerk. Der Champagner kam aus Paris und das chinesische Gemüse aus London, und Mary hatte selbst die süß-saure Soße für den Truthahn zubereitet. Die Gäste waren aus ganz Europa und aus den Vereinigten Staaten angereist. Unter ihnen waren Buck Lanham, David und Evangeline Bruce, Gianfranco und seine Frau, die Buckleys, Dr. George Saviers aus Sun Valley mit seiner Frau und alle Gäste aus Pamplona einschließlich der amerikanischen Lehrerinnen und Valerie Danby-Smith. Sie saß an der langen Bankett-Tafel auf dem Platz neben Ernest.

Als der Gast, der Mary am längsten kannte, sah Buck Lanham viel von dem, was nicht stimmte. Ihm, wie allen anderen Anwesenden war klar, daß sie unermüdlich gearbeitet hatte, um für Ernest etwas Besonderes und etwas in der Erinnerung Verbleibendes zu schaffen, und es war ebenso offensichtlich, daß er sie über die Maßen grausam behandelte. Er jammerte, sie gebe sein ganzes Geld aus, wo Lanham wußte, daß sie das Fest größtenteils mit dem Verdienst aus ihrem Artikel in *Sports Illustrated* finanziert hatte. Ernest warf ihr vor, sich den Zeh nicht wirklich verstaucht zu haben, und seinen Freunden erzählte er kichernd, ihr Sexualverkehr in der vergangenen Nacht habe ihr das Klagen über den Zeh schon vertrieben. Lanham empfand Ernest nicht mehr als die überragende Figur, die ihn im Krieg unauslöschlich beeindruckt hatte, sondern sah ihn jetzt als närrischen alten Mann, der versuchte, seine Jugend mit einem jungen Mädchen wieder herzustellen, das keine wirkliche Zuneigung zu ihm entwickelt haben konnte. Wo war Marys Stolz, fragte er sich, daß sie es zulassen konnte, selbst so erniedrigt zu werden? Mary wußte von Lanhams Besorgnis, denn sie kannte ihn als aufrichtigen und ehrenhaften Mann. Aber alles, was sie ihm in einem seltenen Augenblick der Offenheit anvertraute, war, daß Ernests Fähigkeiten als Liebhaber nicht mehr so bemerkenswert seien, wie er vor seinen Freunden herumposaunte.

Am 30. Juli fand in Valencia der erste *mano-a-mano*-Kampf statt. (Bis dahin waren die beiden Matadoren in verschiedenen Stierkampfarenen auf verschiedenen Tourneen aufgetreten). Ernest, Valerie, Davis und Hotchner fuhren in einem neuen Lancia, den Gianfranco besorgt hatte, von Stadt zu Stadt. Manchmal folgten Mary und Annie, dann wieder fielen sie aus. Als Mary sich für zwei Wochen nach La Consula zurückzog, sandte Ernest ihr ein paar zärtliche Mitteilungen, aber als sie Ende August wieder zusammentrafen, gab sie zu, für ihn wohl »unhörbar« geworden zu sein. Trotzdem ist der Ton in ihrem Tagebuch der einer sorgfältigen Berichterstatterin, die Notizen über das Verhalten eines Wahnsinnigen machte, mit dem sie eine oberflächliche Bekanntschaft verband. Als er sie einmal wild anschrie, weil sie ihn um etwas Einfaches gebeten hatte, und er sie daraufhin mit seiner Mutter verglich, die seinen Vater in den Selbstmord getrieben habe, schrieb sie die Szene ohne Kommentar auf.

Zum ersten Mal seit 1950 jedoch gestand sie sich ein, daß sie vielleicht nicht in der Lage sein könnte, mit ihm verheiratet zu bleiben. Wie es ihre Art war, drückte sie ihr Elend auf nüchterne Weise aus – »Verstimmung« nannte sie es. Sie wollte nichts Unbesonnenes tun, weil sie Ernest und ihr Heim immer noch liebte. Sie trennten sich Anfang Oktober. Ernest blieb eine Zeitlang in Paris, Mary flog nach Hause. Von der Finca aus schrieb sie ihm einen langen Brief, in dem sie ihre Probleme noch einmal darlegte. Sie zählte die Vorfälle auf, in denen er sie nachlässig behandelt und kritisiert hatte, fragte an, ob er sie denn wirklich noch in seinem Leben brauche und schlug vor, sich in New York eine eigene Wohnung zu mieten.

Ernest telegraphierte, daß er sie noch liebe und daß sie eine dermaßen drastische Entscheidung noch aufschieben solle. Am Flughafen von Havanna – er kam in Begleitung von Carmen und Antonio Ordoñez an – schenkte er ihr eine Diamantbrosche. Mary war sich nicht sicher, ob ein weiteres Geschenk noch irgendeine Änderung in ihrem Verhältnis bewirken könne, aber sie konzentrierte sich darauf, eine gute Gastgeberin zu sein und flog voraus, nach Ketchum, wo sie das Haus für Ernest und die Gäste in Ordnung bringen wollte. Die Ordoñez' blieben nicht lange. Mary hoffte, daß nach ihrer Abreise für Ernest nun eine Zeit der ruhigen Arbeitsroutine einsetzen würde. Das Wetter war perfekt, goldener Sonnenschein und frische Luft. Ernest setzte sich wieder an seine Arbeit für *Life*.

Aber Marys Optimismus wurde von einem weiteren ihrer unseligen Unfälle hinweggefegt. Am Nachmittag des 27. November stolperte sie während einer Entenjagd mit Ernest und George Saviers über eine Wurzel im gefrorenen Boden. Ihr linker Ellbogen bekam die ganze Wucht des Sturzes ab. Ihre Knochen splitterten, um Dr. Saviers zu zitieren, wie die Schale eines Truthahneis, das von einem Schlegel getroffen wurde. Ernest reagierte mit kindischem Unwillen, lieblos. Auf der Fahrt ins Sun Valley Hospital beschimpfte er sie, weil sie unter den qualvollen Schmerzen stöhnte. Es paßte ihm nicht, daß sie nach dem operativen Eingriff über Nacht im Krankenhaus bleiben mußte. Und in den folgenden Wochen brummte er ständig, daß er die Arbeit von Dienstboten verrichte (zum Markt fahren, ihr beim Ausziehen helfen usw.). Eine Woche vor Weihnachten mußte der Ellbogen noch einmal gebrochen werden, weil er nicht richtig zusammenheilte.

Schwerer Schnee bedeckte die Hänge nach Silvester, und Ernest war aufgebracht, weil er nicht die notwendige Bewegung bekam. Mary merkte, wie wenig er schlief, und obgleich er die Notizen vom Sommer verarbeitete, war er mit dem Ergebnis unzufrieden. Sie nahm jedoch weiterhin an, daß diese Stimmung vorübergehen werde wie die anderen auch. Doch dann geschah etwas, wonach sie sich eingestehen mußte, daß sich etwas verändert hatte.

Eines Abends, als sie alle bei den Arnolds ein Roastbeef verzehrten, bemerkte Ernest Lichter im Bankgebäude unterhalb des Hügels. Während er durchs Fenster auf das entfernte Gebäude starrte, schloß er, daß jemand dort seine Konten überprüfe. »Sie« versuchten, ihm etwas anzuhängen, beharrte er. Tillie Arnold meinte, »sie« seien lediglich die Putzfrauen, aber er ignorierte Tillie. Als Mary ihn drängte, sich näher zu erklären, sagte er, daß das FBI ihn überwache.

Später auf dem Nachhauseweg machte er sich solche Sorgen über den schweren Schneefall, daß Lloyd schließlich den Wagen anhielt und Schneeketten anlegte. So widersprüchlich der Abend auch verlaufen war, Mary weigerte sich, weiter darüber nachzudenken. Sie gab lediglich zu, es sei seltsam gewesen. »Ich würde mich niemals erdreistet haben, in seine persönlichen Gedankengänge einzudringen«, sagte sie viele Jahre später hitzig bei einem Interview. »Alles was ich sagen konnte ist das, was er gesagt hat... Es wäre eine schlechte Art gewesen, darüber zu spekulieren, was wirklich in seinem Kopf vorging. Ich habe nie Vermutungen darüber angestellt, was er tatsächlich dachte, wenn er etwas sagte.« Dieser Mangel an Bereitschaft zum Nachdenken über ihn geriet ihr mit Sicherheit zum Nachteil, als sie mit einem derart merkwürdigen Verhalten konfrontiert wurde. Ihr Sinn war auf das Konkrete und nicht aufs Intuitive gerichtet, und sie hatte den Tatsachen immer den Vorrang eingeräumt. Erwiesen sich die Tatsachen als widersprüchlich, so wartete sie lieber ab, bis sich etwas Aufklärendes von selbst ergab.

Im Februar standen die Blumen rund um die Finca in voller Blüte, aber im Haus war es frostig, weil kalte Winde vom Norden her bliesen. Mary mußte sich wegen ihres schmerzenden und steifen Ellbogens täglich einer physiotherapeutischen Behandlung unterziehen. Ernest verbrachte immer mehr Zeit mit seinem *Life*-Artikel. Er hatte den Auftrag über 10000 Worte auf 100000 Worte ausgedehnt. Er zitierte Valerie Danby-Smith aus Dublin herbei. Sie sollte für ihn tippen und sich um seine Korrespondenz kümmern. Mary hieß sie höflich willkommen; sie war froh, daß jemand da war, Ernest zu unterhalten.

Aaron Hotchner, der im Juni eintraf, um Ernest bei der Überarbeitung des Manuskripts zu helfen, stellte fest, daß er zumindest für den Augenblick davon abgelassen hatte, Mary zu malträtieren. Sie kürzten das Manuskript auf 60 000 Worte zusammen, und Hotchner brach auf, um es nach New York zu bringen. Auf dem Weg zum Flughafen vertraute ihm Ernest seine Sorgen ums Geld an. Jahrelang hatte er Vorschußzahlungen vom Scribner Verlag angenommen, um seine Steuern zu zahlen, aber dieses Jahr schien ihn der Gedanke zu erschrecken. Indem er seine Armut anführte, überredete er Hotchner, die vertraglichen Vereinbarungen mit *Life* zu ändern. Hotchner, der schon so manche Verhandlung für Hemingway geführt hatte, wußte, daß dieser jetzt ein reicher Mann war, versuchte aber das Ganze zu rationalisieren, indem er Ernests finanzielle Ängste auf die Tage zurückführte, als es zwischen den Verkäufen lange Durststrecken gegeben hatte. In New York handelte er mit dem Chefredakteur von *Life* eine Zahlung von 90 000 Dollar statt der ursprünglich vereinbarten 10 000 Dollar aus. Gleichzeitig suchte er eine Wohnung für die Hemingways in Manhattan.

Ernest hatte beschlossen, noch einmal nach Spanien zurückzukehren. Er wollte noch einmal mit Ordoñez sprechen, Fotos aussuchen und einige ungeklärte Fakten überprüfen. Mary hatte keine Lust mitzufahren, und er versuchte nicht, sie davon abzubringen. Da die meisten ihrer Freunde nicht mehr in Kuba lebten, entschloß sie sich, in New York auf ihn zu warten.

Die Wohnung, die Hotchner gemietet hatte, war ein beachtliches zweistöckiges Stadthaus. Mary zog in Erwägung, es neu einzurichten, aber Ernest schien seine Umgebung kaum wahrzunehmen. Zum ersten Mal in seinem Leben wollte er von einer Geburtstagsfeier nichts wissen. Er stellte im Wohnzimmer einen Spieltisch auf, und Mary bereitete für ihn die Mahlzeiten zu. Valerie, die im Frauen-Hotel Barbizon wohnte, kam des öfteren zu Besuch. Aber er war zu deprimiert, um sich für sie oder für irgend etwas anderes zu interessieren. Wie

Mary, so hoffte auch Hotchner noch immer, daß die alten Lebensgeister seines Freundes bald wieder zurückkehren würden. Aber die meisten Anzeichen deuteten auf das Gegenteil hin. Ernest stellte Dutzende von Listen für sich, für Hotchner und Mary auf, ehe er am 4. August endlich den TWA-Nachtflug nach London und Madrid antrat. Und in einem plötzlichen Anfall von Größenwahn nannte er für einige Nick-Adams-Geschichten, die die 20th Century Fox verfilmen wollte, einen Preis von 900 000 Dollar.

Mary freute sich jetzt auf eine Zeit der Erholung von der quälenden Anspannung und gestand sich sogar ein, daß eine Zwischenphase ohne Ernest ihr Gutes haben würde. Aber am 8. August wurde im Radio gemeldet, Ernest habe in der Stierkampfarena in Malaga einen Krankheitsanfall erlitten. Obwohl keiner der Telegraphendienste eine Bestätigung dieser Nachricht übermittelte, buchte Mary sofort zwei verschiedene Flüge. Die 8-Uhr-Maschine war bereits gestartet, doch noch vor dem 10-Uhr-Flug verkündete *Associated Press*, Mr. Hemingway habe den früheren Bericht dementiert. Wenige Augenblicke später bestätigte ein Telegramm aus Granada die Richtigkeit dieser Depesche: MELDUNGEN FALSCH BIN UNTERWEGS NACH MADRID IN LIEBE PAPA.

Mary weinte vor Erleichterung. Den Rest des Abends verbrachte sie damit, nähere Freunde, die ebenfalls die schlechten Nachrichten gehört hatten, anzurufen und sie zu beruhigen.

Unter den Leuten, die Mary anrief, waren auch Toby und Betty Bruce. Betty, die in einer Bibliothek in Key West arbeitete, hatte in Gegenwart einer anderen Bibliothekarin – einer großen, hübschen, attraktiven Frau – eine Bemerkung über Hemingways Krankheit gemacht. Zu Bettys Überraschung fragte diese Agnes Stanfield nun, ob es denn wahr sei, daß Ernie einen Herzanfall erlitten habe. Betty meinte nun, wenn jemand von Ernest als »Ernie« spreche, müsse er ihn wohl sehr lange und sehr gut gekannt haben. Agnes sagte, ja, sie haben ihn recht gut gekannt, in Italien, während des ersten Weltkriegs. Sie habe ein paar wundervolle Fotos von ihnen beiden in Mailand, die sie gern an Betty weitergeben wolle, da sie in Verbindung mit Ernest stehe.

Während des Krieges hatte Agnes in New York bei der Fifth-Avenue-Blutbank gearbeitet. Nach dem Krieg waren sie und ihr Mann, der jetzt vom Militärdienst befreit war, nach Key West gezogen. Es war eine Ironie des Schicksals, daß Agnes fast fünfzehn Jahre lang kaum eine Meile vom Hemingway-Haus in der Whitehead Street und nur 90 Meilen von der Finca entfernt gelebt hatte.

Betty schrieb Ernest von den Fotografien. Sie nahm an, daß er sich dafür interessieren würde. Stattdessen sagte er ihr, sie solle sie an Scribners schicken. Jetzt war Betty in Verlegenheit. Wie konnte sie Agnes diese Zurückweisung erklären? Als sie es versuchte und ein bißchen herumdruckste, um taktvoll zu klingen, brach Agnes in Gelächter aus. Natürlich würde er wütend sein. Er habe ihr nie verziehen, erklärte sie, daß sie ihn sitzengelassen habe, als er neunzehn war.

Nach Ernests beruhigendem Telegramm vom 8. August begannen seine Briefe jedoch immer schlimmer zu klingen. Mary führte seine Probleme noch immer auf Ermüdung und Überarbeitung zurück. Doch auch nachdem Valerie nach Madrid geflogen war, um dort für ihn als Sekretärin zu fungieren, blieb der Ton seiner Briefe verzweiflungsvoll. »Ich wünschte, Du wärest hier, um Dich um mich zu kümmern und mir weiterzuhelfen, damit ich nicht auseinanderbreche«, schrieb er am 23. September. Mary erfaßte noch immer nicht die Realität dessen, was wirklich geschah. Hotchner erfuhr von Bill Davis und Annie, was für alptraumhafte zwei Monate sie hinter sich hatten. Ernest war unglaublich gereizt und so mißtrauisch gewesen, daß er glaubte, Davis wolle ihn über eine Klippe stürzen. Zugleich mit den anderen hatte Hotchner hilflos zusehen müssen, wie Ernest den Rückflug um vier Tage hinausschob und den größten Teil der Zeit im Bett verbrachte.

Als Ernest in New York aus dem Flugzeug stieg, fand Mary ihn weniger aufgewühlt, als er angeblich in Spanien gewesen sein sollte, dafür jedoch völlig in sich gekehrt. Sie versuchte, ihn aus seiner Reserve zu locken, doch er murmelte nur, unbekannte Agenten seien hinter ihm her. Die Frage, ob ein Psychiater zu Rate gezogen werden sollte, wurde offensichtlich nicht gestellt. Stattdessen raffte Mary all ihre organisatorischen Fähigkeiten und Überredungskünste zusammen, um ihn in den Zug nach Idaho zu bringen. Vielleicht würden sich in der Sicherheit des eigenen Hauses (viele Leute, einschließlich seiner Söhne haben seither den festungsähnlichen Charakter des Hauses bestätigt) seine Wahnvorstellungen wenigstens teilweise wieder zerstreuen.

Das jedoch geschah nicht. In Ketchum erholte er sich nur soweit, um ein paar Briefe zu diktieren und Valerie das Geld für ihren Unterricht an der *American Academy of Dramatic Arts* zu schicken. Aber die fixe Idee von den FBI-Leuten verfolgte ihn weiterhin. Er war überzeugt davon, arm zu sein. Selbst als Mary einen Vize-Präsidenten des Morgan Guaranty Trust anrief, eine Zusammenstellung über Ernests verschiedene Konten anforderte und ihn überredete, sich die Vermögenszuwachsraten anzusehen, beharrte er darauf, daß der Bankmensch etwas gegen ihn »im Schilde führte«.

An diesem Punkt, Mitte November 1960, war Mary bereit, zuzugeben, daß tatsächlich etwas Entscheidendes nicht stimmte. Als Hotchner sich bereit erklärte, einen bekannten New Yorker Psychiater, der unter Umständen auch ohne den Patienten gesehen zu haben eine Behandlung empfehlen könnte, zu konsultieren, erklärte sich Mary einverstanden. Der Psychiater, Dr. James Cottell, ließ Ernest in die Mayo Clinic in Rochester, Minnesota, einliefern. Er betonte, daß Ernests physische Beschwerden eine Einlieferung in die Mayo Clinic rechtfertigten. Wenn er dort untersucht worden sei, konnten sich die Psychiater mit seinem Fall beschäftigen.

Unter größter Geheimhaltung (Mary fürchtete den negativen Presserummel ebenso wie Ernest) wurde Ernest am 30. November nach Rochester geflogen. Mary folgte ihm mit einem Linienflug und per Bus. Sie nahmen die Namen Mr. und Mrs. George Saviers an. In ihrem Zimmer im Hotel Kahler in Rochester schrieb Mary an Patrick, daß sein Vater einer gründlichen Untersuchung halber dort sei und daß die meisten der Tests so weit gut aussähen. Sie verlor kein Wort über Ernests emotionellen Zustand, sondern deutete lediglich an, daß er wegen seines zu hohen Blutdrucks im Krankenhaus sei.

Die Ärzte in der Mayo Clinic vermuteten, Ernests depressive Symptome seien auf die fortgesetzte Einnahme von Reserpine, einem Medikament zur Senkung des Blutdrucks, zurückzuführen und setzten das Medikament ab. (Dr. Gregory »Gigi« Hemingway machte 1976 darauf aufmerksam, daß die depressive Wirkung des Medikaments noch Monate nach seinem Absetzen anhalten könne, war sich jedoch nicht sicher, ob diese Tatsache 1960 schon bekannt war.) Als Ernest wieder unter Verfolgungsängsten und Wahnvorstellungen litt, verordnete Dr. Howard Rome, eine Koryphäe in der Medizin, die Behandlung mit Elektroschocks. Für Mary war es eine schreckliche Zeit. Sie lebte allein. Ihre größte Sorge galt der Möglichkeit, daß Ernest Dr. Rome überlisten und den Arzt dazu bringen könnte, ihn für geheilt zu halten, auch wenn das keineswegs der Fall war. Viel später fand Mary unter Ernests Papieren eine Notiz, die man ihr seinerzeit nicht ausgehändigt hatte. Auf dramatische Weise dokumentierte sie den Grad seiner Paranoia. In einem Brief bemühte er sich in pathetischem Ton, Mary von jeder Mittäterschaft an den eingebildeten illegalen Handlungen freizusprechen, für die er eine Verurteilung durch das FBI erwartete.

Am 22. Januar 1961 wurde Ernest entlassen. Die Ärzte verheimlichten nicht, daß er von einigen seiner Wahnvorstellungen noch nicht ablasse, aber sein wachsender Wunsch, wieder zu arbeiten, galt als das dominierende Element bei einer positiven Bewertung seines Zustandes. Seine Rückkehr nach Ketchum und zu den Anforderungen seiner Arbeit jedoch war eine Katastrophe. Mary vollbrachte wie gewöhnlich ihre übermenschlichen Anstrengungen. Sie bereitete appetitanregende Mahlzeiten zu und stellte einen Plan für die Bewegung im Freien auf. Ernest hielt sich an die Anweisung des Arztes, trank keinen Alkohol und setzte sich treulich jeden Tag an seinen Schreibtisch. Dort saß er stundenlang, bewegte die

Papiere hin und her, war sich seiner Umgebung kaum bewußt und schrieb nichts.

Ernests Isolation und seine Ängste steigerten sich, und damit wurde er von einer neuen Sorge gepeinigt – der Überzeugung, daß sein Paris-Manuskript gerichtlich angegriffen werden könnte. Er entschloß sich plötzlich, Hadley anzurufen, die den Winter auf einer Ranch in Arizona verbrachte. »Ich wurde ans Telefon gerufen«, schrieb sie später, »vom Mittagessen fort. Seltsamerweise dachte ich an Ernest, obwohl ich lange Zeit nichts von ihm gehört hatte. Es war Ernest, und es machte mich glücklich, seine Stimme zu hören. Er sagte ›hallo Tatie‹, er sei sehr froh, mich zu erreichen. Alles, was er sagte, war nett und freundlich, aber es klang traurig und völlig freudlos.« Ernest erzählte von dem Buch, das er über ihre frühen Jahre schreibe, und fragte sie, was sie von bestimmten Leuten noch in Erinnerung habe. Das Gespräch ließ Hadley in Sorge über die Hoffnungslosigkeit zurück, die sich hinter Ernest höflichen Fragen verbarg.

Manchmal war Ernests Gesicht tränenüberströmt, wenn er jammervoll erklärte, daß er nicht mehr schreiben könne. Es wolle einfach nichts kommen. An den Abenden, wenn sie sich zum Schlafengehen fertigmachten, wurde Ernest etwas redseliger. Er machte Mary Vorwürfe zu eingebildeten Missetaten – daß sie ihn vernachlässige, ihrer Dummheit und ihrer Extravaganz wegen. Eines Abends, als Mary nach einem solchen Ausbruch nicht schlafen konnte und aufgeregt im zweiten Stock hin und her lief, stolperte sie und stürzte die Treppe hinunter. Sie zog sich eine Schnittwunde am Kopf zu und verrenkte sich einen Fuß. Von da an konnte sie nur noch mit Hilfe eines Stockes gehen. (Mary gab zu, vor ihrer Ehe mit Ernest nicht anfällig für solche Unfälle gewesen zu sein. Die Anzahl ihrer Stürze – zwei Skiunfälle, ein zersplitterter Ellbogen und nun der verrenkte Fuß – sind wahrscheinlich Anzeichen für den ständig wachsenden Streß, der von ihrer Umgebung ausging, und es war, als ob ihr Körper sich gegen die an ihn gestellten Anforderungen wehre.)

Spät am Morgen des 21. April mühte sich Mary unter

Schmerzen die Treppe hinab. Ernest stand im Wohnzimmer. In der Hand hielt er eines seiner Lieblingsgewehre, auf dem Fenstersims lagen zwei Patronen. Mary begann beruhigend und monoton auf ihn einzureden und ging dabei auf ihn zu. Es gelang ihr, jedes Zittern aus ihrer Stimme zu verbannen. Was sie sagte, war im Grunde unwichtig. Sie erwähnte etwas von Mut und wieviel er ihr bedeute und welche herrlichen Möglichkeiten für zukünftige Ferien es gebe. Er stand bewegungslos und stumm im Vestibül. Sie ließ sich auf dem Sofa in seiner unmittelbaren Nähe nieder und sprach von seinen Söhnen und der Weisheit, die er ihnen vermitteln könne, und wiederholte immer wieder, daß sie ihn liebe. Auf diese Weise gewann sie Zeit. Dr. Saviers mußte bald kommen. Fünfzig Minuten später fuhr der Arzt vor, kam durch den Kücheneingang, sah, wie Mary ihm ein Zeichen gab, und löste sie ab.

Zuerst überredete er Ernest, ihm das Gewehr auszuhändigen. Dann rief er noch einen weiteren Arzt. Gemeinsam brachten sie ihn ins Krankenhaus, wo er unter schweren Beruhigungsmitteln so lange blieb, bis er wieder in die Mayo Clinic geflogen werden konnte. (In den dazwischenliegenden Tagen versuchte er noch zweimal, sich das Leben zu nehmen, das zweite Mal während einer Zwischenlandung zum Auftanken auf dem Flughafen von Rapid City, Iowa. Er raste durch die Hangarsektion auf der Suche nach einem Gewehr und lief anschließend auf die rotierenden Propeller eines anderen Flugzeuges zu.)

Fürs erste blieb Mary zunächst in Ketchum zurück. Diesmal war sie Ernests Söhnen gegenüber ehrlich. Sie schrieb jedem von ihnen von der Krise und benachrichtigte auch Ernests Schwester Ursula, die in Honolulu lebte. Sie verbrachte die Tage ruhig – säte Blumen, steckte junge Bäume an den Hängen und verfolgte die Nachrichten aus Washington und der Welt. Wieder fürchtete sie, daß man Ernest zu früh nach Hause schicken werde. Sie war darüber so besorgt, daß sie Ernest in einem ihrer Briefe bat, die Ärzte nicht »an der Nase herumzuführen«. Sie wußte, als sie das schrieb, daß er es ihr sehr verübeln würde. Als sie Ende Mai zu ihm nach Minnesota flog, konfrontierte er sie verbittert mit der Beschuldigung, die Schocktherapie sei nur ihre Idee gewesen und daß er, wenn es nach ihr ginge, im Gefängnis säße.

Von der Mayo Clinic aus reiste sie weiter nach New York; immer noch auf der Suche nach etwas Konstruktivem vereinbarte sie einen Termin mit dem Psychiater, den Hotchner ursprünglich konsultiert hatte. In einem langen Gespräch erklärte er ihr, daß noch wenig über die Zusammenhänge von Ernests verschiedenen Symptomen – Obsessionen, Phobien, Depression, Wahnvorstellungen und so weiter – bekannt sei. Mary brachte ihre Besorgnis über die Auswirkung der Elektroschocks auf Ernests Gedächtnis zum Ausdruck. Der Arzt versicherte ihr, daß alle Erfahrungen aus der Zeit vor seiner Krankheit nach Abschluß der Behandlung so klar wie eh und je in seinem Gedächtnis vorhanden sein würden. Er vermute, daß sowohl Ernests Ängste vor der Verarmung als auch die physischen Schäden auf reine Angst, als Schriftsteller geistig zu verarmen, zurückzuführen seien, ein Verlust, der seine Identität bedrohe.

Einige Tage später rief Dr. Rome aus Rochester an. Er sagte, Ernest habe nach Monaten der Impotenz Interesse am Sexualverkehr geäußert. Ob Mary herüberfliegen und die Nacht mit ihm verbringen wolle? Sie tat, was man ihr sagte, obwohl sie vor einer solchen Begegnung in der geschlossenen Abteilung des Krankenhauses zurückschreckte. Sie hatte recht. Das Experiment mißlang. Am nächsten Morgen hatte sie einen Katalog von Fragen an Dr. Rome vorbereitet, jedoch zugleich das Gefühl, daß er ihr mit seinen Antworten eher auswich. Was sie jedoch viel stärker beunruhigte, war seine Ansicht, daß es Ernest soweit besser gehe, daß er nach Hause könne.

Sie sprach mit Dr. Cottell über ihre Sorgen, als sie nach New York zurückkehrte. Diesmal rief er die Mayo-Ärzte an und empfahl ihnen dringend, die Behandlung fortzusetzen. Seine Empfehlungen wurden nicht beachtet. Cottell schlug Mary vor, Ernest nach Hartford, Connecticut, zu bringen. Hartford hatte als psychiatrische Rehabilitationsklinik einen guten Ruf. Gregory Hemingway erklärte, Mary habe sich für Ernests führung tatkräftig und mit Nachdruck eingesetzt. Patrick, der sich zu jener Zeit in Afrika aufhielt, stellte sich die Frage, ob sie alle, er selbst eingeschlossen, überhaupt das Recht hatten, Marys Vorgehen in Frage zu stellen, da sie ihren Vater in der Zeit, als er zum öffentlichen Spektakel geworden war, gemieden hatten. »Wir überließen Mary die Aufräumarbeiten«, sagte Patrick später, »und die Belastung war unmöglich.« Mary freilich hatte sich diese teils selbst aufgeladen, indem sie darauf bestand, die alleinige Verantwortung für Ernests Behandlung zu übernehmen. Aber wie hoch auch der Grad ihrer Hingabe gewesen sein mochte, sie erkannte den bedenklich kritischen Zustand nicht, und sie wollte ihm eine psychiatrische Anstalt nicht gegen seinen Willen zumuten.

Ende Juni reiste sie zum letzten Mal in die Mayo Clinic. Dort wurde sie in Dr. Romes Büro geführt und war entsetzt, als sie Ernest dort in Straßenkleidung sitzen sah. »Er grinste wie eine Cheshire-Katze.« Dr. Rome entließ seinen Patienten. Marys sämtliche Befürchtungen bewahrheiteten sich. Es war Ernest tatsächlich gelungen, den Arzt so zu täuschen, daß er an eine Besserung glaubte. Aber jetzt, wo ihr Ehemann sie, nur wenige Schritte von ihr entfernt, ansah, konnte sie nicht anders. Sie kapitulierte. George Brown, Ernests Freund, der in Manhattan eine Sportschule betrieb, eilte herbei, um sie nach Idaho zu fahren.

Der erste Tag der Reise in einem Mietwagen verlief ohne Zwischenfälle. Am zweiten Tag machte sich Ernest wegen des Weins, den sie mit sich führten, Sorgen. Er war überzeugt, daß die Polizei sie deshalb festnehmen werde. Dann begann er hartnäckig zu behaupten, sie würden kein Motelzimmer mehr (für die Übernachtung) finden, wenn sie nicht schon mittags halt machten. Mary und George widersprachen ihm nicht, zogen ihn aber hin, bis sie am späten Nachmittag des 30. Juni 1961 das Haus in Ketchum erreicht hatten.

Nach Ernests erstem Selbstmordversuch am 21. April hatte Mary vorsorglich alle Gewehre in einem Vorratsraum im Keller verstaut. Sie versteckte die Schlüssel nicht, weil sie die Meinung vertrat, »niemand hat das Recht, einem Menschen den Zugang zu seinem Eigentum zu verwehren«. Mit den anderen Schlüsseln waren sie auf dem Fenstersims verblieben, eine Entscheidung, die ihr im Nachhinein schrecklichen Kummer und Schuldgefühle bescheren sollte.

Am nächsten Abend luden die Hemingways George und Mary Saviers in die Stadt zum Essen ein. Als Ernest behauptete, die beiden Männer in Straßenanzügen am Nebentisch seien FBI-Agenten, zuckte Mary nur mit den Schultern. Sie hatte derartiges schon so oft gehört, daß es für sie eine bedeutungslose Wiederholung geworden war. Als sie sich später in ihrem großen Schlafzimmer zur Nacht entkleidete, kam Ernest, laut italienische Volkslieder singend, aus seinem hinteren Schlafzimmer zu ihr. Sein »gute Nacht, mein Kätzchen« verriet mit keinem Ton irgendetwas von einer Beunruhigung. Viele Nächte hatte er ihr großes Bett geteilt. Diese Nacht schlief er allein im kleineren Schlafzimmer.

Es war fast halb sieben am nächsten Morgen, einem wolkenlosen Sonntag, als Mary von einem heftigen Geräusch aus tiefem Schlaf gerissen wurde. Es hörte sich an, als ob zwei Schreibtischschubladen zu weit herausgezogen und dann fallengelassen worden wären. Sie stützte sich auf einen Ellbogen und rief nach Ernest. Keine Antwort. Sie rannte in sein Zimmer. Er war nicht da, obwohl das Bett benützt worden war. Sie eilte die Treppe hinab. Im vorderen Hausflur lag der Körper ihres Mannes, bekleidet mit dem roten »Kaisermantel«, den sie ihm vor langer Zeit in Italien genäht hatte. Ein Gewehr befand sich zwischen seinen Beinen. Die Flurdecke war mit Blut- und Fleischspritzern übersät. Sie rannte sofort zu George Saviers, der im Gästehaus schlief, dann rief sie aus dem Sun Valley Hospital den diensthabenden Arzt herbei.

Keine fünfzehn Minuten später war Dr. Scott Earle da. Nach kurzer Untersuchung konstatierte er, daß Ernest an einer Kopfverletzung gestorben sei, die er sich selbst zugefügt hatte. Am ganzen Körper zitternd rief Mary Freunde an, die sie vom Ort des Geschehens fortbrachten. Bevor sie ein Beruhigungsmittel nahm, erlaubte sie sich einen kurzen Ausbruch von verzweifelter Wut über diese Gewaltsamkeit, die auch sie selbst beinahe zugrunde gerichtet hätte. Aber nachdem sie eine Nacht im Sun Valley Hospital, abgeschirmt von lästigen Anrufen, verbracht hatte, sammelte sie sich wieder und gewann ihre alte Haltung zurück. Sie schien sich, als sie der Presse mitteilte, Ernest sei durch einen »Unfall« gestorben, keiner Lüge bewußt zu sein.

Nach zwei Tagen war die Familie versammelt: Ernests drei Söhne, seine Schwestern (außer Carol), sein Bruder Leicester und einige enge Freunde, unter ihnen auch Gianfranco Ivancich. Mary hatte das Haus wieder in Ordnung gebracht; nicht ein einziger Fleck war geblieben. Gleich nach der Beisetzung eröffnete Alfred Rice, Ernests Anwalt, das Testament. Alles war der Witwe vermacht – sämtliches Bargeld, alle Versicherungen, die Grundstücke in den Vereinigten Staaten und auswärts sowie das Copyright an Ernests sämtlichen veröffentlichten und unveröffentlichten Arbeiten. Sie würde eine reiche Frau sein.

Zwanzig Jahre lang verwaltete Mary das Hemingway-Vermögen geschickt und mit Ausdauer. Kurz nach seinem Tod verhandelte sie mit der Castro-Regierung. Ernests literarischer Besitz und seine persönlichen Papiere wurden sicher in die Vereinigten Staaten gebracht, danach vermachte sie La Finca Vigia dem Volk von Kuba als Geschenk. Sie übernahm die volle Verantwortung für die Durchsicht der Manuskripte und bestimmte, welche veröffentlicht und welche zurückgehalten werden sollten. Die ersteren schlossen »Paris – ein Fest fürs Leben«, »Inseln im Strom« und erst jüngstens »Ausgewählte Briefe 1917-1961« ein, die von Carlos Baker herausgegeben wurden. Ab 1972 übergab sie alle Briefe, Notizen, Fotografien und Manuskripte der Kennedy Bibliothek. Als nächstes schrieb sie unter der Schirmherrschaft des PEN-Club den Hemingway-Preis für den besten amerikanischen Roman aus.

Erst 1966, als Aaron Hotchner die wahren Umstände über Ernests Tod enthüllte, bestätigte Mary öffentlich den Selbstmord. Bei einem Interview mit der italienischen Journalistin Oriana Fallaci, das in *Look* veröffentlicht wurde, sagte sie der überraschten Fallaci, daß »er sich selbst erschoß. Nur... lange Zeit weigerte ich mich, es mir einzugestehen... Ich habe nie mit einem Psychiater darüber gesprochen, aber ich denke, es hatte etwas mit Selbsterhaltung zu tun... Die Wahrheit einzugestehen, das hätte mich um den Verstand gebracht.« In einem für sie uncharakteristischen Gefühlsausbruch verglich sie den Verlust von Ernest mit einer Gefangenschaft im Dunkel eines langen Tunnels und wiederholte, wie völlig allein sie sei, »allein mit Verlegern, Anwälten, allein mit der Verantwortung für Ernests Bücher, allein mit meiner Einsamkeit«.

Sie war verbittert über Hotchner und erklärte der Fallaci immer wieder, daß er kein Recht habe, Ernests Verfall so herauszustellen, besonders nicht für kommerzielle Zwecke. Sechs Monate zuvor hatte sie eine einstweilige Verfügung gegen die Auslieferung von *Papa Hemingway*, Hotchners Bericht über seine Freundschaft mit Hemingway, der bei Random House veröffentlicht werden sollte, erwirkt. Mary führte an, daß die Gespräche mit Ernest, die Hotchner in seinem Buch verwerte, durch das allgemeine Copyright geschützt seien, daß die Verwendung des Materials eine Verletzung des Vertrauens und der Vertraulichkeit darstelle, die ihr Ehemann Hotchner entgegengebracht habe, und daß schließlich das Buch mit seinen verschiedentlichen Andeutungen auf sie selbst ihr eigenes Recht auf Privatleben verletze. Im Februar 1966 begründete Richter Harry B. Frank vom Obersten New Yorker Gerichtshof auf acht Seiten seine Entscheidung, die Hotchner recht gab. Marys Hauptanliegen – das Recht auf Privatleben – wurde gehörig abgeschmettert. »Das Recht der Öffentlichkeit auf Information und die Pressefreiheit«, sagte Richter Frank, »hätten, ob genehmigt oder nicht, bei auf Tatsachen beruhenden Publikationen den Vorrang vor dem Recht auf Privatleben.« Er fügte hinzu, daß Mrs. Hemingways eigenes Recht auf Privatleben nicht berücksichtigt worden sei, weil sie als eine Person des öffentlichen Interesses angesehen werden müsse. Ihr Antrag auf Revision wurde abgelehnt, aber der Fall zog sich bis 1968 hin. Dann legte ihn der Staatliche New Yorker Revisionshof endgültig *ad acta.*

Auf die Frage, warum sie nicht wieder geheiratet habe, hätte Mary wohl leichthin geantwortet, daß keiner sie darum gebeten habe. Und hätte vielleicht hinzugefügt, daß sie das bedaure, denn sie sei nicht gerne allein, besonders nicht nachts. Aber sie behielt, wie zu Ernests Lebzeiten, ihren hektischen Lebensrhythmus bei und fing, ob nun aus Einsamkeit, oder der ungelösten Konflikte wegen, denen sie sich nicht zu stellen vermochte, an, mehr Alkohol zu trinken als je zuvor.

Mary arbeitete – auf freiberuflicher Basis – wieder als Journalistin, aber ihr Thema war immer Hemingway – seine Manuskripte, seine Reisen, seine Gewohnheiten. 1976 veröffentlichte sie ihre Autobiographie »Wie es war« und nahm die Anstrengungen einer Promotion-Tour, die sie quer durch das Land führte, auf sich. Die Kritiken waren im allgemeinen nicht gerade enthusiastisch.

Was den Leser an Marys Buch wohl am meisten verärgert ist ihre extreme Weigerung, einmal innezuhalten, zu reflektieren oder ihre Gefühle zu überprüfen. (Ein leidenschaftlicher Ausbruch wie beim Fallaci-Interview sollte sich nicht wiederholen.) Aber das ist wohl Sache des Charakters und nicht des Stils. Vermutlich aber hat sie, indem sie dem Scribner Verlag verbot, ihr Manuskript zu redigieren, tiefere Einblicke in ihre Persönlichkeitsstruktur gestattet, als sie das in einer auf Drängen eines Herausgebers verfaßten psychologisch anspruchsvollen Analyse vermocht hätte.

Marys Auftritte in der Öffentlichkeit sind seltener geworden. 1980 wohnte sie der Einweihung des Hemingway-Saales in der Kennedy Bibliothek nicht bei. Alfred Rice, ihr Anwalt, vertritt sie in allen Angelegenheiten, die mit der Hemingway-Stiftung zu tun haben. 1979 jedoch stimmte sie einem Besuch der Autorin zu. An einem ruhigen, heißen Septembernachmittag saßen die beiden Frauen zusammen auf der Terrasse des Hemingway-Hauses in Ketchum, Mary klein und zerbrechlich in ihrer blauen Hose und einer Bluse mit Blumenmuster. Ihr Ellbogen steckte in einer Schlinge. Sie hatte ihn sich wieder verletzt – den gleichen Ellbogen, der 1960 bei einem Sturz auf den eisigen Boden zersplittert war. Ihre schöne Haut war verwittert und mit roten Äderchen durchsetzt. Ihre Augen waren rot umrandet und wäßrig. Aber ihre Stimme klang noch immer melodisch. Es schien sie leicht zu amüsieren, daß jemand so weit reisen könnte, um sie zu sehen, besonders da sie sich an so wenig aus der Vergangenheit erinnere. Der Nachmittag wurde bleicher, und die Sonne näherte sich dem Gebirgskamm. Jemand vom Haus brachte Mary einen Cocktail. Einmal deutete sie bei einem drückenden Schweigen auf die flockigen Wolken, die über den strahlend blauen Spätherbsthimmel segelten, dann wieder machte sie – wieder war Schweigen eingekehrt, einen winzigen Vogel aus, der sich auf der Holzbalustrade niedergelassen hatte. Als die Besucherin weiterhin beharrlich ihre Fragen stellte, zuckte Mary nur mit den Schultern und wiederholte, was sie schon fast den ganzen Nachmittag lang gesagt hatte: »Lesen Sie mein Buch«, sagte sie. »Sie brauchen nur das Buch zu lesen. Es steht alles drin.«